DIESER BAND IST DER SECHSUNDACHTZIGSTE DES GESAMTWERKES

DIE KUNSTDENKMÄLER DER SCHWEIZ

HERAUSGEGEBEN VON DER
GESELLSCHAFT FÜR SCHWEIZERISCHE KUNSTGESCHICHTE
MIT EIDGENÖSSISCHEN, KANTONALEN,
KOMMUNALEN UND PRIVATEN SUBVENTIONEN

WIESE VERLAG BASEL

DIE KUNSTDENKMÄLER DES KANTONS SOLOTHURN

BAND I

DIE STADT SOLOTHURN I

GESCHICHTLICHER ÜBERBLICK, STADTANLAGE UND -ENTWICKLUNG, BEFESTIGUNG, WASSERVERSORGUNG UND BRUNNEN, DENKMÄLER, BRÜCKEN UND VERKEHRSBAUTEN

MIT EINER EINLEITUNG ZUM KANTON SOLOTHURN

VON

BENNO SCHUBIGER

MIT 302 SCHWARZWEISSEN UND 5 FARBIGEN ABBILDUNGEN

HERAUSGEGEBEN VON DER
GESELLSCHAFT FÜR SCHWEIZERISCHE KUNSTGESCHICHTE
BERN

WIESE VERLAG BASEL

1994

REDAKTION
GESELLSCHAFT FÜR SCHWEIZERISCHE KUNSTGESCHICHTE, BERN
KASPAR ZOLLIKOFER

CIP-Kurztitelaufnahme der Deutschen Bibliothek

DIE KUNSTDENKMÄLER DER SCHWEIZ / hrsg. von d. Ges.
für Schweizer. Kunstgeschichte. – Basel : Wiese
Teilw. hrsg. von d. Schweizer. Ges. für Erhal-
tung Histor. Kunstdenkmäler. – Teilw. u.d.T.:
Les monuments d'art et d'histoire de la Suisse.
I monumenti d'arte e di storia della Svizzera. –
Teilw. im Verl. Birkhäuser, Basel. –
NE: Gesellschaft für Schweizerische Kunstgeschichte;
Schweizerische Gesellschaft für Erhaltung Histori-
scher Kunstdenkmäler; Les monuments d'art et
d'histoire de la Suisse; I monumenti d'arte e di
storia della Svizzera
Bd. 86. Die Kunstdenkmäler des Kantons Solothurn. –
1. Die Stadt Solothurn 1. – 1994

DIE KUNSTDENKMÄLER DES KANTONS SOLOTHURN / hrsg. von
d. Ges. für Schweizer. Kunstgeschichte, Bern. –
Basel : Wiese
Teilw. im Verl. Birkhäuser, Basel
1. Die Stadt Solothurn 1 / von Benno Schubiger. – 1994
(Die Kunstdenkmäler der Schweiz ; Bd. 86)
ISBN 3-909164-08-0
NE: Schubiger, Benno [Mitverf.]

© 1994 Gesellschaft für Schweizerische Kunstgeschichte, Bern
Druck: Birkhäuser+GBC, Grafische Unternehmen, Basel und Reinach BL
Photolithos: Denz Lith-Art, Bern
Einband: Grollimund AG, Reinach BL
ISBN 3-909164-08-0

INHALTSVERZEICHNIS

	Seite
Vorwort der Gesellschaft für Schweizerische Kunstgeschichte	VIII
Vorwort des Verfassers	XI
Abkürzungsverzeichnis	XIV

DER KANTON SOLOTHURN

Einleitung 1
  Topographie und Landschaft 1 – Geschichtliche Entwicklung 2 – Ur- und Frühgeschichte 2 – Früh- und hochmittelalterliche Zeit 3 – Die territoriale Entwicklung und die Aufnahme in den Bund der Eidgenossen 4 – Reformation und Ancien régime 6 – Ausbildung des modernen Kantons seit der Revolutionszeit 8 – Entwicklung zum Industriekanton 10 – Helden, Mythen, Traumen 11 – Anmerkungen 15

Standesikonographie und Hoheitszeichen 16
  Name 16 – Siegel 16 – Münzen 22 – Wappen 27 – Fahnen 31 – Glasgemälde 32 – Staats- und Rechtsaltertümer 35 – Anmerkungen 40

Dokumentation Kanton Solothurn 44
  Archive, Archivalische Quellen 44 – Literatur 44 – Kantonskarten 46 – Anmerkungen 48

DIE STADT SOLOTHURN

  Lage und geomorphologische Verhältnisse 51 – Klima 51 – Geschichtlicher Überblick 52 – Anmerkungen 65

Stadtanlage und Stadtentwicklung 67
  Topographische Voraussetzungen 67 – Das spätrömische Castrum als Ausgangspunkt 68 – Die mittelalterliche Siedlung 71 – Siedlungscharakter und Überbauungsstruktur 71 – Bauweise und Haustypen 72 – Wegnetz und Freiräume 77 – Die spätmittelalterliche Siedlung (1250–1500) 77 – Markt, Handel und Gewerbe 77 – Das Rathaus 81 – Das St.-Ursen-Stift und andere kirchliche Institutionen 81 – Stiftsbezirk und Bürgersiedlung 82 – Das Weichbild der spätmittelalterlichen Stadt 83 – Von der Reformation zum Schanzenbau 84 – Veränderungen in der Altstadt 84 – Veränderungen außerhalb der Altstadt 84 – Vom Schanzenbau bis zum Beginn der Entfestigung (1667–1835) 86 – Erweiterung der Vorstadt südlich der Aare 86 – Veränderungen in der Altstadt 88 – Veränderungen außerhalb der Altstadt 88 – Vom Beginn der Entfestigung bis um 1920 89 – Veränderungen innerhalb der Altstadt 89 – Städtebauliche Entwicklung westlich der Altstadt seit 1856 95 – Umfassende Stadtplanungen für Solothurn in den Jahren 1867, 1885 und 1911 101 – Die Entfestigung der Vorstadt und der Bau von Bahnhof und Quartier Neu-Solothurn 102 – Entfestigung des Nordrings, Entstehung der Werkhofstraße als Ringstraßenanlage 107 – Die Gestalt des heutigen Solothurn 115 – Die linksufrige Altstadt 115 – Die rechtsufrige Altstadt (Vorstadt) 124 – Kurzcharakterisierung der Bausubstanz in der Altstadt 125 – Die Außenquartiere 127 – Anmerkungen 131

Die Stadtbefestigung 143
  Einleitung 143 – Schematische Übersicht 143 – Die mittelalterliche und frühneuzeitliche Befestigung (1200–1550) 143 – Stadtmauer 143 – Wehrgraben 146 – Türme und Tore 147 – Brückentor 147 – Katzenstegturm 149

– Wehrturm bei den Häusern Stalden 23/25 150 – Halbrundturm bei den Häusern Schmiedengasse 9/11 151 – Bieltor 151 – Buristurm 158 – Halbrundturm am Haus St.-Urban-Gasse 53 164 – Halbrundturm am Haus St.-Urban-Gasse 71 164 – Turm beim Franziskanerkloster 165 – Schollenlochturm 166 – Riedholzturm 167 – Wehrturm am Haus Riedholzplatz 18 172 – Baseltor 173 – Turm bei St.Ursen 178 – Bollwerk St.Peter 178 – Hürligturm 180 – Halbrundtürme in der Vorstadt 181 – Berntor 182 – Krummturm 188 – Die barocke Befestigung 192 – Planungsgeschichte 192 – Baugeschichte 195 – Bau der linksufrigen Befestigung 196 – Bau der Vorstadtbefestigung 198 – Anlage des Tracés und der Vorwerke 200 – Weiteres Schicksal der Befestigung bis zur Schleifung 201 – Plan- und Bilddokumente der verschiedenen Projektierungsstufen 202 – Beschreibung der Befestigung im Zustand vor der Zerstörung 205 – Linksufrige Schanzenwerke 206 – St.-Georgs-Bastion 206 – St.-Josefs-Schanze 206 – Äußeres Bieltor mit Ravelin und Brücken 207 – Marienschanze 210 – St.-Mauritius-Schanze 210 – Riedholzschanze mit südlich anschließender Kurtine 211 – Äußeres Bieltor und Schulschanze 212 – St.-Peters-Schanze 212 – Rechtsufrige Schanzenwerke 213 – Turnschanze 213 – Kornhausbastion 213 – Äußeres Berntor mit Grabenbrücke 214 – Kuhschanze 214 – Krummturmschanze 215 – Relikte der ehemaligen Stadtbefestigungen 216 – Würdigung 217 – Anmerkungen 218

Wasserversorgung und Brunnen 230
Der Stadtbach und die Trinkwasserversorgung 230 – Die Brunnen 233 – Die Figurenbrunnen des 16. Jahrhunderts 235 – St.-Georgs-Brunnen 235 – Simsonbrunnen 236 – Gerechtigkeitsbrunnen 237 – Fischbrunnen 239 – Mauritiusbrunnen 241 – Fragmente von Brunnen des 16. Jahrhunderts 242 – Brunnen des 17.–19. Jahrhunderts in der Altstadt 243 – Gerberngaßbrunnen 243 – Schmiedengaßbrunnen 243 – Gurzelngaßbrunnen 244 – Hintergaßbrunnen 244 – Brunnen vor der Franziskanerkirche 245 – Brunnen auf dem Franziskanerplatz 245 – Brunnen im Ambassadorenhof 246 – Riedholzplatzbrunnen 246 – Pisoni-Brunnen 246 – Moses- und Gideonbrunnen 247 – Seilergaßbrunnen 249 – Klosterplatzbrunnen 249 – Brunnen beim Kollegiumschulhaus 250 – Landhausbrünnli 250 – Spitalbrunnen 251 – Brunnen im unteren Winkel 251 – Brunnen im oberen Winkel 251 – Brunnen an der Adlergasse 251 – Brunnen außerhalb der Altstadt 252 – Brunnen an der Postgasse 252 – Brunnen an der Römerstraße 252 – Brunnen am Amthausplatz 252 – Brunnen hinter dem Amthaus I 252 – Brunnen beim Pflug 252 – Brunnen an der Zurmattenstraße 252 – Brunnen beim Altwyberhüsli 253 – Brunnen am Midartweg 253 – Brunnen in der Fegetzallee 253 – Trinkbrunnen im Stadtpark vor der Riedholzschanze 253 – Brunnen vor dem Baseltor 253 – Brunnen vor dem Berntor 253 – Anmerkungen 254

Religiöse Wegzeichen und Denkmäler 261
Kreuzwege, Bildstöcke und Wegkreuze 261 – Denkmäler 263 – Inschrifttafel bei der Katzenstiege 263 – Denkmal für den Offizier Urs Franz Josef Wilhelm Fidel von Sury-Bussy 263 – Sonderbunddenkmal 264 – Denkmal für die Bourbaki-Armee 264 – Munzinger-Obelisk 265 – Denkmal für Lehrer Jakob Roth 265 – Denkmal zur Erinnerung an die Restaurierung der Riedholzschanze 266 – Denkmal für Schriftsteller Josef Joachim 266 – Soldatendenkmal 266 – Anmerkungen 267

Anlagen am Wasser. 268
Die Entwicklung der Uferverbauung 268 – Die baulichen Anlagen am Aareufer 268 – Die Litzi 268 – Die südliche Ufermauer 273 – Die heutigen Uferverbauungen 274 – Die Quaimauer am linken Aareufer 274 – Die rechte Ufermauer 274 – Der Rollhafen von 1697 275 – Die Aareschiffahrt 275 – Die Schwimmbäder 278 – Anmerkungen 279

Brücken 282
Wengibrücke (Alte Brücke, Obere Brücke, Fahrbrücke) 282 – Kreuzackerbrücke (Neue Brücke, Fußbrücke) 287 – Rötibrücke 289 – Brücken über die Jurabäche 290 – Anmerkungen 291

Eisenbahnbauten 295
   Die Anfänge des Eisenbahnbaus 295 – Die Bahnlinie Herzogenbuchsee–
   Solothurn–Biel und die Anlage des ersten Bahnhofs 296 – Die Gäubahn
   und die Anlage des Bahnhofs Neu-Solothurn 299 – Der Anschluß weiterer
   Bahnlinien in Solothurn 300 – Anmerkungen 301

Dokumentation Stadt Solothurn 304
   Archive, Quellen 304 – Literatur 304 – Bilddokumente 306 – Plandokumente 316 – Anmerkungen 320

Tabelle der Steinmetzzeichen.. 324
Tabelle der Goldschmiedezeichen 325
Register 326
Abbildungsnachweis 338
Bisher erschienene Bände 339

VORWORT DER GESELLSCHAFT FÜR SCHWEIZERISCHE KUNSTGESCHICHTE

Am 8. November 1983 beschloß der Regierungsrat des Kantons Solothurn, die seit dem 1957 erschienenen ersten Kunstdenkmälerband von Gottlieb Loertscher über die Bezirke Thal, Thierstein und Dorneck ruhende Inventarisierung der Kunstdenkmäler wiederaufzunehmen. Nun liegt der erste der drei geplanten Bände zur Kunsttopographie der Stadt Solothurn von Dr. Benno Schubiger vor.

Die wissenschaftliche Ausbeute seiner Arbeit zur Stadtentwicklung und Stadtbefestigung Solothurns ist beachtlich, und es ist offensichtlich, daß hier nicht ein Kunsthistoriker im Elfenbeinturm am Werk war: Mit seiner Initiative zu einem wissenschaftlichen Kolloquium zur Entwicklung der Stadt Solothurn hat der Autor 1987 der Erforschung der Stadtgeschichte neuen Auftrieb gegeben und im fächerüberspannenden Gespräch mit Spezialisten den Horizont mit neuen Aspekten und Forschungsansätzen erweitert. Nach dem Vorbild der von Paul Hofer für die Stadt Bern vorgezeichneten Kunsttopographie fokussiert Schubiger in seinem Kunstdenkmälerband die Erkenntnisse der bisherigen stadtgeschichtlichen und städtebaulichen Forschungen zu einer eigenständigen Synthese und zu einer erstmaligen Gesamtschau der faszinierenden Stadtentwicklung Solothurns.

Daß wir nun diesen 86. Band der «Kunstdenkmäler der Schweiz» unseren Mitgliedern als Jahresgabe 1994 überreichen können, verdanken wir wiederum dem Engagement einer großen Zahl von Personen und Institutionen.

Namentlich geht unser spezieller Dank für die Erarbeitung dieses Kunstdenkmälerbandes zunächst an den Autor Dr. Benno Schubiger. Sein beruflicher Wechsel ins Historische Museum Basel als Konservator der kunstgeschichtlichen Abteilung kurz vor der Fertigstellung des Manuskripts bedeutete für alle, die am Zustandekommen dieses Buches beteiligt waren, eine besondere Herausforderung. Ohne die Mitarbeit des Kantons Solothurn und insbesondere ohne die großzügige Unterstützung durch die kantonale Denkmalpflege wäre die kontinuierliche Herausgabe dieses Bandes wohl bald ins Stocken geraten. Ganz herzlich danken möchten wir in diesem Zusammenhang Herrn Markus Hochstrasser, Denkmalpflege des Kantons Solothurn, für seine engagierte und kreative Zusammenarbeit während der Text- und Bildredaktion.

Schließlich gilt unser Dank der kantonalen Denkmalpflegekommission unter der Leitung von Stadtarchivar Martin-Eduard Fischer, Olten, der Redaktionskommission der GSK, den wissenschaftlichen Gutachtern Dr. Hans Martin Gubler (†) und Dr. Alfons Raimann, Herrn Regierungsrat Dr. Thomas Wallner für das Durchsehen der geschichtlichen Einleitung zum Kanton Solothurn, dem wissenschaftlichen Leiter der GSK, Dr. Nott Caviezel, sowie den Redaktoren Dr. Kaspar Zollikofer und lic. phil. Thomas Bolt. Für die sorgfältige Umsetzung unserer Vorstellungen danken wir der Firma Denz Lith-Art, Bern, und der Druckerei Birkhäuser+GBC, Reinach, sowie dem Wiese Verlag, Basel, für die verlegerische Begleitung des Buches.

Mit seinem Kunstdenkmälerband hat Dr. Benno Schubiger einen soliden Grundstein für die weitere Kunstdenkmälerinventarisation der Stadt Solothurn gelegt. Zahlreiche Vorarbeiten für die geplanten zwei Folgebände sind bereits vorhanden. Um so mehr bedauern wir es, daß der Regierungsrat in diesem Jahr entschieden hat, das Projekt der «Kunstdenkmäler des Kantons Solothurn» nach diesem Band vorläufig nicht fortzusetzen.

Johannes Anderegg
Präsident der GSK

Das Martyrium der Thebäischen Legion auf der Aarebrücke bei Solothurn. Hochaltargemälde um 1693 mit phantastischer Stadt- und Landschaftsdarstellung eines unbekannten Malers in der Dreibeinskreuzkapelle in Solothurn. Darstellungen des hl. Ursus und der Passio der legendären Solothurner Märtyrer bilden seit dem Spätmittelalter zentrale Motive der Solothurner Standesikonographie.

VORWORT DES VERFASSERS

37 Jahre nach Gottlieb Loertschers erstem Solothurner Kunstdenkmälerband über die Bezirke Thal, Thierstein und Dorneck erscheint ein zweiter Solothurner Band: Als Einleitungsband zur Kantonsreihe umfaßt er einen Überblick über die Kantonsgeschichte und die Kapitel der Kantonsikonographie und der Staatsaltertümer. Zugleich auch Anfang der dreibändig geplanten Stadtreihe, besitzt er für die kunsttopographische Erfassung der Stadt Solothurn Grundlagenfunktion, nicht zuletzt in der Konzeption der Bebilderung. Er beinhaltet einen geschichtlichen Überblick, Stadtanlage und -entwicklung, Befestigungen, Wasserversorgung und Brunnen, Denkmäler und Brücken.

Es war das Ziel meiner Arbeit, tief in die kunsttopographische und historische Struktur der Aarestadt einzudringen und die Forschungsergebnisse in gut lesbaren Texten zu vermitteln. Zwei weitere Kunstdenkmälerbände über die Stadt Solothurn sollen die Sakralbauten respektive die öffentlichen und privaten Profanbauten umfassen. Diese Konzeption war 1983 durch Instanzen des Kantons Solothurn und der Gesellschaft für Schweizerische Kunstgeschichte getroffen worden. Damals war nach jahrzehntelangem Unterbruch die Wiederaufnahme der Kunstdenkmälerinventarisation im Kanton Solothurn möglich geworden. Wesentlichen Anteil an diesem Entscheid hatten der damalige Regierungsrat Dr. Walter Bürgi, der damalige Denkmalpfleger des Kantons Solothurn Dr. Georg Carlen und die kantonale Denkmalpflegekommission, auf GSK-Seite der damalige Vizepräsident PD Dr. Hans Martin Gubler (†) und der damalige Wissenschaftliche Leiter Dr. Gian-Willi Vonesch. Ihnen sei der verbindlichste Dank für ihren Einsatz zugunsten dieses Werkes ausgesprochen.

Die Erarbeitung dieses Kunstdenkmälerbandes hat durch den Einsatz des Verfassers für die Belange der Solothurner Denkmalpflege und durch das gleichzeitige Konservatorenamt im Museum Schloß Waldegg Verzögerungen erfahren. Der daraus gewonnene Weitblick und unerwartete Synergieeffekte sind ihm dafür wieder zugute gekommen. Die Inventarisierungsarbeit in Solothurn erwies sich über weite Strecken als Gang durch brachliegendes Neuland. Eine stellenweise unbefriedigende Archivsituation ermöglichte dafür hin und wieder erfreuliche Plan- und Materialfunde. Unschätzbare Dienste leistete das in Teilen vorhandene Historische Grundbuch der Stadt Solothurn, welches von lic. phil. Peter Grandy erarbeitet worden war. Bedeutende wissenschaftliche Erkenntnisse, welche auch für eine künftige Kunstdenkmälerinventarisation von großem Nutzen sein könnten, erbrachte das vom Verfasser 1987 veranstaltete Kolloquium zur Solothurner Stadtgeschichte im Mittelalter. Den Referenten und den Verfassern der 1990 erfolgten Aktenpublikation sei nochmals der beste Dank ausgesprochen: Dr. August Bickel, Dr. Karl H. Flatt, Markus Hochstrasser, lic. phil. Peter Kaiser, Prof. Dr. Hans Conrad Peyer (†), Prof. Dr. Hans Rudolf Sennhauser, lic. phil. Hanspeter Spycher und Prof. Dr. Berthe Widmer.

Sehr zahlreich sind die Personen, die in irgendeiner Form Anteil an diesem Kunstdenkmälerband hatten. Dank gilt den Leitern und Mitarbeitern der verschiedenen Archive und Bibliotheken: Herrn lic. phil. Othmar Noser (Staatsarchiv Solothurn), Herrn lic. phil. Hans Rindlisbacher (Stadtarchivbestände in der Zentralbibliothek Solothurn), Herrn Sergio Wyniger (Bürgerarchiv Solothurn), Herrn Prof. Dr. Rolf Max Kully (Zentralbibliothek Solothurn), Herrn dipl. Arch. Werner Stebler (Archiv des Stadtbauamtes Solothurn), Frau Alice Bentz-von Roll (Von-Roll-Archiv). Wichtige Unterstützung haben auch die Eidgenössische Militärbibliothek in Bern, das Bayerische Hauptstaatsarchiv in München und die Archives du Génie im Château de Vincennes in Paris geleistet, ebenso die Betreuer und Betreuerinnen bedeutender Sammlungen von Bilddokumenten und Sachgütern: im Kupferstichkabinett in Basel Frau Franziska Heuss, im Eidgenössischen Archiv für Denkmalpflege in Bern Herr Ernst Moser, in der Landesbibliothek Bern Frau Dr. Marie-Louise Schaller, im Kunsthaus Glarus Herr Peter Marti, im Kunstmuseum Solothurn Herr André Kamber, im Historischen Museum Blumenstein Solothurn Herr Dr. Peter F. Kopp, Herr Georges Hafner und Frau Johanna Mader, im Museum Altes Zeughaus Solothurn Herr Dr. Marco A. R. Leutenegger, in der Zentralbibliothek Solothurn Herr Werner Adam (†), Herr Erhard Flury und Herr Anton Klenzi, im Kunsthaus Zürich Herr Dr. Bernhard von Waldkirch, im Schweizerischen Landesmuseum Zürich Herr lic. phil. Konrad Jaggi, Herr Dr. Hanspeter Lanz, Herr Bruno Schwitter und Herr Dr. Matthias Senn, in der Zentralbibliothek Zürich Herr Dr. Bruno Weber und Frau Agnes Rutz, schließlich in Solothurn Herr lic. phil. Paul Ludwig Feser und Herr Dr. Franz Oberholzer. Unter den Erstellern der Planvorlagen seien besonders hervorgehoben Herr Iwan Affolter, Herr dipl. Arch. Pius Flury, Herr Reto Toscano, alle in Solothurn, Frau Véronique Froidevaux in Mervelier, die Firma Aerokart AG in Au, unter den Photographen Herr Hannes Fluri in Niederbipp und Herr Jürg Stauffer.

Frau Mila Romcevic in Genf danke ich dafür, daß sie mir in uneigennütziger Weise ihr reiches Material zur Solothurner Münzgeschichte zur Verfügung gestellt hat und bei der Abfassung des entsprechenden Kapitels behilflich war. Frau Dr. Dorothee Eggenberger-Billerbeck hat verdankenswerterweise die Erarbeitung des Registers übernommen. Für Auskünfte und Mithilfe mannigfacher Art danke ich Frau Katharina Arni in Solothurn, Frau MA Ylva Backman in Solothurn, Herrn dipl. Arch. Othmar Birkner in Arisdorf, Herrn Jürg Bracher in Solothurn, Herrn dipl. Ing. Rudolf Glutz in Solothurn, Frau Dr. Barbara Grossenbacher Künzler in Aeschi, Herrn Dr. Gottlieb Loertscher in Solothurn, Herrn Dr. Hellmut Gutzwiller in Solothurn, Herrn Stuart Morgan in Bursins, Herrn Dr. Andres Moser in Erlach, Herrn Dr. Samuel Rutishauser in Solothurn, Herrn lic. phil. Daniel Schneller in Liestal, Frau Dr. Elfi Rüsch in Locarno, Frau Dr. Caty Schucany in Solothurn, Herrn Dr. Jürg Schweizer in Bern, Herrn Guido Schenker in Oberdorf, Frau Aimée Stampfli-Pettermand in Basel, Herrn Dr. Hans Rudolf Stampfli (†) in Solothurn, Herrn Regierungsrat Dr. Thomas Wallner in Oberdorf.

Über all die Jahre habe ich von verschiedener Seite Anteilnahme an meiner Arbeit erfahren. Dafür und für das freundschaftliche Vertrauen danke ich dem früheren Denkmalpfleger des Kantons Solothurn, Dr. Georg Carlen, ebenso der kantonalen Denkmalpflegekommission. PD Dr. Hans

Martin Gubler in Wald ZH hatte bis zu seinem allzu frühen Tod als umsichtiger Begutachter gewirkt und von Beginn weg meine Arbeit mit kollegialem Rat begleitet. Sein Nachfolger, Dr. Alfons Raimann in Frauenfeld, war mir in der Abschlußphase der Manuskriptabfassung ein wertvoller Ansprechpartner und Anreger für manche Textverbesserung. Ihm gilt mein besonderer Dank, ebenso wie der Redaktionskommission der GSK für die kritische Durchsicht des Manuskriptes.

Dr. Kaspar Zollikofer und lic. phil. Thomas Bolt haben als Redaktoren der GSK diesem Band in hervorragender und ausdauernder Arbeit sein endgültiges Gesicht geben. Für ihre engagierte Auseinandersetzung mit meinem Manuskript und für ihre wertvollen Anregungen danke ich sehr herzlich. Anteil an diesem Resultat hat mit ihrer sorgfältigen Umbruchgestaltung auch Frau Verena Tödtli von der Firma Bruckmann & Partner in Basel.

Dem Regierungsrat des Kantons Solothurn danke ich für die großzügige Gewährung eines Druckkostenbeitrages an die Ausstattung dieses Bandes mit Falttafeln.

Mein größter Dank gebührt abschließend Herrn Markus Hochstrasser, Bauanalytiker bei der Denkmalpflege des Kantons Solothurn. Markus Hochstrasser hat seit Beginn regen Anteil an meiner Arbeit genommen und auf vielfältige Weise daran mitgeholfen: Er hat zahlreiche Photographien und Planzeichnungen beigesteuert, er hat mir Resultate seiner aktuellen Bauuntersuchungen mitgeteilt, zahlreiche Hilfestellungen geleistet und manche Anregungen gegeben. Während der Drucklegungsphase, die ich bereits als Konservator am Historischen Museum Basel erlebte, ist er in kollegialer Weise wiederholt hilfreich eingesprungen und hat auch beim Lesen der Korrekturfahnen mitgeholfen.

Dieses Buch widme ich jenen Solothurnerinnen und Solothurnern, die ihre schöne Stadt an Aare und Jurasüdfuß im Sinn von Jacob Burckhardts Worten erleben: «Nur aus der Betrachtung der Vergangenheit gewinnen wir einen Maßstab der Geschwindigkeit und Kraft der Bewegung, in welcher wir selber leben.»

Solothurn, am St.-Ursen-Tag 1994　　　　　　　　　　　　*Benno Schubiger*

ABKÜRZUNGSVERZEICHNIS

Die im Abkürzungsverzeichnis nicht aufgeführte Literatur findet sich in den Anmerkungen des jeweiligen Kapitels.

Affolter, Neues Bauen	Claudio Affolter. Neues Bauen 1920–1940. Eine Dokumentation zur Architektur der 20er und 30er Jahre. Solothurn 1991.
AGV	Archives du Génie, Château de Vincennes, Paris.
AK	Bericht der Altertümer-Kommission (im JbfSolG).
Amiet, St. Ursus-Pfarrstift	Jakob Amiet. Das St. Ursus-Pfarrstift der Stadt Solothurn seit seiner Gründung bis zur staatlichen Aufhebung im Jahre 1874 nach den urkundlichen Quellen. Solothurn 1878.
Amiet, Territorialpolitik	Bruno Amiet. Die solothurnische Territorialpolitk von 1344–1532 (JbfSolG 1, 1928, S. 1–211; 2, 1929, S. 1–72).
Archiv SCB	Archiv der Schweizerischen Centralbahn bei der Kreisdirektion II der Schweizerischen Bundesbahnen in Luzern.
ASA	Anzeiger für Schweizerische Altertumskunde. Zürich 1855–1898, Neue Folge 1899–1938.
ASO	Archäologie des Kantons Solothurn.
BASO	Bürgerarchiv Solothurn.
Baugesuch	Sammlung von Baugesuchen seit 1895 im Archiv des Stadtbauamtes Solothurn.
BD	Bilddokument.
Birkner, INSA Solothurn	Othmar Birkner. INSA Solothurn. Mskr. 1978.
Birkner, Solothurner Bauten	Othmar Birkner. Solothurner Bauten 1850–1920. Solothurn 1979.
Birkner, Westring	Othmar Birkner. Städtebauliches Gutachten Westringquartier Solothurn. Mskr. 1976.
BP Kanton	Bauamtsprotokoll (des Stadtstaats, nach 1803 des Kantons, im StASO) 1772–1838.
BP Stadt	Städtisches Bauamtsprotokoll (Stadtarchiv in der ZBS).
Bruckner	A. und B. Bruckner. Schweizer Fahnenbuch. St. Gallen 1942.
Brun	Carl Brun. Schweizerisches Künstler-Lexikon. 4 Bände. Frauenfeld 1902–1917.
Brunnenbuch 1717	Brunnenbuch 1717–1778. Mskr. (StASO, B 17,4).
Copiae	Sog. «Ratsmanuale Rot», 15./16. Jh. (StASO).
Dietschi	Hugo Dietschi. Statistik solothurnischer Glasgemälde. I. Teil (JbfSolG 13, 1940, S. 3–114, Nr. 1–269). – II. Teil (JbfSolG 14, 1941, S. 3–55, Nr. 276–293). – Hugo Dietschi. Nachtrag zur Statistik solothurnischer Glasgemälde (JbfSolG 18, 1945, S. 123–134, Nr. 294–307). – Hugo Dietschi. Zweiter Nachtrag zur Statistik solothurnischer Glasgemälde (JbfSolG 22, 1949, S. 93–100, Nr. 308–310). – Hugo Dietschi. Statistik solothurnischer Glasgemälde. Dritter Nachtrag (JbfSolG 26, 1953, S. 213–219, Nr. 311–324). – K. Glutz von Blotzheim. Statistik solothurnischer Glasgemälde. Vierter Nachtrag zu Dr. Hugo Dietschi sel. (JbfSolG 35, 1962, S. 264f., Nr. 325f.).
Drack/Fellmann	Walter Drack; Rudolf Fellmann. Die Römer in der Schweiz. Stuttgart/Jona 1988.
EGS	Einwohnergemeinde Solothurn.
ETHZ	Eidgenössische Technische Hochschule Zürich.
Feser, 1989	Paul Ludwig Feser. Reisen im schönen alten Solothurnerland. Bilder und Berichte aus sechs Jahrhunderten. Solothurn 1989.
FRB	Fontes Rerum Bernensium. Berns Geschichtsquellen. Bern 1883ff. (bisher 10 Bände).
GB	Grundbuchnummer.
Gross, CHOROGRAPHIAE FORTIFICATIONIS TRACTATUS	Michael Gross. CHOROGRAPHIAE FORTIFICATIONIS TRACTATUS. Mskr. 1626 (ZBS, S II 157).
GS ETHZ	Graphische Sammlung der Eidgenössischen Technischen Hochschule Zürich.
Haffner, Schawplatz II	Franziscus Haffner. Deß kleinen Solothurnischen Schaw-Platzes Zweyter Theyl: Begreifft in sich ein kurtze Beschreibung Der Statt Solothurn/Sampt dero zugehörigen Landen/Vogtheyen/Graff- und Herrschafften: auch was sich darinnen Denck- oder Geschichtwürdiges begeben und zugetragen hat. Gedruckt zu Solothurn In der Truckerey und Verlag Johann Jacob Bernhards: Durch Michael Wehrlin, 1666.

HBLS	Historisch-Biographisches Lexikon der Schweiz. 7 Bände mit Supplement. Neuenburg 1921–1934.
HMBS	Historisches Museum Blumenstein Solothurn.
HMO	Historisches Museum Olten.
HOCHSTRASSER, Amthausplatz	MARKUS HOCHSTRASSER. Geschichtliche Notizen zum Bieltor und zur Entstehung des Amthausplatzes in Solothurn (Jurablätter 45, 1983, S. 167–179).
HOCHSTRASSER, Befunde zur baulichen Entwicklung der Stadt Solothurn	MARKUS HOCHSTRASSER. Befunde zur baulichen Entwicklung der Stadt Solothurn (Solothurn, Mittelalter, S. 243–254).
HOCHSTRASSER, Kaufhäuser	MARKUS HOCHSTRASSER. Geschichtliches zu Kaufhäusern, Kornhäusern und Fruchtmagazinen in der Stadt Solothurn (JbfSolG 58, 1985, S. 255–298).
JbfSolG	Jahrbuch für Solothurnische Geschichte. Solothurn 1929ff.
JbSGUF	Jahrbuch der Schweizerischen Gesellschaft für Ur- und Frühgeschichte.
KAELIN	J. KAELIN. Die Siegel des Standes Solothurn (JbfSolG 6, 1933, S. 114–123).
KAISER, Zur Geschichte der Brücken	PETER KAISER. Beobachtungen und Quellen zur Geschichte der Brücken von Solothurn (Solothurn, Mittelalter, S. 255–263).
Kdm	Die Kunstdenkmäler der Schweiz, hg. von der Gesellschaft für Schweizerische Kunstgeschichte. Basel 1927ff. (jeweils mit der Kantonsbezeichnung).
KKBS	Kupferstichkabinett Basel.
KMO	Kunstmuseum Olten.
KMS	Kunstmuseum Solothurn.
Kunst im Kanton Solothurn	Kunst im Kanton Solothurn vom Mittelalter bis Ende 19. Jahrhundert. Ausstellungskatalog. Solothurn 1981.
LB	Schweizerische Landesbibliothek Bern.
LOERTSCHER, Tußmann	GOTTLIEB LOERTSCHER. Der Bildhauer und Maler Hans Tußmann in Solothurn. Eine Würdigung seiner vor 500 Jahren entstandenen Hauptwerke (Jurablätter 23, 1961, S. 69–92).
MAZS	Mitteilungen der Antiquarischen Gesellschaft Zürich.
MEYER, Solothurns Politik	ERICH MEYER. Solothurns Politik im Zeitalter Ludwigs XIV. 1648–1715 (JbfSolG 28, 1955, S. 1–104; 29, 1956, S. 33–156).
MNGSO	Mitteilungen der Naturforschenden Gesellschaft des Kantons Solothurn.
MORGENTHALER, ASA 1922–1925	HANS MORGENTHALER. Beiträge zur Bau- und Kunstgeschichte Solothurns im 15. Jahrhundert (ASA 24, 1922, S. 221–226; 25, 1923, S. 25–36, 141–158, 221–239; 26, 1924, S. 173–187, 233–251; 27, 1925, S. 41–58).
PB	Privatbesitz.
PD	Plandokument.
PEYER, Grundriß der Altstadt von Solothurn	HANS CONRAD PEYER. Der Grundriß der Altstadt von Solothurn im historischen Vergleich (Solothurn, Mittelalter, S. 221–237).
RAHN, Kunstdenkmäler	J. R. RAHN. Die Mittelalterlichen Kunstdenkmäler des Cantons Solothurn. Zürich 1893.
RM	Ratsmanuale ab 1508ff. (StASO).
RQ SO I	Die Rechtsquellen des Kantons Solothurn. Erster Band. Die Rechtsquellen der Stadt Solothurn von den Anfängen bis 1434. Bearbeitet und herausgegeben von CHARLES STUDER. Aarau 1949.
RQ SO II	Rechtsquellen des Kantons Solothurn. Zweiter Band. Mandate, Verordnungen, Satzungen des Standes Solothurn von 1435 bis 1604. Bearbeitet und herausgegeben von CHARLES STUDER. Aarau 1987.
SAS	Siegelabdrucksammlung im StASO.
SBZ	Schweizerische Bauzeitung.
SCHLATTER, Stadt-Befestigungen	EDGAR SCHLATTER. Baugeschichtliches über die Stadt-Befestigungen von Solothurn. Solothurn 1921 (Sonderschriften, hg. vom Historischen Verein des Kantons Solothurn. Heft 1).
SCHMID, Rathaus	JOSEF SCHMID. Das Rathaus zu Solothurn. Solothurn 1959.
SCHNELLER, Franziskanerkirche	DANIEL SCHNELLER. Die Franziskanerkirche und das Franziskanerkloster in Solothurn 1280–1992 (JbfSolG 66, 1993, S. 5–181).
SCHNELLER/SCHUBIGER, Denkmäler	DANIEL SCHNELLER, BENNO SCHUBIGER. Denkmäler in Solothurn und in der Verenaschlucht. Ein Führer zu den Denkmälern und Gedenktafeln in Solothurn und Umgebung. Solothurn 1989.

Schubiger, Der hl. Ursus von Solothurn	Benno Schubiger. Der hl. Ursus von Solothurn: Beobachtungen zum Kult und zur Ikonographie seit dem Hochmittelalter. Der Stellenwert eines lokalen Märtyrers im Leben einer Stadt (ZAK 49, 1992, S. 19–38).
Schubiger, Die Jesuitenkirche in Solothurn	Benno Schubiger. Die Jesuitenkirche in Solothurn. Solothurn 1986.
Schubiger, Stadtgestalt	Benno Schubiger. Solothurns Stadtgestalt im Spätmittelalter. Versuch eines Überblicks an Hand der schriftlichen Quellen (Solothurn, Mittelalter, S. 265–286).
Schubiger-Serandrei, Midart	Laurent Louis Midart (1733?–1800). Werkkatalog von Letizia Schubiger-Serandrei. Solothurn 1992.
Schulthess	E. Schulthess. Die Staedte- und Landes-Siegel der Schweiz. Ein Beitrag zur Siegelkunde des Mittelalters. Zürich 1853, S. 101–105, Tf. XV.
Schwab, Die industrielle Entwicklung	Fernand Schwab. Die industrielle Entwicklung des Kantons Solothurn und ihr Einfluß auf die Volkswirtschaft. Festschrift zum fünfzigjährigen Bestehen des Solothurnischen Handels- und Industrievereins. Band 1. Solothurn 1927; 5. Lieferung. Solothurn 1931.
Sennhauser, St. Ursen–St. Stephan–St. Peter	Hans Rudolf Sennhauser. St. Ursen–St. Stephan–St. Peter. Die Kirchen von Solothurn im Mittelalter. Beiträge zur Kenntnis des frühen Kirchenbaus in der Schweiz (Solothurn, Mittelalter, S. 83–219).
Sigrist	Hans Sigrist. Münzen, Maße und Gewichte im alten Solothurn (JbfSolG 63, 1990, S. 87–115).
Sigrist, Wappen und Siegel	Hans Sigrist. Wappen und Siegel des Standes Solothurn (JbfSolG 52, 1979, S. 198–207).
Sigrist/Loertscher, Solothurn 1987	Hans Sigrist. 3000 Jahre Solothurn. Ein historischer Rückblick; Gottlieb Loertscher. Die Stadt Solothurn als Dokument und Kunstwerk. 5. Auflage. Solothurn 1987.
Simmen	Schweizerische Münzkataloge. VII. Solothurn, nach J. und H. Simmen neubearbeitet und ergänzt durch die Helvetische Münzzeitung. Bern 1972.
SLM	Schweizerisches Landesmuseum Zürich.
SMB I	Seckelmeisterbuch 1576–1625 (StASO, BB 29.3).
SMB II	Seckelmeisterbuch 1601–1620 (StASO, BB 29.10).
SMJ	Seckelmeisterjournal (StASO).
SMR	Seckelmeisterrechnungen ab 1437ff. (StASO).
Solothurn, Mittelalter	Solothurn. Beiträge zur Geschichte der Stadt im Mittelalter. Zürich 1990 (Veröffentlichungen des Instituts für Denkmalpflege an der Eidgenössischen Technischen Hochschule Zürich. Band 9).
Solothurnische Geschichte 1	Bruno Amiet. Solothurnische Geschichte. 1. Band. Stadt und Kanton Solothurn von der Urgeschichte bis zum Ausgang des Mittelalters. Solothurn 1952.
Solothurnische Geschichte 2	Bruno Amiet; Hans Sigrist. Solothurnische Geschichte. 2. Band. Stadt und Kanton Solothurn von der Reformation bis zum Höhepunkt des patrizischen Regimes. Solothurn 1976.
Solothurnische Geschichte 3	Hans Sigrist. Solothurnische Geschichte. 3. Band. Die Spätzeit und das Ende des patrizischen Regimes. Solothurn 1981.
Solothurnische Geschichte 4	Thomas Wallner. Solothurnische Geschichte. 4. Band. Geschichte des Kantons Solothurn 1831–1914. Verfassung – Politik – Kirche. Teil I. Solothurn 1992.
Spycher, Solothurn in römischer Zeit	Hanspeter Spycher. Solothurn in römischer Zeit – Ein Bericht zum Forschungsstand (Solothurn, Mittelalter, S. 11–32).
SRM 1	Schanzratsmanuale 1688–1708 (StASO, BG 14.1).
SRM 2	Schanzratsmanuale 1709–1713 (StASO, BG 14.2).
SRM 3	Schanzratsmanuale 1714–1725 (StASO, BG 14.3).
SRM 4	Schanzratsmanuale 1725–1743 (StASO, BG 14.4).
SRM 5	Schanzratsmanuale 1744–1767 (StASO, BG 14.5).
SS	Schanzschriften (unpaginiertes Konvolut im StASO, BG 14.9).
SS Buch	Protokollbuch 1668–1693 in den SS im StASO, BG 14.9.
StASO	Staatsarchiv Solothurn.
Strohmeier, 1840	Urs Peter Strohmeier. Solothurn mit seinen Umgebungen. Solothurn 1840.
Strohmeier, 1846	Urs Peter Strohmeier. Der Kanton Solothurn. St. Gallen und Bern 1836 (Historisch-geographisch-statistisches Gemälde der Schweiz. Zehntes Heft).
Studer, Solothurn und seine Schanzen	Charles Studer. Solothurn und seine Schanzen. Solothurn 1978.

SUB I	Solothurner Urkundenbuch. Erster Band 762–1245. Bearbeitet von AMBROS KOCHER. Solothurn 1952.
SUB II	Solothurner Urkundenbuch. Zweiter Band 1245–1277. Bearbeitet von AMBROS KOCHER. Solothurn 1971.
SUB III	Solothurner Urkundenbuch. Dritter Band 1278–1296. Bearbeitet von AMBROS KOCHER. Solothurn 1981.
SWB	Solothurner Wochenblatt.
TATARINOFF, Brunnen	ADELE TATARINOFF. Brunnen der Stadt Solothurn. Solothurn 1976.
TATARINOFF, Castrum	E. TATARINOFF-EGGENSCHWILER. Plan-Aufnahme des Castrums Solothurn im Jahre 1939 (JbfSolG 13, 1940, S. 143–161).
VON ARX, Bilder aus der Solothurner Geschichte 1, 2	FERDINAND VON ARX. Bilder aus der Solothurner Geschichte. 2 Bände. Solothurn 1939.
WALLIER, Topographia Solodorana	FRANZ K. B. WALLIER VON WENDELSTORF. Topographia Solodorana. Mskr. um 1771 (aus dem Benzigerhof-Archiv, Depositum im StASO).
WALLNER, Solothurn	THOMAS WALLNER. Solothurn – eine schöne Geschichte! Von der Stadt zum Kanton. 3. Auflage. Solothurn 1993.
WIDMER, Der Ursus- und Victorkult in Solothurn	BERTHE WIDMER. Der Ursus- und Victorkult in Solothurn (Solothurn, Mittelalter, S. 33–81).
Zähringer III	Die Zähringer. Schweizer Vorträge und neue Forschungen. Hg. von KARL SCHMID. Sigmaringen 1990 (Veröffentlichungen zur Zähringer-Ausstellung III).
ZAK	Zeitschrift für Schweizerische Archäologie und Kunstgeschichte. Hg. vom SLM. Basel 1939ff., Zürich 1969ff.
ZBS	Zentralbibliothek Solothurn.
ZBZ	Zentralbibliothek Zürich.
ZBZ GS	Zentralbibliothek Zürich, Graphische Sammlung.

Abb. 1
Solothurner Ämterscheibe. Berner Werkstatt, um 1510 und 1530 (Glasgemälde Nr. 1). – Text S. 32.

DER KANTON SOLOTHURN

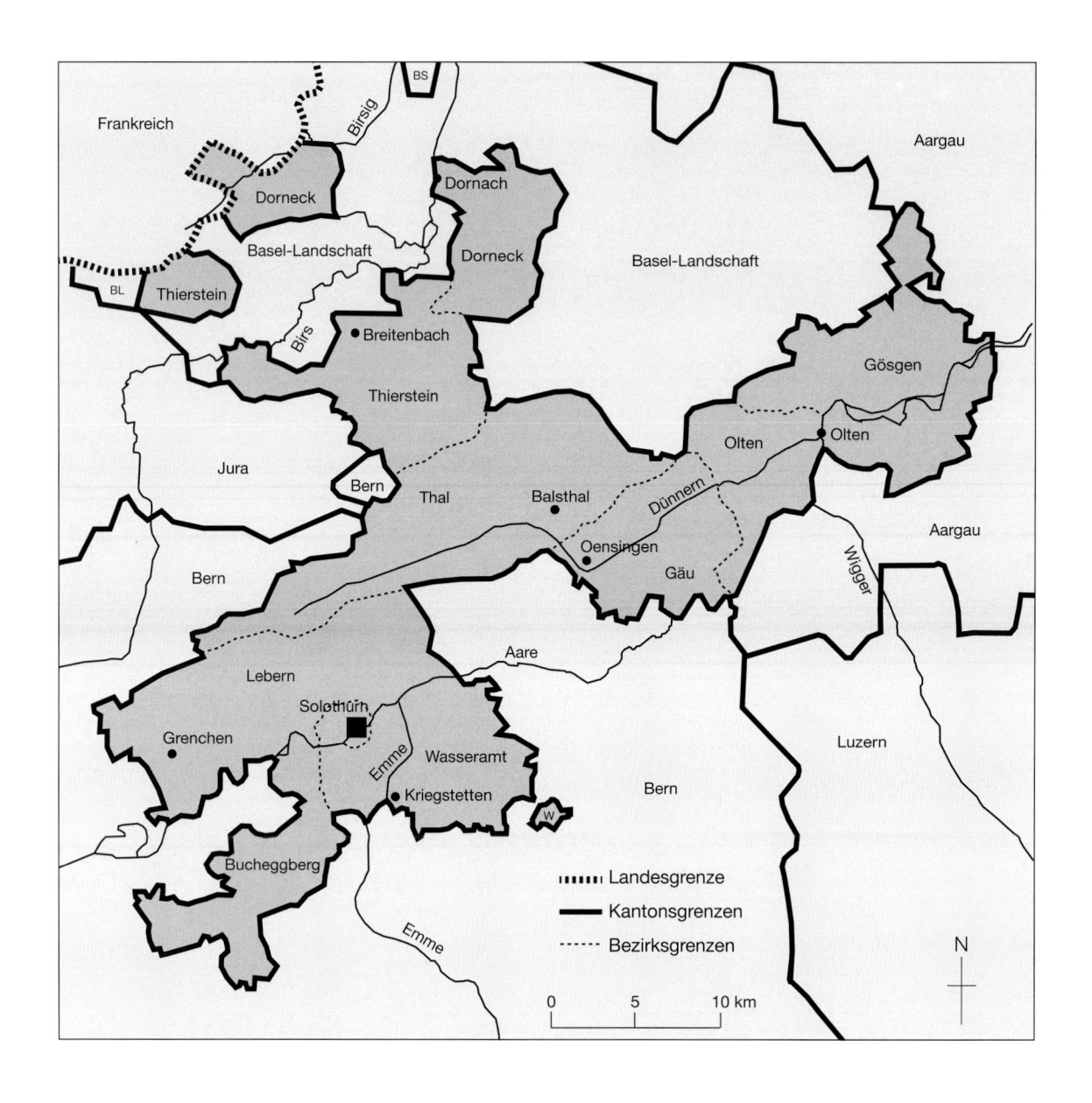

Abb. 2
Übersichtskarte über den Kanton Solothurn mit den Bezirken. Zeichnung Markus Hochstrasser, 1994.

EINLEITUNG

TOPOGRAPHIE UND LANDSCHAFT

Der Kanton Solothurn hat seine heutige Ausdehnung um 1532 erhalten[1]. Sein 791 km² großes Gebiet mit nicht weniger als 127 Gemeinden besitzt eine eigenartig zerrissene Form[2]. Sie erklärt sich aus dem langwierigen territorialen Entwicklungsprozeß zwischen 1344 und 1532, nämlich dem zähen Ringen des reichsfreien Stadtstaates Solothurn mit seinen Nachbarn Bern und Basel um Gebietsanteile. Die innerhalb der Schweizer Kantone unvergleichliche Form, welche Solothurn 350 km Grenzlänge und drei Exklaven, aber kein Hinterland beschert, ist metaphorisch schon mehrfach umschrieben worden: «Wer auf der Schweizer Karte einen Kanton sucht, dessen Umrisse sich mit wenig Federstrichen in ein Fabelwesen mit weitausgreifenden Gliedern verwandeln lassen, stößt auf den Kanton Solothurn»; «Der Solothurner Staat ist ein Ding mit vielen Gliedern, aber ohne Leib»; «Wenig Speck und viele Schwarten, viel Hag und wenig Garten»[3].

So ist es leicht nachvollziehbar, daß der Kanton, durch fünf Juraketten geteilt, kaum eine landschaftliche, geographische Einheit bilden kann. Er hat Anteil an verschiedenen Großlandschaften, nämlich am Mittelland, am Kettenjura, am Tafeljura und an den Randgebieten zur Oberrheinischen Tiefebene. Entsprechend unterschiedlich verlief die Siedlungsgeschichte in vormittelalterlicher Zeit. Die Kreten der ersten Jurafalte bilden innerhalb des Kantons die wichtigsten Grenzscheiden: An den südlichen Juraabhängen oder in den Tieflagen des Mittellandes finden sich mit den Städten Solothurn, Olten und Grenchen die historisch bedeutenden und die wirtschaftlich führenden Orte des Kantons.

Der alten Ost-West-Orientierung der Land- und Wasserwege (Aare-Schiffahrt von den Jurafußseen zum Rhein, Römerstraße von Aventicum nach Vindonissa) entsprechen in moderner Zeit die Trassees der Eisenbahn (Jurafußlinie) und der Autobahn (Nationalstraßen N1/N5). Es ist und war im wesentlichen die überregionale Bedeutung der Verkehrslage, welche den Flecken Solothurn und Olten ihre Entstehung und schließlich die Kraft zur staatlichen Entwicklung ermöglichte und die heute den südlichen Kantonsteilen auch politische und wirtschaftliche Kernfunktionen gibt. Die Besiedlung der Juraabhänge und der Mittellandhügel mit römischen Gutshöfen belegt früh die Fruchtbarkeit des Gebietes. In mittelalterlicher und neuzeitlicher Epoche war es der Korn- und Getreidereichtum am Jurasüdfuß, welcher dem Staate Solothurn einen gewissen *Wohlstand* ermöglichte. Der individuelle *Reichtum* (Patriziat) entsprang dagegen den Solddiensten in fremden Heeren.

Die Gebiete der Längstäler und Quereinschnitte des Juras haben ihre durch die geographische Lage bedingte alte Charakteristik in manchen Fällen bewahrt: Balsthal, der Hauptort des Bezirks Thal, schöpft seine Funktion als regionales Zentrum zwischen den beiden Juraketten aus seiner historischen Rolle als Paßdorf am oberen Hauenstein, während etwa Kienberg im äußersten Zipfel des Gösger Amtes, bereits jenseits der Jurakrete, seine idyllische Abgeschiedenheit in die heutige Zeit hinübergerettet hat. Im Gegensatz dazu ist Beinwil, einsiedlerischer Gründungsort des später nach Mariastein verlegten Benediktinerklosters, durch die Anlage der modernen Paßwangstraße aus seiner früheren Einsamkeit herausgerissen worden.

Wo sich gegen Norden hin die Juralandschaft etwas öffnet und Täler und Geländeterrassen breiter sind, liegt das Schwarzbubenland mit einer Vielzahl schöner Dörfer. Das im Vergleich zum Jurasüdfuß sonnigere und mildere Klima hat auch den Menschenschlag geprägt. Die Nähe zu Basel hat eine starke Ausrichtung zur Rheinmetropole zur Folge. Den daraus wachsenden regionalpolitischen Problemen versucht der Kanton mit beträchtlicher Sensibilität Rechnung zu tragen und Gegensteuer zu geben.

Anmerkungen am Schluß des Kapitels S. 15

Landschaftlich und siedlungstopographisch viel von seinem ursprünglichen Charakter hat das ländliche Gebiet des Bucheggbergs im Südwesten des Kantons bewahrt. Im Zwickel zwischen Aare und Emme gelegen, behält es eine gewisse Eigenständigkeit innerhalb des Kantons: Es war als einziger Bezirk zur Reformation übergetreten und ist daher traditionell und kulturell mit der bernischen Nachbarschaft verbunden.

GESCHICHTLICHE ENTWICKLUNG

UR- UND FRÜHGESCHICHTE

Ebensowenig wie im geographischen Sinne bildet der Kanton Solothurn in kulturell-historischer Hinsicht eine Einheit. Die frühesten Spuren menschlicher Besiedlung auf dem heutigen Kantonsgebiet ließen sich – an klimatisch begünstigter Lage im nördlichen Jura – in der Kastelhöhle im Kaltbrunnental auf dem Gemeindegebiet von Himmelried nachweisen (unsichere Datierung, aus der letzten Zwischeneiszeit, möglicherweise vor etwa 60 000 Jahren)[4]. Erst aus dem jüngeren Paläolithikum (endeiszeitliches Magdalénien) sind neben Funden im Kaltbrunnental und in der Thiersteinhöhle in Büßerach auch Siedlungsspuren im Bereich des Mittellandes nachgewiesen, wo sich die Gletscher zurückgezogen hatten. Von den verschiedenen Stationen in der Gegend um Olten ist vor allem das Köpfli bei Winznau von Bedeutung[5]. In jüngerer Zeit konnte in der Rislisberghöhle bei Oensingen eine weitere bedeutende Behausung von Jägern des jüngeren Paläolithikums nachgewiesen werden. Die Ritzzeichnung eines Steinbocks auf einem Steinbock-Schulterblatt (etwa 10 000 v. Chr.) ist ein besonders bedeutender Fund[6].

Die Funde aus dem Mesolithikum (8000–4000 v. Chr.) sind nicht sonderlich zahlreich, lassen aber auf Grund der Erwärmung des Klimas eine Besiedlung des Mittellandes weiter westwärts bis Grenchen und ins äußere Wasseramt (Burgäschisee) erkennen. Dank der Seßhaftigkeit und der bedeutenden Vermehrung des Menschen im Neolithikum (5000–2000 v. Chr.) sind Siedlungsspuren aus dieser Epoche ziemlich verbreitet erhalten geblieben. Sie können nicht nur in den Niederungen nördlich und südlich des Juras nachgewiesen werden (besonders wichtig sind die Seeufersiedlungen am Inkwilersee und am Burgäschisee), sondern auch in erhöhten Lagen des Bucheggbergs und des Birstals. Bemerkenswert sind etwa die Höhensiedlungen im sogenannten Dickenbännli ob Trimbach, auf Ramelen bei Egerkingen und auf dem Born bei Olten.

Die Bronzezeit (1800–800 v. Chr.) hat auf dem Inselchen des Inkwilersees Spuren von Seeufersiedlungen hinterlassen, darüber hinaus zahlreiche Fundstellen vor allem im Gebiet des Mittellandes und im Jura. Die ältere Eisenzeit mit ihrer Hallstattkultur ist vor allem durch Felder von Grabhügeln belegt, die bei Obergösgen, bei Oberbuchsiten und bei Subingen gefunden wurden. Die jüngere Eisenzeit ist wiederum durch Grabfunde dokumentiert. Die neu zugewanderten Keltenstämme der Rauriker und der Helvetier (nördlich bzw. südlich des Juras) sind darüber hinaus durch einige Münzfunde nachgewiesen. Indirekt haben sie auch im Sprachgut der Ortsnamen Spuren hinterlassen.

Beim Blick in die römische Zeit verdeutlicht sich die wichtige verkehrstechnische Lage des heutigen Kantonsgebietes. Es wurde durchquert von der bedeutenden Heerstraße Aventicum–Petinesca (Biel)–Salodurum–oberer Hauenstein–Augusta Raurica, welche sich bei Oensingen verzweigte und in einem zweiten Strang über Olten nach Vindonissa führte. In sämtlichen Hang- und Tieflagen in näherer oder weiterer Umgebung dieser Verkehrswege lassen sich römische Villen mit Gutshöfen nachweisen, welche sich das fruchtbare Land zunutze machten. Über zahlreichen dieser Römervillen wurden später Kirchenbauten errichtet. Bereits im späten 18. Jahrhundert ergrub FRANZ KARL VON WALLIER VON WENDELSTORF in der Scharlenmatte bei Flumenthal einen ausgedehnten Gutshof. Am besten dokumentiert ist heute der Gutshof beim Spitalhof bei Biberist, der zwischen 1982 und 1989 ergraben wurde[7].

Archäologisch erschlossen sind auch Solothurn (Salodurum) und Olten[8] als die wichtigsten römischen Siedlungen auf Kantonsgebiet. Römische Vici des 1. und 2. sowie aus der ersten Hälfte des 3. Jahrhunderts n. Chr. wurden während der Alemanneneinfälle im späteren 3. Jahrhundert in Mitleidenschaft gezogen oder erfuhren wegen politischer und wirtschaftlicher Krisen einen Niedergang; sie entstanden später als befestigte Castra

Abb. 3
Ausblick von der Schmiedenmatt gegen Westen ins Aaretal. Im Vordergrund liegt das Dorf Günsberg. Im Mittelgrund rechts die Balmfluh in der Weißensteinkette, in der Mitte die bewaldete Verenakette und links, von der Sonne beschienen, das Stadtgebiet von Solothurn. Im Hintergrund liegen der Bucheggberg und der Bielersee. Die Aufnahme illustriert deutlich Solothurns Muldenlage. Photographie, 1992. – Text S. 51.

(Glockenkastelle; neueste Annahme für den Bau der Kastellmauer von Solothurn 325–350). Wegen seines Aareüberganges nahm das römische Solothurn eine wichtige Stellung ein. Durch den christlichen Kult über den Märtyrergräbern von Urs und Victor nahm die Siedlung seit dem 5. Jahrhundert noch an Bedeutung zu und besaß als Stadt an der Aare innerhalb des Mittellandes bis zum Anfang des Hochmittelalters einen besonderen Rang (vgl. Kapitel Geschichtlicher Überblick, S. 52ff.).

FRÜH- UND HOCHMITTELALTERLICHE ZEIT

Im Verlauf des 5./6. Jahrhunderts vollzogen sich entlang dem Jurasüdfuß Änderungen in der Besiedlungsstruktur. Die galloromische Bevölkerung der «Romanen» wurde von Osten her von den heidnischen Alemannen be- und teilweise verdrängt, so daß sich im 7. Jahrhundert im Raume östlich von Solothurn eine ethnische Grenze zwischen romanischer und alemannischer Bevölkerung abzuzeichnen begann, welche besonders anhand von Grabfunden gut bezeugt ist[9]. Diese Ereignisse begründeten Solothurns Lage entlang der Sprachgrenze sowie die Aufgliederung des späteren Solothurner Stadtgebiets auf das Bistum Lausanne (nördliche Altstadt, Gebiete westlich der Stadt) und auf das Bistum Konstanz (Vorstadt, rechtsufrige Gebiete). Die Gebiete nördlich des Jurakammes gehörten zum Bischofssitz von Basel, der aus der Römerstadt Augusta Raurica hervorgegangen war. Die kirchlich-kulturelle Orientierung nach drei geographischen Richtungen findet eine

Anmerkungen am Schluß des Kapitels S. 15

Entsprechung in den Chorherrenstiften von Solothurn und Schönenwerd sowie dem Benediktinerkloster von Beinwil, die mit ihren Schulen und Bibliotheken nicht nur kulturelle Zentren darstellten, sondern auch als früheste faßbare politische Gewalten in Erscheinung traten[10].

Neben den an Grundbesitz mächtigen Stiften gelangten seit dem 11. Jahrhundert zunehmend verschiedene Feudalgeschlechter zu Macht und Einfluß. Von lokaler Bedeutung waren die Freiherren von Bechburg, Grenchen, Balm und Wartenfels. Als Kastvögte von St. Ursen, von Schönenwerd und von Beinwil standen die Grafen von Buchegg, die Freiherren von Gösgen und die Grafen von Thierstein in engem Verhältnis zu politisch und kulturell gestaltenden Kräften. Doch wesentlich mächtiger als die genannten Geschlechter waren die Grafen von Froburg mit ihrer Stammburg bei Olten; sie besaßen in den Gebieten der heutigen Kantone Basel-Landschaft und Solothurn sowie in den angrenzenden aargauisch-bernischen Gebieten ein ausgedehntes Herrschaftsgebiet[11]. Die Froburger waren auch als erfolgreiche Städtegründer aufgetreten und hatten in dieser Funktion nicht nur die Siedlung Olten verstärkt, sondern im 12./13. Jahrhundert auch die Kleinstädte Fridau bei Härkingen und Falkenstein in der Klus gegründet[12]. Beide wurden 1375 zusammen mit einigen Dörfern und dem Aarestädtchen Altreu bei Selzach durch die Gugler zerstört; nur Klus wurde als Zwergstadt wiederaufgebaut.

Rangmäßig wurden die Froburger noch übertroffen von den Herzögen von Zähringen, die als Rektoren von Burgund auch über die Stadt Solothurn geboten[13]. Das Aussterben der Zähringer 1218 leitete zaghaft einen Emanzipationsprozeß der Stadt ein, welche um die Mitte des 14. Jahrhunderts ihre weitgehende Selbständigkeit erreichte.

DIE TERRITORIALE ENTWICKLUNG
UND DIE AUFNAHME IN DEN BUND
DER EIDGENOSSEN

Im Früh- und im Hochmittelalter entfalteten sich die Regionen im Westen, Osten und Norden des heutigen Kantonsgebietes in verschiedener Weise. Erst durch das Eingreifen der erstarkenden und territorial sich ausdehnenden Stadt Solothurn wurden die verschiedenen Gegenden zwischen dem mittleren 14. und dem frühen 15. Jahrhundert einem gemeinsamen Schicksal zugeführt.

Als innerhalb weniger Jahrzehnte fast alle für das heutige Kantonsgebiet bedeutenden Feudalgeschlechter ausstarben, ergriff Solothurn die Chance, deren territoriale Erbschaft nach hartnäckigem Kampf gegen die mächtigen Städte Bern und Basel anzutreten[14]. In drei Etappen vollzog sich in kluger Kaufpolitik und in mäßig erfolgreicher Eroberungspolitik die Ausweitung zum heutigen Kantonsgebiet, die zur Reformationszeit ihren Abschluß fand. Am Anfang stand – im Zusammenhang mit dem Gewinn des Schultheißenwahlrechts 1344 – die Erlangung der Hochgerichtsbarkeit über die stadtnahen Gebiete des St.-Ursen-Stiftes (Biberist, Zuchwil, Luterbach, Derendingen, Langendorf, Oberdorf, Bellach, Lommiswil, Rüttenen, Feldbrunnen).

Nach dem Mißerfolg der Kyburger in der Solothurner Mordnacht (1382) und nach der Niederlage von Österreich und mittelländischem Adel in der Schlacht von Sempach (1386) setzte die solothurnische Territoriumsbildung größeren Ausmaßes ein, freilich argwöhnisch beobachtet und in der Dynamik gehemmt durch den mächtigen Rivalen Bern. Bis um 1410 wurde der Kranz der inneren Vogteien um die Stadt erworben, nämlich 1389 Altreu, 1391 Buchegg, 1393 Grenchen, 1411 Balm (Deitingen, Halten/Kriegstetten folgten erst 1428 bzw. 1466). Aareabwärts kamen ab 1415 folgende Gebiete südlich der Juraübergänge dazu: 1415 Bechburg (definitive Auslösung aus der gemeinen Herrschaft mit Bern erst 1463), 1420 Falkenstein, 1426 Olten (das allerdings erst 1532 aus einer Pfandschaft in einen Kauf umgewandelt wurde), 1458 Gösgen, 1465 Wartenfels. Als letzte Erwerbung südlich des Juras folgte 1470 Aetingen im Bezirk Bucheggberg.

Versuchte Gebietsgewinne nördlich des Juras hatten erst nach der Aufnahme Solothurns in den Bund der Eidgenossen (1481) Erfolg: 1485 gelang der Kauf von Seewen und der Burg Dorneck. Diese wurde 1499 Schauplatz der Entscheidungsschlacht im Schwabenkrieg, in der Solothurn den Respekt der neuen Bundesgenossen erlangen konnte, ohne aus dem Sieg selber territorialen Nutzen ziehen zu können. Immerhin glückten in den ersten Jahrzehnten des 16. Jahrhunderts im Schwarzbubenland, dem so benannten Gebiet nördlich der Jurapässe, noch einige verstreute

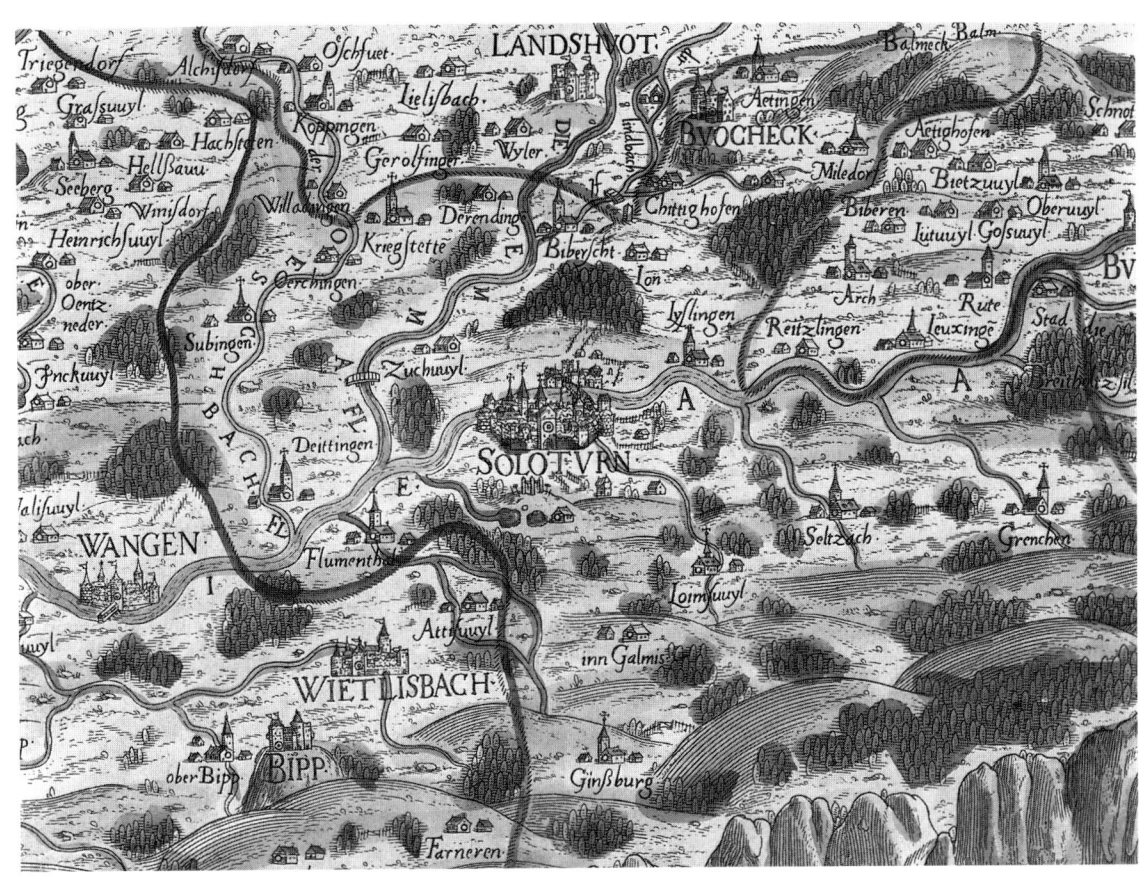

Abb. 4
Die Region Solothurn von Norden auf der Landkarte des Kantons Bern von Thomas Schoepf, Blatt 15. Kolorierter Kupferstich, 1577/78 (BD II/91).

oder gebietsmäßig zusammenhängende Erwerbungen: Büren und Dornach 1502, Hochwald 1509, Rotberg mit Mariastein 1515, Thierstein mit Beinwil 1522, Gilgenberg, Himmelried, Bärschwil, Kleinlützel 1527.

Das Ende der insgesamt recht zufällig verlaufenden solothurnischen Territorialpolitik bildete der Kauf von Kienberg (1532), einem Dorf im obersten Fricktal, das auch heute durch einen bloß 120 m breiten Geländestreifen mit dem übrigen Kantonsgebiet verbunden ist. Die Chance, die beiden Exklaven aus dem frühen 16. Jahrhundert (Rotberg, Kleinlützel) durch die Neuzuteilung des bernischen Laufentals mit dem übrigen Kantonsgebiet zu verbinden, ließ sich innerhalb des langwierigen Kantonswechselverfahrens zwischen 1978 und 1993 nicht realisieren. Der Kanton Solothurn schied schon 1980 nach Basel-Stadt in einer zweiten Abstimmung aus dem Rennen; 1989 entschieden sich die Laufentaler in einer Volksabstimmung für eine Zuteilung zum Kanton Basel-Landschaft.

Die früheren Gebietserwerbungen Solothurns hatten sich natürlich noch mit ganz anderen Mitteln bewerkstelligen lassen; kriegerische Eroberungen spielten dabei eine eher untergeordnete Rolle. Es war vielmehr eine Verbindung von Käufen, Burgrechtsabschlüssen, Tauschen und Erwerben von Hoch- und Niedergericht und Grundherrschaft in Etappen, die der militärisch eher schwachen Aarestadt die Ausbildung eines unbestrittenen Herrschaftsgebiets sicherte und schließlich 1481 auch zur Anerkennung der Souveränität im Rahmen des Bundes der Eidgenossen verhalf.

Anmerkungen am Schluß des Kapitels S. 15

Die Aufnahme als elfter Stand der Eidgenossenschaft war nicht selbstverständlich, aber immerhin durch Solothurns frühere Politik vorbereitet worden. Wichtig war die Sonderbeziehung Solothurns zu Bern, nach dessen Eintritt in den Bund 1353 die achtörtige Eidgenossenschaft für mehr als ein Jahrhundert bestehenblieb. Schon 1295 hatte Solothurn mit Bern ein Schutz- und Trutzbündnis abgeschlossen, das sich 1298 während Berns Zug gegen Freiburg i. Ü. und 1318 anläßlich der Belagerung Solothurns durch den österreichischen Herzog Leopold I. aus dem Hause Habsburg erstmals zu bewähren hatte. Wiederholte gemeinsame Waffengänge hatten Solothurns Politik immer in die Nähe Berns und seiner Bundesgenossen gebracht, auch wenn der räumliche Expansionsdrang Solothurns seit dem späten 14. Jahrhundert immer wieder zu Reibereien mit dem in Haßliebe schicksalhaft verbundenen mächtigen Nachbarn geführt hatte. Beitrittsbemühungen als gleichberechtigtes Mitglied der Eidgenossenschaft waren in den Jahren 1411, 1453 und 1458 gescheitert. Solothurns Einsatz in den Burgunderkriegen 1476/77 öffnete dann den Weg in die Eidgenossenschaft, gemeinsam mit Freiburg, das Berns Gunst gewonnen hatte. Doch angesichts der tief zerrissenen, in die beiden Lager der Stadt- und Landkantone geteilten Eidgenossenschaft bedurfte es der Fürsprache Bruder Niklaus von Flües, der seither im Solothurnischen eine besondere Verehrung erfährt.

REFORMATION UND ANCIEN RÉGIME

Daß die Zugehörigkeit zur Eidgenossenschaft nicht nur politische und weltanschauliche Eintracht bedeuten sollte, zeigte spätestens die Zeit der Reformation. Die Solothurner, die sich nach Ulrich Zwinglis Zürcher Auftritt 1519 lange Zeit in der Konfessionsfrage eher zurückhaltend gezeigt hatten, wurden 1529 durch die Reformation in Bern und in Basel herausgefordert[15]. Eine «Volksanfrage» unter den Landgemeinden sprach sich eher zugunsten des neuen Glaubens aus. In der Stadt, die zu einem Drittel aus Neugläubigen bestand, mehrte sich der Ruf nach einem Prediger und nach einer Disputation; deren Verhinderung durch den Rat führte Anfang 1530 in der Stadt zu beträchtlichen Unruhen.

Die Niederlage der Reformierten und Zwinglis Tod im Zweiten Kappeler Krieg 1531 ließen Solothurns Übertritt zum neuen Glauben vollends zur Illusion werden. Dies unterstrichen die Ausweisung der protestantischen Prediger und 1533 die nicht im Turnus erfolgte Wahl des Katholiken Niklaus von Wengi d. J. zum Schultheißen. Im daraus folgenden Reformiertenaufstand vom Herbst 1533 setzte sich Wengi herzhaft für Toleranz ein und verschonte die Neugläubigen in der Solothurner Vorstadt vor dem Kanonenbeschuß durch die Katholiken. Überhaupt hatte religiöse Toleranz fortan zur Staatsraison zu gehören, da das solothurnische Amt Bucheggberg unter der Ägide bernischer Hochgerichtsbarkeit protestantisch geworden war.

Zur Zeit der Reformation, möglicherweise gar in ursächlichem Zusammenhang mit dieser, nahm in Solothurn ein Kapitel seinen Anfang, das das Schicksal von Stadt und Kanton in den folgenden zweieinhalb Jahrhunderten wesentlich prägte. In der Stadt residierte seit 1530 der Botschafter des französischen Königs bei der Eidgenossenschaft. Die Wahl Solothurns zum ständigen Sitz der Ambassade war nicht zufällig erfolgt; ein machtmäßig eher unbedeutender, aber katholischer Stand mit einer langen Solddienst-Tradition und überdies in geographischer Nähe zu Frankreich gelegen, dürfte zugunsten der französischen Großmachtziele in Europa am meisten Vorteile geboten haben. Solothurn seinerseits konnte sich nicht nur ein gewisses Prestige, sondern innerhalb der eidgenössischen Politik auch einen Stellenwert erhoffen, der über die eigentliche bevölkerungsmäßige, wirtschaftliche und politische Bedeutung hinausging.

Die Sonderbeziehung zwischen Solothurn und Frankreich nahm bisweilen tatsächlich den Charakter einer Symbiose an, wobei deren Nutzen auf solothurnischer Seite umstritten und häufig auf einzelne Persönlichkeiten und Familien begrenzt war. Seit dem späteren 16. Jahrhundert begann sich in der Stadt Solothurn eine patrizische Oberschicht auszubilden, deren Streben sukzessive die Geschicke des Kantons beeinflußte. Zur Triebfeder wurden die Solddienste, vorab für Frankreich, welche den Offizieren und Ratsherren Geld in Form von Sold und Pensionen sowie Adelsprädikate und Ruhm eintrugen. Auch die arme Landbevölkerung, die überwiegend von der Landwirtschaft lebte, war dringend auf den Gelderwerb aus dem Solddienst angewiesen. Alternativen gab es nur in beschränktem Maße, da die oligarchische Führungsschicht der Ausübung oder Entwicklung von Landwirtschaft, Gewerbe und Handel nicht die nötige Aufmerksamkeit schenkte[16]. Das Patriziat war zu sehr mit dem persönlichen Wohlergehen und der eigenen Laufbahn beschäftigt, die je nach Person und Rang Züge eines vorbestimmten Weges annahm; dieser führte von Chargen im Solddienst zu Einsätzen als Landvogt in einer gemeinen Herrschaft oder in einer Solothurner Vogtei und schließlich oftmals zur Stufenleiter des komplexen Rats- und Regierungssystems.

Seit dem Spätmittelalter hatte sich in Solothurn eine Ratsverfassung ausgebildet, die strukturell bis 1798 ziemlich unverändert blieb, in ihrer Substanz aber vor allem im Zeitalter des Absolutismus Veränderungen unterworfen war und dabei letzte demokratische Züge verlor. Anzumerken ist, daß der Rat bloß aus Solothurner Stadtbürgern bestand; diese bestimmten somit ausschließlich über die Geschicke des ganzen Kantons. Der kleine (ordentliche) Rat bestand aus elf Alträten, den Zunftmeistern der elf städtischen Zünfte, und aus 22 Jungräten als weitere Zunftmitglieder. Indem der Altrat den Jungrat bestimmte, dieser aber Wahlbehörde des Altrates war, war die sukzessive Ausbildung einer abgeschlossenen Schicht wie der des Patriziates eine naheliegende Folge. Der vom Schultheißen geleitete und regelmäßig tagende Kleine Rat besorgte als Regierung von Stadt und Stadtstaat den Großteil der Amtsgeschäfte und war auch oberste Gerichtsbehörde.

Eine souveräne Versammlung existierte seit dem 16. Jahrhundert nicht mehr. Der Bürgerversammlung (sog. «Rosengarten»), die jeweils am 24. Juni zusammentrat, oblagen nur noch die Wahl oder Bestätigung von Schultheiß, Venner, Großweibel und Gemeinmann. Die «höchste Gewalt» im Staate besaß der Große Rat (sog. «Rät und Burger»); er wurde nach Gutdünken des Kleinen Rates einberufen und entschied über Krieg und Frieden sowie über Staatsverträge. Der Große Rat umfaßte neben den 33 Kleinräten noch 66 Großräte sowie den Schultheißen und den Altschultheißen. Der Geheime Rat als absolutistisch regierender Ausschuß des Kleinen Rates bestand aus Schultheiß, Altschultheiß, Venner, Seckelmeister, Stadtschreiber und Gemeinmann.

Zum solothurnischen Regierungs- und Verwaltungssystem gehörte die Aufgliederung der Landschaft in elf Vogteien (vier innere und sieben äußere), deren Grenzen zum größten Teil nicht mit den ursprünglichen Herrschaften und den heutigen Bezirksgrenzen übereinstimmten.

Die vier inneren Vogteien, deren Vögte in der Stadt Solothurn saßen, waren: 1. Lebern oder Grenchen; 2. Balm oder Flumenthal; 3. Buchegg; 4. Kriegstetten.

Die äußeren Vogteien waren: 5. Falkenstein mit Vogteisitz auf der gleichnamigen Burg bei St. Wolfgang; 6. Bechburg mit Vogteisitz auf Schloß Neubechburg bei Oensingen; 7. Olten im Sinne des Schultheißenamts; 8. Gösgen mit Vogteisitz auf der Burg Niedergösgen; 9. Dornach mit Vogteisitz auf der Burg Dorneck; 10. Thierstein mit Vogteisitz auf Schloß Thierstein; 11. Gilgenberg mit Vogteisitz auf Schloß Gilgenberg.

Natürlich konnten angesichts der Dominanz der Stadt und des sozialen Gefälles zwischen Stadt- und Landbevölkerung Spannungen und insbesondere der Bauernkrieg von 1653 auch im Solothurnischen nicht ausbleiben. Tragische Berühmtheit erlangten die Bauernführer Adam Zeltner und Stephan Schluep aus Nennigkofen, welche auf bernischen Druck in Zofingen bzw. Bern enthauptet wurden – gegen den Einspruch des Rates und des Ambassadors in Solothurn, die eine vergleichsweise moderate Haltung einnehmen wollten.

Immer wieder zeigte sich der große Einfluß des mächtigen Bern, das sich 1632 im sogenannten Kluser Handel beinahe zu kriegerischen Handlungen hatte provozieren lassen und wiederum 1656 im Ersten Villmerger Krieg Solothurn in Angst versetzte. Der Ausbau der damals bernischen Festung Aarburg gab den endgültigen Anstoß zum Bau der Solothurner Barockschanzen (vgl. Kapitel Stadtbefestigungen). Diese ließen sich letztlich nur mit französischen Geldmitteln und Ingenieurskünsten vollenden. Auch im Vorfeld des Zweiten Villmerger Krieges 1712 schickte sich Solothurn wieder an, mit Hilfe französischer Ingenieure seine Befestigung im Bereich der noch unvollendeten Vorwerke zu verstärken. Sogar an eine Neubefestigung der Stadt Olten wurde gedacht. Es sei somit auch die Frage in den Raum gestellt, ob Bern Solothurn auch dann geschont hätte, wenn der franzö-

---

Anmerkungen am Schluß des Kapitels S. 15

sische Ambassador, gewissermaßen supranationaler Garant für die Sicherheit, nicht in den Mauern der Stadt residiert hätte.

Die franzosentreue Richtung innerhalb der patrizischen Führungsschicht war nicht völlig unbestritten, was sich besonders in der zweiten Hälfte des 17. Jahrhunderts und zu Beginn des 18. Jahrhunderts in Flügelkämpfen äußerte. Aber Schultheiß Johann Viktor von Besenval, dessen Regierungsperiode von 1689 bis 1713 auch einen Höhepunkt patrizischer Prachtentfaltung markierte, konnte sowohl im Rat von Solothurn wie auch an der Tagsatzung in Baden seinen Einfluß zugunsten der französischen Interessen geltend machen. Eine wichtige Zäsur bildete 1720 die Lawsche Krise, welche auch in Solothurn Folgen zeigte und die einflußreichen Kreise dort auf Distanz zu Frankreich gehen ließ. Am Gesellschaftssystem mit patrizischer Vorherrschaft, Ausrichtung auf den Solddienst und der Dominanz der Agrarwirtschaft änderte sich grundsätzlich nichts.

Erst nach 1740 traten einige Anzeichen wirtschaftlichen Unternehmergeistes auf. Es wurden in der Stadt und im Kanton Solothurn einige Manufakturen für Leder- und Textilherstellung und Textilverarbeitung gegründet[17]. Von einer eigentlichen Industrialisierung kann nicht gesprochen werden. Bei aller Trägheit in wirtschaftlichen Dingen besaß der Kanton im Jahre 1792 das erstaunliche Barvermögen von 3 bis 3½ Millionen Pfund, welches freilich 1798 Opfer der Kontribution wurde.

AUSBILDUNG DES MODERNEN KANTONS SEIT DER REVOLUTIONSZEIT

Die Epochenwende um 1789 bzw. 1798 bedeutete für den Kanton Solothurn einen besonders starken Einschnitt. In den Jahrzehnten zuvor hatte sich in den Städten Solothurn und Olten eine gewisse Offenheit gegenüber aufklärerischen Bestrebungen gezeigt. Träger waren einige Aristokraten und Chorherren des St.-Ursen-Stifts. Die Regierung hatte es auch ermöglicht, daß Olten zeitweise Tagungsort der fortschrittlich gesinnten Helvetischen Gesellschaft war. Zeichen der Aufgeschlossenheit waren etwa die Gründung der Ökonomischen Gesellschaft (1761), Reformen im Schul- und Kirchenwesen und die Aufhebung letzter Überbleibsel der Leibeigenschaft (1785). Daß diese Maßnahmen freilich nicht echte Boten der Freiheit waren, zeigten Repressionen gegenüber der aufmurrenden Landbevölkerung 1782 und 1785 sowie eine rigorose Zensur, die etwa den Solothurner Schriftsteller URS JOSEPH LÜTHY traf.

Wie prägend das «Ancien régime» des Patriziates war, zeigte die offene Aufnahme, die man in Solothurn den seit der Revolution aus Frankreich exilierten Adeligen und Klerikern gewährte. Die revolutionsfeindliche Stimmung wurde nicht nur durch die zu Tausenden in Solothurn lebenden Exilfranzosen angeheizt, sondern auch durch mehrere Ereignisse des Jahres 1792. Im Frühjahr hatten französische Truppen Teile des Fürstbistums Basel besetzt und damit dem Kanton Solothurn im Norden und im Westen eine lange Grenze zu einem unruhigen, von revolutionärem Geist getriebenen Nachbarn beschert. Eine Grenzverstärkung war unabdingbar. Wenige Wochen später erfolgten die Ausweisung des französischen Botschaftssekretärs und das Ende Solothurns als Botschaftsresidenz. Nach dem Tuileriensturm am 10. August 1792, bei dem zahlreiche Solothurner Gardisten unter dem Feuer der revolutionären Volksmassen gefallen waren, erhob sich eine allgemeine Empörung gegen die neuen Machthaber in Paris.

Diese reichte aber nicht aus, um im März 1798 den Kanton vor den einfallenden Franzosen zu retten[18]. Daß sich Solothurn unter dem Kommando von General Johann Baptist Altermatt ohne eidgenössische Unterstützung gegen den eindringenden General Aléxis von Schauenburg blutig verteidigte, mag als Ruhmestat gewürdigt werden. Die Zustimmung Solothurns als erster Schweizer Kanton zur französisch diktierten Einheitsverfassung am 22. März 1798 mag praktischer Notwendigkeit entsprungen sein. Daß in Solothurn eine bestimmte Schicht einer politischen Erneuerung sehr offen gegenüberstand, zeigten die sogenannten «Patrioten». Schnell gewannen fortschrittliche Solothurner auch auf der Ebene des helvetischen Zentralstaates Einfluß, so Viktor Oberlin, der als Außenminister in die Direktoriumsregierung gewählt wurde, und Peter Josef Zeltner, der helvetischer Gesandter in Paris wurde.

Die totale Umkrempelung des ehemals souveränen Staates Solothurn mit seinen elf Vogteien in einen helvetischen Verwaltungsbezirk mit fünf Di-

Abb. 5
Ausblick vom Weißenstein gegen Süden auf die Stadt Solothurn und ins Mittelland. Unten links der Westausläufer der bewaldeten Verenakette. Die Waldpartie in der Mitte rechts gehört zum Ostausläufer des Bucheggbergs. Photographie von Franz Hauser, 1899.

strikten endete im offenen Widerstand der Bevölkerung und in Napoleons Mediationsverfassung von 1803. Diese stellte Solothurns souveräne Staatlichkeit mit einem Großen und einem Kleinen Rat wieder her. Die Einteilung des Kantonsgebietes in fünf Bezirke wurde dagegen von der Helvetik übernommen. Bei eingeschränktem Stimm- und Wahlrecht und bei Bevorzugung der Stadt gegenüber dem Land waren die Verhältnisse keineswegs demokratisch. Die Staatsverwaltung war aber recht gut organisiert und zeigte im Gerichts- und Polizeiwesen sowie in der Volkswirtschaft gewisse Fortschritte. Die politische Umbruchsituation in Europa führte 1814 im Kanton Solothurn zu einer Serie von Putschen und Aufständen von Patriziern wie auch liberal Gesinnten. Unter letzteren taten sich Josef Munzinger von Olten und Johann Baptist Reinert von Oberdorf besonders hervor; sie sollten aber erst nach 1831 zentralen Anteil an Solothurns politischem Leben haben.

Denn vorerst gelangte wieder das Patriziat an die Macht. Hauptaspekte der Restaurationsverfassung vom 17. August 1814 waren das politische Übergewicht der Hauptstadt gegenüber der Landschaft und die Aufhebung der Gewaltentrennung. Solothurns Hoffnung, das alte Fürstbistum Basel beerben zu können und damit seine komplizierte Nordbegrenzung begradigen zu können, hatte sich schon in der Wiener Deklaration vom März 1814 zerschlagen. Mehr als nur symbolischen Charakter hatte das Wiederaufleben der fremden Kriegsdienste, wozu Militärkapitulationen mit Frankreich, den Niederlanden und dem Königreich Neapel abgeschlossen wurden. Große politische Visionen konnte die konservative Regierung nicht entwickeln, obschon sie an einem neuen Verfassungsentwurf arbeitete.

Im Nachgang zur Julirevolution von 1830 in Paris und im Einklang mit zahlreichen anderen Kantonen fand auch im Solothurnischen ein liberaler Umbruch statt: Am Volkstag von Balsthal vom 22. Dezember 1830, als Josef Munzinger die politi-

---

Anmerkungen am Schluß des Kapitels S. 15

schen Forderungen des Landvolkes an die Regierung erhob, schlug die Geburtsstunde des liberalen Regiments unter Führung von Munzinger und von Johann Baptist Reinert. Innert weniger als Monatsfrist folgte die überwältigende Annahme einer Verfassung mit repräsentativer Demokratie. Wichtige Errungenschaften der damit angebrochenen Regenerationszeit waren die Schaffung eines neuen Gemeindegesetzes und eines Zivilgesetzbuches, die Erneuerung des Schulwesens, die Gründung einer Kantonsschule, die Förderung der Landwirtschaft, die Ablösung der Zehnten und Bodenzinse und die endgültige Auflösung der Zünfte.

Vom Schritt der Aufhebung der Klöster, die 1841 den Aargau und mit ihm die Schweiz polarisierte, nahm die ausschließlich liberale Regierung Abstand. Doch Solothurn war ein durch und durch liberaler, zunehmend auch radikaler Kanton, der mit der Teilnahme an den Freischarenzügen gegen das konservative Luzern 1845 und am Krieg gegen den Sonderbund 1847 diese Haltung unterstrich. Wie schon 1798 fiel auch 1848 dem kleinen Kanton Solothurn die Ehre der Schweizer Regierungsbeteiligung zu, indem Landammann Josef Munzinger Mitglied des ersten Bundesrates wurde.

ENTWICKLUNG ZUM INDUSTRIEKANTON

In Munzingers Rolle als unbestrittener politischer Führer der Regierungsmehrheit folgte 1856 der Radikale Wilhelm Vigier nach. Mit seiner starken Persönlichkeit leitete er bis zu seinem Tode 1886 die Geschicke des Kantons. Die drei Jahrzehnte, während welcher er Regierungsrat war, erhielten den Namen «Vigier-Zeit», und diese wurden geprägt durch fast endlose und stark polarisierende Verfassungskämpfe, an denen sich seit 1869 wiederum die konservative Opposition beteiligte, die durch den Solothurner Bürgerammann Joseph von Sury Bussy neu organisiert worden war. In diese Ära fiel auch der Kulturkampf, der im Kanton Solothurn in ungewohnter Intensität tobte. Direkte Folgen waren einerseits die Gründung von sieben christkatholischen Kirchgemeinden, die sich am Jurasüdfuß etablieren konnten, andererseits 1873/74 die Absetzung des romtreuen Bischofs Lachat und die Aufhebung des Benediktinerklosters Mariastein sowie der Chorherrenstifte St. Ursen in Solothurn und St. Leodegar in Schönenwerd. Positive Errungenschaften der Vigier-Zeit waren der Ausbau der direkten Demokratie und eine dynamische Industrialisierung des Kantons, der bis dahin erst in der 1810 gegründeten Eisengießerei von Roll einen modernen Industriezweig besaß. Unterstützt wurden die Industrialisierungsbestrebungen durch den gleichzeitigen Aufbau des Eisenbahnnetzes, an dem der Kanton Solothurn wegen seiner Lage und wegen des Knotenpunktes Olten recht intensiven Anteil hatte, sowie durch die tatkräftige Erneuerung des Bildungswesens.

Bedeutende Industriezweige wurden die Schuhproduktion (Schönenwerd, Olten, Dulliken), die Uhrenproduktion (Grenchen, darauf auch in Langendorf und in Solothurn), die Zelluloseproduktion (Attisholz). Ein großräumiges Industriegebiet mit verschiedenen Branchen entstand entlang dem Emmekanal: in Derendingen die Spinnerei Emmenhof und die Kammgarnfabrik, in Biberist die Papierfabrik. Papier wurde auch in Balsthal hergestellt, im benachbarten Mümliswil Kämme. Das Schwarzbubenland spürte die Industrialisierung später und weniger stark; es besaß in Breitenbach eine Seidenbandfabrik und erhielt später die Isola-Werke und in Dornach die Metallwerke. Am Jurasüdfuß bildeten sich nach der Jahrhundertwende in der Schrauben- und Décolletage-Industrie und in der Elektroapparateherstellung neue Erwerbszweige. Nach dem Ersten Weltkrieg zeigte sich die Industrie im Kanton Solothurn in hierzulande seltener Vielgestaltigkeit. Die Dominanz der Uhren-, Metall- und Papierindustrie trug aber die Gefahr langfristig ungesunder Monostrukturen in sich. Die Industrialisierung des Kantons mit ihrem beachtlichen Anteil an kleinen und mittleren Unternehmen ließ aber weder Ballungszentren noch öde Agglomerationen entstehen. Vielmehr entwickelte sich der Kanton mit seinem vergleichsweise zweitgrößten Waldbestand in der Schweiz zum «Industriekanton im Grünen».

In der politischen Entwicklung hatte das Jahr 1887 wegen des sogenannten Bankkrachs einen wichtigen Umbruch gebracht und das Vertrauen in die bis dahin freisinnige Regierung erschüttert. Eine darauffolgende Totalrevision der Kantonsverfassung verhalf erstmals einem Vertreter der konservativen (christdemokratischen) Opposition zu einem Sitz in der Kantonsregierung[19]. Eine weitere Verfassungsrevision führte 1895 endlich auch das Proporzwahlrecht ein, welches im Jahr darauf erstmals auch den Sozialdemokraten (seit 1890 in einer eigenen Partei zusammengefaßt) zum Einsitz im Kantonsrat verhalf. 1917 verlor die freisinnige Partei ein erstes Mal die absolute Mehrheit im Kantonsrat, 1952 jene im Regierungsrat. Die weltanschaulich begründeten Parteienkämpfe aber, die im 19. Jahrhundert in Solothurn zu Verfassungsrevisionen und -partialrevisionen in so großer Zahl geführt hatten wie in keinem anderen Kanton, dauerten noch weit in die zweite Hälfte des 20. Jahrhunderts fort.

Der Kanton Solothurn hat sich 1986 in einem Leitbild neu orientiert und gleichzeitig durch die Erneuerung der Verfassung von 1887 sein staatspolitisches Selbstverständnis neu definiert. Als aufwendig zu betreuendes und zu finanzierendes Staatsgebilde der Regionen ohne eindeutiges kulturelles, wirtschaftliches oder auch bloß bevölkerungsmäßiges Zentrum, dafür umgeben von außerkantonalen Beziehungsfeldern mit zentrifugaler Auswirkung auf den Kanton Solothurn, sucht dieser gemäß seiner Staatsmaxime die Einheit in der Vielfalt zu erhalten und seinen historisch begründeten Zusammenhalt zu bewahren.

HELDEN, MYTHEN, TRAUMEN

Die Solothurner Geschichte besitzt einen beachtlichen Reichtum an mythologischen und heldenhaften Gestalten unterschiedlichster Zeiten und Tragweiten, die im Bewußtsein des Solothurner Volkes einen gewissen Stellenwert einnehmen. Am Solothurner Zeitglockenturm kündet ein Distychon vom großen Alter der Stadt, die neben Trier die älteste nördlich der Alpen sein soll. In der Legende ist dieser Altersaspekt gar in die Aussage übersteigert worden, die Solothurner hätten von ihren Schanzen aus dem lieben Gott bei der Schaffung der Welt zugeschaut.

Tief im Solothurner Volksempfinden und Staatsverständnis bis mindestens ins 19. Jahrhundert waren Martyrium und Kult der Märtyrerheiligen aus der Thebäischen Legion mit Ursus und Victor an der Spitze verankert. Der Legende nach erduldeten sie gegen Ende des 3. Jahrhunderts im römischen Vicus Salodurum auf Befehl des Ortsvorstehers Hirtacus auf der Aarebrücke den Tod durch Enthauptung, nachdem sie zuvor das Götzenopfer verweigert hatten und vergeblich auf dem Scheiterhaufen zu verbrennen versucht worden waren. Ein weiteres Element der zunehmend ausgeschmückten Heiligenlegende ist die Selbstbestattung der kopftragenden Märtyrer bei der heutigen St.-Peters-Kapelle zu Solothurn, ein Ereignis, das sich nach der Legende unter Assistenz der heiligen Verena vollzog. Solothurns Hauptheiliger aus der Thebäerlegion und Landespatron ist Ursus, dessen mutmaßliche Reliquien sich in der St.-Ursen-Kirche in Solothurn erhalten haben, während die Überreste des Gefährten und Nebenpatrons Victor um 500 von Solothurn nach Genf transferiert worden waren.

In der Solothurner Staatsikonographie nimmt der heilige Ursus, recht häufig in Begleitung von Victor, den wichtigsten Stellenwert ein[20]. Er ziert im Mittelalter Stadt- und Standessiegel und noch im 19. Jahrhundert das Münzbild, häufig auch die Standesscheiben. In Gemälden und in Form von Statuen tritt er an zahlreichen Landkirchen auf – er ist Symbol und Botschafter des Staates Solothurn bis ins Zeitalter der Restauration. Heute noch gibt er einen im Solothurnischen weit verbreiteten Eigennamen ab und markiert auch in einem guten halben Dutzend Wirtshausnamen solothurnisches Territorium.

Ein wichtiger Aspekt ist die Schutzfunktion, die man dem heiligen Krieger vom Mittelalter bis in den Barock zutraute. In dieser beschützenden Funktion tritt das Bild des gerüsteten und bewaffneten Ursus an den Solothurner Stadttoren und an weiteren obrigkeitlichen Gebäuden wie Rathaus und Landvogteischlößern auf.

Zyklische Darstellungen mit der Solothurner Thebäerlegende können nur vereinzelt nachgewiesen werden. Ein 17- oder 18teiliger Gemäldezyklus, den der Freiburger Maler PETER WUILLERET 1624–1627 für den sogenannten St.-Ursen-Saal im Rathaus von Solothurn geschaffen hatte, ist im späten 18. Jahrhundert verlorengegangen[21]. Dieses künstlerisch wie ikonographisch anspruchsvolle Ensemble könnte sich wohl mit vergleichbaren Vitenzyklen messen, die im Barock hierzulande vor allem im Auftrage der Benediktinerklöster entstanden sind. Den Abglanz eines Vita-Zyklus bieten die drei anonymen Altargemälde (um 1680) in

---

Anmerkungen am Schluß des Kapitels S. 15

der Solothurner Dreibeinskreuzkapelle. Den zentralen Stellenwert, den Ursus und die Thebäer in der Solothurner Standesikonographie einnehmen, unterstreichen die zahlreichen Theaterstücke, die vom frühen 16. bis zum mittleren 20. Jahrhundert zu diesem Thema in Solothurn geschrieben worden sind.

Die legendären Ereignisse im Zusammenhang mit der Belagerung der Stadt Solothurn im Jahre 1318 durch die Österreicher wurden in der Selbstdarstellung zum Symbol der eigenen Toleranz gestaltet und geradezu zu einem kantonsikonographischen Topos emporstilisiert (Abb. 60). Die Legende berichtet, daß die belagernden österreichischen Soldaten wegen starker Regenfälle, welche durch die Fürbitte der Thebäerlegion eingesetzt hätten, in die Fluten der Aare gerissen und flußabwärts getrieben worden wären. Aus Erbarmen hätten die Solothurner ihre Belagerer aus dem Wasser gerettet, worauf Herzog Leopold seine Dankbarkeit durch die Überreichung seiner Fahne an die Solothurner zum Ausdruck gebracht habe. Der zeitweise in Solothurn tätige LIENHARD RACHEL schuf um 1676 ein großformatiges Gemälde der Belagerung von 1318 (im Rathaus Solothurn), und GOTTFRIED BERNHARD GÖTZ malte 1769 am Chorgewölbe der St.-Ursen-Kirche die Szene der Fahnenübergabe. Schon 1755 war das Ereignis von 1318 auch Thema eines vaterländischen Dramas, «Das großmütige und befreyte Solothurn», von Stiftskantor JAKOB HERMANN gewesen und durch die städtische Bürgerschaft aufgeführt worden.

Abb. 6
Szenische Darstellung der «Tagsatzung von Stans» (1481) im Museum Altes Zeughaus in Solothurn. Arbeit von Joseph Pfluger nach Entwurf von Martin Disteli, 1845. Photographie, um 1890. – Text S. 13.

Größere Popularität erlebte die legendäre Begebenheit zudem auch in der Druckgraphik des 19. Jahrhunderts.

Im Solothurner Staatsbewußtsein tief verankert sind zwei Ereignisse aus der Anfangszeit der Zugehörigkeit zur Eidgenossenschaft. Die Fürsprache von Niklaus von Flüe auf der Tagsatzung von Stans zur Aufnahme Solothurns als elfter Stand hatte eine besondere Dankbarkeit und eine spezielle Zuneigung zum Einsiedler im Ranft zur Folge; sie fand auch ihren künstlerischen Niederschlag. Im Domschatz der Solothurner St.-Ursen-Kirche findet sich ein Büstenreliquiar von Bruder Klaus, geschaffen vom Augsburger Silberschmied JOSEF JÖRG SALER (1734). Als eine Art zweiter Landespatron neben dem heiligen Ursus steht Niklaus von Flüe auch auf der Heiligengalerie über dem Fassadengebälk der St.-Ursen-Kirche. Den Charakter eines Denkmals für Bruder Klaus und Solothurns Zugehörigkeit zur Eidgenossenschaft hat die aus Holzfigurinen gefügte bühnenhafte Inszenierung der «Tagsatzung von Stans» im Alten Zeughaus in Solothurn aus dem Jahre 1845, eine Arbeit des Solothurner Bildhauers URS JOSEPH PFLUGER nach Entwurf des Oltner Malers MARTIN DISTELI (Abb. 6). Dasselbe Thema ist Gegenstand eines Reliefs von CHARLES IGUEL aus dem Jahre 1881, das durch seine Aufbewahrung im Steinernen Saal des Solothurner Rathauses die besondere Bedeutung des Ereignisses unterstreicht. Ein veritables Denkmal hat Bruder Klaus aus privater Stiftung zur Zentenarfeier 1981 erhalten: Die Freiplastik von HANS BORRER (1991) auf dem ehemaligen Chantierareal von Solothurn, dem Grüngürtel um die Altstadt, birgt sogar Reliquien des Heiligen[22]. Es war wohl auch kein Zufall, daß 1941 ARTHUR HONEGGERS Oratorium «Nicolas de Flüe» im frontistisch bewegten Solothurn zur Uraufführung gelangte.

Einen zentralen Platz in der Solothurner Standesikonographie nimmt die Schlacht bei Dornach (1499) ein, in welcher der junge eidgenössische Stand seine Bewährungsprobe als verläßlicher Bündnispartner bestehen konnte. Die Geschichte berichtet, daß die Solothurner – von Landvogt Benedikt Hugi auf Schloß Dorneck zu Hilfe gerufen – von der Vorstadtchilbi der Margarithenbruderschaft in Solothurn weg ins Schlachtgetümmel geeilt sind. Welch hohen Stellenwert man in Solothurn dem erfolgreichen Ausgang der Schlacht auf eigenem Territorium zumaß, unterstreicht die Be-

Abb. 7
Schultheiß Wengi vor der Kanone. Gemälde, Öl auf Leinwand, von Johann Caspar Bosshardt, 1860. – Text S. 13f.

stellung eines Gemäldes mit der Schlachtdarstellung bei RUDOLF HERI durch den Rat von Solothurn im Jahre 1500. Schon um 1550–1554 wurde das heute verschollene Gemälde durch eine Arbeit von HANS ASPER ersetzt. Auch diese ist verlorengegangen, so daß heute ein Bild von LIENHARD RACHEL im Rathaus von Solothurn (um 1680) öffentlich an dieses Ereignis erinnert.

Diese Funktion erfüllen, auf andere Art, auch das Schlachtdenkmal in Dornach (Monumentalrelief von JAKOB PROBST, 1949) und der Dornacher Brunnen in der Solothurner Vorstadt (Bronzefigur von ROBERT RUDOLF, 1930). Im Festspiel anläßlich der Zentenarfeier 1899, geschrieben von CÄSAR VON ARX und aufgeführt mit einem Bühnenbild, das unter Mitarbeit des jungen CUNO AMIET entstanden ist, hat die Dornacher Schlacht auch ihre literarische Würdigung erfahren.

Solothurn hat keinen Reformator hervorgebracht, dafür in Niklaus von Wengi einen Volkshelden der Toleranz gegenüber den Andersgläubigen. Schultheiß Wengis Schutz der protestantischen Vorstädter vor dem Kanonenbeschuß durch die Katholiken ist vor allem im 19. Jahrhundert popularisiert worden, auch wenn zum Beispiel schon Ende des 18. Jahrhunderts Schultheiß KARL STEPHAN GLUTZ-RUCHTI in der Ballade «Klaus Wengi»

Anmerkungen am Schluß des Kapitels S. 15

die Heldentat von 1533 besungen hat. In der Historienmalerei des 19. Jahrhunderts war die Wengi-Episode das Solothurner Thema. JOHANN CASPAR BOSSHARDT (1860) (Abb. 7) und WALTHER VON VIGIER (1884) haben die bekanntesten Gemälde zu diesem Ereignis geschaffen[23].

Niklaus von Wengi war aber nicht nur Bildsujet, sondern auch Symbolfigur des «Wengigeistes», des Toleranz- und Verständigungsgedankens, der freilich während der lange Zeit grassierenden Parteien-, Verfassungs- und Kulturkämpfe mehr emphatisch beschworenes als praktisch nachgelebtes Vorbild war. Der bis auf den heutigen Tag noch nicht vollständig überwundene konservativ-radikale Gegensatz (nach Vorboten im späten 18. Jahrhundert endgültig im Unruhejahr 1841 aufgebrochen) hatte im 19. Jahrhundert zu einer außerordentlichen Pressevielfalt geführt; in MARTIN DISTELI hat die liberale Seite auch ihren eigenen «Bildpropagandisten» gefunden[24]. In bissiger Satire nahm er vor allem in seinem «Bildkalender» Klerus und Patriziat aufs Korn. Darin und in DISTELIS Herkunft aus Olten zeigt sich, daß die politische Auseinandersetzung zeitweise auch ein ausgesprochener Emanzipationskampf der Landschaft gegen die Stadt war[25]. Und so entsprang es auch einer inneren Logik, daß mit Josef Munzinger eine Persönlichkeit aus Olten als prägende Kraft am Anfang des modernen Solothurner Staatswesens stand.

Mit Bezugnahme auf sein Toleranzempfinden und seine historische Rolle als Kanton an einer nationalen Sprach- und Kulturgrenze versucht Solothurn, in der seit 1988 in der Verfassung festgeschriebenen selbstgewählten Funktion «als Mittler zwischen den Kulturgemeinschaften der Schweiz» innerhalb der Eidgenossenschaft eine unverwechselbare Rolle zu spielen.

Anmerkungen am Schluß des Kapitels S. 15

ANMERKUNGEN ZUM KAPITEL
EINLEITUNG

Seiten 1–14

1 Dieses Kapitel stützt sich im wesentlichen auf die vier Bände der Solothurner Kantonsgeschichte (Solothurnische Geschichte 1–4), erschienen 1952, 1976, 1981 und 1992. – Zusätzliche Literaturangaben erfolgen nur in Ergänzung dazu.
2 Vgl. dazu: URS WIESLI. Geographie des Kantons Solothurn. Solothurn 1968. – Textbeiträge in den beiden Werken: Flugbild Solothurn. Porträt eines Kantons. Solothurn 1986. – Unterwegs in solothurnischen Landschaften. Solothurn 1992.
3 Zitate nach WALLNER, Solothurn, S. 9, und URS WIESLI. Geographie des Kantons Solothurn. Solothurn 1968, S. 9.
4 THEODOR SCHWEIZER et al. Die Kastelhöhle im Kaltbrunnental, Gemeinde Himmelried (Solothurn) (JbfSolG 32, 1959, S. 3–88).
5 ANDREAS ZÜRCHER. Die spätjungsteinzeitliche Freilandstation Winznau-Köpfli (JbfSolG 19, 1946, S. 138–202).
6 HANS RUDOLF STAMPFLI. Rislisberghöhle: Archäologie und Ökologie einer Fundstelle aus dem Spätmagdalenien bei Oensingen im Solothurner Jura (Academica Helvetica 4, Bern 1983, S. 136ff.). – Abb. bei WALLNER, Solothurn, S. 16.
7 Vgl. den Bericht von CATY SCHUCANY in JbSGUF 69, 1986, S. 199–220, sowie in ASO 7, 1991, S. 112–115.
8 Neuerer Überblick über das römische Olten bei DRACK/FELLMANN, S. 461–463.
9 MAX MARTIN. Das Gebiet des Kantons Solothurn im frühen Mittelalter. Ein Bericht zum Stand der archäologischen Forschung (JbSGUF 66, 1983, S. 215–239).
10 Literatur zu St. Ursen vgl. Kapitel Stadtgeschichte. Zu Schönenwerd: GOTTLIEB LOERTSCHER. Die romanische Stiftskirche von Schönenwerd. Ein Beitrag zur Frage der Doppelturmfassade im 11. Jahrhundert. Basel 1952. – JOSEF SCHENKER. Geschichte des Chorherrenstiftes Schönenwerd von 1458 bis 1600 (JbfSolG 45, 1972, S. 5–286). – Zu Beinwil/Mariastein: P. LUKAS SCHENKER. Das Benediktinerkloster Beinwil im 12./13. Jahrhundert (JbfSolG 46, 1973, S. 5–156). – P. MAURITIUS FÜRST. Die Wiedererrichtung der Abtei Beinwil und ihre Verlegung nach Mariastein (JbfSolG 37, 1964, S. 1–262). – GOTTLIEB LOERTSCHER, Kdm SO III, S. 148–171, 345–424.
11 WERNER MEYER. Die Frohburg. Zürich 1989 (Schweizer Beiträge zur Kulturgeschichte und Archäologie des Mittelalters 16). – ERICH SCHWABE. Die Frohburgerstädte (Unsere Kunstdenkmäler 31, 1980, S. 196–203).
12 Zu Fridau: HANS SIGRIST. Stadt und Amt Fridau (JbfSolG 44, 1971, S. 57–67). – Zur Klus: GOTTLIEB LOERTSCHER, Kdm SO III, S. 50–54. – HANS SIGRIST. Aus der Geschichte des ehemaligen Städtchens Klus (Jurablätter, 29, 1967, S. 1–8).
13 Zur neuesten Zähringer Forschung vgl. Zähringer III.
14 AMIET, Territorialpolitik.
15 Aus der jüngeren Literatur über die Reformation in Solothurn: MARKUS ANGST. Warum Solothurn nicht reformiert wurde (JbfSolG 56, 1983, S. 5–29).
16 In diesem Zusammenhang wichtig ist die Arbeit von MEYER, Solothurns Politik. – Exemplarisch ist die neuere Studie von ANDRÉ SCHLUCHTER. Das Gösgeramt im Ancien Régime. Bevölkerung, Wirtschaft und Gesellschaft einer solothurnischen Landvogtei im 17. und 18. Jahrhundert. Basel 1990 (Basler Beiträge zur Geschichtswissenschaft 160).
17 OTTO ZIMMERMANN. Die Industrien des Kantons Solothurn. Solothurn 1946.
18 Ausführliche Darstellung der Epoche nach 1798 bei VON ARX. Bilder aus der Solothurner Geschichte, 2.
19 Vgl. MARKUS ANGST. Der Solothurner Bankkrach und die Verfassungsrevision von 1887 (JbfSolG 60, 1987, S. 3–234).
20 Zum Folgenden vgl. WIDMER, Der Ursus- und Victorkult in Solothurn. – SCHUBIGER, Der hl. Ursus von Solothurn.
21 VERENA VILLIGER. Pierre Wuilleret. Bern und Freiburg i. Ü. 1993 (Schriftenreihe Freiburger Künstler 10), S. 24–28.
22 Dazu: SCHNELLER/SCHUBIGER, Denkmäler, S. 84–86.
23 Zum Thema vgl. ein unpubliziertes Manuskript von A. LECHNER zur Ikonographie der Wengitat in der ZBS, S II 120. – CHRISTINE JENNY. «Schultheiss Wengi». Höhepunkt von Bosshardts Ruhm (PETER JEZLER et al. Johann Caspar Bosshardt. 1823–1887. Historienmaler aus Pfäffikon in München. Pfäffikon 1987, S. 66–82).
24 LUCIEN LEITNESS et al. MARTIN DISTELI ... und fluchend steht das Volk vor seinen Bildern. Olten 1977.
25 Dazu: MARKUS ANGST et al. Olten. Vom Untertanenstädtchen zum Wirtschaftspol. Olten 1991.

STANDESIKONOGRAPHIE UND HOHEITSZEICHEN

Solothurn war bis 1798 ein Stadtstaat. 1803 wurde das Staatsgut aus dem Stadtgut ausgeschieden, und 1874 erhielt die Stadt den Status einer politischen Gemeinde. Dieses Kapitel enthält Zusammenstellungen und Würdigungen der wichtigsten Siegel, Münzen, Wappen, Fahnen und Glasgemälde sowie ausgewählter Rechts- und Staatsaltertümer, in denen sich die Wandlungen der Organisation der Stadt widerspiegeln. Am Anfang steht eine kurze Darstellung der Entwicklung des Ortsnamens «Solothurn». In der Zusammenstellung der Siegel sind auch ausgewählte Stücke der Stadtgemeinde aus der Zeit nach 1803 berücksichtigt. Das Kapitel «Dokumentation Kanton Solothurn», S. 44–48, enthält Angaben zu den verschiedenen Archiven und Zusammenstellungen der einschlägigen Literatur sowie der wichtigsten geographischen Karten des Kantonsgebietes. Die Literatur sowie Bild- und Plandokumente zur Stadt Solothurn finden sich im Kapitel «Dokumentation Stadt Solothurn», S. 304–319.

NAME

Die Urform des Ortsnamens von Solothurn[1], «SALODURUM», tritt erstmals 219 n. Chr. in einer Weiheinschrift an die Pferdegöttin Epona auf; der Denkstein war von Magapilius Restio, dem Aufseher im Dorf Salodurum («VICO SALOD[VRO]»), gesetzt worden. Er befindet sich heute im Museum Blumenstein, nachdem er bis 1896 sekundär in der Hausfassade Schaalgasse 15 eingemauert war[2] (Abb. 8). Der keltische Name Salodurum wird mit «Burg des Salo» übersetzt. Humanistische Übersetzungen («Furtfeste am Sumpfland», «Schmutzburg» oder «Weidenburg») lassen sich nicht aufrechterhalten. Seit der Mitte des 10. Jahrhunderts ändert sich die Lautung im lateinischen Namen von Sal zu Sol, und tatsächlich folgen auch die deutschen Bezeichnungen – erstmals 1052 mit «Soletrin»[3] – von Anfang an der moderneren Form. 1274 ist «Solotern» erwähnt. Von 1550 an ist «Solothurn» üblich. Seit dem Spätmittelalter besitzt die Stadt auch einen französischen Namen; die früheste französische Namensform lautete «Salore», erst seit dem späten 16. Jahrhundert ist «Soleure» üblich. 1495 werden in italienischer Sprache «Solatera» genannt wie auch «Soletta», das im italienischen Sprachraum heute noch üblich ist. «Solura» in spanischer Sprache hat kaum Verbreitung gefunden[4].

Die Ausbildung von fremdsprachigen Ortsnamen zeigt die erstaunliche Strahlungskraft dieser Kleinstadt an der Grenzscheide und im Schnittpunkt der Kulturen.

SIEGEL

Solothurn – Stadt, Stadtstaat und Kanton – verfügt in Mittelalter und Neuzeit über einen sehr ansehnlichen Bestand an Siegeltypen. Sie sind durch EMIL SCHULTHESS, JOHANN KAELIN und HANS SIGRIST zu verschiedenen Malen in unterschiedlicher Vollständigkeit zusammengestellt worden[5]. Unsere Liste umfaßt alle bekannten Siegeltypen vom Mittelalter bis ins mittlere 19. Jahrhundert, die in Wachs- oder Lackabdrücken, als Oblatensiegel, als Petschaften oder in Gipsabgüssen vorhanden sind. Die Verwaltungs- und Kanzleistempel seit der Mitte des letzten Jahrhunderts sind weggelassen worden.

Das älteste erhaltene Solothurner Siegel wurde 1208 nicht durch die Bürgerschaft, sondern durch das Kapitel des St.-Ursen-Stiftes geprägt[6]. Das erste weltliche Siegel erscheint erst an einer Urkunde von 1230 (Nr. 1; Abb. 9), neben jenem des Stiftskapitels. Die dort zu beobachtende Unterschiedlichkeit der Siegelbilder hat für das ganze Hochmittelalter Gültigkeit: Während das Stift seinen Patron als Kopfträger oder während des Erduldens seines Martyriums darstellt, erscheint auf den Siegeln der Stadt der heilige Ursus als aufrechter, gerüsteter Krieger. Diese Gestaltung besitzen die Siegel (Nr. 1–4) bis ins späte 14. Jahrhundert sowie nochmals am großen Stadtsiegel des frühen 15. Jahrhunderts (Nr. 8). Dieses darf zu den schönsten Schweizer Stadtsiegeln des Spätmittelalters gezählt werden. An den spätgotischen Sekretsiegeln des ausgehenden 14. und des 15. Jahrhunderts wird die Figur des Stadtpatrons vom Solothurner Wappen mit dem bekrönten Adler oder Doppeladler des Deutschen Reichs abgelöst (Nr. 5–7, 9, 10)[7]. Die Bezeichnung als Siegel der Bürger (Sigillum civium ...) bleibt dabei erhalten. Erst die neuzeitlichen Siegel in barocker Gestaltung mit zwei Löwen als Schildhalter ersetzen den Schriftzug durch die stolze Nennung der Republik (Res publica Solodorensis ...), wobei noch bis etwa 1720–1730 der Reichsadler beibehalten wird (Nr. 12, 14). Die Helvetik bringt auch auf den Siegeln des Kantons Solothurn das nationale Einheitssymbol des Wilhelm Tell (Nr. 20). Die Aussönderung des Kantons Solothurn und die Schaffung der Stadtgemeinde Solothurn lassen nun das staatliche und das städtische Gemeinwesen einzeln siegeln, was (vor allem im Zusammenhang mit den sich ausbreitenden Verwaltungsapparaten) zu einer wahren Flut von Siegeltypen führt. Auffällig ist dabei der Rückgriff auf die ältere Formensprache im Stil Louis XV und Louis XVI.

Bemerkenswert ist die stattliche Anzahl vorhandener Typare seit dem 13. Jahrhundert. Dabei ist es als Glücksfall zu bezeichnen, daß sich vor allem auch Petschaften der besonders schönen Siegel erhalten haben: nämlich von Nr. 3 (großes Spitzoval mit Ursus als Krieger), von Nr. 8 (großes Siegel mit Ursus zwischen zwei Solothurner Wappen; Petschaft aus Gold), von Nr. 12 (großes hochbarockes Siegel; Petschaft aus Silber) oder von Nr. 16 (großes spätbarockes Siegel; Petschaft aus Silber). Ein einziges Typar (Nr. 9) kann vermutungsweise mit einem namentlich bekannten Stempelschneider in Verbindung gebracht werden.

Abb. 8
« Eponastein». Weiheinschrift des Magapilius Restio an die Pferdegöttin Epona von 219 n. Chr. mit ältester Nennung von Salodurum, der Urform des Ortsnamens Solothurn. Historisches Museum Blumenstein, Solothurn. – Text S. 16.

Siegel der mittelalterlichen Stadt,
des Stadtstaates und des Kantons Solothurn

1. *Rundes Siegel* (Abb. 9). D 51 mm. Beschädigt. Bild: Der hl. Ursus kniend, mit Kettenhemd und Helm; in der Rechten Lanze, in der Linken runder Spitzschild mit Kreuz, am Gürtel kurzer Dolch. Umschrift: «•S.VRS'. (SOLODOR)ENSIVM • PATRON'». An einer Urkunde vom 28. Juli 1230 (SUB I, Nr. 359)[8]. – 2. *Rundes Siegel.* D 52 mm. Beschädigt. Bild: Ganzfiguriger hl. Ursus mit langem Kriegerwams und geschlossenem Helm; in der Rechten lange Fahne, in der Linken gerader Spitzschild mit Kreuz. Umschrift: « + $ BVRGENSIV SCI VRSI (SOLO)DOREN•». An Urkunden vom 15. April 1251 und 24. November 1252 (SUB II, Nr. 61, 77)[9]. – 3. *Spitzovales Siegel* (Abb. 10). 68 × 54 mm. Ziemlich gut erhalten. Bild: Helmbewehrter hl. Ursus in langem Waffenrock; in der Rechten eine Kirchenfahne, in der Linken gerader Spitzschild mit Kreuz. Umschrift, perlstabumrandet: «$:CIVIVM•SANCTI•VRSI•SOLODORENSIVM• + ». Erstmals an einer Urkunde aus dem Zeitraum zwischen 25. Dezember 1261 und 24. Dezember 1262 (SUB II, Nr. 183); häufig benützt, neben seinem Nachfolger noch 1441 in Gebrauch[10]. Kupfernes Petschaft. 75 × 58 mm. Im HMBS, Inv. Nr. 1990.147. – 4. *Spitzovales Siegel* (Abb. 11). 55 × 39 mm. Sehr ähnlich wie Nr. 3, aber etwas kleiner. Bild: gleich wie Nr. 3. Umschrift, perlstabumrandet: «S.CIVIVM•SANCTI•VRSI•SOLODORENSIVM + ». In Gebrauch von 1299 bis 1384[11]. Bronzenes Petschaft mit Griff. Im HMBS, Inv. Nr. 1990.148. – 5. *Kleines rundes Sekretsiegel*

Anmerkungen am Schluß des Kapitels S. 40

(Abb. 12). D 42 mm. Bild: Gerader Spitzschild mit Solothurner Wappen, überhöht von Doppeladler, begleitet von Blätterzweigen mit Beeren (Mistel, Erdbeerbaum?). Umschrift, perlstabumrandet: «S'SECRETVM + CIVIVM + SOLODORENSIVM + »[12]. Erstmals verwendet an einer Urkunde von 1394. – 6. *Kleines rundes Sekretsiegel* (Abb. 13). D 40 mm. Bild: Gerader Spitzschild mit Solothurner Wappen, überhöht von bekröntem Adler, flankiert von Blätterzweigen. Umschrift, perlstabumrandet: «S SECRETVM CIVIVM.SOLODORENSIV + ». In Gebrauch vom 5. Juli 1400 bis 1427[13]. – 7. *Kleines rundes Sekretsiegel*. D 38 mm. Bild: Rundschild mit Solothurner Wappen, überhöht von Adler, flankiert von Blätterzweigen mit Beeren. Umschrift, innen perlstabumrandet: «⁑S⁑ secretum⁑ civium⁑ solodorensium + ». In Gebrauch vom 8. Dezember 1424 bis 1458[14]. – 8. *Großes rundes Siegel* (Abb. 14–16). D 84 mm. Sehr schön geschnitten. Bild: Hl. Ursus in Harnischrüstung, in der Rechten Speerfahne mit Kreuz, in der Linken langes Schwert. Die mit Nimbus versehene, auf einer Wolke stehende Kriegerfigur wird flankiert von zwei quergeteilten Solothurner Wappenschilden, die von Doppeladlern überhöht werden. Umschrift, perlstabumrandet (außen doppelt): «•S•MAIVS•CIVIVM•SOLODORENSIVM + »[15]. Erstmals verwendet an einer Urkunde von 1447, dann auch an der Bundesurkunde von 1481; für wichtige Staatsverträge in Gebrauch bis Ende 17. Jh.[16]. Goldenes Petschaft. D 82 mm. Mit Handgriff (H 32 mm), im StASO. – 9. *Kleines rundes Sekretsiegel*. D 47 mm. Bild: Gerader Rundschild mit Solothurner Wappen, überhöht von bekröntem Doppeladler, begleitet von Blattranke. Umschrift in gotischer Minuskel, auf gewelltem Schriftband: «s•sigilum• secretū civium solottorensium». Erstmals an zwei Urkunden vom 11. Januar 1462, letztmals 1470 verwendet[17]. – 10. *Rundes Sekretsiegel* (Abb. 17). D 50 mm. Bild: Gerader Rundschild mit Solothurner Wappen, im oberen Feld damasziert; überhöht von bekröntem Doppeladler, begleitet von Blattranken. Umschrift in gotischer Minuskel, innen perlstabumrandet: «•Sigillum•secretum•civium•solodoreniū•». Erstmals an zwei Urkunden vom 27. Januar 1473 gebraucht; bis 1685 als eigentliches Stadtsiegel verwendet, neben dem selteneren Siegel Nr. 8[18]. – 11. *Kleines rundes Siegel*. D 30 mm. Bild: Geschnürter Solothurner Schild, überhöht von Maximilianskrone, begleitet von stehenden Löwen mit Schwert und Szepter in den Pranken. Umschrift: «HOLTZ CAMER SOLOTHURN». 17. Jh.[19]. – 12. *Großes rundes Siegel* (Abb. 18). D 59 mm. Bild: Solothurner Rundschild (im oberen Feld damasziert) in Rollwerkkartusche, von stehenden Löwen gehalten; überhöht von Doppeladler mit Maximilianskrone, in den Pranken Szepter und Schwert. Umschrift, außen durch Blattstab und Perlstab begleitet: «S•SECRETUM•REIPUB ‡ ‡LICAE•SOLODORENSIS•». Verwendet als Hauptsiegel in der Zeit von 1693 bis 1757[20]. Silbernes Petschaft. Im HMBS, Inv. Nr. 1990.146 (D 60 mm). 2. Hälfte 17. Jh. – 13. *Stählernes Petschaft mit hölzernem Griff für kleines ovales Siegel*, um 1710–1720. H 25 mm, B 22 mm. Bild: Solothurner Ovalschild in reicher Blattwerkkartusche im späten Louis-XIV-Stil. Keine Umschrift. Im HMBS, Inv. Nr. 1901.119. – 14. *Kleines rundes Siegel*. D 43 mm. Bild: Auf Standfläche mit Régence-Gittermotiv Solothurner Rundschild (oberes Feld damasziert), gehalten von stehenden Löwen, überhöht von Doppeladler mit Maximilianskrone und Szepter und Schwert in den Pranken. Umschrift: «SIGILLUM REIPUBLICAE ∗ SOLODORENSIS∗». Neben Nr. 12 selten gebraucht. Mitte des 18. Jh.[21]. Stählernes Petschaft, um 1720–1730. D 43 mm. Im HMBS, Inv. Nr. 1990.144. – 15. *Großes rundes Siegel* (Abb. 19). D 56 mm. Bild: Auf Fußplatte ruhender Solothurner Ovalschild in Régencekartusche, gehalten von stehenden Löwen mit abgekehrten Köpfen, überhöht von Herzogskrone. Umschrift, außen von

Abb. 9–11
Siegel der Stadt Solothurn. An einer Urkunde vom 28. Juli 1230 (Siegel Nr. 1). – Text S. 16. – Siegel der Stadt Solothurn. Gebrauch seit 1261/62 nachweisbar (Siegel Nr. 3). – Text S. 17. – Siegel der Stadt Solothurn. An einer Urkunde vom 5. Januar 1307 (Siegel Nr. 4). – Text S. 17.

SIEGEL 19

Abb. 12–16
Kleines Sekretsiegel der Stadt Solothurn. Gebrauch seit 1394 nachweisbar. Moderner Abdruck (Siegel Nr. 5). – Text S. 17. – Kleines Sekretsiegel der Stadt Solothurn. Gebrauch seit 1400 nachweisbar. An einer Urkunde vom 8. Dezember 1424 (Siegel Nr. 6). – Text S. 18. – Grosses Siegel der Stadt Solothurn. Gebrauch seit 1447 nachweisbar. Moderner Abdruck (Siegel Nr. 8). – Goldenes Petschaft (Typar) des grossen Siegels von 1447, Vorderseite. – Goldenes Petschaft (Typar) des grossen Siegels von 1447, Rückseite mit Griff. – Text S. 18.

Blattstab begleitet: «SIGILLUM SECRETUM REIP. SOLODORENSIS». Als Nachfolger von Nr. 12 in Gebrauch nach 1760, mit Unterbrechung bis in die 1820er Jahre[22]. Silbernes Petschaft, um 1720–1730. D 56 mm. Im HMBS, Inv. Nr. 1990.154. – 16. *Grosses rundes Siegel.* D 63 mm. Bild: Auf Standplatte Solothurner Ovalschild in Régencekartusche, gehalten von stehenden Löwen mit abgekehrten Köpfen, überhöht von Herzogskrone. Umschrift, außen begleitet von Palmstab: «SIGILLUM SECRETUM REIP. SOLODORENSIS». An wichtigen Staatsakten neben Siegeln Nr. 15 und 18[23]. Silbernes Petschaft von 1720–1740. D 63 mm. Im HMBS, Inv. Nr. 1990.145. – 17. *Kleines rundes Siegel.* D 31 mm. Bild: Solothurner Ovalschild (oberes Feld damasziert) in Régencekartusche. Umschrift: «SIGIL. MINUS REIPUBLICAE + SOLODOREN.». In Gebrauch Ende 18. Jh.[24]. Stählernes Petschaft, 1720–1740. Im StASO. – 18. *Rundes Siegel.* D 44 mm. Bild: Solothurner Ovalschild in reicher Régencekartusche,

überhöht von Herzogskrone, gehalten von zwei aufrechten Löwen mit abgewendeten Köpfen. Umschrift: «SIGILLUM REIP. SOLODORENSIS». Um 1720–1740. – 19. *Rundsiegel.* D 44 mm. Bild: Auf Konsole stehender Solothurner Ovalschild in Kartusche, gehalten von stehenden Löwen mit abgekehrten Köpfen. Umschrift: «SIGILLUM REIP. SOLODORENSIS». Neben Nr. 16 in Gebrauch ab 1775 bis ins frühe 19. Jh.[25]. – 20. *Diverse Rundsiegel der Helvetik* (Abb. 20). D 32 mm. Bild: Tell in Federhut empfängt den ihm entgegeneilenden Tellknaben; im Hintergrund Baumstrunk und Armbrust. Umschriften: «HELVETISCHE REPUBLIK» sowie zusätzliche Bezeichnung der betreffenden Amtsstelle. In Gebrauch 1798–1803[26]. – 21. *Messingenes Petschaft zu ovalem Siegel der Helvetik.* H 29 mm, B 26 mm. Bild: Faszienbündel mit bekrönendem Freiheitshut. Umschrift: «SOLO-

Anmerkungen am Schluß des Kapitels S. 40–41

20 STANDESIKONOGRAPHIE UND HOHEITSZEICHEN

Abb. 17–19
Kleines Sekretsiegel der Stadt Solothurn. Gebrauch seit 1473 nachweisbar. An einer Urkunde vom 27. Januar 1473 (Siegel Nr. 10). – Text S. 18. – Großes Siegel der Stadt Solothurn. Gebrauch seit 1693 nachweisbar. Moderner Abdruck (Siegel Nr. 12). – Text S. 18. – Großes Sekretsiegel der Stadt Solothurn. Um 1720–1730. Moderner Abdruck (Siegel Nr. 15). – Text S. 18f.

THURN*DISTRICTSSCHREIBEREY». In Gebrauch 1798–1803. Im HMBS, Inv. Nr. 1990.158. – 22. *Ovales Siegel.* 37 × 34 mm. Bild: Solothurner Ovalschild in rokokoartiger Kartusche, überhöht von Herzogskrone, unten begleitet von zwei Lorbeer- oder Palmzweigen. Umschrift: «SIGILLUM REIPUBLICAE SOLODORENSIS». Anfang 19. Jh.[27]. – 23. *Kleines rundes Siegel.* D 30 mm. Bild: Solothurner Ovalschild in rokokoartiger Kartusche, überhöht von Herzogskrone, unten begleitet von zwei Lorbeer- oder Palmzweigen. Umschrift: «CANZLEY SOLOTHURN». Anfang 19. Jh.[28]. – 24. *Rundes Siegel.* D 30 mm. Bild: Solothurner Ovalschild in rokokoartiger Kartusche, überhöht von Krone, unten begleitet von zwei Lorbeer- oder Palmzweigen. Umschrift: «STAATSCASSA VERWALTER SOLOTHURN». Anfang 19. Jh.[29]. – 25. *Rundes Siegel* mit gekerbtem Rand und einfacher Randleiste. D 40 mm. Bild: Solothurner Ovalschild in Louis-XVI-Kartusche, gehalten von zwei stehenden Löwen mit abgewendeten Köpfen, überhöht von Herzogskrone. Umschrift: «SIGILLUM REIP. SOLODORENSIS». In Gebrauch seit 1806 bis 1941, vor al-

Abb. 20 und 21
Siegel der Unterstatthalterei Solothurn zur Zeit der Helvetischen Republik. Moderner Abdruck (Siegel Nr. 20). – Text S. 19. – Siegel der Staatskanzlei des Kantons Solothurn. Frühes 19. Jahrhundert. Oblatenabdruck (Siegel Nr. 27). – Text S. 21.

Abb. 22–24
*Siegel der Zeughausverwaltung des Kantons Solothurn. Frühes 19. Jahrhundert. Moderner Abdruck (Siegel Nr. 30).
– Text S. 21. – Siegel der Ober-Post-Verwaltung des Kantons Solothurn. Erste Hälfte 19. Jahrhundert. Moderner
Abdruck (Siegel Nr. 35). – Text S. 21. – Siegel des Forstamts der Stadtgemeinde Solothurn. Mitte 19. Jahrhundert.
Moderner Abdruck (Siegel [nach 1803] Nr. 5). – Text S. 22.*

lem als Oblatensiegel[30]. Stählernes Petschaft. 55 × 55 mm. Im StASO. – 26. *Rundes Siegel* mit gekerbtem Rand und Doppelrandleiste. Gleiches Siegel wie Nr. 25, aber in besserem Schnitt. Diente zur Prägung von Wertschriften[31]. – 27. *Rundes Siegel* mit gekerbtem Rand (Abb. 21). D 41 mm. Bild: Solothurner Spitzschild mit spitz zulaufendem Oberrand, auf Standplatte von zwei aufrechten Löwen mit abgewendeten Köpfen gehalten, überhöht von der Herzogskrone. Umschrift: «CANZLEY SOLOTHURN». In Gebrauch im 19. und 20. Jh.[32]. – 28. *Messingenes Petschaft* zu einem kleinen runden Siegel. D 35 mm. Bild (ähnlich wie Nr. 27): Solothurner Spitzschild mit spitz zulaufendem Oberrand, auf Standplatte von zwei aufrechten Löwen mit abgewendeten Köpfen gehalten, überhöht von der Herzogskrone. Umschrift: «CANZLEY SOLOTHURN». Frühes 19. Jh. Im HMBS, Inv. Nr. 1190.160[33]. – 28a. *Stählernes Petschaft* zum gleichen Siegel. Im StASO. – 29. *Ovales Siegel*. 30 × 25 mm. Bild: Solothurner Spitzschild, von Krone überhöht, von zwei stehenden Löwen mit abgewendeten Köpfen gehalten. An der Standplatte angehängtes Posthorn. Umschrift: «POSTDIRECTION SOLOTHURN»[34]. – 30. *Ovales Siegel* (Abb. 22). 34 × 27 mm. Bild: Solothurner Spitzschild, überhöht von Maximilianskrone, auf Kanonenläufen stehend, von zwei Fahnenpaaren flankiert. Umschrift: «ZEUGHAUSVERWALTUNG Solothurn». Anfang 19. Jh.[35]. – 31. *Ovales Siegel*. 34 × 29 mm. Bild: Aufbäumendes Pferd mit Solothurner Wappenschild. Umschrift: «PFERDT ZUCHT COMMISSION SOLOTHURN». Anfang 19. Jh.[36]. – 32. *Rundes Siegel*. D 28 mm. Bild: Solothurner Spitzschild, überhöht von Krone, begleitet von zwei Palmzweigen. Umschrift: «∗ AMTSCHREIBEREI ∗ SOLOTHURN». 1. Hälfte 19. Jh.[37]. – 33. *Ovales Siegel*. 29 × 25 mm. Bild: Solothurner Spitzschild, überhöht von fünfzackiger Bügelkrone. Umschrift: «STAATSCASSA SOLOTHURN». 1. Hälfte 19. Jh. – 34. *Messingenes Petschaft* zu einem ovalen Siegel. 38 × 33 mm. Bild: Eckiger Solothurner Schild, überhöht von Bügelkrone. Umschrift: «DEPARTEMENT DES INNERN.∗». 1. Hälfte 19. Jh. Im StASO. – 35. *Stählernes Petschaft* zu einem ovalen Siegel (Abb. 23). 37 × 31 mm. Bild: Eckiger Solothurner Schild mit angehängtem Posthorn, überhöht von Bügelkrone. Umschrift: «OBER-POST-VERWALTUNG∗CANTON SOLOTHURN∗». 1. Hälfte 19. Jh. Im HMBS, Inv. Nr. 1990.141. – 36. *Messingenes Petschaft*[38] (D 36 mm) in Holzetui (H 15 cm) zu rundem Siegel des Tagsatzungsabgeordneten. In Gebrauch bis 1847. Bild: Wie Nr. 28. Umschrift: «GESANDTSCHAFT SOLOTHURN»[39]. Im StASO. – 37. *Stählernes Petschaft* zu ovalem Siegel. 29 × 24 mm. Bild: Solothurner Spitzschild, überhöht von fünfzackiger Bügelkrone. Umschrift: «STAATSCASSA SOLOTHURN». 1. Hälfte 19. Jh. Im StASO. – 38. *Stählernes Petschaft* zu ovalem Siegel. 35 × 31 mm. Bild: Solothurner Spitzschild, überhöht von fünfzackiger Bügelkrone, umhängt von Festongebinden. Umschrift: «∗CRIMINAL = GERICHT SOLOTHURN.». 1. Hälfte 19. Jh. Im StASO. – 39. *Stählernes Petschaft* zu ovalem Siegel. 32 × 38 mm. Bild: Geschwungener Solothurner Schild, von Schweizer Kreuz überhöht, begleitet von zwei Palmzweigen. Umschrift: «∗ STAATSKANZLEI ∗ SOLOTHURN». 2. Hälfte 19. Jh. Im StASO. Rücksiegel: 1. Kleines Rücksiegel in Form eines Solothurner Halbrundschildes, obere Fläche mit Schräggitterung (19 × 16 mm)[40].

Siegel der Stadtgemeinde und der Bürgergemeinde Solothurn (nach 1803)

1. *Messingenes Petschaft* zu ovalem Siegel. 37 × 32 mm. Bild: Solothurner Ovalschild in rokokoartiger Kartusche, unten begleitet von zwei Palmzweigen. Umschrift: «STADTRATH SOLOTHURN». Nach 1804. Im HMBS,

---

Anmerkungen am Schluß des Kapitels S. 41

Inv. Nr. 1990.159. – 2. *Messingenes Petschaft* zu querovalem Siegel. 28 × 32 mm. Inschrift: «STADRATH SOLOTHURN.». Nach 1804. Im HMBS, Inv. Nr. 1990. 163. – 3. *Messingenes Petschaft* zu rundem Siegel. D 32 mm. Bild: Solothurner Ovalschild in rokokoartiger Kartusche, überhöht von Herzogskrone, unten von Palmzweigen begleitet. Umschrift: «STADT GERICHT SOLOTHURN». Nach 1804. Im HMBS, Inv. Nr. 1990.156. – 4. *Rundes Siegel*. D 33 mm. Bild: Solothurner Schild in rokokoartiger Kartusche, überhöht von fünfzackiger Krone, begleitet von zwei Palmzweigen. Umschrift: «BAU = AMT SOLOTHURN». Frühes 19. Jh.[41]. – 5. *Rundes Siegel* (Abb. 24). D 55 mm. Bild: Solothurner Spitzschild auf Standplatte, begleitet von zwei Palmzweigen, überhöht von Lorbeerkranz mit den Buchstaben STO. Umschrift: «FORSTAMT DER GEMEINDE SOLOTHURN». Mitte 19. Jh.[42]. – 6. *Kleines ovales Siegel*. 25 × 23 mm. Bild: Solothurner Spitzschild. Umschrift: «KAUFHAUS SOLOTHURN»[43]. – 7. *Messingenes Petschaft* zu kleinem rundem Siegel. D 35 mm. Bild: Solothurner Schild, begleitet von zwei Palmzweigen. Umschrift: «* BÜRGERGEMEINDE * SOLOTHURN». 2. Hälfte 19. Jh. Im BASO.

MÜNZEN[44]

Kurze Münzgeschichte von Solothurn

Der Beginn des Solothurner Münzrechtes konnte bis heute nicht genau festgestellt werden. Nach der umstrittenen Frienisberger Urkunde vom 15. April 1251 bestätigte Abt Heinrich von Frienisberg, daß das St.-Ursen-Stift bei seiner Gründung durch Königin Bertha ebenfalls mit dem königlichen Münzrecht ausgestattet worden sei[45]. Den Urkundenregesten nach erhält am 30. August 1363 der österreichische Landvogt Peter von Torberg von Kaiser Karl IV. «die Müntze in unser stat ze Solotern verpfändet um 200 harte Silber Basler Gewichts», welche Münze schon seine Vorfahren dem Ulrich von Torberg sel. verpfändet hatten[46].

Durch das erworbene Münzprivileg übte die Stadt eine rege Münztätigkeit aus, besonders im 16. und im 18. Jahrhundert, was sich nicht nur in den Münzen, sondern auch in den zahlreich erhaltenen, gegenwärtig (1993) im Alten Zeughaus in Solothurn deponierten Prägestempeln offenbart. Der Anfang der Solothurner Münzprägung liegt in der zweiten Hälfte des 13. Jahrhunderts.

Die viereckigen, einseitigen Pfennige (Brakteaten) mit dem Kopf des heiligen Ursus, Stadt- und Landespatron, stellen die ersten Münzen dar (SIMMEN, Nr. 5). Nach den Pfennigen der Reichsmünzstätte Hall, Haller oder Heller bezeichnet, wurde der Name Haller den Solothurner Prägungen der zweiten Hälfte des 15. Jahrhunderts mit dem Stadtwappen gegeben (SIMMEN, Nr. 19). Diese zwei Darstellungen, das Stadtwappen und der heilige Ursus, gestalten das Leitmotiv der Solothurner Münzbilder.

Die Entwertung der Pfennige machte die Einführung neuer größerer Scheidemünzen erforderlich. In der zweiten Hälfte des 15. Jahrhunderts erscheinen die ersten doppelseitig geprägten Münzenfünfer (SIMMEN, Nr. 22), Kreuzer (SIMMEN, Nr. 24) und Plappart (SIMMEN, Nr. 26). Sie sind dem spätgotischen Stil verpflichtet und stellen in numismatischer Hinsicht Vorboten der Neuzeit dar.

Die zweite Periode, die Zeitspanne vom Ende des 15. Jahrhunderts bis 1579 umfassend, ist von einem allgemeinen wirtschaftlichen und politischen Aufschwung gekennzeichnet und stellt die Blüte der Solothurner Prägung dar. Die große Menge Silber, die durch die Kriege ins Land kam, begünstigte die Einführung der Großsilbermünzen. Es folgen die ersten Talerprägungen, die man Guldiner nannte. Der Guldiner ist die erste Solothurner Münze, die mit einer Jahreszahl versehen ist.

Die Vorderseite dieses Prachtstückes der spätgotischen Stempelschneiderkunst, 1501 datiert (SIMMEN, Nr. 44a), zeigt auf der Vorderseite nur das Stadtwappen, einen Kranz von Vogteiwappen als Zeichen der großen und wachsenden Solothurner Herrschaftsmacht. Das Motiv des Wappenkranzes, das vom Berner Taler 1493/94 übernommen wurde, befindet sich auf den späteren Prägungen von Zürich (1512), Luzern (1518) und Freiburg (1536). Der Wappenkranz kam von der Glasmalerei und diente als Vorbild für Ämterscheiben, die kurz darauf entstanden sind (vgl. Kapitel Glasmalereien). Die Rückseite stellt den heiligen Ursus als Krieger dar.

Damit sind die politischen Grundsätze durch die Münzbilder festgelegt: Die Vorderseite, die das Stadtwappen unter dem Schutz des Reichsadlers schildert, weist die Bindung an das Reich aus. Der heilige Ursus, der im Brustbild auf den Dicken und im Standbild auf den Talern auftritt, übernimmt als Stadtpatron die Stelle des Landesherrn, des Herrschers. Die Rückseite der Münze bezeugt den Einklang des Staates und der Kirche. Der Guldiner von

1501 wirkt durch die Verzierung der Bildfläche, die unruhigen Umrisse und die schwebende Gestalt des Heiligen spätgotisch.

Auf dem Dicken (SIMMEN, Nr. 40), der dem Teston von Mailand entspricht, ist das Herrscherbild durch den heiligen Ursus ersetzt. Mit diesem Geldstück macht sich der Einfluß der italienischen Renaissance auf die Solothurner Münzkunst bemerkbar.

Die Talerprägungen der zweiten Hälfte des 16. Jahrhunderts (SIMMEN, Nr. 54) mit den zunehmenden Barockformen des Solothurner Wappens stammen sehr wahrscheinlich von der gleichen Stempelschneiderhand wie die Luzerner Taler derselben Periode. Auf diesen späteren Prägungen ist der heilige Ursus lebendiger, wirklichkeitsnäher dargestellt und dem Renaissancestil verpflichtet. Der Dicken (SIMMEN, Nr. 40) und der Batzen (SIMMEN, Nr. 36), die sich beide an die bernischen Prägungen anlehnen, die Groschen (SIMMEN, Nr. 33), die den Typ der Luzerner Groschen übernahmen, die Kreuzer (SIMMEN, Nr. 29) und die Vierer (SIMMEN, Nr. 28) vervollständigen das Bild der Solothurner Münztätigkeit des 16. Jahrhunderts, die mit der Schließung der Münze 1579 endet.

Die kurze dritte Periode der Münzprägung von 1622 bis 1642 fällt in die Wirren des Dreißigjährigen Krieges. Obwohl die Lage Solothurns durch den Sitz der französischen Ambassade begünstigt war, wurden die wirtschaftlichen Auswirkungen des Krieges 1621 und 1622 in Solothurn wahrnehmbar. Die ausgelöste Geldkrise der Kipper und Wipper machte sich im steigenden Preis des Prägematerials bemerkbar. Mit der voranschreitenden Geldentwertung kam es zur fortschreitenden Verminderung des Feingehaltes: Aus Silber wurde Billon, aus Billon fast Kupfer.

Wegen der Vielfältigkeit und Zerrissenheit des Geldwesens rügte Bern 1632 (RM 1632, 324), daß Solothurn zu viele Handmünzen emittiere, und drohte, die Solothurner Batzen zu Halbbatzen abzuwerten.

Die Unregelmäßigkeit in der Versorgung mit dem Prägematerial bestimmte den Rhythmus der Aktivität der Münzstätte: Die Münzprägung hing von der Einfuhr des zu vermünzenden Silbers ab. Diese Elemente sind für die Kurzlebigkeit und die spärlichen Prägungen – Batzen (SIMMEN, Nr. 62), Halbdicken (SIMMEN, Nr. 69), Dicken (SIMMEN, Nr. 65) und Taler (SIMMEN, Nr. 72) – der dritten Periode verantwortlich.

Während in der vorherigen Periode der heilige Ursus die Rückseite der Münze beherrscht, erscheint er in dieser Zeitspanne abwechslungsweise mit dem Reichsadler, der manchmal auch das Stadtwappen verbannt und die ganze Münzfläche der Vorderseite einnimmt, obwohl die völlige Ablösung der Eidgenossenschaft vom Reich 1648 vollzogen wurde. Der meistens rohe, grobe und ungelenke Stempelschnitt dieser Münzperiode steht in der künstlerischen Leistung weit hinter der hervorragenden Qualität des 16. Jahrhunderts zurück.

Die vierte Periode erstreckt sich über den Zeitraum von 1760 bis 1798. Während in den früheren Perioden die Goldmünzen eine gelegentliche Erscheinung waren, ist das Ende des 18. Jahrhunderts durch eine rege Goldprägung gekennzeichnet, die durch Viertel- (SIMMEN, Nr. 99) und Halbdublone (SIMMEN, Nr. 100) sowie Dublone (SIMMEN, Nr. 101) – in Anlehnung an die im Gewicht etwas reduzierten französischen Dublonen Ludwigs XV. – und Doppeldublone (SIMMEN, Nr. 102) vertreten sind.

Das gekrönte, mit Girlanden verzierte Stadtwappen der Vorderseite, das die größere Freiheit und Selbständigkeit Solothurns veranschaulicht, steht der stilisierten Gestalt des heiligen Ursus auf der Rückseite gegenüber.

Es wurde auch eine größere Anzahl neuer Münzen geprägt: 10 Batzen (Franken) (SIMMEN, Nr. 94), 20 Batzen (½ Neutaler) (SIMMEN, Nr. 97), 10 und 20 Kreuzer (SIMMEN, Nr. 88 und 89). Auf diesen Münzen kommt ein neues Motiv vor: ein großes «S» und manchmal ein großes «O» mit einem Kreuz verschlungen. Nach dem Franzoseneinfall von 1798 wurde die Ausgabe von Solothurner Münzen eingestellt und 1805 wiederaufgenommen.

Die fünfte Periode dauert von 1805 bis 1830. Mit dem Batzen von 1805 (SIMMEN, Nr. 107) treten wir in die Spätzeit der Solothurner Prägungen des neuentstandenen Kantons ein. Die Vielfältigkeit des Münzwesens erforderte im Jahre 1825 ein Münzkonkordat, an dem Bern, Freiburg, Solothurn, Basel, Aargau und die Waadt teilnahmen. Man verpflichtete sich, einen großen Teil der Scheidemünzen einzuschmelzen und alle im Um-

---

Anmerkungen am Schluß des Kapitels S. 41

lauf bleibenden Münzen einheitlich zu prägen, wie das Batzenstück von 1826 (SIMMEN, Nr. 110) verbildlicht: das Konkordatskreuz mit einem C in der Mitte und die Inschrift «DIE CONCORDIER CANTONE DER SCHWEIZ».

Die größeren Nominale wie Franken (SIMMEN, Nr. 14) und 4 Franken (SIMMEN, Nr. 115) in Silber, 8 Franken (½ Dublone) (SIMMEN, Nr. 116), 16 Franken (Dublone) (SIMMEN, Nr. 117) und 32 Franken (Doppeldublone) (SIMMEN, Nr. 118) in Gold bringen das Streben zu einer gemeinsamen Prägung zum Ausdruck: Abgesehen vom Solothurner Kantonswappen auf der Vorderseite ist der Krieger in alter Tracht mit der Inschrift «SCHWEIZER EIDSGENOSST» auf der Rückseite abgebildet. Der Münzausstoß Solothurns in den Jahren von 1826 bis zur endgültigen Stillegung der Münze nach 1830 beschränkt sich auf den untersten Kleinsorte-Kreuzer von 1830 (SIMMEN, Nr. 105). Diese Münze beschließt die sechshundertjährige Prägung in Solothurn.

Katalog ausgewählter Solothurner Kurantmünzen

Es finden vor allem typologisch oder ikonographisch wichtige Stücke Erwähnung. In erster Linie wurden Stücke ausgewählt, welche sich in der Sammlung des Historischen Museums Blumenstein in Solothurn befinden. Einen detaillierten Katalog liefert: Schweizerischer Münzkatalog, VII, Solothurn, nach J. und H. SIMMEN neubearbeitet und ergänzt durch die Helvetische Münzzeitung. Bern 1972 (zitiert: SIMMEN). Speziell verwiesen sei auch auf die 1985–1990 in Gang gekommene, aber mittlerweile wieder sistierte Inventarisierung des Bestandes der Solothurner Münzen durch MILA ROMCEVIC im Rahmen der Bearbeitungskampagne der Solothurner Münzenkommission. Dabei wurden auch die 572 erhaltenen Solothurner Münzstempel inventarisiert, die hier nicht einzeln erfaßt werden (heute Depositum im Museum Altes Zeughaus, Solothurn)[47].

1. *Pfennig* (Abb. 25). Um 1270–1300. 15,5 × 16,5 mm. Brakteat, viereckig. Silber. Bild: In Perlkreis Kopf des hl. Ursus nach links; Umschrift: «VRSVS». SIMMEN, Nr. 5a; HMBS, Inv. Nr. 1963.1272. – 2. *Plappart* (Abb. 26). Um 1450. D 26 mm. Silber. Vs: Bild: In Vierpaß Solothurner Wappen, von Reichsadler überhöht, zwischen S-O; Umschrift: « + MONETA + SOLODORENSIS». Rs: Der hl. Ursus als gerüsteter und bewehrter Krieger; Umschrift: «SANCTVS + VRSVS + ». SIMMEN, Nr. 26a; HMBS, Inv. Nr. 1978.2951. – 3. *Fünfer* (= 5 Haller). Nach 1460. D 20 mm. Silber. Vs: Bild: Solothurner Wappen, überhöht von Reichsadler, zwischen S-O; Umschrift: «MONET·SOLODORENS». Rs: Bild: Blumenkreuz; Umschrift: «SANCTVS·VR(SVS)». SIMMEN, Nr. 22b; HMBS, Inv. Nr. 1919.34.957. – 4. *Dicken* (Abb. 27). Anfang 16. Jh. D 30 mm. Silber. Vs: Bild: Solothurner Wappen, von Reichsadler überhöht, zwischen S-O; Umschrift: «MONETA∗SOLODORENS·». Rs: Bild: Brustbild des hl. Ursus nach rechts, mit Strahlennimbus; Umschrift: «∗SANCTVS + VRSVS∶MAR'». Simmen, Nr. 40a; HMBS, Inv. Nr. 1989.76. – 5. *Guldiner* (Abb. 28). 1501. D 42,5 mm. Silber. Vs: Bild: Solothurner Wappen, überhöht von Reichsadler und umrahmt von Inschrift: «MONETA∗∗SOLODOR»; im äußern Kranz Wappen der 12 Vogteien. Rs: Bild: Schöne Figur des gerüsteten und bewehrten Stadtheiligen nach rechts mit Fahne; Umschrift:

Abb. 25
Pfennig. Brakteat. Um 1270–1300. Silber (Münze Nr. 1). – Text S. 24.

Abb. 26
Plappart. Um 1450. Silber (Münze Nr. 2). – Text S. 24.

Abb. 27
Dicken. Anfang 16. Jahrhundert. Silber (Münze Nr. 4). – Text S. 24.

«SANCTVS⸱VRSVS∗MARTIR⸱1501∗». Simmen, Nr. 44c; HMBS, Inv. Nr. 1928.68. Im Bernischen Historischen Museum findet sich ein Abschlag in Gold. Simmen, Nr. 44b. – 6. *Batzen.* Nach 1530. D 27,5 mm. Silber. Vs: Bild: Solothurner Wappen, überhöht von Reichsadler, zwischen S-O; Umschrift: «MONETA∗SOLODOREN⸱». Rs: Bild: Gabelkreuz mit Lilien; Umschrift: «+SANCTVS∗VRSVS∗MART». Simmen, Nr. 37; HMBS, Inv. Nr. 1978.2794. – 7. *Kreuzer.* 1561. D 19 mm. Billon. Vs: Bild: Solothurner Wappen, überhöht von Reichsadler, zwischen S-O; Umschrift: «⸱MONETA⸱SOLODOR». Rs: Bild: Gabelkreuz; Umschrift: «⸱SANCTVS⸱VRSVS⸱61⸱». Simmen, Nr. 29d; HMBS, Inv. Nr. 1978.2894. – 8. *Groschen* (= 3 Kreuzer). 1562. D 21,5 mm. Silber. Vs: Bild: Solothurner Wappen in Dreipaß; Umschrift: «+MONETA∗SOLODORENSI». Rs: Bild: Reichsadler, auf der Brust Reichsapfel mit der Wertbezeichnung 3; Umschrift: «⸱SOLI∗DEO∗GLORIA∗62⸱». Simmen, Nr. 33a; HMBS, Inv. Nr. 1978.2954. – 9. *Taler* (Abb. 29). Um 1550–1570. D 41,5 mm. Silber. Vs: Bild: Solothurner Wappen in Rollwerkschild, überhöht von Reichsadler, zwischen S-O; Umschrift: «∗MONETA∗SOLODORENSIS∗». Rs: Bild: Kontrapostfigur des gerüsteten und bewehrten Stadtheiligen nach rechts mit Fahne; Umschrift: «SANCTVS∗VRSVS∗MARTI∗». Simmen, Nr. 54a; HMBS, Inv. Nr. 1926.23. – 10. *Batzen.* 1623. D 25,5 mm. Billon. Vs: Bild: Stadtwappen, überhöht von Reichsadler, zwischen S-O; Umschrift: «MONETA◇SOLODORENSIS». Rs: Bild: In Vierpaß Gabelkreuz mit Lilien; Umschrift: «⸱SANCTVS◇VRSVS◇MART◇1623⸱». Simmen, Nr. 62b; HMBS, Inv. Nr. 1978.2810. – 12. *Dicken* (Abb. 30). 1632. D 32,5 mm. Silber. Vs: Bild: Reichsadler mit Kreuz zwischen den Köpfen, im Abschnitt: «⸱1632⸱»; Umschrift: «⸱MONETA⸱SOLODORENSIS⸱». Rs: Bild: Hüftbild des gerüsteten Stadtheiligen mit Schwert und Fahne, unten im Schriftkreis kleines Solothurner Wappen; Umschrift: «SANCTVS⸱VRSVS⸱MART». Simmen, Nr. 67; HMBS, Inv. Nr. 1978.2434. – 13. *10 Kreuzer.* 1762. D 22,5 mm. Silber. Vs: Bild: Gekröntes Stadtwappen in Rocailleschild; Umschrift: «MONETA REIP⸱SOLODORENSIS». Rs: Bild: Gekröntes und reich umranktes Kreuz mit S, unten im Schriftkreis die Wertangabe «CR⸱10»; Umschrift: «CUNCTA PER DEUM 1762». Simmen, Nr. 86; HMBS, Inv. Nr. 1978.2470. – 14. *10 Batzen* (=Franken) (Abb. 31). 1766. D 30,5 mm. Silber. Vs: Bild: Gekröntes Solothurner Wappen in Rocailleschild; Umschrift: «MONETA REIP⸱SOLODORENSIS». Rs: Bild: Gekröntes und reich umranktes Kreuz mit S, unten im Schriftkreis: «∗1766∗». Simmen, Nr. 94c; HMBS, Inv. Nr. 1978.2443. – 15. *20 Kreuzer* (= 5 Batzen). 1785. D 26,5 mm. Silber. Vs: Bild: Gekröntes Solothurner Wappen zwischen Palmzweigen; Umschrift: «⸱MONETA REIP⸱SOLODORENSIS⸱». Rs: Bild: Kreuz, verschlungen mit großem S und O, unten im Schriftkreis Wertangabe «∗CR 20∗»; Umschrift: «CUNCTA⸱PER⸱DEUM⸱1785». – 16. *¼ Dublone.* 1789. D 16,8 mm. Gold. Vs: Bild: Gekröntes Solothurner Wappen; Umschrift: «RESPUBLICA SOLODORENSIS». Rs: Frontalfigur des gerüsteten und bewehrten hl. Ursus mit Fahne; Umschrift: «S⸱URSUS MART⸱1789⸱». – 17. *20 Batzen* (=½ Neutaler). 1795. D

Abb. 28
Guldiner. 1501. Silber (Münze Nr. 5). – Text S. 24f.

Abb. 29
Taler. 1550–1570. Silber (Münze Nr. 9). – Text S. 25.

Abb. 30
Dicken. 1632. Silber (Münze Nr. 12). – Text S. 25.

Abb. 31
10 Batzen. 1766. Silber (Münze Nr. 14). – Text S. 25.

Anmerkungen am Schluß des Kapitels S. 41

33,5 mm. Silber. Vs: Bild: Gekröntes Solothurner Wappen zwischen Lorbeerzweigen, im Abschnitt Wertangabe «20·Baz·»; Umschrift: «REPUBLICA SOLODOREN.». Rs: Bild: Großes Kreuz, mit großem S verschlungen, unten im Schriftkreis: «*1795*»; Umschrift: «CUNCTA PER DEUM». SIMMEN, Nr. 97a; HMBS, Inv. Nr. 1981.225. – 18. *Dublone* (Abb. 32). 1796. D 25,8 mm. Gold. Vs: Bild: Gekröntes Solothurner Wappen; Umschrift: «RESPUBLICA SOLODORENSIS». Rs: Bild: Frontalfigur des gerüsteten und bewehrten hl. Ursus mit Fahne, im Abschnitt: «1796·»; Umschrift: «S·URSUS MARTYR». SIMMEN, Nr. 101b; HMBS, Inv. Nr. 1978.2409. Analog gestaltete Halbdublone, 1796, D 25,8 mm (SIMMEN, Nr. 100b), und Doppeldublone 1798, D 29,5 mm (SIMMEN, Nr. 102d). – 19. *Batzen* (=10 Rappen). 1805. D 25 mm. Billon. Vs: Bild: Solothurner Wappen mit Lorbeerzweigen, im Abschnitt: «1805·»; Umschrift: «CANTON SOLOTHURN». Rs: Wertangabe «1/BATZEN/X/RAPPEN». SIMMEN, Nr. 107; HMBS, Inv. Nr. M 1988.22. – 20. *16 Franken* (=1 Dublone). 1813. D 23,5 mm. Gold. Vs: Bild: Solothurner Wappen in bekröntem Spitzschild, unten im Schriftkreis: «1813»; Umschrift: «CANTON SOLOTHURN». Rs: Bild: Bewehrte Kriegerfigur mit Ovalschild in der Linken, darauf die Inschrift: «XIX/ CANT.», im Abschnitt Wertangabe: «16. FRANK.»; Umschrift: «SCHWEIZER.E EIDSGENOSS.T». SIMMEN, Nr. 117; HMBS, Inv. Nr. 1978.2417. Analog gestaltete Halbdublone, 1813, D 19,6 mm (SIMMEN, Nr. 116), und Doppeldublone 1813, D 26,6 mm (SIMMEN, Nr. 118). – 21. *1 Franken* (=10 Batzen). 1812. D 29 mm. Silber. Vs: Bild: Solothurner Wappen in bekröntem Spitzschild; Umschrift: «CANTON SOLOTHURN 1812». Rs: Bild: Bewehrte Kriegerfigur mit ovalem Schild in der Linken, darauf die Inschrift: «XIX/CAN=/TONE», im Abschnitt Wertangabe «1. FRANK:». SIMMEN, Nr. 114; HMBS, Inv. Nr. 1978.2453. – 22. *4 Franken* (=Neutaler) (Abb. 33). 1813. D 40,5 mm. Silber. Vs: Bild: Solothurner Wappen in bekröntem Spitzschild, unten im Schriftkreis: «1813»; Umschrift: «CANTON SOLOTH.N». Rs: Bild: Bewehrte Kriegerfigur mit ovalem Schild in der Rechten, darauf die Inschrift: «XIX/ CANT.», im Abschnitt Wertangabe «4. FRANKEN». SIMMEN, Nr. 115; HMBS, Inv. Nr. 1978.2438. – 23. *Batzen* (Abb. 34). 1826. D 24 mm. Billon. Vs: Bild: Solothurner Wappen zwischen S-O, im Abschnitt Wertangabe «1·BATZ.»; Umschrift: «CANTON SOLOTHURN 1826·». Rs: Bild: In Vierpaß Konkordatskreuz mit C in der Mitte; Umschrift: «* DIE CONCORDIER.CANTONE DER SCHWEIZ». SIMMEN, Nr. 110a; HMBS, Inv. Nr. 1913.174. – 24. *Kreuzer* (=2½ Rappen). 1830. D 16,9 mm. Billon. Vs: Bild: Solothurner Wappen, unten im Schriftkreis Wertangabe «2½ RAP·»; Umschrift: «CANTON SOLOTHURN». Rs: Bild: Konkordatskreuz mit C in der Mitte; Umschrift: «1·KREUZER·1830·». SIMMEN, Nr. 105; HMBS, Inv. Nr. 1978.2935.

Abb. 32
Dublone. 1796. Gold (Münze Nr. 18). – Text S. 26.

Abb. 33
4 Franken. 1813. Silber (Münze Nr. 22). – Text S. 26.

Abb. 34
Batzen. 1826. Billon (Münze Nr. 23). – Text S. 26.

Medaillen

Sog. «Berthataler» (Abb. 35): Gedenkmünze. Um 1555. D 53 mm. Silber. Von Stempelschneider GEBHARD WÄGRICH, Goldschmied in Solothurn. Vs: Bild: Solothurner Wappen, überhöht von Reichsadler. Umschrift im abgetrennten Mittelfeld: «*SALOD·SVB*ABRAMO + EODI.». Im Umkreis Wappen der Ämter Thierstein, Flumenthal, Gösgen, Messen, Lebern, Bucheggberg, Olten, Kienberg, Gilgenberg, Rotberg, Halten, Balm, Dorneck, Altreu, Falkenstein. Rs: Bild: Figur des gerüsteten und bewehrten Stadtheiligen nach rechts mit Fahne. Davor kniend die bekrönte Königin Bertha mit Modell der St.-Ursen-Kirche und Schild mit burgundischem Königswappen; Umschrift: «·RE BERTA ± FVDRIX ± ECCLIAE ± S.VRSI ± 932*». Im HMBS. Ursprünglich waren elf Taler geschlagen worden[48].

Abb. 35
Berthataler. Um 1555. Silber. – Text S. 26.

WAPPEN

Wappenbild des Stadt- und Kantonswappens: Geteilt von Rot und Weiß (Silber; auch schraffiert oder damasziert).

Auftreten[49]. Das bis auf den heutigen Tag geltende einfache Wappenbild taucht erstmals auf dem Sekretsiegel von 1394 auf, und zwar mit dem Reichsadler. «Ursprung und Alter des solothurnischen Wappens sind unbekannt. Doch sprechen die Einfachheit des Wappenbildes wie die Tatsache, daß dieses sich von seinem ersten Auftreten bis auf den heutigen Tag nie gewandelt hat, dafür, daß der von Rot und Weiß geteilte Schild und die rot-weiße Fahne schon von den ersten Auszügen ihrer Bürgerschaft an das Feldzeichen der Stadt Solothurn bildeten»[50].

Wappenfarben. Die Wappenfarben mögen mit jenen der Thebäischen Legion in Zusammenhang stehen[51]. Erste Hinweise auf die Solothurner Farben vermittelt die früheste Seckelmeisterrechnung aus dem Jahr 1443, worin rotes und weißes Tuch für Amtsröcke verrechnet wird. Auch heute noch trägt der Standesweibel einen rechts roten, links weißen Mantel mit rotem Umhang. Stoff und Kleider «in miner Herren Farb» waren allerdings nicht Amtspersonen vorbehalten, sondern wurden im 15. Jahrhundert zum gängigen Bestandteil von Handwerkerentschädigungen. 1538 wurde erstmals durch den Rat das Rothsche Ehrenkleid in den Standesfarben verliehen: In Erinnerung an die Solothurner Mordnacht von 1382 und ihren Helden Hans Roth von Rumisberg wird dem jeweils ältesten männlichen Nachkommen Hans Roths bis auf den heutigen Tag ein rot-weißes Gewand als Ehrenkleid nebst einer bescheidenen Jahrespension zugesprochen[52].

Dem farbigen Solothurner Wappen begegnet man erstmals auf den etwas schematisierten Stadtdarstellungen in den spätgotischen Bilderchroniken; am frühesten um 1470 an einem Solothurner Torturm in einer Darstellung der Stadtbelagerung von 1318 in der TSCHACHTLAN-Chronik von 1470[53].

FRANZ HAFFNER hat in seiner Chronik einige Sinnsprüche mit Bezugnahme auf das Solothurner Wappen und seine allegorisch gedeuteten Farben abgedruckt[54]. Aus dem frühen 18. Jahrhundert wird ein weiterer Wappenspruch überliefert. Er muß sich beim Wappenrelief am Berntor befunden haben und lautete: «Sanguine parta fuit, floret candore libertas» («Ihre Freiheit entsproß aus ihrer Tapferkeit und ihrem Blut und blühte durch ihre Reinheit»). Er figuriert an zentraler Stelle auch auf dem Ratswappenkalender von 1757[55] (Abb. 63).

Entwicklung der Wappendarstellung

Die älteste Darstellung des Solothurner Wappens auf einem Siegelabdruck von 1394 (Abb. 12) als zweigeteilter Schild, überhöht von zweiköpfigem bekröntem Reichsadler, bleibt die übliche Form des Solothurner Wappens auf den spätgotischen Siegeln, die bis ins ausgehende 17. Jahrhundert in Gebrauch stehen (vgl. Kapitel Siegel, Nr. 5

Anmerkungen am Schluß des Kapitels S. 41–42

bis 10). Mit großer Regelmäßigkeit tragen von der Mitte des 15. Jahrhunderts bis ins Jahr 1623 auch die Münzbilder dieses Wappen mit Reichsadler (vgl. Kapitel Münzen).

Der Wandel in der heraldischen Darstellungsweise des Wappens mit Insignien, Schildhaltern usw. erfolgt ungefähr im Einklang mit den übrigen eidgenössischen Kantonen. Ausgeprägter als bei den Münzen läßt er sich in der Bauplastik verfolgen, insbesondere an den Tortürmen, über Portalen und an Fassaden, sodann auch bei den ab 1500 nachzuweisenden Glasscheiben des Standes Solothurn. Vom ehemaligen Berntor in Solothurn stammt das ins zweite Viertel des 15. Jahrhunderts zu datierende Relief mit der ältesten nachweisbaren Solothurner Wappenpyramide (Abb. 191): Zwei Solothurner Wappen werden vom Reichswappenschild mit bekröntem Doppeladler überhöht; drei Engel fungieren als Schildhalter (Original im Depot des Kunstmuseums; vgl. Kapitel Stadtbefestigung, Berntor, S. 187; Abb. 191). Nur wenig später, nämlich im Jahre 1450, entstand unter der Hand eines Meister STEFFAN (HURDER?) das Wappenrelief für das Brückentor mit Wappenpyramide und Engeln als Schildhalter (Abb. 147) (Original in der Wendeltreppe des Rathauses[56]; vgl. Kapitel Stadtbefestigung, Brückentor, S. 148f.). Mit ihm hat das 1465 datierte Solothurner Wappen, möglicherweise von HANS TUSSMANN geschaffen, am zweiteiligen Wengi-Relief vom früheren Wengi-Spital große Ähnlichkeit (heute im Korridor des Bürgergemeindehauses). An den beiden letztgenannten Arbeiten beobachtet man die pyramidale Anordnung von Stadt- und Reichswappen ebenso wie den schildtragenden Engel[57]. Engelspaaren als Schildhaltern bei der Solothurner Wappenpyramide begegnet man später vor allem noch bei den Standesscheiben; auffällig ist, daß es sich immer um vorreformatorische Stiftungen in Kirchen handelt (Standesscheiben 1517 in der Kirche Ursenbach, 1518 in der Kirche Hindelbank, 1519 in der Kirche Leuzigen, 1523 ehemals in der Kirche Wengi, nun im Bernischen Historischen Museum; vgl. DIETSCHI, Nr. 25–27, 31).

Der gegen Ende des 15. Jahrhunderts sich intensivierende Thebäerkult, aber auch die Hinwendung Solothurns zum Solddienst blieben nicht ohne Folgen auf die Präsentation des Solothurner Wappens; der heilige Krieger Ursus in Verbindung mit seinem Gefährten Victor oder einem Bannerträger lösen die Engel als Schildhalter ab. Bisweilen finden sich auch Bannerträger als Schildhalter. Die älteste nachweisbare Solothurner Standesscheibe, 1500 für den ehemaligen Tagsatzungssaal in Baden gestiftet, zeigt beidseits des Wappens zwei wehrhafte Junker als Bannerträger, darüber das Reichswappen mit Königskrone; der Stadtpatron figuriert in der einen Fahne (DIETSCHI, Nr. 20; SLM, LM 12805). Den beiden Thebäerheiligen als kriegerischen Begleitfiguren der Wappenpyramide begegnet man erstmals in einer Standesscheibe von 1506 in der Kirche Liestal (DIETSCHI, Nr. 22). Die Verbindung von Ursus und Bannerherr als Schildhalter ist in der Glasmalerei um die Mitte des 16. Jahrhunderts verbreitet und erstmals in einer Scheibe von 1542 im Rathaus von Stein a. Rh. nachweisbar (DIETSCHI, Nr. 35; Kopie im Museum Altes Zeughaus in Solothurn).

Aus dem gleichen Jahr 1542 stammt das analog gestaltete und tatsächlich an Glasmalerei erinnernde Standeswappen vom ehemaligen Käfig-

Abb. 36
Olten. Wappenpyramide des Standes Solothurn vom Käfigturm. Steinrelief von Stephan Schöni, 1542. – Text S. 28f.

turm in Olten (Abb. 36). Das in Stein gehauene Relief mit Ursus und einem Bannerträger sowie zusätzlichem Wappen der Stadt Olten ist eine Arbeit von Meister STEPHAN SCHÖNI (im Historischen Museum Olten)[58]. 1541 entstand das feingeschnitzte Holzrelief ehemals «ob der Schloßporten» von Dorneck: In einem Innenraum halten zwei Kriegerfiguren mit Fahnen eine bekrönte Wappenpyramide. An der unteren Randleiste sind sie als Ursus und Victor identifiziert (Historisches Museum Basel, Inv. Nr. 1885.11)[59]. Dieser Anordnung begegnet man nochmals in einem 1542 datierten Wappenrelief vom Bieltor in Solothurn; es ist zusätzlich durch ein Engelspaar bereichert (Abb. 155). Die heute sehr stark verwitterte Sandsteinarbeit wurde 1893 von JOHANN RUDOLF RAHN folgendermaßen beschrieben: «Es zeigt, von den hl. Ursus und Victor begleitet, die beiden Stadtschilde von dem Reiche überragt. Zwei Engelchen schweben zu Seiten der Krone» (HMBS, Steindepot)[60]. Die Verbindung von Standeswappen und Thebäern tritt auch noch im Barock auf, doch verlieren die Stadtpatrone ihren Charakter als heraldische Nebenstücke im engeren Sinn (vgl. Wappen am Eingang zur Wendeltreppe im Rathaus von Solothurn von 1632 bis 1634).

Seit dem frühen 16. Jahrhundert ist freilich das Wappen mit Löwen als Schildhalter die am weitesten verbreitete und langlebigste Darstellungsform (mit Ausnahme der Münzbilder, auf denen die Löwen nicht auftreten). Erstmals begegnet man der Wappenpyramide mit Schildhalterlöwen in einer Standesscheibe (um 1510) aus der Kapelle im Haag bei Selzach (Abb. 43). Eigenart dieser Scheibe ist das Auftreten eines bekrönten Adlers mit Reichsapfel oberhalb von Reichswappenschild und Helmzierde (im Regierungsratssaal des Rathauses in Solothurn; DIETSCHI, Nr. 24)[61]. Im Normalfall agieren die schildhaltenden Löwen als Träger von Reichsapfel oder Reichsschwert, zu denen sich noch das Solothurner Banner gesellen kann. Im Verlaufe des 17. Jahrhunderts verschwindet der Reichsapfel, und die beiden Löwen als Halter der Wappenpyramide mit Krone und als Träger von Richtschwert und Szepter (teilweise mit Schwurhand)[62] bilden die übliche Form des Wappens des souveränen Kantons innerhalb der vom Reich losgelösten Eidgenossenschaft. Man begegnet ihm so auch auf den ab 1653 erschienenen Ratswappenkalendern.

Abb. 37
Solothurn. Wappen des Kantons Solothurn an der Ostfassade des Rathauses. Steinrelief von Urs Pankraz Eggenschwiler, 1818. Zustand vor der Restaurierung. Photographie, 1962. – Text S. 30.

Mit der Ablösung der spätgotischen Siegel durch neu geschnittene Petschaften finden die schildhaltenden Löwen und der Adler mit Schwert und Szepter am Ende des 17. Jahrhunderts für einige Jahrzehnte Eingang in die Rechtssymbolik des Solothurner Staates (vgl. Kapitel Siegel, Nr. 12, 14, S. 18).

In vereinzelten Fällen wurde dieser Reichsadler mit dem Solothurner Wappenschild belegt. In dieser Form tritt der Schild besonders prominent am Reichsadler der Automatengruppe von 1545 am Zeitglockenturm in Solothurn auf, aber auch auf Münzen von 1623 und 1633 (SIMMEN, Nr. 68, 72, 75a) und sodann auf dem Frontispizbild des Wagnerschen Wappenbuches von 1657 (ZBS, S I 100/1). Letztmals erscheint er so auf dem Wappenrelief an der Aarefassade des früheren Waisenhauses (heute Bürgergemeindehaus) in Solothurn: Die 1733 datierte, etwas derbe Arbeit bildet wohl eine der letzten Wappenpyramiden mit Reichs-

Anmerkungen am Schluß des Kapitels S. 42

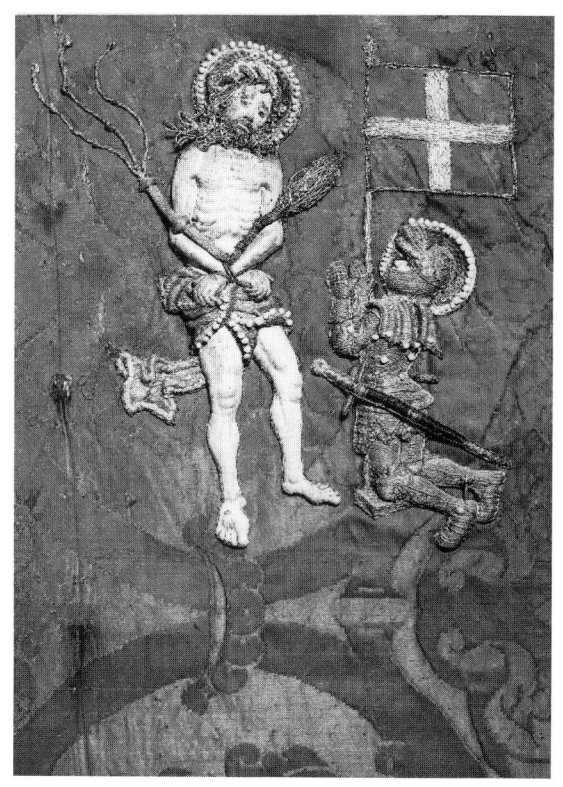

Abb. 38
Eckquartier des Juliusbanners II, 1512 (Fahne Nr. 4). – Text S. 31.

schild in diesem Kanton[63]. Denn Mitte des 18. Jahrhunderts verschwindet der Reichsadler als Schild oder Nebenstück. Die spätbarocken Petschaften und die Münzen nach 1760 führen ihn nicht mehr, und an die Stelle von Kaiser- oder Königskrone tritt eine fünfzackige Herzogskrone. Gleichzeitig beginnen die Löwen ihre Köpfe vom Schild abzuwenden, was nach SIGRIST «wohl als Sinnbild der Bereitschaft, die Unabhängigkeit gegen jeden Angriff zu verteidigen», zu interpretieren ist.

Als eines der letzten wichtigen Werke der Standesheraldik entsteht während der Restaurationszeit 1818 unter der Hand von URS PANKRAZ EGGENSCHWILER das Kantonswappen über dem Ostportal des Solothurner Rathauses: Zwei eindrückliche Löwen mit Blick zur Bügelkrone halten das Kantonswappen in barockisierendem Rollwerkschild, hinter dem sich Szepter, Schwert und Lorbeerzweige kreuzen[64] (Abb. 37). 1822 wurde EGGEN-SCHWILERS Holzmodell zu diesem Wappen am Quergiebel des ehemaligen Ambassadorenhofs (damals Kaserne) angebracht, nachdem während der Helvetik das frühere Bourbonenwappen entfernt worden war[65].

Die zeitgenössische Heraldik im Kanton Solothurn ist durch das Wirken von Dr. KONRAD GLUTZ VON BLOTZHEIM bestimmt worden. Im Rahmen einer Publikation «Wappen der Bezirke und Gemeinden des Kantons Solothurn» ist auch die Gestaltung des gegenwärtig gültigen Kantonswappens und des Standessiegels mit fünfzackiger Herzogskrone und abgewandten Schildhalterlöwen entstanden[66].

Das Standeswappen in Verbindung mit den Ämterwappen. Seit dem 16. Jahrhundert tritt das Standeswappen auch im Verband mit den Wappen der Ämter oder Vogteien auf. Es ist dies Ausdruck des jungen Stadtstaats, der sich seit der Mitte des 14. Jahrhunderts in bloß anderthalb Jahrhunderten entlang der Aare und über die Juraketten bis ins Leimental auszubilden vermocht hatte[67].

Erstmals begegnet man der Verbindung von Standes- und Ämterwappen im Guldiner von 1501. Das Solothurner Wappen, überhöht vom Reichsadler, wird im Kreis umgeben von den Wappen der zwölf Vogteien Buchegg, Halten, Altreu, Flumenthal, Falkenstein, Rotberg, Olten, Gösgen, Balm, Thierstein, Dorneck und Gilgenberg (vgl. Kapitel Münzen, Nr. 5; SIMMEN, Nr. 40a) (Abb. 28). Die früheste erhaltene Ämterscheibe von 1510–1530 versammelt dreizehn Ämterwappen (vgl. Kapitel Glasgemälde, Nr. 1, S. 32; Abb. 1). Erst in einer Ämterscheibe von 1564 in Zürcher Privatbesitz (DIETSCHI, Nr. 4) sind alle Wappen jener neunzehn Amtsvogteien aufgeführt, die bis zum Franzoseneinfall 1798 die administrative Aufgliederung des Kantonsgebietes bilden und in unterschiedlicher Ordnung auch auf späteren Ämterscheiben figurieren. Es handelt sich um Dorneck, Falkenstein, Buchegg, Gösgen, Lebern, Gilgenberg, Messen, Kienberg, Wartenfels, Balm, Wartburg, Froburg, Rotberg, Flumenthal, Altreu, Thierstein, Bechburg, Olten und Halten[68]. Eine Darstellung in der Art der Ämterscheiben mit zentralem Standeswappen und dem Kreis der Ämterwappen wurde 1730 in Holzschnitt als Titelblatt des Solothurner Schreibkalenders verwendet[69].

Die Wappen der zehn heutigen Bezirke des Kantons sind 1941 neu gestaltet worden[70].

FAHNEN[71]

1. *Stadtbanner.* 15./16. Jh. Seidentaffet. 153 × 98 cm. Hochrechteck, geteilt von Rot und Weiß. Breite fragmentarisch. Mit alter Stange ohne Spitze. MAZS, Nr. 1111; BRUCKNER, Nr. 639. – 2. *Stadtbanner.* 15./16. Jh. Seidendamast mit Granatapfelmusterung. 160 × 80 cm. Ursprünglich ein Hochrechteck, geteilt von Rot und Weiß. Mit alter, wohl nicht ursprünglicher Stange. MAZS, Nr. 1107; BRUCKNER, Nr. 640. – 3. *Juliusbanner I.* 1511. Seidendamast mit Granatapfelmusterung. 172 × 168 cm. Hochrechteck, geteilt von Rot und Weiß. Beidseitig Eckquartier in Perlen- und Seidenstickerei mit Ecce homo und davor kniendem hl. Ursus, die Thebäerfahne hal-

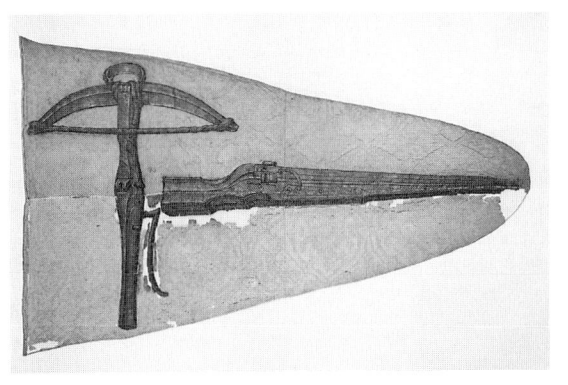

Abb. 40
Schützenfähnlein. Anfang 16. Jahrhundert (Fahne Nr. 6). – Text S. 31.

tend. Alte Stange ohne Spitze. MAZS, Nr. 1109. Dieses Banner wurde Solothurn ein Jahr vor den Juliusbannern der übrigen eidgenössischen Orte geschenkt[72]. MAZS, Nr. 1109; BRUCKNER, Nr. 641. – 4. *Juliusbanner II.* 1512. Seidendamast mit Granatapfelmusterung. 184 × 180 cm (Abb. 38, 39). Ungefähres Quadrat, geteilt von Rot und Weiß mit einseitigem Eckquartier wie bei Nr. 3. Nicht dazugehörige Stange mit Messingspitze. Dieses Geschenk von Papst Julius II. als Dank für die eidgenössische Truppenunterstützung in den Mailänderkriegen gehört in die Reihe der sogenannten Juliusbanner der übrigen Orte (Fahnenprivileg Kardinal Matthäus Schiners vom 24. Juli 1512). Die Solothurner wünschten sich eine Gestaltung analog zur im Vorjahr geschenkten Fahne[73]. MAZS, Nr. 1108; BRUCKNER, Nr. 642. – 5. *Gebrauchskopie des Juliusbanners.* 1516. Seidentaffet. 180 × 180 cm. Quadrat, geteilt von Rot und Weiß. Auf beiden Seiten gemaltes Eckquartier des hl. Ursus vor Ecce homo kniend. Alte Stange. Gemäß Seckelmeisterrechnung Arbeit eines Basler Seidenstickers[74]. MAZS, Nr. 1110; BRUCKNER, Nr. 643. – 6. *Schützenfähnlein.* Anfang 16. Jh. Seidendamast. 80 × 132 cm (Abb. 40). Dreieck mit gerundeter Spitze, geteilt von Rot und Weiß. Beidseits golden gemalt stehende Armbrust und liegende Luntenschloßbüchse. Fahnentülle und Quaste in den Standesfarben. Alte Stange ohne Spitze. MAZS, Nr. 1126; BRUCKNER, Nr. 644. – 7. *Reiterstandarte.* 2. Hälfte 17. Jh. Seidentaffet. 60 × 60 cm. Auf der einen Seite gemalte Madonna und Inschrift: «HAC PATRONA S. MARIA», auf der anderen Seite hl. Ursus mit fragmentarischer Aufschrift: «... DUCE S. URSUS». Franseneinfassung. Troddeln und Schnüre aus Seide, Seidenquasten. Kannelierte Stange mit Messingspitze. MAZS, Nr. 1118; BRUCKNER, Nr. 645. – 8. *Reiterstandarte.* 18. Jh. Seide. 72 × 65 cm. Doppeltes weißes Tuch, beidseits bemalt mit Wappenschild Solothurn und grünem Kranz, überhöht von

Abb. 39
Juliusbanner II, 1512. Umzeichnung des Granatapfelmusters im Seidendamast. – Text S. 31.

Anmerkungen am Schluß des Kapitels S. 42

goldener Krone. Die drei fliegenden Seiten eingefaßt von ehemals roter, verblaßter Seidenfranse. Kannelierte Fahnenstange mit Fußeisen und Eisenspitze. MAZS, Nr. 119; BRUCKNER, Nr. 646. – 9. *Bataillonsfahne.* Nach 1803. Seidentaffet. 168 × 160 cm. Durchgehendes weißes Kreuz in rot-weiß einwärts geflammten Feldern. In den Kreuzarmen aufgemalt: «Für Gott und Vatterland». In der Kreuzmitte auf der einen Seite Solothurner Wappenschild mit grünem Blätterkranz und Horn, auf der anderen Seite Waffentrophäen. Fahnenbänder und Seidenschnüre mit Troddeln je in den Standesfarben. MAZS, Nr. 1123; BRUCKNER, Nr. 647.

GLASGEMÄLDE

Das vorliegende Verzeichnis stützt sich auf HUGO DIETSCHIS Statistik solothurnischer Glasgemälde und listet in konsequenter Befolgung topographischer Kriterien nur jene Werke auf, die in direkter ikonographischer Beziehung mit dem Stadtstaat Solothurn stehen und sich heute auf dessen Territorium befinden oder sich nachweislich hier befunden haben[75]. Scheibenstiftungen außerhalb des Kantons, welche nicht nach Solothurn zurückgefunden haben, sind hier nicht berücksichtigt, ebensowenig Glasgemälde anderer Stifter als des Rates. Diese letzteren sollen unter ihrem früheren oder aktuellen Aufbewahrungsort in den weiteren geplanten Kunstdenkmälerbänden über den Kanton Solothurn aufgeführt werden.

Ämterscheiben

1. *Rundscheibe* (Abb. 1). Um 1510 und 1530. In rechteckiger Renaissance-Rahmung. Berner Werkstatt. 56 × 52 cm. Im Rathaus Solothurn, Ratskeller. Im zentralen Medaillon zwei gegengleiche Solothurner Wappenschilde, überhöht von bekröntem Reichswappen mit Doppeladler (im folgenden bezeichnet als Solothurner Wappenpyramide); flankiert von zwei steigenden Schildhalterlöwen. Im rahmenden Kreis dreizehn gegenständig angeordnete Ämterwappen. Ädikulaartige Rahmung in Glasmalereitechnik mit einem Fries tanzender Bären. BERNHARD ANDERES vermutet einen Ursprung um 1510 als Ämterrondele, die um 1530 ein Rechteckformat mit Renaissance-Rahmen erhielt[76]. DIETSCHI, Nr. 2. – 2. *Rundscheibe* (Abb. 41). 1579. D 40 cm. Im Bernischen Historischen Museum, Inv. Nr. 386[77]. Im zentralen Medaillon Solothurner Wappenpyramide, flankiert von zwei aufrechten Löwen mit Solothurner Juliusbanner bzw. Schwert und Reichsapfel in den Klauen. Im rahmenden Kreis Abfolge der radial angeordneten neunzehn Ämterwappen mit Namensüberschriften; unter den Standeswappen ist dieser rahmende Kreis unterbrochen durch Darstellung der knienden Königin Bertha, welche dem Bannerträger St. Ursus ein Modell der Stiftskirche überreicht. Inschrift: «Año Dn̄i · 1579 ·»[78]. DIETSCHI, Nr. 6. – 3. *Rundscheibe*. 1588. D 35,5 cm. Im HMBS. Vermutlich von THOMAS HAFFNER. Im zentralen Medaillon Solothurner Wappenpyramide mit insignientragenden Löwen als Schildhalter. Im rahmenden Kreis Abfolge der neunzehn Ämterwappen mit Namensüberschriften; unter den Standeswappen unterbrochen durch Darstellung des hl. Ursus und der Königin Bertha mit dem Kirchenmodell sowie der Unterschrift: «ANNO.DN̄I · 1588 ·». Ähnliche Gestaltung wie Nr. 2, aber in schlechterem Zustand. DIETSCHI, Nr. 7. – 4. *Rundscheibe*. 1592. D 37 cm. Im Rathaus Solothurn, Staatskanzlei. Solothurner Wappenpyramide mit insignientragenden Löwen als Schildhalter. Im rahmenden Kreis die neunzehn Ämterwappen, vervollständigt durch Darstellung des hl. Ursus und der Königin Bertha sowie der Datierung: «Anno * · 1·5·9·1·». – Ähnliche Gestaltung wie Nr. 2, 3. DIETSCHI, Nr. 8. – 5. *Rechteckscheibe mit integrierter Rundscheibe.* 1609. 42,5 × 32,5 cm. Im HMO. Im zentralen Medaillon Solothurner Wappenpyramide mit zwei insignienhaltenden Löwen (ähnlich wie Nr. 2). Radial angeordneter Wappenkreis der neunzehn Ämter mit Überschriften. Unten in der Mitte Rollwerkkartusche mit Inschrift: «Die Lobliche Statt Sollothurn MDCIX»; flankiert in den Scheibenzwickeln von den weiblichen Allegorien der «VICTORIA» (mit Schwert und Speer) bzw. der «PAX» (mit Palmzweig). Oben in der Mitte Kartusche mit Jahreszahl 1609 und seitlichen Putten. In den Zwickeln kniende Figuren

Abb. 41
Ämterscheibe. 1579 (Glasgemälde Nr. 2). – Text S. 32.

des hl. Ursus mit Fahne und Schild sowie der Königin Bertha mit Phantasiemodell des St.-Ursen-Münsters[79]. DIETSCHI, Nr. 10. – 6. *Rechteckscheibe.* 1629. In der St.-Katharinen-Kirche, Solothurn. Gestaltung als Portaldurchblick: Im Mittelfeld Solothurner Wappenpyramide mit insignientragenden Löwen als Schildhalter. In seitlichen Bändern und in einem oberen Bogen neunzehn Ämterwappen. Den oberen Abschluß bildet eine Kampfszene auf einer Art Band, den unteren die Inschrift: «Die Statt Solothurnn. AÑO DÑI MDCXXIX». DIETSCHI, Nr. 11. – 7. *Rechteckscheibe.* 1636. Glasmaler HANS JAKOB GEILINGER D. Ä. 34 × 22 cm. Standort unbekannt[80]. Im Mittelstück Solothurner Wappenpyramide mit Löwen als Schildhalter. Eingefaßt durch die neunzehn Ämterwappen. In den oberen Zwickeln der hl. Ursus bzw. Königin Bertha mit dem Kirchenmodell. In den unteren Ecken die Thebäerheiligen Ursus und Victor, getrennt durch Inschriftkartusche: «Die Statt Solothurn 16 – 36». DIETSCHI, Nr. 12. – 8. *Rechteckscheibe* (Abb. 42). 1641. 41 × 32 cm. Im Rathaus Solothurn, Steinerner Saal[81]. Gestaltung als Portaldurchblick: Im Mittelfeld Solothurner Wappenpyramide – verbunden durch Schriftband «CONCORDIA» – mit insignientragenden Löwen als Wappenträger. In seitlichen Bändern und am oberen Bogen die neunzehn Ämterwappen. Am unteren Abschluß Rollwerkkartusche mit Inschrift: «Die Statt Solothurn. AÑO. DÑI. 1641»; seitlich die weiblichen Allegorien von «VICTORIA» und «PAX» mit Attributen. In den oberen Zwickeln St. Ursus und Königin Bertha mit dem Kirchenmodell. DIETSCHI, Nr. 13. – 9. *Rechteckscheibe.* 1658. Glasmaler WOLFGANG SPENGLER (Zuschreibung). 42 × 34 cm. Im HMBS. Gestaltung als Portaldurchblick: Im Mittelfeld Solothurner Wappenpyramide mit insignientragenden Löwen als Schildhalter. Darunter Inschriftkartusche: «Die Statt Solothurn. A°. 1658:». Flankierend weibliche Allegorien «VICTORIA» und «PAX». In den oberen Zwickeln der hl. Ursus und die Königin Bertha mit Kirchenmodell. Ähnliche Gestaltung wie Nr. 8. DIETSCHI, Nr. 14. – 10. *Rechteckscheibe.* 1669. 54 × 43 cm. Bezeichnet «HHL» (ligiert) von Glasmaler HANS HEINRICH LAUBSCHER (1605–1684). Im Rathaus Solothurn, Steinerner Saal[82]. Gestaltung als Portaldurchblick: Im Mittelfeld Solothurner Wappenpyramide, gehalten von aufrechten Löwen mit Stadtbanner und Reichsinsignien in den Pranken. Im unteren Feld Rollwerkkartusche mit Inschrift: «Die Statt Solothurn. 1669.» und Monogramm «HHL». Seitlich die weiblichen Allegorien von «VICTORIA» und «PAX». Diese Darstellungen seitlich und oben gerahmt von den neunzehn Ämterwappen. Ähnliche Gestaltung wie DIETSCHI, Nr. 13 und 14, aber ohne obere Zwickelbilder[83]. DIETSCHI, Nr. 15. – 11. *Riß zu Rundscheibe.* 2. Hälfte 16. Jh. Feder, koloriert. Im HMBS, Depositum der ZBS. Zentrales Medaillon mit Solothurner Wappenpyramide mit insignientragenden Löwen als Schildhalter. Im Kreis radial angeordnet achtzehn Ämterwappen (ohne Wartburg). DIETSCHI, Nr. 18. – 12. *Aquarell einer Ämterscheibe.* 1625. 22 × 24 cm. ZBS, a 479. Wappenpyramide mit Datum «1625.» sowie Spruchband «Die Statt Sollenthurn.» und Kreis der achtzehn

Abb. 42
Ämterscheibe. 1641 (Glasgemälde Nr. 8). – Text S. 33.

Ämterwappen (ohne Wartburg). Es handelt sich nicht um einen Riß, sondern wohl um eine Kopie aus dem frühen 19. Jh. nach einer unbekannten Scheibe. DIETSCHI, Nr. 19.

Standesscheiben

13. *Rechteckscheibe* (Abb. 43). Um 1510. 58 × 42,5 cm. Berner Werkstatt. Im Rathaus Solothurn, Regierungsratssaal. Rundbogiger Portaldurchblick in gotischen Motiven. Auf Wiesengrund Solothurner Wappenpyramide, von zwei Löwen gehalten, bekrönt von Helmzier und überhöht von gekröntem Reichsadler mit ausgebreiteten Schwingen[84]. DIETSCHI, Nr. 24. – 14. *Standesscheibe.* 1542. Solothurn, Privatbesitz Familie von Sury (1993 unauffindbar). DIETSCHI, Nr. 36. – 15. *Rechteckscheibe* (Abb. 44). 1580. 41 × 31,5 cm. Im HMBS. Stichbogiger Portaldurchblick in Renaissanceformen. Solothurner Wappenpyramide, gehalten von aufrechten Löwen mit Stadtbanner bzw. mit Schwert und Apfel als Reichsinsignien in den Pranken. In den Zwickeln Darstellung des Reiters Marcus Curtius und des Kampfes der Horatier und Curiatier. Fußgesimse mit puttenflankier-

---

Anmerkungen am Schluß des Kapitels S. 42–43

ter Rollwerkkartusche mit Inschrift: «Die Statt Solothurn – 1580». DIETSCHI, Nr. 44. – 16. *Rechteckscheibe.* 1582. 37 × 31,5 cm. Im HMO. Stichbogiger Portaldurchblick in Renaissanceformen. Gerüsteter hl. Ursus in Grätschstellung als Bannerträger der Solothurner Fahne. In den Zwickeln Jagdszenen; auf der Standfläche Jahreszahl 1582. DIETSCHI, Nr. 45. – 17. *Rechteckscheibe.* 1588. 69 × 54,5 cm. Im HMBS. Solothurner Standesscheibe aus dem Scheibenzyklus der verbündeten Alten Orte für das neugebaute Schützenhaus. Solothurner Wappenpyramide, flankiert von Musketier und gerüstetem Bannerträger mit Schwert und Speer. Im puttengerahmten Oberteil Darstellung der Judith mit dem Haupt des Holofernes. Am unteren Bildrand musizierendes Puttenpaar neben Inschrift: «Die Statt Solothurn·1588·». Die reichgestaltete Scheibe gehört zum Zyklus, den die eidgenössischen Stände 1587/88 ins 1586/87 neuerbaute Schützenhaus gestiftet haben. Als Schöpfer ist THOMAS HAFFNER belegt, der im Auftrag der Verbündeten diese Serie von ursprünglich 22 Scheiben (erhalten sind noch elf) in Solothurn geschaffen hat[85]. DIETSCHI, Nr. 46. – 18. *Halbrundscheibe.* 1601. 69 × 70 cm. Im StASO. Schöne halbrunde Bildscheibe mit Darstellung der Höllenfahrt Christi, flankiert von den beiden Stadtpatronen Ursus und Victor. In der Rundung Inschriftkartusche, von Engeln gehalten: «Er stigt Zur Hellen Und Finsternus/ Die Våtter Zů erlösen drus.». In der Rundung Inschriftkartusche, von Engeln gehalten: «Frauen-Kloster – Rathausen». Am Sockel der Darstellung von Putten gehaltene Inschriftkartusche mit integriertem Medaillon mit Solothurner Wappenpyramide: «Die Statt Sollenthurn/ 1601·». Monogramm «FF:» (ligiert) von FRANZ FALLETER. Die Scheibe stammt ursprünglich aus dem Kreuzgang des Zistersienserinnenklosters Rathausen LU und wurde durch den Kanton Solothurn aus Frankfurter Privatbesitz angekauft[86]. DIETSCHI, Nr. 48. – 19. *Rechteckscheibe.* 1608. 64 × 48 cm. Im HMO. Portaldurchblick in Renaissanceformen. Solothurner Wappenpyramide, gehalten von flankierenden Bannerträgern in Gestalt der gerüsteten Stadtpatrone Ursus und Victor. Den oberen Abschluß bildet ein Puttenfries, den unteren das Inschriftband «Die Statt * Solothurn · 1608». DIETSCHI, Nr. 50. – 20. *Rechteckscheibe* (Abb. 61). 1608. 66 × 50 cm. Im StASO. Portaldurchblick. Solothurner Wappenpyramide, flankiert von gerüstetem hl. Ursus als Schild- und Bannerträger sowie hl. Nikolaus in Bischofsornat. In den oberen Zwickeln Putten. Am Sockel Inschriftband: «·Die Statt * Solothurn·1608·». Ungedeutetes Monogramm «VBE» (ligiert)[87]. Nicht bei DIETSCHI. – 21. *Standesscheibe.* Um 1620. PB, Gerlafingen[88]. Solothurner Wappenpyramide mit Löwen als Schildhalter. Im Oberbild Puttenfries, dazwischen Ursus und Victor mit Fahne und Schild. Unten beidseitig der Standesschilde die Inschrift: «Die – Statt/Solo – thurn». Monogramm «HVF». DIETSCHI, Nr. 54. – 22. *Standesscheibe.* 1622. PB, Solothurn[89]. Standesschild, überragt von bekröntem Reichswappen. Als Schildhalter Ursus und Victor mit Fahne und Schild. Unten Inschriftkartusche: «Sollothurn Du

Abb. 43 und 44
Standesscheibe. Um 1510 (Glasgemälde Nr. 13). – Standesscheibe. 1580 (Glasgemälde Nr. 15). – Text S. 33.

Alter Stamm. MDCXXII.». DIETSCHI, Nr. 55. – 23. *Rechteckscheibe*. 1645. 22 × 34 cm. In der Gaststube der Wirtschaft St. Urs in Boningen. Stichbogiger Portaldurchblick in Renaissanceformen. Solothurner Wappenpyramide, flankiert von aufrechten Löwen mit Reichsinsignien bzw. Fahne in den Pranken. In den oberen Zwickeln hl. Ursus und hl. Bertha mit stilisiertem Kirchenmodell. Am Sockel Inschriftband: «Die Statt Solothurun·1645.». Schlechter Erhaltungszustand. DIETSCHI, Nr. 56. – 24. *Rechteckscheibe* (Abb. 62). 1649. Bezeichnet «WS», von WOLFGANG SPENGLER. 56,3 × 46,5 cm. Im Rathaus Solothurn, Regierungsratszimmer. Schöne, sehr reiche Scheibe. Bühnenartige Portikusarchitektur in manieristischer Art. Darin Solothurner Wappenpyramide mit flankierenden Figuren des Apostels Simon und des hl. Ursus mit Kreuzesfahne und -schild. Vor dem Bühnenrand, im unteren Bildfeld, Rollwerkkartusche und Inschrift: «Die Lopliche Statt Solenthurn Anno 1649.». In den Seitenfeldern weibliche Allegorien der Justitia und Minerva[90]. DIETSCHI, Nr. 58. – 25. *Rechteckscheibe*. 1658. 33 × 25 cm. Im HMBS. Vermutlich von WOLFGANG SPENGLER. Ausgeprägte horizontale Dreiteilung. Im Mittelfeld gerader Portaldurchblick in Renaissanceformen. Solothurner Wappenpyramide, gehalten von aufrechten Löwen mit Reichsinsignien bzw. Stadtbanner. Im schmalen oberen Feld Rundbogenarkade mit hl. Bertha samt Kirchenmodell und den Stadtpatronen Ursus und Victor vor dem Hintergrund der Gegend von Solothurn in idealisierter Darstellung. Im Sockelbereich Inschriftkartusche: «Die Statt Solothurn A⁰ 1658.», flankiert von Allegorien des Krieges und des Friedens. DIETSCHI, Nr. 60. – 26. *Riß zu einer Rechteckscheibe*. Feder, in Schwarz. Ende 16. Jh. HANS ZEHNDER zugeschrieben. 41 × 31 cm. ZBS, aa 723. In Renaissanceraum stehende gekrönte Wappenpyramide, von zwei Löwen gehalten. Darunter leere Inschriftkartusche, von Putten begleitet.

Kopien aus dem 19./20. Jahrhundert

Neben den bereits im Zusammenhang mit den originalen Vorbildern erwähnten Kopien finden sich im Kanton Solothurn folgende weitere Kopien oder Neuschöpfungen aus dem 19./20. Jahrhundert.
Kopie der Ämterscheibe von 1564 (Original = DIETSCHI, Nr. 4; Standort unbekannt) von Glasmaler DOLD in Zürich, 1946. Im HMO. – Zwei Kopien der um 1500 entstandenen, im SLM aufbewahrten Standesscheibe (Original = DIETSCHI, Nr. 20): a) Kopie von H. RÖTTINGER, Zürich, aus den 1890er Jahren. Im HMO. b) Kopie in PB, Solothurn. – Kopie der Standesscheibe von 1542, die sich im Rathaus von Stein a. Rh. befindet (Original = DIETSCHI, Nr. 35). Im MAZS. – Kopie einer Solothurner Standesscheibe aus der Zeit um 1550 von M. MERZWEILER. PB, Solothurn. (Kopie = DIETSCHI, Nr. 63). – Solothurner Standesscheibe, Anfang 20. Jh., mit Monogramm «AKZ» (= ADOLF KREUZER, Zürich) mit Datum 1561 und Be-

Abb. 45
Wahlpfennig. Um 1764. Kupfer. – Text S. 36.

zeichnung «Die Statt Solothurn». Im HMO. Gerüsteter Krieger mit Solothurner Fahne und Frau in historischer Tracht vor Solothurner Stadtdarstellung. – Kopie (= DIETSCHI, Nr. 67) eines Risses zu einer Standesscheibe von 1601 (Original = DIETSCHI, Nr. 66) mit gefälschtem Datum 1583. Im HMO.

STAATS- UND RECHTSALTERTÜMER

Wahlutensilien

Der Gebrauch von Wahlpfennigen und Wahlkugeln für die geheime Wahl oder die Auslosung ist in Solothurn seit dem 16. Jahrhundert verbürgt. J. SIMMEN nennt als frühesten verbürgten Gebrauch das Jahr 1536[91]. Im Stadtrecht 1605 wurde die geheime Wahl festgeschrieben[92] und, wenn auch nicht konsequent befolgt, in nachfolgenden Wahlverordnungen bekräftigt, so 1653, 1663 und 1736. Im Jahre 1764 wurde eine neue Wahlverordnung erlassen, 1774 diese zur Gewährleistung der vollständig geheimen Wahl modifiziert[93]. Einzelne Wahlrechtsreformen scheinen Anlaß zur Prägung neuer Wahlpfennige gegeben zu haben. Ihre zeitliche Zuordnung ist nicht immer verbürgt. Wir folgen den Vorschlägen von SIMMEN.

1. *Wahlpfennig*. Kupfer. 1. Hälfte 16. Jh. D 19 mm. Vs: In Gerstenkornkreis Solothurner Stadtwappen unter kleinem Reichsadler, flankiert von den Buchstaben S O. Rs: Buchstabe K über Punkt und römischen Ziffern für Wahlgang-Ordnungsnummern I bis X. Erhalten Exemplar mit II. SIMMEN, Nr. 1. Im HMBS. – 2. *Wahlpfennig*. Kupfer. 1. Hälfte 16. Jh. D 18,8 mm. Vs: Gleicher Stempel

Anmerkungen am Schluß des Kapitels S. 43

Abb. 46
Wahlkugelgarnitur. 18. Jahrhundert. – Text S. 36.

wie Nr. 1. Rs: Buchstabe M über Punkt und römischen Ziffern I bis X. Erhalten mit III, IIII, VI. SIMMEN, Nr. 2. Im HMBS. – 3. *Wahlpfennig.* Kupfer. 1. Hälfte 16. Jh. D 18,5 mm. Vs: Gleicher Stempel wie Nr. 1. Rs: Unter dem Buchstaben M Schildchen mit Zahlen I bis X. Erhalten Exemplare mit I und VI. SIMMEN, Nr. 3. Im HMBS. – 4. *Wahlpfennig.* Kupfer. 1. Hälfte 16. Jh. D 19 mm. Vs: Ähnlich wie Nr. 1. Rs: Analog wie Nr. 3. 1. Hälfte 16. Jh. Erhalten Exemplar mit IIII. SIMMEN, Nr. 4. Im HMBS. – 5. *Wahlpfennig.* Zinn. Um 1605. D 20,4 mm. Vs: Ähnlich wie Nr. 1. Rs: Unter M Schild mit I bis XII. Erhalten Original mit XII. SIMMEN, Nr. 5. Im HMBS. – 6. *Wahlpfennig.* Kupfer. Um 1736. D 19,5 mm. Vs: Ähnlich wie Nr. 1. Rs: Buchstabe M über I bis X. Erhalten Exemplar mit I. SIMMEN, Nr. 6. Im HMBS. – 7. *Wahlpfennig.* Kupfer. D 27 mm. Um 1764[94]. Vs: Bekrönter Solothurner Schild in Rocaillekartusche mit Gerstenkornkreis. Rs: In Gerstenkornkreis Kranz von zwei Palmzweigen zur Rahmung der arabischen Ordnungsziffer: a) Zahl 1, erhalten ein Stück, HMBS, Inv. Nr. 1989.2; b) Zahl 4, erhalten 32 Stück, HMBS, Inv. Nr. 1901.110b; c) Zahl 5, erhalten 60 Stück, HMBS, Inv. Nr. 111b (Abb. 45); d) Zahl 6, erhalten 62 Stück, HMBS, Inv. Nr. 1901.112d; e) Zahl 7, erhalten ein Stück, HMBS, Inv. Nr. 1989.3; f) Zahl 8, erhalten 89 Stück, HMBS, Inv. Nr. 1901.113b; g) Zahl 9, erhalten 84 Stück, HMBS, Inv. Nr. 1901.112 c; h) Zahl 10, erhalten ein Stück, HMBS, Inv. Nr. 1989.4. – Die Wahlpfennige der Serien 4, 6, 8, 9 besitzen ihren alten Beutel aus roter Seide mit weißer Lederfütterung. – 8. *Wahlpfennig.* Silber. Um 1774. D 31,5 mm. Vs: Bekrönter Solothurner Ovalschild in Rocaillekartusche mit Palmzweigen. Umschrift: «RESPUBLICA SOLODORENSIS». Rs: Zwischen Palmwedeln: «RELIGIONI/ ET/ PATRIAE», überhöht von Stern mit Strahlen; im Abschnitt: «SENATUS DECRETO/ X· CAL·MAI·/ MDCCLXXIV» (22. Mai 1774). Erhalten dreizehn Stück samt rotem Beutel. HMBS, Inv. Nr. 1938.45. Der Entwurf stammt wahrscheinlich von J. C. MÖRIKOFER. – 9. *Wahlkugelgarnitur* (Abb. 46). 18. Jh. Schwarzes Holzkästchen mit Profilstab und roter Lederauskleidung. L 22 cm; B 15,5 cm; H 5 cm. Sie enthält achtzehn versilberte und sechs vergoldete Wahlkugeln. D 22 mm. HMBS, Inv. Nr. 1938.45[95]. – 10. *Wahlurne* (Abb. 47). 2. Viertel 19. Jh. Oktogonale gebauchte Kelchform mit entsprechendem Deckel aus elfenbeinfarbig gefaßtem Papiermaché und gedrechseltem Holzfuß; rot aufgemaltes Weinblattrankenmuster. H 53 cm, D 30,5 cm. Im Gemeindehaus. – 11. *Drei Wahlurnen.* 2. Viertel 19. Jh. Oktogonale gebauchte Kelchform mit entsprechendem Deckel aus ledergefaßtem Papiermaché und gedrechseltem Holzfuß. Eines der drei Exemplare etwas stärker gebaucht. H 60 cm, D 37 cm. Im Rathaus Solothurn.

Abb. 47
Wahlurne. Zweites Viertel 19. Jahrhundert. – Text S. 36.

STAATS- UND RECHTSALTERTÜMER   37

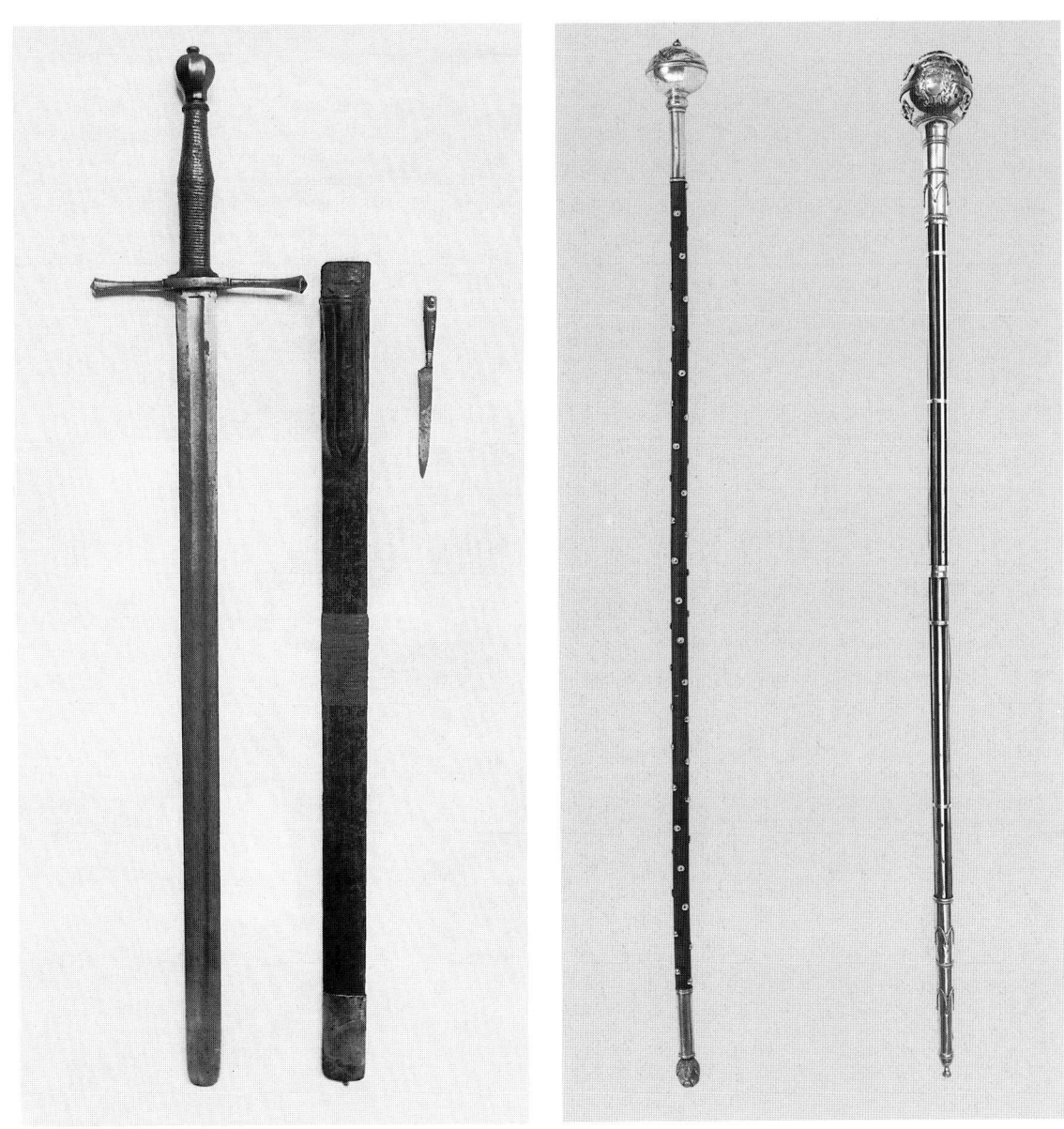

Abb. 48–50
Richtschwert aus Oensingen. Ende 16. Jahrhundert(?). – Text S. 37. – Gerichtsstab von Goldschmied Johann Joseph Frei. Ende 18./Anfang 19. Jahrhundert. Silber und Holz. – Text S. 38. – Weibelstab des Standes Solothurn von Goldschmied Peter Graf. Um 1840. Silber und Ebenholz. – Text S. 38.

Gerichtsaltertümer

1. *Richtschwert aus Oensingen* (Abb. 48). «Aus dem Besitz der Familie Bürgi, die früher das Scharfrichteramt bekleideten, nachher Abdecker waren»[96]. An der Scheide dreiteilige Nebenscheide für das Besteck, wovon das kleine Beimesser erhalten ist. Ende 16. Jh.[97]. Gesamtlänge 108 cm, Länge der Parierstange 23 cm. An der geraden zweischneidigen Schwertklinge gravierte Inschrift: «FIDE SED CUI VIDE + PRO FIDE ET PATRIA». SLM, LM 12549. – 2. *Solothurnisches Richtschwert*. Griff mit geraden Parierstangen und Knauf. Griffholz mit Fischhaut

---

Anmerkungen am Schluß des Kapitels S. 43

bezogen. Lederbezogene Scheide. 17. Jh. Gesamtlänge 111 cm. An der breiten, vorne gerade abgeschnittenen Klinge drei Marken. Neuere Inschrift: «RICHTSCHWERT AUS KANTON SOLOTHVRN»[98]. Im MAZS. – 3. *Gerichtsstab (evtl. Weibelstab)* (Abb. 49). Arbeit des Oltner Goldschmieds JOHANN JOSEPH FREI (1754–1823). Ende 18./Anfang 19. Jh. Gesamtlänge: 106 cm. Holzstab mit silbernen Knöpfen besetzt. Oben in Silber glatte Manschette mit Kugelknauf, zwei gravierte Wappen und Gravur: «ARMA VON ARB». Unteres Stabende in Silber als glatte Manschette mit abhängender Blattknospe. Goldschmiedezeichen: Ortsmarke Olten, Meisterzeichen «IF». SLM, LM 2068.

Weibelgeräte

1. *Weibelstab* des Standes Solothurn (Abb. 50). Von Goldschmied PETER GRAF. Um 1840. Gesamtlänge: 110 cm. Zweiteiliger, konischer Ebenholzstab mit silbernen Ziermotiven in klassizistischem Stil: Am Schaft Bänderung und an den Stabenden festonbekränzte Manschetten aus Silber. Kugelknauf mit vergoldeten Appliken und zwei Solothurner Wappenschildchen mit Palmzweigen und Herzogskrone[99]. Im Rathaus Solothurn, Weibelzimmer. – 2. *Weibelstab*. Anfang 19. Jh. Gesamtlänge: 102 cm. Einfacher dreiteiliger Ebenholzstab mit silbernem Kugelknauf und Stabende. HMBS, Inv. Nr. 1988.2. – 3. *Weibelstab* (Abb. 51). Von Goldschmied MEINRAD BURCH in Zürich. 1941. Gesamtlänge: 108 cm. Dreiteiliger Ebenholzstab mit in Silber getriebener Figur des hl. Ursus in hieratischer Haltung. Emailliertes Wappenschildchen mit Inschrift: «RESPUBLICA SOLODORENSIS»[100]. Im Rathaus Solothurn, Weibelzimmer. – 4. *Weibelschild* (Abb. 52). Anfang 18. Jh. H des Schildes 13,8 cm, D des Knopfes 4,5 cm. Silber, teilweise vergoldet. Gemalter Solothurner Schild unter bombiert geschliffenem Glas, gerahmt von reicher Akanthuskartusche. Die vier Silberketten mit dem Sechspaßknopf noch aus der 2. Hälfte des 17. Jh.: zweifache Filigranauflage mit Justitia-Figur. HMBS, Inv. Nr. 1986.123. – 5. *Weibelschild* (Abb. 53). 2. Hälfte 18. Jh. H 14 cm, B 7,8 cm. Silber. Gemalter ovaler Solothurner Schild unter Glas in reicher Rocaillekartuschenfassung mit Herzogskrone. HMBS, Inv. Nr. 1986.122. – 6. *Weibelschild*. Anfang 19. Jh. H 8 cm, B 6,5 cm. Silber. Ovaler Solothurner Wappenschild an Kette, umfangen von Lorbeerzweigen. Gravierte Inschrift: «STADT/GEMEINDE/SOLOTHURN». HMBS, Inv. Nr. 1929.5. – 7. *Behältnis zur Beglaubigung geheimer Botschaften* zwischen Freiburg und Solothurn (Abb. 54). 16./17. Jh. Schachtel: H 2,7 cm, B 9 cm, T 3,3 cm. Silberlegierung. In Antiqua

Abb. 51
Weibelstab des Standes Solothurn von Goldschmied Meinrad Burch. 1941. Silber und Ebenholz. – Text S. 38.

STAATS- UND RECHTSALTERTÜMER 39

Abb. 52 und 53
Weibelschild mit Kette. Anfang 18. Jahrhundert bzw. zweite Hälfte 17. Jahrhundert. Silber. – Text S. 38. – Weibelschild. Zweite Hälfte 18. Jahrhundert. Silber. – Text S. 38.

graviert: «HEIMLICHE ALTE/WARZEIHEN GEGEN/FREIBVRG VND/SOLOTHVRN». Die Schachtel enthält drei Schublädchen: 1. Schublädchen mit eingraviertem Z, enthaltend neun halbierte Jetons aus Zinn. 2. Schublädchen mit eingraviertem M, enthaltend elf halbierte Jetons aus Messing. 3. Schublädchen mit eingraviertem K, enthaltend zwölf Jetons aus Kupfer. Depositum des StASO im HMBS, Inv. Nr. 1928.28.a-d. Ein analoges Behältnis war für den geheimen Botschaftenaustausch mit Luzern in Gebrauch. Es ist heute verschollen[101].

Abb. 54
Behältnis zur Beglaubigung geheimer Botschaften. 16./17. Jahrhundert. – Text S. 38f.

Anmerkungen am Schluß des Kapitels S. 43

Maß und Gewicht[102]

Das Historische Museum Blumenstein besitzt eine sehr umfangreiche Sammlung von Gewichtsteinen (gegen tausend Stück). Nur ein ganz kleiner Teil davon kann durch gegossene oder eingehauene Zeichen eindeutig mit dem Kanton Solothurn in Verbindung gebracht werden. Von diesen Solothurner Stücken wiederum stammt der größte Teil aus dem 19. Jahrhundert[103].

Dasselbe Museum bewahrt fünf hölzerne runde Kornmaße auf[104]. Das Standeswappen bestätigt ihre Solothurner Herkunft; Initialen kennzeichnen sie teilweise als ehemaligen Privatbesitz. Zwei Kornmaße von 1739 und 1745 tragen die Inschrift «KORNHAUS» und dürften aus einem öffentlichen Kornhaus stammen.

Schließlich besitzt das Museum Blumenstein eine stattliche Sammlung von hölzernen Fuß- und Ellenmaßen. Sie dürften ehemals in Privatbesitz gewesen sein; keines ist durch Inschrift oder Zeichen als ehemals öffentlicher Besitz gekennzeichnet.

Schulprämien

1. *Silberne Schulprämie* in Medaillenform. Spätes 18. Jh. D 31 mm. Vs: Solothurner Spitzschild, an Palmzweigen hängend, von Palmwedeln begleitet. Umschrift: «CIVITAS SOLODORENSIS». Rs: Lorbeerumrankter Obelisk. Umschrift: «∗FLORET IN AEVUM∗». Erhalten 29 Stück in kleinem Sack. HMBS, Inv. Nr. 1901.114b.

Anmerkungen am Schluß des Kapitels S. 43

ANMERKUNGEN ZUM KAPITEL STANDESIKONOGRAPHIE UND HOHEITSZEICHEN

Seiten 16–40

1 Humanistische Namensdeutungen bei HAFFNER, Schawplatz II, S. 16 ff. – Wir folgen im wesentlichen: O. KELLER. Westschweizerisches «Saleure» und deutsches «Solothurn» (JbfSolG 11, 1938, S. 158–175). – Einordnung in den Zusammenhang der keltischen -durum-Namen: PAUL ZINSLI. Ortsnamen. Strukturen und Schichten in den Siedlungs- und Flurnamen der deutschen Schweiz. Frauenfeld 1971 (Schriften des deutschschweizerischen Sprachvereins. Heft Nr. 7), S. 18–22.

2 Zu diesem Monument: GEROLD WALSER. Römische Inschriften in der Schweiz, II. Teil: Nordwest- und Nordschweiz. Bern 1980, S. 44–46, Nr. 130.

3 SUB I, Nr. 13, S. 19 (Urkunde vom 1. Juni 1052).

4 Angabe nach KELLER (wie Anm. 1), der es aus der französischen Form ableitet.

5 Literatur: SCHULTHESS. – KAELIN. – SIGRIST, Wappen und Siegel. – SAS.

6 Urkunde vom 1. Dezember 1208 (SUB I, Nr. 268). Abb. SUB III, S. 419, Nr. 53. – Die Siegel des Stiftes werden im Kdm-Band über die Solothurner Kirchen behandelt. Eine einstweilige Übersicht vermittelt: AMIET, St. Ursus-Pfarrstift, Tab. I.

7 Auch an den stiftischen Siegeln tritt nun sukzessive das Stiftswappen an die Stelle des Thebäers. – Es fällt auf, daß der Reichsadler erst in der zweiten Hälfte des 14. Jahrhunderts auf dem Siegel auftaucht. Möglicherweise war der vollständige Besitz des Schultheißenamtes durch die Bürgerschaft die Voraussetzung für den Reichsadler als Zeichen der völligen Reichsunmittelbarkeit.

8 SCHULTHESS, S. 102, Tf. XV, Nr. 1. – KAELIN, S. 115, Nr. 1, Abb. 1. – SIGRIST, Wappen und Siegel, S. 202, Nr. 1, Abb. 1. – Abbildung bei AMIET, St. Ursus-Pfarrstift, Tab. I, Nr. 7; SUB II, S. 417, Abb. 49. – SAS, Nr. 2.

9 SCHULTHESS, S. 102f., Tf. XV, Nr. 2. – KAELIN, S. 115f., Abb. 2. – SIGRIST, Wappen und Siegel, S. 202, Nr. 2, Abb. 2. – Abbildung (jeweils des besser erhaltenen älteren Siegels) bei AMIET, St. Ursus-Pfarrstift, Tab. I, Nr. 8; SUB II, S. 417, Nr. 50. – SAS, Nr. 8a, 8b.

10 SCHULTHESS, S. 103, Tf. XV, Nr. 3. – KAELIN, S. 116, Nr. 3, Abb. 3. – SIGRIST, Wappen und Siegel, S. 202, Nr. 3, Abb. 3. – Abbildung bei AMIET, St. Ursus-Pfarrstift, Tab. I, Nr. 9; SUB II, S. 417, Nr. 51. – SAS, Nr. 9

11 SCHULTHESS, S. 103, Tf. XV, Nr. 4. – KAELIN, S. 116, Nr. 4. – SIGRIST, Wappen und Siegel, S. 202, Nr. 4. – Abbildung bei AMIET, St. Ursus-Pfarrstift, Tab. II, Nr. 10. – SAS, Nr. 11.

12 SCHULTHESS, S. 104, Tf. XV, Nr. 6. – KAELIN, S. 117, Nr. 6, Abb. 6. – SIGRIST, Wappen und Siegel, S. 203, Nr. 5, Abb. 5. – SAS, Nr. 5.

13 SCHULTHESS, S. 104, Tf. XV, Nr. 7. – KAELIN, S. 117, Nr. 7. – SIGRIST, Wappen und Siegel, S. 203, Nr. 6. – SAS, Nr. 3.
14 SCHULTHESS, S. 105, Tf. XV, Abb. 8. – KAELIN, S. 117f., Nr. 8. – SIGRIST, Wappen und Siegel, S. 202, Nr. 7. – SAS, Nr. 6.
15 SCHULTHESS, S. 103f., Tf. XV, Nr. 5. – KAELIN, S. 116f., Nr. 5, Abb. 5. – SIGRIST, Wappen und Siegel, Nr. 8, Abb. 8. – SAS, Nr. 1.
16 SIGRISTS Vermutung, wonach der Siegelstempel 1477 durch Meister HEINRICH den Goldschmied neu vergoldet worden sei, kann nicht auf diesen bezogen werden, da er aus Gold gefertigt ist (SMR 1477, S. 122; MORGENTHALER, ASA 1924, S. 247).
17 SCHULTHESS, S. 105, Tf. XV, Abb. 9. – KAELIN, S. 118, Abb. 9. – SIGRIST, Wappen und Siegel, S. 203f., Nr. 9. – SAS, Nr. 4. – Vermutlich handelte es sich bei dem Petschaft um eine Arbeit von Meister HANS (HÜTSCHI) von Memmingen, Goldschmied in Basel (SMR 1463; MORGENTHALER, ASA 1924, S. 243).
18 SCHULTHESS, S. 105, Tf. XV, Abb. 10. – KAELIN, S. 118, Nr. 10. – SIGRIST, Wappen und Siegel, S. 204, Nr. 10. – SAS, Nr. 7.
19 Siegelabdruckbrett im StASO.
20 KAELIN, S. 119, Nr. 11, Abb. 11. – SIGRIST, Wappen und Siegel, S. 204, Nr. 11. – SAS, Nr. 20.
21 KAELIN, S. 119, Nr. 12, Abb. 12. – SIGRIST, Wappen und Siegel, Nr. 12, Abb. 12. – SAS, Nr. 12.
22 KAELIN, S. 119, Nr. 13. – SIGRIST, Wappen und Siegel, S. 205, Nr. 14, Abb. 16. – SAS, Nr. 22.
23 KAELIN, S. 120, Nr. 14, Abb. 14. – SIGRIST, Wappen und Siegel, S. 205, Nr. 16, Abb. 14. – SAS, Nr. 21.
24 KAELIN, S. 120, Nr. 15. – SIGRIST, Wappen und Siegel, S. 205, Nr. 13. – SAS, Nr. 14.
25 KAELIN, S. 120, Nr. 16. – SIGRIST, Wappen und Siegel, S. 205, Nr. 15. – SAS, Nr. 15.
26 KAELIN, S. 120, Nr. 17. – SIGRIST, Wappen und Siegel, S. 206, Nr. 17. – SAS, Nr. 13. – Im StASO erhalten: Messingene Petschaften (D 32 mm) des «REG: STATTHALT: DES CANTONS SOLOTHURN», der «UNTERSTATTH. SOLOTHURN» (Abb. 20).
27 SAS, Nr. 24.
28 SAS, Nr. 25.
29 Siegelabdruckkarten im StASO, Tf. III, Nr. 5.
30 KAELIN, S. 121, Nr. 19. – SIGRIST, Wappen und Siegel, S. 206, Nr. 18. – SAS, Nr. 16.
31 KAELIN, S. 121, Nr. 20.
32 KAELIN, S. 121, Nr. 21.
33 KAELIN, S. 121, Nr. 22. – SIGRIST, Wappen und Siegel, S. 206, Nr. 18a, Abb. 18a. – SAS, Nr. 17 (gekerbter Rand), 17a (glatter Rand).
34 Schlechter Abdruck auf den Siegelabdruckkarten im StASO, Tf. III, Nr. 7.
35 Siegelabdruckkarten im StASO, Tf. III, Nr. 13.
36 Schlechter Abdruck auf den Siegelabdruckkarten im StASO, Tf. III, Nr. 14.
37 Siegelabdruckkarten im StASO, Tf. III, Nr. 8.
38 Der Stempel trägt am Rand Initialen des Stempelschneiders «B∗H».
39 KAELIN, S. 121, Nr. 23. – SAS, Nr. 17b.
40 Erstmals an einer Urkunde von 1579. – KAELIN, S. 118. – SAS, Nr. 26. – Bisweilen war auch das Sekretsiegel von 1394 (Nr. 5) als Rücksiegel des großen Stadtsiegels (Nr. 8) verwendet worden.
41 Siegelabdruckkarten im StASO, Tf. III, Nr. 15.
42 SAS, Nr. 379.
43 SAS, Nr. 380.
44 Ich danke Frau Mila Romcevic in Genf, Mitarbeiterin Solothurner Münzenkommission, die mir uneigennützig ihr reiches Wissen und ihre Resultate zur Solothurner Münzgeschichte zur Verfügung gestellt hat. – Wichtigste Literaturgrundlage bildet: Schweizerischer Münzkatalog, VII, Solothurn, nach J. und H. SIMMEN neubearbeitet und ergänzt durch die Helvetische Münzzeitung. Bern 1972 (zitiert: SIMMEN). – Eine reiche Quellenaufbereitung bietet: PAOLO TREVISAN. Regesten und Personenkartei zu den schriftlichen Quellen betreffend das solothurnische Münzwesen vom 12. bis 19. Jahrhundert. Solothurn 1986 (Mskr. im StASO).
45 SUB II, Nr. 61, S. 37.
46 Urkunden-Regesten im StASO, 30. August 1363.
47 Vgl. den Schlußbericht der kantonalen Münzenkommission an den Regierungsrat, genehmigt von der Kommission an ihrer Sitzung vom 16. Januar 1991.
48 A. LECHNER. Der sogenannte Bertha-Taler und sein bisher unbekannter Verfertiger (Solothurner Wochenblatt 1926, Nr. 34–36, S. 265f., 273f., 281f.). – J. SIMMEN. Die Münzen von Solothurn (Schweizerische Numismatische Rundschau, 1940, Nr. 53).
49 Es ist nicht beabsichtigt, in diesem Kapitel eine vollständige und systematische Übersicht über die Entwicklung und die Formen des Solothurner Stadt- und Kantonswappens zu versuchen. Es sollen vielmehr die Entwicklungslinien der Haupttypen der Wappendarstellung herausgearbeitet werden. – Vgl. auch: GOTTLIEB LOERTSCHER, Kdm SO III, Abb. 48, 164, 340.
50 Zitat nach: SIGRIST, Wappen und Siegel, S. 197f. – Dieses Kapitel stützt sich im wesentlichen auf SIGRISTS Arbeit. Weitere Literatur: GOTTLIEB WYSS. Vom Solothurner Wappen (Heimat und Volk 2, 1959, Nr. 9). – LOUIS MÜHLEMANN. Wappen und Fahnen der Schweiz. Luzern 1977, S. 81–85.
51 Nach SIGRIST handelt es sich um eine unbeweisbare Vermutung, für MÜHLEMANN steht der Zusammenhang außer Zweifel (vgl. Anm. 50).
52 HANS SIGRIST. Hans Roth von Rumisberg und die Träger des Roth'schen Ehrenkleides (JbfSolG 19, 1956, S. 246–255). – HANS SIGRIST. Hans Roth von Rumisberg und das Rothsche Ehrenkleid (Heimat und Volk 5, 1962, Nr. 2, 3, 4). – Abbildung von «Hans Roth» bei: THOMAS WALLNER. Solothurn – eine

schöne Geschichte! Von der Stadt zum Kanton. Solothurn 1981, Tf. 3, S. 59, 60–62.
53 TSCHACHTLAN-Chronik, Zentralbibliothek Zürich, S. 100.
54 HAFFNER, Schawplatz II, S. 23f.
55 Zitat nach einer Reisebeschreibung von Marquis DE BLAINVILLE aus dem Jahre 1707, deutsch erschienen 1764. – Der Zeichner LAURENT LOUIS MIDART hat den Wappenspruch in einer Federzeichnung von 1790 in französischer Übersetzung weiterverwendet. Vgl. BD Nr. II/71.
56 Dazu: MARKUS HOCHSTRASSER. Zur Frage nach dem Meister des Wappenreliefs vom Litzitor in Solothurn (JbfSolG 61, 1988, S. 236–239).
57 Kalksteinrelief, 110 × 220 cm. Die rechte Reliefhälfte zeigt das Allianzwappen des Schultheißen Niklaus Wengi-Marschalk. Dazu: MORGENTHALER, ASA 1924, S. 175. – GOTTLIEB LOERTSCHER. Der Bildhauer und Maler Hans Tussmann in Solothurn. Eine Würdigung seiner vor 500 Jahren entstandenen Hauptwerke (Jurablätter 23, 1961, S. 69–92), S. 79–81.
58 Maße: 134 × 94 cm. – RAHN, Kunstdenkmäler, S. 117. – Solothurner Wochenblatt, 1823, S. 296f.
59 Maße: 108 × 95 cm. – Dazu: GOTTLIEB LOERTSCHER, Kdm SO III, S. 295, Abb. 315.
60 Dazu: RAHN, Kunstdenkmäler, S. 171. – WALTER MOSER. Die Wappenreliefs am Bieltor in Solothurn und das Kantonswappen (JbfSolG 61, 1988, S. 215–239), S. 216–218.
61 Der Adler mit geöffneten Schwingen hält in seiner rechten Klaue den Reichsapfel; an der reparierten Fehlstelle auf der Gegenseite wäre das Reichsszepter zu erwarten.
62 Vgl. das rustikale Steinwappen am Ökonomiegebäude des Landwirtschaftsbetriebes auf der Froburg von 1691. Dazu: ADOLF MERZ. So war es einst ... Ein interessanter Wappenstein auf der Froburg (Heimat und Volk, Mai 1962, 5. Jg., Nr. 5).
63 MARKUS HOCHSTRASSER. Vom Wengispital zum Bürgergemeindehaus. Baugeschichtliches zum Sitz der Bürgergemeinde im oberen Winkel der Solothurner Vorstadt (Bürgergemeinde der Stadt Solothurn, Informationsblatt Nr. 3, Juni 1989, 19. Jg., S. 79–93), S. 89.
64 Das Relief in Neuenburger Kalkstein ist datiert und signiert: «1818/ EGENSCHWILER GEMACHT». Dazu: BP Kanton, 22. Dezember 1818, S. 411.
65 BP Kanton, 19. September 1820, 30. Juli 1822, S. 632, 858f.
66 KONRAD GLUTZ VON BLOTZHEIM. Wappen der Bezirke und Gemeinden des Kantons Solothurn. Solothurn 1941, 3. Aufl. 1992, Titelbild. – SIGRIST, Wappen und Siegel, Nr. 20a, b.
67 HANS VON BURG. Über die Entstehung des Kantons Solothurn und die Wappen der alten Herrschaften oder Vogteien (Schweizer Archiv für Heraldik 48, 1934, S. 64–68, 122–125).
68 Die Reihenfolge variiert. Die vorliegende Aufzählung (nicht aber die Schreibweise der Ämternamen) richtet sich nach der Ämterscheibe von 1564.
69 ZBS, XR 42, 1730.
70 Sie können folgendermaßen umschrieben werden: 1. Bezirk Solothurn: Geteilt von Rot und Silber. 2. Bezirk Lebern: In Rot goldener Pfahl, belegt mit zwei und einem halben schwarzen, geraden Sparren. 3. Bezirk Bucheggberg: In Gold drei pfahlweise gestellte fünfblättrige, rote Rosen mit goldenen Butzen und grünen Kelchblättern. 4. Bezirk Kriegstetten: Fünfmal schräglinks geteilt von Rot und Silber. 5. Bezirk Balsthal-Thal: In Rot auf silbernem zackigem Dreiberg silberner, rechtsblickender Falke mit gespreiteten Flügeln. 6. Bezirk Balsthal-Gäu: Zweimal geteilt von Rot, Silber und Schwarz. 7. Bezirk Olten: In Silber grüner Dreiberg mit drei grünen, rotstämmigen Tannen. 8. Bezirk Gösgen: Schräglinks geteilt von Rot und Silber. 9. Bezirk Dorneck: In Silber zwei schwarze, abgewendete Angeln. 10. Bezirk Thierstein: In Gold auf grünem Dreiberg schreitende (auf jedem Berg ein Fuß), rote Hindin mit gesträußten Ohren. – Blasonierung gemäß KONRAD GLUTZ VON BLOTZHEIM (wie Anm. 66), S. 19.
71 Es werden an dieser Stelle nur in Auswahl Fahnen des Stadtstaats Solothurn erfaßt. Die übrigen Fahnen (Beutefahnen, Fahnen aus fremden Diensten, Militär- und Vereinsfahnen des 19. Jh.) werden in einem der folgenden Kdm-Bände unter dem Alten Zeughaus aufgenommen, das gegenwärtig eine systematische Inventarisierung und Restaurierung seiner Bestände besorgt. Aus diesem Grunde werden auch keine Zustandsbeschreibungen verfaßt. – Vgl. MARCO LEUTENEGGER. Die Fahnensammlung im Museum Altes Zeughaus Solothurn (VMS/AMS INFO 48, Mitteilungsblatt des Verbandes der Museen der Schweiz, Juni 1992, S. 21–25).
72 «Item vergeben den Zünften als die nüwe paner von Rom komen, yetlich Zunfft 20 mas win, tut z gelt XII lb. XV s. ao 1511.» (SMR, Zitat nach BRUCKNER, S. 110). Vgl. auch BRUCKNER, S. 181.
73 «das paner hab mit der barmhertzigkeit gotz und daß S. Urß söll darvor knuwen wi min hern jetz in dem zug von bäbstlicher Heiligkeit begabet sind» (RM, Zitat nach BRUCKNER, S. 181).
74 «Item so hand wir Ußgeben dem sidenstiker zu Basel um ein panner 24 guldin ... thuond ze müntz 52 lb. 16 sch.» (SMR, Zitat nach BRUCKNER).
75 DIETSCHI.
76 SCHMID, Rathaus, S. 128ff. – Ursprünglich im Schloß Landshut bei Utzensdorf, anschließend PB, Basel. – Eine Kopie des Medaillons von ADOLF KREUZER aus dem Jahre 1905 befindet sich im Regierungsratssaal des Rathauses (DIETSCHI 1940, S. 17. – Abb. bei SCHMID, Rathaus, S. 131). – Vgl. Kunst im Kanton Solothurn, 1981, Kat.-Nr. 39. ANDERES widerspricht einer Zuschreibung an Hans Funk.

77 Ehemals in Solothurner PB.
78 Ursprünglich im Besitz von Anton Pfluger; Ende des 19. Jh. ans Bernische Historische Museum veräußert.
79 Ehemals im Schloß Amsoldingen. Vgl. Kunst im Kanton Solothurn, 1981, Kat.-Nr. 69.
80 Ursprünglich aus Luzerner PB, hernach PB, Gerlafingen.
81 SCHMID, Rathaus, S. 133.
82 SCHMID, Rathaus, S. 135.
83 Vgl. Kunst im Kanton Solothurn, 1981, Kat.-Nr. 71 und Farbtafel. Eine leicht abgewandelte Kopie dieser Scheibe von ADOLF KREUZER befindet sich im Rathaus (Büro Chef Rechnungswesen). Abb. bei SCHMID, Rathaus, S. 137.
84 Vgl. Kunst im Kanton Solothurn, 1981, Kat.-Nr. 38. BERNHARD ANDERES sieht eine Verwandtschaft mit einer Freiburger Standesscheibe um 1510 im SLM und stellt die Herkunft aus der Kapelle im Haag bei Selzach wie die Zuschreibung an den Berner Glasmaler HANS FUNK in Frage.
85 Neben der Solothurner Scheibe sind folgende erhalten: Freiburg, datiert 1588, DIETSCHI, Nr. 77; Unterwalden 1602, Nr. 78; Schaffhausen 1588, Nr. 79; Chur 1588, Nr. 80; Uri 1587, Nr. 81; Glarus 1587, Nr. 82; Wallis 1588, Nr. 83; Zug 1588, Nr. 84; Zürich 1588, Nr. 85; Bern 1588, Nr. 86. – Zu THOMAS HAFFNER vgl. auch DIETSCHI, JbfSolG 14, 1941, S. 36f.
86 Zum Gesamtkomplex der Rathausener Kreuzgang-Glasmalereien: XAVER VON MOOS, Kdm LU I, Basel 1946, S. 286–296.
87 Sibyll Kummer Rothenhäusler hat erfolglos eine Auflösung des Monogrammes versucht (Brief vom 2. September 1985). Archivalische Hinweise auf dieses Stück mit der auffälligen Verbindung der Heiligen Urs und Nikolaus konnten keine gefunden werden. Der Überlieferung nach befand sich die Scheibe ursprünglich in der Villa Serdang in Feldbrunnen-St. Niklaus.
88 Heutiger Besitzer nicht bekannt. Angaben nach DIETSCHI.
89 Heutiger Besitzer nicht bekannt. Angaben nach DIETSCHI.
90 Vgl. Kunst im Kanton Solothurn, 1981, Kat.-Nr. 70.
91 J. SIMMEN. Solothurnische Wahlpfennige (Schweizerische Numismatische Rundschau, Band 26, 1937, S. 298–305), S. 298.
92 Im Jahre 1605 wurden bei NIKLAUS FRÖLICHER sieben Losbüchsen für die Ämterbesatzung bestellt und gleichzeitig bei GEORG GOTHARTT die sieben zugehörigen Schlösser in Auftrag gegeben (SMR 1605, vgl. SIMMEN, S. 300).
93 Zu den Wahlmodi ausführlich: KURT MEYER. Solothurnische Verfassungszustände zur Zeit des Patriziates. Olten 1921. Bes. S. 240f., 290–300.

94 In der neuen Wahlverordnung vom 7. März 1764 wurde auch die Anschaffung neuer Wahlpfennige samt Säcklein, 10 Serien zu 100 Stück, beschlossen (vgl. SIMMEN, S. 300).
95 Zur Bestimmung der Mandatsträger wurden Wahlkugeln in der Zahl der Anwesenden in einen rot-weißen Sack gelegt, darunter vergoldete Kugeln entsprechend der Anzahl der zu bestimmenden Mandatsträger. Wer eine goldene Kugel zog, war gewählt. Dieses Wahlvorgehen ist z.B. beschrieben in RM 1811, Band 310, S. 990ff.
96 Zitat nach der Angabe im Inventarbuch des SLM, LM 12549. – Zur Henkerfamilie Bürgi als Vorbesitzerin dieses Richtschwertes: OTHMAR NOSER. Der Henker von Solothurn (JbfSolG 43, 1970, S. 193–202), S. 200f.
97 Dr. Matthias Senn vom SLM stellt diese Datierung in Frage.
98 RUDOLF WEGELI. Katalog der Waffen-Sammlung im Zeughause zu Solothurn. Solothurn 1905, S. 45, Nr. 328 und 328a.
99 Der Weibelstab ist heute noch in Gebrauch, zusammen mit dem Weibelstab Nr. 3. 1990 wurden beide Weibelstäbe durch Goldschmied NORBERT MAY, Solothurn, restauriert. – Dazu: MAURICE TRIPET. Les sceptres suisses (Archives Héraldiques Suisses 1890, Nr. 41/42, S. 345–348), S. 347, Abb. auf Tf. nach S. 338.
100 ANTON GULDIMANN. Der neue Weibelstab des Standes Solothurn (St. Ursen-Kalender 1942, S. 78–81).
101 Diese Art von Nachrichtenübermittlung mit den ebenfalls katholischen Ständen in der Nachbarschaft war durch Abkommen in den Jahren 1547 und 1568 geregelt. 1655 und 1708 wurden neue Geheimalphabete eingeführt. Diesbezügliche Akten im StASO, AG 5,8 (Geheime Korrespondenz). – Zu diesem Themenkomplex und zum Gebrauch dieses Behältnisses vgl. HELLMUT GUTZWILLER. Geheime Nachrichtenübermittlung zwischen Luzern, Freiburg und Solothurn im konfessionellen Zeitalter (JbfSolG 53, 1980, S. 83–95). GUTZWILLER war das Vorhandensein dieses Behältnisses damals unbekannt.
102 Zum Thema: Vergleichung der bis anhin im Kanton Solothurn üblichen Maaße und Gewichte mit den neuen schweizerischen Maaßen und Gewichten. Herausgegeben in Folge Beschlusses des Kleinen Rathes vom 9. Christmonat 1836. Solothurn 1837. – SIGRIST, Münzen, Maße und Gewichte, S. 111–115.
103 Diese Sammlung wird gegenwärtig im HMBS inventarisiert. – V. KAUFMANN. Die Solothurner Handelsgewicht-Sammlung (JbfSolG 25, 1952, S. 141–148).
104 HMBS, Inv. Nr. 1913.170 (datiert 1739); Inv. Nr. 1191.269 (datiert 1745); Inv. Nr. 1913.84 (datiert 1767); Inv. Nr. 1903.196 (datiert 1787); Inv. Nr. 1902.131 (datiert 1788).

DOKUMENTATION
KANTON SOLOTHURN

ARCHIVE, ARCHIVALISCHE QUELLEN

Literatur zum Archivwesen im Kanton Solothurn. JOSEF BANNWART. Das solothurnische Urkundenwesen im Mittelalter. Solothurn 1941. – JOSEF BANNWART. Das solothurnische Kanzleiwesen im Mittelalter. o.O. o.J. (Vereinigung Schweizerischer Archivare. Jahresversammlung in Solothurn, den 28. und 29. Juni 1947, S. 13–26). – HELLMUT GUTZWILLER. Quellenpublikationen, Regesten und Repertorien des Staatsarchivs Solothurn (JbfSolG 52, 1979, S. 283–290).

UNGEDRUCKTE QUELLEN

Staatsarchiv Solothurn (StASO)

Allgemeines. Ratsmanuale 1507/08ff. – Seckelmeisterrechnungen 1437ff. – Urkundensammlungen, vollständig mit Regesten erfaßt. – Aktensammlung «Denkwürdige Sachen». – Aktensammlung «Varia».
Bauwesen. Bauamtsprotokoll des Stadtstaats, nach 1803 des Kantons, 1772–1838. – Straßen: B 13; B 14. – Brücken: B 16. – Brunnen: B 17. – Öffentliche Gebäude: B 29. – Seckelmeisterbuch I, II.
Handel, Gewerbe, Industrie. Handel: BN 1. – Gewerbe: BN 2. – Zünfte: BN 3. – Industrie: BN 4. – Ökonomische Gesellschaft: BN 5.
Verkehr. Eisenbahn allgemein: BL 1–BL 3. – Einzelne Bahnlinien: BL 4–BL 19. – Schiffahrt: B 28; BL 34. – Postwesen: BM 1–BM 4.
Vermessungswesen. Marchbeschreibungen: BH 3–BH 5. – Kataster: BH 6.
Planarchiv.

GEDRUCKTE QUELLEN

FRANZISCUS HAFFNER. Deß kleinen Solothurnischen Schaw-Platzes Zweyter Theyl: Begreifft in sich ein kurtze Beschreibung Der Statt Solothurn/Sampt dero zugehörigen Landen/Vogtheyen/Graff- und Herrschafften: auch was sich darinnen Denck- oder Geschichtwürdiges begeben und zugetragen hat. Gedruckt zu Solothurn In der Truckerey und Verlag JOHANN JACOB BERNHARDS: Durch MICHAEL WEHRLIN, 1666; vgl. dazu: HEINZ KLÄY. Die historiographische Haltung Franz Haffners (JbfSolG 27, 1954, S. 76–106). – Urkundenpublikationen im Solothurner Wochenblatt, von 1810–1834, und im Wochenblatt für Freunde der Literatur und vaterländischen Geschichte, von 1845–1847. Diesbezügliches Register in: Chronologicum der Urkunden und Regesten des Solothurnischen Wochenblattes 1810–34 und 1845–47. Gesammelt und geordnet von FRIEDRICH FIALA. Solothurn o.J. – Das Stadtrechten von Solothurn. Solothurn 1817. – Chronica von ANTON HAFFNER. Solothurn 1849. – Urkundio. Beiträge zur vaterländischen Geschichtsforschung, vornämlich aus der nordwestlichen Schweiz. Hg. vom geschichtsforschenden Verein des Kantons Solothurn. 2 Bände. Solothurn 1857 und 1895. – CHARLES STUDER (Hg.). Rechtsquellen des Kantons Solothurn. 2 Bände. Aarau 1949 und 1987. – Solothurner Urkundenbuch. 3 Bände. Solothurn 1952–1981.

LITERATUR

BIBLIOGRAPHIEN

Bibliographie der solothurnischen Geschichtsliteratur, jährlich erscheinend in JbfSolG 1ff., 1928ff. – Bibliographische Zettelkataloge in der ZBS.

ZEITSCHRIFTEN

St. Ursen-Kalender, 1ff., 1854ff. (seit 1978 Solothurner Kalender). – Historische Mitteilungen, Monatsbeilage zum Oltner Tagblatt, 1, 1907–8, 1914; Neue Folge 1, 1948–8, 1955; Dritte Folge 1, 1958–10, 1967. – St. Ursen-Glocken. Sonntagsblatt des Solothurner Anzeiger, 1, 1917–47, 1954. – Jahrbuch für Solothurnische Geschichte, 1ff., 1928ff. – Für die Heimat. Jurablätter von der Aare zum Rhein, 1ff. 1938/39ff. (seit 1949: Jurablätter. Monatsschrift für Heimat- und Volkskunde). – Oltner Geschichtsblätter, 1, 1947–10, 1956. – Archäologie des Kantons Solothurn, 1ff., 1979ff.

ÜBERSICHTEN

Artikel «Solothurn» in: Historisch-Biographisches Lexikon der Schweiz. 6. Band. Neuenburg 1931, S. 399–442. – Der Kanton Solothurn. Ein Heimatbuch. Solothurn 1949. – BRUNO AMIET; HANS SIGRIST; THOMAS WALLNER. Solothurnische Geschichte. 4 Bände. Solothurn 1952, 1976, 1981, 1992. – ALBIN FRINGELI; GOTTLIEB LOERTSCHER. Die Bezirke des Kantons Solothurn. Laufen 1973. – THOMAS WALLNER. Solothurn – eine schöne Geschichte! Von der Stadt zum Kanton. 3. Auflage. Solothurn 1993.

GESCHICHTE

Franz Jakob Hermann. Kurzer Begriff der helvetischen (solothurnischen) Geschichte (Neuer Schreib-Kalender 1778–1780, Neuer Kalender 1781–1793) (auch als Separatum in der ZBS, R 387). – Topographisch-statistische Beschreibung des Cantons Solothurn (Helvetischer Almanach für das Jahr 1813). – Urs Peter Strohmeier. Der Kanton Solothurn. St. Gallen und Bern 1836 (Historisch-geographisch-statistisches Gemälde der Schweiz. Zehntes Heft). – P. Alexander Schmid; Ludwig Rochus Schmidlin; Jakob Schenker. Die Kirchensätze, die Stifts- und Pfarr-Geistlichkeit des Kantons Solothurn. 3 Bände. Solothurn 1857, 1908, 1962. – Franz Fäh. Der Kluser Handel und seine Folgen 1632–1633. Zürich 1884. – Konrad Meisterhans. Aelteste Geschichte des Kantons Solothurn bis zum Jahre 687. Solothurn 1890. – K. E. Schuppli. Geschichte der Stadtverfassung von Solothurn. Basel 1897. – Ferdinand Eggenschwiler. Die territoriale Entwicklung des Kantons Solothurn. Solothurn 1916 (Mitteilungen des Historischen Vereins des Kantons Solothurn. 8. Heft). – H. Dörfliger. Französische Politik in Solothurn zur Zeit des Schanzenbaus 1667–1727 (Schweizer Studien zur Geschichtswissenschaft. 9. Band, Heft 1, April 1917). – Kurt Meyer. Solothurnische Verfassungszustände zur Zeit des Patriziats. Olten 1921. – A. Ochsenbein. Die Entwicklung des Postwesens der Republik Solothurn 1442–1849. Solothurn 1925 (Mitteilungen des Historischen Vereins des Kantons Solothurn. 12. Heft). – Leo Altermatt. Der Kanton Solothurn in der Mediationszeit 1803–1813. Solothurn 1929. – Fernand Schwab. Die industrielle Entwicklung des Kantons Solothurn und ihr Einfluss auf die Volkswirtschaft. Festschrift zum fünfzigjährigen Bestehen des Solothurnischen Handels- und Industrievereins. Band 1. Solothurn 1927; 5. Lieferung, Solothurn 1931. – Otto Grütter. Das Salzwesen des Kantons Solothurn seit dem 17. Jahrhundert. Solothurn 1931. – Ferdinand von Arx. Bilder aus der Solothurner Geschichte. 2 Bände. Solothurn 1939. – Johannes Mösch. Der Kanton Solothurn zur Zeit der Helvetik (JbfSolG 12, 1939, S. 1–546). – Hans Häfliger. Solothurn in der Reformation (JbfSolG 16, 1943, S. 1–120; 17, 1944, S. 1–92). – Hans Sigrist. Solothurn und die VIII Alten Orte. Ihre Beziehungen von den Anfängen bis zum Bunde von 1481. Solothurn 1944. – Hans Roth. Die solothurnische Politik während des Dreissigjährigen Krieges. Affoltern a. A. 1946. – Otto Zimmermann. Die Industrien des Kantons Solothurn. Solothurn 1946. – Alfred Wyser. Solothurn an der Wende vom 15. zum 16. Jahrhundert. Bern 1948. – Erich Meyer. Solothurns Politik im Zeitalter Ludwigs XIV, 1648–1715 (JbfSolG 28, 1955, S. 1–104; 29, 1956, S. 33–156). – Michael Schmid. Staat und Volk im alten Solothurn. Ein Beitrag zur Prosopographie und zum Volkstum des fünfzehnten Jahrhunderts. Basel 1964 (Basler Beiträge zur Geschichtswissenschaft. Band 95). – Thomas Wallner. Der Kanton Solothurn und die Eidgenossenschaft 1841–1847 (JbfSolG 40, 1967, S. 1–273). – Eugen von Arb. Solothurns Politik im Zeitalter Ludwigs XV. bis zur Allianz von 1777 (JbfSolG 43, 1970, S. 5–191). – René Aerni. Johann Jakob von Staal und das Solothurner Stadtrecht von 1604. Zürich 1974 (Zürcher Beiträge zur Rechtswissenschaft 437). – Markus Angst. Warum Solothurn nicht reformiert wurde (JbfSolG 56, 1983, S. 5–29). – Hellmut Gutzwiller. Verfassungsrevisionen im Kanton Solothurn im 19. Jahrhundert. Solothurn 1986 (Veröffentlichungen des Solothurner Staatsarchives. Heft 9). – André Schluchter. Das Gösgeramt im Ancien Régime. Bevölkerung, Wirtschaft und Gesellschaft einer solothurnischen Landvogtei im 17. und 18. Jahrhundert. Basel und Frankfurt am Main 1990 (Basler Beiträge zur Geschichtswissenschaft. Band 160).

KUNST- UND KULTURGESCHICHTE

J. R. Rahn. Die Mittelalterlichen Kunstdenkmäler des Cantons Solothurn. Zürich 1893. – Rudolf Baumann. Ein Beitrag zur Geschichte der solothurnischen Buchdruckerei und der solothurnischen Zeitungen bis zum Jahre 1848. Balsthal 1903. – Jakob Heierli. Die archäologische Karte des Kantons Solothurn. Solothurn 1905 (Mitteilungen des Historischen Vereins des Kantons Solothurn. Heft 2). – Das Bürgerhaus in der Schweiz. 21. Band. Kanton Solothurn. Hg. vom Schweizerischen Ingenieur- und Architektenverein. Zürich 1929. – Bruno Amiet. Die Burgen und Schlösser des Kantons Solothurn. Basel 1930 (Die Burgen und Schlösser der Schweiz 3). – Eugen Tatarinoff. Die Kultur der Völkerwanderungszeit im Kanton Solothurn. Solothurn 1934. – Anton Guldimann. Katholische Kirchen des Bistums Basel. Kanton Solothurn. Olten 1937. – Leo Altermatt. Die Buchdruckerei Gassmann A.-G. Solothurn. Entstehung und Entwicklung der Offizin in Verbindung mit einer Geschichte des Buchdrucks und der Zensur im Kanton Solothurn. Solothurn 1939. – Hugo Dietschi. Solothurnisches Künstler-Lexikon. Mskr. 1940 (im StASO). – Hugo Dietschi. Orgel-, Klavier- und Geigenbaukunst im Kanton Solothurn. Solothurn 1941. – Joh. Mösch. Die solothurnische Schule seit 1840. 4 Bände. Olten 1945–1950. – Eduard Fischer; Otto Allemann. Solothurnische Burgen. Solothurn 1962. – Gottlieb Loertscher. Kunstführer Kanton Solothurn. Hg. von der GSK. Bern 1975. – Paul L. Feser. Der Kanton Solothurn in alten Ansichtskarten. Solothurn 1980. – Kunst im Kanton Solothurn vom Mittelalter bis Ende 19. Jahrhundert. Ausstellungskatalog. Solothurn 1981. – 150 Jahre Kantonsschule Solothurn 1833–1983. Solothurn 1983. – Karl H. Flatt. Flussübergänge an der mittleren Aare (Festgabe Hans Erzer. Solothurn 1983, S. 31–48). – Max Martin. Das Gebiet des Kantons Solothurn im frühen Mittelalter. Ein Bericht zum Stand der archäologischen Forschung (JbSGUF 66, 1983, S. 215–239). – Peter Walliser. Die solothurnische Baugesetzgebung (Festgabe Hans Erzer. Solothurn 1983, S. 49–111). – Paul Ludwig Feser. Reisen im schönen alten Solothurnerland. Bilder und Berichte aus sechs Jahrhunderten. Solothurn 1989.

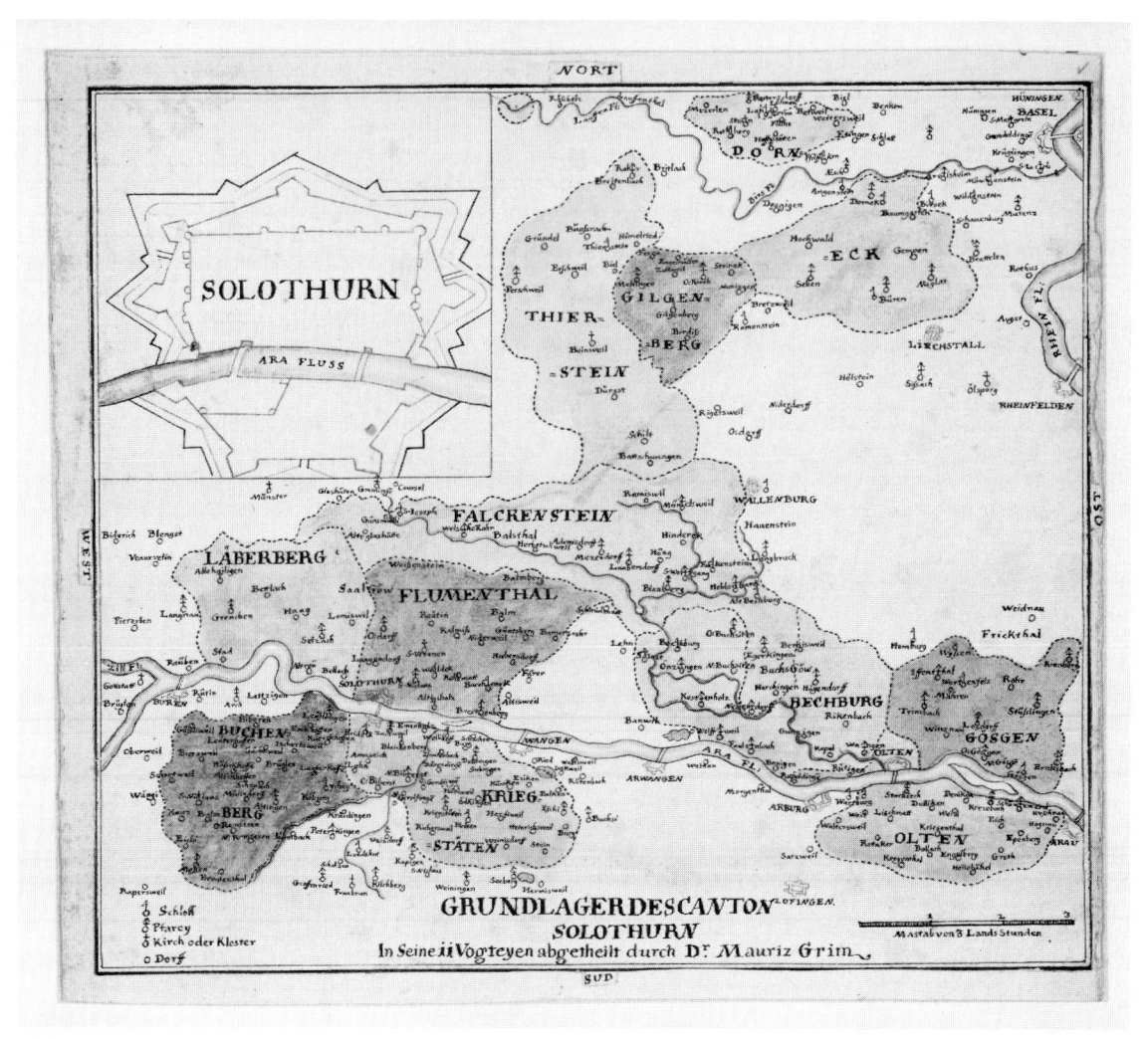

Abb. 55
Älteste Karte des Kantons Solothurn von Mauritius Grimm. Kolorierte Federzeichnung, um 1700. – Text S. 46.

KANTONSKARTEN

Verfasser der ältesten Landkarte des Kantons Solothurn war der Schreiner und Feldmesser MELCHIOR ERB. 1694 hatte er vom Rat den Auftrag erhalten, «m. gn. H. ganze Landschaft in Grundt legen lassen»[1]. Die Karte hat sich nicht erhalten. Ebensowenig kennen wir Spuren jener «13 auf Tuch gedruckten Landkarten von Ludwig Erb [Sohn von Melchior]», die 1725 erwähnt werden[2].

KATALOG DER WICHTIGSTEN KANTONSKARTEN[3]

1. *Karte des Kantons Solothurn* mit Einzeichnung der elf Vogteien und Grundriß der Stadt Solothurn mit Fortifikation (Abb. 55). Bez: «GRUNDLAGER DES CANTON SOLOTHURN. In Seine 11 Vogteyen abgetheilt durch Dr. Mauriz Grim». Sepia-Federzeichnung von MAURITIUS GRIMM. Um 1700. M. etwa 1:225 000[4]. 54 × 47 cm[5]. ZBZ, 3 JO 54. – In ähnlicher Art Vorlage oder Kopie mit zwanzig Ämterwappen in der Karte und nochmals in zwei seitlichen Rahmungen. Bez: «Abryss und Grundlager des Eygnossischen Orths Solothurn In seine 11 Vogteien abgetheilt und entworffen durch Dr. Mauritz Grimm». Federzeichnung. Um 1700. 47 × 64 cm. StASO, B 10 10. – 2. *Große Karte des Kantons Solothurn*. Von GABRIEL WALSER. Bez: «CANTON SOLOTHURN SIVE PAGUS HELVETIAE SOLODURENSIS cum Confinibus recenter delineatus per GABRIELEM WALSERUM». Radierung, hg. bei Homann's Erben, Nürnberg, 1766[6]. M. etwa 1:100 000. 52,5 × 62 cm. ZBS, ab 27. – 3. *Kleine Karte des Kantons Solothurn*. Von GABRIEL WAL-

SER. Bez: «CANTON SOLOTHURN SIVE PAGUS HELVETIAE SOLODURENSIS cum Confinibus». Radierung. Um 1770. 24,5 × 22,5 cm. M. etwa 1:200000. – 4. *Karte des Kantons Solothurn* Bez: «DER KANTON SOLOTHURN». Radierung. Um 1791. 26,5 × 37 cm. ZBS, aa 65. – 5. *Topographische Karte des Kantons Solothurn.* Von JOHANN BAPTIST ALTERMATT. Bez: «Carte Topographique du Canton de Soleure faite en 1796, 97 et 1798 par Mr le Major Altermatt.». Unvollendete Federzeichnung, koloriert. 1796–1798. M. 1:40000. 136,5 × 159,5 cm[7]. StASO, A 104. – 6. *Atlas der Schweiz.* Von J.H. WEISS und J.R. MEYER. Bez: «Levé et Dessiné par J.H. Weiss aux frais de J.R. Meyer à Aarau dans les Années 1786 à 1802. Gravé par Guerin Eichler et Scheurmann.». Der Kanton Solothurn auf Blatt 2 (SCHEURMANN, Aarau 1800) und auf Blatt 6 (GUERIN, Strasbourg 1798). ZBS, GB II 82. – 7. *Karte der Kantone Solothurn und Basel.* Bez: «Die Cantone Solothurn und Basel». Radierung von JOHANN JAKOB SCHEUERMANN in Anlehnung an WEISS/MEYER. In: Helvetischer Almanach für das Jahr 1813. Zürich, bey Orell Füssli & Comp., 1813. 29 × 22 cm. ZBS, XA 302:1813. – 8. *Karte des Kantons Solothurn.* Von G. AMIET. Bez: «CARTE VON DEM CANTON SOLOTHURN, LITHOGRAPHIERT VON G. AMIET 1826.». Radierung in Anlehnung an ALTERMATT. 52,5 × 76 cm. ZBS, ab 122. – 9. *Karte des Kantons Solothurn.* Von URS JOSEF WALKER. Bez: «CARTE DES Cantons Solothurn aufgenommen vom Jahr 1828 bis 1832, gewidmet DER HOHEN REGIERUNG DES STANDES SOLOTHURN von Jos. Walker Lieut. im eidsgenössischen Génie-Corps.». Lithographie von J.G. HECK bei Engelmann und Compagnie, Paris 1832. M. 1:60000. 95 × 80 cm[8]. ZBS, GB 80. – 10. *Karte des Kantons Solothurn.* Bez: «CARTE DES Cantons Solothurn 1833». Lithographie. M. 1:180000. 32,5 × 33,5 cm. In: Geographie des Kantons Solothurn, bei Fr. Vogelsang-Graff, 1833[9]. ZBS, 717. – 11. *Kleine Karte des Kantons Solothurn.* Von URS JOSEF WALKER. Bez: «CARTE des Kantons Solothurn von J. Walker Ingenieur Hauptmann.». Lithographie von J.F. WAGNER in Bern. Nach 1833[10]. M. 1:180000. Solothurn, Verlag von C. Kassmus. ZBS, GB 79. – 12. *Karte des Kantons Solothurn.* Von C. BRUDER. Bez: «CANTON SOLOTHURN. Bearbeitet u. gestochen von C. Bruder.». Lithographie von J.H. NEEB. In: STROHMEIER, 1836. M. etwa 1:200000. 34 × 38 cm. ZBS, aa 644. – Jüngere Auflage um 1855–1860 mit Einzeichnung der Eisenbahnlinie. ZBS, GB 63. – 13. *Karte des Kantons Solothurn.* Von TH. DUVOTENAY. Bez: «CANTON DE SOLEURE Dressé par Th. Duvotenay». Stahlstich von CH. DYONNET. In: Atlas Géographique, Historique, Statistique, et Itinéraire de la Suisse. Paris 1837. 21,5 × 29 cm. ZBS, G I 154. – 14. *Topographische Karte der Schweiz.* Von GUILLAUME HENRI DUFOUR. Lithographie. M. 1:100000. Der Kanton Solothurn in Anlehnung an die Karte von WALKER auf den Blättern II (1846), VII (1845, effektiv nach der Eisenbahnanlage um 1855–1860), VIII (1861). ZBS, GB II 81. – 15. *Schulwandkarte des Kantons Solothurn.* Bez: «Schul-Karte des CANTONS SOLOTHURN. 1865». Lithographie von R. LEUZINGER in Bern. M. 1:60000. 100 × 90 cm. StASO, 4 63. – 16. *Karte des Kantons Solothurn.* Lithographie mit Überdrucken. M. 1:200000. 28,5 × 30,5 cm. Gezeichnet und gestochen von R. LEUZINGER in Bern. Verlag der Schererschen Buchhandlung in Solothurn. ZBS, GB 78. – 17. *Siegfried-Atlas.* Lithographie. M. 1:100000. Bern 1868ff. Sammlung der Solothurner Blätter 1875–1885. ZBS, GB 50. – 18. *Schulkarte des Kantons Solothurn.* Von J.S. GERSTER. Bez: «Schüler-Handkarte des Kantons Solothurn von J.S. Gerster. Obligatorisches Lehrmittel für die Solothurn. Volksschule.». Lithographie von HOFER & BURGER, Zürich. M 1:200000. 38 × 40 cm. ZBS, GB 91. – 19. *Historische Karte des Kantons Solothurn.* Von FERDINAND EGGENSCHWILER. Beilage zum 8. Heft der Mitteilungen des Historischen Vereins des Kantons Solothurn. Kümmerly & Frey, Bern 1916. 54,5 × 60 cm.

Anmerkungen am Schluß des Kapitels S. 48

ANMERKUNGEN ZUM KAPITEL
DOKUMENTATION KANTON SOLOTHURN

Seiten 44–47

1 RM, 23. Juni 1694, Band 198, S. 522.
2 Es wurden Ludwig Erb 36 Gulden bezahlt (SMR 1725, S. 84).
3 Eine Zusammenstellung der neueren Karten bei: Urs Wiesli. Geographie des Kantons Solothurn. Solothurn 1969, S. 637f. – Im folgenden werden die Blattmaße angegeben.
4 Die Darstellung der Vorstadtschanzen und die Einzeichnung der Kreuzackerbrücke auf dem Stadtgrundriß legen eine spätere Datierung als die bisher übliche um 1690 nahe.
5 Adolf Merz. Die ältesten Landkarten des Kantons Solothurn. Separatum aus: Historische Mitteilungen. Monatsbeilage zum Oltner Tagblatt 2, 1949, Nr. 2, 3, 5. – Die schöne alte Karte. Landkarten und Atlanten des 16.–18. Jahrhunderts aus dem Besitz der Zentralbibliothek. Ausstellung in der Zentralbibliothek Solothurn, 9. April bis 7. Mai 1967. Katalog, Nr. 51. – Adolf Merz. Die älteste Landkarte des Kantons Solothurn (Dr Schwarzbueb 46, 1968, S. 66ff.).
6 Adolf Merz. Das Schwarzbubenland auf der ältesten gedruckten Landkarte des Kantons Solothurn (Dr Schwarzbueb 50, 1972, S. 90–92).
7 Adolf Merz. Die ältesten Landkarten des Kantons Solothurn. Separatum aus: Historische Mitteilungen. Monatsbeilage zum Oltner Tagblatt 2, 1949, Nr. 2, 3, 5. – Die schöne alte Karte. Landkarten und Atlanten des 16.–18. Jahrhunderts aus dem Besitz der Zentralbibliothek. Ausstellung in der Zentralbibliothek Solothurn, 9. April bis 7. Mai 1967. Katalog, Nr. 112. – Adolf Merz. Die Odyssee einer Solothurner Landkarte (Oltner Neujahrsblätter 37, 1979, S. 65–67). – Altermatts Akten und Brouillons zu dieser Karte in der ZBS, S II 3.
8 Thomas Wallner. Urs Josef Walker, Ingenieur und Kartograph aus Oberdorf (Jurablätter 53, 1991, S. 26–32).
9 An der üblichen Zuschreibung der Karte an Urs Josef Walker hegen wir Zweifel.
10 Thomas Wallner. Urs Josef Walker, Ingenieur und Kartograph aus Oberdorf (Jurablätter 53, 1991, S. 26–32), S. 32.

DIE STADT SOLOTHURN

50

DIE STADT SOLOTHURN

LAGE UND GEOMORPHOLOGISCHE VERHÄLTNISSE

Trotz seiner bescheidenen flächenmäßigen Ausdehnung von nur 6,22 km² hat das Stadtgebiet von Solothurn Anteil an einer eher komplexen geomorphologischen Struktur. Da diese ursächlich für die Besiedlung und die Ausbildung einer Brückenstadt war, soll sie im folgenden kurz dargelegt werden[1].

Solothurn liegt etwa 4 km südlich der Weißensteinkette des Juras (höchster Punkt Hasenmatte, 1444 m ü. M.). Dem Jurazeitalter entstammt aber auch die sogenannte Verenakette (oder Steingruben-Martinsfluh-Kette), die als 4 km lange, meist moränenbedeckte Juravorfalte in ihrem südwestlichen Ausläufer im Steingrubenquartier auf Stadtboden endet. Dieser Verena-Antiklinale nördlich der Aare entspricht auf der Südseite der östliche Molasseausläufer des Bucheggbergs, der bei Hunnenberg und Schöngrün knapp das Stadtgebiet erreicht (Abb. 3, 5, 58, 59). In der «Zange» zwischen Verenakette und Bucheggberg haben sich die Ablagerungen der Würmeiszeit festgesetzt; und auf dem Moränenbogen oder Sander der Würmvergletscherung im sogenannten Solothurner Stadium liegt die Siedlung von Solothurn. Das fein gewellte Relief südwestlich der Linie St. Joseph–Namen Jesu–Visitation, somit auch das Gebiet der linksufrigen Altstadt, schufen die würmeiszeitlichen Wallmoränen. Die teilweise ebenfalls gewellten östlichen Gebiete der Stadt und die ansteigenden südlich der Vorstadt können als glaziale Rückzugsschotter-Areale bezeichnet werden. In unserer geomorphologischen Kurztypisierung des Solothurner Stadtgebietes fehlen noch die nacheiszeitlichen Schwemmebenen entlang dem Aarelauf. Die damit in Zusammenhang stehende Frage eines «Solothurner Sees» im Zungenbecken der Aareebene westlich der Altstadt wird hier nicht weiter diskutiert[2].

Drei in Nord-Süd-Richtung verlaufende Bäche tangieren das Stadtgebiet: Der Wildbach und der Verenabach (oder Katharinenbach) bilden teilweise die westliche oder östliche Stadtgrenze; der Dürrbach, von dem der Stadtbach künstlich abgeleitet wurde, halbiert ungefähr das Stadtgebiet und fließt knapp westlich der Altstadt als Obach in die Aare (Abb. 57).

KLIMA

Die Stadt Solothurn markiert das Ende der kilometerlangen Aaretalebene, die sich von Büren a. A. her zwischen dem Jurafuß und dem Bucheggberg ausgebildet hat (Abb. 3). Die ausgesprochene Muldenlage in einem Trichter zwischen Verenakette und Bleichenberg und im Schatten der Weißensteinkette bringt einige klimatische Nachteile mit sich. Die rahmenden Hügelzüge kanalisieren die Winde in juraparalleler Richtung, insbesondere die Bise aus Osten. Hingegen schützt die Verenakette im Norden der Stadt vor den Fallwinden, die an anderen Stellen am Jurafuß stark sein können. Dafür staut sich an der Weißensteinkette auffällig die Bewölkung, welche Solothurn und seiner Umgebung eine beträchtliche Niederschlagsmenge und -häufigkeit beschert. Die Muldenlage läßt jeweils bereits im Frühherbst einen Kaltluftsee entstehen, der regelmäßig zu langdauernden Nebellagen und subjektiv zum Eindruck langer Winterszeit führt. Das gefühlsmäßig und auch statistisch erwiesenermaßen eher schlechte Klima der Stadtregion von Solothurn dürfte sich etwas hemmend auf die Dynamik der Siedlungsentwicklung ausgewirkt haben[3].

Abb. 56
«Nemesis» mit Darstellung von Solothurn und seiner Umgebung. Federzeichnung von Urs Graf, um 1508 (BD II/40).

Anmerkungen am Schluß des Kapitels S. 65

GESCHICHTLICHER ÜBERBLICK[4]

Die in Solothurns reicher Legendenwelt überlieferte uralte Entstehung der Stadt[5] findet in der Wirklichkeit archäologischer Forschung und Funde keine Entsprechung. Aus dem Mesolithikum fanden sich zwar im westlichen Bereich der Altstadt (Hauptgasse Nr. 8 und Gerberngasse Nr. 3) einige wenige Silex-Artefakte, die aber, nach den Fundumständen zu schließen, nicht unbedingt auf eine Besiedlung hindeuten müssen, sondern ebensogut einem Rastplatz entstammen können. Als Streufunde auf Stadtgebiet sind sodann noch drei Steinbeile oder Steinäxte überliefert. Aus der Bronzezeit kennt man ebenfalls nur spärliche Relikte; einwandfrei gesichert sind gerade einige früh- und mittelbronzezeitliche Scherben, die 1960 bei der Ausgrabung «Roter Turm» gefunden wurden[6]. Aus der Stadt Solothurn, die in sämtlicher Fach- und Feuilletonliteratur als keltische Gründung reklamiert wird, hat sich dagegen kein einziger, kritischer Beurteilung standhaltender Fund aus der Latène-Zeit erhalten. «Der antike Name ‹Salodurum› ist zwar sicher keltischen Ursprungs, der archäologische Nachweis eines keltischen Solothurn – sofern ein solches überhaupt jemals existiert hat – steht aber immer noch aus»[7] (vgl. Abschnitt Name, S. 16).

Der römische Vicus dürfte nach neuesten Erkenntnissen eher später als bis anhin vermutet, in tiberianischer Zeit, entstanden sein, möglicherweise im Zusammenhang mit dem Ausbau der Mittelland-Straßenachse von Aventicum nach Vindonissa. Lange Zeit war nicht geklärt, ob die Römerstraße nördlich oder südlich der Aare oder gar beidseits des Flusses in zwei Strängen verlief; damit blieb auch die Frage nach der Existenz einer Brücke unbeantwortet. Neue Grabungen belegen für die Zeit der ersten Hälfte des 1. Jahrhunderts im Gebiet der Altstadt eine Besiedlung nördlich und

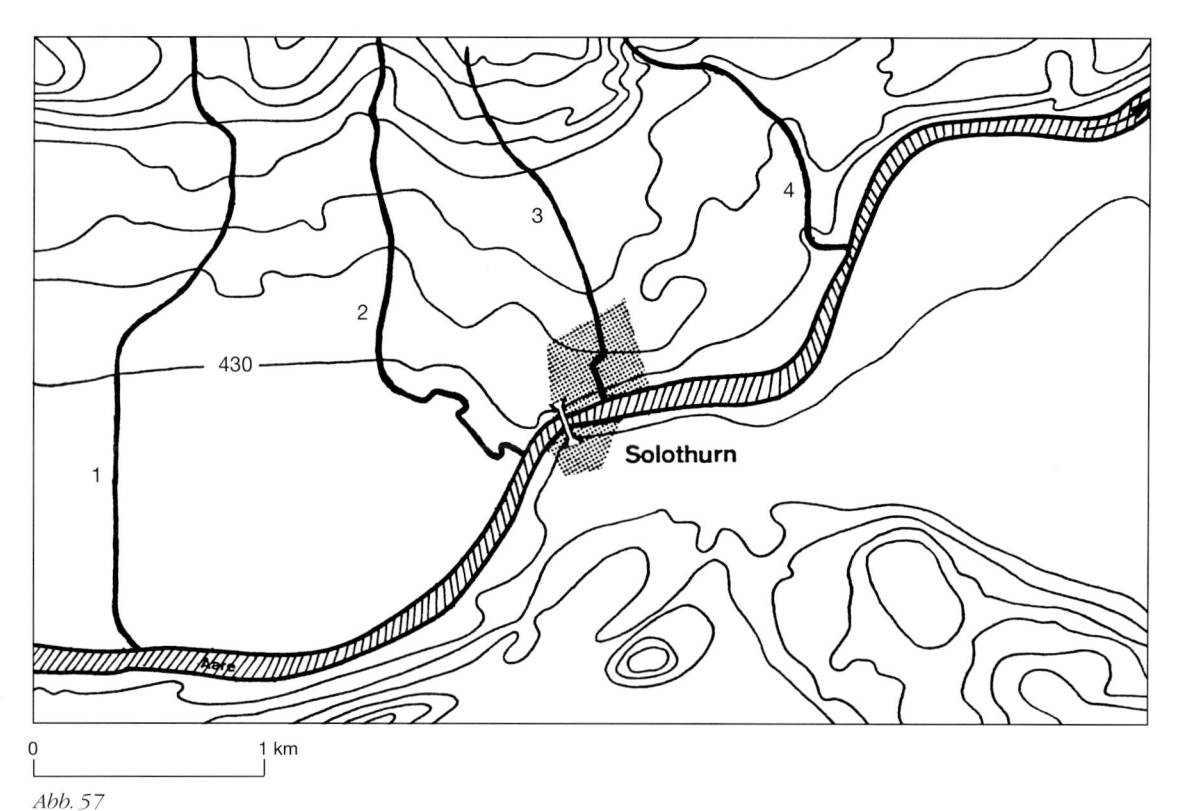

Abb. 57
Topographischer Situationsplan von Solothurn mit Einzeichnung der Wasserläufe (Äquidistanz der Höhenlinien = 10 m): 1. Wildbach, 2. Dürrbach/Obach, 3. Verlauf des ehemaligen Stadtbachs, 4. Verenabach/Katharinabach. Nach Urs Wiesli, mit Einzeichnung der Wasserläufe durch Markus Hochstrasser. – Text S. 51, 67.

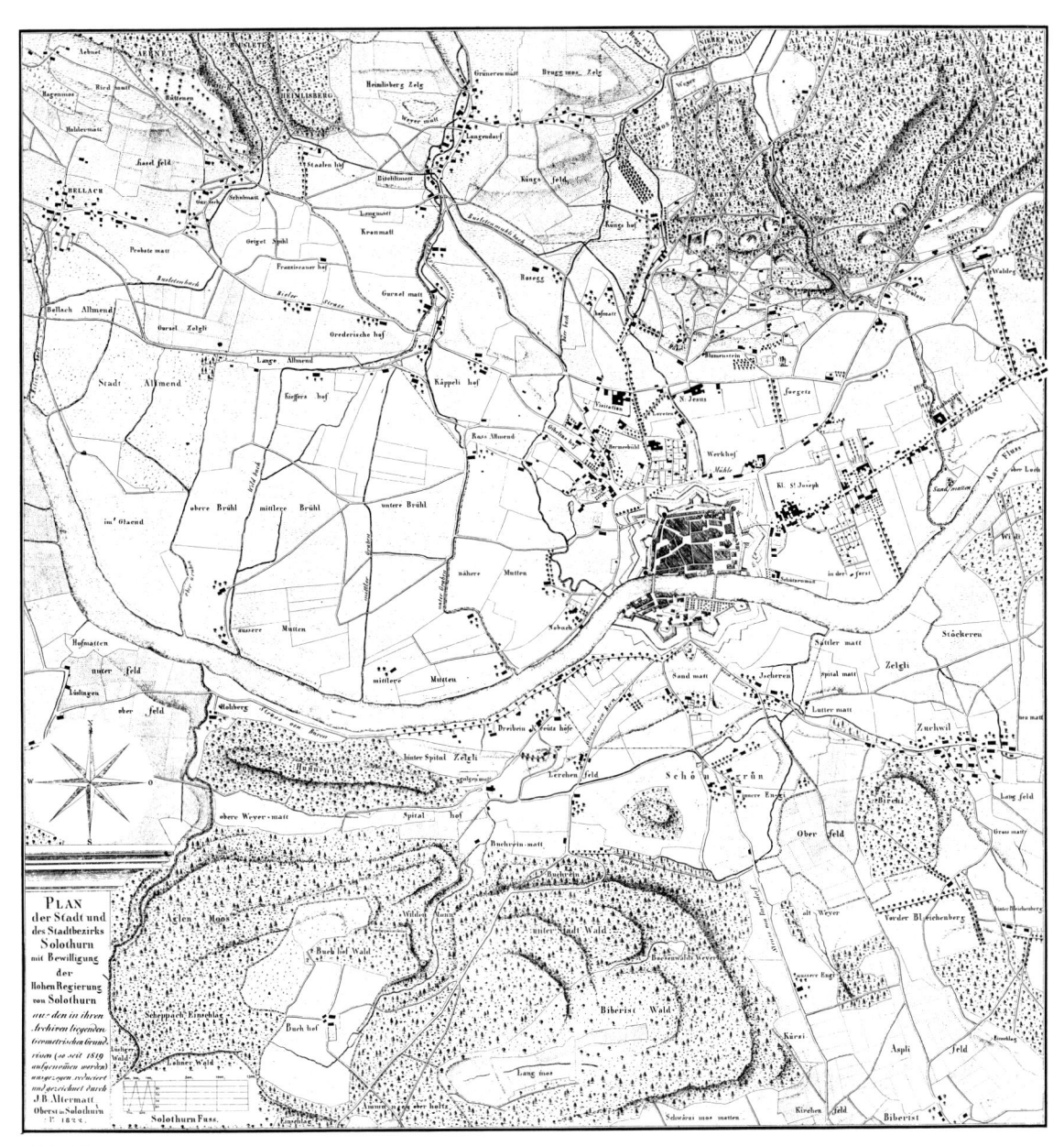

Abb. 58
Plan der Stadt und des Stadtbezirks Solothurn. Lithographie von Johann Baptist Altermatt, 1822 (PD 12). – Text S. 51.

südlich der Aare. Ein 1989 nachgewiesenes, unter dem Alten Spital im rechten Winkel zum Fluß verlaufendes Straßenstück gibt Hinweise auf die mögliche Lage der Brücke; diese könnte als Verbindungselement einer allfälligen Straße zum Vicus auf der Engehalbinsel bei Bern um weniges oberhalb der mittelalterlichen Brücke gelegen haben.

In jüngster Zeit hat die These für die Existenz eines Hauptstraßenstrangs südlich der Aare nach Aventicum an Wahrscheinlichkeit gewonnen (vgl. Kapitel Brücken, S. 282).

Anmerkungen am Schluß des Kapitels S. 65

Für die beträchtliche Bedeutung des Vicus Salodurum sprechen die Funde einiger Inschriftensteine, die unter anderem zweimal den Ortsnamen überliefern und auf die Existenz eines Jupitertempels und eines Apollotempels schließen lassen. Auf die kommunale Organisation verweisen Inschriften-Termini wie «Magistri» und «Vicani» (Ortsvorsteher). Gewerbliche Indikatoren sind die Funde dreier Töpferofen im Bereich der Gurzelngasse[8] sowie zweier Ziegelöfen südlich des Bahnhofs. Man darf eine Pferdewechselstation und einen Umschlagplatz mit Hafen annehmen, ebenso eine militärische Besatzung. Auf eine gewisse Zentrumsfunktion deuten die ergrabenen Gutshöfe in Zuchwil, Spitalhof-Biberist und Franziskanerhof-Bellach im Umkreis von 2,5 km um den Vicus sowie weitere Villen und Siedlungsstellen in noch etwas größerer Entfernung hin[9].

Die Größenausdehnung des vor allem im 2. Jahrhundert und in der ersten Hälfte des 3. Jahrhunderts blühenden Vicus ist nicht klar. Die durch keine Indizien gestützte Vermutung, er habe etwa das Gebiet der mittelalterlichen Altstadt umfaßt, scheint übertrieben[10]. Genauer faßbare Siedlungsteile in Form von Mauerzügen oder Gebäudegrundrissen aus der Vicus-Zeit sind selten und finden sich innerhalb des spätrömischen Castrums (Friedhofplatz, Fundplätze «Bregger», «Kreditanstalt», «Hirsig» und «Etter» südlich der Hauptgasse) oder wenig östlich im Bereich der «Vigierhäuser». HANSPETER SPYCHER vermutet eine «langgestreckte Straßensiedlung», die sich, etwa der heutigen Hauptgasse folgend, vom Hügel bei St. Ursen bis zum Raum Postplatz/Wengibrücke, parallel zur damals noch etwas nördlicher fließenden Aare, erstreckt haben dürfte[11].

Die Alemanneneinfälle um die Mitte des 3. Jahrhunderts dürften den Vicus stark in Mitleidenschaft gezogen haben. Anhaltspunkte einer konkret nachweisbaren Zerstörung fehlen; es wurden in die zweite Hälfte des 3. Jahrhunderts datierbare Funde gemacht. Dagegen darf als erwiesen betrachtet werden, daß der römische Gutshof in Biberist-Spitalhof nach der Zerstörung um die Mitte des 3. Jahrhunderts bloß in kleinerem Rahmen oder überhaupt nicht mehr aufgebaut worden war[12].

Die Errichtung des spätrömischen Kastells im zweiten Viertel des 4. Jahrhunderts[13] und die Bodeneingriffe seiner Siedler dürften der Hauptgrund gewesen sein, daß Funde aus der Vicus-Zeit und insbesondere genauere Angaben über Siedlungs- und Verkehrsstruktur kaum vorhanden sind. Noch zur Vicus-Zeit müßte sich das legendäre Martyrium der Thebäerlegion abgespielt haben. Dieses ist – vergleichsweise früh – durch den um 450 verstorbenen Bischof Eucherius von Lyon erstmals erwähnt und in diokletianische oder maximinianische Zeit datiert worden[14]. Auch wenn die legendenhaft ausgeschmückte Ursus- und Victor-Passio aus spätkarolingischer Zeit in ihrem spekulativ ausgeschmückten Inhalt historisch-kritischer Betrachtung kaum standhalten kann, so ist doch nicht auszuschließen, daß sich gegen Ende des 3. Jahrhunderts in Salodurum tatsächlich ein tragisches Ereignis abgespielt hatte, das in der Folge Anlaß zur Legendenbildung und – für die Entwicklung der Siedlung an der Aare noch wichtiger – zu einem religiösen Kult bot. Voraussetzung dafür war das Vorhandensein einer Christengemeinschaft in Salodurum, das für die Zeit um oder nach 400 anzunehmen ist. Bis dahin hatte sich der Ort bereits zu einem kleinen, im Grundriß glockenförmigen Kastell zurückgebildet, das nur noch einen Bruchteil der Siedlungsfläche des Vicus einnahm. Es muß bei der Rücknahme des römischen Limes zum Rhein in Zusammenhang mit einer sekundären Befestigungsfront an der Aare entstanden sein und kann formal mit den anderen Glockenkastellen in Olten und in Windisch-Altenburg verglichen werden.

Das spätrömisch-frühchristliche Solothurn dürfte an der Stelle des heutigen Friedhofplatzes, innerhalb der Mauern, auch eine Kirche besessen haben (Abb. 66). SENNHAUSER datiert den ältesten Rest der ergrabenen St.-Stephans-Kapelle ins 5. Jahrhundert[15]. In diese Zeit ist auch der älteste Memorialbau unter der St.-Peters-Kapelle zu datieren, der am unteren Rande eines ziemlich ausgedehnten Friedhofs außerhalb des Castrums beidseits der Ausfallstraße nach Osten lag. Seit der späthumanistischen Geschichtsschreibung war immer wieder St. Peter als Ursprung des nachmaligen St.-Ursen-Stiftes angesehen worden. HANS RUDOLF SENNHAUSERS überzeugende, 1987 erstmals vorgetragene Hypothese läßt dagegen unter der Stiftskirche jene schicksalsträchtige Grabmemorie des Thebäers Ursus vermuten, deren Kultus «Motor» der nachfolgenden Entwicklung von Solo-

---

Anmerkungen am Schluß des Kapitels S. 65

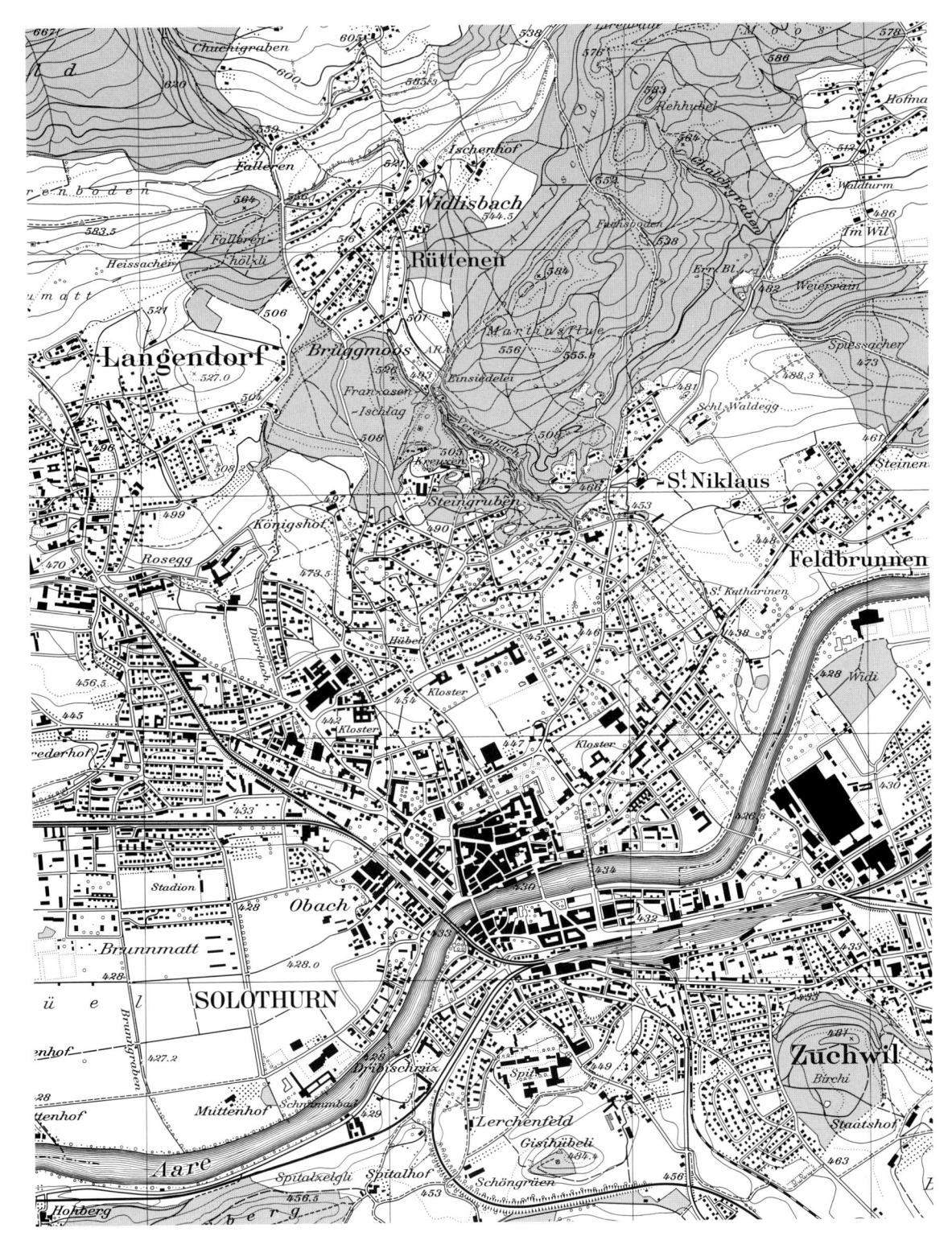

Abb. 59
Ausschnitt aus der Landeskarte 1:25 000, 1987. – Text S. 51, 67.

thurn war. Die ergrabene, bis zur Jahrtausendwende nur unbedeutend erweiterte Grabmemorie unter St. Peter dürfte dagegen ein Kultbau von sekundärer Bedeutung innerhalb des Friedhofs gewesen sein. SENNHAUSER schließt nicht aus, daß der Bau unter St. Peter die Memoire des zweiten Thebäermärtyrers Victor gewesen war; dessen Gebeine wurden aber um 500 durch die burgundische Prinzessin Sedeleuba nach Genf gebracht, was den Kult um diesen Grabbau marginalisieren mußte[16].

Solothurn scheint damals dem burgundischen Königreich angehört zu haben und – nach dessen Eingliederung ins Frankenreich – dem fränkischen Teilreich Burgund zugefallen zu sein[17]. Kirchlich darf es der Diözese Aventicum, später Lausanne zugeordnet werden. Wahrscheinlich bestand die Bevölkerung Solothurns damals immer noch aus Romanen, aus Nachfahren der Galloromer. Sie besaßen im Raume St. Ursen ihren Friedhof, dessen Funde ins 6./7. Jahrhundert datiert werden dürfen.

Eine Siedlungskontinuität seit spätantiker Zeit ist archäologisch nicht beweisbar; sie wird aber in der Forschung als ziemlich wahrscheinlich angenommen. Unbekannt ist auch, wann und unter welchen Umständen St. Ursen die ursprüngliche Kastellkirche St. Stephan als Solothurner Hauptkirche und Pfarrkirche abgelöst hat. Der Thebäerkult war im 7. Jahrhundert noch oder wieder wach, wie eine Passio – im St. Galler Codex 569 in jüngerer Abschrift erhalten – nahelegt[18].

Ins Licht der gesicherten Geschichte tritt Solothurn 870 mit der ersten Nennung des St.-Ursen-Stiftes, des «monasterium ... S. Ursi Solodoro»[19]. Solothurn erscheint im Vertrag von Mersen bei der Teilung des Reiches Lothars und fällt dessen einem Sohn Ludwig dem Deutschen zu. Historisch allerdings nicht faßbar ist die humanistisch überlieferte Gründung dieses Klosters durch Werthrada, die Mutter Karls des Großen, um 740[20]. Solothurns Bedeutung als karolingisches Hauskloster, die sich aus der Nennung im Vertrag von Mersen ergibt, findet in der folgenden Zeit, nach der Gründung des hochburgundischen Reiches nach 888 durch Rudolf I., ihre Bestätigung: Im Jahr 892 soll ein Priester Boso zum Bischof von Lausanne geweiht worden sein[21]. In der ersten Hälfte des 10. Jahrhunderts (um 930) soll dann gemäß spätmittelalterlicher Überlieferung Königin Bertha, Gemahlin Rudolfs II. von Burgund, für Solothurn eine vergrößerte St.-Ursen-Kirche gestiftet haben[22].

Nach der Jahrtausendwende erlangte Solothurn eine beträchtliche Bedeutung im Königreich Burgund und im Reich: Beim Tode König Rudolfs III. im Jahre 1032 fielen das Königreich Burgund und mit ihm Solothurn ans Reich und an den Salierkaiser Konrad II., der sich im Jahr darauf in Payerne zum König von Burgund wählen ließ[23]. Im Herbst 1038 berief dann der Kaiser in Solothurn eine burgundische Reichsversammlung ein, in deren Verlauf er seinem Sohn Heinrich das Königreich Burgund übertrug. Der Chronist Wipo hat diesen Anlaß, der einer der politisch bedeutendsten in der Geschichte Solothurns war, überliefert. Es handelte sich offensichtlich um eine Festkrönung von Heinrich III. unter Beteiligung von weltlichen und geistlichen Würdenträgern, die mit Gesängen und unter Zurufen des Volkes prozessionsweise in die Königskapelle St. Stephan («quae pro capella regis Solodoro habetur») zogen. Abgesehen davon, daß in dieser Schilderung erstmals in schriftlicher Form der Solothurner Zivilbevölkerung Erwähnung getan wurde, hat vor allem der die Kapelle berührende Passus seit dem 19. Jahrhundert zahlreiche Autoren die Existenz einer Königspfalz postulieren lassen (mit Situierungsvorschlägen auf dem Friedhofplatz, beim Ambassadorenhof oder beim Zeitglockenturm). Immerhin weilte Heinrich in den Jahren 1042, 1045, 1048 und 1052 noch wiederholt in der Aarestadt, um den nordöstlichsten festen Platz des Königreichs Burgund – zu welchem Zweck auch immer – zu besuchen. Die moderne Forschung lehnt aber überwiegend das Vorhandensein einer gebauten Pfalz ab, da deren Existenz durch keinerlei schriftliche oder archäologische Zeugnisse bestätigt wird[24]. Sie mußte auch nicht real vorhanden sein, da (wie die Pfalzforschung in Analogieschlüssen nahelegt) in Solothurn andere Gebäude bei Anwesenheit des Königs die Funktion der Pfalz vorübergehend übernehmen konnten. Nach Vorschlag von PEYER konnte das St.-Ursen-Stift die Absteige bilden und die St.-Stephans-Kapelle als Pfalzkapelle bezeichnet werden[25].

Große Umwälzungen für die Stadt brachte das 12. Jahrhundert. 1127 wurden die Herzöge von Zähringen mit dem Rektorat Burgund betraut. Auch wenn die neuen Herren wenig urkundliche Spuren hinterlassen haben, dürfte doch Solothurn durch sie in den nun virulenten Städtebildungsprozeß einbezogen worden sein. Einige markante Daten bezeugen die steigende Bedeutung von Solothurn, das vor der Städtegründungswelle des Hochmittelalters die einzige größere Siedlung mit städtischem Charakter zwischen Lausanne, Zürich und Basel gewesen war: 1146 Erwähnung der Solothurner Münze, um 1182 eines Causidicus, eines Stadtoberhauptes, das auch in anderen Zähringerstädten so bezeichnet wird[26]. Im Jahre 1218 wurde erstmals auch die «universitas civium» erwähnt[27], was darauf schließen läßt, daß der Stadtwerdungsprozeß damals schon weit fortgeschritten sein mußte.

Wie umfangreich die bauliche und verfassungsmäßige Hinterlassenschaft der Zähringer in Solothurn war, läßt sich nicht schlüssig beantworten. Die Existenz einer spätzähringischen Stadtburg in Gestalt eines Donjons (um 1200) unter dem heutigen Riedholzturm darf als erwiesen gelten (vgl. Kapitel Stadtbefestigung, S. 143 und 169). Ob die Initiative zum Bau der Stadtmauer noch in die Zeit Bertolds V. fiel, ist fraglich. Dasselbe gilt für die Gestaltung der Gurzelngasse als «zähringisch» beeinflußtem, breitem Gassenmarkt, für die typisch «zähringische» Gassenkreuzung der Hauptgasse mit Schalgasse und Judengasse sowie für die einigermaßen regelmäßige «Hofstättenparzellierung» an vielen Gassen.

Im politischen Bereich verweist HANS SIGRIST auf die Ansiedlung von ritterlichen Ministerialen durch die Herzöge von Zähringen. Eng scheinen die Beziehungen zum Stift gewesen zu sein, so daß GABRIELE WITOLLA im Einklang mit anderen Autoren interpretieren konnte, «St. Ursus sei zu einem ‹geistlichen Mittelpunkt› der Zähringer avanciert»[28]. Die Herzöge von Zähringen scheinen am Ende des 12. Jahrhunderts Solothurn nicht mehr besonders gefördert zu haben, sondern ihren benachbarten Städtegründungen in Burgdorf, Bern und Freiburg mehr Beachtung geschenkt zu haben. Während diese Städte bald eine blühende Entwicklung durchmachten, scheint Solothurn stagniert zu haben, wohl auch weil es klimatisch weniger günstig lag und zudem nun durch die Verschiebung der Verkehrswege an den Südrand des Mittellandes (Achse Freiburg–Bern–Burgdorf) in seinem Potential beeinträchtigt wurde.

Das Aussterben der Herzöge von Zähringen im Jahre 1218[29] dürfte Solothurns politische Stellung im Reich nicht unmittelbar verändert haben. Der immer wieder geäußerte Wunsch nach Reichsfreiheit erfüllte sich vorerst nicht. Als Bestandteil des Rektorats Burgund blieb Solothurn noch eine Zeitlang ein Reichslehen von König Friedrich II.[30]. Der Tod Herzog Bertolds V. (1218) leitete die langwierige Periode der Verselbständigung der Stadt ein. Den letzten Schritt in die Reichsunmittelbarkeit tat Solothurn erst 1409, als es von König Ruprecht durch eine Urkunde von fremden Gerichten und Steuern befreit wurde[31].

In manchen Punkten ungeklärt ist das Verhältnis von Stift und Stadt. Grundherrliche Rechte dürfte das Stift nie besessen haben; die Zähringer waren nämlich Herren über Stadt und Stift gewesen. Die beiden Körperschaften mochten vielmehr argwöhnisch um den eigenen Vorteil konkurriert haben. Um die Mitte des 13. Jahrhunderts dürfte die Bürgerschaft die Oberhand gewonnen haben und in jahrzehnte- oder gar jahrhundertelanger Politik ihre Autonomie und Vorherrschaft gegenüber dem Reich, dem Stift und der Nachbarschaft schrittweise ausgebaut haben. Erstes Anzeichen dafür war das Unvermögen des Stiftes, die 1251 durch Papst Innozenz IV. bekräftigten Vorrechte gegenüber der Bürgerschaft auch tatsächlich durchzusetzen[32]; deutliches Indiz sodann der Burgrechtsvertrag des Klosters St. Urban von 1252, abgeschlossen nicht mit dem Stift, sondern mit der Stadt, nämlich mit «scultetus, consules et universi cives Solodorenses»[33].

Weitere Indikatoren des mittlerweile eindeutigen bürgerlichen Primats waren 1280 die Niederlassung des Franziskanerordens als Folge einer Stiftung von Anna Riche (Vertreterin eines alten Solothurner Rittergeschlechts)[34] und kurz zuvor die Anerkennung der freien Bürgeraufnahme und der Befreiung von der Vorladung vor fremde Gerichte durch König Rudolf von Habsburg[35]. Von großer Tragweite war 1325 die Vergabung des Schultheißenamtes durch Kaiser Heinrich VII. an die Solothurner Bürgerschaft, die beim Ableben des damaligen Amtsinhabers Hugo II. von Buchegg wirksam werden sollte. Bereits 1344, drei Jahre vor Hugo II. von Bucheggs Tod, trat sie dann in Kraft[36].

Ein weiterer Schritt zur politischen und juristischen Selbständigkeit war 1365 die Verleihung des

---

Anmerkungen am Schluß des Kapitels S. 65–66

Blutbannes innerhalb dreier Meilen durch Kaiser Karl IV. Die Kastvogtei über das Stift besiegelte die faktische Vorherrschaft der Stadt über diese geistliche Institution. Die Emanzipation der Bürgerschaft im wirtschaftlichen Bereich markierte die Verleihung eines Pfingstmarktes durch Karl IV. im Jahre 1376, des Münzrechts 1381, des Rechts auf eine Reichs- und Judensteuer 1409 sowie schließlich auf den Zollbezug 1427.

Die Rolle und die kulturelle Bedeutung des Stifts, das erst seit dem Ende des 12. Jahrhunderts genauer faßbar wird, waren starken Wechseln ausgesetzt[37]. Im 13. und im 14. Jahrhundert bestanden über die Stiftspröpste sehr enge Beziehungen zu den Geschlechtern der Grafen von Neuenburg-Nidau und von Kyburg. Die ältesten uns bekannten Statuten des Stifts stammen aus dem Jahre 1327[38]; sie waren vom Bischof von Lausanne bestätigt worden, zu dessen Bistum Solothurn nördlich der Aare gehörte, während das Gebiet auf dem rechten Aareufer Teil des Bistums Konstanz war. Mit der Zunahme des bürgerlichen Einflusses auf das Stift im Verlaufe des 15. Jahrhunderts verstärkte sich auch dessen Ausstrahlung auf das kulturelle Leben der Stadt. Wesentlich war die Bedeutung von Propst Felix Hemmerli (1422–1455), der bereits 1424 neue Statuten erließ, sich aber auch als Schriftsteller einen Namen machte. 1182 wird erstmals die wohl weit ältere Stiftsschule faßbar[39], die auch nach 1520, als der Rat die deutsche Schule als bürgerliche Stadtschule ins Leben gerufen hatte, als Lateinschule weiterbestand.

Das Emanzipationsstreben der Bürgerschaft gegen außen und innen spielte sich natürlich nicht isoliert vom weiteren Hintergrund der politischen Mächte im schweizerischen Mittelland ab. Eine gewisse Konstante bildeten die seit 1295 wiederholt abgeschlossenen Bündnisse mit dem zunehmend mächtiger werdenden Bern, das seinem kleineren Nachbarn bestimmte Schutzgarantien bot, diesen aber auch deutlich in Schach hielt. Mehrfach wurde Solothurn auch in die spätmittelalterlichen Feudalkämpfe einbezogen; unmittelbar gefährdet war es 1318 anläßlich einer Belagerung durch Erzherzog Leopold von Österreich im Nachgang zu dessen Niederlage am Morgarten[40] (Abb. 60) und nochmals 1382, als Graf Rudolf von Kyburg versuchte, die Stadt einzunehmen; dies wurde in der legendären Mordnacht und durch den Helden Hans Roth von Rumisberg verhindert[41]. Um die Mitte des 14. Jahrhunderts setzte Solothurns Territorialpolitik erkennbar ein, und es begann die Ausbildung eines eigenen Staatsgebietes, die 1532 ihren Abschluß fand (vgl. Kapitel Kanton Solothurn, S. 5).

Politisch treibende Kräfte in der Entwicklung von Stadt und Land Solothurn im zweiten Viertel unseres Jahrtausends waren Vertreter einiger adeliger Familien im Schultheißenamt; sie wurden seit dem 15. Jahrhundert auch durch Bürger abgelöst. Vorerst waren es Ritter mit Namen von Zürich, von Kilchon, Riche, Durrach oder Grans. 1252 wurden erstmals die Räte («consules») erwähnt[42]. Im Zuge der mitteleuropäischen Zunftbewegung konnten die auch hier in elf Zünften organisierten Handwerker eine Aufteilung der Macht und die Erweiterung des Rates erwirken, der nun neben den elf Alträten auch noch einen 22köpfigen Jungrat aus Vertretern der Zünfte umfaßte (erste Erwähnung 1346). Um 1366 erfolgte dann die Schaffung eines Großen Rates mit 66 Mitgliedern und jene des Amtes eines Bürgermeisters als Vertrauensmann der Zünfte. Sämtliche Ratsgremien inklusive Schultheiß und Bürgermeister umfaßten 101 Personen[43]. Im Unterschied zu anderen Schweizer Städten erlangten die Zünfte in Solothurn nie die alleinige Vorherrschaft[44]. Die Macht blieb einstweilen in den Händen der aus dem Adel stammenden Schultheißen, die auch die solothurnische Territorialpolitik begründeten. Auch die bürgerlichen Nachfolger im Schultheißenamt regierten oligarchisch, mitunter während Jahrzehnten.

Die Entmachtung der Zünfte mag mit ein Grund dafür gewesen sein, daß bereits im 15. Jahrhundert sich in Solothurn eine Handels- und Gewerbearmut zeigte, während in anderen Städten (etwa den Nachbarn Bern oder Freiburg) diverse Wirtschaftszweige blühten. Dafür wandte sich Solothurn, nicht zuletzt wegen der Erfolge in den Burgunderkriegen, noch vor der Reformation der Reisläuferei zu. Die Vernachlässigung des Wirtschaftslebens und die Bevorzugung der Solddienste sollten bis zum Ende des Ancien régime prägend bleiben. Die Aufnahme in den Bund der Eidgenossenschaft 1481 als Folge vorangehender Bündnis- und Eroberungspolitik änderte das Bedrohungsgefühl für die Stadt Solothurn nicht; in dauernder Furcht vor dem mächtigen Bern unternahm sie seit dem ausgehenden 15. Jahrhundert durch die Verstärkung ihrer Stadtbewehrung

Abb. 60
Belagerung der Stadt Solothurn durch Herzog Leopold von Österreich im Jahre 1318. Darstellung aus der Amtlichen Berner Chronik des Diebold Schilling, 1483 (PD I/2). – Text S. 58.

nachhaltige Verteidigungsbemühungen (vgl. Kapitel Stadtbefestigung, S. 143ff.).

Daß der Zürcher Reformator Huldrych Zwingli die Reisläuferei verurteilte, mag mit ein Grund dafür gewesen sein, daß Solothurn dem alten Glauben treu blieb[45]. Eine beträchtliche Minderheit wollte sich aber doch den neuen Lehren anschließen; sie erhielt vom Rat die Kirche des verwaisten Franziskanerklosters zugewiesen und entfernte bald darauf deren mittelalterliche Ausstattung. Die Niederlage der Reformierten im Zweiten Kappeler Krieg stärkte die katholische Partei in Solothurn. Ein drohendes Blutvergießen zwischen den Gruppen verhinderte Schultheiß Niklaus Wengis vielgerühmtes Eingreifen zugunsten seiner protestantischen Mitbürger (Abb. 7).

Solothurns Hang zum Ausgleich und zum diplomatischen Lavieren ließ die kleine Aarestadt auch nicht zum gegenreformatorischen Bollwerk werden. Konfessionspolitische Streitigkeiten mit der Gefahr der Polarisierung waren weniger häufig als etwa in Luzern oder in Freiburg. Die Niederlassung des Kapuzinerordens (1593)[46] oder des Jesuitenordens (1646)[47] vollzog sich später als anderswo und teilweise auch unter anderen Voraussetzungen: Die Jesuiten waren in erster Linie willkommen als Betreiber eines leistungsfähigen Gymnasiums, da die Lateinschule des Stiftes keinen sonderlich guten Ruf besaß und die Schule am Franziskanerkloster dem Theologiestudium diente. Die Frauenklöster Nominis Jesu (Kapuzinerinnen)[48] und St. Josef (Franziskaner-Konventualinnen)[49] entwickelten sich 1618 bzw. 1644 aus dem alten Beginenhaus des 14. Jahrhunderts. Die Salesianerinnen im Kloster Visitation waren 1646 schließlich auf Vermittlung des französischen Ambassadors nach Solothurn gezogen.

Anmerkungen am Schluß des Kapitels S. 66

Die Gesandten der französischen Könige hatten sich seit 1530 in der Aarestadt niedergelassen[50]. Ab 1552 war die Residenz im Franziskanerkloster, ab 1611 im mehrfach veränderten, östlich angrenzenden Ambassadorenhof[51]. Die Präsenz der französischen Gesandtschaft bedeutete für das junge Mitglied in der Eidgenossenschaft die Chance, eine über seine Größe und sein ureigenes politisches Gewicht hinausgehende Bedeutung zu erlangen. Das zur Residenzstadt gewordene Solothurn war plötzlich eine Schlüsselstelle eidgenössischer und internationaler Politik geworden. Aus Anlaß von Bündnisbeschwörungen und der Ratifikation der Allianzen zwischen der französischen Krone und den eidgenössischen Ständen in den Jahren 1587, 1603, 1715 und 1777 wurde Solothurn Schauplatz hoher Politik. Damit einher gingen aber auch wirtschaftliche Lethargie und eine einseitige Ausrichtung des politischen und gesellschaftlichen Lebens auf Frankreich. Mit seinen Pensionen und Gratifikationen für die Staatskasse und die Privatschatullen der Räte und Offiziere im französischen Kriegsdienst banden sich die Bourbonenkönige Solothurn in goldenen Ketten an sich; erpresserisch wurden überraschende Zahlungsverweigerungen eingesetzt[52]. Durch die systematisierte Vererbung der Chargen in den Diensten Frankreichs hielten die einflußreichen Solothurner Familien meist über Generationen hinweg und über die Französische Revolution hinaus treu zur Krone.

Im ausgehenden 16. Jahrhundert erlebte der Solddienst einen ersten Höhepunkt in den Hugenottenkriegen. Einen besonders starken Aufschwung nahm er während des Dreißigjährigen Krieges; zahlreiche Solothurner Familien gelangten zu Ruhm und Geld; sie wurden mit französischen Adelsprädikaten versehen und gelangten in Solothurn zu politischen Ämtern[53]. Ein Großteil der Solothurner, die sich im Zeitraum zwischen Reformation und Revolution durch politische, militärische oder auch kulturelle Leistungen hervorgetan hatten, standen in irgendeiner Beziehung mit den Solddiensten.

Merkantilistisches Streben nach französischem Vorbild oder staatstragende wirtschaftliche Aktivitäten wie in einigen protestantischen Ständen der Eidgenossenschaft waren dem katholischen Stadtstaat weitgehend fremd. Das wenige vorhandene Gewerbe oder der Handel wurden im Verlauf des

Abb. 61 und 62
Standesscheibe. 1608 (Glasgemälde Nr. 20). – Text S. 34. – Standesscheibe. 1649. Von Wolfgang Spengler (Glasgemälde Nr. 24). – Text S. 35.

17. Jahrhunderts völlig marginalisiert. Dafür hatte der politische Absolutismus in der französischfreundlichen Oberschicht Anhänger gefunden. Das seit dem 16. Jahrhundert beobachtete Bestreben nach Abkapselung der führenden Schicht gegen unten verstärkte sich im Verlauf des 17. Jahrhunderts. Der Handwerkerstand wurde aus dem Großen Rat verdrängt, dessen Kompetenzen überdies zugunsten des Kleinen Rates eingeschränkt wurden. Die politischen Entscheidungen fällte schließlich nur noch ein siebenköpfiger geheimer Rat, dessen Mitglieder sich aus wenigen patrizischen Geschlechtern rekrutieren durften. Mit der Bürgerrechtsordnung von 1682 schloß sich das Patriziat der regimentsfähigen Geschlechter endgültig ab[54].

Ihre Macht und ihr Geltungsbedürfnis demonstrierte die im Solddienst reich gewordene Patrizierschicht in den kostbar ausgestatteten Sommerhäusern, die seit dem späten 16. Jahrhundert, hauptsächlich aber in der zweiten Hälfte des 17. Jahrhunderts, innerhalb des engeren Stadtgebietes oder im Umkreis von maximal acht Kilometern errichtet wurden. Hauptkriterium war neben landschaftlichen und gartenarchitektonischen Gesichtspunkten die rasche Verfügbarkeit für Ratsgeschäfte in der Stadt[55].

Die Vervollkommnung des oligarchischen Systems ging einher mit dem Bau der Schanzen, der 1667 in Angriff genommen wurde und 1700 in den wesentlichen Teilen vollendet war (vgl. Kapitel Stadtbefestigung, S. 192ff.). Die Fortifikation richtete sich wohl weniger gegen die eigene solothurnische Landbevölkerung als gegen Bern, dessen wehrtechnischer Ausbau immer wieder Solothurns Argwohn geweckt hatte. Als dort 1623 mit dem Bau einer modernen Bastionärsbefestigung begonnen wurde, fühlte sich auch Solothurn herausgefordert und reagierte 1625 mit einem Gutachterauftrag über eine Befestigung an MICHAEL GROSS. Der Ausbau von Aarburg bei Olten zu einer Festung löste den Bau des Solothurner Schanzenwerks aus. Im Zweiten Villmerger Krieg drohte 1712 eine erste Feuerprobe für das eilig kriegstüchtig gemachte Riesenbauwerk.

Doch nachhaltiger als die Niederlage der Katholiken in diesem Krieg erschütterte der Konkurs des französischen Bankhauses La Chapelle in Solothurn im Jahre 1718 den Staat. Die dadurch entstandenen riesigen Verluste trübten die Frank-

Abb. 63
Ratswappenkalender aus dem Jahr 1757. Radierung von Johann und Joseph Klauber nach Zeichnung von Johann Wolfgang Baumgartner (BD II/31a). – Text S. 27.

reichfreundlichkeit nachhaltig und führten geradezu zu einer Machtumwälzung innerhalb der regierenden Geschlechter[56]. Endgültig verloren die Kriegsdienste im Solde der französischen Krone an Glanz und Attraktivität, als 1763 eine Heeresreform den unternehmerischen Aspekt aus dem Solddienst entfernte und die finanziellen Gewinnmöglichkeiten erheblich einschränkte[57].

Anmerkungen am Schluß des Kapitels S. 66

Während im 17. Jahrhundert noch bedeutende Geldmengen aus Frankreich nach Solothurn flossen und in großer Zahl die herrschaftlichen Landsitze in der Stadt und ihrer Umgebung entstanden waren, beobachten wir im Verlaufe des 18. Jahrhunderts vermehrten Sinn für den infrastrukturellen und sozialen Ausbau der Stadt: Es entstanden 1733 das Waisenhaus, 1734 der Neubau des Spitals, 1756 das Prison, 1757 das Arbeitshaus. 1761 wurde die Ökonomische Gesellschaft[58] gegründet, welche mit Kantor Franz Jakob Hermann an der Spitze auch im wirtschaftlichen Bereich den Geist der Aufklärung zum Tragen bringen wollte, der sich sonst im Kulturleben der Stadt nur zaghaft äußerte[59]. Tatsächlich entstanden auf Stadtboden auch einige wenige wirtschaftliche Unternehmungen, als größte die 1756 gegründete Indienne-Druckerei Franz Wagner & Cie, die in ihren Gebäuden im Hermesbühl gegen 300 Arbeiter beschäftigte. Doch nach wie vor war unter dem Regime des Patriziats und angesichts des zünftisch organisierten und protektionistisch denkenden Gewerbes der politische Boden für freies Unternehmertum und uneingeschränkten Handel kaum gegeben[60].

Die politischen Umwälzungen von 1789 in Frankreich hatten für die Stadt Solothurn besondere Wirkung: Der emigrierende französische Adel und Klerus fand im hiesigen Patriziat als altem Verbündeten bereitwillige und zahlreiche Aufnahme. Die feindselige Haltung des monarchieverbundenen Solothurn gegenüber der sich ankündigenden französischen Republik führte 1792 folgerichtig zum Wegzug der Ambassade nach Baden (seit 1800 definitiv nach Bern)[61]. Mit dem Einmarsch des französischen Generals Balthasar de Schauenburg am 2. März 1798 in der Stadt Solothurn schlug hier die Stunde der «Patrioten», einer Gruppe revolutionär gesinnter Aufklärer, die den Großteil der neuen Kantonsregierung stellen konnten. Die politischen Umwälzungen waren so grundlegend, daß auf obrigkeitliches Geheiß hin alle Wappen und Insignien mit Erinnerungscharakter an das Ancien Régime und seine Standesunterschiede an den Gebäuden und in deren Innerem entfernt werden mußten[62]. Mit der Helvetik wurde Solothurn gewöhnliche Munizipalgemeinde ohne die früheren Privilegien, blieb aber Sitz der Regierung und Kantonshauptstadt. In einer «Sönderungs-Convention» vom 21. April 1801 und einer Aussteuerungsurkunde vom 7. September 1803 wurden Aufgaben und Vermögensansprüche zwischen Stadt und Kanton ausgeschieden. Die Stadtverfassung von 1804 bezog wiederum die Zünfte ins Rätesystem ein. Den 1798 erlittenen Prestigeverlust glich Solothurns Rang als einer der sechs Vororte der Mediation aus; mehrmals fanden Tagsatzungen im Rathaus statt. Solothurn hatte kurzzeitig auch als eidgenössischer Hauptort zur Diskussion gestanden[63]. Wiederum eine überkantonale Bedeutung konnte die Stadt Solothurn – bis zur Französischen Revolution zum Bistum Lausanne bzw. zum Bistum Konstanz gehörend – ab 1828 als Sitz des neuen Bistums Basel einnehmen[64]. In den 1820er Jahren war auf dem Glacis vor dem Bieltor auch ein eidgenössischer Waffenplatz eingerichtet worden.

1832 schuf sich die Stadt ein eigenes Organisationsgesetz, das aber bereits 1840 durch die Unterstellung der Stadtgemeinde unter das kantonale Gemeindegesetz abgelöst wurde; dieses Gemeindegesetz führte einen 46köpfigen Gemeinderat und eine fünfköpfige Verwaltungskommission unter der Leitung von Ammann und Statthalter ein. 1876 erfolgte die Kompetenzen- und Güterausscheidung zwischen der Einwohnergemeinde und der neugeschaffenen Bürgergemeinde.

Seit dem frühen 19. Jahrhundert erfuhr das städtische Kulturleben einige bedeutende Impulse, die sich vor allem in der Gründung von Vereinen äußerten: Literarische Gesellschaft (1807), Liebhabertheater-Gesellschaft (1809), Ökonomisch-Gemeinnützige Gesellschaft (1818), Naturforschende Gesellschaft (1823), Männerchor (1826), Cäcilienverein (1831). Die Regeneration brachte weitere wichtige Impulse für das Leben in der Stadt. 1833 erfolgte die Schaffung einer staatlichen Kantonsschule, welche das geistliche Professorenkollegium (1774 aus dem ehemaligen Jesuitenkollegium hervorgegangen) ablöste[65]. 1835 bildete sich die reformierte Kirchgemeinde. 1850 wurde der Kunstverein gegründet, 1856 die Töpfer-Gesellschaft (Vortragsgesellschaft). In den siebziger Jahren führte dann der im Kanton Solothurn besonders virulente Kulturkampf zur Aufhebung des St.-Ursen-Stiftes (1874) und zur Gründung der christkatholischen Kirchgemeinde (1877), welche die Kirche des 1857 aufgehobenen Franziskanerklosters erhielt.

1834 wurden die Zünfte aufgehoben; 1842 erfolgte die Gründung des Gewerbevereins. Ein er-

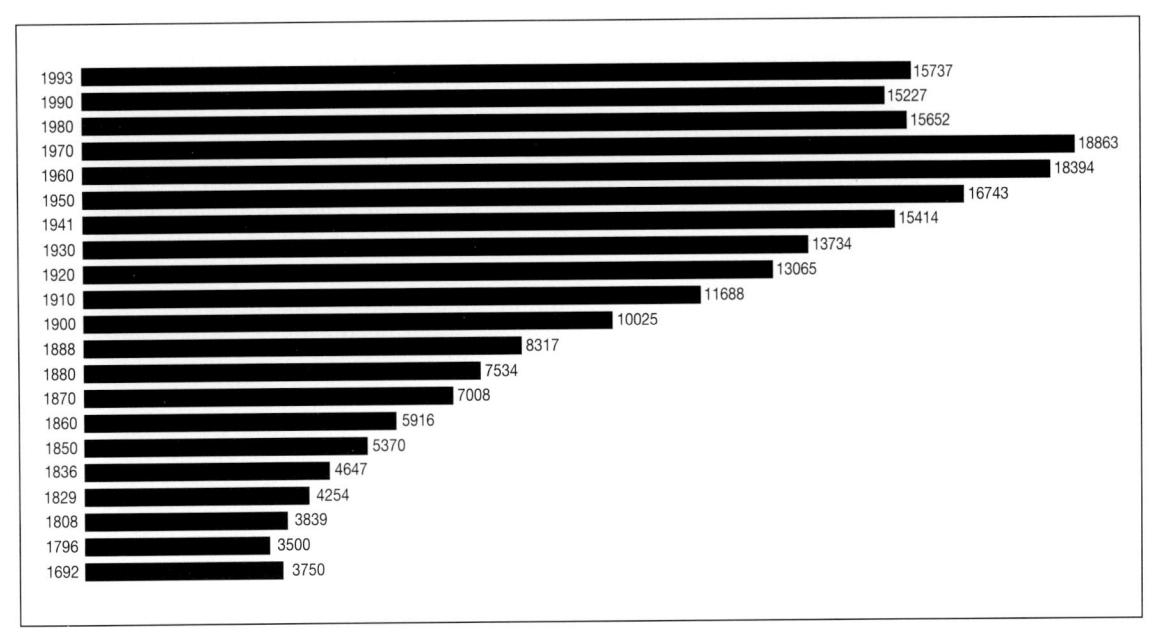

Jahr	Einwohner
1993	15737
1990	15227
1980	15652
1970	18863
1960	18394
1950	16743
1941	15414
1930	13734
1920	13065
1910	11688
1900	10025
1888	8317
1880	7534
1870	7008
1860	5916
1850	5370
1836	4647
1829	4254
1808	3839
1796	3500
1692	3750

Abb. 64
Die Entwicklung der Bevölkerungszahl der Stadt Solothurn zwischen 1692 und 1993.

ster Versuch zur dauerhaften Ansiedelung der Uhrenindustrie auf Stadtgebiet nach 1852 mißlang. Doch die 1857 einsetzende günstige Verkehrserschließung Solothurns durch eine Vielzahl von Eisenbahnlinien legte den Grund für einen nachhaltigen wirtschaftlichen Aufschwung im letzten Drittel des 19. Jahrhunderts. Mit dem ersten Eisenbahnanschluß nach Herzogenbuchsee und nach Biel erhielt Solothurn 1857 seinen heutigen Westbahnhof; 1876 folgten die Eröffnung der Linien nach Olten, Burgdorf und Lyss und der Bau des neuen Hauptbahnhofs (vgl. Kapitel Eisenbahnbauten, S. 295). Im Zusammenhang mit dem Bau der Bahnhöfe und den nachfolgenden Quartierbebauungen wurde seit 1856 auch der 1835 begonnene Abbruch der barocken Schanzen weitergeführt. Die Entfestigung verschonte auch mittelalterliche Wehrbauten nicht und fand erst 1905 ihren endgültigen Abschluß (vgl. Kapitel Stadtanlage und Stadtentwicklung, S. 89ff.).

Erste Nutznießerin des Anschlusses von Solothurn an das sich ausbildende schweizerische Schienennetz war die Steinindustrie in den Steingruben nördlich der Altstadt; sie nahm mit Ausfuhren in die ganze Schweiz einen nie dagewesenen Aufschwung. Eine Grundlage für die weitere Wirtschaftsentwicklung bildete auch die Diversifizierung des Schulwesens mit folgenden Gründungen: 1857 Lehrerseminar, 1860 Handwerkerschule, 1862 Kaufmännische Schule, 1884 Uhrmacherschule, 1891 Handelsschule.

Eckpunkte des wirtschaftlichen Ausbaus auf Stadtgebiet waren 1876 die Gründung von Josef Müllers Schraubenfabrik (mit hochmoderner Stromleitung von Kriegstetten her, 1886) und 1888 die Ansiedlung von Betrieben der Uhrenindustrie an der Ausfallachse nach Langendorf. Dort befand sich seit 1872 Johann Kottmanns Unternehmung, die als größte Uhrenfabrik des Kantons der Wirtschaft einen starken Impuls verlieh. Um 1920 hielt die Elektroapparateindustrie Einzug. Der wirtschaftliche und bevölkerungsmäßige Aufschwung Solothurns ist heute noch gut ersichtlich an den zahlreichen Wohnquartieren, die im ersten Drittel dieses Jahrhunderts und dann wieder nach dem Zweiten Weltkrieg («Weststadt») entstanden sind. Die einseitige Ausrichtung auf die Uhrenproduktion und die metallverarbeitende Präzisionsindustrie machte aber die wirtschaftliche Stellung der Stadt in der Zwischenkriegszeit und wieder in den

Anmerkungen am Schluß des Kapitels S. 66

siebziger und den neunziger Jahren sehr krisenanfällig, was sich deutlich in den stark schwankenden Bevölkerungszahlen zeigt[66] (Abb. 64).

Mit der industriellen Entwicklung in Solothurn ging die Förderung kulturellen Lebens einher. Sie drückt sich aus im Bau des Konzertsaals (1902) und des Städtischen Museums (1902, heute Kunstmuseum), in der Entstehung des Städtebundtheaters (1927), der Schaffung der Zentralbibliothek (1930), im Neubau der Kantonsschule am Herrenweg (ab 1938) und weiterer zahlreicher Schulhausbauten, in der Einrichtung des Historischen Museums Blumenstein (1952) und des Naturmuseums (1981). Nachdem die Bautätigkeit in den fünfziger und sechziger Jahren noch schwerwiegende Verluste an historischer Substanz in der Altstadt gefordert hatte, hat sich im letzten Vierteljahrhundert der Denkmalpflege-Gedanke in der Stadt Solothurn verbreitet und in der Ortsbildpflege zu beachtlichen Resultaten geführt. Die Schönheit ihres Stadtbildes nutzen die Solothurner nicht nur im wirtschaftlich-touristischen Sinne, sondern sie werten sie auch als Aspekt erhöhter Lebensqualität und als nicht zu unterschätzendes Identifikationsmoment einer Kleinstadt und ihrer Einwohner.

Anmerkungen am Schluß des Kapitels S. 66

ANMERKUNGEN ZU DEN KAPITELN
LAGE, KLIMA UND
GESCHICHTLICHER ÜBERBLICK

Seiten 51–64

1 Dazu: P. Hugo Beck. Glazialmorphologische Untersuchungen in der Gegend von Solothurn (MNGSO 18, 1974, S. 6–80). – Urs Wiesli. Geographie des Kantons Solothurn. Solothurn 1969, bes. S. 29–72. – Heinz Rudolf von Rohr. Solothurn. Beiträge zur Analyse der geologisch-morphologischen und kulturgeographischen Struktur einer Stadtregion (MNGSO 24, 1971, S. 13–43). – Rudolf Tschumi. Solothurn. Hydrologie einer Stadt (MNGSO 25, 1971, S. 65–70). – Geologischer Atlas der Schweiz. Atlasblatt 72 Solothurn. Erläuterungen von Hugo Ledermann. Basel 1978.
2 Jüngste zusammenfassende Literatur: Hugo Ledermann. Über den «Solothurnersee» (MNGSO 35, 1991, S. 213–231).
3 Rudolf Tschumi (wie Anm. 1), S. 70–88. – Statistische Vergleiche ermöglichen die Klimakarten in folgenden Werken: Hans Annaheim. Strukturatlas Nordwestschweiz, Oberelsass, Südschwarzwald. Basel 1967, Karten 12.03/04. – Eduard Imhof. Atlas der Schweiz. Wabern-Bern 1965–1978, Karten 11–13.
4 Wichtigste Grundlagen bilden: Solothurnische Geschichte 1–4. Es wird nur in Ausnahmefällen explizit auf diese Kantonsgeschichte verwiesen. Einen guten, dokumentierten Überblick über die Kantonsgeschichte mit intensiver Berücksichtigung der Hauptstadt bietet: Wallner, Solothurn. – Weitere Überblicke mit Schwerpunkten auf der Geschichte der Stadt Solothurn: Artikel «Solothurn» in: Historisch-Biographisches Lexikon der Schweiz. 6. Band. Neuenburg 1931, S. 399–442. – Karl H. Flatt. Die Stadt in der Geschichte (Max Doerfliger; Dieter Butters. Solothurn. Solothurn 1972, S. 9–31). – Hans Sigrist. 3000 Jahre Solothurn. Ein historischer Rückblick (Hans Sigrist; Gottlieb Loertscher. Solothurn. Solothurn 1987, S. 8–29).
5 Jakob Amiet. Die Gründungs-Sage der Schwesterstädte Solothurn, Zürich und Trier. Solothurn 1890. – Wolf Tomèi. Die Solothurner Stadtgründungssage (JbfSolG 39, 1966, S. 213–235).
6 Spycher, Solothurn in römischer Zeit, S. 11–13.
7 Spycher, Solothurn in römischer Zeit, S. 13f.
8 Gurzelngasse 10 (Spycher, Solothurn in römischer Zeit, Abb. S. 32, Nr. 51); Gurzelngasse 21/23 (ASO 7, 1991, S. 121f.); Gurzelngasse 36 (ASO 7, 1991, S. 129). – Durch diese Funde wird nach Hanspeter Spycher «immer deutlicher, dass sich in der Gegend der St.-Urban-Gasse und Gurzelngasse ein grösserer Töpfereibezirk befunden haben muss.» (ASO 7, 1991, S. 129).
9 Spycher, Solothurn in römischer Zeit, S. 23f.
10 Walter Drack, Rudolf Fellmann. Die Römer in der Schweiz. Stuttgart 1988, Artikel Solothurn, S. 510–513.
11 Spycher, Solothurn in römischer Zeit, S. 15.
12 Caty Schucany. Der römische Gutshof von Biberist-Spitalhof. Ein Vorbericht (JbSGUF 69, 1986, S. 199–220), S. 218. – Dazu nochmals Caty Schucany in ASO 7, 1991, S. 112–115 (Grabungsbericht über die letzte Etappe 1989).
13 Zur Datierung Drack/Fellmann, S. 512f. – Spycher, Solothurn in römischer Zeit, S. 18–23. – Hinsichtlich des spätrömischen Castrums immer noch grundlegend: Eugen Tatarinoff-Eggenschwiler. Plan-Aufnahme des Castrums Solothurn im Jahre 1939 (JbfSolG 13, 1940, S. 143–161; mit Plan).
14 Die auf Solothurn bezogene Stelle in Eucherius' Passio der Thebäerlegion lautet: «Ex hac eadem legione fuisse dicuntur etiam illi martyres Ursus et Victor, quos Salodurum passos fama confirmat. Salodurum vero castrum est ...» (zitiert nach: Heinrich Büttner; Iso Müller. Frühes Christentum im schweizerischen Alpenraum. Einsiedeln 1967, S. 158, Anm. 3). – Zum Folgenden: Widmer, Der Ursus- und Victorkult in Solothurn (mit zahlreichen Literatur- und Quellenverweisen). – Zum Niederschlag des Kultes in der bildenden Kunst: Schubiger, Der hl. Ursus von Solothurn.
15 Sennhauser, St. Ursen–St. Stephan–St. Peter, S. 130–167.
16 Sennhauser, St. Ursen–St. Stephan–St. Peter, S. 168–203.
17 Max Martin. Das Gebiet des Kantons Solothurn im frühen Mittelalter. Ein Bericht zum Stand der archäologischen Forschung (JbSGUF 66, 1983, S. 215–239), S. 217f.
18 Widmer, Der Ursus- und Victorkult in Solothurn, S. 44–52; Anhang I.
19 SUB I, Nr. 3. – Widmer, Der Ursus- und Victorkult in Solothurn, S. 51.
20 Max Banholzer. Ein unbeachtetes Gedenkjahr: Vor 1200 Jahren starb Königin Werthrada, Stifterin von St. Ursen in Solothurn (Jurablätter 45, 1983, S. 180–182).
21 Widmer, Der Ursus- und Victorkult in Solothurn, Anm. 102.
22 Widmer, Der Ursus- und Victorkult in Solothurn, Anm. 108. Nennung in der Frienisberger Urkunde; erst später in klarer, spekulativer Ausformung.
23 Peyer, Grundriß der Stadt Solothurn, S. 224.
24 Peyer, Grundriß der Stadt Solothurn, S. 224f. – Sigrist/Loertscher, Solothurn 1987, S. 13.
25 Peyer, Grundriß der Stadt Solothurn, S. 6.
26 SUB I, Nr. 225.
27 SUB I, Nr. 296. – Bickel, Solothurn: castrum – urbs – civitas, S. 239.
28 Gabriele Witolla. Die Beziehungen des Rektors von Burgund zu den Klöstern und Stiften (Zähringer III, S. 177–213), S. 199–202.

29 Daß die beiden Söhne Bertolds V. von Zähringen in Solothurn ermordet und begraben worden seien, wird heute bestritten. Vgl. dazu: PETER F. KOPP. Der Mord an den unschuldigen Kindlein zu Solothurn (JbfSolG 64, 1991, S. 4–22).
30 HARTMUTH HEINEMANN. Das Erbe der Zähringer (Zähringer III, S. 215–265), bes. S. 244ff.
31 RQ SO I, Nr. 125.
32 SUB II, Nr. 61.
33 SUB II, Nr. 77.
34 Helvetia Sacra, Abteilung V, Band 1, Bern 1978, S. 250ff. – DANIEL SCHNELLER. Die Franziskanerkirche und das Franziskanerkloster in Solothurn 1280–1992 (JbfSolG 66, 1993, S. 20–26).
35 SUB III, Nr. 78. – FLATT, S. 13 (etwa 1276–1280).
36 Zu Hugo von Buchegg: PETER LÄTT. Buchegg und die Buchegger. Beitrag zur Geschichte des Hauses Buchegg vom 12. bis 14. Jahrhundert. Buchegg 1984, S. 37–47.
37 Helvetia Sacra, Abteilung II, Teil 2, Bern 1977, S. 493ff.
38 Bereits von 1208 ist ein Teilstatut bekannt, das die Belange von Cellerarius und Camerarius regelt (SUB I, Nr. 268).
39 SUB I, Nr. 224.
40 HANS SIGRIST. Die Belagerung von Solothurn im Herbst 1318 (Jurablätter 31, 1969, S. 1–20).
41 HANS SIGRIST. Hans Roth von Rumisberg und die Träger des Roth'schen Ehrenkleides (JbfSolG 19, 1956, S. 246–255).
42 HANS SIGRIST. Benedikt Hugi der Jüngere, Niklaus Conrad, zwei Lebensbilder (JbfSolG 22, 1949, S. 1–92). – Ders. Das Geschlecht der Riche oder Dives von Solothurn (JbfSolG 25, 1952, S. 101–132). – Ders. Die Grans von Solothurn (JbfSolG 27, 1954, S. 107–136). – Ders. Solothurnische Biographien. Solothurn 1954.
43 Zur Solothurner Verfassung: K. E. SCHUPPLI. Geschichte der Stadtverfassung von Solothurn. Basel 1897. – KURT MEYER. Solothurnische Verfassungszustände zur Zeit des Patriziates. Olten 1921. – BRUNO AMIET. Der Solothurner Bürgermeister (JbfSolG 26, 1953, S. 177–182). – Zusammenstellung der Ratsorganisation seit dem Spätmittelalter in: Handbuch der Schweizer Geschichte. Band 1. Zürich 1980, S. 553.
44 GOTTHOLD APPENZELLER. Das solothurnische Zunftwesen (JbfSolG 5, 1932, S. 1–136; 6, 1933, S. 1–91).
45 HANS HÄFLIGER. Solothurn in der Reformation (JbfSolG 16, 1943, S. 1–120; 17, 1944, S. 1–92).
46 RAINALD FISCHER. Die Gründung des Kapuzinerklosters Solothurn (Jurablätter 50, 1988, S. 110–117).
47 Helvetia Sacra, Abteilung VII, Bern 1976, S. 307. – SCHUBIGER, Die Jesuitenkirche in Solothurn, S. 11–16.
48 Helvetia Sacra, Abteilung V, Band 2, Zweiter Teil, Bern 1974, S. 1057ff.
49 Helvetia Sacra, Abt. V, Bd. 1, Bern 1978, S. 250ff.
50 HANS SIGRIST. Die Niederlassung der französischen Ambassade in Solothurn (Jurablätter 19, 1957, S. 99–110).
51 DANIEL SCHNELLER. Der Ambassadorenhof in Solothurn. Kunstgeschichte und historische Hintergründe. Solothurn 1993.
52 H. DÖRFLIGER. Französische Politik in Solothurn zur Zeit des Schanzenbaues 1667–1727 (Schweizer Studien zur Geschichtswissenschaft 9. Band, Heft 1, April 1917). – FERDINAND VON ARX. Bilder aus der Solothurner Geschichte. 1. Band, S. 401–577. – ERICH MEYER. Solothurns Politik im Zeitalter Ludwigs XIV., 1648–1715 (JbfSolG 28, 1955, S. 1–104; 29, 1956, S. 33–156).
53 GUSTAV ALLEMANN. Söldnerwerbungen im Kanton Solothurn von 1600–1723. Solothurn 1946.
54 KURT MEYER. Solothurnische Verfassungszustände zur Zeit des Patriziates. Olten 1921.
55 GEORG PETER MEYER. «Türmlihäuser» um Solothurn (Jurablätter 16, 1954, S. 181–191). – CHARLES STUDER. Solothurner Patrizierhäuser. Solothurn 1981.
56 EUGEN VON ARX. Solothurns Politik im Zeitalter Ludwigs XV. bis zur Allianz von 1777 (JbfSolG 43, 1970, S. 5–191), S. 49–51.
57 EUGEN VON ARX. Solothurns Politik im Zeitalter Ludwigs XV. bis zur Allianz von 1777 (JbfSolG 43, 1970, S. 5–191), S. 149–169.
58 LEO ALTERMATT. Die Ökonomische Gesellschaft in Solothurn (1761–1789) (JbfSolG 8, 1935, S. 83–163).
59 Zur Aufklärung in Solothurn: M. VÖGTLI. Chorherr Franz Philipp Gugger von Solothurn 1723–1790. Ein Beitrag zur Aufklärung in Solothurn. Zürich 1967. – Zum Kulturleben in der 2. Hälfte des 18. Jh.: ANDRÉ SCHLUCHTER. Zum solothurnischen Kultur- und Geistesleben im späten 18. Jahrhundert. In: SCHUBIGER-SERANDREI, Laurent Louis Midart, S. 13–16.
60 SCHWAB, Die industrielle Entwicklung, S. 8–58. – OTTO ZIMMERMANN. Die Industrien des Kantons Solothurn. Solothurn 1946, S. 4–12.
61 VON ARX, Bilder aus der Solothurner Geschichte 1, S. 560–576. – VON ARX, Bilder aus der Solothurner Geschichte 2, S. 9–37.
62 StASO, Verwaltungs-Protokoll, Band II, 17. April, 9. Mai 1798, S. 33, 86.
63 FERDINAND VON ARX. Solothurn als projektierte Hauptstadt der Schweiz (Bilder aus der Solothurner Geschichte, zusammengestellt und herausgegeben vom Hist. Verein des Kantons Solothurn, 2. Band Solothurn 1939, S. 341–347). – PETER STADLER. Die Hauptstadtfrage in der Schweiz (Zeitschrift für Schweiz. Geschichte 21, 1971, S. 543).
64 Helvetia Sacra, Abt. I, Bd. I, Bern 1972, S. 363ff.
65 150 Jahre Kantonsschule Solothurn 1833–1983. Solothurn 1983.
66 HEINZ RUDOLF VON ROHR. Die Siedlungsentwicklung der Stadt Solothurn (Regio Basiliensis XI/2, 1970, S. 171–183). – Das Diagramm der Bevölkerungsstatistik zwischen 1692 und 1993 (Abb. 64) ist nach Angaben von RUDOLF VON ROHR (Zahlen bis 1960) und der Einwohnerkontrolle der Stadt Solothurn (Zahlen ab 1969) geschaffen worden.

STADTANLAGE UND STADTENTWICKLUNG

TOPOGRAPHISCHE VORAUSSETZUNGEN

Den Anlaß zur Ausbildung der Siedlung Solothurn mag die «Taille» des Aarebetts bei der heutigen Wengibrücke (430 m ü. M.) gebildet haben; sie hat die Flußüberquerung und den Brückenschlag erleichtert (Abb. 57, 59). Die Gletschermoräne am Nordufer, welches fächerartig rasch anstieg (438 m ü. M. am Nordrand des Friedhofplatzes), bildete einen idealen Siedlungsgrund, etwa für den römischen Vicus oder für das spätrömische Castrum (Abb. 66, 70). Die Siedlungsausdehnung in spätrömischer und frühmittelalterlicher Zeit (römisches Gräberfeld und daraus folgend christliche Kultbauten) vollzog sich naturgemäß nicht westwärts gegen die Schwemmebenen der Aaretalebene, sondern gegen Osten und Nordosten hin in die Richtung einer eiszeitlichen Wallmoräne (Kulminante beim heutigen Riedholzturm bei etwa 451 m ü. M.). Das Geviert der mittelalterlichen Altstadt hat sich somit den topographischen Verhältnissen folgend als ungefähres Längsrechteck (eigentlich als Trapez mit Grundlinie am Aareufer) ausgebildet. Dessen Schmalseiten steigen von der Aare kontinuierlich an, um bei den

Abb. 65
Blick auf Solothurn von Südosten. In der Bildmitte die Altstadt nördlich der Aare, am linken Bildrand südlich des Flusses die mittelalterliche Vorstadt. Um die Altstadt herum liegen die folgenden Bauten und Quartiere (aufgezählt im Uhrzeigersinn, am linken Bildrand beginnend): Unmittelbar nördlich der Aare das Westbahnhofquartier mit der ehemaligen Hauptpost (abgebrochen), östlich der Bielstraße der Stadtpark mit alter protestantischer Kirche, Konzertsaal und Kunstmuseum, östlich der St.-Ursen-Kathedrale das Gaswerkareal, im Vordergrund südlich der Aare zwischen baumbestandenem Kreuzacker und Hauptbahnhof das Quartier Neu-Solothurn. Am rechten Bildrand fehlt noch die 1925 vollendete Rötibrücke. Photographie, um 1922. – Text S. 67f.

Ecktürmen ihre größte Höhe zu erreichen (Buristurm in der Nordwestecke etwa 440 m ü. M. (Abb. 72, 117–119); Riedholzturm, ehemals Nideggturm, etwa 451 m ü. M.). Die Vorstadt jenseits der Aare liegt ganz in der flachen und auch überschwemmungsexponierten Alluvialzone und ist als Brückenkopf ausgebildet. Verfassungstopographisch blieb sie die «mindron stat» und ließ sich auch nicht im Rahmen der barocken Stadtbefestigung zum städtebaulichen Expansionsgebiet entwickeln (Abb. 65).

Außerhalb der Stadtmauern vollzog sich seit dem späten 16. Jahrhundert eine – eher bescheidene – Siedlungsentwicklung, vor allem nördlich der Aare auf dem welligen und moränengeprägten Vorplateau entlang und oberhalb eines Niveaus von etwa 440 m ü. M. So entstanden entlang der Hermesbühlstraße, der Langendorfstraße, der Steingrubenstraße und der Baselstraße auf einem fächerartig sich ausbreitenden Areal die extensiv bebauten Außenquartiere mit Landhäusern, Bauernhöfen, Ackergärten und auch Klöstern und Kapellen. Die im Steingrubengebiet rasch ansteigende Verenakette war lange Zeit vor allem mit Bauten für die Kalksteingewinnung, mit Gewerbebauten entlang dem Stadtbach und schließlich mit wenigen Landhäusern besetzt. Die überflutungsgefährdeten Zonen unterhalb von 430 m ü. M. (die überdies bloß schlechten Baugrund boten) waren sehr spärlich überbaut. An Bauten sind zu erwähnen: östlich der Altstadt bloß das Schützenhaus; im Westen außer einigen wenigen Bauernhöfen im Brühl und in den Mutten der Landsitz des Aarhofs sowie (für wenige Jahrzehnte das 1670 verlegte) Kloster Visitation. Südlich der Aare sticht unterhalb eines Niveaus von 430 m ü. M. nur die Dreibeinskreuzkapelle durch ihre (kultisch bedingte) ufernahe Lage ins Auge, während sich weitere Bauernhöfe und wenige Landsitze auf dem ansteigenden Schotterareal in Fortsetzung des Bucheggbergs befinden.

Das eher unregelmäßige Gelände in der unmittelbaren Nachbarschaft der Altstadt hatte vor allem den Fortifikationsingenieuren des 17. und 18. Jahrhunderts Sorgen bereitet. Die Geländevertiefungen und -erhebungen beim Hermesbühl veranlaßten den deutschen Festungsingenieur MICHAEL GROSS, in seinem Befestigungstraktat von 1626 die geplante Bastionärsbefestigung spitzwinklig weit gegen Nordwesten vorzuziehen und in einer Extremvariante in einem vorgeschobenen Hornwerk gar noch den Heidenhubel (in den 1850er Jahren abgetragen) einzubeziehen[1] (Abb. 200). Ein knappes Jahrhundert später, als es die Vorwerke der mittlerweile errichteten Befestigung zu perfektionieren galt, sah sich 1712 der Franzose DEMORAINWILLE mit denselben topographischen Unzulänglichkeiten im Weichbild von Solothurn konfrontiert. Diesem Umstand ist die Entstehung der ersten Karte der Umgebung der Stadt zu verdanken, welche in Schraffuren und Schattierungen die Geländebeschaffenheit aussagekräftig wiedergibt[2] (Abb. 80).

DAS SPÄTRÖMISCHE CASTRUM ALS AUSGANGSPUNKT

Der Umriß des spätrömischen Castrums hat die Struktur des südwestlichen Teils der mittelalterlichen Altstadt mitbestimmt und ist in der heutigen Bebauung noch gut ablesbar (Abb. 67). Die

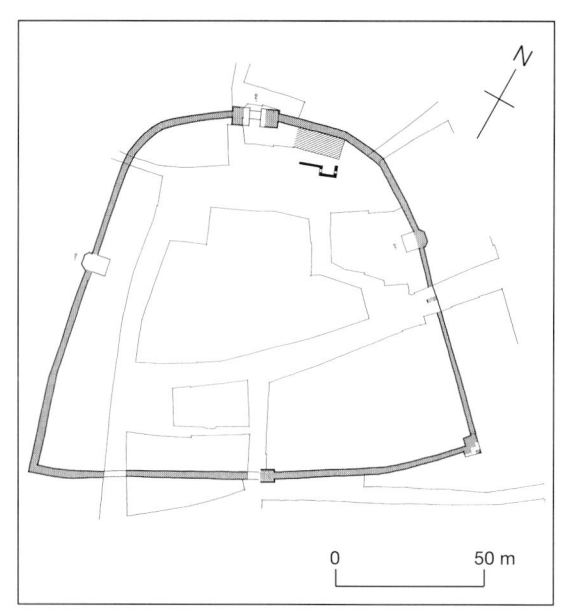

Abb. 66
Plan der spätrömischen Castrumsmauer (zweites Viertel des 4. Jahrhunderts n. Chr.) und seiner mutmaßlichen Tore und Wehrtürme mit Einzeichnung des heutigen Wegnetzes. An der nördlichen Rundung des Glockenkastells die frühchristliche St.-Stephans-Kapelle. Zeichnung von Alfred Hidber nach Hans-Rudolf Sennhauser. – Text S. 67ff.

DAS SPÄTRÖMISCHE CASTRUM 69

Abb. 67
Blick auf die südliche Hälfte der Westringstraße. Die Photographie zeigt die Außenseite der Häuser am Friedhofplatz und am Stalden. Im Vordergrund ist deutlich die Rundung der Häuserzeile erkennbar, die sich aus dem Verlauf der früheren Castrumsmauer ergeben hat. Photographie, 1986. – Text S. 68ff., 115.

ehemalige Castrumsmauer ist fast auf ihrer gesamten Länge nachweisbar und an mehreren Stellen oberirdisch noch sichtbar[3]. Ihre Bedeutung für Solothurns Stadttopographie rechtfertigt an dieser Stelle eine konzentrierte Darstellung des Bestandes des ehemaligen Castrums.

Datierung. Bis anhin ist das Castrum meist als diokletianisch oder als valentinianisch bezeichnet und ins späte 3. Jahrhundert oder ins dritte Viertel des 4. Jahrhunderts n. Chr. datiert worden. Anläßlich der jüngsten Ausgrabungen beim ehemaligen Kino Elite (Stalden 8, GB 2714) im Jahre 1986 konnte erstmals ein Terminus post quem für den Bau des Kastells nachgewiesen werden: Dank einem Fund von Münzen von 321 und 325 in der Bauschicht zur Castrumsmauer läßt sich die Anlage in die Zeit um 325–350 datieren. Die Umwandlung des (bis ins ausgehende 3. Jahrhundert nachweisbaren) Vicus in eine Wehranlage war ein derart einschneidendes Unternehmen, daß dieses nur auf die Anweisungen einer übergeordneten politischen Macht erfolgt sein konnte. Die unmittelbaren politischen Hintergründe sind nicht eindeutig erkennbar[4].

Gesamtform. Das Castrum von Salodurum besaß eine kalotten- oder glockenförmige Ummauerung und kann in eine Reihe anderer sogenannter Glockenkastelle gestellt werden. Das nächstliegende Vergleichsbeispiel ist das Castrum von Olten. Die Grundlinie von 150 m Länge verlief 35 bis 55 m vom heutigen Ufer entfernt ungefähr parallel zur Aare[5]. In gestelztem Halbrund stiegen die Mauern den Moränenfächer hinan. Die Höhe bis zum Scheitel am Friedhofplatz maß knapp 120 m; der Niveauunterschied beträgt heute etwa 6–7 m. Der Verlauf des westlichen Mauerschenkels ist heute noch identisch mit den Außenmauern bzw. der ehemaligen mittelalterlichen Ringmauer der Alt-

---

Anmerkungen am Schluß des Kapitels S. 131

Abb. 68
Überrest der spätrömischen Castrumsmauer an der Löwengasse 1/3. Photographie, um 1970. – Text S. 70.

stadthäuser am Stalden. Der östliche Mauerschenkel ist in die Fassaden der Häuser am Friedhofplatz bzw. in die Brandmauern der Häuser an der Hauptgasse verbaut. Die Innenfläche des Castrums dürfte gut 1,3 ha betragen haben.

Mauerwerk. Die Castrumsmauer war als Schalenmauerwerk aus sehr heterogenem Steinmaterial errichtet worden. Die Mauerstärke schwankte zwischen 2 m und 2,5 m und verbreiterte sich im Fundamentbereich auf mehr als 3 m. An wenigen Stellen ruhte die Umfassungsmauer auf einer Pfählung oder auf einem Vorfundament aus vicuszeitlichen Spolien. Der schlechte Baugrund hatte entlang dem Aareufer bereits während der Bauarbeiten zu Mauersenkungen geführt, die mit keilförmigen Mörtellagen oder Unterfangungen ausgeglichen wurden (Abb. 69). Der Mauerkern und teilweise auch der Mauermantel sind an verschiedenen Stellen heute noch sichtbar[6] (Abb. 68).

Tore und Türme. Die Ausstattung des Castrums mit Toren und Türmen ist archäologisch nicht überall gleichmäßig gesichert. Mit einigermaßen großer Wahrscheinlichkeit kann davon ausgegangen werden, daß die Anlage drei Tore besaß. Es handelte sich um Eingänge beim Stalden, an der Hauptgasse und bei der Schmiedengasse an der Castrum-Kalotte. Die heutige Verkehrsachse Stalden–Hauptgasse dürfte also spätantike Wurzeln haben. An der Grundlinie des Castrums, gegenüber dem Nordtor, mag sich ein Ausgang zum Aarehafen befunden haben. Ein archäologisch einwandfrei nachgewiesener Turm erhob sich in der Südostecke des Castrums (heute innerhalb des Hauses Hauptgasse 30 noch sichtbar). Auf römischen Fundamenten stehen wohl auch die Turmreste in der Mitte der beiden Mauerschenkel (GB 656/57, 703).

Innenbebauung. Völlig im ungewissen ist man über den inneren Ausbau des Kastellbezirks. Castrumzeitliche Siedlungsschichten sind weitgehend werodiert worden. Anläßlich der Grabung beim Kino Elite konnte erstmals ein kleiner, aus der Zeit des Castrums stammender Holzbau nachgewiesen werden. Für den langen Zeitraum von der Spätantike bis zum Hochmittelalter verfügen wir über äußerst spärliche Kenntnisse des Siedlungscharakters Solothurns. Die allgemein angenommene Siedlungskontinuität seit der Spätantike belegen einerseits die Kapelle St. Stephan am Friedhofplatz (nach SENNHAUSER datierbar ins 5. Jahrhundert[7]) mit ihrem südlich anschließenden Gräberfeld und andererseits der ausgedehnte römische und frühchristliche Friedhof beidseits der östlichen Hauptgasse mit den Grabmemorien unter St. Peter und St. Ursen. In diesen beiden Sakralbezirken äußert sich bereits Solothurns stadttopographischer Dualismus des Mittelalters; es lassen sich eine bürgerlich geprägte Siedlung im Bereich des ehemaligen Castrums und ein kirchlich-verwaltungsmäßig dominierter Bezirk östlich davon über dem römischen Gräberfeld erkennen. Dieser Dualismus war auch topographisch begründet: Höhenkurvenpläne für das Gebiet der Altstadt zeigen, daß das Castrum auf einer ersten fächerartigen Erhöhung errichtet worden war; gegen Osten hin – im Bereich des Marktplatzes und der Jesuitenkirche – sinkt das Gelände leicht ab, um auf der Höhe von St. Ursen nochmals markant anzusteigen und als Geländerippe etwas vorzustoßen.

Die West-Ost-Verbindungsstraße vom Castrum zum Gräberfeld, die spätere Kirchgasse und heutige Hauptgasse, welche sich in der Fernstraße nach Augusta Raurica oder Vindonissa fortsetzte, scheint schon in spätrömischer Zeit eine Randbebauung besessen zu haben. So sitzt die heutige Brandmauer (13. Jh.?) der Häuser Hauptgasse 48 und 50 über einer römischen Gebäudemauer exakt gleicher Ausrichtung[8].

DIE MITTELALTERLICHE SIEDLUNG

SIEDLUNGSCHARAKTER UND ÜBERBAUUNGSSTRUKTUR

Wir wissen nicht, wie die Siedlungsstruktur und der Bebauungscharakter Solothurns aussahen. Der Stadt kam in der ersten Hälfte des 11. Jahrhunderts als Ort burgundischer Reichstage beträchtliche Bedeutung zu (Abb. 69). Vermutlich markiert die heutige Verbindung vom Friedhofplatz über die Pfisterngasse zu Hauptgasse, Marktplatz und «Kirchgasse» den uralten Weg von der St.-Stephans-Kapelle zum St.-Ursen-Stift[9]. Die alte Hypothese, wonach sich die mittelalterliche Bürgersiedlung vom ehemaligen Castrum als Siedlungskern sukzessive gegen Osten zum Stiftsbezirk hin ausgedehnt hätte, kann durchaus ihre Gültigkeit behalten, wenn man von BRUNO AMIETS Theorie eines inneren Befestigungsgürtels beim Zeitglockenturm absieht[10]. Das Stift, das Kaiser und König anläßlich ihrer Besuche in Solothurn als Absteige (als «temporäre Pfalz») gedient haben mochte, mag seinerseits irgendwie befestigt gewesen sein[11].

Bedeutsam scheint die Beobachtung, daß sich in Schaalgasse und Judengasse – als Querachse zur Hauptgasse – ein an das Castrum sich anschließender Siedlungsteil nachweisen läßt, der zusammen mit Gebäuden entlang der «Marktgasse» als vorläufig *unbefestigte Ausweitung der alten ummauerten Kernstadt im ehemaligen Castrum* interpretiert werden kann. Dabei ist nicht auszuschließen, daß die spätrömische Castrumsmauer aus dem späten 4. Jahrhundert im 11. und im 12. Jahrhundert den Wehransprüchen der damaligen Bürgersiedlung immer noch zu genügen vermochte[12]. AUGUST BICKEL macht aufgrund urkundlicher Nennungen glaubhaft, daß während eines nicht exakt definierbaren Zeitraumes zwischen dem 12. Jahrhundert und dem ersten Drittel des 13. Jahrhunderts mit einer Siedlung gerechnet werden kann, welche neben der «urbs» im alten Castrum eine vorstädtische Erweiterung in die Richtung des Stifts und des Aarehafens am Ende der Schaalgasse umfaßte[13]. Dabei ist nach BICKEL im ehemaligen Castrumsbereich «eine sozial gehobene Wohnbevölkerung anzunehmen», dagegen mochten «im suburbialen Bereich ursprünglich wohl Holzhäuser vorgeherrscht haben, die dann später mehr und mehr durch Steinbauten ersetzt wurden»[14]. Vielleicht handelt es sich beim knapp 5 m breiten Turm, der innerhalb der römischen Castrumsmauer in der Brandmauer zwischen den beiden Häusern Hauptgasse 25 und 27 nachgewiesen werden konnte (um 1200?), um einen adeligen Repräsentationsbau in der Art eines Wohnturms[15]. Solche Beobachtungen beziehen sich mithin auf jenen Zeitraum, als Solothurn im Einflußbereich der Herzöge von Zähringen stand (Mitte 11. Jh. bis 1218), die der Bürgersiedlung im Weichbild des St.-Ursen-Stiftes beträchtlichen Auftrieb vermittelt haben dürften. Vermutlich in der Endzeit ihrer Herrschaft errichteten sie, um 1200, an der höchsten Stelle des stiftischen Moränenhügels den Donjon einer Stadtburg (vgl. Kapitel Stadtbefestigung, S. 143 und 169).

Die historischen Umstände, welche im 13. Jahrhundert zur Ausweitung der alten Kernstadt durch

Abb. 69
Archäologische Situation im Haus Hauptgasse 30. Blick nach Süden auf die Südmauer des spätrömischen Castrums (rechts) und auf den nach links gekippten Eckturm (links). In der Bildmitte befindet sich eine Fluchtpforte. Unter der Mauer liegt ein Vorfundament aus behauenen Blöcken. Photographie, 1964. – Text S. 71.

Anmerkungen am Schluß des Kapitels S. 131

die Ummauerung der östlich anschließenden «Vorstadt» sowie des Stiftes und der Stadtburg führten, sind nicht genau faßbar. Vielleicht war das Aussterben der Zähringer mitauslösendes Moment. Im zweiten Viertel des 13. Jahrhunderts scheint die Stadtwerdung im strengen Sinn weitgehend vollzogen gewesen zu sein; einen Anhaltspunkt dafür gibt 1230 die erstmalige Nennung eines Teils der sich damals wohl im Bau befindenden Stadtbefestigung, nämlich der «porta», des nachmaligen Bieltors[16].

Innerhalb dieser Wehrmauer (deren Baufortschritt oder -abschluß nicht genau faßbar ist) entwickelte sich die Siedlung der 1230 erstmals erwähnten «civitas» Solothurn. Die Überbauung der Fläche, welche von der Stadtbefestigung umschlossen wurde, erfolgte sicherlich schrittweise, wohl entlang der Gurzelngasse als neuangelegter zweiter Hauptachse neben der Hauptgasse[17], sodann entlang den Abzweigungen der Hauptgasse und den Stadtmauern. Einige Gassenzüge oder vereinzelte Quartierinseln scheinen eher in systematischer Planung entstanden zu sein, etwa die Gurzelngasse oder die östliche Hauptgasse; dort können wir einigermaßen gerade Häuserfluchten und streckenweise regelmäßige Hausbreiten beobachten[18]. Ohne eine regelmäßige Hofstättenparzellierung postulieren zu wollen, ist festzuhalten, daß der Ausbau der befestigten Altstadt in den Hauptstraßenzügen recht planmäßig vonstatten ging, während die Randlagen zwischen Hauptachsen und Wehrmauern eher unregelmäßig und schrittweise mit Bauten ausgefüllt worden sein dürften.

BAUWEISE UND HAUSTYPEN

Im Bereich der Hauptgasse und der Schaalgasse konnten in jüngster Zeit hofartige Bebauungsformen nachgewiesen werden (13. Jh.?), welche analog zu den Basler und Zürcher oder Konstanzer Beispielen nicht gassenbündige Fassadenfluchten, sondern teilweise hofbildende Fassadenrücksprünge aufwiesen[19]. Es handelt sich um Bauten auf den Arealen Hauptgasse 9[20], Hauptgasse 48/50 und Schaalgasse 14–18[21] (Abb. 71). MARKUS HOCHSTRASSER weist überdies den sukzessiven Überbauungsvorgang in diesen Bereichen nach: «Die Ergebnisse der Brandmaueruntersuchungen lassen konkrete Aussagen zur Bebauungssituation im 12./13. Jahrhundert zu. Die Befunde deuten auf ein schrittweises Wachstum der Gassenzüge. Die Gassen sind im untersuchten Bereich (Hauptgasse und Schaalgasse) Haus um Haus entstanden, was eine mögliche Erklärung für die oft krummlinigen Gassenfluchten ergeben könnte. An der Hauptgasse konnte eine Wachstumsrichtung von Westen nach Osten und an der Schaalgasse eine solche von Norden nach Süden festgestellt werden»[22].

Eine Regularisierung des Stadtbildes dürfte sich ergeben haben, als der hofartige Haustyp durch fassadenbündige Bebauungsmuster abgelöst wurde (ab zweite Hälfte 13. Jh.?). Je nach Standort innerhalb der Stadt entstanden diese Häuserzeilen über kurzen Hofstätten-Grundrissen (entlang den Wehrmauern) oder langen Arealen, welche zwei Gassen miteinander verbanden und eventuell Vorder- und Hinterhaus besaßen (Gurzelngasse, Hauptgasse zwischen Markplatz und Kronenplatz)[23]. Auch innerhalb dieser geschlossenen Randbebauungen konnte MARKUS HOCHSTRASSER an vereinzelten Stellen auf das hausweise Wachstum der Häuserzeilen verweisen[24].

Abb. 70
Die Lage des spätrömischen Glockenkastells innerhalb der Altstadt Solothurns. Einzeichnung der Höhenkurven mit einer Äquidistanz von 5 m. A = mittelalterliche St.-Ursen-Kirche, B = St.-Stephans-Kapelle, C = St.-Peters-Kapelle. Die Schraffur bezeichnet die mutmaßliche Ausdehnung des römischen Gräberfeldes. Zeichnung von Alfred Hidber nach Hans-Rudolf Sennhauser. – Text S. 67ff.

DIE MITTELALTERLICHE SIEDLUNG

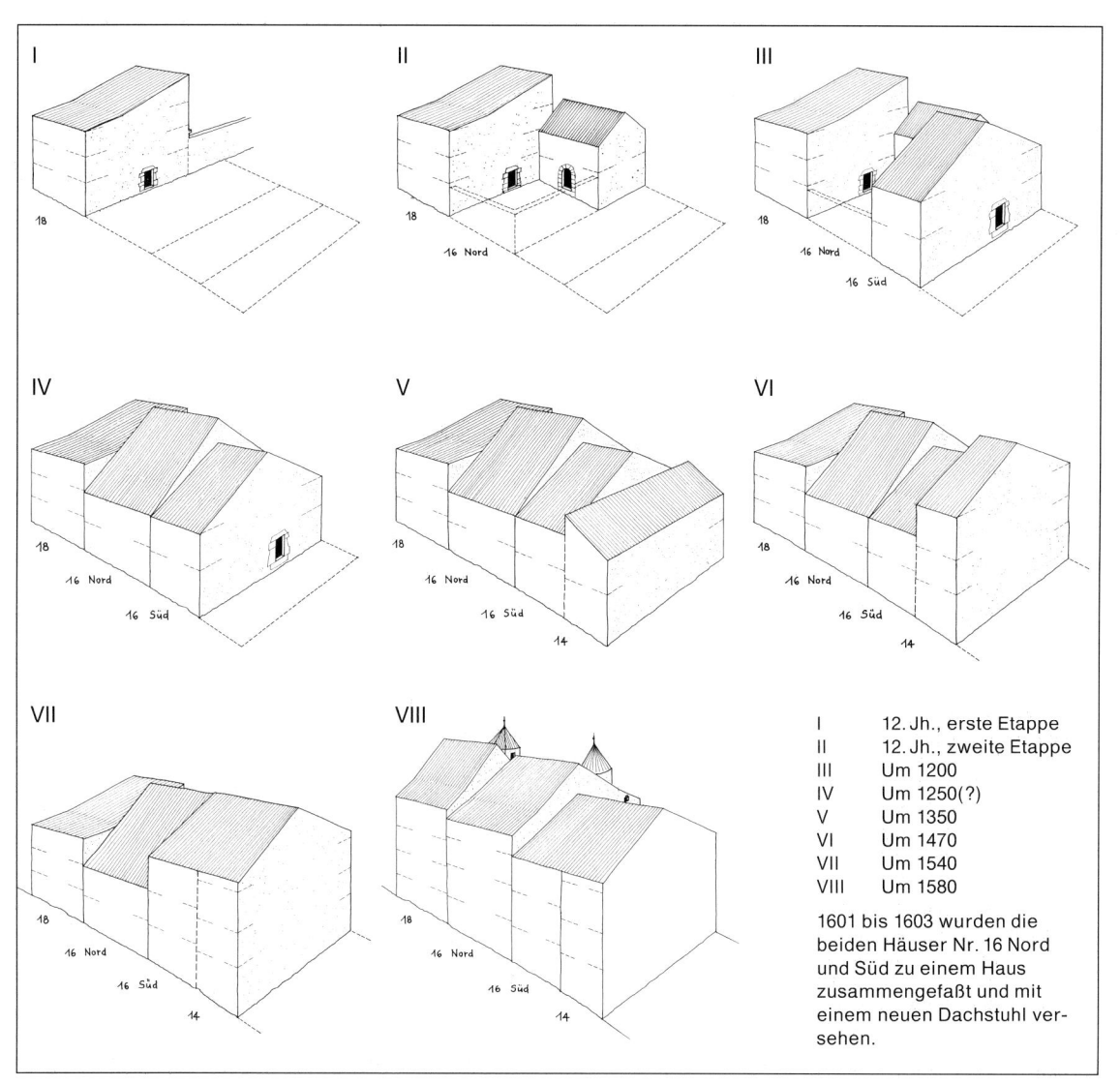

I	12. Jh., erste Etappe
II	12. Jh., zweite Etappe
III	Um 1200
IV	Um 1250(?)
V	Um 1350
VI	Um 1470
VII	Um 1540
VIII	Um 1580

1601 bis 1603 wurden die beiden Häuser Nr. 16 Nord und Süd zu einem Haus zusammengefaßt und mit einem neuen Dachstuhl versehen.

Abb. 71
Schematische Darstellung der baulichen Entwicklung der Häuser Schaalgasse 14, 16, 18 vom 12. bis zum 16. Jahrhundert auf Grund der Ergebnisse der bauanalytischen Untersuchungen. Zeichnung von Markus Hochstrasser, 1991. – Text S. 72.

Die Bauten entwickelten sich auch sukzessive in die Höhe und in die Tiefe der Hofstätten. Daß die Wohnhäuser die Zweigeschossigkeit ursprünglich in vielen Fällen wohl nicht übertrafen, schließen wir aus den Wehrbauten, insbesondere dem Bieltor und dem Berntor, die in ihrem Urzustand nur die Höhe von drei Wohngeschossen erreicht haben dürften. 1288 erfahren wir von der Errichtung eines zweiten Obergeschosses an einem Haus an der St.-Urban-Gasse – dem ersten erwähnten Steinhaus der Stadt[25]. Noch im frühen 15. Jahrhundert wurden an der St.-Urban-Gasse zweigeschossige Wohnhäuser errichtet[26]. Mit der (fast vollständigen) Erneuerung und Erhöhung der Stadtmauern gingen Aufstockungen bestehender Bauten einher. Der Holzschnitt in der Stumpf-

---

Anmerkungen am Schluß des Kapitels S. 131

Chronik läßt erkennen, daß im 16. Jahrhundert die dreigeschossigen Häuser die zweistöckigen zahlenmäßig bereits übertrafen (BD II/1) (Abb. 72).

Hinsichtlich der Gebäudetiefe ist von einem allmählichen Ausbau der Hinterhäuser auf den tiefen Parzellen auszugehen; der Stumpf-Holzschnitt zeigt etwa, daß die Rathausgasse und die St.-Urban-Gasse südseitig erst teilweise von den Hinterhäusern der Hauptgasse bzw. Gurzelngasse gesäumt wurden.

Vermutlich nahmen auch die Häuser entlang der Ringmauer anfänglich nicht die ganze Hofstättentiefe von der Gassenflucht bis zur Wehrmauer ein, sondern waren durch ein *inneres Pomerium* von etwa 3 bis 6 m Breite von der Ringmauer abgesetzt. Das Vorhandensein eines solchen verteidigungstechnischen Zwingers oder zumindest einer inneren Freihaltezone ist ursprünglich für den größeren Teil des Wehrmauerbereichs denkbar[27]. Er ist für die Vorstadt und den Mauerabschnitt südlich des Baseltors bis zur Aare bei Stumpf einwandfrei bildlich überliefert und für den nördlichen Abschnitt im Bereich des nachmaligen Ambassadorenhofs durch schriftliche Quellen belegt[28]. Die Darstellungen von KÜNG/SCHLENRIT zeigen noch Mitte des 17. Jahrhunderts auch am unteren Stalden und im Bereich der Südostecke der Stadt zusammenhängende Freiräume (BD II/10)[29] (Abb. 76). Ein früherer Zwinger läßt sich in den Grundrissen der Häuser Riedholzplatz 10–20 erahnen (BD II/21; Abb. 79). Beim Haus Riedholzplatz 22 hat sich zwischen Haus und Wehrmauer

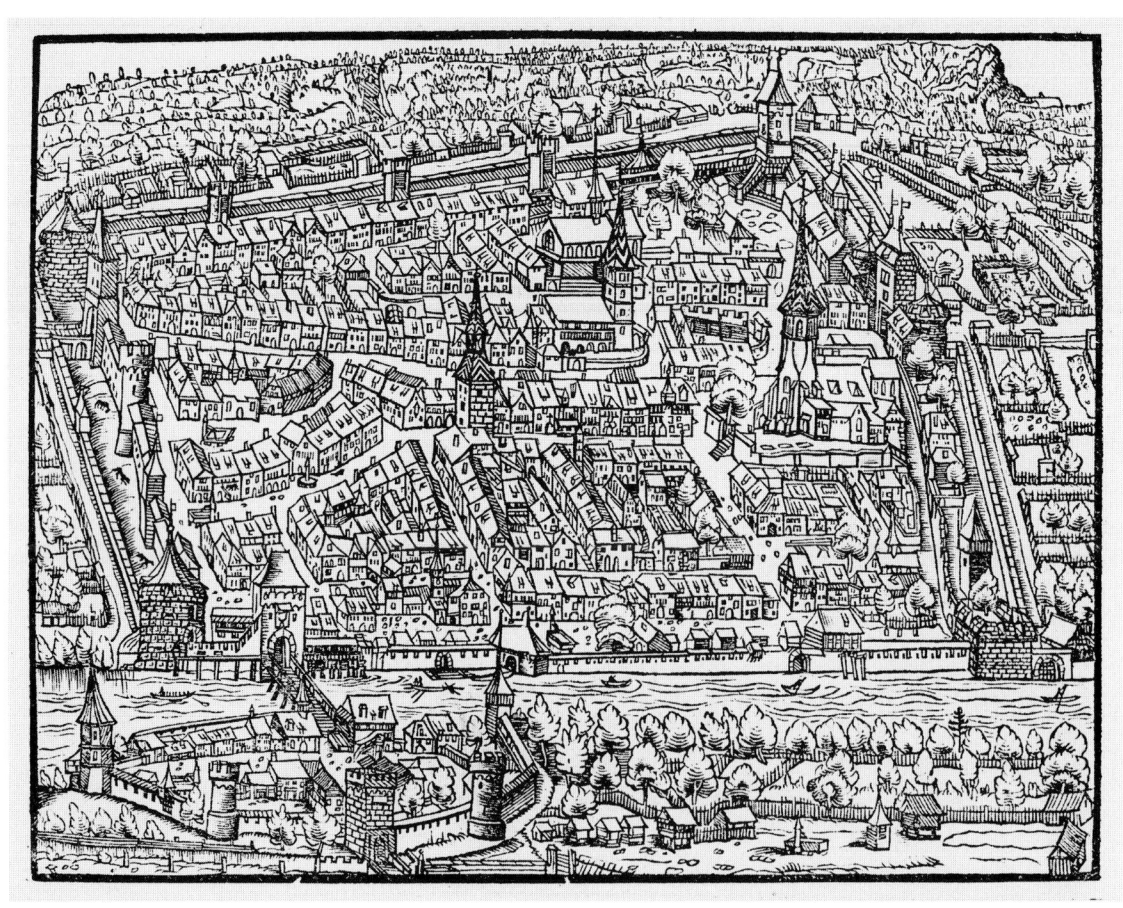

Abb. 72
Vogelschau der Altstadt von Süden. Holzschnitt in Johannes Stumpfs Chronik nach Vorzeichnung von Hans Asper, 1546 (BD II/1). – Text S. 74, 83.

Abb. 73
Rekonstruktionsversuch der Bebauung des Altstadtkerns in der ersten Hälfte des 16. Jahrhunderts mit Einzeichnung der öffentlichen Bauten, Zunfthäuser und Brunnen:
A Altes Rathaus, B Kaufhaus, C Kornhäuser, D Münzstätte, Z Zeitglockenturm, S St.-Ursen-Stiftskirche, T Thüringenhaus.
1 Weberzunft, 2 Zimmerleutezunft, 3 Schmiedezunft, 4 Wirthezunft, 5 Schützenzunft, 6 Schuhmacherzunft, 7 Schneiderzunft, 8 Metzgerzunft, 9 Schiffleutezunft, 10 Pfisterzunft, 11 Bauleutezunft.
I Brunnen an der Gurzelngasse (St.-Georgs-Brunnen), II Sinnbrunnen, III Fischbrunnen, IV Brunnen vor Junkers Haus (St.-Ursen-Brunnen). //////// Stadtbach. Zeichnung von Markus Hochstrasser. – Text S. 77ff.

ein Höfchen erhalten, das als Abschnitt dieses Pomeriums gedeutet werden könnte[30] (Abb. 143). Eine analoge Situation ließ sich jüngst beim Haus Riedholzplatz 30 bauarchäologisch nachweisen[31] und kann auch für die Schmiedengasse und den unteren Bereich der St.-Urban-Gasse angenommen werden[32]. Das innere Pomerium dürfte dort überbaut worden sein, als bei gleichzeitiger Anlage gewölbter Keller die Wohnhäuser rückwärtig bis an die Ringmauer erweitert und wohl auch erhöht wurden[33]. Die Gebäude scheinen vorerst nur ausnahmsweise über Keller verfügt zu haben, weshalb diese in den schriftlichen Quellen speziell erwähnt wurden, erstmals in Urkunden der Jahre 1307 und 1308[34].

In analoger Weise wird man aus der spärlichen Nennung von *Steinhäusern* auf einen überwiegend hölzernen Baubestand schließen dürfen, was vor dem Spätmittelalter auch nicht anders zu erwarten ist. 1288 lesen wir erstmals von einem Steinhaus beim Franziskanerkloster, das wegen der Erlaubnis für die Erhöhung um ein drittes Geschoß in einer Urkunde erscheint. Weitere Nennungen von Steinhäusern erfolgen 1329 und 1341;

Anmerkungen am Schluß des Kapitels S. 131–132

1312 erfahren wir von einem Gebäude in Mischbauweise aus Holz und Stein[35]. Daß nach der Mitte des 14. Jahrhunderts keine Baumaterialien mehr speziell genannt werden, hängt wohl damit zusammen, daß ein Steinhaus nicht mehr als etwas so Ausgefallenes erschien. Möglicherweise besteht ein Zusammenhang mit der Bauordnung von 1337, welche – ohne den Holzbau zu verbieten – Steinbauweise, Ziegeldeckung und Brandmauern steuerlich und nachbarrechtlich stark bevorzugte[36].

Das Erscheinungsbild der Bebauung im 14. Jahrhundert hat man sich recht heterogen vorzustellen. Die Häuserzeilen dürften je nach Lage innerhalb des Stadtgeviertes noch zahlreiche Lücken aufgewiesen haben. In der zweiten Jahrhunderthälfte, in welcher der liegenschaftenbezogene Urkundenbestand recht zahlreich ist, erfahren wir von vielen freien Hofstätten, gehäuft an der St.-Urban-Gasse, im Riedholz, im Kloster und in der Vorstadt, aber auch an der Goldgasse, der Judengasse und am Friedhof. Überdies bestand natürlich auch eine beträchtliche Durchmischung der Gebäudetypen. Neben Wohnhäusern, die man sich in unterschiedlicher Bauart vorzustellen hat, hören wir von Ofenhäusern (erstmals 1312)[37], einem Stöckli (1435)[38] und immer wieder von Scheunen, Ställen und Speichern, was für die wirtschaftliche Durchmischung der Kleinstadt spricht. Aussagekräftige Mitteilungen über Landwirtschaftsbauten innerhalb der Stadtmauern sind etwa die Nennung eines Säßhauses mit Scheune und Stallung an der Judengasse im Jahre 1495 und zweier Scheunen «im Fridhoff» 1445[39]. Erst 1670 wurde die Errichtung von Scheunen in der Altstadt untersagt[40].

Abb. 74
Blick auf die Altstadt nördlich der Aare gegen Nordosten. Photographie, 1983. – Text S. 77, 115.

DIE SPÄTMITTELALTERLICHE SIEDLUNG 77

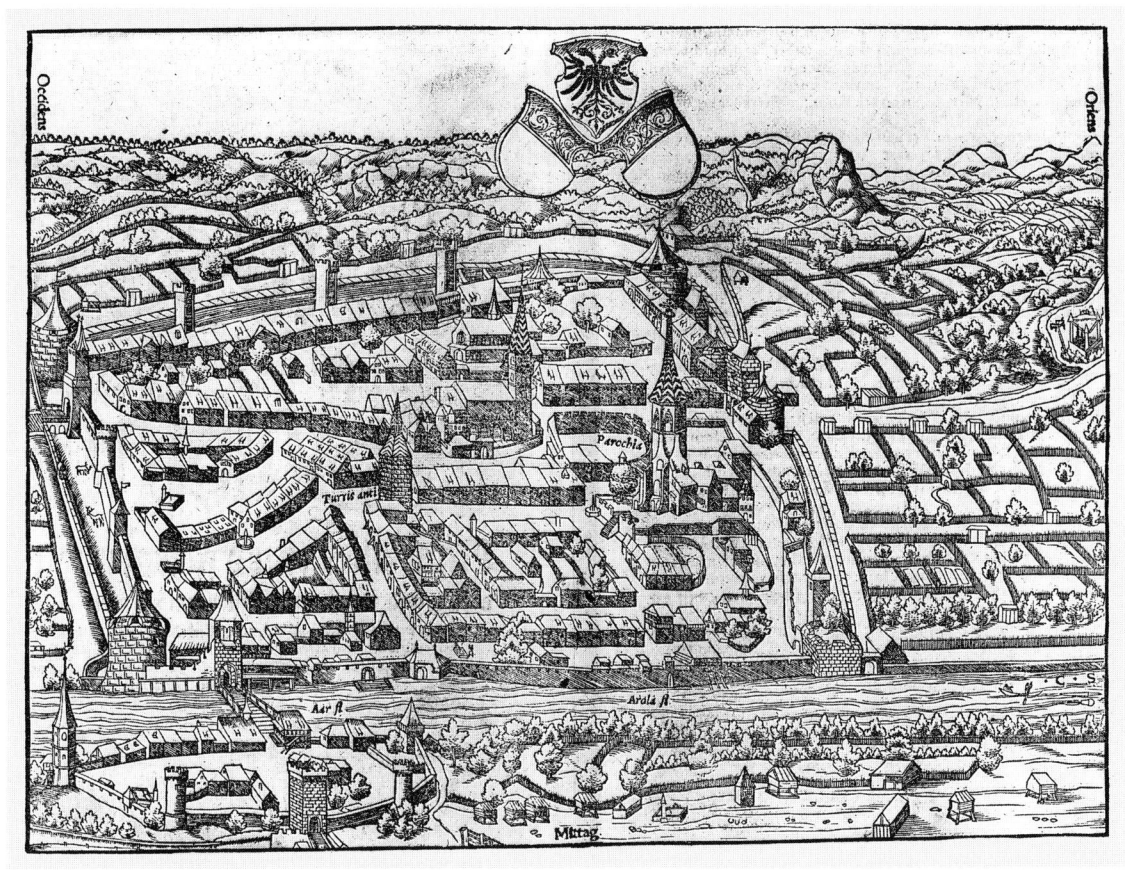

Abb. 75
Vogelschau der Altstadt von Süden. Holzschnitt von Ch. Simmler in Sebastian Münsters Cosmographie, 1550 (BD II/2). – Text S. 77ff., 83.

WEGNETZ UND FREIRÄUME

Ein Teil der Straßenzüge (vor allem jene im Bereich des früheren Castrums und die unmittelbar östlich daran anschließenden, sodann jene entlang den Ringmauern) präsentiert sich noch heute als schmale, parallel angelegte, teilweise auch gekurvte Gassen. In den Gebieten außerhalb der Kernzone um Castrum und Schaalgasse begegnen wir vermehrt trichterförmigen Straßen oder Gassenabschnitten, die Platzfunktion besaßen. Einziger mittelalterlicher Platz im gängigen Sinn des Wortes war wohl der 1296 erwähnte Friedhof – der heutige Friedhofplatz, der noch im 14. und im 15. Jahrhundert teilweise als Begräbnisplatz diente. Der Freiraum im Bereich des heutigen Ambassadorenhofs, der frühere «Barfuosson boumgarten», diente seit dem 15. Jahrhundert nachweislich zur Abhaltung der Gemeindeversammlung, des sogenannten «Rosengarten». Der Marktplatz, der Klosterplatz sowie der Platz westlich und südlich des Zeughauses sind das Resultat von Hausabbrüchen als städtebaulichen Maßnahmen des 17. bis 19. Jahrhunderts.

DIE SPÄTMITTELALTERLICHE
SIEDLUNG (1250–1500)

MARKT, HANDEL UND GEWERBE (Abb. 73)

Die chronikalische Überlieferung will von der Gewährung eines Pfingstmarktes durch Kaiser

---

Anmerkungen am Schluß des Kapitels S. 132

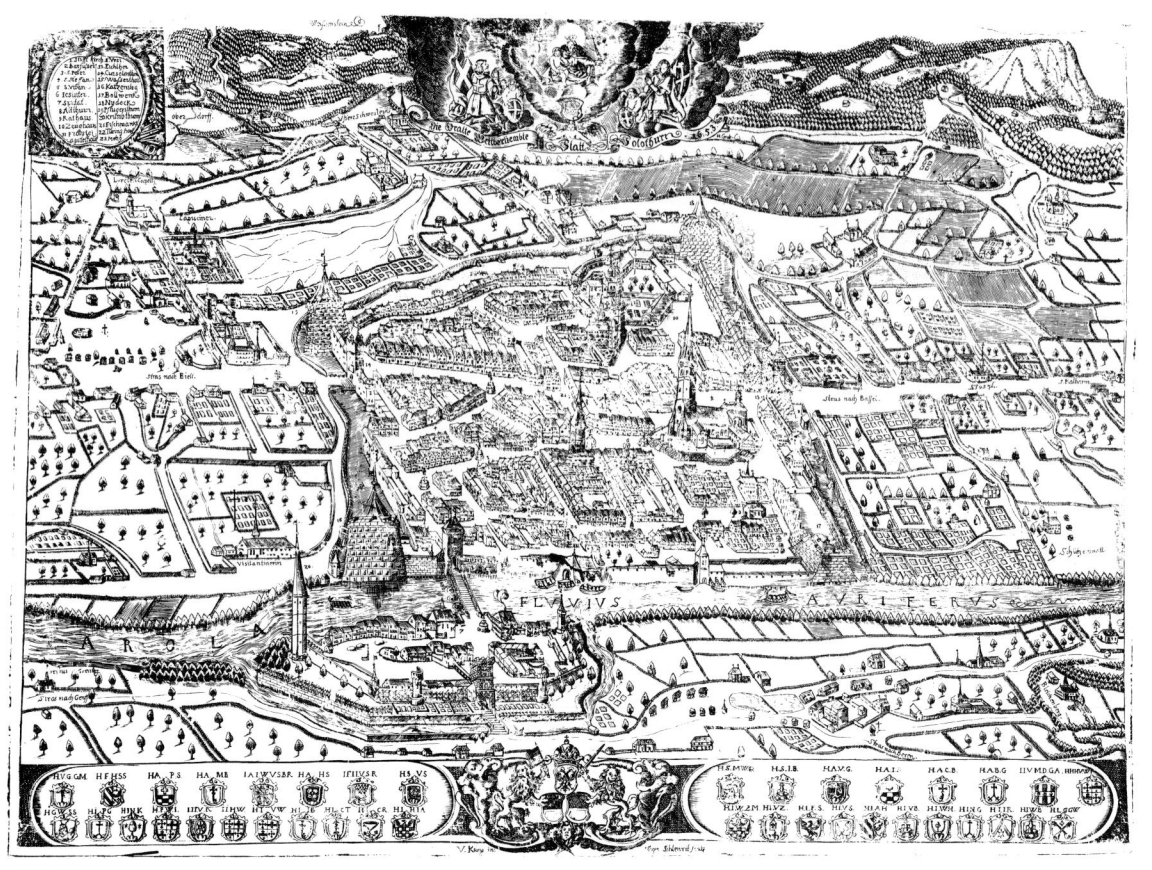

Abb. 76
Vogelschau der Altstadt und ihrer Umgebung von Süden. Radierung von Sigmund Schlenrit nach Urs Küng, 1653 (BD II/10). – Text S. 86.

Heinrich III. bereits im Jahre 1048 wissen[41]. Auch wenn die Nennung der Solothurner Münze 1146 auf einen lokalen Markt hinweist[42], erfahren wir erst 1376 explizit von der Gewährung eines Jahrmarktsrechts durch Kaiser Karl IV. während der acht folgenden Tage nach Pfingsten[43].

Urkunden aus dem Jahr 1321 ermöglichen erstmals eine Orientierungshilfe bei der *örtlichen Situierung des Marktes*. In zwei fast gleichzeitig entstandenen Dokumenten ist die Rede von Niklaus Küchlis Haus «an der gassen vor kilchon» (an der Kirchgasse); es liege «in vico fori» (an der Marktgasse), wird kurz darauf präzisiert. Mit dieser Bezeichnung war sicherlich der Hauptgassenabschnitt zwischen St.-Ursen-Kirche und Fischbrunnen gemeint, wo offenbar wie noch heute der Markt abgehalten wurde[44]. Spätere Nennungen des Marktes beziehen sich eher auf das Gebiet um den heutigen Marktplatz; dabei gilt es zu berücksichtigen, daß dieser seine Gestalt als trapezförmiger Platzraum erst 1664 mit dem Abbruch zweier Häuser im Zwickel von Hauptgasse und Gurzelngasse erhielt. Der Bereich um den damaligen Fischbrunnen wird 1406 als «Vischmergt» beim «Zitgloggen Thurn» bezeichnet[45].

Der Abschnitt der Hauptgasse westlich des Fischbrunnens heißt 1453 erstmals «im Krame»[46]. In diesem Bereich befanden sich auch die einzigen Lauben der Stadt: STUMPFS Holzschnitt zeigt sie am Haus Hauptgasse 39, wo sie 1988 bauarchäologisch nachgewiesen werden konnten[47], und am östlich angebauten Wirthen-Zunfthaus an der Hauptgasse 41, wo sie noch heute erhalten sind. Darstellungen aus dem 19. Jahrhundert bezeugen

DIE SPÄTMITTELALTERLICHE SIEDLUNG 79

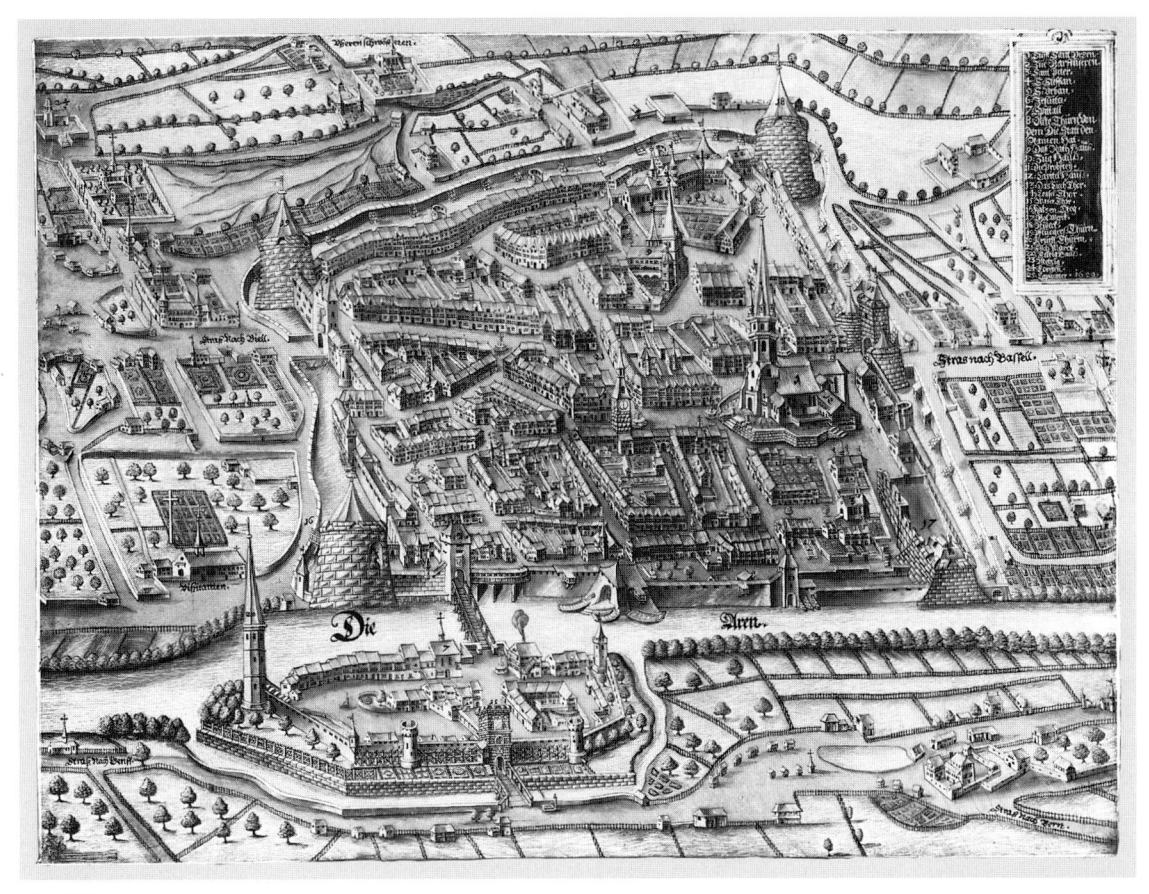

Abb. 77
Vogelschau der Altstadt von Süden. Glasrißmalerei von Wolfgang Spengler nach der gedruckten Vorlage von Küng und Schlenrit, 1659 (BD II/10a). – Text S. 86.

auch Lauben in den beiden letzten Häusern vor dem Marktplatz (Hauptgasse 43 und 45)(BD II/21, IV/23, 25, 26). Dieser Teil der Hauptgasse zwischen dem Fischbrunnen und der Schaalgaßkreuzung dürfte den Kern des Marktes gebildet haben. Unzweifelhaft war die genannte Gassenkreuzung mit der Schaal im östlichen Zwickel *die* Gelenkstelle des Wirtschaftsbereichs im spätmittelalterlichen Solothurn. Diese Tatsache wird gestützt durch die Lage der im Jahre 1366 erstmals erwähnten «Judongassen», welche in genauer Parallele zu vielen anderen Beispielen in Mitteleuropa sich als Quer- oder Nebenachse zum damaligen Markt erweist[48].

Einen guten Anhaltspunkt für die räumliche Ausdehnung des Wochen- oder Tagesmarktes im 16. Jahrhundert vermittelt ein Mandat von 1550.

Den Bauern, welche durch das Berntor und durch das Baseltor zum Markt zogen, wurde der Warenverkauf erst nach Passieren des Bächleins bei der Metzg (Schaal) bzw. des Bächleins beim Fischbrunnen (Goldbach) erlaubt[49]. Der nördliche Teil des heutigen Marktplatzes, die Verbreiterung am Ende der Gurzelngasse, taucht gegen Ende des 15. Jahrhunderts mehrfach als Frauenmarkt auf, erstmals 1450 im Zusammenhang mit einem Haus «am frowem merkt» und dann wieder 1452, als vom «Obren Frowen Merck» die Rede ist[50].

Genau lokalisierbar ist auch der Kornmarkt («by dem kornmergkte», Ersterwähnung 1429). Er lag in der heutigen Hauptgasse im Bereich der Gerberngaß-Einmündung[51].

Anmerkungen am Schluß des Kapitels S. 132

Als erstes *Gebäude mit Funktion für Markt und Handel* wird 1295 die «Schâla» (Schaal, obrigkeitliche Verkaufsstelle) genannt (1312 dann auch die «Schalgassun»). Ein halbes Jahrhundert später scheint sie durch eine Fleischschaal und eine Brotschaal ersetzt worden zu sein. 1365 wird erstmals die Fleischschaal explizit erwähnt, die zwischenzeitlich ins östliche obere Eckhaus der Schaalgasse (Hauptgasse 38) verlegt worden war, wo sich bis ins 19. Jahrhundert das Metzger-Zunfthaus befand[52]. Bereits 1364 wird die selbständige Brotschaal zum erstenmal erwähnt. Sie befand sich in der Nachbarschaft der Fleischschaal, wird aber erst 1481 als «Nüwe Brotschal» am Kram gegenüber dem Zeitglockenturm bezeichnet (Hauptgasse 45)[53].

Das Kaufhaus lag bis 1631 schräg gegenüber dem alten Rathaus an der Hauptgasse, nahe beim Markt (an der Stelle des Westflügels der Jesuitenkirche, Hauptgasse 60)[54]. Es wird erstmals 1438 erwähnt und barg zumindest im späteren 15. Jahrhundert die Waage[55]; an seinem Äußeren waren die «Gewerkhklaffter» angebracht[56]. Das alte Kornhaus läßt sich erst im späten 15. Jahrhundert lokalisieren, als es etwa 1496/97 in der südlichen Häuserzeile des Kornmarktes (Hauptgasse 8) neu erbaut wurde[57].

In gewissem Sinne Bestandteil des Handels war auch die Münzstätte, das 1481 genannte «Münzhuß» an der Fischergasse (heutige Theatergasse 18), welches lange Zeit nach Ersterwähnung eines Solothurner Münzmeisters (1302) aktenkundig ist[58]. Schon fürs Jahr 1366 ist dagegen der Wohnsitz des damaligen Münzmeisters Chuontzmann Tragbott bekannt, der an der Kirchgasse (heute Hauptgasse 63) neben dem Stadtschreiber Heinrich Huoter (seinerseits Nachbar des Rathauses zum Esel) ein Haus und ein Hinterhaus besaß[59]. Möglicherweise übte der Münzer dort, unmittelbar am Markt, sein Gewerbe aus.

Die frühen Nennungen der Gassenbezeichnungen mit Bezug zu *Handwerk und Gewerbe* lassen die Verteilung der wirtschaftlichen Aktivitäten im spätmittelalterlichen Solothurn erahnen. Die 1363 erwähnte Schmiedengasse hat die für feuergefährliche Betriebe typische Randlage an der Ringmauer; im bisenexponierten Solothurn ist sie überdies an die westliche Peripherie gelegt[60]. Auch die Lage der 1389 genannten «gerwer gassen» am nördlichen Brückenkopf verweist auf die randständig angesiedelten Gerbereien an der Aare und am westlichsten Stadtbacharm am Stalden[61]. Aus verständlichen Gründen ebenfalls nahe an der Aare wohnten die Fischer, deren «Fischergassen» erstmals 1487 auftaucht. Daß die 1450 erstmals genannte «webren gassen» ihren Namen nicht nur dank des südseitig anstoßenden Webern-Zunfthauses trug, sondern daß sich im Quartier zwischen Gurzelngasse und St.-Urban-Gasse das textilverarbeitende Gewerbe angesiedelt hatte, macht die gleichzeitige Erwähnung der «mangy» wahrscheinlich[62].

Eine zentrale Rolle für das Handwerk und das Gewerbe und somit für die wirtschaftliche Prosperität der spätmittelalterlichen Stadt spielte der künstlich umgeleitete und westlich des Franziskanerklosters durch die Ringmauer geführte *Stadtbach* oder Goldbach. Er diente nicht nur der städtischen Hygiene, sondern war bedeutender Energielieferant, indem er im Altstadtgeviert nacheinander eine Schleiferei (die 1373 vor dem Franziskanerkloster erwähnte «sliffenhofstatt»)[63], die Gibelinmühle beim Franziskanerkloster (erwähnt 1373), die Eselsmühle beim Rathaus (erwähnt 1350) und die Goldgaßmühle (erwähnt 1303) betrieb (vgl. Kapitel Wasserversorgung und Brunnen, S. 230ff.).

Indirekte Indikatoren wirtschaftlicher Aktivität und ihrer Lokalisierung in der Stadt sind die *Zunfthäuser und Wirtschaften*, welche seit dem frühen 15. Jahrhundert genannt werden und um die Jahrtausendmitte alle lokalisierbar sind[64]. Wie man erwarten würde, sind beide Bautypen an den damaligen städtischen Hauptgassen gelegen, nämlich an den Achsen, welche vom Baseltor zum Bieltor, zum Berntor oder zum Schiffertor am Land führen. Auffällig ist die Konzentration der meisten Zunfthäuser auf einen relativ enggefaßten Perimeter um die Gassenkreuzung Hauptgasse/Schaalgasse mit Eckpunkten etwa bei Gerechtigkeitsbrunnen, Fischbrunnen und Gurzelngaßbrunnen. Dieses Gebiet im Herzen der Altstadt, welches auch die Märkte und einige Bauten des Handels umfaßte, darf schon für die Zeit des 14./15. Jahrhunderts als städtischer Kernbereich bezeichnet werden. Um diesen gruppierten sich tangential die Nebengassen, in denen hauptsächlich das bereits erwähnte Handwerk angesiedelt war.

Anmerkungen am Schluß des Kapitels S. 132–134

Abb. 78
Urkatasterplan der Altstadt im Zustand um 1820 mit Einzeichnung der Gebäudefunktionen am Ende des 18. Jahrhunderts und den Namen der Schanzen und der wichtigsten Befestigungen. Zeichnung von Christine Stierli-Blapp. Zusammenstellung von Markus Hochstrasser und Benno Schubiger. – Text S. 86ff.

Abb. 78
Urkatasterplan der Altstadt im Zustand um 1820 mit Einzeichnung der Gebäudefunktionen am Ende des 18. Jahrhunderts und den Namen der Schanzen und der wichtigsten Befestigungen. Zeichnung von Christine Stierli-Blapp. Zusammenstellung von Markus Hochstrasser und Benno Schubiger. – Text S. 86ff.

1 Brückentor
2 Katzenstegturm
3 Bieltor
4 Buristurm
5 Riedholzturm
6 Baseltor
7 Bollwerk St. Peter
8 Hürligturm
9 Berntor
10 Krummturm
11 St.-Georgs-Bastion
12 St.-Josephs-Schanze
13 Äußeres Bieltor
14 Ravelin (Käferschänzli)
15 Marienschanze
16 St.-Mauritius-Schanze
17 Riedholzschanze
18 Äußeres Baseltor
19 Schulschanze
20 St.-Peters-Schanze
21 Turnschanze
22 Kornhausbastion
23 Äußeres Berntor
24 Kuhschanze
25 Krummturmschanze

Ambassadorenhof
Obrigkeitliche Bauten
Kirchliche Bauten
Lagerhäuser
Zunfthäuser
Gewerbe am Wasser
Schulhäuser
Verkaufsstellen
Wirtshäuser

DAS RATHAUS

Wenig östlich des oben beschriebenen Kernbereichs der Hauptgasse, aber noch innerhalb des Marktes, befand sich bis um 1480 das Rathaus (Hauptgasse 57). Es lag exakt in der Mitte zwischen der Stiftskirche und der Schaalgaßkreuzung, unmittelbar östlich angrenzend an den Stadtbach. Das Haus auf schmaler Parzelle wurde erstmals 1369 genannt als «unser råthus gelegen ze Solotern in unser stätt»[65]. Wie in anderen Städten diente das Rathaus auch als Wirtschaft, die den Namen «Esel» trug und 1366 mit dem «herren hoeflin zem Esel» erwähnt wurde[66]. Daß in diesem Rathaus auch Recht gesprochen wurde, geht aus einer Urkunde des Jahres 1378 hervor, wonach «in domo dicta ad asinum» neben dem Canonicus des Stiftes auch «scultetus Solodorensis ... consules et burgenses Solodorenses» in einem Schiedsgericht zusammensaßen[67]. Die Einbindung in die Häuserzeile, aber auch die Lage am Markt und gegenüber dem Kaufhaus (Hauptgasse 60) dürfen für ein Rathaus als sehr typisch bezeichnet werden[68]. STUMPF zeichnet das Gebäude mit einem Vordach, das sicherlich zur Laube im Erdgeschoß gehörte (BD II/1; Abb. 72). Noch bis 1873 diente an den Markttagen «die Halle den Krämern zu Aufenthalt»[69].

Nach dem Ausbau des früheren Armbrusterhauses 1476–1483 wurde das Rathaus an seine heutige Stelle südlich des ehemaligen Franziskanerklosters verlegt. Raumnot dürfte den Ausschlag zum nicht leicht nachvollziehbaren Umzug an eine Hintergasse gegeben haben.

Im Zusammenhang mit dem Rathaus, dessen Anfänge in Solothurn zeitlich nicht faßbar sind, muß auch der 1406 erstmals erwähnte Zeitglockenturm zur Sprache kommen. Man darf von einer Entstehung um 1200 ausgehen; möglicherweise handelte es sich ursprünglich um einen Geschlechterturm. Die früheren Deutungen als Bestandteil einer älteren Stadtbefestigung, einer Zähringerburg oder gar einer Pfalz sind (auch archäologisch) nicht haltbar[70]. Vergleichbare Stadt- und Markttürme des Mittelalters mit nicht einwandfrei geklärter Funktion sind gelegentlich als Ausdruck für das Erstarken des Bürgertums und seiner Freiheiten im Spätmittelalter und als indirekte Vorläufer des Rathauses bezeichnet worden. Vermutlich stand der Zeitglockenturm als «beffroi» auch im Dienste der Feuerwache. Vielleicht drückt sich ein besonderer Rechtscharakter dieses Zeitglockenturms darin aus, daß er im frühen 15. Jahrhundert als Udelhaus diente und daß es Edelknechte waren (nämlich Ulrich Günther von Eptingen und Rudolf von Nüwenstein), die 1406 auf den «Zitgloggen Thurn an dem Vischmergt» (der damals erstmals und in seiner Funktion als Uhrturm erwähnt wird) einen Udel – ein Unterpfand mit jährlichem Udelzins für ein städtisches Bürgerrecht – schlugen[71].

DAS ST.-URSEN-STIFT UND ANDERE KIRCHLICHE INSTITUTIONEN

Besaß Solothurn mit St. Stephan, St. Peter und St. Ursen drei Kirchen aus dem ersten Jahrtausend, so erhöhte sich bis zum Jahre 1500 die Zahl der Kirchen innerhalb der Stadtmauern nur um zwei: 1280 war das Franziskanerkloster gegründet worden; 1418/1420 entstand die Spitalkirche (ob am Platz einer älteren Vorgängerin, ist nicht klar).

Die Ansiedlung bloß eines Bettelordens in Solothurn läßt auf die beschränkte Bedeutung schließen, welche die um 2000 Einwohner zählende Stadt besaß[72]. Im schweizerischen Vergleich hatten sich die Franziskaner in Solothurn eher spät niedergelassen, was ihnen dafür im Unterschied zu anderswo die direkte Ansiedlung an der Peripherie der neuen Stadtummauerung ermöglichte. Anna Riche, Vertreterin des im späten 13. und im 14. Jahrhundert einflußreichen Solothurner Geschlechts, war als Stifterin aufgetreten[73]. Möglicherweise war das Konventgebäude von Anfang an direkt an die Ringmauer angebaut[74], so wie der nachfolgende Neubau nach 1493 und der heute noch bestehende barocke Klosterbau von 1664–1670.

Der Stellenwert der Franziskaner in diesem Teil der Stadt stieg, da sie auch als Betreuer der 1345 erstmals erwähnten Hinteren Beginensamnung (Laienschwesternhaus) fungierten[75]; nachdem das Haus der Schwestern am oberen Ende der Hintergasse (heute St.-Urban-Gasse) unmittelbar an das Franziskanerkloster angebaut war, darf dieser Einfluß vor dem Jahre 1421 angenommen werden (als die Beginen vermutlich die Drittordensregel des heiligen Franziskus annahmen)[76]. Im Verlaufe des 14. Jahrhunderts (spätestens 1374, als die erwähnte hintere als die «alte Samnunge» bezeichnet wurde)[77] kam an der Hintergasse noch eine zweite Samnung in einem Haus beim Pflugersturm dazu, die erstmals direkt in einer Urkunde des Jahres 1403 erscheint und dabei als «Beginen hus im nüwen Samnunge» bezeichnet wird[78].

Für eine gewisse Zentrumsfunktion des spätmittelalterlichen Solothurn sprechen wohl die Burgrechtsaufnahmen benachbarter Klöster oder die Tatsache, daß einige von diesen Häuser in Solothurn besaßen. Als erstes wurde 1252 das Prämonstratenserkloster St. Urban ins Burgrecht aufgenommen; es kaufte bei dieser Gelegenheit am oberen Stalden ein Haus[79]. Die Häuser der weiteren in Solothurn vertretenen Klöster sind dagegen nicht zu identifizieren[80]. Die Zisterzienserinnenabtei Fraubrunnen hatte 1295 ein Haus vermutlich in der Vorstadt[81]. Das bedrängte und kurz darauf aufgelöste Predigerkloster in Zofingen verkaufte sein Haus 1299 an das St.-Ursen-Stift[82]. 1361 besaß auch die Prämonstratenserabtei Gottstatt nahe bei der Stiftskirche ein Haus[83]. Mit einem Udel auf ein Haus «im Kloster» (heute Klosterplatz) kaufte sich 1404 die Propstei von Moutier-Grandval ins Burgrecht von Solothurn ein[84]. Weitere Udelhäuser hatten hier das Kloster des gleichen Ordens St. Peter im Schwarzwald und das Benediktinerkloster Trub besessen[85].

Unsere Kenntnis des St.-Ursen-Stifts vor dem 12. Jahrhundert bleibt weitgehend rudimentär oder ist durch Anschauungen aus jüngeren Überlieferungen geprägt. Seit die schriftlichen Quellen reichlicher fließen und die städtische Siedlung der Bürgerschaft faßbar wird – also etwa seit dem 13. Jahrhundert –, befindet sich das Säkularstift St. Ursus in häufiger Abwehrstellung gegen die Stadt. Dies vielleicht auch wegen der engen wirtschaftlichen und institutionellen Verknüpfung mit der Bürgerschaft. Die Stiftskirche war gleichzeitig Pfarrkirche der Stadt. Hingegen muß eher ausgeschlossen werden, daß das St.-Ursen-Stift in Solothurn jemals Stadt- oder Grundherr gewesen war[86]. Umgekehrtproportional zum Verlust der politischen Stellung des Stifts in der Stadt scheint sich dieses baulich ausgedehnt zu haben.

Vor allem im Verlaufe des 14. Jahrhunderts beobachten wir parallel mit der Stiftung neuer Altäre und Pfründen ein räumliches Ausgreifen des Stifts in den Bereich des Klosterplatzes und gegen den Riedholzplatz hin. Das St.-Ursen-Stift scheint auch einzelne Häuser hinzugekauft zu haben, die zuvor teilweise im Besitz ritterlicher Stadtbürger gestanden hatten.

STIFTSBEZIRK UND BÜRGERSIEDLUNG

Überhaupt kann in der zweiten Hälfte des 14. und im 15. Jahrhundert beobachtet werden, daß in der Hauptgasse östlich des alten Rathauses einige Häuser besondere Funktionen besaßen oder in ritterlichem Besitz standen. Das östlich ans Rathaus stoßende Gebäude gehörte 1366 dem Stadtschreiber Heinrich Huoter (Hauptgasse 59), dessen Nachbar war der Münzmeister Chuontzmann Tragbott (Hauptgasse 63)[87]. Um 1421 gehörten die drei vordersten Häuser an der Ecke zum Kronenplatz der Familie des lombardischen Geldhändlers Albrecht Merlo; sicher handelte es sich dabei um das ursprünglich aus mehreren Bauten bestehende Eckhaus (Hauptgasse 65), möglicherweise war das frühere Münzmeisterhaus ebenfalls miteingeschlossen[88]. Zum Besitz der Lombarden gehörte schon 1364 der Garten an der rückwärtigen Gasse, der heutige Freiraum südlich des Rathauses[89]. Ein Vorgängerbau an der Stelle des heutigen Hotels Krone gegenüber den Lombardenhäusern (Hauptgasse 64) wurde erstmals 1418 als Haus des Diethmar von Halten erwähnt[90]. Im Gassenabschnitt zwischen Krone und altem Rathaus soll sich um 1350 auch das Stiftsspital befunden haben[91]. Auffällig war das 1420 genannte Von-Durrach-Haus, welches nach Übergabe an Schultheiß Hemmann von Spiegelberg 1441 um einen freien Hof des St.-Ursen-Stifts ergänzt wurde. Bei diesem handelt es sich um das heutige Von-Roll-Haus (Hauptgasse 69), das seinen schon in der Chronik von JOHANNES STUMPF abgebildeten ummauerten Hof bis auf den heutigen Tag bewahrt hat[92]. Weitere Rittergeschlechter mit Hausbesitz im Bereich des heutigen Kronenplatzes und der Häuserzeile nördlich der Stiftskirche bis zum Baseltor waren im 14. und im 15. Jahrhundert die Familien vor Kilchen, vom Stein, Leberli, Riche, von Mure und von Erlach[93].

Offensichtlich besaß das Stadtgebiet östlich des Goldbachs bzw. jenseits von Rathaus und Kaufhaus einen anderen sozial- und rechtstopographischen Charakter als die Bürgersiedlung westlich davon mit ihren Wirtschafts-, Markt- und Gewerbeaktivitäten. Diese fehlten nach unserer Kenntnis in der östlichen Stadthälfte bis ins späte 15. Jahrhundert sozusagen vollständig. Das Gebiet wurde städtebaulich beherrscht vom Chorherrenstift und seinen zahlreichen baulichen Ablegern. Weitere Sakralbauten bildeten die St.-Peters-Kapelle und das Franziskanerkloster. Anlagen mit einer möglichen besonderen Rechtstradition sehen wir im Nideggturm (dem alten Zähringer-Donjon), im Barfüßer-Baumgarten (der als «Rosengarten» Tagungsort der Gemeindeversammlung war) und im Kirchhof vor St. Ursen, der dem Stiftsschultheißen als Gerichtsort diente[94]. Dazwischen gestreut fanden sich eine Anzahl von Häusern in ritterlichem Besitz.

Ohne für den östlichen Stadtbereich gleich einen «Immunitätsbezirk» postulieren zu wollen, kann man sich fragen, ob vielleicht doch rechtliche Gepflogenheiten zu dieser auffälligen Scheidung zwischen bürgerlichem Bezirk im Westen und kirchlichem im Osten des Stadtgebietes geführt haben.

DAS WEICHBILD DER SPÄTMITTELALTERLICHEN STADT

Das Stadtgebiet des heutigen Solothurn erhielt seine ungefähre Ausdehnung erst im Jahre 1720 durch eine Rücknahme des alten Burgerziels (Gemeindegrenze). Dieses hatte zusätzlich ganz oder teilweise die nördlich der Aare gelegenen Gemeinden Bellach, Langendorf, Oberdorf, Rüttenen, Feldbrunnen-St. Niklaus und Riedholz und im Süden Teile von Biberist umfaßt[95]. An einigen Stellen, vielleicht an den Ausfallstraßen, markierte ein «Stadtzielstein» die Grenze[96]. Ein topographischer Überblick über das Weichbild innerhalb der heutigen Stadtgrenzen zur Zeit des Spätmittelalters ist recht schwierig. Die Holzschnitte bei STUMPF und MÜNSTER um 1550 (BD II/1, 2) (Abb. 72, 75) stellen das nähere Umfeld der kompakten Altstadt als Konglomerat von Äckern und Baumgärten in einem verwirrlichen Netz von Umzäunungen und Wegen dar – eine Situation, die im Urkundenbestand in zahlreichen Akten zu Grundstückverkäufen außerhalb der Stadt eine Entsprechung findet. Südlich der Aare, an der Stelle der barocken Vorstadterweiterung, befand sich eine Ansammlung von hölzernen Kleinbauten, die als Speicher und Ställe dienten. Etwas außerhalb, am Südrand des heutigen Bahnhofareals an der Grenze zu Zuchwil, lag der erstmals 1309 und später häufig genannte Hof «Jscherron» (Ischern), der auf Darstellungen des 17. Jahrhunderts die Ausdehnung eines Weilers besaß[97]. 1318 wird nördlich der Stadt, beim Fegetz, ein nicht genau lokalisierbares frühes Eigengut «zem Hof» erwähnt[98]. Auch die um 1182 genannte «villa Wedelswile» im Nordosten des heutigen Stadtgebiets (möglicherweise bereits auf Boden von St. Niklaus) kann nicht exakt lokalisiert werden. 1375 muß der Hof oder Weiler durch die Gugler zerstört worden sein[99]. Das gleiche Schicksal ereilte auch den Weiler Gurzelen mit seiner Mühle und Bleue am Wildbach ganz im Westen der Stadt[100].

Aus dem Urkundenmaterial läßt sich auch in groben Zügen die weitere landwirtschaftliche und gewerbliche Nutzung des Umgeländes der Stadt erschließen. Allmendland fand sich auf allen vier Seiten des Stadtgebietes. Schon früh kristallisierte sich südlich der Baselstraße das Gebiet «am forste» (heute im Forst) als bevorzugtes Ackerland heraus[101], während die «groiben» (heute Greiben) nördlich des Bieltors umfriedete Gärten aufnahmen[102]. Zu Kaltenhäusern nördlich der Altstadt befanden sich die Ziegelhütte und die Bleiche, außerhalb des Baseltors die «Sandgruben»[103]. Am künstlich umgeleiteten Arm des Stadtbachs vom Dürrbach her wurden Mühlen betrieben (vgl. Kapitel Wasserversorgung und Brunnen, S. 230ff.). 1460 ist erstmals der Galgen genannt, nachdem zuvor schon der Galgenbühl «vor Eychthor by dem Siechenbach» erwähnt worden war[104]. Der Holzschnitt bei SEBASTIAN MÜNSTER stellt die Richtstätte am heutigen Dorfeingang von Feldbrunnen in der üblichen Dreieckform dar (BD II/2)[105] (Abb. 75). Bemerkenswert ist die Tatsache, daß bereits 1444 das erste Sommerhaus außerhalb der Stadt (vor dem Eichtor, im Besitz von Schultheiß Hemmann von Spiegelberg) erwähnt wird (es stand wahrscheinlich auf dem Areal des heutigen Hauses Baselstraße 7)[106].

Einige wenige Kapellen und Wegkreuze außerhalb der Stadtmauern runden das Bild der Solothurner «Sakrallandschaft» vor der Reformation ab. Schon vor 1319 befand sich am «Siechenbach» (heute Katharinenbach) an der äußeren Baselstraße das Siechenhaus (ob bereits mit Kapelle, ist unsicher), welches 1375 ebenfalls durch die Gugler zerstört wurde[107]. Neben den nicht näher lokalisierbaren Feldkreuzen vor den drei Stadttoren fällt vor allem das Dreibeinskreuz oberhalb des Krummen Turms auf, das 1409 als «Trubeins Crutz»

Anmerkungen am Schluß des Kapitels S. 134–135

erstmals klar faßbar ist, dann 1440 schon als «oratorium crucis» bezeichnet wird. Unmittelbar nach dem Kapellenbau von 1501–1504 ist von der «Capella Sancti Ursi ad Tribuscrux» die Rede; sie sollte an den legendären Martyriumsort der Thebäer auf einer Brücke oberhalb Solothurns erinnern (BD II/40)[108] (Abb. 56).

Das Bild, welches wir von Solothurn aus dem Urkundenbestand des 14. und des 15. Jahrhunderts gewinnen, ist das einer gut instrumentierten und wirtschaftlich und verwaltungsmäßig durchorganisierten Kleinstadt. Sie scheint aber dennoch eher agrarisch geprägt gewesen zu sein und besaß nicht die Züge eines pulsierenden Gewerbe- und Handelszentrums von überregionaler Bedeutung.

VON DER REFORMATION
ZUM SCHANZENBAU

Es war weniger ein demographischer oder wirtschaftlicher Entwicklungsschub, der die Stadt und ihre nähere Umgebung veränderte, als vielmehr die gesellschaftspolitische Ausrichtung, die der Stadtstaat Solothurn einnahm. Das Festhalten an der katholischen Konfession, die Konzentration der führenden Schichten auf den Solddienst und die Einflußnahme der seit 1530 hier residierenden Ambassadoren fanden ihren mittelbaren Niederschlag in zahlreichen Sakralbauten und öffentlichen und privaten Repräsentationsbauten innerhalb der Altstadt und in deren Nahbereich (Abb. 76, 77).

VERÄNDERUNGEN IN DER ALTSTADT

Städtebauliche Veränderungen innerhalb der Altstadt erfolgten jeweils in örtlich ziemlich begrenztem Rahmen. Mit dem Neubau des Baseltors und dem Ersatz der mittelalterlichen Ecktürme durch neuartige Artilleriearchitekturen wurde in der linksufrigen Stadt zwischen 1503 und 1548 die Befestigung punktuell modernisiert (vgl. Kapitel Stadtbefestigung, S. 143ff.). Seit dem späten 16. Jahrhundert ist eine ausgeprägte Erneuerung des vorhandenen Wohnbaubestandes, aber auch der Zunfthäuser zu beobachten, was auf eine Anhebung des Wohlstandes schließen läßt. Im Bereich der öffentlichen Bauten fällt die Aufwertung des Aarenordufers auf, wohin Kaufhaus und Kornhaus von der Hauptgasse verlegt wurden. Bauliche Eingriffe, welche parzellenübergreifend und quartierprägend waren, erfolgten im Bereich des Ambassadorenhofs im Ostteil des Franziskanerklosters (Anfang 17. Jh.). Die Explosion des alten Nideggturms im Jahre 1546 hatte um die Jahrhundertmitte auch eine Neubebauung des oberen Riedholzplatzes mit dem Thüringenhaus an der Nordseite und einer regelmäßig angelegten Häuserzeile an der Ostseite gegen die Ringmauer ausgelöst. Eine städtebauliche Maßnahme im engeren Sinne bildete der 1664 erfolgte Abbruch zweier Doppelhäuser am Marktplatz; erst dadurch entstand aus der Weggabelung von Hauptgasse und Gurzelngasse der trapezförmige Freiraum in der heutigen Ausdehnung[109]. Prägende Eingriffe erfolgten auch im Bereich der Anlagen des St.-Ursen-Stiftes (Ende 16./Anfang 17. Jh.), während die Niederlassung des Jesuitenordens in Solothurn und dessen Festsetzung am Platz des alten Kaufhauses die tiefgreifenden Veränderungen im Quartier zwischen Theatergasse und Hauptgasse (zwischen 1670 und 1688) erst vorbereiteten.

VERÄNDERUNGEN AUSSERHALB
DER ALTSTADT

Außerhalb des Stadtkerns entstand in dieser Zeitepoche in kranzförmiger Anordnung eine beträchtliche Anzahl von Klöstern und Kapellen, welche mit ihren ausgreifenden Umfassungsmauern oder Zugangswegen städtebaulich prägend wurden: das Kapuzinerkloster in den Greiben (1590–1593, Vergrößerung 1629)[110], die Lorenzenkapelle an der Bielstraße (Baudatum unbekannt, Erneuerung 1612, Abbruch 1877)[111], das Kapuzinerinnenkloster Nominis Jesu (1615–1622)[112], das Franziskaner-Konventualinnen-Kloster St. Joseph an der Baselstraße (1644–1654)[113], das Salesianerinnen-

Abb. 79
Vogelschau auf die Altstadt von Süden. Kolorierte Federzeichnung von Johann Baptist Altermatt, 1833 (BD II/21). – Text S. 86ff.

Anmerkungen am Schluß des Kapitels S. 135–136

VON DER REFORMATION ZUM SCHANZENBAU 85

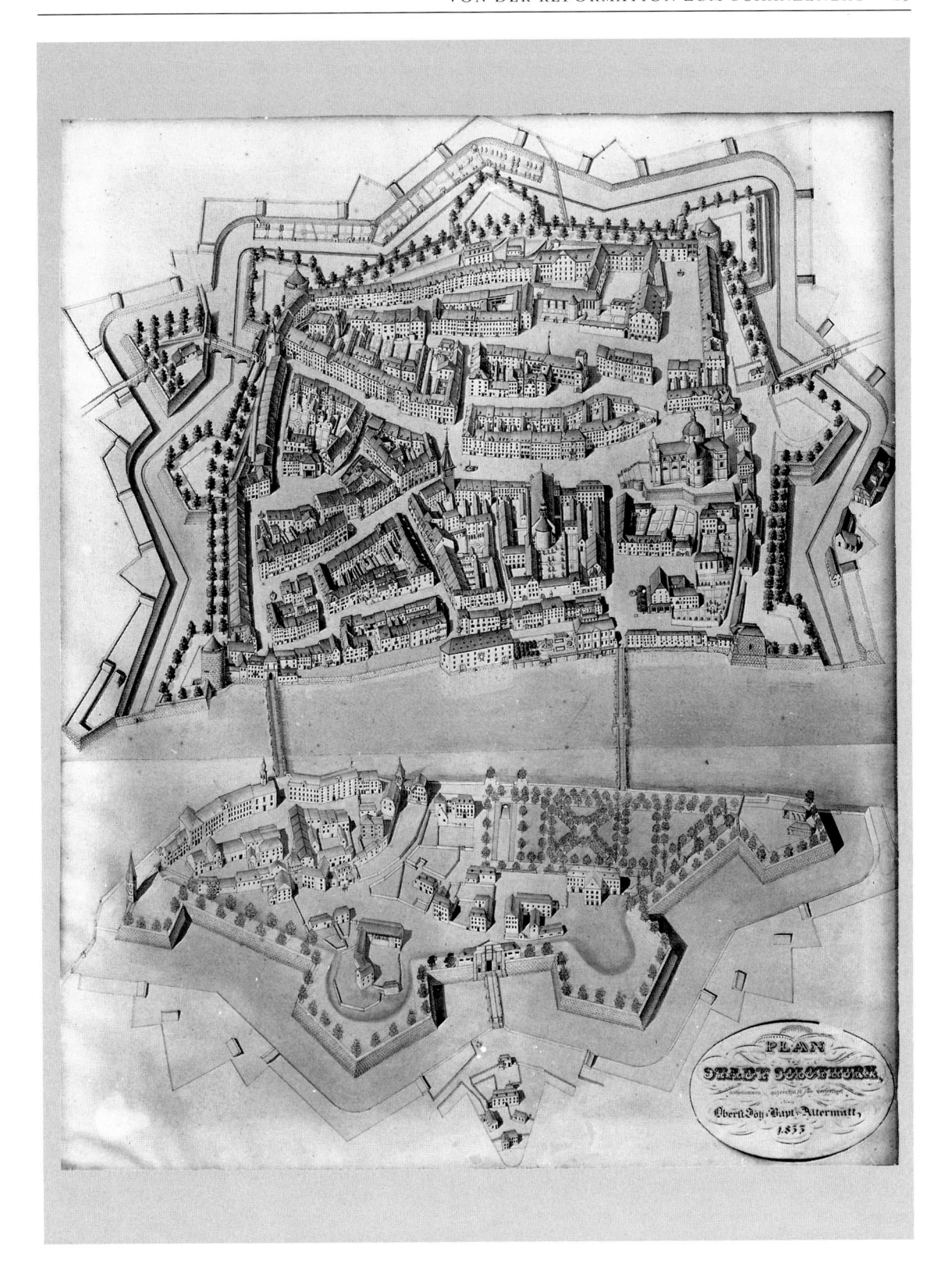

kloster Visitation (1644 Gründung beim Obach, Verlegung an den Kräßbühl und Neubau 1676–1693), die Loretokapelle oberhalb des Kapuzinerklosters (1649–1654) und das Heidenchapeli im Hermesbühl (Baudatum unbekannt, Neubau 1738)[114]. Nach den Patrozinien von Sakralbauten benannte man auch die Gebiete vor dem Baseltor und dem Bieltor, die Josephsvorstadt und die Lorenzenvorstadt.

Von eigentlichen Stadterweiterungen kann bis ins mittlere 19. Jahrhundert nicht die Rede sein, da vor den Stadtmauern bürgerliche Quartierbebauungen und öffentliche Bauten weitgehend fehlten. Wichtigste Neubauten der letzten Gattung sind der städtische Werkhof an der heutigen Werkhofstraße (Baudatum unbekannt) und das Schützenhaus an der Aare östlich des St.-Peter-Bollwerks (1586/87)[115].

Im Bild der näheren Stadtumgebung mit ihren zahlreichen Allmendwiesen und Äckern, wie sie etwa Küng und Schlenrit 1653 zeigen (BD II/9) (Abb. 76, 77), dominieren vor allem die Sommerhäuser des aufstrebenden Söldnerpatriziates. Nicht alle Bauten auf der Vedute sind identifizierbar; auch viele der urkundlich überlieferten Sommerhäuser lassen sich nicht lokalisieren. In engerem oder weiterem Abstand zur Altstadt bildeten sie einen Kranz bautypologisch unterschiedlich gestalteter Repräsentationssitze mit hofartigen Ummauerungen und Gartenanlagen – entweder entlang den Straßen oder davon abgesetzt auf den nahen Anhöhen. In der Zeit vor dem Schanzenbau bestanden in und um Solothurn folgende lokalisierbare Sommerhäuser oder Patriziersitze (im Uhrzeigersinn aufgezählt): der Aarhof am Nordufer der Aare (Römerstraße 32, 1619), das Sommerhaus von Roll vor dem Bieltor (Ende 16./Anfang 17. Jh., abgebrochen 1670), das Haus Sury d'Aspremont (Hermesbühlstraße 3, Anfang 17. Jh.), das Wagnerhaus (um 1621, Hermesbühlstraße 11), das Areggerhaus bei der Lorenzenkapelle (Baudatum unbekannt, abgebrochen 1960), der Hermesbühlhof (um 1614, abgebrochen 1987, Bielstraße 32), das Sommerhaus Vigier (um 1640–1650, Untere Steingrubenstraße 21), der Blumenstein (Vorgängerbau um 1650, Blumensteinweg 12), der Cartierhof (Altbau um 1570, St.-Niklaus-Straße 1–7), das Besenval-von-Roll-Haus (Vorgängerbau vermutlich erste Hälfte 15. Jh., heutiger Bau 1651–1654, Baselstraße 7)[116].

VOM SCHANZENBAU BIS ZUM BEGINN DER ENTFESTIGUNG (1667–1835)

Die einschneidendste Veränderung in städtebaulicher Hinsicht innerhalb dieser Zeitepoche bildete das mächtige Fortifikationswerk selber (vgl. Kapitel Stadtbefestigung, S. 192ff.). Zwischen 1667 und etwa 1700 entstanden beidseits der Aare elf Voll- und Halbbastionen, welche mit Namen verschiedener Heiliger bezeichnet wurden. Sie beeinflußten nicht nur den äußeren Anblick und den Zugang zur Altstadt nachhaltig, sondern hatten auch im Stadtinnern räumliche und organisatorische Veränderungen zur Folge (Abb. 78–85, 304).

ERWEITERUNG DER VORSTADT SÜDLICH DER AARE

Das Fortifikationswerk brachte eine beträchtliche Vergrößerung des befestigten Stadtgebietes, da Kurtinen- und Bastionsmauern um einige Meter (um zu wenige nach einhelliger Meinung der beigezogenen Festungsingenieure) vor die mittelalterlichen Stadtmauern vorgeschoben wurden. Der neu entstandene Hofraum wurde teilweise für Militärbauten genutzt (Torwächterhäuser und Pulvermagazine beidseits der Aare, nämlich bei der Mauritiusschanze und bei der Turnschanze aus dem frühen 18. Jahrhundert[117]). Offensichtlich wurden die Wallgänge von Kurtinen und Bastionen schon seit dem Beginn des 18. Jahrhunderts mit Lindenbaumreihen und -alleen bepflanzt, was den fortifikatorischen Nutzen sicher beeinträchtigte (BD II/16).

Ein eigentliches neues Stadtquartier entstand auf dem Kreuzacker östlich der mittelalterlichen Vorstadt, der mit dem Bau der Vorstadtschanzen zwischen 1685 und 1700 zum Schutz der Südflanke der linksufrigen Stadt neu in den befestigten Perimeter einbezogen wurde. In den Planungen von FRANCESCO POLATTA (1666/67) hatte man von einer Ausweitung der Vorstadt noch abgesehen (Abb. 201, 202). Erst die Befestigungsplanung für die Vorstadt von JACQUES DE TARADE aus dem Jahr 1681 schlug mit dem sternförmigen Vollausbau der Befestigung eine eigentliche Stadterweiterung vor (Abb. 204, 205). Die Erschließung der neuen Vorstadtquartiere entwarf TARADE mit einer zweiten Holzbrücke in der Verlängerung der

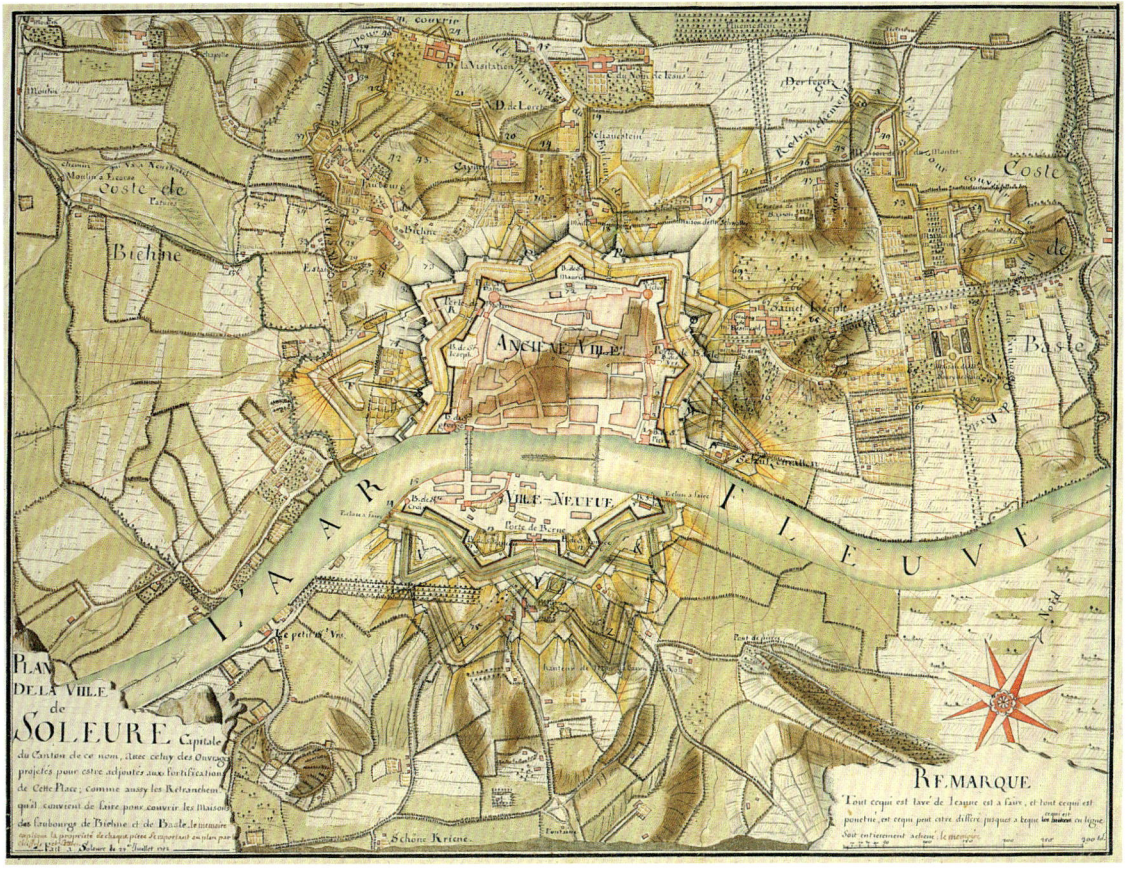

Abb. 80
Karte der Altstadt und der weiteren Umgebung mit Vorschlägen für ausgreifende Feldbefestigungen (Maßstab 1 : 5000). Aquarell von Lessieur Demorainwille, 1712. – Text S. 89.

Schaalgasse und einem schachbrettartigen Straßensystem mit zentralem Platz axial zur Brücke. Wie sich die Solothurner Stadtväter die Entwicklung ihrer Vorstadt ausmalten, illustriert die Vogelschau auf dem Ratswappenkalender von 1681/82, auf welcher der Kreuzacker mit blühenden, um einen Hauptplatz angelegten Quartieren überbaut ist (BD II/13) (Abb. 206). Das äußere Berntor im Süden bzw. die neue Aarebrücke, die Schaalgasse und die Judengasse sollten eine neue städtebauliche Querachse zur Hauptgasse bilden. Eine ähnliche Disposition sah auch im Jahre 1700, als der Vorstadtschanzenbau seinem Ende entgegenging, VAUBANS Ausbauplan vor (Abb. 207). VAUBAN mußte bereits auf den kurz zuvor entstandenen Rollhafen am Aaresüdquai (1697) (Abb. 282–284) und die Kreuzackerbrücke (1698/99) (Abb. 294) Rücksicht nehmen.

Schon bald nach Baubeginn der Vorstadtbefestigung wurden durch den Rat Lenkungsmaßnahmen zur Überbauung der «neuen Vorstatt» ergriffen. Mit dem Bau des Kornhauses 1693/94 (abgebrochen 1933; an Stelle des heutigen Gewerbeschulhauses) trat die Stadt selber als Bauherrin auf[118]. Sodann sollten Neubürger ihr Bürgerrecht nur dann erhalten, wenn sie sich dort ein Haus erbauten[119]. Tatsächlich errichteten um 1689 der Orgelbauer Christoph Aebi, der Kaminfeger Johann Bötzinger und der Maurer Jakob Spreng je ein Haus[120], und um 1699 begann Stiftspropst Leonz Gugger mit dem Bau seines Herrschaftshauses (heute Gressly-Haus, Kreuzackerquai 2)[121]. Der gewünschte Erfolg blieb der Regelung aber versagt, so daß sie 1704 verschärft werden mußte,

---

Anmerkungen am Schluß des Kapitels S. 136

indem auch Neubürger, die schon ein Haus besaßen, zum Hausbau in der neuen Vorstadt verpflichtet wurden[122]. Erst in der zweiten Hälfte des 18. Jahrhunderts entstanden in der Nähe des äußeren Berntors einige wenige weitere Wohnhäuser. Auf dem eigentlichen Kreuzacker zwischen Rollhafen und «Turnschanze» wurde in der Zeit um 1740–1750 ein französisches Boskett mit seitlichen Alleen und zentralem Quincunx angepflanzt (BD II/21, IV/1, 35; PD 6, 14, 15) (Abb. 79)[123].

VERÄNDERUNGEN IN DER ALTSTADT

In indirektem Zusammenhang mit der barocken Stadtbefestigung veränderte sich im 18. Jahrhundert auch das Gesicht des Nordufers der Aare. Nachdem man den Aareraum durch die je zwei Halbbastionen eingangs und ausgangs der Stadt genügend geschützt glaubte, verlor die ehemalige Litzi zunehmend ihren wehrhaften Charakter, zuerst durch den Bau des Palais Besenval und seines Gartens (1703–1706), dann ab den 1770er Jahren durch den Abbruch der ehemaligen Litzimauer am Landhausquai.

Größere Veränderungen im Stadtbild ohne fortifikatorischen Zusammenhang brachten der Bau von Kollegium, Kirche und Schulhaus des Jesuitenkollegiums zwischen 1670 und 1729[124], der Neubau des Ambassadorenhofs im Anschluß an den Brand von 1717[125] und der etappenweise Neubau des Spitals in der Vorstadt zwischen 1735 und 1800[126]. Ein der Schaffung des Marktplatzes im Jahre 1664 vergleichbarer städtebaulicher Eingriff war der Ankauf und der Abbruch von vier Häusern (1700), der den heutigen Klosterplatz entstehen ließ[127]. Weitere Platzumgestaltungen erfolgten 1825, als durch die Aufhebung des Friedhofs und eines Teils des Gartens südlich der Franziskanerkirche der Rathausplatz mit dem terrassenförmigen Nordabschluß entstand, und 1835 mit dem Abbruch des Ankenhauses auf dem Zeughausplatz[128].

Den einschneidendsten Eingriff bildete freilich der Neubau der Stiftskirche samt zugehörigen Nebenbauten (1763–1790). Hervorzuheben ist die stadtgestalterisch begründete axiale Verschiebung der neuen Kirche und ihrer vorgelagerten Monumentaltreppe; im Unterschied zum Vorgängerbau richtete sie nun der Architekt GAETANO MATTEO PISONI exakt auf die Hauptgasse und den Marktplatz aus, um damit eine der bemerkenswerteren städtebaulichen Leistungen des Schweizer Barocks zu vollbringen[129].

VERÄNDERUNGEN AUSSERHALB DER ALTSTADT

Sehr bedeutend waren die Auswirkungen der Fortifikationen auf das städtebauliche Erscheinungsbild außerhalb der Altstadt. Glacis, Graben und hohe Kurtinen- und Bastionsmauern bildeten einen großflächigen Gürtel, der sowohl mit der freien Landschaft als auch mit der kleinteilig strukturierten Stadtbebauung kontrastierte und Annäherung und Eintritt in die Stadt zum suggestiven Erlebnis werden ließ; ein Thema, das in vielen Reisebeschreibungen des späten 17. und des 18. Jahrhunderts Erwähnung fand[130].

Der Landbedarf für den Schanzenbau bedingte den kostspieligen Abbruch einer Anzahl von Häusern und Sommersitzen vor den Stadtmauern[131]. Sie wurden dann außerhalb eines gewissen Perimeters im Glacis-Vorgelände teilweise wiederaufgerichtet. Diese Kette von Sommerhäusern samt Gartenanlagen markiert zusammen mit dem Schanzenbau den Höhepunkt des patrizischen Selbstbewußtseins und der Prachtentfaltung.

Typische Bauten mit diesem stadtgeschichtlich-urbanistischen Hintergrund sind das Schloß Steinbrugg von Johann Josef von Sury von Steinbrugg (Baselstraße 58; um 1670), das gegenüberliegende Grimmenhaus oder Hallerhaus von Johann Karl Grimm (Baselstraße 61; nach 1670), der sogenannte Montethof, vermutlich von Peter Sury (St.-Niklaus-Straße 34; um 1700), das Sommerhaus von Roll oder Gibelinhaus von Johann Friedrich von Roll (Bielstraße 39; um 1670), das Schwallerhaus oder Krutterhaus von Johann Schwaller (Hermesbühlstraße 33; um 1722), das Vesperlederhaus oder Loretohof von Urs Josef Vesperleder (Florastraße 14; um 1710), der Reinhardshof oder Türmlihaus in der Hofmatt (Türmlihausstraße 34; um 1675). Zahlreiche weitere Landhäuser in der Nachbarschaft des heutigen Stadtgebietes wären hinzuzuzählen.

Im Zuge des geplanten Ausbaus des Glacis-Systems ab 1700 hätte noch eine Anzahl weiterer Landhäuser abgebrochen werden sollen (z.B. der Schwallerhof, heute Müllerhof, an der St.-Niklaus-Straße 1, das Besenval-Haus, heute Stadtpräsi-

Abb. 83 und 84
Panorama vom Kreuzackerquai auf die nördliche Altstadt. Teilweise lavierte Federzeichnung von Emanuel Büchel, 1757 (BD IV/1). – Text S. 86ff. – Blick von der Turnschanze nach Westen auf die Altstadt beidseits der Aare. Teilweise lavierte Federzeichnung von Emanuel Büchel, 1757 (BD II/68). – Text S. 86ff.

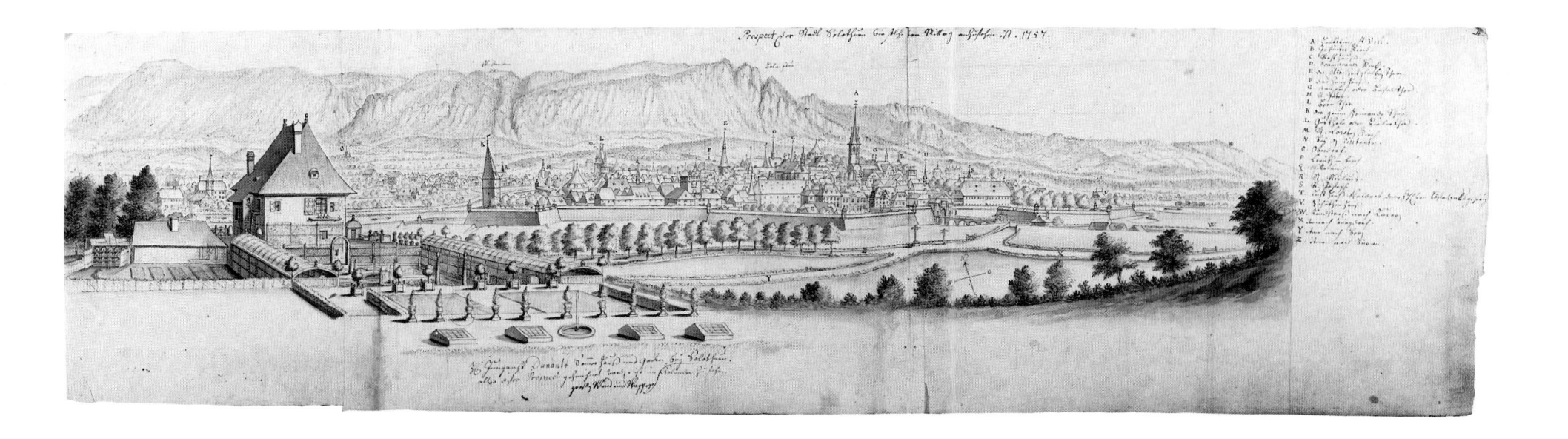

Abb. 81 und 82
Panorama auf Solothurn und den Jurasüdfuß, gezeichnet von einem Standort oberhalb des Landsitzes «Weiße Laus». Teilweise lavierte Federzeichnung von Emanuel Büchel, 1757 (BD II/30). – Text S. 86ff. – Panorama vom Turm des «Aarhofs» auf Solothurn. Teilweise lavierte Federzeichnung von Emanuel Büchel, 1757 (BD II/55). – Text S. 86ff.

*Abb. 85
Die bauliche Entwicklung zwischen 1822 und 1925 auf dem Gebiet der Stadtgemeinde Solothurn. Zeichnung von Véronique Froidevaux, 1991. – Text S. 89.*

Abb. 85
Die bauliche Entwicklung zwischen 1822 und 1925 auf dem Gebiet der Stadtgemeinde Solothurn. Zeichnung von Véronique Froidevaux, 1991. – Text S. 89.

A Obach- und Segetzquartier
B Greibenquartier
C Loretoquartier
D Heidenhubel- und Industriequartier
E Dilitschquartier
F Steingrubenquartier
G Josefsvorstadt
H Sandmattquartier
I Glacismatte

1 Römerstraße
2 Muttenstraße
3 Hermesbühlstraße
4 Bielstraße
5 Weißensteinstraße
6 Langendorfstraße
7 Grenchenstraße
8 Untere Steingrubenstraße
9 Obere Steingrubenstraße
10 Herrenweg
11 St.-Niklaus-Straße
12 Sternengasse
13 Baselstraße
14 Luzernstraße
15 Zuchwilerstraße
16 Schöngrünstraße
17 Alte Bernstraße
18 Dreibeinskreuzstraße
19 Bürenstraße

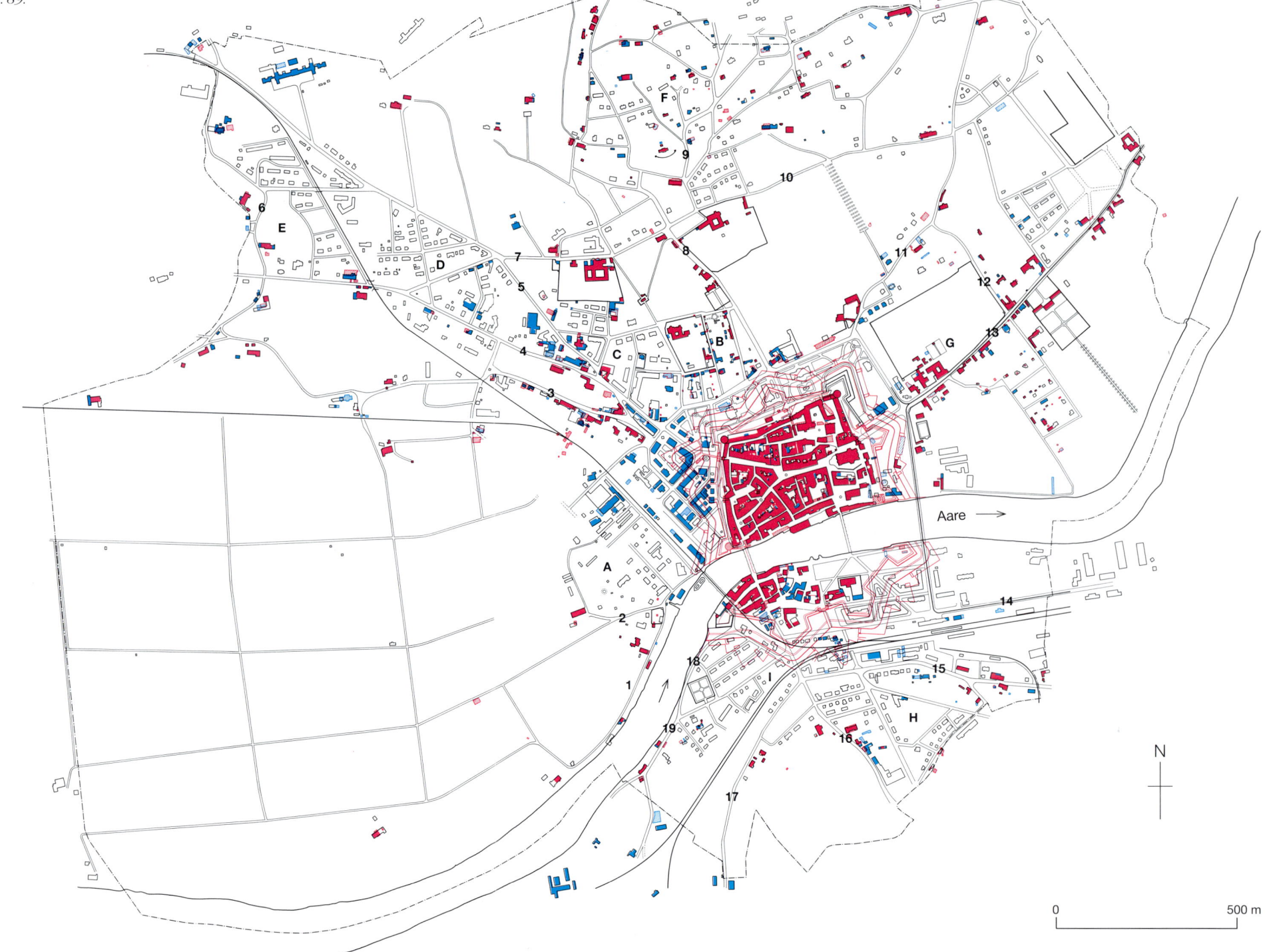

1925 Baubestand
1822 registriertes Gebäude und 1925 noch bestehend
1822 registriertes Gebäude und vor 1884 abgerissen
1822 registriertes Gebäude und nach 1884 abgerissen
1884 registriertes Gebäude und 1925 noch bestehend
1884 registriertes Gebäude und vor 1925 abgerissen

dium, an der Baselstraße 7 und andere[132]). Die Geldmittel konnten nicht mehr aufgebracht werden, so daß die Perfektionierung der Bastionsvorwerke aufgegeben wurde und sich die Arbeiten auf den Unterhalt zu konzentrieren begannen. Dabei entfiel auch das Überbauungsverbot für das Areal unmittelbar vor der sternförmig bastionierten Stadt[133]. Ein großer städtebaulicher Entwicklungsschub konnte sich nicht einstellen, da einerseits die Einschnürung der Altstadt durch die neuen Fortifikationen hinderlich wirkte, andererseits seit dem mittleren Drittel des 18. Jahrhunderts sich für das Solothurner Soldpatriziat der große Geldzufluß aus Frankreich etwas verringerte, ohne daß wirtschaftliche oder frühindustrielle Aktivitäten neue Geldquellen erschlossen hätten.

Ein Vergleich des Siedlungsgebietes, wie es die Stadtpläne von DEMORAINVILLE (1712; PD 2) (Abb. 80) und ERB (1738; PD 3) bzw. SCHWALLER (1818; PD 35) und ALTERMATT (1822/1825; PD 12, 13) (Abb. 303) überliefern, zeigt nur eine bescheidene Entwicklung oder Verdichtung des Baubestandes auf Solothurner Stadtgebiet: Auch zu Beginn des 19. Jahrhunderts waren noch nirgends geschlossene Außenquartiere ausgebildet. Die Ausfallstraßen Richtung Zuchwil, Biberist, Ammannsegg und Lüsslingen, vorab aber die Bielstraße nach Westen und die Baselstraße nach Osten, waren Anziehungspunkte für Randbebauungen, wie andererseits die Läufe von Wildbach am westlichen Stadtrand und von Dürrbach/Obach westlich der Altstadt. Auf ERBS Brunnenplan von 1738 (PD 2) ist auch die Bebauung des Steingrubenquartiers oberhalb der Stadt dokumentiert; dieser Ortsteil präsentiert sich in den südwestlichsten Hängen der Martinsfluhkette als ausgeprägte Streusiedlung. Sie dürfte überwiegend aus Einzelhöfen und Steinhauerhäusern bestanden haben.

VOM BEGINN DER ENTFESTIGUNG BIS UM 1920

Auch Solothurn konnte sich der allgemeinen Tendenz, die Stadt von der Befestigung zu befreien, nicht verschließen und begann 1835 mit dem siebzigjährigen Werk des Abbruchs der Bastionen und von Teilen der mittelalterlichen und frühneuzeitlichen Stadtbefestigung. Mit dem Fortschreiten der Entfestigung wurde auch die städtebauliche Entwicklung der vormals umschlossenen Altstadt mit jener der neu entstehenden Außenquartiere verknüpft (Abb. 85).

Unabhängig von der Schleifung der Schanzen prägten städtebauliche Veränderungen das Gebiet innerhalb des Bastionenkranzes. Einige davon sind politisch und kulturhistorisch begründet: Durch den eidgenössischen Einigungsprozeß der ersten Hälfte des 19. Jahrhunderts und dem daraus folgenden freien Handel, insbesondere aber durch die Aufhebung des Zehnten im Jahre 1837, wurden die zahlreichen Lagerbauten weitgehend unnötig[134]; sukzessive brach man sie ab oder baute sie für andere Zwecke um. Schon um 1825 wurde das Kornhaus an der Litzi abgebrochen, worauf das «Land» endgültig den Charakter eines Aarequais erhielt[135]. 1836/37 erfolgte der Umbau des Kornhauses am Klosterplatz zum Knabenschulhaus[136]; 1859 wurde der Umbau des Kornhauses in der Vorstadt zum Gefängnis beschlossen[137]. 1886 baute man das Kornhaus am Ritterquai, das um 1676 als Ballenhaus errichtet worden war, zum Schlachthaus um[138].

VERÄNDERUNGEN INNERHALB DER ALTSTADT

Die genannten Gebäudeumnutzungen und -abbrüche sind als Ausdruck der Veränderung alter Strukturen und Funktionen zu interpretieren; dies ist im zweiten und im dritten Drittel des 19. Jahrhunderts auch an weiteren Objekten innerhalb der Altstadt zu beobachten. Einstmals funktional in sich abgeschlossene Gebäudekomplexe wurden durch Teilabbrüche und Umnutzung geöffnet; ihre Verwendung paßte sich den neuen Erfordernissen der bürgerlichen Gesellschaft des 19. Jahrhunderts an. Es trifft dies insbesondere auf den ehemaligen Ambassadorenhof, das Franziskanerkloster, das Jesuitenkollegium und die Stiftsgebäulichkeiten zu. Nach seiner Verwaisung im Jahre 1792 diente der Ambassadorenhof hauptsächlich als Kaserne. Der Umbau zur Kantonsschule im Jahre 1881 nach Plänen von E. GLUTZ gab der barocken Dreiflügelanlage einen wesentlich veränderten Stellenwert: Man entfernte die südlich vorgelagerte frühere Kutschenremise und den

---

Anmerkungen am Schluß des Kapitels S. 136

Franziskanergarten (Abb. 86) und schuf in Ausweitung des 1825 gestalteten Rathausplatzes einen öffentlichen Freiraum mit denkmalbesetzter Grünanlage (Abb. 87). Der gleichzeitige Abbruch einer ganzen Zeile ehemaliger Bürgerhäuser unmittelbar östlich des Ambassadorenhofs ließ sodann den Riedholzplatz im oberen Bereich auf die heutige Größe anwachsen[139].

In analoger Weise war schon 1877 der Westflügel des 1857 aufgehobenen Franziskanerklosters abgebrochen worden; seither erscheint der ehemalige Klosterhof als räumliche Verlängerung der St.-Urban-Gasse, während umgekehrt der neu entstandene (1952 durch den Abbruch der Gibelinmühle erweiterte) Franziskanerplatz 1881 durch den Mauerdurchbruch des «Franziskanertors» direkt mit den Außenquartieren verbunden wurde[140]. Eine räumliche Öffnung wiederholte sich 1882/83 beim Umbau des ehemaligen Jesuitenkolleg-Gebäudes zum Schulhaus, als die Hofmauern sowohl zur Goldgasse wie zur Theatergasse abgebrochen wurden; man schuf auf diese Weise die für den damaligen modernen Schulhausbau typischen Freiräume mit der Funktion von Eingangs- und Pausenhöfen[141].

Einen umgekehrten Vorgang beobachtet man im Häuserquartier zwischen Klosterplatz und St.-Ursen-Terrasse, wo zu Ende des 19. Jahrhunderts an der Seilergasse, an Stelle der Gärten früherer Chorherrenhäuser und des Stadtbades, eine Häuserzeile errichtet wurde; die Ursache dieses Bauunternehmens waren weniger die Ausnützung letzter Baulandreserven innerhalb der Altstadt als vielmehr die Besitzänderungen infolge der Aufhebung des St.-Ursen-Stifts im Jahre 1874[142].

Im Unterschied zu anderen, insbesondere größeren Städten unseres Landes hat die Altstadt von Solothurn im 19. Jahrhundert keine grundlegende bauliche Erneuerung und keine Prägung durch historisierende Architektur oder Städteplanung erfahren. Einige wenige Einzelbauten sind dennoch zu nennen, auch wenn in der Zeit nach 1945 mit der Neigung für liebliche Kulissen die Spuren des Historismus im Altstadtbild meist wieder getilgt wurden.

Das Von-Sury-Haus an der Hauptgasse 47 entstand 1842 aus der Zusammenlegung zweier Häuser. Angesichts seiner auch heute noch imponierenden Lage am Marktplatz ist man versucht, vor dem Hintergrund der damaligen Parteienkämpfe das Haus des konservativen Oppositionsführers Joseph von Sury-Bussy als politische Demonstration zu interpretieren. Um 1892 war es durch Fassadenstuck gar zum Neurenaissance-Palazzo aufgewertet worden[143] (Abb. 88). Ihm antwortete auf der gegenüberliegenden Seite des Marktplatzes das Peternierhaus (ursprünglich Café Fédéral, heute Café Rust; Hauptgasse 45). 1910 war der Kopfbau mit Unterstützung des Heimatschutzes mit neubarocken Stilelementen zu einem reich instrumentierten Geschäftshaus ausgestaltet worden[144] (Abb. 89, 90). Nicht minder dominierend war das frühere Hotel Storchen am nördlichen Brückenkopf der Wengibrücke (Abb. 293), welches 1909 der heutigen Solothurner Handelsbank von Probst & Schlatter weichen mußte[145].

Städtebaulich eher verborgen ist der rückwärtige Rathausanbau in barockisierenden Jugendstilformen an der Rathausgasse aus dem Jahre 1904. Der überreich instrumentierte Bau des Bündners J. Colani war wegen seines berlinerischen Stileinflusses bald der Kritik ausgesetzt[146].

Weitere vergleichbare Fassadenänderungen in auffälligen Stilformen des Historismus trifft man an folgenden Häusern an: Gurzelngasse 7: neugotische Fassadengestaltung aus den 1860er Jahren, 1984 restauriert[147]. – Ehemaliges Gasthaus Metz-

Abb. 86
Blick vom Rathausplatz gegen Nordosten in den Garten des ehemaligen Franziskanerklosters vor den Veränderungen um 1881. Am linken Bildrand der Chor der Franziskanerkirche, daran anschließend die Kutschenremise des Ambassadorenhofs, welche diesen (im Hintergrund erkennbar) gegen den Franziskanergarten abschloß. Rechts das alte Zeughaus mit dem vorgebauten Fußgängerzugang zum Ambassadorenhof. Photographie von C. Rust, 1881. – Text S. 89f.

Abb. 87
Blick vom Rathausplatz gegen Nordosten auf die Grünanlage an der Stelle des ehemaligen Franziskanerklostergartens und in den Hofraum des Ambassadorenhofs. Im Vordergrund das Denkmal für Oberlehrer Roth von 1884. Photographie, um 1920–1930. – Text S. 90.

gerhalle (Gurzelngasse 21): Fassadengestaltung in Neurenaissance um 1870–1880, 1964/65 purifiziert[148]. – Theatergasse 25 (ehemalige Metzgerei): Neurenaissance-Fassade von 1896[149]. – Stalden 3: Wohn- und Geschäftshaus mit Fassade in Jugendstilformen von 1910[150]. – Stalden 8: Kino Hirschen oder Elite: Neubau von 1915 mit blindem Projektionserker. Ersatz durch Geschäftshaus 1987/88[151]. – Hauptgasse 67 (ursprünglich Vigier-Haus): Neubau in barocken Jugendstilformen 1916, Purifizierung 1972[152].

Es fällt auf, daß sozusagen alle der genannten Bauten sich an städtebaulich exponierten Stellen befanden und durch ihre Lage platz- oder straßendominierend gewichtige moderne Akzente ins weitgehend barock oder biedermeierlich geprägte Stadtbild setzten.

Umfassendere Neubau- und Stadtsanierungsprojekte sind glücklicherweise nicht realisiert worden, etwa der 1914 diskutierte Neubau des Gemeindehauses an der Barfüßergasse (ehemaliges Haus Stäffis-Molondin) oder der vorgeschlagene Ersatz der baufälligen Jesuitenkirche durch eine Einkaufspassage 1927. Solche städtebaulichen Kahlschläge wurden erst in den 1960er Jahren in die Tat umgesetzt, in den parzellenübergreifenden Abbrüchen im Bereich Schweizerische Kreditanstalt (Hauptgasse/Gerberngasse/Löwengasse), Hotel Roter Turm (Hauptgasse/Schaalgasse) und Warenhaus Nordmann (Gurzelngasse/Weberngasse/St.-Urban-Gasse).

Beginn der Entfestigung ab 1835

Die Entfestigung der Schweizer Städte nahm ihren Anfang mit den neuen Regenerationsregie-

---

Anmerkungen am Schluß des Kapitels S. 136–137

rungen von 1830/31. Es ist eine unzulängliche Vereinfachung, die Ursachen für den Schanzenabbruch in Solothurn allein im lokalpolitischen und -ideologischen Umfeld zu suchen und zu behaupten, mit dem Abbruch der Schanzen hätte ein altes patrizisches Symbol zerstört werden sollen. Diese parteipolitisch gefärbte Interpretation entsprang erst späteren Jahren, als sich der Gegensatz zwischen liberalem und konservativem Lager während der Kulturkampfzeit auch in der Frage der Schleifung der Schanzen äußerte. Andererseits bildete die Entfestigung Solothurns keine bloß städtische Angelegenheit, sondern sie gehörte in die Zuständigkeit des Kantons. Und wegen der möglichen militärischen Bedeutung von Stadtbefestigungen in unserem Land wurden auch auf eidgenössischer Ebene Abklärungen über deren Nutzen getroffen. Ein Gutachten von Oberst KARL JULIUS GUIGUER VON PRANGINS zu Handen der Tagsatzung legte 1832 «einen grossen Werth auf das Fortbestehen der Festungswerke der Hauptstädte Zürich, Bern und Solothurn»[153]. Vergeblich versuchte darauf der Kanton Waadt, durch die Eidgenossenschaft den Abbruch der Stadtbefestigungen aus militärischen Gründen verbieten zu lassen. In einem Beschluß vom 8. August 1834 setzte sich die föderalistische Meinung durch, welche durch die Möglichkeit der «Abtragung von solchen Festungswerken ... die gehörige Entwicklung der industriellen Kräfte und überhaupt eine freiere Bewegung im Innern» erleichtern wollte[154].

Abb. 88
Blick über den Marktplatz gegen Nordosten auf den Fischbrunnen und das Von-Sury-Haus. Photographie, um 1920. – Text S. 90.

Schleifung der Befestigungen vor dem Bieltor und vor dem Baseltor

Auf Grund dieser Fakten kann es nicht erstaunen, daß noch im gleichen Jahr auch in Solothurn die Entfestigungsfrage aktuell wurde. Auslöser war ein Zeitungsartikel im Solothurner Blatt vom 27. Dezember 1834 (Nr. 52), der in zwei Planvarianten die Verbesserung der Straßenführung im Bereich des Bieltors und des Baseltors anregen wollte. Im Bereich des Ravelin vor dem Bieltor (des Käferschänzlis) wurde eine direkte Straßenführung durch den aufzufüllenden Schanzengraben in den Hermesbühl vorgeschlagen (Abb. 211). Vor dem Baseltor stand eine bescheidenere Lösung mit einfacher Straßenkorrektion zur Diskussion oder dann der Abbruch der Schulschanze, welcher eine schnurgerade Verbindung des inneren Baseltors mit der Baselstraße ermöglichen sollte (Abb. 223). Zu Beginn des neuen Jahres beschäftigte sich der Kleine Rat (Regierungsrat) mit diesen Vorschlägen und leitete rasch entsprechende Maßnahmen ein. Am 23. Januar 1835 beschloß die Regierung den Abbruch der Schulschanze beim Baseltor sowie die Planierung des Käferschänzlis vor dem Bieltor; sie hatte die verkehrstechnischen Argumente stärker gewichtet als die Erhaltung dieser Schanze und sich damit für die radikaleren Lösungen entschieden[155]. Bis zum Herbst waren die Schulschanze eingeebnet und der Schanzengraben zur Aufnahme der begradigten Baselstraße aufgefüllt. Ab dem 17. Oktober 1835 sollten auch die Stadttore über Nacht nicht mehr geschlossen werden[156]. Alsbald wurde in mehreren Gremien der Abbruch der übrigen Festungswerke diskutiert, wobei das städtische Nutzungsrecht für die Schanzenareale zugunsten der «Stadtarmen» laut Aussteuerungsurkunde von 1803 besonders für Gesprächsstoff sorgte. Während der folgenden Jahrzehnte blieb die Frage der Nutzungsrechte aktuell[157].

Nach der Zerstörung der Schulschanze beschloß der Regierungsrat am 1. Juli 1836 auch den Abbruch des äußern Baseltors. Der architekturhistorischen Bedeutung dieser Baute des späten 17. Jahrhunderts war man sich bewußt und wollte abklären lassen, «ob dieses Portal nicht schiklich am Zeughause oder an einem andern obrigkeitlichen Gebäude angebracht werden könnte»[158]. 1837/38 wurde durch die Teilplanierung des

Abb. 89 und 90
Blick über den Marktplatz gegen Nordwesten auf das Peternierhaus (Hauptgasse 45) vor dem Umbau von 1910. Photographie, um 1900–1910. – Text S. 90. – Blick über den Marktplatz auf das Peternierhaus (Hauptgasse 45) nach dem Umbau von 1910. – Text S. 90.

Schanzengrabens vor dem Käferschänzli die Streckenführung der Bielstraße begradigt[159]. Am 25. April 1839 versteigerte man die steinerne Brücke vor dem äußeren Baseltor für 1330 Pfund an die Von Rollschen Eisenwerke, welche das vierjochige Bauwerk auf ihrem Firmenareal in der Klus bei Balsthal wiederaufrichten ließen. Heute tragen noch zwei steinerne Joche der Baseltorbrücke die Dünnernbrücke in der Klus[160] (Abb. 225). 1839/40 wurde sodann auf Beschluß der Regierung das Ritterbollwerk am Aarenordufer abgebrochen, womit die Fortifikation an der Ostflanke der Stadt gut zur Hälfte zerstört war[161]. Während dieser ganzen Abbruchphase fällt auf, wie sorgsam man darauf bedacht war, das Abbruchmaterial aufzubewahren und gar zu inventarisieren oder dann zur Wiederverwendung freizugeben. Im Frühjahr 1836 wurden die ersten sogenannten «Schanzsteine» für den Schulhausbau in Niederwil gebraucht; die weiteren Verwendungszwecke wurden gewissenhaft im Bauamtsprotokoll verzeichnet[162].

Ohne viel Aufhebens wurde dagegen um 1839 das Wassertor am nördlichen Kopf der Wengibrücke abgebrochen, um die Verkehrssituation an der Aarebrücke zu verbessern.

Überbauungspläne für das ehemalige Schanzenareal

Bereits etwa 1837/38 war ein erstes Projekt entworfen worden, wie das durch den Schanzenabbruch zu gewinnende Areal östlich des inneren Baseltors und nördlich der Altstadt in einheitlicher städtebaulicher Anlage zu überbauen sei (PD 43) (Abb. 91). Der VIKTOR TUGGINER zuzuschreibende Plan sah ungefähr an der Stelle der alten Schanzengräben eine Art Ringstraße vor mit beidseitigen Häuserreihen samt Vorgärten. Vieles bleibt schematisch in dem Projekt und auch städtebaulich unausgereift, insbesondere die Übergänge, die Stellung der Neubauten zur Altstadt und schließlich die nicht bewältigte Platzgestaltung vor dem Riedholzturm[163]. Die Planung schließt sich aber der hierzulande in der Frühzeit der Entfestigung bevorzugten Tendenz zur Überbauung der ehemaligen Befestigungsareale an[164].

Nachdem sich Stadt und Kanton Solothurn 1842 vertraglich über Verwendung und Nutzung des früheren Schanzenareals hatten einigen können, schien die Überbauung des Geländes vor

Anmerkungen am Schluß des Kapitels S. 137–138

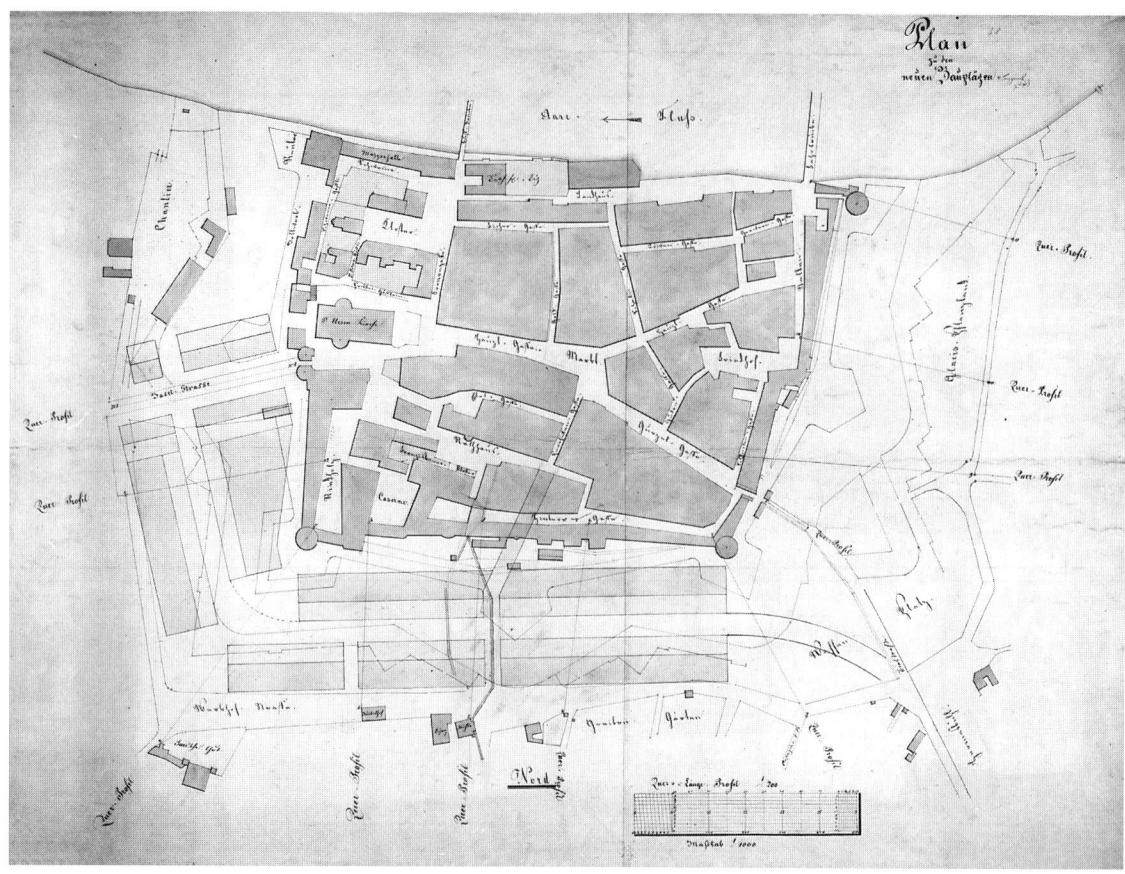

Abb. 91
Projekt zur Anlage und Bebauung einer Ringstraße an der Stelle der Schanzen östlich und nördlich der Altstadt. Kolorierte Federzeichnung von Viktor Tugginer (Zuschreibung), um 1837/38 (PD 43). – Text S. 93.

dem inneren Baseltor nahe. In Anlehnung an den generellen Plan von 1837/38 wurde 1843 für den neuen Abschnitt der Baselstraße, der an Stelle von äußerem Baseltor und Schanzengraben entstanden war, ein Richtplan geschaffen (PD 45) (Abb. 92): Auf vierzehn Häuserparzellen mit Vorgärten sollten zwei «geschloßene Häuserreihen in Form einer Gasse erbaut werden»[165]. Am 5. Oktober 1843 wurden drei der Parzellen an Solothurner Geschäftsleute versteigert. Trotz genau umschriebener Bauverpflichtung unterblieb aber schließlich eine Überbauung der genannten Areale. Das wirtschaftliche und städtebauliche Wachstum von Solothurn am Vorabend der Gründung des modernen Bundesstaats reichte noch nicht dafür aus, daß sich im sogenannten «Oltner Loch» als erster Bresche in der barocken Fortifikation eine neue Vorstadt hätte entwickeln können.

Erst 1862/63 wurde mit der Errichtung einer Reitschule durch die Stadt Solothurn das Areal nördlich der früheren Schanzengrabenbrücke überbaut. Die Pläne zum schlichten Bau mit flankierenden Nebengebäuden im Münchner Rundbogenstil stammten vom Zürcher Architekten Johann Kaspar Wolff; der Solothurner Viktor Tschuy lieferte die etwas vereinfachten Ausführungspläne[166]. Nur kurz zuvor, nämlich 1860, war mit der Errichtung des Gaswerks beim ehemaligen Ritter-Bollwerk an der Aare früheres Schanzenareal erstmals überbaut worden[167] (Abb. 93). Diese beiden Schlüsselbauten markieren bereits die teilweise Abkehr von der geschlossenen Vorstadtüberbauung zu einer offenen Ringstraßenanlage mit Großbauten in öffentlicher Funktion.

Anmerkungen am Schluß des Kapitels S. 138

STÄDTEBAULICHE ENTWICKLUNG
WESTLICH DER ALTSTADT SEIT 1856

Die Entfestigung nahm in Solothurn erst in den 1850er Jahren mit dem Aufkommen der Eisenbahn ihren Fortgang. 1852 widersetzte sich der Bundesrat noch einer Fortsetzung der Entfestigung von Solothurn, und General GUILLAUME HENRI DUFOUR meinte, aus militärischer Sicht sei es eine «imprudence à en compléter la démolition»[168].

Weil aber die Stadt Solothurn eine Plazierung des Bahnhofs westlich statt südlich der Altstadt hatte durchsetzen können, war beim Trasseebau 1856 in der Vorstadt ein Durchbruch der Kurtine zwischen der Kuhschanze und der Krummturmschanze samt Auffüllung des Schanzengrabens notwendig geworden. Doch einschneidender war die Zerstörung von Katzenstegturm und -schanze für den Bau der Straßenzufahrt zum Bahnhof westlich der Altstadt. Diese Abbrüche erfolgten, obwohl am 16. Januar 1856 in einem «Expertenbericht über die Bahnhoffrage in Solothurn» die Gutachter RULAND und JOHANN KASPAR WOLFF bei der Beurteilung der militärischen Bedeutung der Solothurner Festungswerke deren «militärischen Werth für unsere Landesvertheidigung» unterstrichen und gar die Wiederherstellung der gegen 1840 abgebrochenen Schanzen im Osten der Stadt anregten[169]. Angesichts der auch in den 1850er Jahren andauernden Entfestigungswelle in der Schweiz erstaunt nicht, daß man diese Bedenken der Gutachter bei der Planung der Bahnhofzufahrten und einer ins Auge gefaßten Überbauung eines neuen Quartiers zwischen Altstadt und Bahnhof in die Winde schlug.

Schon die ersten Pläne der Bahnhofszufahrten von der Aare und vom Bieltor her rechneten teilweise mit dem Abbruch des westlichen Bastionärsgürtels: In einem Projekt vom Juni 1856 entwarf der Solothurner Architekt WILHELM TUGGINER einen Quartierplan mit eine Verbindungsstraße in der Achse des Bahnhofgebäudes zum Platz vor dem Bieltor und mit seitlichen Schachbrettüberbauungen[170] (PD 49). Mit dem Bau des spätklassizistischen Hotels Bargetzi am Platz des Westbahnhofs (Westbahnhofstraße 1; abgebrochen 1975) wurde 1857, im Eröffnungsjahr der Bahnlinie Herzogenbuchsee–Biel, der Anfang zur Überbauung des sogenannten «Neuen Quartiers vor dem Bieltor» gemacht[171].

Vorplanung für ein «Westringquartier»

Die eigentliche Überbauungsplanung dieses Westringquartiers, welches die erste systematisch betriebene Stadterweiterung seit dem Bau der Vorstadtschanzen Ende des 17. Jahrhunderts darstellt, setzte erst um 1861 ein. Den Anlaß bildete die Verlegung des eidgenössischen Waffenplatzes vom Areal zwischen Bieltor und Hermesbühl an die südöstliche Stadtgrenze zwischen Aare und Bahnlinie. Es war der Kanton als Grundbesitzer des alten Waffenplatzareals, der bei der Planung aktiv wurde. Im Auftrag des Solothurner Regierungsrates erarbeitete 1861 der Berner Kantonsbaumeister FRIEDRICH SALVISBERG (1820–1903) zwei «Projekte für die neue Quartieranlage auf dem Waffenplatz». Die beiden Pläne haben sich nicht erhalten und können nur auf Grund des begleitenden Berichtes vom 7. Juni 1861 beurteilt werden: SALVISBERG schlug offenbar eine weitgehende Entfestigung der Stadt und eine Ringstraßenplanung vor. Das Westringquartier als Entwicklungsgebiet sollte durch einen Häuserdurchbruch vom Friedhofplatz her zusätzlich erschlossen werden und mehrere öffentliche Gebäude wie reformierte Kirche, Museum, Amtshaus sowie freie Plätze aufnehmen[172]. Eine Realisierung von SALVISBERGS Plan scheiterte am Widerstand der Stadtgemeinde Solothurn; darauf arbeitete der Solothurner Kantonsbaumeister ALFRED ZSCHOKKE einen Kompromißvorschlag aus, der zusammen mit Erläuterungen von Regierungsrat Wilhelm Vigier 1862 publiziert wurde.

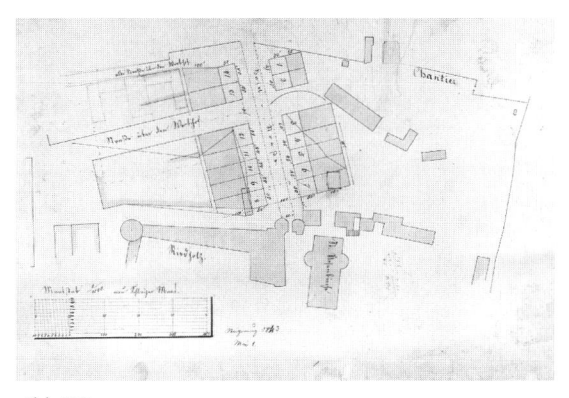

Abb. 92
Projekt zur Anlage zweier Häuserreihen vor dem Baseltor. Anonyme Federzeichnung, 1843 (PD 43). – Text S. 94.

Überbauungsplan von Alfred Zschokke für das Westringquartier, 1862 (PD 52; Abb. 94)

ZSCHOKKES Plan orientierte sich nicht mehr wie TUGGINER 1856 an einer symmetrischen Rasteranlage, sondern disponierte in Berücksichtigung des unregelmäßig begrenzten und geneigten Areals ein Quartier mit recht viel Freiräumen, das in seiner beschränkten Überbauungsdichte und gattungsmäßigen Durchmischung auf die begrenzten Entwicklungsmöglichkeiten Solothurns Rücksicht nahm. Zur Aare hin öffnet sich das Quartier in einem weiträumigen Marktplatz beim Lagerhaus der Schweizerischen Centralbahn. Als baum- und brunnenbestandener Binnenplatz präsentiert sich dagegen der Freiraum innerhalb des Häusergevierts hinter dem geplanten Amthaus[173]. Städtebauliche Hauptelemente sind aber der Bahnhofplatz und der vorerst nach dem polnischen Freiheitshelden benannte Kosciuszkoplatz vor dem Bieltor, welche durch die abschüssige Bahnhofstraße verbunden werden sollten. Die Poststraße beim Bahnhof und die Wengistraße bilden die Querachsen. Vom städtebaulichen Gesichtspunkt her überzeugt am meisten die großzügige Gestaltung des Platzes vor dem Bieltor, wo die Bielstraße und die Bahnhofstraße abzweigen und Monumentalbauten dominieren sollten, insbesondere das stumpfwinklige Amthaus in der Achse der Gurzelngasse.

Nach der regierungsrätlichen Genehmigung vom 27. Februar 1863 erfolgte ziemlich planmäßig die zügige Errichtung dieses neuen Stadtteils[174]. Im Frühjahr wurden die Hausplätze versteigert; bei Androhung einer sehr hohen Konventionalstrafe wurde eine Überbauung innert vier Jahren verlangt. Gleichzeitig nahmen Stadt und Kanton den Bau der Straßen, der Trottoirs und einer modernen Dolenkanalisation in Angriff. 1864–1868 wurde der größte Teil der Häuser an der Bahnhofstraße, der Poststraße, der Wengistraße und am südlichen Kosciuszkoplatz (heute Amthausplatz) errichtet[175].

Ein Teil der Bauten entstand nach Plänen des Solothurner Architekten WILHELM TUGGINER; weitere Beteiligte dürften der Bildhauer und Architekt

Abb. 93
Blick über die Aare mit der neuen Rötibrücke. Am nördlichen Aareufer, von links nach rechts, das Schlachthaus, das Gaswerk und das Schützenhaus. Photographie, um 1925. – Text S. 94.

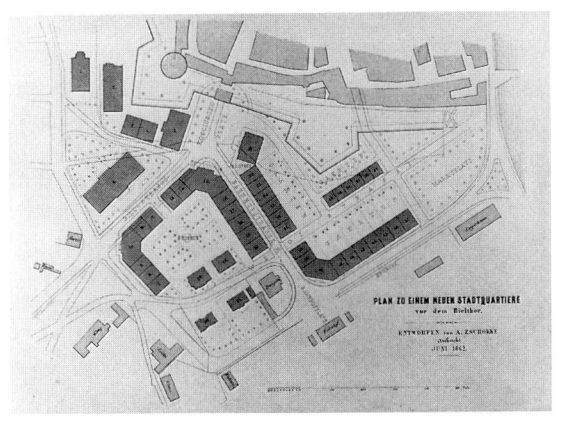

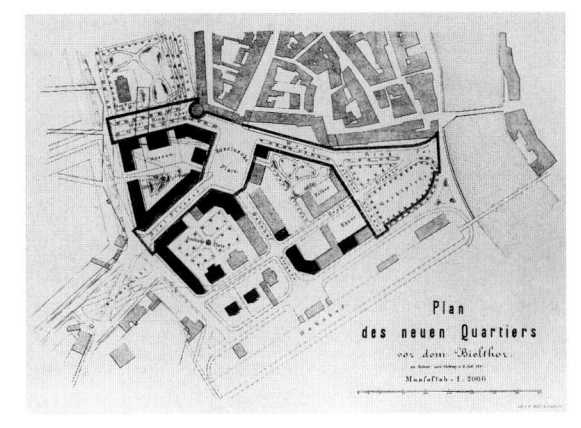

Abb. 94 und 95
Überbauungsplan für das Westringquartier. Lithographie nach Alfred Zschokke, 1862 (PD 52). – Text S. 94. –
Überbauungsplan für das Westringquartier. Lithographie, 1867 (PD 56). – Text S. 94.

LUDWIG PFLUGER und der Baumeister PETER FELBER gewesen sein. Auch wenn Bau- und Trauflinien streng strukturierend wirkten, erzeugten die gemischten Nutzungsformen eine gewisse Variierung der Bautypen und des Erscheinungsbildes, das – über einem urbanen Stadtplan – kleinstädtische Züge besaß. Am einheitlichsten wirkte und wirkt die Westbahnhofstraße, in der aus einem spätklassizistisch dominierten Ensemble historizistisch stärker instrumentierte Einzelbauten (Nr. 3, 7) oder kubisch besonders markante Kopfbauten (Nr. 2, 10) herausragen (Abb. 98–100).

Schleifung der Schanzen am Westring

Im August 1865 wurde auf Beschluß der Regierung mit dem Abbruch der westseitigen Festungswerke begonnen, um einen unmittelbaren Anschluß des neuen Quartiers an die Altstadt zu schaffen. Ein erstes Projekt von Kantonsingenieur HERMANN DIETLER hatte vorgesehen, die Kurtinenmauern südlich des äußeren Bieltors abzubrechen und die so frei gestellte St.-Josefs-Schanze als Grünanlage stehenzulassen[176]. Schließlich wurden 1865/66 alle barocken Fortifikationen am Westring zerstört und gar ein Abbruch des Buristurms (des Pendants zum 1856 verschwundenen Katzenstegturm) nicht mehr ausgeschlossen[177]. An Stelle der Wallmauern wurde 1867 nach Vorplanungen die Westringstraße erstellt. Die zwischenzeitlich erörterte Anlage eines Grünzonenstreifens[178] unterblieb, und man legte die Straße unmittelbar entlang neuen Vorgärten der Altstadthäuser von Schmiedengasse und Stalden an. Ein Vertrag vom 2. Juli 1867 zwischen Stadt und Kanton regelte die Ausführung des Kosciuszkoplatzes bzw. der Westringstraße[179].

Errichtung der Bauten um den Amthausplatz vor dem Bieltor (Abb. 100–102)

In der zweiten Hälfte der sechziger Jahre kam es zur Ausführung mehrerer Bauvorhaben öffentlichen Charakters am Kosciuszkoplatz und nördlich davon. 1866/67 erbaute man auf der Glacismatte nördlich des Buristurms in einer neu entstehenden Ringstraßenanlage entlang der Werkhofstraße in neugotischem Stil die reformierte Kirche. Schon 1862 hatten Pläne des Zürcher Architekten FERDINAND STADLER vorgelegen, und ALFRED ZSCHOKKES Plan für das Westringquartier hatte dem Gotteshaus schon seinen Platz zugewiesen[180]. Der Geländezwickel zwischen der korrigierten Bielstraße, der alten Werkhofstraße und der oberen Westringstraße war in verschiedenen Planspielen immer wieder für Bauten öffentlichen Charakters vorgesehen worden. Kantonsschule, Museum und Konzertsaal, die um 1860 hier projektiert worden waren, wurden an dieser Stelle nie realisiert, dafür entstand 1867/68 die Solothurnische Bank (später Kantonalbank), ein neubarockes Stadtpalais, das nach Beschluß des Regierungsrates axial gegen-

---

Anmerkungen am Schluß des Kapitels S. 138–139

über den Wirzschen Häusern am Südrand des Kosciuszkoplatzes errichtet werden sollte[181]. Das Areal nördlich des Bankgebäudes bis zur Werkhofstraße wurde als Bestandteil eines Ringstraßenparks zum sogenannten Stadtgarten ausgestaltet und erhielt nach 1900 eine pagodenartige Voliere (1902) und nach Plan von EDGAR SCHLATTER einen städtisch anmutenden Musikpavillon (1910); sie wurden 1954 im Zusammenhang mit der Errichtung des Kantonalbank-Neubaus von WILLIAM DUNKEL an der Werkhofstraße abgebrochen[182].

Städtebaulich noch bedeutungsvoller war die Realisierung des Amthauses im Winkel zwischen Bahnhofstraße und Bielstraße, das schon in ZSCHOKKES Quartierplan von 1862 als platzbeherrschender stumpfwinkliger Dreiflügelbau eingezeichnet war (Abb. 94). Ein Wettbewerb (u.a. mit FERDINAND STADLER und dem Berner FRIEDRICH STUDER als Juroren) trug 1867 21 Projekte ein.

1867–1869 bauten der erstrangierte Solothurner Architekt WILHELM JOSEF TUGGINER, der mit seinen spätklassizistischen Gebäuden dem Westringquartier sein Hauptgepräge gegeben hatte, und der zweitrangierte Zürcher HEINRICH HONEGGER-NAEFF gemeinsam das dreigeschossige Amthaus in strengem Neurenaissancestil[183] (Abb. 100–102). Der arkaden- und säulenbesetzte Mittelrisalit mit seinem reichen Zierwerk konnte während kurzer Zeit als Gegenstück zur Triumphbogenarchitektur des äußeren Bieltors verstanden werden, welches einstweilen vom Abbruch verschont geblieben war. 1871 wurde auch dieses dem blinden Fortschrittsglauben der «Vigier-Zeit» (benannt nach dem einflußreichen Regierungsrat und Landamman Wilhelm Vigier, im Amt von 1856 bis 1886) geopfert und mutwillig einer anbegehrten Versetzung an die sich im Bau befindende eidgenössische Kaserne in Thun vorenthalten[184]. Seine Voll-

Abb. 96
Vogelschau von Südwesten auf die Altstadt und den Jurasüdfuß. Lavierte Federzeichnung von L. Wagner, 1884 (BD II/22). Das Westringquartier und die neuen Aarebrücken sind vollendet, die barocken Befestigungsanlagen abgetragen.

Abb. 97
Vogelschau von Nordwesten. Im Vordergrund beidseits des Westbahnhofs das Quartier im Obach und das Westbahnhofquartier. Südlich der Aare liegen die Vorstadt und die Gemeinde Zuchwil. Photographie, 1956.

endung fand der bald einmal nach dem Amthaus benannte Platz um 1880, als der zentrale Brunnen sowie die Pflästerung erstellt wurden[185]. Um 1869 war in der Südwestecke des Platzes ein Doppelbrunnen entstanden (vgl. Brunnen, S. 252).

Die eigentliche Quartierüberbauung fand in den 1870er Jahren ihren Abschluß mit der Errichtung von kubischen Wohnhäusern an der korrigierten Westringstraße (Nr. 3, 5, 9; entstanden 1873/74)[186] sowie an der Bielstraße und der Werkhofstraße (Nr. 6, 8/10/12 bzw. Nr. 2, 4; jeweils entstanden um 1877)[187] (Abb. 103). Dabei wurden diese beiden Randbebauungen nicht mehr als Blockrandbebauungen, sondern – dem repräsentativen Wohncharakter entsprechend – als Einzel- oder Doppelhäuser mit Vorgärten gestaltet.

OTHMAR BIRKNER hat sich 1975, zu einer Zeit höchster Gefahr für den Bestand der gewachsenen

---

Anmerkungen am Schluß des Kapitels S. 139

Abb. 98
Blick auf die östliche Häuserreihe der Wengistraße auf der Höhe der Schanzenstraße. Photographie, 1920. – Text S. 97.

Abb. 99
Blick gegen Südosten auf die Häuserzeilen an der Westbahnhofstraße (links) und an der Wengistraße (rechts). Photographie, 1993. – Text S. 97.

Abb. 100
Blick vom Amthausplatz gegen Südwesten in die Westbahnhofstraße. Rechts das Amthaus I, am Straßenende der Westbahnhof. Photographie, 1993. – Text S. 97f.

Quartierstruktur, prägnant über den «Westring» geäußert und diesen als «das geschlossenste und einheitlichste Quartier des ‹strengen Historismus› in der Schweiz» bezeichnet. «Die Durchmischung von Arbeit, Kultur und Wohnungen für verschiedene Ansprüche wirkt modern und war für damalige Gepflogenheiten geradezu visionär»[188].

Entwicklung des Westringquartiers nach 1880

Die urbanistische Bedeutung des Westringquartiers als erste moderne Stadterweiterung äußert sich auch in der Dynamik seiner Entwicklung in den nachfolgenden hundert Jahren. 1894 erfolgte an Stelle des Marktplatzes an der Aare der Bau der Hauptpost nach Plänen von HANS WILHELM AUER. Der monumentale, turmbekrönte Neurenaissance-Palazzo (abgebrochen 1975) setzte ans Südende des Quartiers einen großstädtischen Akzent, der nicht ohne Kritik blieb. Das benachbarte Lagerhaus an der Poststraße 1–3 übernahm diesen Maßstab. Weitere Bauten, die den «biedermeierlichen» Quartiercharakter zunehmend veränderten, waren das Magazin der Schweizerischen Konsumgesellschaft (Schanzenstraße 6; abgebrochen 1986)[189], das ehemalige Restaurant National von HERMANN BLASER 1927 (heute Geschäftshaus Wengistraße 27)[190], die Schweizerische Volksbank von OTTO RUDOLF SALVISBERG und OTTO BRECHBÜHL 1928 (Wenigstraße 2)[191], das ehemalige Verwaltungsgebäude der Kantonalbank von E. BÜTZBERGER und H. ANLIKER aus Burgdorf von 1934 (heute Amthaus II) am gleichzeitig umgestalteten Amthausplatz[192]. Diese Bauten aus den zwanziger und dreißiger Jahren charakterisiert eine ausgesprochene Zurückhaltung gegenüber modernen Bauformen. Dasselbe gilt für den Neubau der protestantischen Kirche 1923–1925 durch HEINRICH und ARMIN MEILI in Luzern; die Querkirche markiert in Gestalt und Stil den neoklassizistischen Ausklang des Historismus in Solothurn[193].

Vollzogen sich Änderungen nach 1880 nur punktuell an einigen städtebaulich exponierten Stellen, so entstanden während des Baubooms in den 1960er bis 1980er Jahren vor allem im Bereich von Wengi- und Poststraße sowie der Schanzenstraße eine Vielzahl von großmaßstäblichen Neubauten. Sie veränderten den ursprünglichen Quartiercharakter sehr stark, ohne eine überzeugende neue städtebauliche Leistung zu vollbringen.

Abb. 101
Blick über den Amthausplatz gegen Nordwesten in die Bielstraße. Links das Amthaus (heute Amthaus I), rechts die alte Kantonalbank (abgebrochen). Photographie, um 1900. – Text S. 98.

Abb. 102
Blick vom Bieltor gegen Westen auf den Amthausplatz. Rechts das Amthaus I, links das Amthaus II. Photographie, 1993. – Text S. 98.

UMFASSENDE STADTPLANUNGEN
FÜR SOLOTHURN IN DEN JAHREN 1867,
1885 UND 1911

Der erfolgreiche Verlauf von Verkauf und Überbauung der Bauplätze im Westringquartier animierte Solothurn offenbar zu einer großangelegten Stadtplanung im Bereich eines erweiterten Grüngürtels um die Altstadt (PD 22, 28, 33). Der «Situationsplan zu neuen Quartieren & Anlagen Solothurn» des Berner Kantonsingenieurs ROBERT MOSER von 1867 ist zwar im Original nicht auffindbar, aber in Form einer alten Photographie überliefert (PD 22) (Abb. 104) und durch ein Exposé

Anmerkungen am Schluß des Kapitels S. 139

des Planverfassers vom Februar 1867 zusätzlich erschließbar[194]. Ein unmittelbarer Anlaß für die Entstehung dieser Stadtplanung ist nicht erkennbar. Sie offenbart aber mit aller Deutlichkeit die Aufbruchstimmung der «Vigier-Zeit» und den Optimismus bezüglich der künftigen Entwicklung Solothurns.

Ein Netz von baumbestandenen Verbindungsstraßen überzieht das Weichbild der Altstadt. Eine geometrische Regelmäßigkeit der Straßen und der dadurch ausgeschiedenen Quartierinseln wird stellenweise erreicht, aber meistens durch die Geländetopographie, bestehende Straßen- oder Schienenführung und schließlich durch vorhandene Bausubstanz behindert. Dennoch erstaunt, mit welcher Großzügigkeit man bestehende Bauten teilweise dieser Planung opfern wollte und wie man überdies die Areale der Klöster Visitation, Kapuziner, Nominis Jesu und St. Joseph in die städtebaulichen Gedankenspiele einbezog.

Auffällig neben dem Alleennetz sind die vollständige Entfernung aller Barockbefestigungen und die im Osten und im Norden geplante Errichtung einer inneren und äußeren Ringstraße auf der Höhe des mittelalterlichen Stadtgrabens bzw. der barocken Glacis. An die Stelle der zu schleifenden Fortifikationen sollten abwechselnd großzügige Park-, Platz- und Straßenanlagen, Blocküberbauungen oder öffentliche Großbauten zu stehen kommen; auf die reformierte Kirche beim Bieltor (1865ff.) und die Reitschule beim Baseltor (1862/63) war dabei schon Rücksicht zu nehmen. In seiner etwa symmetrischen Anlage besonders klar strukturiert ist der Nordring, bei dem auf der Grundlage eines Tordurchbruchs beim Franziskanerkloster[195] eine neue Ausfallachse in Richtung Schanzmühle entstehen sollte.

Unmittelbare Auswirkungen dieser Richtplanung sind nicht erkennbar. Sie wird aber um 1885 (ungefähr zum Zeitpunkt, da die Überbauung des Quartiers beim Bahnhof Neu-Solothurn sich konkretisiert) überarbeitet und auf die Außenquartiere entlang den Ausfallstraßen ausgedehnt. Ein weit vorausblickender «Situationsplan der Gemeinde Solothurn 1885» (PD 28) will ein Netz normierter Straßenalleen über jenen Teil des Stadtgebietes ziehen, der erst etwa nach vier Jahrzehnten tatsächlich einigermaßen überbaut sein wird[196].

Der Aufbruchzeit nach der Jahrhundertwende, welche Solothurn ein großes Bauaufkommen bescherte, entsprang dann 1911 ein euphorisch anmutender «Bebauungsplan» des «Schweiz. Bureau für Städtebau», der das gesamte Stadtgebiet mit einem mehr oder weniger feinmaschigen Netz von organisch ins Gelände eingepaßten Quartier- und Erschließungsstraßen belegt (PD 33). Ist dieser Richtplan hinsichtlich einiger Einzonungs- und Überbauungsvorschläge und der drei zusätzlichen Aarebrücken bis auf den heutigen Tag Utopie geblieben, enthält er aber mit der Disponierung der geplanten Industriezone im Brühl und des neuen Spitals südlich des Bahnhofs auch einige wegweisende Aspekte.

Scheint man in den städtischen und kantonalen Gremien das Entwicklungspotential der Stadt auch deutlich überschätzt zu haben, so legen die Planungen von 1867, 1885 und 1911 andererseits Zeugnis von der Bereitschaft Solothurns ab, sich im Einklang mit den aktuellen städtebaulichen Strömungen für einschneidende Änderungen in der Zukunft offen zu zeigen.

DIE ENTFESTIGUNG DER VORSTADT
UND DER BAU VON BAHNHOF UND
QUARTIER NEU-SOLOTHURN

Der Entscheid des Kantonsrates von 1871, den Bahnhof für die geplante Gäubahn gegen den Willen der Stadt südlich der Vorstadt zu errichten, führte fast selbstredend zum Abbruch der Vorstadtschanzen, der ebenfalls durch den Kantonsrat am 26. November 1873 beschlossen wurde. Bis

Abb. 103
Ansicht der östlichen Häuserreihe der Bielstraße (Nr. 6–12). Photographie, 1993. – Text S. 99.

VOM BEGINN DER ENTFESTIGUNG BIS UM 1920   103

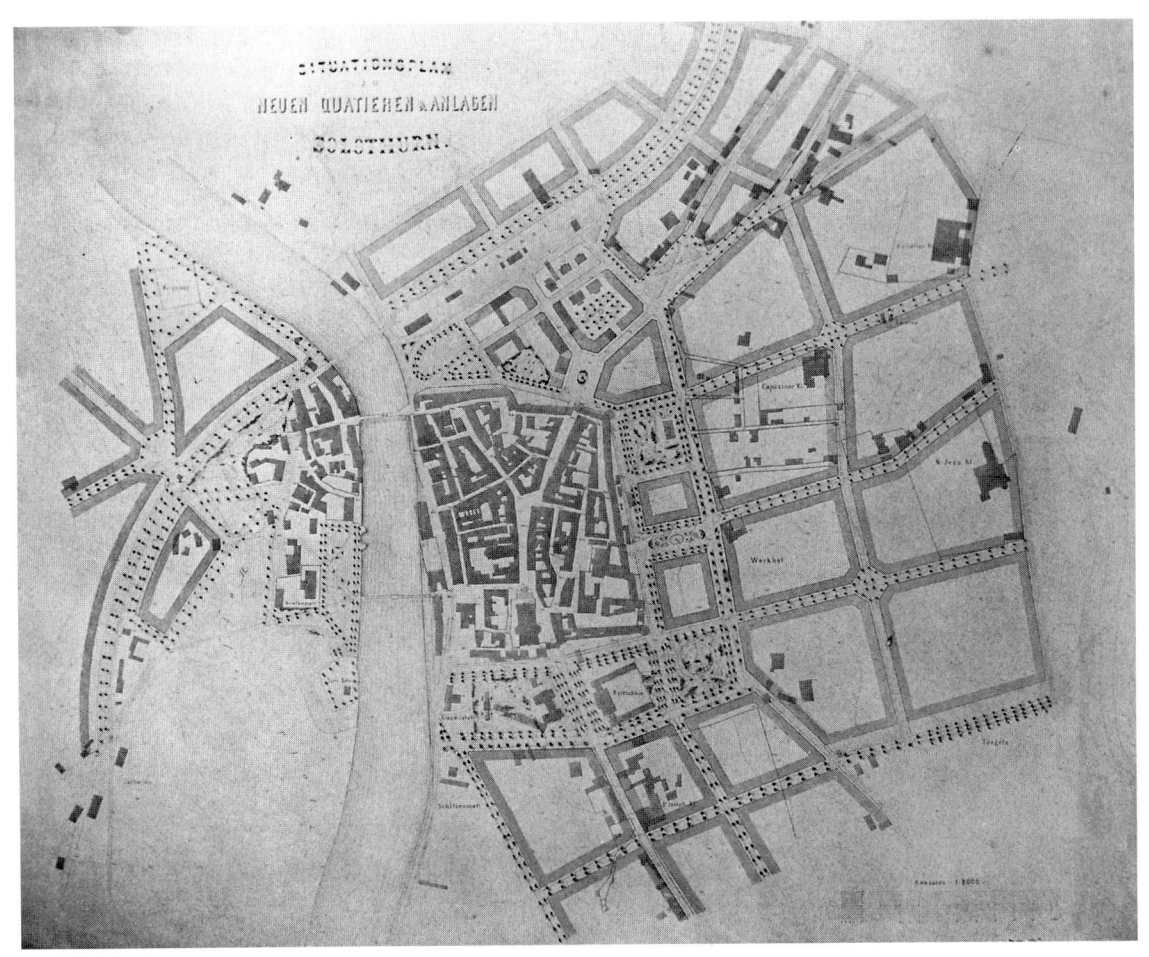

Abb. 104
Projekt zur Erschließung neuer Stadtquartiere von Robert Moser, 1867. Photographie des verschollenen Originalplans (PD 22). – Text S. 101.

1877 wurden die Kornhausbastion und die Kuhschanze mit Kurtinen sowie das innere Berntor abgebrochen. Das äußere Berntor war schon 1861 und 1863 in zwei Etappen abgebrochen worden; Teile davon stellte man bei der Strafanstalt auf dem Kreuzacker wieder auf[197] (vgl. Kapitel Stadtbefestigung, S. 182ff.). Zur geplanten Überbauung des heutigen Dornacherplatzes durch Einzel- und Reihenhäuser kam es nicht, dafür entstand in den achtziger Jahren südlich der Dornacherstraße entlang den Geleisen der erste Bestandteil einer Überbauung an Stelle der Vorstadtschanzen, nämlich die klassizistisch geprägte Einzelhausgruppe Dornacherstraße 4–18 mit dem Hotel Jura als östlichem Kopfbau[198].

Planungen für das Quartier Neu-Solothurn

Im Zusammenhang mit der Arealplanung des Bahnhofs Neu-Solothurn (des heutigen Hauptbahnhofs) schuf im April 1875 der Stadtingenieur EUSEBIUS VOGT eine generelle Quartierplanung, die erstmals die Idee einer städtebaulich dominierenden Achse vom Hauptbahnhof über eine dritte Aarebrücke zu einer Ringstraße um die Altstadt enthielt[199] (PD 61) (Abb. 105). Dieselben Gedanken griff im Oktober 1877 J. FLURY auf, der für das Bahnhofquartier erstmals ein detaillierteres Überbauungsprojekt mit regelmäßigen Häuserblocks

---

Anmerkungen am Schluß des Kapitels S. 139

entlang der heutigen Dornacherstraße erarbeitete (PD 62). Wiederum wurde an die Option einer dritten Aarebrücke gedacht[200]. Im Oktober 1884 entwarf Kantonsingenieur V. SPIELMANN für den Kanton drei Überbauungsprojekte für das Quartier zwischen der Aare und dem neu zu errichtenden Bahnhof[201]. Allen drei gemeinsam war nebst der Erhaltung der Turnschanze an der Aare eine Diagonalverbindung von der Kreuzackerbrücke zum Bahnhofplatz. Die Forderungen des städtischen Begutachters, EMIL BODENEHR, gingen weiter, denn er verlangte, es sei ein symmetrischer Platz vor dem neuen Bahnhof anzulegen und von diesem aus eine geradlinige Straßen- und Brückenverbindung zur Baseltorkreuzung und überdies zur in Aussicht genommenen Ringstraße nördlich der Aare zu schaffen[202]. Eine weitere Planungsetappe im Juli 1886 mit den Architekten J. GASSER und E. SCHLATTER lieferte zwei detaillierte Überbauungsvorschläge nach BODENEHRS Vorstellungen, einerseits in gemischter Block- und Einzelbauweise, andererseits in Blockbauweise mit großen Innenhöfen[203] (Abb. 106). An dieser städtisch anmutenden blockweisen Quartierüberbauung orientierte sich schließlich der Gestaltungsplan des inzwischen zum Kantonsingenieur ernannten EMIL BODENEHR vom Januar 1889[204] (Abb. 107): Ein breiter baumbestandener Boulevard führte von der Aare her axial zum Bahnhofgebäude mit Bahnhofplatz; die Grundlinie des neuen Quartiers (Dornacherstraße und Luzernstraße) verlief rechtwinklig zur Allee entlang dem Geleiseareal. Die durch Querstraßen gebildeten Häusergevierte durchschnitt diagonal die Hauptbahnhofstraße als Verbindung zum barocken Park des Kreuzackers und zur unteren Aarebrücke.

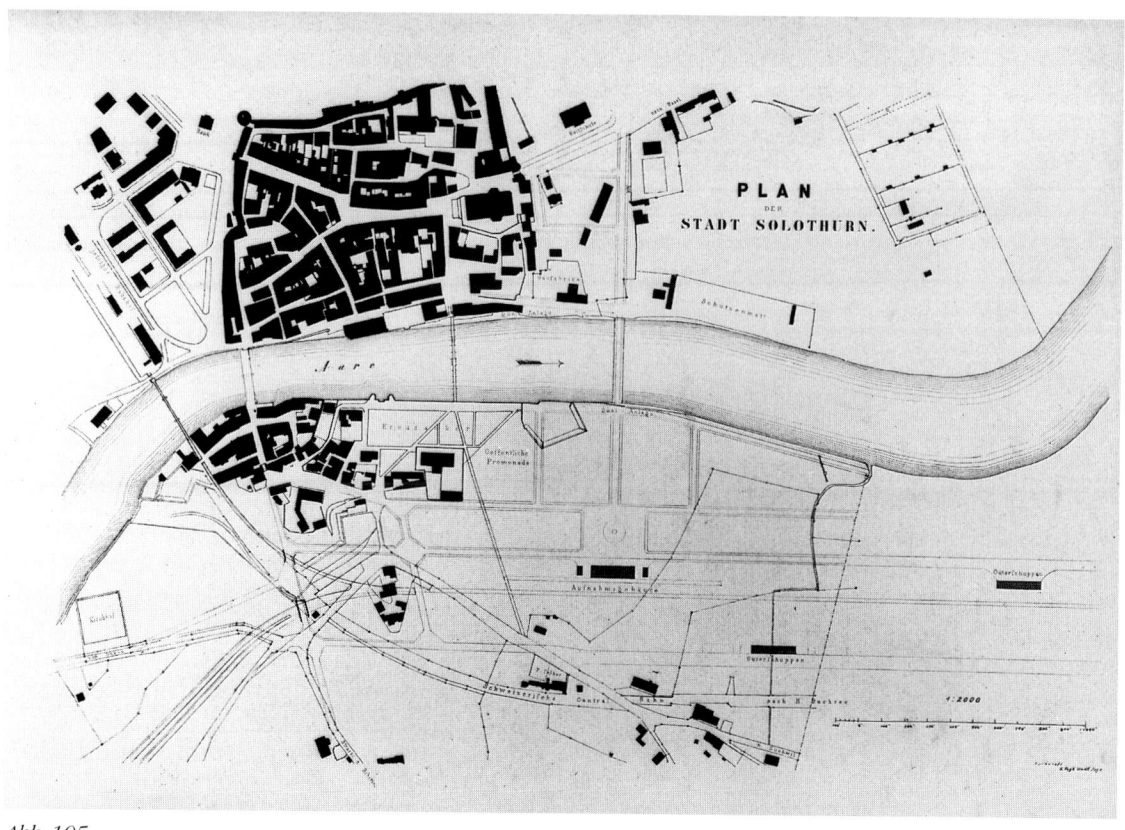

Abb. 105
Stadtplan mit Projekt für einen Bahnhof Neu-Solothurn (heute Hauptbahnhof) und einer nach Norden gerichteten Straßenachse mit Aarebrücke (heute Rötistraße und Rötibrücke). Lithographie von Eusebius Vogt, 1875 (PD 61). – Text S. 103.

Realisierung des Quartiers Neu-Solothurn

BODENEHRS Plan von 1889 mit acht durchnumerierten sogenannten Baugruppen (Abb. 107) wurde für die Realisierung von Neu-Solothurn in den folgenden Jahrzehnten maßgebend, doch vollzog sich die Überbauung nur schrittweise im Anschluß an die Versteigerung der Bauplätze innerhalb der einzelnen Baugruppen oder «Bauvierecke». Als erste Gebäude wurden 1895 die Mühlenbauwerkstätte Josef Meyer an der Rötistraße errichtet (1986 abgebrochen, an Stelle der heutigen Rötistraße 4–6; Baugruppe VII) und die drei Reihenhäuser Niklaus-Konrad-Straße 18–22 als Nordabschluß des Bahnhofplatzes (Baugruppe III). Es folgten 1895/96 ein Gewerbebetrieb an der Niklaus-Konrad-Straße 4 sowie die flankierenden Kopfbauten an der Einmündung der Hauptbahnhofstraße in den Bahnhofplatz. Es handelt sich um das Hotel Terminus (Hauptbahnhofstraße 9, erbaut 1895 für die Baugesellschaft Neu-Solothurn durch die Firma FRÖHLICHER & GLUTZ; Baugruppe III)[205] (Abb. 109) und gegenüber das noch reicher gestaltete Hotel Metropol (Hauptbahnhofstraße 12, erbaut 1896 durch Firma STÜDELI & PROBST, abgebrochen 1971; Baugruppe II)[206] (Abb. 108).

Um die Jahrhundertwende nahm die Bautätigkeit wesentlich zu, und bis zum Jahre 1904 wurden die Häuserblocks von der Hauptbahnhofstraße bis zum Dornacherplatz entlang der Dornacherstraße und der Niklaus-Konrad-Straße errichtet (Baugruppen I und II), ebenso im Zwickel nördlich davon zwischen Berthastraße und Hauptbahnhofstraße (Baugruppe V) und schließlich ein Teil der Häuserreihe im stumpfen Winkel von Hauptbahnhof- und Niklaus-Konrad-Straße (Baugruppe VI)[207].

Mitten in die Bauwelle des prosperierenden Neu-Solothurn fiel 1905/06 der Abbruch der Turnschanze am Südufer der Aare (vgl. Kapitel Stadtbefestigung, S. 213). Nicht in erster Linie, um einem Neubau Platz zu machen, sondern zum Gewinn von Auffüll- und Baumaterial für ein neues Zeughaus setzte der Regierungsrat gegen die öffentliche Meinung der Schweiz die Planierung der Halbbastion durch. Einzig im Verband mit der Aareufermauer sind Reste der Flankenmauer erhalten. Auf eine zwischenzeitlich erörterte Tieferlegung der Postenerker wurde verzichtet, und die 1905 sowie 1906 diskutierte Schulhausbaute oder

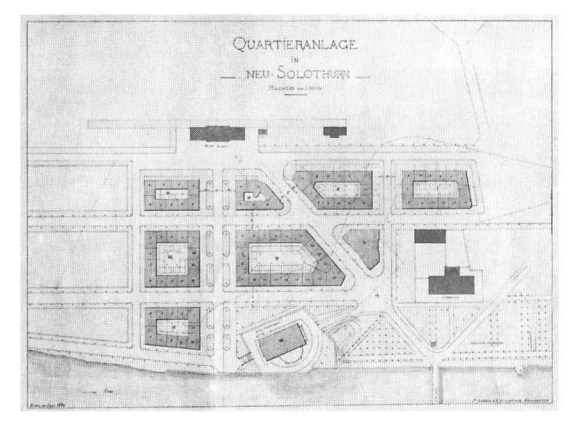

Abb. 106
Plan von J. Flury mit nicht realisiertem Überbauungsprojekt Neu-Solothurn, 1877 (PD 62). Die bei Eusebius Vogt geplante axiale Bahnhofszufahrt (vgl. Abb. 105) wird durch die diagonal verlaufende Hauptbahnhofstraße ergänzt. – Text S. 104.

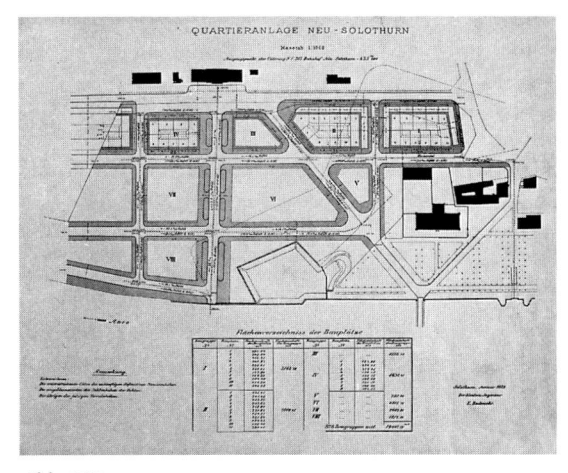

Abb. 107
Plan von Emil Bodenehr mit realisiertem Überbauungsprojekt Neu-Solothurn, 1889 (PD 62). – Text S. 104.

Hofüberbauung zwischen Schänzlistraße und einer neu anzulegenden Quaistraße kam nie zustande[208].

Vom Ersten Weltkrieg nicht behindert, nahm Neu-Solothurn weiter Gestalt an[209]. Vorerst wurde die Überbauung der Baugruppe VI fortgesetzt (vorläufige Vollendung um 1925) und dabei 1905/06 mit dem spitzwinkligen Bau der Postfiliale Neu-

---

Anmerkungen am Schluß des Kapitels S. 139–140

Solothurn (Schänzlistraße 2) nach Plänen des aus Wien stammenden Architekten LEOPOLD FEIN analog zum Metropol ein ähnlich starker architektonischer und städtebaulicher Akzent gesetzt[210] (Abb. 111).

LEOPOLD FEIN, der schon die angrenzenden Bauten an der Hauptbahnhofstraße und auch einige Häuser an der Dornacherstraße errichtet hatte, drückte dem Bahnhofquartier im folgenden endgültig seinen Stempel auf, indem er die Baugruppen IV und VI mit je einer fünfteiligen Häuserzeile überbaute. Als Architekt und als Bauherr schuf FEIN 1907/08 die malerischen Mehrfamilienhäuser Niklaus-Konrad-Straße 22–30, deren Heimatstil-Hauptfassaden und Vorgärten (in den 1970er Jahren arg beschnitten) gegen den Bahnhofplatz hin gelegen sind[211]. FEINS 1912–1919 entstandene Häusergruppe Rötiquai 14–22 übernahm dieselbe Aufgliederung der Baukuben und die Akzentuierung der Dachlandschaft, während die Fassadeninstrumentierung monumentaler gehalten ist[212]. Ihren vorläufigen Abschluß fand die Quartierüberbauung mit einer Baugruppe aus vier Mehrfamilienhäusern, die LEOPOLD FEINS «Wohnungsgenossenschaft Neu-Solothurn» 1920/21 auf einem Areal östlich der Baugruppeneinteilung von 1889 errichtete (Waffenplatzstraße 5–11). Deutlicher als bei den vorangehenden Beispielen tritt der Wohnblockcharakter in Erscheinung. Der Bau entstand in einer Zeit der Wohnungsnot, so daß das Baugesuch trotz Vorbehalten genehmigt worden war[213].

Würdigung

Nach dem Westringquartier entstand in der Zeit zwischen etwa 1890 und 1920 Neu-Solothurn als zweite moderne Stadterweiterung. Wiederum war eine Bahnhofanlage auslösend gewesen, und noch ausgeprägter als im Falle des Westbahnhofs spielten im Eisenbahnzeitalter entwickelte architektur- und stadtikonologische Kriterien eine Rolle bei der formalen und städtebaulichen Ausgestaltung dieses funktional durchmischten Quartiers. Von zentraler Aussage sind die Hauptachsen von Rötistraße, Hauptbahnhofstraße und Dornacherstraße, welche als Boulevards und Alleen urbane Ausstrahlung aufweisen. Hotels mit weltstädtisch klingenden Namen wie Metropol und Terminus empfingen als Kopfbauten den Bahnreisenden gleich beim Bahnhofplatz und geleiteten ihn auf repräsentativer Straße zur Altstadt, aber auch in den Fin-de-siècle-Eklektizismus des neuen Vorstadtviertels. Neugotik, Neurenaissance, Neubarock und Jugendstil in den verschiedensten Schattierungen vermischen sich zu vielfältigen Ensembles. Die Heterogenität wiederholt sich in den mannigfachen Gebäudetypen, welche Fabrik, Post, Hotel, Verkaufs- und Bürohaus sowie das gehobene oder bescheidene Mehrfamilienhaus umfassen[214]. Urheber der Bauten waren unterschiedlich geartete Bauherrschaften, aber auch eine erstaunliche Vielzahl von Architekten und Baufirmen, die sich nicht nur aus Solothurn rekrutierten. Erwähnung finden sollen I. FISCHER, HER-

Abb. 108 und 109
Blick vom Bahnhofplatz gegen Nordwesten in die Hauptbahnhofstraße mit dem dominierenden Kopfbau des Hotels Metropole (abgebrochen). Links anschließend die Bauten an der Dornacherstraße. Photographie, um 1950. – Text S. 105. – Blick über den Bahnhofplatz gegen Norden. Zwischen der Hauptbahnhofstraße (links) und der Rötistraße (rechts) liegt das ehemalige Hotel Terminus. Photographie, um 1920. – Text S. 105.

Abb. 110
Blick über den Bahnhofplatz gegen Nordwesten. Photographie, 1993. – Text S. 105.

MANN REIMANN, ALFRED PROBST und EDGAR SCHLATTER, STÜDELI & PROBST, ALBERT FRÖHLICH, EUGEN STUDER, RENFER-GRABER & Cie. Eindeutig am meisten geprägt ist das Quartier durch die Architektur von LEOPOLD FEIN, der in Solothurn von 1895 bis 1927 ein Architekturbüro und eine Baufirma führte. FEIN und die meisten anderen Architeken und Baufirmen traten bisweilen selber als Bauherren auf; daher hatte die Errichtung von Neu-Solothurn in einer Zeit hier nie gesehener Prosperität teilweise spekulativen Charakter.

ENTFESTIGUNG DES NORDRINGS,
ENTSTEHUNG DER WERKHOFSTRASSE
ALS RINGSTRASSENANLAGE

Seit dem Beginn der Entfestigung in den 1830er Jahren beherrschte die Idee einer Ringstraßenanlage um die nördliche Altstadt die Projekte. Der Weg dazu wurde 1877/78 durch den Abbruch der Mauritiusschanze samt Kurtinen geebnet. Widerstand, der unter dem Eindruck der Vorstadtschanzenzerstörung im Kantonsrat gegen dieses Vorhaben erhoben worden war, hatte dieses gleiche Gremium am 29. November 1877 in einem Abbruchbeschluß überstimmt[215]. Das Areal der ehemaligen Schanzen und Glacis sollte den Charakter eines Stadtparks erhalten, was nicht nur in einer kleinen Parkanlage an Stelle des heutigen Kunstmuseums, sondern auch durch die Errichtung des Munzinger-Denkmals (1879) dokumentiert wurde (Abb. 276) (vgl. Kapitel Denkmäler, S. 265). Eine logische Folge der Niederlegung der Schanzen am Nordring war 1881 der Durchbruch des sogenannten «Franziskanertors», der eine direkte Straßenverbindung zwischen Rathausplatz und Werkhofstraße/Steingrubenstraße schuf[216] (Abb. 122, 239).

Die Rettung der Riedholzschanze

Der Abbruch der Schanzen dauerte seit vierzig Jahren an und bedrohte mittlerweile auch die Riedholzschanze, als am 1. August 1880 sich der neugegründete «Verein für Erhaltung vaterländischer Kunstdenkmäler» (die heutige Gesellschaft für Schweizerische Kunstgeschichte) bei der liberalen Solothurner Regierung für den Erhalt der Bastion einsetzte. Nur dank massiver Intervention von außen konnte nach langjährigen Verhandlungen und Ränkespielen, in denen die Bastion zum Symbol des liberal-konservativen Gegensatzes der Kulturkampfzeit emporstilisiert worden war, das Festungswerk durch den Übernahmebeschluß der Einwohnergemeinde vom 23. September 1888 vor dem Abbruch gerettet werden. 1893 erfolgte unter der Leitung von Stadtbaumeister EDGAR SCHLATTER

Anmerkungen am Schluß des Kapitels S. 140

Abb. 111
Blick gegen Südosten in die Hauptbahnhofstraße. Auf der linken Seite die Schänzlistraße und im Hintergrund die Mühlenbauwerkstätte Josef Meyer (abgebrochen), rechts die Berthastraße. Photographie, um 1910. – Text S. 105ff.

die Restaurierung der Bastion, die mit der Aufstellung eines Denkmals beschlossen wurde (vgl. Kapitel Denkmäler, S. 266)[217].

Mit dem Ende der Entfestigungswelle in Solothurn um 1890 (die nachträgliche Entfernung der Turnschanze 1905 ist eher als ein isoliertes Ereignis und als Ausdruck regierungsrätlicher Sturheit zu betrachten) hob in Solothurn die Zeit großer Bauvorhaben des Bildungsbürgertums an.

Errichtung öffentlicher Bauten und eines Stadtparks auf dem ehemaligen Schanzenareal

1890 beschloß die Gemeindeversammlung den unverzüglichen Beginn von «Vorarbeiten für den Bau eines Museums mit Conzert- und Versammlungs-Saal» samt Ausschreibung einer Plankonkurrenz. Ein derartiges Bauvorhaben war schon um 1860 im Vorfeld der Westring-Überbauung aktuell gewesen und hatte sich in mehreren Bauplänen konkretisiert. Ein negativer Volksentscheid im Jahre 1861 hatte dann das Projekt für ein solches Mehrzweckgebäude auf die lange Bank geschoben[218]. Immerhin war 1862 ein Museumsbaufonds gegründet worden, der 1890 dank der Wertsteigerung von Eisenbahnaktien an die Realisierung des Bauvorhabens denken ließ. Eine 1891 eingesetzte Museumsbaukommission erarbeitete neben Bauprogrammen für getrennte Museums- und Saalgebäude auch Bauplatzvorstellungen, die sich im wesentlichen auf Areale der früheren Fortifikationen konzentrierten. Für das Museum wurde das ehemalige Glacis nördlich des Ambassadorenhofs (seit 1881 Kantonsschule) ins Auge gefaßt, das auf Grund eines Vertragsentwurfs dem Kanton abgekauft werden sollte.

Im Hinblick auf die Bauplatzwahl war auch der Berner Architekt HANS AUER beigezogen worden. Ein Bericht des Stadtbauamtes an den Kanton vom 27. Februar 1894 umschreibt die differenzierten Beurteilungskriterien für die Museumsbauplatzwahl am Nordring[219].

Für den «Gemeinde- und Concertsaal» sah man das Areal westlich der protestantischen Kirche vor,

---

Anmerkungen am Schluß des Kapitels S. 140–141

am Platz der heutigen Kantonalbank. Die Grundsatzbeschlüsse der Gemeindeversammlung vom 13. Oktober 1894 schrieben den Museumsbauplatz im Norden der Stadt fest, verlegten aber den Saalbau in die Nachbarschaft der Reithalle vor das Baseltor (heute Areal Baseltor-Parkgarage)[220]. Dem nachfolgenden offenen Architekturwettbewerb unter dem Jurypräsidium von HANS AUER war mit 28 bzw. 27 Entwürfen für Museum oder Konzertsaal ein großer Erfolg hinsichtlich Beteiligung und Qualität der Eingaben beschieden[221]. Ohne Angabe stichhaltiger Gründe wurde aber auf die Weiterverfolgung der Wettbewerbsresultate verzichtet und das Stadtbauamt unter Leitung von EDGAR SCHLATTER mit der definitiven Planbeschaffung betraut: «... es sei aus den in den prämierten Plänen vorhandenen Ideen je ein für unsere Verhältnisse in jeder Hinsicht passender Entwurf zu combinieren»[222].

Im Herbst 1895 lagen die Museumsbaupläne von EDGAR SCHLATTER vor, der die Gebäudefassaden in der Semper-Tradition entwarf. Die Bauausführung erfolgte zwischen Juni 1897 und April 1900[223]. Bis Anfang 1896 erarbeitete SCHLATTER auch Ausführungspläne in klassizistischem Stil für den Konzertsaal[224]. Weil die Stadt Solothurn mit dem Kanton über den Ankauf des Bauplatzes südlich der Baselstraße nicht handelseinig wurde, war 1896/97 die Bauplatzfrage wieder offen[225]. Eine endgültige Lösung brachte der Entscheid der Gemeindeversammlung vom 11. Juni 1897, der den Saalbau an den Nordring zwischen reformierter Kirche und geplantem Museum verlegte. Dieses ehemalige Schanzenareal war dem Kanton im Jahre 1889 abgekauft worden[226]. Der Bau erfolgte schließlich von Mai 1898 bis Juli 1900. Die Baupläne in neugotischem Burgenstil hatte wieder EDGAR SCHLATTER verfaßt. Unter städtebaulichen Gesichtspunkten sind SCHLATTERS Erklärungen für die Stilwahl bemerkenswert: «Es galt hier gegenüber dem Kantonsschulgebäude und der östlich anstoßenden Bastion der ehemaligen Vaubanschen Festungswerke – beides Zeugen des einstigen französischen Ambassadorenhofes zu Solothurn – sowie dem letzten noch bestehenden Rest der mittelalterlichen Stadtmauer bei Ausführung

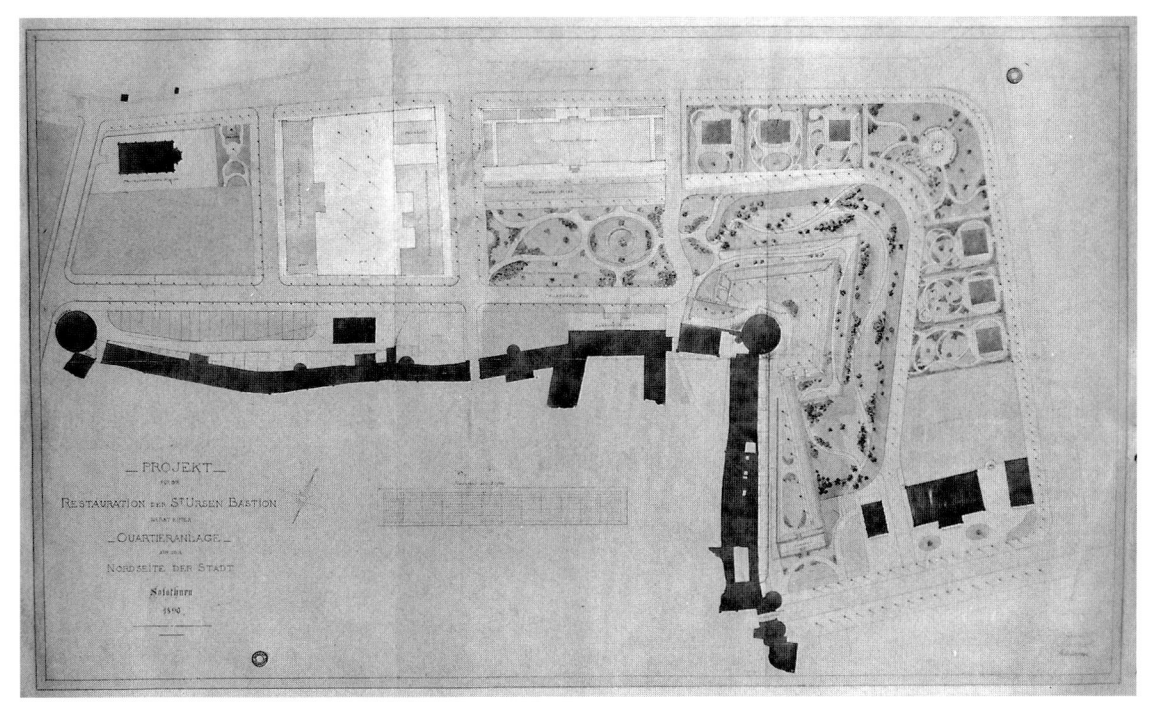

Abb. 112
Unausgeführter Plan von Edgar Schlatter aus dem Jahre 1890 zur Anlage eines Stadtparks sowie öffentlicher und privater Bauten auf dem ehemaligen Schanzenareal östlich und nördlich der Altstadt. – Text S. 110.

der beiden Neubauten den richtigen architektonischen Ausdruck zu finden. Der Architekt glaubt diese Aufgabe gelöst zu haben, indem er für das Museum eine im Sinne französischer Renaissance gehaltene Architektur und für den Saalbau die spätgotischen Formen zur Anwendung brachte»[227].

Parallel zur Errichtung der beiden Großbauten erfolgten Planung und Realisierung der einstigen Fortifikationsareale zur zusammenhängenden Stadtparkanlage. Die treibende Kraft war wiederum Stadtbaumeister EDGAR SCHLATTER, der in einem ersten Plan von 1890 bereits eine Vielzahl von städtebaulichen und parkgestalterischen Elementen vereinigte, die dann um die Jahrhundertwende verwirklicht wurden[228] (Abb. 112). Das Projekt umfaßte das L-förmige Areal zwischen Werkhofstraße und Altstadt vom Baseltor bis zum Buristurm, also von der Reitschule an der Baselstraße bis zur reformierten Kirche an der Westringstraße. Unterschiedlichste Gebäude in unregelmäßigen Abständen bildeten die architektonischen Fixpunkte: sechs Villen in zwei Gruppen gegenüber der samt ihrem Graben zu erhaltenden Riedholzschanze, ein Kolossalbau für das Museum vis-à-vis des Lehrerseminars (im ehemaligen Franziskanerkloster) und der Kantonsschule (im früheren Ambassadorenhof), ein Schulhaus und ein Zeughaus zwischen Steingrubenstraße und reformierter Kirche. Diese Bauten wären eingebettet worden in einen Landschaftsgarten im Stil des PETER JOSEPH LENNÉ mit rahmenden Baumreihen oder Alleen, geschwungenen Wegen, begleitenden Gehölzgruppen und einzelnen Brunnenanlagen.

Die Stadtparkplanung wurde nach Abschluß der Restaurierung der Riedholzschanze wieder aufgegriffen, als im November 1893 für das Areal zwischen Reithalle und Ambassadorenhof ein

Abb. 113
Blick von der Riedholzschanze gegen Nordwesten auf den Stadtpark mit Kunstmuseum und Konzertsaal. Photographie, um 1910. – Text S. 113.

Abb. 114
Vogelschau von Osten auf die Altstadt und ihre Umgebung. Im Hintergrund liegen die weitgehend unbebauten Allmenden von Mutten und Brühl. Photographie, um 1922. – Text S. 113.

Wettbewerb zur Anlagengestaltung ausgeschrieben wurde. CARL FALKNER in Basel gewann den ersten Preis[229]. Der Sieger wurde mit einer Erweiterung seines Projektes betraut, nachdem die Plazierung des Museums Anfang 1894 definitiv beschlossen worden war und östlich der Riedholzschanze zusätzlich die Turnhalle für die Kantonsschule in Planung genommen wurde (Ausführung um 1895). FALKNERS Plan vom April 1894 disponierte den Freiraum vor dem geplanten Museum als symmetrisches Parterre mit Wasserspiel[230].

Die Redimensionierung des Museumsgebäudes gegenüber der Vorplanung und die Verlegung des Konzertsaals an den Nordring ließen 1898/99 die Parkplanung ein viertes Mal aufrollen. Maßgebend waren dabei nicht die Projekte von FRANÇOIS WYSS in Solothurn, Gärtner DOVÉ in Solothurn oder OSKAR JAUCH[231], sondern jene des Genfers JULES ALLEMAND, der am 3. März 1899 «im Hinblick auf die Wichtigkeit der ganzen Quartieranlage» beigezogen worden war. Am 11. Mai wurde sein Plan genehmigt. Stadtbaumeister SCHLATTER kommentierte: «Dieser Beschluss ist für die Gestaltung jenes Stadtteiles von grösster Bedeutung für die Zukunft, denn mit diesen Anlagen wird ein Städtebild von seltener Originalität entstehen, wobei diejenigen, welche sich mit dessen Ausbau zu befassen haben, nie vergessen mögen, dass zur Lösung dieses Problems nicht allein die technische Seite, sondern in ebenso hohem Masse die künstlerische von Wichtigkeit ist»[232].

JULES ALLEMANDS vom 2. März 1900 datierender Plan für die Parkgestaltung wurde 1902/03 ausgeführt und lehnte sich teilweise an Gestaltungsvor-

Anmerkungen am Schluß des Kapitels S. 141

Abb. 115
Plan der Altstadt und ihrer näheren Umgebung im Zustand von 1993. Zeichnung von Markus Hochstrasser. – Text S. 115ff.

1 St.-Ursen-Kirche	54 Rollhafen
2 Ehemaliges Kapitelhaus	55 Kreuzackerbrücke
3 Ehemalige Stiftsschule	56 Rötibrücke
4 Ehemalige Propstei (heute Römisch-katholisches Pfarramt)	57 Adlergasse
5 St.-Peters-Kapelle	58 Amthausplatz
6 Ehemalige St.-Stefans-Kapelle	59 Barfüssergasse
7 Franziskanerkirche (heute Christkatholische Pfarrkirche)	60 Berntorstraße
8 Ehemaliges Franziskanerkloster	61 Berthastraße
9 Jesuitenkirche	62 Dornacherplatz
10 Ehemaliges Jesuitenkollegium (heute Kollegiumschulhaus)	63 Dornacherstraße
11 Stadttheater (ehemaliges Jesuitenschulhaus)	64 Fischergasse
12 Bieltor	65 Friedhofgasse
13 Buristurm	66 Friedhofplatz
14 Riedholzturm	67 Gerberngasse
15 Riedholzschanze	68 Gurzelngasse
16 Baseltor	69 Hauptbahnhofstraße
17 Krummturm	70 Hauptgasse
18 Krummturmschanze	71 Judengasse
19 Zeitglockenturm	72 Klosterplatz
20 Rathaus	73 Kreuzackergasse
21 Gemeindehaus (ehemaliges Haus Stäffis-Mollondin)	74 Kreuzackerquai
22 Ambassadorenhof	75 Kreuzackerstraße
23 Thüringenhaus	76 Kreuzgasse
24 Altes Zeughaus	77 Kronengasse
25 Landhaus	78 Kronenplatz
26 Prison	79 Lagerhausstraße
27 Bürgerhaus	80 Landhausquai
28 Altes Spital	81 Löwengasse
29 Palais Besenval	82 Marktplatz
30 Von Roll-Haus	83 Niklaus-Konrad-Straße
31 St.-Georgs-Brunnen	84 Nordringstraße
32 Simson-Brunnen	85 Oberer Winkel
33 Gerechtigkeitsbrunnen	86 Patriotenweg
34 Fischbrunnen	87 Pfisterngasse
35 Gurzelngassbrunnen	88 Postplatz
36 Hintergassbrunnen	89 Prisongasse
37 Brunnen vor der Franziskanerkirche	90 Propsteigasse
38 Brunnen auf dem Franziskanerplatz	91 Rathausgasse
39 Mauritiusbrunnen	92 Rathausplatz
40 Brunnen auf dem Klosterplatz	93 Riedholzplatz
41 Westbahnhof	94 Ritterquai
42 Amthaus I	95 Rossmarktplatz
43 Kapuzinerkloster	96 Schaalgasse
44 Loretokapelle	97 Schanzenstraße
45 Sommerhaus von Vigier	98 Schänzlistraße
46 Ehemalige Schanzmühle	99 Schmiedengasse
47 Cartierhof	100 Schwanengasse
48 Stadtpräsidium	101 Seilergasse
49 Benzigerhof	102 St.-Urban-Gasse
50 Ehemaliges Schützenhaus	103 Stalden
51 Hauptbahnhof	104 Theatergasse
52 Eisenbahnbrücke	105 Unterer Winkel
53 Wengibrücke	106 Weberngasse
	107 Westringstraße
	108 Zeughausgasse
	109 Zeughausplatz

Aare →

Abb. 115
Plan der Altstadt und ihrer näheren Umgebung im Zustand von 1993. Zeichnung von Markus Hochstrasser. –
Text S. 115ff.

Abb. 116
Modell des Projekts von Otto Rudolf Salvisberg für die Anlage eines Stadthauses mit Wohnquartier vor dem Baseltor.
Modell von C. Bastady, 1914. – Text S. 114.

schläge des vergangenen Jahrzehnts an[233]. Gerahmt von Kastanienbaumreihen, entstand ein Parkensemble, das sich einer symmetrischen Ordnung unterwarf und sich mit den verbindenden Rasenflächen an die englische Landschaftsgartenidee mit geschwungenen und verschlungenen Wegen anlehnte (Abb. 113, 114). Die Riedholzschanze wurde als integrierender Bestandteil der Anlage betrachtet und diente als Promenade mit Aussichtspunkt, dem auf der gegenüberliegenden Seite ein lindenbestandenes erhöhtes Platzrondell antwortete, das von 1922 bis 1956 das Soldatendenkmal aufnahm. Gestalterisches Herzstück des ganzen Parks bildete das leicht abfallende Parterre mit Brunnen vor dem Museum, das symmetrisch auf die Neurenaissance-Fassade der Kantonsschule im ehemaligen Ambassadorenhof ausgerichtet war und als städtebauliche Leistung hervorzuheben ist. Die «Anbauschlacht» des Zweiten Weltkrieges und die Korrektur der Werkhofstraße 1954 zogen die Anlage in Mitleidenschaft, worauf 1956 eine wenig überzeugende Neugestaltung vorgenommen wurde[234]. Davon ausgenommen blieb östlich der Schanze das Gebiet zwischen abgebrochener Kantonsschulturnhalle und Reithalle, das als Messeareal heute noch brachliegt.

Umgekehrt hatte 1933 die Gewerbeausstellung zur Folge, daß das seit 1835–1840 ungestaltete Gelände südlich der Reithalle zwischen Baselstraße und Aare endlich melioriert wurde. Nach der Errichtung der Rötibrücke, dem Abbruch des Gaswerks und der Versetzung des «Chantiers»-Werkgebäudes von 1825 in den Segetz wurde das abschüssige Areal zur gartenartigen Grünzone umgestaltet. Als architektonische Instrumentierung wurden die Steinsäulen aus der abgebrochenen Strafanstalt (ursprünglich Kornhaus) im Kreuzacker verwendet und zur Pergola ausgestaltet.

Planung eines Stadthauses
mit Wohnquartier vor dem Baseltor

Nachdem der Konzertsaal nicht an dieser Stelle realisiert worden war, sah man hier 1914 den Neubau des Stadthauses vor, als Ersatz für das seit der Mitte des 19. Jahrhunderts als Gemeindehaus dienende Stäffis-Mollondin-Haus bei der Franziskanerkirche (Barfüßergasse 17). Im Rahmen einer nationalen Plankonkurrenz wurden Neubauten für ein Gemeindehaus an der ursprünglichen Stelle in der Altstadt sowie alternativ auf dem Areal

Anmerkungen am Schluß des Kapitels S. 141

114　STADTANLAGE UND STADTENTWICKLUNG

südlich der Baselstraße erörtert. Bei der Planung vor dem Baseltor sollte auch eine Quartierüberbauung einbezogen werden, innerhalb deren das Stadthaus die Dominante bilden würde. OTTO RUDOLF SALVISBERG in Berlin und die Gebrüder BRÄM in Zürich wurden in einem Architekturwettbewerb ex aequo mit dem zweiten Preis ausgezeichnet[235]. SALVISBERG konnte seinen neubarockklassizistisch inspirierten Entwurf weiterentwickeln und gestaltete die Stadterweiterung als aufgelockerte Überbauung mit Heimatstilelementen und urbanen Akzenten (Abb. 116). Den markanten Gegensatz zum Hauptbahnhof sollte am Nordende einer geplanten Rötibrücke ein naturwissenschaftliches Museum bilden, das als dreiflügeliges Torgebäude zu einem «Rötiplatz» überleiten sollte, an dem die Achsen zur Baseltorkreuzung und zum Stadthaus mit angebauter Bibliothek abzweigten. Letzteres hätte als turmbekröntes Neubarockpalais den wirksamen Gegenpart zur St.-Ursen-Kathedrale und zu den ehemaligen Stiftsbauten gespielt. SALVISBERGS Projekt erinnert in seiner Lieblichkeit und seinen Anleihen bei der lokalen Bautradition an Architektur der gleichzeitigen Schweizerischen Landesausstellung in Bern[236]. Der Erste Weltkrieg und die schlechte Finanzlage der Stadt verhinderten die Realisierung dieses großangelegten Bauvorhabens, das Ausdruck der

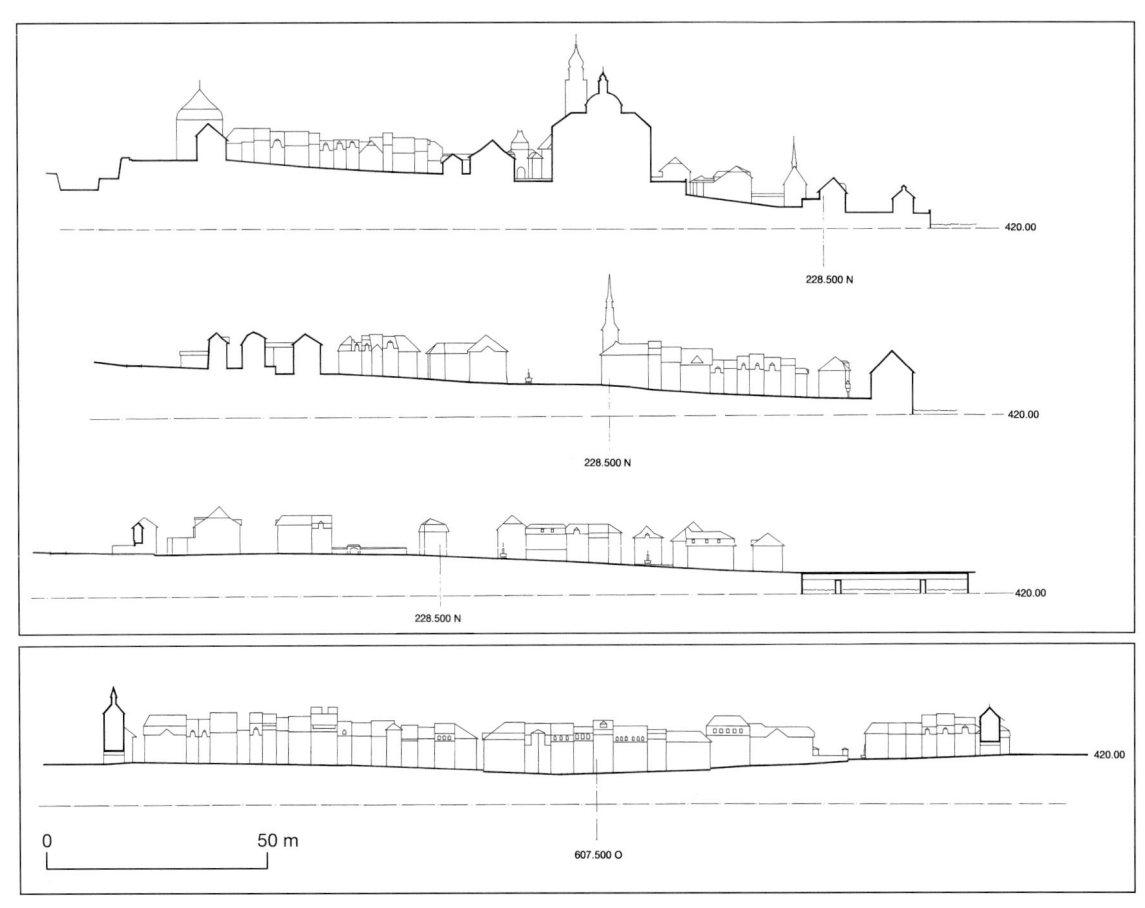

Abb. 117
Schematische Darstellung des Terrainverlaufs und der Bautenabfolge zwischen Nordring (links) und Aare (rechts), Blick ostwärts. Oben: Riedholzplatz–Hauptgasse–Nictumgässlein–Ritterquai. Mitte: Barfüßergasse–Marktplatz–Schaalgasse. Unten: St.-Urban-Gasse–Schmiedengasse–Friedhofplatz–Stalden. – Schematische Darstellung des Terrainverlaufs und der Bautenabfolge zwischen Bieltor (links) und Baseltor (rechts), Blick nordwärts: Gurzelngasse–Marktplatz–Hauptgasse. Zeichnung von Reto Toscano, 1992. – Text S. 115ff.

Entwicklungsdynamik von Solothurn zu Beginn dieses Jahrhunderts war und erstmals seit Jahrzehnten die herkömmliche Ringstraßenidee verließ. Sie wurde in Solothurn letztmals 1918 in einem (nicht realisierten) Plan zu einem Amthaus im Stadtpark zwischen Konzertsaal und protestantischer Kirche aufgegriffen[237].

Würdigung

Der Solothurner «Miniatur-Grünring»[238] ist das Resultat eines fast hundertjährigen, nur phasenweise planmäßigen Prozesses. Im schweizerischen Vergleich mißt er sich mit den teilweise realisierten Ringstraßenanlagen von Winterthur, Yverdon und Zofingen. Sein stadtgestalterischer Stellenwert und sein räumlicher Umfang sind beträchtlich. Er umfaßt nicht nur die ehemalige Ost- und Nordflanke der Altstadt, sondern zieht sich um die Nordwestecke des Stadtgeviert bis zum Bieltor hin. Unter optischen Gesichtspunkten können auch das einstige Turnschänzli-Areal, der Kreuzacker und die Krummturmbastion einbezogen werden, so daß letztlich gegen drei Viertel des Altstadtrings Grünzonencharakter beanspruchen können. Mit den genannten Kleinstädten gemeinsam hat das Solothurner Beispiel die aufgelockerte Aufreihung von Gebäuden öffentlichen Charakters, von Bauaufgaben, wie sie typisch sind für die Epoche zwischen der Gründung des Bundesstaates und dem Ersten Weltkrieg. Es handelt sich, im Gegenuhrzeigersinn aufgezählt, um folgende Bauwerke: Gaswerk (1860; abgebrochen für die Errichtung des Werkgebäudes von 1930), Voliere (1954), Reithalle (1862/63 mit 1931/32 angebautem Schulhaus von EMIL ALTENBURGER), Kantonsschulturnhalle (um 1895, 1930 abgebrochen), Kunstmuseum (1897–1900), Konzertsaal (1898–1900), protestantische Kirche (1866/67, Neubau 1925), Kantonalbank (1867/68, zurückversetzter Neubau 1954), ehemalige Voliere und Musikpavillon (1902 bzw. 1910, abgebrochen 1954). Integrierenden Bestandteil bilden Kleinarchitekturen und Ausstattungsobjekte, die sich im Laufe der Zeit der Stadtparklandschaft organisch einfügten: Zwischen 1879 und 1981 wurden hier acht Denkmäler aufgestellt (vgl. Kapitel Denkmäler, S. 163ff.). 1905 entstand an einer Weggabelung nördlich des Schanzengrabens ein Trinkbrunnen mit Jugendstilformen (vgl. Kapitel Brunnen, S. 253).

DIE GESTALT DES HEUTIGEN SOLOTHURN

DIE LINKSUFRIGE ALTSTADT

Auch im heutigen Siedlungsgefüge grenzt sich die Altstadt nördlich der Aare baulich und stadtgestalterisch klar von ihrer Umgebung ab (Abb. 74, 115, 117–120). Sie tritt als trapezförmiges Stadtgeviert hervor, welches seine 450 m lange Grundlinie mit dem Aareufer teilt. Seine westlichen und östlichen Seitenlinien von 320 und 340 m Länge steigen vom Aareufer (etwa 430 m ü. M. beim westlichen Fußpunkt und rund 428 m beim östlichen Fußpunkt) auf Höhen von ungefähr 440 bzw. 450 m ü. M. an. Die aareparallele Nordseite des Trapezes besitzt eine Länge von 365 m.

Die Umrißbebauung der linksufrigen Altstadt

Die drei flußabgewandten Feldseiten des Stadtgeviert besitzen weitgehend noch jene Geschlossenheit, welche die mittelalterliche Stadtmauer in den befensterten Häuserfassaden des 18. und des 19. Jahrhunderts erahnen läßt.

Besonders die *Westseite* der Altstadt, die Westringstraße mit den Außenfassaden oder ehemaligen Rückseiten der Häuser am Stalden, an der Schmiedengasse und der unteren St.-Urban-Gasse, tritt als geschlossene Folge mehrheitlich schmaler viergeschossiger «Biedermeierfassaden», vereinzelt mit dem trapezförmigen Solothurner Dachgiebel, in Erscheinung. Davor breiten sich die eingezäunten Vorgärten aus den 1870er Jahren aus (Abb. 67, 121).

Die Altstadthäuser am Westring folgen sich freilich nicht in gerader Flucht, sondern in zwei ungefähr gleich langen, nach der Feldseite leicht konvex gebogenen Abschnitten. Die Außenfassaden des unteren Teils der Häuserreihe (genauer die Häuser Stalden 5–39 sowie Friedhofplatz 1) stehen auf der spätrömischen Castrumsmauer. Diese ist am Haus Stalden 37 sogar oberirdisch sichtbar. Einem modernen Durchbruch im Zusammenhang mit der Entfestigung des Westrings entstammt das sogenannte «Säutörli» im Parterre des Hauses Stal-

---

Anmerkungen am Schluß des Kapitels S. 141–142

Abb. 121
Blick in die Schmiedengasse gegen Süden. Links der Schmiedengaßbrunnen (vgl. Abb. 257). Photographie, um 1970. – Text S. 115.

Abb. 123
Blick gegen Osten in den oberen Teil der St.-Urban-Gasse. Photographie, 1965. – Text S. 118, 127.

den 35, das seit der Zeit um 1875 den Friedhofplatz (ehemaliger «Säulimäret») mit der neu entstandenen Westringstraße verbindet.

Aus der oberen Rundung der einstigen Castrumsmauer und im rechten Winkel zu dieser verläuft die Reihe der schmalbrüstigen Häuser an den beiden Flanken des etwas vorspringenden Bieltorturms.

Abb. 122
Flugaufnahme mit Blick nach Osten in den Burisgraben (Bildmitte) und auf den baumbestandenen Nordring (links). Dazwischen liegt das Chüngeligrabenmagazin. In der unteren rechten Bildhälfte die Häuser der St.-Urban-Gasse und die beiden halbrunden Wehrtürme an den Häusern St.-Urban-Gasse 53 und 71. Weiter östlich (oben im Bild) das ehemalige Franziskanerkloster mit dem Franziskanertor, dem halbrunden Wehrturm und der Franziskanerkirche. Dahinter liegen als quergestellte Großbauten der Ambassadorenhof und das Alte Zeughaus mit seinem Krüppelwalmdach. Der runde Riedholzturm markiert den höchsten Punkt der Altstadt. Photographie, 1989. – Text S. 107, 118.

Abb. 124
Blick von der Kuppel der St.-Ursen-Kirche gegen Norden auf den Riedholzplatz. Dieser ist umgeben von den Häusern an der östlichen Hauptgasse (am unteren Bildrand), vom Alten Zeughaus und vom Ambassadorenhof (am linken Bildrand) sowie oben vom Thüringenhaus, das durch den Wehrgang mit dem Riedholzturm verbunden ist. In der Bildmitte die Häuser Riedholzplatz Nr. 6–32, die an ihrer Ostseite auf den Bastionsweg und die Kurtinenmauer der Barockbefestigung blicken. Nördlich der Altstadt liegt am Westausläufer der bewaldeten Verenakette das Steingrubenquartier. Photographie, 1985. – Text S. 119.

Das obere Ende der Häuserzeile und zugleich die Nordwestecke des Altstadttrapezes markiert der Buristurm von 1535. Er ragt vierfünftelrund aus den Häuserfluchten hervor und bildet das Scharnier für die leicht stumpfwinklig nach Osten abgehende Stadtmauer mit ihrer Häuserzeile an der St.-Urban-Gasse. Die ganze Nordflanke zwischen Buristurm und Riedholzturm – durch drei Halbrundtürme rhythmisiert – nimmt einen leicht gekrümmten Verlauf: im unteren Teil etwas konkav zurücklaufend (nach gerader Flucht auffällig der Knick beim Haus St.-Urban-Gasse 45), im oberen Bereich von Franziskanerkloster und Ambassadorenhof konvex vorspringend (Abb. 122, 123). Vermutlich war es die Geländeform oder die Beschaffenheit des Baugrundes gewesen, die bei der Stadtanlage zu diesem wehrtechnisch eher problematischen Mauerverlauf geführt hat. Genau zur Hälfte (das heißt bis zum Haus St.-Urban-Gasse 67) ist der Streckenabschnitt zwischen den beiden

Abb. 125
Blick von der St.-Ursen-Treppe gegen Westen auf den Kronenplatz, die Hauptgasse und den Marktplatz. An der Südseite das Hotel Krone, die Jesuitenkirche und der Zeitglockenturm. Photographie, 1993. – Text S. 121.

Abb. 126
Blick vom Marktplatz gegen Osten in die mittlere Hauptgasse mit Fischbrunnen, Jesuitenkirche und St.-Ursen-Kirche. In der Gassenpflästerung im Vordergrund erkennt man die Abdeckung des ehemals offenen Stadtbachs, der in gewinkeltem Verlauf durch den Mauerbogen rechts in die Goldgasse floß. Photographie von Gyr & Koch, vor 1885.
– Text S. 121.

Rundtürmen durch (meist zweiachsige, viergeschossige) Wohnhäuser bebaut. Auf der Außenseite des Burisgrabens (früher «Chüngeligraben» genannt) sind seit dem frühen 19. Jahrhundert niedrige Vorbauten errichtet worden; sie treten heute meist als ein- oder zweigeschossige Flachdachbauten in Erscheinung.

Die östliche Hälfte des Nordringes besteht aus den langen Baukuben der früheren Gerbe (St.-Urban-Gasse 75), dem ehemaligen Franziskanerkloster mit dem Durchbruch des sogenannten Franziskanertors, dem Haupttrakt des Ambassadorenhofs und dem Thüringenhaus. Die feldseitigen Fassaden von Gerbe und Kloster sind durch Fensterdurchbrüche in der Ringmauer gewonnen worden. Dagegen ist dem alten Ambassadorenhof bei der Umwandlung der Kaserne zur Kantonsschule 1881 die heutige Neurenaissance-Fassade vorgebaut worden. 1892 erhielt das Thüringenhaus seine Fassadengestaltung ebenfalls in Neurenaissanceformen[239]. In dessen östlicher Flucht haben sich ein 10 m langes Stück Wehrmauer samt Überrest des mittelalterlichen Nideggturms aus der Zeit um 1200 sowie ein Teil des Wehrganges aus dem mittleren 16. Jahrhundert (Holzwerk 1978 ersetzt) erhalten. Den nordöstlichen Angelpunkt des Stadtgevierts bildet der massige Riedholzturm (1548) in der Kehle der vorgelagerten Riedholzschanze.

Die Ostflanke der Altstadt wird durch das Baseltor ungefähr halbiert. Den oberen Abschnitt bildet eine Reihe meist zweiachsiger und dreigeschossiger Wohnhäuser mit fast schnurgerader Außenflucht (Abb. 124). Wiederum sind die Fenster in die ehemalige Ringmauer eingebrochen worden und blicken auf die im 19. Jahrhundert umfriedeten Vorgärten und auf die frühere Wallstraße (heute Bastionsweg) sowie den Wallgang. Auf der

---

Anmerkungen am Schluß des Kapitels S. 142

Innenseite gegen den Riedholzplatz hin sind nur jene obersten vier Häuser genau gefluchtet (Riedholzplatz 26–32), welche nach ihrer Zerstörung durch die Nideggturm-Explosion 1546 planmäßig wiederaufgebaut worden waren[240]. Der Sektor südlich des Baseltors besitzt als Peripherie des ehemaligen Stiftsbezirks und erst recht seit den Veränderungen des 19. Jahrhunderts nicht die Geschlossenheit der mittelalterlichen Häuserzeilen. PAOLO ANTONIO PISONIS kubische Walmdachbauten des einstigen Kapitelhauses und der ehemaligen Stiftsschule (1779) rahmen in eindrücklicher städtebaulicher Geste den Chorarm der St.-Ursen-Kathedrale und leiten offen zur Grünanlage an der Stelle der früheren Schulschanze über. Die südlich anschließende Kurtine ist in Resten erhalten und bildet das Fundament für die Terrasse, welche heute die Holzbauten des städtischen Werkhofs aufnehmen. Sie ist dem ehemaligen Mauerzwinger beim Nictumgäßlein vorgebaut, der (im späten 18. Jahrhundert überdacht) heute als Lagergebäude dient. Terrasse und Zwinger brechen aarewärts unvermittelt ab; an der klaffenden Stelle des früheren Bollwerks tritt der Ritterquai mit dem Klosterplatz in Verbindung.

Das Aarenordufer (Stadtbefestigung, S. 206ff.) hat den wehrhaften Charakter verloren, besitzt aber immer noch eine beträchtliche Geschlossenheit: Unterhalb des Landhauses stehen die Bauten direkt an der Aare, oberhalb scheidet der Landhausquai die nichtgefluchtete Häuserreihe vom Aareufer.

*Das innere Baugefüge
der linksufrigen Altstadt*

Die Altstadt hat ihr Strukturgefüge und ihre Bebauungsform aus der Zeit vor dem 19. Jahrhundert vergleichsweise sehr gut erhalten. In der verzweig-

*Abb. 127–129
Blick gegen Osten über den Marktplatz in die mittlere Hauptgasse. Links des Fischbrunnens liegt das Von-Sury-Haus. Photographie, 1983. – Text S. 121. – Blick vom Marktplatz gegen Westen in die mittlere Hauptgasse. Auffällig sind der gekrümmte Verlauf der Gasse und die Vor- und Rücksprünge in den Baufluchten. Photographie, 1993. – Text S. 121. – Blick über den Marktplatz gegen Süden auf den Zeitglockenturm. Photographie, 1993. – Text S. 121, 123.*

Abb. 130
Blick vom Marktplatz gegen Westen in die Gurzelngasse mit dem Bieltor. Photographie, 1993. – Text S. 121.

ten und verwinkelten Anlage des Gassennetzes und der Quartiere lebt immer noch der mittelalterliche Charakter weiter. Eine detaillierte städtebauliche Analyse des Überbauungsvorgangs des Altstadtperimeters im Mittelalter ist allerdings ohne Spekulation kaum möglich.

Die Grundanlage des Wegnetzes und der Bebauung bildet immer noch das Gassen-Ypsilon, welches das Baseltor mit dem Stalden und der Aarebrücke bzw. mit dem Bieltor verbindet. Die westliche Hauptgasse im Bereich des spätrömischen Castrums ist in Anlehnung an die Geländeform etwas gebogen und zudem von bescheidener Breite (Maximum 9 m) (Abb. 128). Sie unterscheidet sich vom mittleren Hauptgassenabschnitt zwischen Marktplatz und Kronenplatz (Abb. 125 und 126) sowie der Gurzelngasse (Abb. 131), die beide breite Gassenmärkte von leichter Trichterform

sind (Maxima 22,5 bzw. 17,5 m) (Abb. 115, 127, 129–131). Die Verzweigung dieser Gassen tritt als etwas abschüssiger Marktplatz von unregelmäßiger Viereckform in Erscheinung. Diese Hauptwege begleitet ein unregelmäßiges Netz von schmalen Quer- und Parallelgassen, die häufig T-förmig aufeinander zulaufen. Zwei einzige Straßenkreuze sind ausgebildet: an wichtiger Stelle die sehr alte Kreuzung von Hauptgasse und Schaalgasse/Judengasse (Abb. 132), etwas weniger markant die Kreuzung von Löwengasse und Gerberngasse. Das ganze Gassensystem wird gerahmt von den peripheren Gassen, die meist leicht gekrümmt der alten Wehrmauer entlang verlaufen.

Die Erscheinungsweise der Gassenbilder ist wesentlich mitbestimmt durch die zahlreichen

---

Anmerkungen am Schluß des Kapitels S. 142

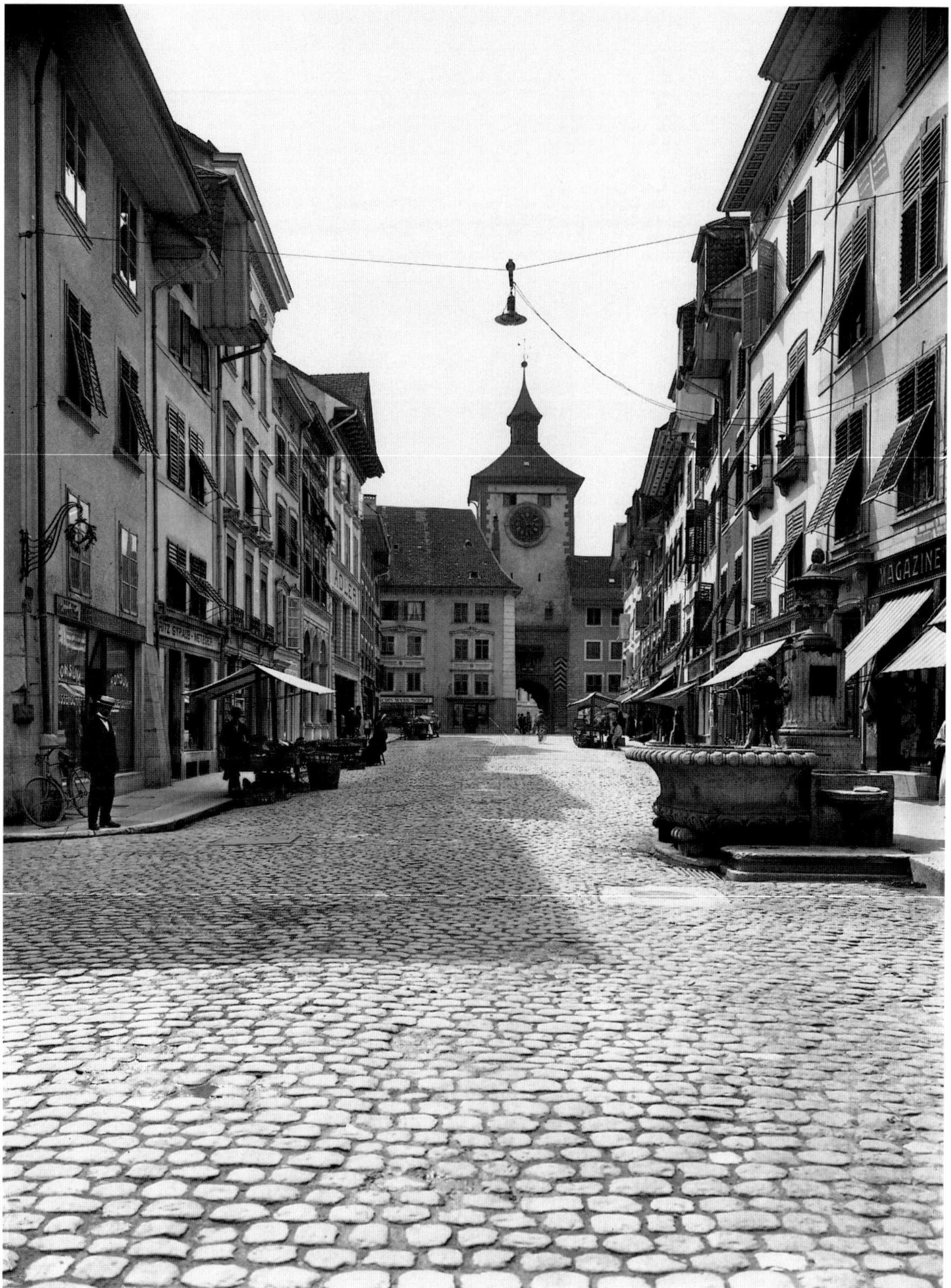
MAGAZINE

Freiräume. Teilweise gehen sie noch auf die mittelalterliche Stadtanlage zurück (Friedhofplatz (Abb. 134), Hof des Ambassadorenhofs, Trichtergassen, Ausbuchtungen oder Rücksprünge bei Brunnen). Jene Plätze, die das Resultat städtebaulicher Veränderungen des 17.–20. Jahrhunderts sind, treten dagegen als ausgeprägtere Freiräume in Erscheinung (Marktplatz (Abb. 129), Klosterplatz (Abb. 133), Zeughausplatz, Riedholz-, Rathaus- und Franziskanerplatz).

Trotz der modernen Funktionsdurchmischung der Altstadt mit Verkaufsläden, Büros und Wohnungen sind die alten sozial- und wirtschaftsgeschichtlich begründeten Unterschiede der verschiedenen Altstadtquartiere am heutigen Baubestand immer noch gut ablesbar. An den Y-förmigen Hauptverkehrssträngen von Hauptgasse und Gurzelngasse sowie der Schaalgasse in Richtung Aarehafen erkennt man noch die repräsentativeren Großbauten der Zunft- und Wirtshäuser und der früheren Patrizierbauten. Sie sind teilweise aus der Zusammenlegung von zwei oder drei Zeilenhäusern entstanden.

Am meisten verbreitet ist jedoch der Typus des zwei- oder dreiachsigen Zeilenhauses mit drei oder vier Geschossen. Man begegnet ihm oft auch an den Hauptgassen, in welchen es abwechselnd mit den repräsentativeren Bauten auftritt. In den Gassen entlang den Ringmauern, wo eher die Handwerker und die weniger begüterten Bürger ansäßig waren, ist das Gassenbild vollends vom Typ des schmalen Hofstättenhauses dominiert. Bei der Betrachtung der Geschoßzahlen fallen die beschränkten Gebäudehöhen der Wohnhäuser im östlichen Abschnitt der Hauptgasse und am Riedholz auf, wo das Gelände am meisten ansteigt. Entlang der am tiefsten gelegenen Theatergasse, Löwengasse und Stalden ist Vier- bis Fünfgeschossigkeit verbreitet, insbesondere auch infolge von Aufstockungen und Dachausbauten des 19. Jahrhunderts. Es läßt sich eine Veränderung der Altstadthäuser in ungünstiger Wohnlage zu Mietshäusern erkennen.

Noch durchwegs gut erkennbar ist die Arealaufteilung in schmale Parzellenstreifen zwischen zwei

Abb. 131
Blick durch die Gurzelngasse gegen Westen. Im Vordergrund rechts der Gurzelngaßbrunnen. Photographie, um 1920. – Text S. 121.

Abb. 132
Blick von der Judengasse gegen Süden in die Schaalgasse. Die Hauptgasse verläuft quer zu den beiden Gassen. Der Erker gehört zum ehemaligen Schmiedenzunfthaus. Photographie, 1994. – Text S. 121.

Gassen. In einigen Fällen hat sich die Aufgliederung in ein repräsentatives Haupthaus mit ausgebildetem Treppenhaus oder -turm, ein unbedeutenderes Hinterhaus und schließlich einen dazwischenliegenden Hof erhalten. Typische Beispiele finden sich noch an der Nordseite der Hauptgasse, entweder in Verbindung mit dem Friedhofplatz oder in Verbindung mit der Rathausgasse. Zwischen Schaalgasse und Goldgasse sind dagegen keine durchgehenden Parzellierungen festzustellen, sondern im unteren Teil dieses Quartiers sind die Hinterhäuser der beiden betreffenden Gassen Rücken an Rücken aneinandergebaut. In diesem Zusammenhang ist festzuhalten, daß Ehgräben im eigentlichen Sinn des Begriffes nirgends zu beobachten sind.

In auffälliger Weise sind Bauten in der bevorzugten Kopf- oder Ecklage architektonisch reicher gestaltet. Wo die Gebäudetiefe das Haus mit einer oder zwei Seitenfassaden und somit kubisch in Erscheinung treten läßt, beobachtet man vermehrt

Fassadeninstrumentierungen, Achsenrhythmisierungen und Symmetrisierungsakzente (Stalden 1, 2, 3, 4, Hauptgasse 5, 21, 27, 35, 47, 64, 65, Gurzelngasse 11, 38, Schaalgasse 2).

Im östlichen Drittel der Altstadt – im «Verwaltungsviertel» und im ehemaligen Stiftsbezirk, wo auch heute ein merklich ruhigerer Lebenspuls schlägt – löst sich das System der bürgerlich geprägten Wohnhäuserzeilen entlang engen Gassen teilweise auf. Das im 18. und im 19. Jahrhundert so zusammengewachsene Freiraumsystem wird von einer Anzahl von Monumentalbauten und ausgreifenden Gebäudekonglomeraten umstanden: Rathaus (1476–1934), Gemeindehaus (ehemaliges Haus von Grissach, dann Stäffis-Mollondin, ab 1580 bis um 1700), Franziskanerkloster (1664) und Franziskanerkirche (1426–1466), Ambassadorenhof (1717), Zeughaus (1610), Von-Roll-Haus (15.–17. Jh.). Diese Gebäude mit prägenden gotischen, renaissancehaften und barocken Stilelementen sind in ihrer Anlage mit einem innen- oder vorhofartigen Freiraum verbunden (das Zeughaus als einziges ausgenommen).

Die auf einer haushohen, mauergestützten Terrasse stehende St.-Ursen-Kirche ist nicht nur Wahrzeichen in der weiteren Stadt- und Jurasüdfuß-Landschaft, sondern über der Monumentaltreppe auch bühnenartiger Blickfang am Ende der mittleren Hauptgasse, auf die GAETANO MATTEO PISONI die Lage des frühklassizistischen Bauwerks orientiert hatte. Der frei stehende Kirchenbau bildet die Klammer für die ehemaligen stiftischen Nebenbauten, die bis auf wenige Gebäude profanisiert worden sind. Der frühere kirchliche Verwendungszweck ist freilich kaum erkennbar, da St. Ursen als Chorherrenstift sich baulich hauptsächlich aus den Einzelwohnhäusern der Kanoniker und Kapläne zusammensetzte. Solche ehemaligen Stiftshäuser sind die Zeilenhäuser westlich des Klosterplatzes und der Kronengasse, an der Hauptgasse zwischen Mauritiusbrunnen und Baseltor (Nr. 73–83) und am östlichen Riedholzplatz (bis Nr. 22).

In kirchlichem Gebrauch und im Besitz der römisch-katholischen Kirchgemeinde sind noch die Kapelle St. Peter und die durch einen Garten verbundene ehemalige Propstei (Pfarrhaus St. Ursen an der Seilergasse 10), die frühere Kaplanei (Nictumgäßlein 8) und jenseits der St.-Ursen-Kirche die Häuser Hauptgasse 73, 75, 77.

DIE RECHTSUFRIGE ALTSTADT (VORSTADT)

Seit der Entfestigung und der Erstellung der Bahnlinie im 19. Jahrhundert besitzt die mittelalterliche Vorstadt nicht mehr jene von außen einsehbare Kompaktheit wie die linksufrige Altstadt, und ihre ursprüngliche Spindelform ist teilweise

Abb. 133
Blick über den Klosterplatz auf die St.-Ursen-Kirche. Am linken Bildrand liegt die Kronengasse, die optisch durch das Von-Roll-Haus am Kronenplatz abgeschlossen wird. Photographie, um 1955–1960. – Text S. 123.

Abb. 134
Blick über den Friedhofplatz gegen Westen. Am rechten Bildrand der Bau der früheren St.-Stephans-Kapelle. Photographie, 1993. – Text S. 123.

verunklärt worden. An ihrer Westflanke wird sie durch den Bahndamm eingeschnürt und gar durchschnitten; gegen Süden und Osten hin fügen sich die Bauten des 18. und des 19. Jahrhunderts fast nahtlos an die mittelalterliche Bebauungsgrenze und die teilweise erhaltene Stadtmauer an.

Oberer und Unterer Winkel als flußparallele Querachse des sehr markanten Straßenkreuzes scheiden die typologisch und funktional sehr unterschiedliche Bebauung der Vorstadt. Südlich dieser Querachse finden sich die Zeilenhäuser der bürgerlichen Wohn- und Gewerbebauten. An der Berntorstraße als Hauptzugangsachse zur Aarebrücke formiert sich aus teils großvolumigen Einzelbauten ein geschlossenes Straßenbild (Abb. 136). Auffällig die Kontinuität der zahlreichen alten Gastwirtschaften. Nördlich der gekrümmten und recht breiten Querachse reihen sich – in eindrücklichen Fassaden und Großkuben direkt am Aareufer aufragend – die Monumentalbauten mit ehemals öffentlicher sozialer Funktion (Abb. 135): das Alte Spital (1735–1800, heute Begegnungszentrum) mit Schwesternhaus (1735) und Spitalkirche zum Heiligen Geist (1735–1741) am Oberen Winkel; das ehemalige Waisenhaus (1732–1737, heute Bürgerhaus) und das einstige Arbeitshaus (1757) (Unterer Winkel 7). In die gleiche Gruppe gehört nebenan an der Stadtmauer der dreiseitig frei stehende Gefängnisbau, der sogenannte «Prison» (1756, Prisongasse 1).

KURZCHARAKTERISIERUNG DER BAUSUBSTANZ IN DER ALTSTADT

Die Massivbauweise in verputztem Bruchsteinmauerwerk, meist mit Brandmauern bis unter den First, ist in der ganzen Altstadt vorherrschend. Dem einzigen Holzbau (Haus mit hölzernem Fassadenvorbau) begegnet man an der Fischergasse 22. Ganz in Hausteinmauerwerk sind (neben den Wehrbauten) bloß das Palais Besenval (1702–1706) und der Prison (1756) aufgeführt worden. Drei repräsentative Gebäude besitzen eine Hausteinfassade; es handelt sich um die Ostfassade des Rathauses in Tuff- und Kalkstein (1476, 1623–1711) sowie um die Kalksteinfassaden der St.-Ursen-Kirche (1763–1773) und des Reinerthauses (Gurzelngasse 11, 1692). Unscheinbare Hausteinfassaden aus dem 19. Jahrhundert besitzen die Häuser Hauptgasse 31, Kronengasse 9 und

Abb. 135
Blick über die Aare gegen Südosten auf die Vorstadt. Von links nach rechts: Das Alte Spital mit Heilig-Geist-Kirche (Spitalkirche) und vorgelagertem ehemaligem Schwesternhaus, jenseits der Wengibrücke das Bürgerhaus und das ehemalige Arbeitshaus. Photographie, 1990. – Text S. 125.

Abb. 136
Blick durch die Berntorstraße gegen Norden auf die ehemalige Spitalkirche (Heilig-Geist-Kirche) und die Wengibrücke. Photographie, um 1965. – Text S. 125.

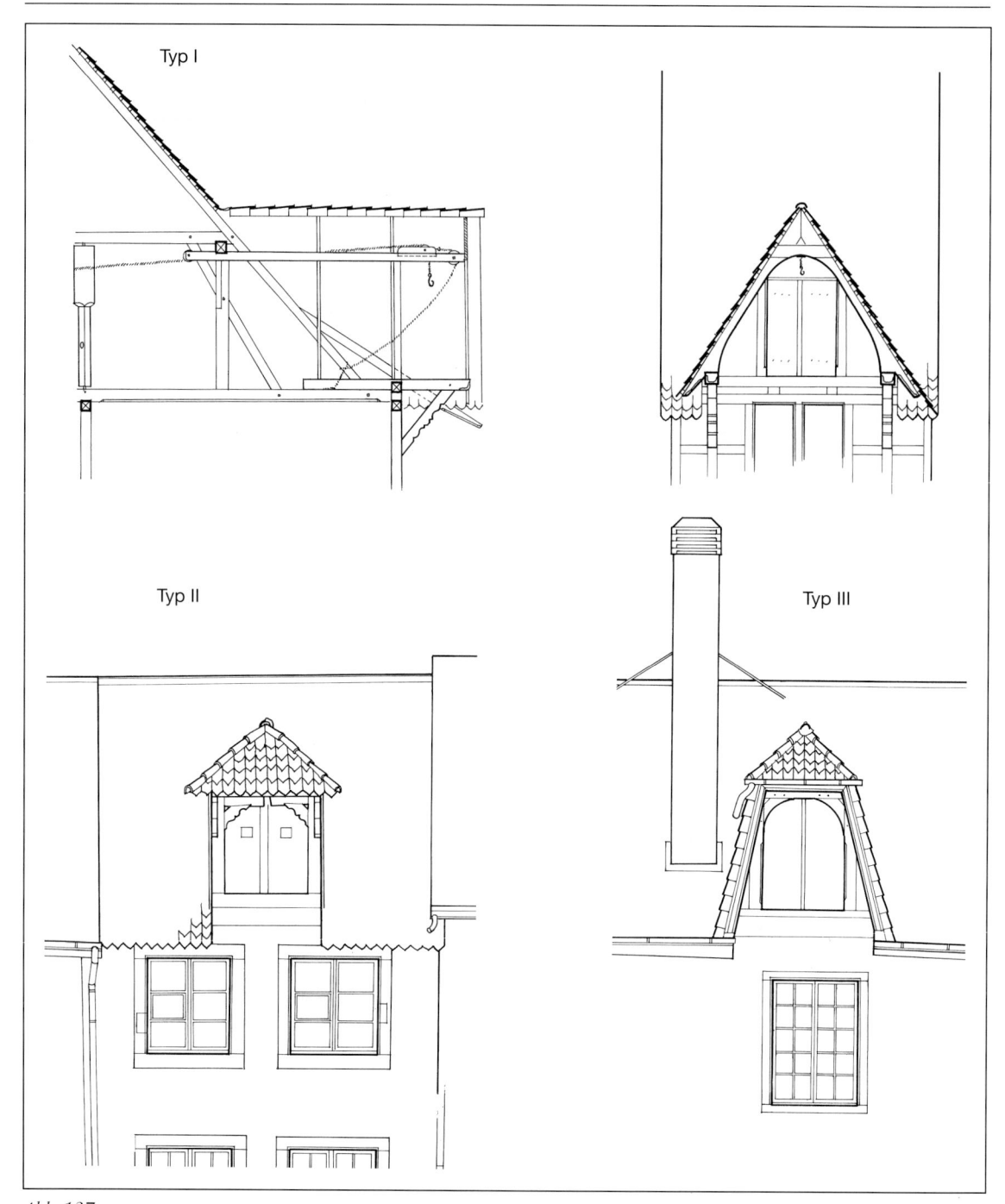

Abb. 137
Entwicklung des Solothurner Aufzugsgiebels.
Typ I, 16. und 17. Jahrhundert. Querschnitt und Ansicht (Beispiel Goldgasse 7, Rekonstruktionsskizze): Dreieckgiebel als Flugsparrenwerk auf Kragbalken, die mit Streben an der Fassade abgestützt sind. – Typ II, Ende 17. Jahrhundert bis Mitte 18. Jahrhundert (Beispiel Rathausgasse 6): einfache stehende Rahmenkonstruktion mit vorkragendem Schutzdach, mit oder ohne Walm, und seitlicher Bretterverkleidung. – Typ III, Mitte 18. Jahrhundert bis Mitte 19. Jahrhundert (Beispiel Rathausgasse 8): Konstruktion mit abgewalmtem Giebel und seitlicher Schutzwand mit Ziegelbedeckung. – Zeichnungen von Markus Hochstrasser. – Text S. 127.

Schmiedengasse 15 und 27 (diese an der Außenseite gegen den Westring).

Der gräulichweiße bis gelbliche Jurakalkstein, der bis ins 20. Jahrhundert auf Stadtgebiet gewonnen worden war (und heute noch in zwei Steinbrüchen in Lommiswil und in St. Niklaus gebrochen wird), ist bis zum ausgehenden 19. Jahrhundert das eindeutig vorherrschende Baumaterial. Dem gelben Neuenburger Kalkstein (pierre jaune de Neuchâtel) begegnet man vereinzelt in skulptierten Werkstücken an Fassadengliederungen, Fenster- und Türrahmungen oder Verzierungen des 16./17. Jahrhunderts. Die Verwendung des Kalktuffsteins, vor allem in der bernischen Nachbarschaft des Bucheggbergs (Leuzigen und Büren a. A.) gewonnen und wie der Neuenburger Stein auf der Aare herangeschifft, beschränkt sich außerhalb des Wehrbereichs vor allem auf den Gewölbebau und den Turmbau (aus dem späten 15. Jh. der Rathausturm und die Aufstockung des Zeitglockenturms). Der Bucheggberger oder Berner Sandstein scheint in der zweiten Hälfte des 16. Jahrhunderts außer Mode gekommen zu sein[241].

An einigen Wohnbauten konnte in den letzten Jahren mittelalterliche Substanz bauarchäologisch nachgewiesen werden, meist an der Hauptgasse in Form von Brandmauern des 13. oder 14. Jahrhunderts zwischen den einzelnen Häusern[242]. Reicher ist der Häuserbestand aus der tiefgreifenden Bauerneuerungsphase des 16. Jahrhunderts. Der Stilepoche der Spätgotik des 15. und vor allem des 16. Jahrhunderts sowie gar des frühen 17. Jahrhunderts verdankt das Stadtbild noch eine stattliche Anzahl von Hausfassaden mit gotisierenden Staffelfenstern und Fensterwagen. Besonders hervorzuhebende Beispiele sind die Häuser Riedholzplatz 22 (Mitte 16. Jh.), Löwengasse 14 (um 1606) oder Hauptgasse 5. Sehr vereinzelt begegnet man prägenden Renaissanceelementen in gelbem Hauterive-Kalkstein: Die Schmiedenzunft (Hauptgasse 35) mit übergiebelten Reihenfenstern und Erker von 1564 erinnert an Neuenburger Renaissance, ebenso der Treppenturm des Gemeindehauses (ehemaliges Haus von Grissach) mit skulptiertem Portal in Spätrenaissanceformen.

Die Gestalt der meisten Häuser und Fassaden stammt jedoch aus dem 17. und 18. Jahrhundert: Ein anspruchsloser Barock mit regelmäßiger Achsenbildung, zurückhaltender Geschoßrhythmisierung und sparsamer Instrumentierung prägt meist die Fassadenfolgen in den Gassenbildern. Auch nach den zahlreichen Ladeneinbauten in den Erdgeschossen sind noch eine Anzahl künstlerisch gestalteter Portalrahmungen in Kalkstein mit geschnitzten Türblättern erhalten geblieben.

Neben dem vorherrschenden einheimischen Steinmaterial sind als weitere Leitmotive zwei konstruktive Details zu benennen: Die sogenannten *«Erdbebenpfeiler»* sind gemauerte Stützstreben von ein bis zwei Geschoßhöhen, welche an den Fassaden oder den Gebäudekanten die Brandmauern oder Umfassungsmauern von Zeilen- oder Einzelhäusern verstärken sollen (Abb. 123). Diesem statischen Element begegnet man vor allem an Bauten der zweiten Hälfte des 16. und des 17. Jahrhunderts; es läßt sich hingegen nicht mit dem Erdbeben von 1356, das auch in Solothurn große Schäden angerichtet hatte, in Verbindung bringen.

Im Stadtbild fast noch prägender erscheinen die trapezförmigen, abgewalmten *Aufzugsgiebel,* welche die Trauflinien ganzer Gassenzüge in ein lebendiges Auf und Ab versetzen (Abb. 137). Die frühesten, noch offenen Giebel auf Bügen entstammen dem mittleren 16. Jahrhundert. Später wird die verschalte Form üblich, die bis ins frühe 19. Jahrhundert verbreitet war. Zur Aufzugsvorrichtung gehören die meist vorkragende Schiene mit Laufkatze und die stehende Seilwelle im Dachinneren.

DIE AUSSENQUARTIERE

Die Quartiere und Stadtteile außerhalb der Altstadt widerspiegeln noch heute die punktuelle und teils zögerliche Entwicklung Solothurns. Die weitgehende Respektierung der Integrität des Altstadtkerns während der Entfestigungsphase zwischen 1835 und 1905 hat nicht nur die Altstadt wie ein städtebaugeschichtliches Präparat hinterlassen, sondern auch klar voneinander scheidbare Neuquartiere geschaffen: das spätklassizistisch geprägte Westbahnhofquartier als erstes Entwicklungsgebiet des 19. Jahrhunderts (Geschichte und summarische Beschreibung, S. 89f.), die Ringstraßenanlage des Stadtparks der beiden letzten Jahrzehnte des 19. Jahrhunderts (Geschichte und summarische Beschreibung, S. 101), das Quartier

---

Anmerkungen am Schluß des Kapitels S. 142

Neu-Solothurn vor und nach 1900 als Resultat eines verkehrstechnischen sowie industriellen Entwicklungsschubes (Geschichte und summarische Beschreibung, S. 102).

Die bis in die Zeit um 1920 entstandenen Quartiere nördlich der Altstadt werden im Uhrzeigersinn, beginnend beim Nordwestufer der Aare, behandelt (Abb. 85).

Obach- und Segetz-Quartier

(Begrenzt durch das Areal des Westbahnhofs und den Aarhof.) Im Anschluß an den Bau des Westbahnhofs seit dem letzten Viertel des 19. Jahrhunderts erfolgte entlang dem mäandrierenden Obach (dem Unterlauf des Dürrbachs) die Entwicklung zum typologisch und baualtersmäßig stark durchmischten Quartier mit dem Aarhof von 1619, Bauernhof, Fabrik und Fabrikantenvilla, Privatklinik, Ein- und Mehrfamilienhäusern und vereinzelten Villen samt Gartenhäusern[243].

Greiben-Quartier

(Begrenzt durch Werkhofstraße, Kapuzinerstraße und Gärtnerstraße) (Abb. 138). Das leicht ansteigende Gelände nördlich der Stadt zwischen der Werkhofstraße und dem Kapuzinerkloster war seit seiner ersten Erwähnung als «Groeuben» im Jahre 1361 das stadtnahe Quartier der Gärten und Bifänge (Einzäunungen)[244]. Noch die Darstellung von KÜNG/SCHLENRIT (1653)(BD II/10) (Abb. 76) zeigt wie schon ASPER/STUMPF (BD II/1) (Abb. 72) eine Reihe eingezäunter Gärten. Ende 17./Anfang 18. Jahrhundert wird das Gebiet durch ein Netz von Wegen weiter erschlossen und durch eine stattliche Anzahl von Kleinbauten, wohl Gartenhäuschen, überbaut. Eigentliche Wohnbauten, zuerst Landhäuser in klassizistischem Stil, scheinen erst seit dem frühen 19. Jahrhundert entstanden zu sein. Nachhaltigen Einfluß auf die Quartierentwicklung in den vergangenen Jahrzehnten hat das Seraphische Liebeswerk genommen, das seit

Abb. 138
Blick gegen Norden auf das Greibenquartier und auf das Steingrubenquartier. Im Hintergrund die Jurakette mit Weißenstein (Bildmitte) und Röti (rechts). Photographie, um 1925. – Text S. 130.

Abb. 139 und 140
Blick gegen Nordosten auf das Loretoquartier mit den Bauten an der Schulhausstraße. Photographie, 1993. – Text S. 129. – Blick vom Bahndamm der Solothurn-Münster-Bahn auf das Dilitschquartier mit Bauten an der Dilitschstraße und an der Jurastraße. Photographie, 1993. – Text S. 130.

1920 eine Vielzahl von Grundstücken und Gebäuden erworben hat.

Noch heute prägen die barocken Gartenmauern entlang den schmalen Straßen das Erscheinungsbild der Greiben. In den meist parkartig gestalteten Kleinarealen wechseln pavillonartige Kleinbauten mit Wohnhäusern des Klassizismus und der Zeit um 1900 sowie mit Neubauten des Seraphischen Liebeswerkes. Im Norden des Quartiers dominieren die weitläufigen Garten- und Gebäudeanlagen des Kapuzinerklosters und des Vigier-Sommerhauses[245].

Loreto-Quartier

(Begrenzt durch Bielstraße, Weißensteinstraße, Kloster Visitation, Loretostraße und Kapuzinerstraße) (Abb. 139). Das stadtnahe, leicht abschüssige Gebiet nordwestlich der Altstadt zwischen Hermesbühl und Kloster Visitation, das einige Landsitze und Gärten aus dem 17./18. Jahrhundert enthielt und im 19. Jahrhundert mit vereinzelten Villen bebaut war, entwickelte sich um die Jahrhundertwende zu einem der ersten Villenquartiere der Stadt. Zwischen 1895 und 1915 entstanden zuerst an der Loretostraße und der Florastraße, dann auch an der Lorenzenstraße, der Schulhausstraße und am Kapuzinerweg bürgerliche Ein- oder Mehrfamilienhäuser, Doppelwohnhäuser und dreiteilige Reihenhäuser mit Kleinpärken oder Vorgärten und teilweise fast herrschaftlicher Fassadeninstrumentierung.

Da sozusagen alle damals in Solothurn tätigen Architekten und Baumeister an der Gestaltung dieses Stadtviertels Anteil genommen hatten, präsentiert sich das guterhaltene Quartier bautypologisch und in den verschiedenen Stilausformungen von Neurenaissance, Neubarock und Jugendstil recht variiert[246].

Den Bereich der Bielstraße und der Weißensteinstraße als Durchfahrtsachsen prägen großvolumige Randbebauungen. Bemerkenswert sind die neuromanische Kapelle der evangelisch-methodistischen Kirche (Bielstraße 26), erbaut 1897 durch die Firma FRÖHLICHER & GLUTZ[247], sowie das unmittelbar benachbarte Hermesbühl-Schulhaus der Architekten ERNST und KARL FRÖHLICHER von 1907–1909 – ein dreiflügeliger Baukörper mit malerisch aufgelockerter Dachlandschaft und Anleihen von Neubarock und Jugendstil[248].

Heidenhubel- und Industriequartier

(Begrenzt durch Bielstraße, Weißensteinstraße und das Bahntrassee der Solothurn-Münster-Bahn.) Das gegen Langendorf ansteigende Gebiet von rautenförmig-spitz zulaufender Form ist heute außerordentlich heterogen überbaut; im Bereich

---

Anmerkungen am Schluß des Kapitels S. 142

östlich des Dürrbachs städtebaulich und architektonisch regelrecht verwüstet. Um 1857 war mit der Korrektion der westlichen Grenchenstraße und der Planierung des Heidenhubels[249] die erste Grundlage für eine Quartierüberbauung mit Kleinfabrik- und Gewerbeanlagen sowie Wohnhäusern gelegt worden. Eine systematische Bebauung erfolgte aber erst seit der Zeit kurz vor der Jahrhundertwende im Anschluß an die Errichtung des Straßenkreuzes Heidenhubelstraße/Industriestraße. Von 1897 bis gegen 1920 entstanden hier nach Plänen von ALFRED PROBST, EDGAR SCHLATTER, EDUARD STÜDELI und OTTO SCHMID eine Anzahl von Fabrikantenvillen und Angestelltenhäusern; hervorzuheben ist etwa die Gruppe von Ein- und Zweifamilienhäusern der Baugesellschaft Vogelheerd von 1897 und 1902 (Heidenhubelstraße 16–22)[250].

Strukturelles Rückgrat dieser Wohnbautätigkeit bildete die junge Uhrenindustrie, die sich hier 1888 mit Fritz Meyers Echappements-Fabrikation festgesetzt hatte. Die Nachfolgefirma Schalenfabrik Meyer-Tschan & Cie (später Meyer & Stüdeli, dann Roamer) errichtete 1898/99 an der Weißensteinstraße 81 erstmals auf Stadtboden einen größeren Fabrikbau für die Uhrenindustrie (für späteren Neubau abgebrochen)[251]. In denselben Kontext gehört OTTO SCHMIDS großbürgerliche Neubarockvilla von 1916 für den Uhrenindustriellen Fritz Meyer[252].

Dilitsch-Quartier

(Begrenzt durch das Bahntrassee der Solothurn-Münster-Bahn, die Bielstraße und die Gemeindegrenze entlang dem Wildbach.) Einen Einschnitt in die bauliche Entwicklung des Industriequartiers stellte die Aufschüttung eines Bahndammes für die 1908 eröffnete Solothurn-Münster-Bahn dar. Zu den älteren Mühle- und Kleingewerbebauten entlang dem Wildbach und der Langendorfstraße waren bis 1907 erst wenige neue Wohnbauten an der Vogelherdstraße (Nr. 12–20) hinzugekommen. Südlich davon entstand in den zwanziger Jahren entlang der leicht geschwungenen Käppelihofstraße eine kleine Gartenstadt. Nördlich davon hatte 1918/19 die Einwohnergemeinde Solothurn zwei langgezogene Wohnblocks mit je zwanzig Wohnungen nach Plänen von EMIL ALTENBURGER errichten lassen[253] (Abb. 140).

Steingruben-Gebiet

(Umfassend die Hang- und Fußlagen nördlich von Weißensteinstraße, Grenchenstraße und Herrenweg) (Abb. 138). Bau- und siedlungsanimierend waren hier, je nach Zeitraum verschieden ausgeprägt, die Landwirtschaft, die Wasserkraft des umgeleiteten Stadtbachs, die erhöhte Aussichtslage und der abbauwürdige Kalkstein-Untergrund, der die Entstehung von Steinhauerhäusern zur Folge hatte. Die Ansiedlung von Mühlen und wasserkraftabhängigen Gewerbebetrieben entlang dem Stadtbach unterhalb des Königshofs wird im Kapitel Brunnen geschildert (vgl. S. 230ff.).

Im Steingruben-Gebiet des Westausläufers der Verenakette lassen die Stadtpläne seit der Mitte des 18. Jahrhunderts auf der Grundlage eines verästelten Wegnetzes und in ausgesprochener Streubauweise eine sukzessive Verdichtung der Bebauung feststellen. Sie bietet auf engem Raum ein Abbild des Villen- und Landhausbaus vom 17. bis zum ausgehenden 20. Jahrhundert. Als Störfaktoren oder als willkommene Bauplätze erwiesen sich die zahlreichen Klüfte der ehemaligen Steinbrüche mit ihren unterschiedlich hohen Felswänden.

Den Typus des barocken Sommerhauses repräsentieren das Türmlihaus in der Hofmatt, das Glutzenhübeli, das Pflugerhaus (Holbeinweg 10), das Schloß Blumenstein, das Haus Sälirain 32 und der Fegetzhof. Die Aussichtslage geradezu programmatisch unterstrich der Name des Gutes Belvedere östlich des Sälirains[254]. Bereits als ganzjährig bewohnbare Villa konzipiert ist der spätklassizistische Riantmont im weitläufigen englischen Park (1879/80)[255]. Um die Jahrhundertwende folgen eine Anzahl von Villenwohnhäusern in unterschiedlichen Stilen: der Holbeinweg 4 (Blumenhalde) in Neurenaissance (1904)[256], in Jugendstil Bergstraße 21 und 17 (1909 bzw. 1911)[257]. Die aristokratisch anmutende Neubarockvilla Hohenlinden (1913) des Plantagenbesitzers in Indien und auf Sumatra Ubald von Roll knüpft an die bernische Landschloßarchitektur des Dixhuitième an[258].

Es war ebenfalls die erhöhte und etwas abgesetzte Lage, welche den Bau des Waisenhauses (um 1845–1850) im Steingrubenquartier[259] und der breitgelagerten Psychiatrischen Anstalt Rosegg (1856–1860) in freier Hanglage an der Grenze zu Langendorf bestimmte[260].

ANMERKUNGEN ZUM KAPITEL
STADTANLAGE UND STADTENTWICKLUNG

Seiten 67–130

1 GROSS, CHOROGRAPHIAE FORTIFICATIONIS TRACTATUS, Plan Numero 11.
2 AGV, Article 14, Soleure.
3 Zur Untersuchung und Planaufnahme des Castrums vgl. TATARINOFF, Castrum.
4 Diese Angabe verdanke ich CATY SCHUCANY, Kantonsarchäologie Solothurn, die an der Publikation der Grabungsergebnisse arbeitet.
5 Wir stützen uns im folgenden auf: SPYCHER, Solothurn in römischer Zeit, S. 18–23.
6 Mauerkern oberirdisch sichtbar: Löwengasse 3, Westringstraße bei GB 665, Friedhofgasse bei GB 712. Mauermantel erhalten: Löwengasse 3 (GB 2714), Hauptgasse 18, Gerberngasse 3.
7 SENNHAUSER, St. Ursen–St. Stephan–St. Peter, S. 142.
8 Solothurn, Vigierhäuser (JbfSolG 60, 1987, S. 252f.) (=Denkmalpflege im Jahre 1986).
9 Auf diesem Weg dürfte sich im Herbst 1038 Kaiser Konrad II. im Rahmen einer «Festkrönung» anläßlich der burgundischen Reichsversammlung vom St.-Ursen-Stift zur St.-Stephans-Kapelle begeben haben, wie der Chronist Wipo berichtet. Dazu: PEYER, Grundriß der Altstadt von Solothurn, S. 224. – Die Existenz der Pfisterngasse (wenn auch nicht namentlich) ist gesichert durch eine Beschreibung in der Urkunde vom 20. Januar 1366 (FRB 8, Nr. 1656, S. 657).
10 BRUNO AMIET. Anlage und Wachstum der Stadt im Früh- und Hochmittelalter (Festschrift Eugen Tatarinoff, Solothurn 1938, S. 70–91). – PEYER, Grundriß der Altstadt von Solothurn, bes. S. 227–233.
11 Mögliche Indizien dafür liefern urkundliche Nennungen seit der ersten Hälfte des 14. Jh., die für das Gebiet östlich des Stifts und außerhalb des Baseltors von einem «alten Graben» sprechen. Erste Nennung am 1. August 1337 (Urkunde im StASO). Vgl. Kapitel Befestigung, S. 173, Anm. 152.
12 HEINRICH KOLLER geht davon aus, daß in vielen mitteleuropäischen Städten römische Wehranlagen auch in mittelalterlicher Zeit aufrecht standen und als einsatzfähig betrachtet wurden. Vgl. HEINRICH KOLLER. Die mittelalterliche Stadtmauer als Grundlage städtischen Selbstbewußtseins (Stadt und Krieg, Veröffentlichungen des Südwestdeutschen Arbeitskreises für Stadtgeschichtsforschung 15. Sigmaringen 1989, S. 9–25), S. 13–15.
13 AUGUST BICKEL. Solothurn, castrum – urbs – civitas (Solothurn, Mittelalter, S. 239–241).
14 BICKEL (wie Anm. 13), S. 240.
15 HOCHSTRASSER, Befunde zur baulichen Entwicklung der Stadt Solothurn (Solothurn, Mittelalter, S. 243–254), S. 246. – MARKUS HOCHSTRASSER. Ein mittelalterlicher Turm am Friedhofplatz in Solothurn (Jurablätter 46, 1984, S. 163–168).
16 SUB I, Nr. 359, S. 203.
17 Daß die Errichtung der Stadtbefestigung der Anlage der Gurzelngasse vorangegangen war, mag die fehlende axiale Ausrichtung des Bieltors auf den breiten Gassenmarkt suggerieren, der offenbar aus stadtplanerischen Gründen diese Orientierung erhielt.
18 Auch PEYER hat Beobachtungen mit dem Maßstab angestellt und meint, es lasse «sich eine gewisse, je nach Gelände und Gasse bald mehr, bald weniger variierende Ähnlichkeit der Häuser- und Hofstättengrößen und ihrer Anordnung erkennen mit Breiten von 5 bis 10 m an der Strasse und 15 bis 25 m in der Tiefe. Doch möchten wir das nicht auf einen idealen Bebauungsplan mit Hofstätten von 15 auf 30, 12 auf 24 oder 12 auf 18 m usw. zurückführen, wie man das in Bern versucht hat» (PEYER, Grundriß der Altstadt von Solothurn, S. 232).
19 JÜRG E. SCHNEIDER. Der städtische Hausbau im südwestdeutsch-schweizerischen Raum (Zur Lebensweise in der Stadt um 1200, Ergebnisse der Mittelalter-Archäologie, Zeitschrift für Archäologie des Mittelalters, Beiheft 4. Köln 1986, S. 17–38).
20 Solothurn, Hauptgasse 9 (JbfSolG 65, 1992, S. 261–269) (=Denkmalpflege im Kanton Solothurn 1991).
21 HOCHSTRASSER, Befunde zur baulichen Entwicklung der Stadt Solothurn, S. 249–252.
22 Solothurn, «Vigierhäuser» (JbfSolG 60, 1987, S. 252) (=Denkmalpflege im Kanton Solothurn 1986). Vgl. auch MARKUS HOCHSTRASSERS Manuskript zu einem ausführlicheren Bericht über seine Bauuntersuchungen in den «Vigierhäusern».
23 PEYER, Grundriß der Altstadt von Solothurn, S. 233, verweist auf das auffällige Fehlen der hierzulande häufigen Ehgräben, an denen sich üblicherweise zwei Hauszeilen aufreihen.
24 Vgl. Solothurn, Kronengasse 8 (JbfSolG 59, 1986, S. 280) (=Denkmalpflege im Kanton Solothurn 1985).
25 Urkunde vom 12. April 1288 (SUB III, Nr. 233, S. 138).
26 Solothurn, Haus St.-Urban-Gasse 67 (JbfSolG 61, 1988, S. 264–273) (=Denkmalpflege im Kanton Solothurn 1987).
27 JÜRG SCHWEIZER hat im Bereich der Burgdorfer Unterstadt ein inneres Pomerium von etwa 5 m Breite postuliert (vgl. JÜRG SCHWEIZER, Kdm BE, Land I. Basel 1985, S. 52, 382, Abb. 42, 325). Dem widerspricht DANIEL GUTSCHER auf Grund archäologischer Beobachtungen beim Kornhaus (vgl. Jb SGUF 72, 1989, S. 338; Jb SGUF 75, 1992, S. 234).
28 SCHNELLER, Franziskanerkirche, S. 114f.

29 In diesem Bereich, nämlich innerhalb des Hauses Stalden Nr. 27, hat MARKUS HOCHSTRASSER ein Mauerhaupt beobachtet, das früher einen Westabschluß des Hauses gegen ein solches inneres Pomerium hätte bilden können. – Vgl. auch Solothurn, Riedholzplatz 30, 32 und 36 (JbfSolG 65, 1992, S. 275–285) (= Denkmalpflege im Kanton Solothurn 1991).

30 Zum Haus: Solothurn, Haus Riedholzplatz 22 (JbfSolG 59, 1986, S. 282–285) (= Denkmalpflege im Kanton Solothurn 1985). – PAUL HOFERS Grundrißaufnahmen der Altstadt von Solothurn von 1978 lassen bei den erwähnten Häusern eine innere, hofseitige Mauerflucht erahnen. Noch der Katasterplan von 1870 (PD 59, Blatt 3) gibt für die Häuser Riedholzplatz 14–20 winzige Lichtschachthöfe an, welche beweisen, daß der Raum zwischen Hausrückseite und Wehrmauer nicht kompakt bebaut war.

31 Solothurn, Haus Riedholzplatz 30, «Rüeflihaus» (JbfSolG 65, 1992, S. 276–280) (= Denkmalpflege im Kanton Solothurn 1991).

32 Es fällt auf, daß in Urkunden seit dem frühen 14. Jh. einige an diesen beiden Gassen befindliche Häuser oder Haushofstätten als *in* der Ringmauer liegend oder an die Ringmauer stoßend bezeichnet werden. Vielleicht ist aus diesen Bezeichnungen eine Konstruktionsart oder die Nennung der jeweiligen Gassenseite abzuleiten. – Erste Erwähnung eines nicht näher lokalisierbaren Hauses *an* der Ringmauer in einer Urkunde des Staatsarchivs Bern (Regest im StASO) vom 30. Oktober 1314. Die nächste Erwähnung betrifft ein Nachbarhaus (Urkunde vom 6. Juli 1329).

33 Es ist jedenfalls sehr auffällig, wie in den erwähnten Gassen entlang der Ringmauer sich Keller aufreihen, die jeweils höchstens die halbe Haustiefe einnehmen. Archäologische Befunde, welche die Pomeriums-Hypothese erhärten, fehlen ebenso wie solche, die ihr widersprechen, da bis anhin an den in Frage kommenden Gassenabschnitten keine bauanalytischen Untersuchungen gemacht werden konnten. Einzig am Haus St.-Urban-Gasse 67, in einem Bereich, in welchem eine Überbauung erst im frühen 15. Jh. anzunehmen ist, spricht ein archäologischer Befund gegen ein Pomerium; zudem läßt die geringe Haustiefe einen Zwinger auch nicht erwarten (vgl. Anm. 26).

34 Urkunden vom 5. Januar 1307 und 18. Juni 1308 im StASO. Zahlreiche weitere Keller werden in späteren Jahren erwähnt.

35 Urkunde vom 12. April 1288 (SUB III, Nr. 233, S. 138), 15. April 1312 (Von-Roll-Archiv), 6. Juli 1329, 15. März 1341 (StASO).

36 Bauordnung («Die ordnung dess buws in der statt versigelt») vom 4. April 1337 in RQ SO I, Nr. 43, S. 56ff. – Dazu: PETER WALLISER. Die solothurnische Baugesetzgebung von den Anfängen (1337) bis zum Erlaß des Baugesetzes von 1978 (Festgabe Hans Erzer. Solothurn 1983, S. 49–111, besonders S. 50–62). Daß die neuen Regelungen Streitigkeiten nach sich zogen, liegt auf der Hand. So erfahren wir 1358 von einem Schiedsspruch der dreiköpfigen Baukommission wegen einer Brandmauer (Scheidmauer) (Urkunde vom 7. April 1358 im Staatsarchiv Bern).

37 Erstmalige Erwähnung eines Ofenhauses («furnaria», spätere Dorsalnotiz «Offenhus») in einer Urkunde vom 15. April 1312 im Von-Roll-Archiv.

38 Einzige Erwähnung eines «Stoegkli» im Hinterhof eines Hauses am Kornmarkt am 24. Februar 1435 in einer Urkunde des BASO.

39 Urkunden vom 24. Juli 1495 und 21. Juni 1445 im StASO. – Schopfbauten wurden wegen Brandgefahr 1548 verboten (RM 1548, S. 237). Ganz ohne Nutzen scheinen solche Mandate nicht gewesen zu sein, rühmt doch FRANZ HAFFNER als Chronist des mittleren 17. Jh., daß zu seiner Zeit noch ein einziger Holzbau innerhalb der Stadt bestanden habe.

40 RM, 20. Juni 1670, Band 174, S. 314.

41 HAFFNER, Schawplatz II, S. 266.

42 Urkunde vor dem 1. September 1146 (SUB I, Nr. 84, S. 52).

43 Urkunde vom 2. Oktober 1376 im BASO (RQ SO I, Nr. 80, S. 160).

44 Urkunde vom 27. Mai 1321 und vom 29. Mai 1321 (FRB 5, Nr. 180, S. 231, Nr. 179, S. 233). – «Vicus» war im Mittelalter gängiger Begriff für «Gasse».

45 Zwei gleichlautende Nennungen in zwei Urkunden vom 24. August 1406 im StASO und BASO.

46 Urkunde vom 1. März 1453 im StASO.

47 Solothurn, Hauptgasse 37/39 (JbfSolG 62, 1989, S. 252–259), S. 256–259 (= Denkmalpflege im Kanton Solothurn 1988).

48 PEYER, Grundriß der Altstadt von Solothurn, S. 229. – CHARLES STUDER. Die Juden in Solothurn (JbfSolG 64, 1991, S. 53–76), S. 56. – Zum Vergleich: A. PINTHUS. Studien über die bauliche Entwicklung der Judengassen in den deutschen Städten (Zeitschrift für Geschichte der Juden in Deutschland 2, 1930, S. 101–130, 197–217, 284–300). – HELMUT VEITSHANS. Kartographische Darstellung der Judensiedlungen der schwäbischen Reichsstädte und der württembergischen Landstädte im Mittelalter (Arbeiten zum historischen Atlas von Südwestdeutschland 6, Stuttgart 1970).

49 Allerhand Copeyen, Band Gg 32, 11. August 1550 (StASO).

50 Zinsrodel von Spiegelberg 2, S. 79, im Von-Roll-Archiv. – Urkunde vom 18. Januar 1452 im BASO.

51 Urkunde vom 14. Februar 1429 im StASO. Vgl. Jurablätter 52, 1990, S. 108–110.

52 Urkundliche Quellen zur Schaal und zur Fleischschaal: 24. Dezember 1295: «ze Solotern bie der Schâla bie der Enrun Wueri» (SUB III, Nr. 410, S. 253f.). – 5. Mai 1312: «in der Schalgassun» (StASO). – 23. April 1362: Schultheiß, Rat und Bur-

ger verleihen «einen fleischbank, gelegen zu Solotern in unser Schale» (RQ SO I, Nr. 62, S. 123). – 1. April 1365: Haus, hinten an die «Fleischale» stoßend (StASO). – 20. November 1365: «fleischale» (StASO). – 9. Oktober 1366: Verleihung einer Fleischbank «in unser Schale» (BASO). – 20. November 1369: Mittels Tausch Zinsbefreiung der «hofstat die peter Blastes waz und dar uff nu unser fleischale gebuwen ist» (StASO).
53 29. Juli 1364: Hausverkauf «ze Solotern bi der brot schale» (FRB 8, Nr. 1443, S. 579). – 30. Dezember 1378: Haus «sita ex oposito macelli seu loci ubi panis venditur» (FRB 9, Nr. 1292, S. 636). – «Nüwe Brotschal» (Urkunde vom 23. Juni 1481 im StASO, Copia D, fol. 398). – Allerdings hören wir schon viel früher von einer Bäckerei beim Berntor in der Vorstadt, einer «domum pistrine cum furno sitam iuxta portam dictam Burtor», welche 1296 Peter Arnold und seine Frauen u.a. der Abtei Fraubrunnen vergabten (Urkunde vom 23. April 1296, SUB III, Nr. 422, S. 261).
54 Die Gewölbekeller des alten Kaufhauses haben sich unter dem Westflügel der Kirchenfassade und dem rückwärtigen Arkadenhof erhalten. Dazu: SCHUBIGER, Die Jesuitenkirche in Solothurn, S. 21–24 sowie S. 72f. (= Exkurs von MARKUS HOCHSTRASSER).
55 SMR 1438, S. 19. – Erste Erwähnung der Waage im Kaufhaus SMR 1465, S. 119. – Die «frounwage» wird 1362, die «staett wage» erstmals 1379 genannt (Urkunde vom 24. November 1362 im StASO; Urkunde vom 12. April 1379 im StASO [RQ SO I, Nr. 90, S. 175]).
56 Protokollnotiz von 1649, als das alte Kaufhaus zur provisorischen Jesuitenkirche umgewandelt wurde. Das Werkmaß wurde nun durchgestrichen und beim Zeitglockenturm angebracht, wo es sich mit dem Fußmaß heute noch befindet (RM, 4. Mai 1649, Band 153, S. 308). Das neue Kaufhaus war 1631 ans Land verlegt worden.
57 Für die Lokalisierung des Baus danke ich Markus Hochstrasser. Zahlreiche Angaben zum Neubau in den SMR 1495/98. Durch den Umstand, daß während des Baus Korn in das Rathaus gebracht werden mußte, gewinnt die Interpretation, daß der Neubau an der alten Stelle errichtet wurde, an Wahrscheinlichkeit. – Das Kornhaus wurde bereits in den 1530er Jahren durch einen Neubau an der Litzi (Landhausquai) ersetzt oder ergänzt. Zu diesem und zu den hier nicht interessierenden Kauf- und Lagerhäusern des 16.-19. Jh.: HOCHSTRASSER, Kaufhäuser.
58 Urkunde vom 30. November 1481 im StASO.
59 Urkunde vom 5. September 1366 im StASO.
60 Erwähnung der «smidengassen» in der Urkunde vom 9. August 1363 im StASO im Zusammenhang mit einer Hausvergabe von Burkart Gravo, «kuphersmit».
61 Urkunde vom 5. Februar 1389 im StASO. – Um 1700 sind Gerbereien einwandfrei nachweisbar an der Gerbergasse 2 (Ost) bzw. Gerbergasse 4 (RM, 19. Juli 1713, Band 216, S. 784f.; Inventar und Teilung vom 21. Februar 1725/12. August 1726, Band 2, Nr. 8; bzw. Inventar und Teilung vom 22. März 1722, Band 27, Nr. 5, im StASO). – In alten Stadtansichten ist deutlich die auf die Litzi gebaute Trockengalerie der Gerber östlich des Brückenturmes erkennbar. – Im 18. Jh. befand sich eine Gerberei am oberen Winkel in der Vorstadt (Krummturmstraße). – Die Gerberei an der St.-Urban-Gasse 75 dürfte es erst ab 1820 gegeben haben.
62 Urkunde 160; Zinsrodel von Spiegelberg, S. 67 (beide aus dem Jahre 1450 und im Von-Roll-Archiv). – Schon aus Urkunden vom 26. November 1379 und vom 1. November 1380 geht hervor, daß Häuser im Bereich der nachmaligen Webergasse im Besitz eines «textor» waren.
63 Gleichlautende Urkunden vom 29. November 1373 im StASO und im BASO: Dem Messerschmied Jeglin Louffenberg war es erlaubt, das Wasser an jedem Samstag sowie an einem Werktag in der Woche zu nutzen, da es der Mühle nicht schadete.
64 Zu den Zünften: GOTTHOLD APPENZELLER. Das solothurnische Zunftwesen (JbfSolG 5, 1932; 6, 1933; zu den Zunfthäusern bes. 6, 1933, S. 29ff.). – CHARLES STUDER; BENDICHT WEIBEL. Solothurner Zunfthäuser und Gaststätten. Solothurn 1983.
65 Urkunde vom 16. März 1369 (RQ SO I, Nr. 73, S. 147): Die Stadt hat Graf Ludwig von Neuenburg wieder in sein Burgrecht aufgenommen und Geld empfangen für einen Udel auf ihr Rathaus. – Zur Bedeutung des Begriffs Udel vgl. HAFFNER, Schawplatz II, S. 158, und HBLS, Band 7, S. 106.
66 Urkunde vom 5. September 1366 im StASO.
67 Urkunde vom 23. Dezember 1378 (FRB 9, Nr. 1289, S. 634). Nachdem 1182 von einem «Alberto causidico» und 1227 von einem «sculteto» namens Rudolf in Urkunden die Rede ist, erscheinen erstmals 1252 gemeinsam «scultetus, consules et universi cives Solodorenses», die das Kloster St. Urban in das Burgrecht aufnehmen (SUB I, Nr. 225, S. 123, Nr. 339, S. 189; SUB II, Nr. 77, S. 46). BRUNO AMIET geht davon aus, daß die Bürgerschaft von Solothurn erst um 1344/45 in den Genuß des freien Schultheißen-Wahlrechtes gelangte (Solothurnische Geschichte 1, S. 258). – Im Verlaufe des 14. Jahrhunderts teilte sich der Rat auf: 1346 werden erstmals der Altrat und 1377 der alte und junge Rat (RQ SO I, S. 164) urkundlich erwähnt (SWB 1815, S. 45, 1814, S. 269, 276).
68 CORD MECKSEPER. Kleine Kunstgeschichte der deutschen Stadt im Mittelalter. Darmstadt 1982, S. 190.
69 Zitat aus: ERWIN SCHENKER. Die Zunft zu den Schützen. Typoskript um 1950 im Archiv der Kantonalen Denkmalpflege Solothurn (Dossier Hauptgasse 57). – 1474 wurde das ehemalige Rathaus Schützen-Zunfthaus; 1549 ging es auch in Zunftbesitz über.

Die Halle hatte beim Umbau 1661–1663 ihr Aussehen erhalten. Die Staffelfenstergruppe und die bis in die 1950er Jahre dahinterliegende Balkendecke dürften aber noch zur Rathauszeit entstanden sein. Ebenso vermute ich, daß die frühbarocke Erdgeschoßlaube einen mittelalterlichen Vorgänger hatte. Die Wände der Laube waren mit einer Kreuzigung und Aposteln bemalt gewesen. – Das Bürgerhaus in der Schweiz, 21. Band. Zürich 1929, S. XXVf., Tf. 7f. – CHARLES STUDER; BENDICHT WEIBEL. Solothurner Zunfthäuser und Gaststätten. Solothurn 1983, S. 31–33.

70 Dazu: HANSPETER SPYCHER. Die Ausgrabungen Solothurn/Roter Turm von 1960/61. Typoskript (erscheint in der geplanten Publikation über die Ausgrabungen Vigierhof).

71 Zwei analoge Urkunden vom 24. August 1406 im BASO und StASO (RQ SO I, Nr. 118, 119, S. 269–273). – Zum Zeitglockenturm: RAHN, Kunstdenkmäler, S. 172–175. – MORGENTHALER, ASA 1923, S. 141–148. – ARNOLD KAUFMANN. Die Kunstuhr des Zeitglockenturms in Solothurn (JbfSolG 3, 1930, S. 245–350). – HOCHSTRASSER, Befunde zur baulichen Entwicklung, S. 243. – Da der Zeitglockenturm kein Bestandteil der Stadtbefestigung war, wird er nicht hier, sondern in einem folgenden Kunstdenkmälerband unter den öffentlichen Bauten behandelt werden.

72 Immerhin hatten sich kurzzeitig (vor 1285) auch Brüder des Bettelordens von Notre Dame de Vauvert hier aufgehalten (gemäß Urkunde vom 7. Juni 1285, SUB III, Nr. 170, S. 102f.). Dieser Orden ist weitgehend unbekannt; seine Spuren lassen sich zu Ende des 13. Jh. in Frankreich und Italien nachweisen.

73 Eintrag im Jahrzeitenbuch der Franziskaner «circa festum sancti Iacobi» (um den 25. Juli) 1280 (SUB II, Nr. 78, S. 48). – Zum Franziskanerkloster: KLEMENS ARNOLD. Barfüsserkloster Solothurn (Helvetia Sacra, Abteilung V, Band I, Bern 1978, S. 250ff.) mit ausführlichen Literaturangaben. – CHARLES STUDER. Die Franziskanerkirche zu Solothurn (Jurablätter 52, 1990, S. 165–178). – SCHNELLER, Franziskanerkirche.

74 Das betreffende Stück der Ringmauer wird deshalb in den Quellen des 14. Jh. als «der barfuoßen mure» bezeichnet (z.B. Urkunde vom 29. November 1373 im StASO).

75 Urkunde vom 13. Mai 1345 im StASO. – Zur Hinteren Samnung: HANS SIGRIST. Die Hintere Samnung zu Solothurn, die Vorläuferin der Klöster St. Joseph und Nominis Jesu (Jurablätter 21, 1959, S. 104–112). – KLEMENS ARNOLD. Terziarinnenkloster St. Josef in Solothurn (Helvetia Sacra, Abteilung V, Band I, Der Franziskusorden, Bern 1978, S. 689ff.) mit weiteren Literaturangaben.

76 Angaben zur Lage der Samnung in Urkunden vom 13. Januar 1372, 18. März 1396 und 9. September 1402 (Kopien im Dokumentenbuch der Hinteren Samnung, S. 10f., S. 4ff., S. 31ff., im StASO).

77 Urkunde vom 7. Mai 1374; Kopie im Dokumentenbuch der Hinteren Samnung, S. 30, im StASO.

78 Urkunde vom 24. Februar 1403 im StASO. – Es handelt sich um das Haus St.-Urban-Gasse 17.

79 Urkunde vom 24. November 1252 (SUB II, Nr. 77, S. 469). – AMBROS KOCHER. Der St. Urban-Hof zu Solothurn (St.-Ursen-Kalender 1946, S. 56f.). – PETER GRANDY. Der Freihof in Solothurn (Jurablätter 48, 1986, S. 90–93). – Anders als in diesen Publikationen dargestellt, kann der alte St.-Urban-Hof am Stalden nicht eindeutig mit dem Haus Schmiedengasse 1 identifiziert werden. In den 1520er Jahren wurde der St.-Urban-Hof an die Gurzelngasse 30, an den Platz zweier ursprünglicher Privathäuser, verlegt. An Stelle eines Hinterhauses wurde die St.-Urban-Kapelle errichtet (heute St.-Urban-Gasse 14). Vgl. MARKUS HOCHSTRASSER. Solothurn, St. Urbanhof. Notizen zur Hausgeschichte. Mskr. 1993 (Archiv der Kantonalen Denkmalpflege Solothurn).

80 Das Zisterzienserkloster Frienisberg, das 1274 in den Schutz der Stadt genommen wurde, scheint hier gar kein Haus besessen zu haben. – Urkunde vom 25. Dezember 1274–22. Juli 1275 (SUB II, Nr. 349, S. 224f.).

81 Urkunde vom 2. März 1295 (SUB III, Nr. 389, S. 237). – Eine sichere Lokalisierung in die Vorstadt ist erst 1450 möglich.

82 Urkunde vom 27. Juni 1299 im StASO.

83 Urkunde vom 16. Februar 1361 (FRB 8, Nr. 1035, S. 388).

84 Urkunde vom 16. Dezember 1404 im StASO.

85 Kocher (wie Anm. 79), S. 56f.

86 Zum Stift: KLEMENS ARNOLD. St. Ursus in Solothurn (Helvetia Sacra, Abteilung II, Teil 2, Bern 1977, S. 493ff.), mit ausführlichen Literaturangaben. – Zum rechtlichen Nebeneinander von Stift und Stadt: AMIET, St. Ursus-Pfarrstift, bes. S. 81ff.

87 Urkunde vom 5. September 1366 im StASO.

88 PETER WALLISER. Die Lombarden zu Solothurn (Oltner Geschichtsblätter 9, 1955, Nr. 10, S. 2).

89 Urkunde vom 23. August 1364 («iuxta ortum Lombardorum») (FRB 8, Nr. 1451, S. 582).

90 Urkunde vom 25. März 1418 im StASO. Nachfolgender Besitzer war Hans von Grünenberg.

91 HANS SIGRIST. Das Geschlecht der Riche oder Dives von Solothurn (JbfSolG 25, 1952, 101–132), S. 122.

92 Vergabung von Haus, Hofstatt und Hof durch Margaretha von Spins an ihren Mann Hemmann von Spiegelberg (Urkunde vom 29. Oktober 1420 im Von-Roll-Archiv). Diesem verkaufte das Stift den freien Hof östlich zwischen den beiden Gassen gelegen (Urkunde vom 30. Juni 1441 im Von-Roll-Archiv). 1444 wurde der Besitz umschrieben als «*hus und hoff ... gelegen nebent sant urssen kilchhoff*» (Zinsrodel des Schultheißen Hemmann von Spiegelberg vom Jahre 1444; Abdruck: ROCHUS SCHMID-

LIN. Genealogie der Freiherren von Roll. Solothurn 1914, S. 215).
93 SIGRIST (wie Anm. 91), S. 105, 126.
94 In dieser Funktion ist der Kirchhof erwähnt am 19. Juli 1384 (RQ SO I, Nr. 96, S. 194). STUMPFS Holzschnitt bildet neben der St.-Ursen-Treppe einen auffällig großen Baum ab, der wohl als Gerichtslinde interpretiert werden darf.
95 Umschreibung des alten Burgerzihls bei: FERDINAND EGGENSCHWILER. Die territoriale Entwicklung des Kantons Solothurn. Solothurn 1916 (Mitteilungen des Historischen Vereins des Kantons Solothurn, Heft 8, S. 45 und Kartenanhang). Er vermutet, daß das Burgerzihl identisch war mit dem ursprünglichen Zehntgebiet des St.-Ursen-Stifts. – Eine neuere Umschreibung des Burgerzihls liefert OTHMAR NOSER (Alte Pläne aus dem Bürgerarchiv der Stadt Solothurn, Feldmesserkunst und Architektur in alten Plänen des Bürgerarchivs der Stadt Solothurn, Katalog zur Ausstellung im Staatsarchiv Solothurn vom 26. Oktober bis 30. November 1985, S. 15f., Kat.-Nr. 1): «Sein östlichster Punkt war die Einmündung des heutigen Aarbächleins (früher Erdbächlein genannt) bei Flumenthal in die Aare. Die Grenze verlief von hier aus dem Aarbächlein entlang bis zur heutigen Kantonsstrasse und dieser folgend bis vor den Weiher ‹bei den Weihern›. Zwischen Riedholz und dem ‹Wallierhof› zog sie sich in die Winterhalde hinauf und dann stets in nördlicher Richtung entlang den Westgrenzen von Niederwil und Balm bei Günsberg zum Balmfluhkopf. Über den Berggrat ging dann der Grenzverlauf westwärts zum Kuchigraben, dann talwärts, Rüttenen umfassend, der östlichen und dann der südlichen Grenzlinie der Einungen Oberdorf und Langendorf nach bis zum sogenannten Gärisch in Bellach. Hierauf durchquerte die Burgerzihlgrenze den Ostrand Bellachs und zog sich schräg westwärts bis in die Nähe des grossen Aarebogens. Parallel zu diesem Bogen ging sie zum westlichen Graben des unteren Muttenhofes (Punkt 431). Dort überquerte sie die Aare und verlief dem Bärenbach entlang zur Grenze des Lohner Banns im ‹Bärenmösli›, wandte sich dann ostwärts zur alten Bernstrasse auf der Waldlichtung südlich des Buchhofs. Östlich der alten Bernstrasse durchquerte sie in nordöstlicher Richtung den Oberwald bis zur äusseren Enge hinunter und erreichte im Osten der heutigen SZB-Eisenbahnlinie bei Zuchwil nach Norden verlaufend die Aare. Dem Aarefluss entlang zog sie sich bis zur Stelle vis-à-vis der Aarbächlein-Mündung bei Flumenthal.»
96 Erwähnt etwa im Zinsrodel des Schultheißen Hemmann von Spiegelberg vom Jahre 1444 im Von-Roll-Archiv.
97 Urkunde von 1307 im Von-Roll-Archiv.
98 Urkunde vom 17. Juli 1318 im StASO: «allodium dictum zem hof situm i(ux)ta Solodrum prope rubeta dicta phegiz». Die Bezeichnung «zem hof» wiederholt sich im 15. Jh. mehrmals. Eine Lokalisierung ins Gebiet nördlich des Herrenweges zwischen dem Stadtbach und dem Fegetz scheint auf Grund rudimentärer Umschreibungen am wahrscheinlichsten.
99 Erste Erwähnung eines Erblehens in Wedelswil in einer Urkunde um 1182 (SUB I, Nr. 225, S. 123). Als Flurname taucht Wedelswil bis ins ausgehende 15. Jh. auf. Vgl. FRIEDA MARIA HUGGENBERG. Vom Ursprung des Fegetzhofes und seinen Bewohnern (JbfSolG 21, 1958, S. 71–94), S. 72–77.
100 OSKAR KAUFMANN. Das einstige Dörflein Gurzelen (Bellacher-Kalender 6, 1982), S. 111. – Von diesem Weiler hatte auch das Bieltor, welches ursprünglich Gurzelentor hieß, seinen Namen. – PETER WALLISER. Untergegangene Städte und Dörfer im Kanton Solothurn (Oltner Geschichtsblätter 7, 1953, Nr. 11, S. 3).
101 Ersterwähnung in einer Urkunde im StASO vom 14. Dezember 1338.
102 Ersterwähnung in einer Urkunde im StASO vom 7. Januar 1397.
103 Ersterwähnung der «bleigki gelegen ze kaltenhusren by dem bache» in einer Urkunde im StASO vom 10. Mai 1382. – Die Sandgruben (Erwähnung in einer Urkunde des StASO vom 20. September 1417) dürften der heutigen Sandmatt außerhalb des St.-Katharinen-Bachs in Feldbrunnen den Namen gegeben haben.
104 StASO, Copiae, Band 5, S. 27 (1460), Band 4, S. 48 (1456).
105 Der Galgen ist als undeutliche Signatur auch bei URS GRAF (BD II/40) (Abb. 56) und gut erkennbar auf der SCHOEPF-Karte (Abb. 4) dargestellt. Zu den Überresten dieses Galgens: AK 1942 (JbfSolG 16, 1943, S. 191). Einige Steine des ehemaligen Galgens befinden sich im Garten des Museums Blumenstein Solothurn.
106 Zinsrodel des Schultheißen Hemmann von Spiegelberg vom Jahre 1444 im Von-Roll-Archiv («Item ein Bomgart vor dem Eichtor, darin das Sommerhus steht. Benutzt er selbst»).
107 Nennung des «Siechenbachs» am 21. November 1319, des «Siechenhuses» am 21. April 1354 (beide Urkunden im StASO). – Eine Kaplaneipfründe wurde zu St. Katharina erst 1636 eingerichtet (ALEXANDER SCHMID. Die Kirchensätze, die Stifts- und Pfarrgeistlichkeit des Kantons Solothurn. Solothurn 1857, S. 48).
108 Zur Dreibeinskreuzkapelle: AMIET, St. Ursus-Pfarrstift, S. 276–281. Weitere Angaben und Literatur bei MAX BANHOLZER. Notizen zur Geschichte der Dreibeinskreuzkirche in Solothurn (Jurablätter 56, 1994, S. 21–24).
109 Angaben zu den Abbrüchen in RM 1664, S. 33, 213, 210f., 738 und besonders 767, sowie in SMR 1664, S. 66. Die Häuser hatten im Besitz von Hans Franz Zurmatten und H. de Buman in Freiburg gestanden.

110 Zum Kapuzinerkloster: SIEGFRIED WIND. Zur Geschichte des Kapuzinerklosters Solothurn. Solothurn 1938. – Helvetia Sacra, Abteilung V, Band 2, Teil 1. Bern 1974, S. 625–650. – 400 Jahre Kapuzinerkloster Solothurn 1588–1988. Separatdruck aus Jurablätter 50, Nr. 8/9, 1988.

111 Die humanistische Tradition erkannte in dieser Kapelle den Ort der mißlungenen Verbrennung von Ursus und Victor aus der Thebäerlegion. Das Erneuerungsdatum erschließt sich aus einem 1612 datierten Inschriftstein von Schultheiß Lorenz Aregger an der abgebrochenen Lorenzenkapelle (heute im Lapidarium II). Zum Abbruch: PAUL BORRER. Ein verschwundenes Monument (St. Ursen-Kalender 1938, S. 108–114), S. 110.

112 Helvetia Sacra, Abteilung V, Band 2, Teil 2. Bern 1974, S. 1057–1073.

113 Helvetia Sacra, Abteilung V, Band 1. Bern 1978, S. 689–702.

114 Die Kapelle ist bereits im Plan von DEMORAINWILLE von 1712 (PD 2) (Abb. 80) eingezeichnet. Erwähnung von Tufflieferungen für einen Neubau in SMR, 16. August 1738, S. 55.

115 Solothurn, ehemaliges Schützenhaus (JbfSolG 63, 1990, S. 172–179) (= Denkmalpflege im Kanton Solothurn 1989).

116 Zu den Landsitzen: CHARLES STUDER. Solothurner Patrizierhäuser. Solothurn 1981. Einzelne Baudaten in Klammern sind korrigiert auf Grund von eigenen Nachforschungen und Grundlagenarbeiten von Markus Hochstrasser.

117 Erwähnung des schadhaft gewordenen großen Pulvermagazins in der Vorstadt im RM, 5. September 1721, Band 224, S. 882f.

118 Zum Bau: HOCHSTRASSER, Kaufhäuser, S. 292f.

119 Die Ratsmanuale berichten in den Jahren 1689–1692 vom geplanten Hausbau eines Jean Jacques Gaberel, dem bei Nichterfüllung der Bedingungen bis 1693 der Verlust des Bürgerrechts angedroht wurde. Über einen tatsächlich erfolgten Hausbau ist nichts bekannt.

120 RM, 20. Mai 1689, Band 193, S. 314. Die Schanzherren hatten die Bauplätze auszustecken, und die Holzherren bewilligten das Bauholz.

121 Erste Erwähnung des Hausplatzes in RM, 11. Februar 1699, Band 202, S. 157. – Ihre Durchsetzung unterlief der Rat allerdings gleich selber, weil er befürchtete, daß im Rahmen des Glacis-Ausbaus im Vorgelände der Bastionen weitere Sommerhäuser abgebrochen werden müßten und im Kreuzacker geeigneter Landersatz dafür vorhanden wäre. Dies führte zur grotesken Situation, daß der Neubürger Joachim Passera de la Chapelle seinen schon 1704 anbegehrten Baugrund erst 1714 erhielt, und zwar unter der Bedingung, daß sein geplantes Haus in der Flucht des Guggerschen Hauses am Kreuzackerquai errichtet würde. Der Bau unterblieb gleichwohl.

122 Beschluß RM, 26. Juni 1704, Band 207, S. 487. – Im Ratsmanuale vom 20. März 1726 wird hingegen die Bürgerrechtssatzung zitiert, wonach «... ein neüwer Burger ein neüw Haus in der Vorstatt erbauwen zu lassen, oder sonsten eine gwisse Summa Gelt zu erlegen ...» hat (Band 229, S. 332).

123 Auf Grund archivalischer Quellen kann die Parkanlage nicht genau datiert werden; sie muß nach 1738 entstanden sein, da sie ERB in seinem Brunnenplan (PD 3) nicht verzeichnet. In EMANUEL BÜCHELS Zeichnungen 1757 weisen die Bäume dagegen schon ein gewisses Alter auf.

124 SCHUBIGER, Die Jesuitenkirche in Solothurn, S. 25–40, 83–85.

125 ALFRED WYSS. Der Ambassadorenhof in Solothurn (Jurablätter 19, 1957, S. 104–110). – DANIEL SCHNELLER. Der Ambassadorenhof in Solothurn. Kunstgeschichte und historische Hintergründe. Solothurn 1993.

126 Solothurn, altes Spital im obern Winkel (JbfSolG 61, 1988), S. 260–262 (= Denkmalpflege im Kanton Solothurn 1987).

127 Vgl. MARKUS HOCHSTRASSER. Solothurn – Geschichtliches zum Klosterplatz (Jurablätter 44, 1982, S. 121–133), S. 123.

128 SCHNELLER, Franziskanerkirche, S. 149f. – Zum Ankenhausabbruch siehe RM, A 1, 355/1835 I, S. 946f., 982f.

129 HANS RUDOLF HEYER. Gaetano Matteo Pisoni. Bern 1967 (Basler Studien zur Kunstgeschichte. NF Band VIII).

130 PAUL LUDWIG FESER. Reisen im schönen alten Solothurnerland. Bilder und Berichte aus sechs Jahrhunderten. Solothurn 1989, S. 29, 34, 36, 37, 40, 55.

131 Angaben zu den Dutzenden von Gebäudeabbrüchen in den RM und SRM.

132 Erwähnung des befürchteten Abbruchs in RM, 22. August 1708, Band 211, S. 743f.

133 So war es in den 1790er Jahren wieder möglich, daß Ludwig Josef Gugger nahe dem Schanzengraben vor dem äußeren Baseltor ein Sommerhaus erbaute (den heutigen Benzigerhof, Baselstraße 6).

134 H. BÜCHI. Die Zehnt- und Grundzinsablösung im Kanton Solothurn (JbfSolG 2, 1929, S. 187–300), S. 254–274.

135 HOCHSTRASSER, Kaufhäuser, S. 269f.

136 HOCHSTRASSER, Kaufhäuser, S. 288f.

137 HOCHSTRASSER, Kaufhäuser, S. 264f.

138 Planarchiv des Stadtbauamtes, H1–H6 (Projektpläne 1883) und H7–H14 (Ausführungspläne 1886).

139 «Bericht und Antrag an den Regierungsrath betreffend Überlassung des Kollegiums- und des Theatergebäudes in Solothurn an die Stadtgemeinde Solothurn und Umbau der Kaserne für Aufnahme der Kantonsschule, Solothurn 17. Jänner 1881» (ZBS, Rv 373).

140 SCHNELLER, Franziskanerkirche, S. 149f.

141 «Bericht und Antrag an den Regierungsrath betref-

fend Überlassung des Kollegiums- und des Theatergebäudes in Solothurn an die Stadtgemeinde Solothurn und Umbau der Kaserne für Aufnahme der Kantonsschule. Solothurn 17. Jänner 1881» (ZBS, Rv 373). – SCHUBIGER, Die Jesuitenkirche in Solothurn, S. 29f.
142 Vgl. MARKUS HOCHSTRASSER. Solothurn – Geschichtliches zum Klosterplatz (Jurablätter 44, 1982, S. 121–133), S. 127, 129.
143 Solothurn, Hauptgasse 47 (JbfSolG 66, 1992), S. 270–274 (=Denkmalpflege im Kanton Solothurn 1991). Entfernung der meisten Fassadengliederungen um 1938.
144 GOTTLIEB LOERTSCHER. AK 1971–1976 (JbfSolG 51, 1978, S. 75–417), S. 139–141. Denkmalpflegerische Rückführung in einen einfacheren Zustand im Jahre 1976.
145 Ausführungspläne im Archiv des Stadtbauamtes (Baugesuch 40/1909). Vorprojekt von EDUARD JOOS vom 20. Januar 1909 im Besitz von Markus Hochstrasser, Solothurn. – Purifizierender Außen- und Innenumbau 1968/1970.
146 SBZ 45, 1905, S. 176f., 217f.
147 Solothurn, Die Häuser Gurzelngasse 5 und 7 (JbfSolG 58, 1985, S. 310–313) (=Denkmalpflege im Kanton Solothurn 1984). – MARKUS HOCHSTRASSER. Bau- und Besitzergeschichte der Häuser Gurzelngasse 5 und 7 in Solothurn (Jurablätter 47, 1985, S. 1–19), S. 15.
148 MARKUS HOCHSTRASSER. Solothurn, Gurzelngasse 21 (ehemaliges Rest. Metzgerhalle). Typoskript. Solothurn 1990, S. 5 (Archiv der Kantonalen Denkmalpflege Solothurn).
149 Archiv des Stadtbauamtes, Baugesuch 13. Mai 1896 (Entwurf von FRÖHLICHER und GLUTZ).
150 Archiv des Stadtbauamtes, Baugesuch 17. Juni 1910. Planentwürfe von LEOPOLD FEIN im Planarchiv des Stadtbauamtes, D 13–20.
151 Solothurn, Stalden 8, ehemaliges Kino Elite (JbfSolG 62, 1989, S. 264–268) (=Denkmalpflege im Kanton Solothurn 1988).
152 GOTTLIEB LOERTSCHER. AK 1971–1976 (JbfSolG 51, 1978, S. 75–417), S. 146f.
153 Bezugnahme darauf im Protokoll des Großen Rates des Kantons Solothurn vom 30. Oktober 1832, S. 644, ebenso im RM, 9. November 1832, S. 2315.
154 Repertorium der Abschiede der eidgenössischen Tagsatzungen aus den Jahren 1814 bis 1848, 2. Band. Bern 1876, S. 546f. – GUIGUERS Bericht vom 19. Juli 1832 in: Abschied der ordentlichen Tagsatzung des Jahres 1832, Bundesarchiv Bern, Band D 167, Abschiedsbeilage M. – Darauf bezogen: Kommissionalrapport, betreffend den über die eidgenössische Bewaffnung im Jahr 1831 vom gewesenen Oberbefehlshaber, Herrn Karl Julius Guiguer von Prangins, erstatteten Schlussbericht (Abschiedsbeilage N vom 27. September 1832). Daraus folgendes Zitat (S. 3), das der Befestigung von Solothurn einen unerwartet hohen Stellenwert einräumt: «Mit Grund lenkt der Oberbefehlshaber die Aufmerksamkeit auf die wichtigen Dienste, welche Solothurn, Bern und Zürich, als befestigte Punkte, leisten könnten. Diese als Magazine und Sammelpunkte gegen einen feindlichen Einfall dienenden Städte, wenn Sie vor einem Handstreich gesichert sind, würden den Feind lange genug aufhalten, um ihn zu einem für die Schnelligkeit seines Marsches nachtheiligen Umwege zu zwingen, oder dazu benutzt werden, um Angriffsmittel dahin zu werfen, wodurch die schweizerische Armee zu den erforderlichen Manövern Zeit gewänne, um ihnen zu Hilfe zu kommen und die Offensive wieder zu ergreifen, von welcher sie, als neutrale Macht, zu Anfang des Feldzugs keinen Gebrauch machen kann. Diese Bemerkung ist besonders zu einer Zeit wichtig, wo, in Folge des eingetretenen Meinungskampfes, das Landvolk einen grossen Werth auf die Schleifung jener Festungswerke zu setzen scheint.»
155 RM, 7., 23. Januar 1835, S. 65, 165.
156 RM, 16. Oktober 1825, S. 1824. – Arbeitsvergebung zum Schanzenabbruch: BP Kanton, 6. Juli 1835, S. 652f. – Dokumentation der Überreste der Schulschanze: Solothurn, Schanzenreste auf dem Areal Parkhaus Baseltor (JbfSolG 63, 1990, S. 164–169) (=Denkmalpflege im Kanton Solothurn 1989).
157 Erste Diskussionen in der Kommission des Innern vom 16. April 1835, Protokoll S. 422 (im StASO). – Zur Beanspruchung des Nutzungsrechts für das Land der Festungswerke zugunsten der armen Bürgerschaft vgl. RM, 30. Januar 1837, S. 174.
158 RM, 29. August 1836, S. 1486. – Eine Weiterverwendung wurde unmöglich, denn «... es seien beim Abbruch des Baselthors ungeachtet der sorgfältigsten Behandlung wesentliche Theile der Architektur zu Grunde gegangen ...», berichtet das RM vom 28. Juli 1837, S. 1007.
159 «Rechnung über Correction der Ausfahrten am Bieler- und Baselthor u. Abbrechung der dortigen Schanzen» vom 16. August 1838 (StASO, B 29,13). – Gleichzeitig wurden zwecks besserer Befahrbarkeit der Schanzengrabenbrücken vor dem äußeren Bieltor und dem Berntor die hölzernen Zugbrücken durch steinerne Brückenjoche ersetzt. – Rätselhaft bleibt die versuchte Sprengung der Brücke vor dem äußeren Bieltor im Jahre 1837 (RM 1837, S. 521–525).
160 BP Kanton, 6. April 1839, S. 113f. – RM, 29. April 1839, S. 443. – Im Hinblick auf die Versteigerung war durch die «Bausection des Cantons» ein lithographierter Prospekt mit Seitenansicht der fünfjochigen Steinbrücke herausgegeben worden (ZBS, YR 140; a 894). – Ursprünglich bestand die Brücke offenbar aus vier Jochen (vgl. die entsprechende Abbildung bei FESER, 1989, S. 210). – Koordinaten des Brückenfragments: Landeskarte 1:25 000, Blatt 1107, 619 400/239 200.

161 RM, 27. November 1839, S. 1118.
162 BP Kanton, 26. März 1836, S. 745f. – Weitere Steinlieferungen gingen nach Hubersdorf für die Brücke über den Sagebach (27. April 1836), nach Etziken ans neue Schulhaus (12. Mai 1837) und an die Vollendung der Aarequaimauer zwischen dem Landhaus und der Wengibrücke (5. Oktober 1837).
163 Originalplan mit Einzeichnung der geplanten Überbauung und der 1837/38 noch bestehenden Fortifikation im BASO, A 5 89. – Analoge Kopie ohne die Befestigungen im StASO, N 11 (PD 43) (Abb. 91).
164 Das Thema der Entfestigung in der Schweiz ist nicht typologisch behandelt worden. Bester Überblick bei: OTHMAR BIRKNER. Bauen + Wohnen in der Schweiz 1850–1920. Zürich 1975, S. 47–56.
165 Plan von 1843 im BASO, A 5 23 (PD 45) (Abb. 92). – Dazu Bericht vom 20. März 1843 im BASO, D V 9.
166 Baubeschluß der Gemeindeversammlung vom 30. September 1862. – WOLFFS Pläne (um 1861) im Planarchiv des Stadtbauamtes, F 7–9. Ausführungspläne von TSCHUY (z.T. datiert 1862 und 1863) ebendort F 5, 10–15. Von TSCHUY stammt auch ein Übersichtsplan mit Alternativstandorten für die Reitschule innerhalb des östlichen Glacis (Plan F 1 vom Juli 1861) sowie schließlich auf den Vorstadtschanzen (Plan F 16, August 1862). – Bauplanvarianten aus dem Jahr 1862 zu WOLFFS Entwürfen stammen von PETER FELBER, BERNHARD MUNZINGER und JOSEF PFLUGER (Pläne F 6, F 2,3, F 4).
167 Zur Baugeschichte des Gaswerks: Dossier D II 69 im BASO mit Vertrag zwischen Stadt und Unternehmer L. A. RIEDINGER in Augsburg vom 19. Januar 1860; Baubeschreibung der Gasfabrik und Arealplan; Statuten der Gas-Aktien-Gesellschaft Solothurn vom 20. Februar 1861; ferner Stadtplan mit Einzeichnung der Gaslaternen auf «Consols» und «Candelabers». – Vgl. auch: F. W. Das alte und das neue Gaswerk in Solothurn (Solothurner Schreibmappe 1927), S. 33–35. – 1926 wurde das Gaswerk nach Zuchwil verlegt.
168 Zitat nach HANS RAPOLD. Die Entwicklung der schweizerischen Landesbefestigung von 1815 bis 1821 (Die Geschichte der Schweizerischen Landesbefestigung, hg. von MAX MITTLER. Zürich 1992, S. 11–54), S. 28. – Mit dieser Äußerung in Zusammenhang stehen dürfte der in den 1850er Jahren projektierte Ausbau Solothurns zu einem Brückenkopf mit Hilfe von Feldschanzen und Batteriestellungen. Akten im Bundesarchiv Bern E 27, S. 1279, 1280. Planabbildung daraus bei RAPOLD, S. 27.
169 «Wir resumiren die Beantwortung der uns vorgelegten Frage dahin, es habe Solothurn als einer der Hauptübergangspunkte über die Aare bei einer Armeeaufstellung gegen Westen und Norden eine grosse strategische Bedeutung, welche fortifikatorischen Schuz (sic) beanspruchen. Diesen gewähren die vorhandenen Befestigungen aber nur dann, wenn sie an den beschädigten Stellen ausgebessert und durch Aussenwerke vervollständigt sind. Ohne diese Massnahmen fällt ihre Wichtigkeit größtenteils dahin.» Zitate aus dem Expertenbericht, S. 21, 22. Er beinhaltet auch eine interessante Beschreibung des Zustandes der Befestigungen und ihrer Glacis (S. 21).
170 BASO, Plan A 5 53 (signiert und datiert: «W. Tugginer Architekt Juni 1856») (PD 49). – Wohl kurz zuvor und von gleicher Hand entstand ein Zufahrtsstraßenplan ohne Quartierüberbauungen (BASO, Plan A 5 52).
171 OTHMAR BIRKNER. Städtebauliches Gutachten Westringquartier Solothurn. Mskr. 1976, S. 7 (Zit: BIRKNER, Westring). – BIRKNER, INSA Solothurn, S. 87. Abgebildet bei: CHARLES STUDER; BENDICHT WEIBEL. Solothurner Zunfthäuser und Gaststätten. Solothurn 1983, S. 37 (Lithographie aus der Bauzeit). – MAX DOERFLIGER; DIETER BUTTERS. Solothurn. Solothurn 1972, S. 107 (Photographie vor dem Abbruch).
172 Bericht im StASO, B 29,13.
173 Platzgestaltungsplan vom 11. Februar von LUDWIG PFLUGER im Planarchiv des Stadtbauamtes, i 11.
174 Zur Vorplanung und Bauausführung: Gemeinderätliche Akten zur Bauplanung und -ausführung im Dossier D V 9 des BASO («Verhandlungen der Stadt mit der Regierung über Schanzenabbruch, Neues Quartier, Bau-Polizei-Reglement, Benutzungsrecht der Stadt von 1840–1871»). – Literatur: BIRKNER, Westring. – BIRKNER, INSA Solothurn, S. 9, 14, 70, 84, 87f., 89f. – BIRKNER, Solothurner Bauten, S. 8f. – HOCHSTRASSER, Amthausplatz, S. 172–179.
175 Als Grundeigentümer und Bauherren werden genannt: AUGUST TUGGINER, Baumeister PETER FELBER, Zimmermeister URS JOSEF FREI, EGGER, WIRZ und eine «Solothurner Baugesellschaft». – Den Baufortschritt bis Mitte 1867 dokumentiert ein zweiter lithographierter Plan, evtl. ebenfalls von ALFRED ZSCHOKKE (PD 58) (Abb. 95).
176 Abbruchbeschlüsse: Für die St.-Josephs-Bastion RM, A1 1864, Band 387, S. 721; für die Bieltorbrücke RM, A1 1866, Band 389, S.845f. – Signierter, aber undatierter Plan im StASO, Plan N 13.
177 Die Abbruchkosten bis zum 23. November 1866 betrugen Fr. 53 537.– (BASO, D V 9). – Anläßlich von Bauarbeiten konnten 1974 und 1986 Fundamente und teilweise aufgehendes Mauerwerk der Marienschanze, des Ravelins beim Bieltor und der St.-Josephs-Schanze festgestellt werden. Dazu: ALEXANDER HAVEL; ERNST MÜLLER. Solothurn-Amthausplatz, die Bieltorschanzen (JbfSolG 48, 1975, S. 386–398). – Solothurn, Schanzenreste im Westringquartier (JbfSolG 60, 1987, S. 266–268) (= Denkmalpflege im Kanton Solothurn 1986).
178 Vgl. den Plan N 14 im StASO von DIETLER.
179 Die endgültige Straßenprojektierung widerspiegelt der Plan N 12 im StASO (datiert 26. November 1866, aber nicht signiert). Er stammt wohl ebenfalls von DIETLER und besitzt Ähnlichkeit mit dessen lithogra-

phierter Planbeilage zum Vertrag zwischen der hoh. Regierung von Solothurn an einem und der Stadtgemeinde Solothurn am andern Theil, betreffend den Schanzenabbruch auf der Westseite der Stadt und die deßhalb erforderlich werdenden Verbindungsstraßen und Anlagen im neuen Quartier. Solothurn 1867 (nämlich 2. und 7. Juli 1867) (ZBS, Rv 174). – Bauakten in BASO, D V 9 und besonders D V 13. – Weitere diesbezügliche Bauakten und insbesondere Straßenprofile und Pläne für das Mauergitter zu den Vorgärten der Westringstraße in StASO, Dossier Plan N 13.
180 Seit der Gründung der reformierten Kirchgemeinde 1835 hatte die Stefanskapelle als Kirche gedient. Zur Baugeschichte der neuen Kirche: GOTTHOLD APPENZELLER. Die reformierte Kirchgemeinde Solothurn 1835–1925 und der Bau ihrer neuen Kirche 1922–1925. Solothurn 1925, S. 20–32. – STADLERS Originalpläne befinden sich im Archiv der protestantischen Kirchgemeinde im Kirchenzentrum Langendorf.
181 RRB vom 6. November 1866 (BASO, D V 9).
182 Pläne zum Musikpavillon im StASO, D 1 1,2,3. – Vgl. CHARLES STUDER. Festschrift zum Jubiläum 100 Jahre Verkehrsverein Region Solothurn. Solothurn 1991, S. 32–34 (mit Abb.).
183 Bericht und Antrag des Regierungsrathes an den hohen Kantonsrath von Solothurn über den Bau eines Amthauses in Solothurn. Solothurn 1867. – BIRKNER, Westring, S. 16f. – BIRKNER, Solothurner Bauten, S. 58. – Die Ausführungspläne befinden sich im Planarchiv des Kantonalen Hochbauamtes Nr. 1. 11. 15–31.
184 RAHN, Kunstdenkmäler, S. 171.
185 Dazu in der ZBS, Stadtarchiv, Akten Bau I, 1879–1883, Rubrik B «Strassenbau», 25. März 1878, Nr. 110; 24. April 1879, Nr. 22; 30. April 1881, Nr. 114. – Undatierter Plan für den dreigeschossigen Schalenbrunnen von EDGAR SCHLATTER im Kunstmuseum Solothurn. – Ein nicht ausgeführtes Projekt zur Amthausplatz-Gestaltung (unsigniert und undatiert, um 1880) befindet sich im BASO, Plan A 5 44: Es sah nur eine ovale Rasenfläche mit zentralem Baum vor.
186 BIRKNER, Westring, S. 20. – Vgl. dazu den Überbauungsplan von LUDWIG PFLUGER 1873 im StASO, Plan E 1 22.
187 MARKUS HOCHSTRASSER. Solothurn Bielstrasse 12. Notizen zur Haus- und Quartiergeschichte. Mskr. 1990 (Archiv der Kantonalen Denkmalpflege Solothurn).
188 OTHMAR BIRKNER, Westringquartier – Gutachten über den Baubestand, 15. November 1975 (Archiv der Kantonalen Denkmalpflege Solothurn).
189 OTHMAR BIRKNER, Westringquartier, S. 23.
190 AFFOLTER, Neues Bauen, S. 36.
191 Literatur: SBZ 88, 1926, S. 324–327, 338–339 (zum vorangegangenen Architekturwettbewerb). – Schweizerische Volksbank in Solothurn. Solothurn 1928. – Das Werk 1929, S. 193–197. – CLAUDE LICHTENSTEIN. O. R. Salvisberg. Die andere Moderne. Zürich 1985, S. 50, 237. – AFFOLTER, Neues Bauen, S. 29.
192 SBZ 95, 1930, S. 20–23 (zum vorangegangenen Architekturwettbewerb). – Zur Umgestaltung des Amthausplatzes um 1931 und wieder 1976 vgl. MARKUS HOCHSTRASSER, Amthausplatz, S. 174–179.
193 SBZ 70, 1917, S. 167–171, 179–182 (zum vorangegangenen Wettbewerb). – OTHMAR BIRKNER, Solothurner Bauten, S. 47.
194 Planphotographie im StASO, Bauakten Schanzen, B 29, 13. – Begleitendes Exposé im BASO, D V 9.
195 Erstmals ist am 8. Dezember 1866 in einem Diskussionsvorschlag des Baudepartementes von einem Stadtmauerdurchbruch beim Franziskanerkloster die Rede. Die Realisierung des «Franziskanertors» erfolgte dann tatsächlich 1880/81.
196 Unsignierter Plan im Planarchiv des Stadtbauamtes. – Dazu: Schreiben vom 10. April 1885 in der ZBS, Stadtarchiv, Acta VI, 1885, «Bau».
197 Unterlagen zum Abbruch: StASO, B 29,13. – Die Situation zeigt ein Plan vom März 1862, sig. LIECHTI, StASO, E 1,21.
198 Akten dazu in der ZBS, Stadtarchiv, Bauakten 1877/78, Rubrik «Bau», Nr. 656; Akten Bau I 1879–1883, Rubrik A «Hochbau», Nr. 13, Nr. 90 (mit Überbauungsplan). – BIRKNER, INSA Solothurn, S. 19.
199 Lithographierter Plan im StASO, E 1 13.
200 Originalplan im StASO, E 1 24; Lithographien davon ebendort, E 1 27,28. – Vgl. auch BASO, Dossier D II 80 (mit Originalplan).
201 StASO, E 1 25 (= 1. und 2. Projekt), E 1 26 (= 3. Projekt). – Dazu in der ZBS, Stadtarchiv, Acta VI 1885, «Bau»: Schreiben des Kant. Baudepartementes vom 3. November 1884 (Planübermittlung an die Stadt).
202 Schreiben von Stadtingenieur EMIL BODENEHR vom 13. Januar 1885 (Beurteilung der drei Projekte); Acta VII 1886, «Bau»: 31. Mai und 4. Juni 1886 (Gutachten von Ingenieur ALLEMANN und E. LANG). – BODENEHRS Vorstellungen sind bereits in einem unsignierten und undatierten Plan zusammengefaßt, der an SPIELMANNS Serie der drei Projekte von Oktober 1884 erinnert.
203 StASO, D 3 2,3.
204 Lithographierter Plan im StASO, E 1 27. – Vorstudie BODENEHRS vom September 1888 im StASO, D 3 4. – Zum Quartier: Solothurn, Hauptbahnhofstrasse 9/ Niklaus Konradstrasse 18 (JbfSolG 63, 1990) (= Denkmalpflege im Kanton Solothurn 1989).
205 Stadtbauamt Solothurn, Baugesuch Nr. 1/1895. – Zur Restaurierung im Jahr 1989: Solothurn, Hauptbahnhofstrasse 9/Niklaus Konradstrasse 18 (JbfSolG 63, 1990) (= Denkmalpflege im Kanton Solothurn 1989).
206 Stadtbauamt, Baugesuch 17. Februar 1896. – DIETER BUTTERS; MAX DOERFLIGER. Solothurn. Solothurn 1972, S. 130. – BIRKNER, INSA Solothurn, S. 31.
207 Den Baufortschritt bis Mitte 1904 gibt der lithogra-

phierte Stadtplan wieder (PD 31). – Für die einzelnen Etappen vgl. die detaillierten Quartierpläne im StASO, D 3 5 (Januar 1890), D 3 8 (Oktober 1895), E 1 10 (Oktober 1895), D 3 12. – Zu den Überbauungen der einzelnen Parzellen vgl. BIRKNER, INSA Solothurn (mit Angabe der entsprechenden Baugesuche im Stadtbauamt, der Bauherren und Architekten).

208 Die Pläne C 1,2 im Planarchiv des Stadtbauamtes vom Mai 1905 erörtern einen Teilabbruch der Schanze zwecks Schulhausbaus. – Der Plan D 3 16 im StASO vom 6. November 1906 zeigt einen Überbauungsvorschlag des Areals. – Zu den Planaufnahmen der Turnschanze vor ihrem Abbruch vgl. Anm. 323, S. 228. – Zeitgenössische Stimmen zum Abbruch, der zur Gründung des Schweizerischen Heimatschutzes geführt hatte, bei STUDER, Solothurn und seine Schanzen, S. 11f., 63–66.

209 Vgl. die Quartierpläne im StASO, D 3 14 vom September 1906 und vom Februar 1910.

210 Stadtbauamt, Baugesuch 17. August 1905. – Von meinen Bauten. LEOPOLD FEIN. Architekt und Baumeister Solothurn. Solothurn o.J. (um 1921), Abb. S. 12. – BIRKNER, Solothurner Bauten, S. 38.

211 Stadtbauamt, Baugesuch 59/107, 10. Dezember 1907. – Von meinen Bauten. LEOPOLD FEIN. Architekt und Baumeister Solothurn. Solothurn o.J. (um 1921), Abb. S. 2, 8. – BIRKNER, INSA Solothurn, S. 51f.

212 Stadtbauamt, Baugesuch 76/1912, 24. Oktober 1912. – Von meinen Bauten. LEOPOLD FEIN. Architekt und Baumeister Solothurn. Solothurn o.J. (um 1921), Abb. S. 9. – BIRKNER, INSA Solothurn, S. 62. – BIRKNER, Solothurner Bauten, S. 39.

213 Stadtbauamt, Baugesuch 54/1920, 11. Mai 1920. – Von meinen Bauten. LEOPOLD FEIN. Architekt und Baumeister Solothurn. Solothurn o.J. (um 1921), Abb. S. 9, 14. – BIRKNER, INSA Solothurn, S. 79. – Protokoll der Bau-Kommission der Stadt Solothurn vom 23. Juni 1920. – Das Haus Waffenplatzstraße 15 am Bahnhofplatz südlich dieser Häuserreihe, in Symmetrie zum «Metropol», war schon 1912/13 durch die Architektenfirma RENFER-GRABER & Cie. errichtet worden (Stadtbauamt, Baugesuch 17. Oktober 1912).

214 Daß Neu-Solothurn tatsächlich auch die aufstrebende Stadt markierte, zeigt der Umstand, daß eine Anzahl bedeutender Solothurner in diesem Viertel Wohnsitz nahmen (u.a. die Bundesräte Hermann Obrecht und Walther Stampfli).

215 STUDER, Solothurn und seine Schanzen, S. 11, 62. – Artikel im Solothurner Tagblatt vom 5., 6., 7., 8., 13., 15. September 1876, Nr. 209–212, 216, 218.

216 Dazu: ZBS, Stadtarchiv, Akten Bau I, 1879–1883, Rubrik B, «Strassenbau», Nr. 52, 153 (mit zwei Situationsplänen), 166, 351.

217 STUDER, Solothurn und seine Schanzen, S. 11f. – PETER WALLISER. Die Rettung der St. Ursen-Bastion zu Solothurn (Solothurner Kalender 1991), S. 38–43.

218 Zur Vorphase des Museumsprojektes: Die Gründung eines Museums in der Stadt Solothurn. Ein Wort an sämmtliche Bürger und Einwohner dieser Stadt. Solothurn 1860 (mit lithographierten Bauplänen von ALFRED ZSCHOKKE). – Bericht der Stadtverwaltung an den Tit. Gemeinderath über die Museumsbaute d.d. 18. März 1861 (Druck in der ZBS, Stadtarchiv). Darin Hinweise auf nicht mehr vorhandene Baupläne von WILHELM TUGGINER, LUDWIG PFLUGER und LAUFER in Basel. – Von ALFRED ZSCHOKKE haben sich im Kunstmuseum Solothurn hingegen Pläne aus drei Projektphasen erhalten (ein Plan November 1859, zwei Pläne März 1860, ein Plan März 1861). – EDGAR SCHLATTER. Geschichte des Solothurnischen Kunstmuseums (Jahrbuch für Kunst und Kunstpflege in der Schweiz 1915–21. Basel 1923, S. 342–365). – Die Idee zu einem multifunktionalen Haus läßt sich in Solothurn punktuell noch weiter zurückverfolgen: Bereits am 13. Juli 1845 war erstmals in einer Gemeindeversammlung die Errichtung eines Gebäudes mit Gemeindesaal, Archiv und Gemäldesammlung angeregt worden. (Damit in Zusammenhang wohl der Plan für den Umbau des ehemaligen Ballenhauses zur «Kunsthalle» im BASO, A 2 56, 57.) – Im Künstleralbum des Kunstvereins (Kunstmuseum Solothurn) hat sich sodann von FRIEDRICH VON RÜTTE ein mehrteiliger «Entwurf zu einem Theater mit Gemeinderathssaal & Museen in Solothurn» aus dem Jahre 1853 im Münchner Rundbogenstil erhalten. Konkretere Umstände, die zu diesem Entwurf geführt haben, sind nicht bekannt. Fassadenplan publiziert bei BIRKNER, Solothurner Bauten 1850–1920, S. 14, Abb. S. 15.

219 «In der That ist dieser Platz vor allem ausgezeichnet um ein monumentales Gebäude aufzunehmen, es ist der höchst gelegene Punkt der Stadt, mit Richtung der Front nach Süden, was für die Beleuchtung der Oberlichtsäle besonders günstig ist, ferner ist dessen Nähe bei der Kantonsschule besonders angethan um unserer höheren Lehranstalt die reichhaltigste Sammlung von Bildungsmitteln aus dem Gebiete der Naturwissenschaften, der Kunst und Alterthumsforschung, Topographie etc. auf eine leichte Weise zugänglich zu machen, so dass das Museum als würdige Ergänzung unserer kant. Pflegstätte der Wissenschaft dastehen würde. Weitere Vortheile würden dem Unterricht in der Naturwissenschaft, speziell der Botanik, daraus entstehen, dass der frei bleibende Platz zwischen Museum u. Kantonsschule bei seiner Ausbildung in eine öffentl. Anlage auch in Verbindung mit einem kleineren botanischen Garten gebracht werden könnte. So würden dem Lehrstoff gleichzeitig auch die Anschauungs u. Beweis-Mittel zur Verfügung stehen. Schliesslich muss jeder Weitblickende jetzt schon zur Einsicht kommen, dass mit der Realisierung der übrigen projektirten Bauten ein schönes Städtebild

geschaffen würde, von dem wir mit Recht u. Überzeugung behaupten, dass eine spätere Generation keinen Tadel auf deren Urheber aussprechen wird.» -Zitat nach dem Schreiben des Bauamtes der Stadt Solothurn an das Finanzdepartement des Kantons Solothurn vom 27. Februar 1894 im StASO, B 29 13 (dabei in Auszug auch das Gutachten von HANS AUER).

220 Bericht des Ammannamtes und des Bauamtes und Antrag des Gemeinderates betreffend Erstellung eines Museums & eines Saalbaues vom 10. Oktober 1894 (Druck im BASO, D II 81).

221 Publikation des Wettbewerbsprogramms in: SBZ 1894, Band 24, S. 120. Grundlagenplan für den Wettbewerb im Planarchiv des Stadtbauamtes, E 8. – Wettbewerbsresultate in: SBZ 1895, Band 25, S. 43, 49, 66–68, 136–144. – Gewinner des Museumswettbewerbs: JOHANN METZGER in Zürich (1. Preis), KUDER & MÜLLER in Zürich (2. Preis). Die Wettbewerbspläne sind nicht erhalten, dafür in der Bauzeitung abgebildet. In einer anderen Zeitschrift ist die nicht prämierte Eingabe von ALEXANDER KOCH abgebildet (Academy Architecture and Annual Architectural Review I, 1895, S. 42f., 114). – Gewinner des Konzertsaal-Wettbewerbs: G. CLERC in La Chaux-de-Fonds (1. Preis; Pläne im Planarchiv des Stadtbauamtes, M 21–23), KUDER & MÜLLER (2. Preis; Pläne im Planarchiv des Stadtbauamtes, M 30–34). Grundrisse und das Schaubild des nicht prämierten Projektes von ALEXANDER KOCH wurden abgebildet in: Academy Architecture and Annual Architectural Review I, 1895, S. 115f. (vgl. BIRKNER, Solothurner Bauten 1850–1920, Abb. S. 15).

222 Zitat aus: Gegenwärtiger Stand der Frage der Erstellung eines Museums und eines Saalbaues in Solothurn, S. 2 (Druck vom 20. Januar 1896 im Stadtarchiv der ZBS).

223 SCHLATTER hatte zwei Projekte entworfen, die sich im Planarchiv des Stadtbauamtes befinden: Vorprojekt mit Thermenfenster am Mittelrisalit (Pläne M 1–7), Ausführungsprojekt (Plan M 8 vom 30. August 1895, Plan M 24 vom 18. September 1895, Pläne L 1–29). – Zur Ausführung: Denkschrift zur Eröffnung von Museum und Saalbau der Stadt Solothurn. Solothurn 1902, bes. S. 23–31. – SBZ 1902, Band 40, S. 245–248.

224 Plansatz im Planarchiv des Stadtbauamtes, M 9–17, datiert 1. Februar 1896.

225 Möglicherweise in dieser Phase entwarf EDGAR SCHLATTER seine Erweiterungspläne der Reitschule zum Konzertsaal in burgenromantischem Stil (Planarchiv des Stadtbauamtes, Pläne K 1, M 18–20. Vgl. BENNO SCHUBIGER. Burgenromantik am Jurasüdfuss. Historisierender Schlossbau zwischen Aarau und Zihl [Jurablätter 50, 1988, S. 17–38], Abb. 30.)

226 Anträge des Einwohnergemeinderates an die tit. Versammlung der Einwohnergemeinde der Stadt Solothurn vom 11. Juni 1897 betreffend Museum und Saalbau. Solothurn 1897.

227 Pläne im Planarchiv des Stadtbauamtes, K 2–12, M 25, P 77. – Zur Ausführung: Denkschrift zur Eröffnung von Museum und Saalbau der Stadt Solothurn. Solothurn 1902, bes. S. 31–40. – SBZ 1902, Band 40, S. 261–264 (Zitat S. 245).

228 Plan im StASO, B 1 2.

229 FALKNERS Projekt mit dem Motto «Erhalte das Alte» im Planarchiv des Stadtbauamtes, i 4. Unter der Signatur i 5 hat sich ein weiteres Projekt mit dem Motto «Festung und Verschönerung sind Gegensätze» erhalten. – Dazu: Denkschrift zur Eröffnung von Museum und Saalbau der Stadt Solothurn. Solothurn 1902, S. 40f.

230 Plan im Planarchiv des Stadtbauamtes, i 2. EDGAR SCHLATTER adaptiert ihn im gleichen Jahr in einem eigenen Plan (Planarchiv des Stadtbauamtes, i 1). – Dazu: Denkschrift zur Eröffnung von Museum und Saalbau der Stadt Solothurn. Solothurn 1902, S. 41.

231 Pläne von WYSS und JAUCH im Planarchiv des Stadtbauamtes, i 3, i 8 bzw. i 6, i 7.

232 Denkschrift zur Eröffnung von Museum und Saalbau der Stadt Solothurn. Solothurn 1902, S. 41.

233 Planarchiv des Stadtbauamtes, i 12. Kopie unter Signatur i 9. Bepflanzungsplan nach 1925 von A. RUST-WYSS Erben Solothurn, Gartentechnisches Bureau, unter i 10.

234 Vgl. MARLIS DAVID. Freiraumgestaltung Kunstmuseum Solothurn. Mskr. 1986 (Archiv der Kantonalen Denkmalpflege Solothurn).

235 Programm betreffend den Wettbewerb zur Erlangung von Entwürfen zu einem neuen Stadthause in Solothurn. 21. November 1913 (ZBS, Rz 34). Plan der Wettbewerbsgrundlagen im Planarchiv des Stadtbauamtes, E 5. – SBZ, Band 63, S. 371–375; Band 64, S. 15–19. – A.W. MÜLLER. Otto Salvisberg, Ein Schweizer Architekt in Berlin (Schweizerische Baukunst 13, 1914, S. 237–244). – CLAUDE LICHTENSTEIN. O.R. Salvisberg. Die andere Moderne. Zürich 1985, S. 22, 234. – Mit Ausnahme eines Übersichtsplans des Projektes «Pisoni» (Plan im Kunstmuseum) haben sich keine Wettbewerbspläne erhalten.

236 Bericht des Ammannamtes zum Antrag des Einwohner-Gemeinderates über die Platzfrage und die Ausführung des Baues des neuen Stadthauses, eines Städtischen Bibliotheksbaues und eines Werkgebäudes. Solothurn 1914. – Es haben sich nur ein Originalplan (Grundriß) von SALVISBERGS weiterentwickeltem Projekt erhalten (BASO, A 2 86) (PD 68), dafür vier weitere Pläne in Photographie (ein Grundriß, drei Fassaden im Planarchiv des Stadtbauamtes). Am selben Ort befindet sich von C. BASTADY in Basel auch ein großes Modell der geplanten Überbauung nach SALVISBERGS zweitem Projekt (Abb. 116).

237 Plansatz vom Februar 1918 von PROBST & SCHLATTER in Solothurn im Planarchiv des Stadtbauamtes, N 44–51.
238 Bezeichnung von HANS-RUDOLF HEYER. Historische Gärten der Schweiz. Die Entwicklung vom Mittelalter bis zur Gegenwart. Bern 1980, S. 181.
239 Solothurn, Riedholzplatz 36 («Thüringenhaus») (JbfSolG 65, 1992, S. 275–285), S. 284f. (= Denkmalpflege im Kanton Solothurn 1991).
240 Solothurn, Riedholzplatz 30, 32 und 36 (JbfSolG 65, 1992, S. 275–285), S. 276 (= Denkmalpflege im Kanton Solothurn 1991).
241 Zur Gewinnung und Verwendung des Steinmaterials in Solothurn: SCHWAB, Die industrielle Entwickung, S. 363–398. – Zum Solothurner Kalkstein: FRANZ LANG. Die Einsiedelei und die Steinbrüche bei Solothurn. Ein Beitrag zur Heimatkunde (Neujahrsblatt der Solothurnischen Töpfergesellschaft für das Jahr 1885). – Zum Tuff: Die Tuffsteinlager von Leuzigen. Ein Beitrag zur Geschichte ihrer Ausbeutung und ein Rückblick auf eine während zwei Jahrtausenden ausgeübte Industrie (Sonntagsblatt der Solothurner Zeitung, 1931, Nr. 31–34). – BENNO SCHUBIGER. «Dufft» im solothurnischen Bauwesen – Ein Baumaterial im Spiegel der Quellen. Mskr. 1990.
242 HOCHSTRASSER, Befunde zur baulichen Entwicklung der Stadt Solothurn, S. 243–254. – Neuerdings: Solothurn, Hauptgasse 9 (JbfSolG 65, 1992, S. 261–269) (= Denkmalpflege im Kanton Solothurn 1991).
243 Zur Quartierentwicklung und den Einzelbauten: OTHMAR BIRKNER. Gutachten Obach-Segetz-Quartier. Mskr. 1990.
244 Erste Erwähnung in einer Urkunde vom 4. Februar 1361 im StASO.
245 Literatur: BIRKNER, INSA Solothurn, S. 26, 37, 54, 75, 76, 85.
246 Vgl. BIRKNER, INSA Solothurn, S. 14, 25, 37, 45, 46, 72, 82.
247 ERNST SCHÄR. Die Evangelisch-methodistische Kirche Solothurn. Solothurn 1990, S. 5–9. – Solothurn, Kapelle der Evangelisch-methodistischen Kirche, Bielstrasse 26 (JbfSolG 65, 1992, S. 247ff.) (= Denkmalpflcge im Kanton Solothurn 1991).
248 Wettbewerb für eine Primarschulhausgruppe für Knaben und Mädchen in Solothurn (SBZ 1904, Band 44, S. 290–293, 297–303). – Programm betreffend einen engern Wettbewerb für Entwürfe zu einem Primarschulhaus für Knaben und Mädchen in Solothurn. Solothurn, 14. Juli 1905. – Bericht und Antrag des Einwohnergemeinderates der Stadt Solothurn an die Versammlung der Einwohnergemeinde vom 31. März 1906 betreffend den Bau eines neuen Schulhauses. Solothurn, 20. März 1906. – Baupläne von FRÖHLICHER & Söhne im Archiv des Städt. Hochbauamtes, P 68–74.
249 Diesbezügliche Pläne von Geometer PETER VOGT 1857 im BASO, A 5 58, 59.
250 Stadtbauamt, Baugesuche 10. Juni 1897 und 24. April 1902. – Vgl. auch BIRKNER, INSA Solothurn, S. 23, 29, 32, 36, 78.
251 Gebäude von FURRER & FEIN, Solothurn. Stadtbauamt, Baugesuch 32/1898. – Vgl. SCHWAB, Die industrielle Entwicklung, 5. Lieferung, S. 642–645. – OTTO ZIMMERMANN. Die Industrien des Kantons Solothurn. Solothurn 1946, S. 122–126, 128–132.
252 Stadtbauamt, Baugesuch 29/1916.
253 Stadtbauamt, Baugesuch 49/1919.
254 Der Name erscheint noch auf dem Stadtplan von 1885 innerhalb eines Anwesens östlich des Sälirains, unterhalb des heutigen Gutes Hohenlinden. Das eigentliche Wohnhaus, welches vermutlich schon im 18. Jh. abgebrochen wurde, ist als hochragender Bau auf dem Gemälde mit der Ansicht des Schlosses Waldegg (um 1720) dargestellt (Museum Schloß Waldegg, Feldbrunnen, Inv.Nr. Wa 172). – Chorherr Victor Ruossinger hatte das Landgut «Belvedere» 1693 der Ruossingerschen Stiftung vermacht. Vgl. JAKOB AMIET. Das St. Ursus-Pfarrstift der Stadt Solothurn seit seiner Gründung bis zur staatlichen Aufhebung im Jahre 1874 nach den urkundlichen Quellen. Solothurn 1878, S. 338–340, S. 572f.
255 Solothurn, Villa Riantmont, Mühlenweg 1 (JbfSolG 61, 1988, S. 286f.) (= Denkmalpflege im Kanton Solothurn 1987).
256 Stadtbauamt, Baugesuch 34/1904. Bauherr und Entwerfer war Baumeister R. HEUSSER.
257 Stadtbauamt, Baugesuche 10/1909 bzw. 26/1911 (Bauherr und Entwerfer: Architekt LEOPOLD FEIN).
258 Stadtbauamt, Baugesuch 6/1913. – Zum Besitzer: LUDWIG ROCHUS SCHMIDLIN. Genealogie der Freiherren von Roll. Solothurn 1914, S. 206.
259 Nicht ausgeführte Baupläne von 1845–1847 im BASO, B 27 3–9. – Pläne für eine englische Parkanlage von «J. R. Koch, Kunstgärtner in Zürich» von 1854 im BASO, B 27 10–12.
260 Ausführung nach Plänen des Solothurner Baudirektors SAAGER. Die östlich anschließenden Erweiterungsbauten von 1915 und 1960 erfolgten auf Langendorfer Boden.

DIE STADTBEFESTIGUNG

EINLEITUNG

Zahlreiche und bedeutende Reste der ehemaligen Stadtbefestigung von Solothurn sind erhalten geblieben. Bauzeugen aus dem Mittelalter, der Frühneuzeit und dem Barock geben heute noch Aufschlüsse über die verschiedenen Phasen von Solothurns Wehr- und Verteidigungsgeschichte. Ein solcher Typenreichtum erhaltener repräsentativer Wehrarchitektur aus diesen drei Epochen ist hierzulande selten und soll seiner befestigungsgeschichtlichen Bedeutung entsprechend dargelegt werden.

SCHEMATISCHE ÜBERSICHT

- 1230: Erwähnung des Bieltors
- Bis spätestens um 1280: Vollendung der Stadtmauer mit Türmen und Toren
- 14./15. Jahrhundert: Erhöhung von Stadtmauer, Toren und Türmen
- 1503–1550: Errichtung von Baseltor, drei Rundtürmen und Bollwerk in italienischer Manier
- 1626: Befestigungsprojekte von MICHAEL GROSS im Bastionärsystem
- Ab 1656: Vorprojekte für eine Befestigung im Bastionärsystem
- 1667 bis etwa 1700: Bau der Befestigung im Bastionärsystem (sog. Schanzen): ab 1667 auf dem linken Aareufer nach Plan von FRANCESCO POLATTA, ab 1685 auf dem rechten Aareufer nach Plan von JACQUES DE TARADE
- Etwa 1700 bis etwa 1727: Ausbau des Graben- und Glacissystems
- Nach 1727: Kontinuierlicher Unterhalt der Stadtbefestigung
- 1798: Franzoseneinfall; Bestandesaufnahme der Schanzen und Konfiszierung von Fortifikationsplänen durch General Schauenburg (PD 9)
- 1835–1840, 1856–1883, 1905: Schleifung von mittelalterlichen, frühneuzeitlichen und beträchtlichen Teilen der barocken Wehrbauten (vgl. Kapitel Stadtentwicklung, S. 206ff.)

Anmerkungen am Schluß des Kapitels S. 218

DIE MITTELALTERLICHE UND FRÜHNEUZEITLICHE BEFESTIGUNG (1200–1550)[1]

Zeitpunkt und konkreter Anlaß des Beginns der Stadtbefestigung – wohl ins frühe 13. Jahrhundert zu legen – sind nicht bekannt (Abb. 141). Um 1200 dürfte auf dem höchsten Punkt der Gletschermoräne nördlich des St.-Ursen-Stifts eine zähringische Turmburg bestanden haben (vgl. S. 143 und 169; Abb. 169–171). 1230 wird als erster Bestandteil der eigentlichen Stadtbewehrung das Bieltor genannt. Weitere Wehrbauten (Berntor, Krummer Turm, untere Partien der verschiedenen Schalentürme, Stadtmauer) dürften kurz darauf entstanden sein. Es darf angenommen werden, daß spätestens um 1280, als der Franziskanerorden in der Nordostecke des Stadtgeviertes sein Kloster einzurichten begann, die Stadtummauerung abgeschlossen war. Die Ringmauerzüge nehmen einen sehr unterschiedlichen Verlauf. Im Bereich des Westrings folgen sie denjenigen der Castrumsmauer, aus deren Scheitel sich nordwärts ein ebenfalls konvexer Mauerabschnitt fortsetzt. Der Nordring zeigt eine besonders unregelmäßige Anlage; der abwechselnd konkave und konvexe Verlauf der Mauer mag auf die topographischen Verhältnisse und den Baugrund zurückzuführen sein; im östlichen Abschnitt greift die Mauer überdies bergwärts aus, um die Anhöhe des Nideggturms zu umfassen. In direktem Verlauf führt sie an der östlichen Stadtseite, knapp außerhalb der St.-Ursen-Kirche und der zugehörigen Bauten, zum Aareufer ab. Im Bereich der Vorstadt, welche spätestens seit der Nennung der Brücke (1252) bestanden haben muß, fällt der regelmäßige Verlauf der Mauer auf, welcher diesem Stadtteil eine spindelförmige Form verleiht. Die Flankierung des Berntors mit Abschnitt-Türmen läßt eine exakte Planung vermuten. Man begegnet solchen halbrunden Schalentürmen in unregelmäßigen Abständen (minimal 47 m) auch in der linksufrigen Stadt, wo sie mit Vierecktürmen abwechseln können.

STADTMAUER

Eine große Zahl archivalischer Quellen berichten seit der Mitte des 15. Jahrhunderts vom Ausbau der Wehr- oder Ringmauer. Ihre Interpretation ist teilweise erschwert, da nicht immer exakt zwi-

144   DIE STADTBEFESTIGUNG

schen der Litze (Plural: Litzinen, für Stadtmauern) oder der Litzi (dem bewehrten nördlichen Aareufer) unterschieden werden kann. Mit der Erhöhung der Wehrtürme (seit den 1440er Jahren archivalisch nachweisbar) wurden jeweils auch die Stadtmauern sukzessive aufgestockt. Der treppenartige Verlauf der westlichen Ringmauer in Urs Grafs Federzeichnung (BD II/40; Abb. 56) läßt erkennen, daß die Aufstockungen offenbar abschnittsweise erfolgt waren. In sporadischen Abständen wurde auf die Verschließung der Öffnungen («Heiterlöcher») in der Ringmauer gedrungen oder wurden Mauerdurchbrüche verboten[2]. Erst mit der barocken Befestigung verlor die Wehrmauer etwas von ihrer militärischen Bedeutung[3].

Um die ganze Stadt zog sich hinter der mit Zinnen oder Scharten besetzten Mauerkrone ein Rondengang; entweder als gedeckter Wehrgang in stadtseitig vorkragender Holzkonstruktion oder als Korridor in die wehrmauerbündigen Häuser integriert. Von diesem Umlauf waren ursprünglich auch die beiden Uferabschnitte nicht ausgenommen (BD II/1, 2, 10, 21, 40). Bei vereinzelten vierseitig gemauerten Turmkonstruktionen wurde der Wehrgang stadtseitig um die Türme herumgeführt (spätmittelalterliche Beispiele Bieltor, Nideggturm; Abb. 169). Die runden Muttitürme machten dagegen eine Unterbrechung des Wehrgangs nötig (Beispiel Riedholzturm).

Unmittelbar westlich des Riedholzturms, über dem Stadtmauerabschnitt, der teilweise den ehemaligen Nideggturm inkorporiert, hat sich in Kopie ein knapp 10 m langer Abschnitt des auf Fußbügen ruhenden Wehrgangs in überdachter Holz-

Abb. 141
Plan der Altstadt mit Einzeichnung der mittelalterlichen und frühneuzeitlichen Stadtbefestigungen. Zeichnung von Markus Hochstrasser, 1994.
Signaturen:
- - - - -   *Wehrmauer auf römischer Castrumsmauer*
_____   *Erhaltene Wehrmauer (Stand 1994)*
....   *Abgebrochene Wehrmauer, durch Plan von Michael Gross (PD 1) dokumentiert oder durch archäologische Grabungen erfaßt*
//////   *Bauten der Erneuerungsphase der ersten Hälfte des 16. Jahrhunderts*

Die einzelnen Tore und Türme:
 1 *Brückentor (Text S. 147f.)*
 2 *Katzenstegturm (Text S. 149f.)*
 3 *Wehrturm bei den Häusern Stalden 23/25 (Text S. 150)*
 4 *Halbrundturm bei den Häusern Schmiedengasse 9/11 (Text S. 151)*
 5 *Bieltor (Text S. 151–158)*
 6 *Buristurm (Text S. 158–163)*
 7 *Halbrundturm am Haus St.-Urban-Gasse 53 (Text S. 164)*
 8 *Halbrundturm am Haus St.-Urban-Gasse 71 (Text S. 164f.)*
 9 *Turm beim Franziskanerkloster (Text S. 165f.)*
10 *Schollenlochturm (Text S. 166f.)*
11 *Riedholzturm (Text S. 167–172)*
12 *Wehrturm am Riedholzplatz (Text S. 172f.)*
13 *Baseltor (Text S. 173–177)*
14 *Turm bei St. Ursen (Text S. 178)*
15 *Bollwerk St. Peter und St.-Peters-Turm (Text S. 178–180)*
16 *Hürligturm (Text S. 180f.)*
17 *Halbrundturm in der Vorstadt (Text S. 181)*
18 *Berntor (Text S. 182–187)*
19 *Halbrundturm in der Vorstadt (Text S. 181)*
20 *Krummturm (Text S. 188–192)*

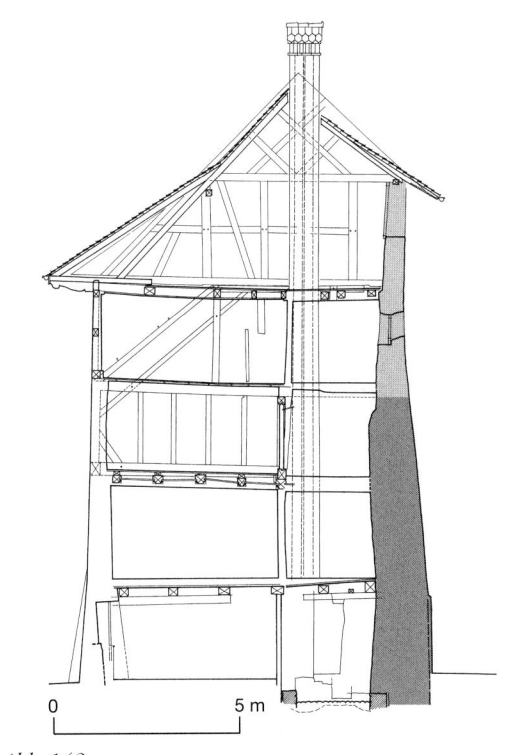

Abb. 142
Haus St.-Urban-Gasse 67, Blick an die westliche Brandmauer. Das Haus liegt direkt an der Stadtmauer des 13./14. Jahrhunderts (dunkelgrau). Diese wurde im späten 15. Jahrhundert (dendrochronologisches Datum 1483) erhöht (hellgrau). Zeichnung von Markus Hochstrasser, 1994. – Text S. 146.

Anmerkungen am Schluß des Kapitels S. 218

konstruktion erhalten (Abb. 174); das Original, vermutlich aus dem 16. Jahrhundert, ist leider 1978 ersetzt worden (BD V/14, VI/7.2). Der ehemalige Rondengang zieht sich in der Nordfassade des anschließenden Thüringenhauses im Attikageschoß weiter. In zahlreichen weiteren Häusern lassen sich unter der Dachtraufe Reste des ehemaligen Wehrgangs nachweisen oder erahnen[4].

Die Stadtmauer hat sich zu einem ansehnlichen Teil in den Außenfassaden der Altstadtrandhäuser erhalten. Längere Stücke mit bloß geringen Unterbrechungen können heute noch nachgewiesen werden im Bereich des Staldens, entlang der St.-Urban-Gasse vom Bieltor bis zum Franziskanerkloster, in der Nordostflanke der Altstadt vom Thüringenhaus bis zum Baseltor.

Folgende frei stehende Wehrmauerabschnitte sind noch zu erkennen: Zwei unterschiedlich geartete Mauerpartien beidseits des Riedholzturms: 1. Westlich des Turms das früher genannte, etwa 12 m hohe Mauerstück mit dem gedeckten Wehrgang. 2. Südlich des Turms ein 2,5 m langer und 8 m hoher Abschnitt, der (wie auch der eben genannte) 1550 auf Resten des Nideggturms aufgesetzt worden war[5]. – 3. Ein etwa 5 m langer und 8,5 m hoher Abschnitt mit Zinnenkranz beim Haus Riedholzplatz 22[6] (Abb. 143). – 4. Ein gut 35 m langes und etwa 4 m hohes Stück mit mehreren Schießscharten südlich des Hürligturms beim Prison (Abb. 144). – 5. Eine etwa 8 m lange und 6 m hohe Partie unmittelbar westlich des Hauses Berntorstraße 16, wo sich auch ein Stück des im 19. Jahrhundert erneuerten Wehrgangs erhalten hat (Abb. 145). Stadtmauer und Wehrgang können auch in den westlich anschließenden Häusern Adlergasse 1–7 nachgewiesen werden.

Am besten untersucht ist die ehemalige Wehrmauer im Bereich des Hauses St.-Urban-Gasse 67, dessen stadtgrabenseitige Fassade die ursprüngliche Funktion als Stadtmauer mit zinnenbekröntem Wehrgang gut erkennen läßt[7] (Abb. 142). Nach MARKUS HOCHSTRASSER dürfte die Mauer (D an der Basis etwa 1,1 m) bis zu einer Höhe von 7 bis 7,5 m noch dem 13. Jahrhundert entstammen. Die obere Partie ist das Resultat einer vermutlich zweimaligen Erhöhung und erreicht eine Gesamthöhe von 13 m über dem heutigen Gartenniveau (D noch etwa 0,55 m). Die letzte Aufstockung bis zu den Zinnen (heute Trauffenster) mit rückwärtigem Wehrgang dürfte im mittleren 15. Jahrhundert erfolgt sein (Verkleinerung der Zinnenfenster vermutlich im 16. Jahrhundert).

Ein jüngeres Wehrmauerstück (letztes Viertel 17. Jahrhundert), das mit seinem Hausteinwerk als solches klar erkennbar ist, findet sich noch in den feldseitigen Fassaden der Häuser Schmiedengasse 5 und 7 verbaut.

WEHRGRABEN

Im Jahre 1271 werden erstmals der Graben und die zugehörige Grabenbrücke beim heutigen Bieltor erwähnt[8], 1338 der Graben hinter dem Nideggturm[9]. Zwischen 1337 und 1490 wird mehrmals ein «Alter Graben» urkundlich genannt, der sich vor dem Baseltor außerhalb des damals aktuellen Stadtgrabens befand; zwischen dem alten und dem neuen Graben hatte noch ein Garten Platz[10]. In der zweiten Hälfte des 15. Jahrhunderts (erstmals 1464) erfahren wir wiederholt vom Gebrauch zahlreicher Steinplatten für den Stadtgraben, of-

Abb. 143
Blick vom Bastionsweg auf die ehemalige Stadtmauer am Haus Riedholzplatz 22. Photographie, 1985. – Text S. 146.

DIE MITTELALTERLICHE UND FRÜHNEUZEITLICHE BEFESTIGUNG

Abb. 144
Blick gegen Nordosten an die Innenseite der Wehrmauer in der Vorstadt beim Prison. Der Zinnenbereich wurde vor 1710 abgebrochen. Photographie, 1994. – Text S. 146.

fenbar um die Grabengegenmauer abzudecken, wie es in den Darstellungen des 16./17. Jahrhunderts deutlich wiedergegeben ist (BD II/1, 2, 10)[11]. Den Verlauf der Grabengegenmauer gibt MICHAEL GROSS (PD 1) wieder (Abb. 200). Demnach zog sich diese im Abstand von etwa 15 m um die linksufrige Stadtmauer. Bei den runden Muttitürmen (z.B. beim Buristurm[12]) betrug der Abstand nur etwa 12 m; östlich der St.-Ursen-Kirche konnte die Grabengegenmauer im Abstand von rund 18 m von der Wehrmauer nachgewiesen werden[13]. Je nach Topographie dürfte die Tiefe des Wehrgrabens stark variiert haben. Einzig für den Graben vor dem inneren Baseltor kann eine verläßliche Tiefe von ungefähr 4,5 m angegeben werden.

Anders waren die Verhältnisse in der Vorstadt, wo der Graben wasserführend konzipiert war. Er verlief nicht unmittelbar vor der Ringmauer, sondern (gemäß dem Plan von MICHAEL GROSS) durch einen Geländestreifen von ungefähr 7 bis 17 m von dieser getrennt. Offenbar bis ins mittlere 17. Jahrhundert besaß der Graben keine Einfassungsmauern. Sie werden erstmals 1653 bildlich dokumentiert (BD II/10): SCHLENRIT zeigt innerhalb des Grabens eine Vormauer und außerhalb der Berntor-Grabenbrücke ein Stück Grabengegenmauer (Abb. 76). Die innere Stützmauer konnte 1987 beim Haus Prisongasse 1 archäologisch nachgewiesen werden; sie lag 6,5 m vor der Wehrmauer, deren 2 m starkes Fundament ebenfalls zutage trat[14].

TÜRME UND TORE

Brückentor (Brückenturm, inneres Wassertor, Litzitor)[15] (Abb. 141, Nr. 1)

Baugeschichte. Der Torturm am linksufrigen Ende der Aarebrücke taucht unter den verschiedensten Bezeichnungen auf: «thurn by der Wasserbruggen»[16], «Torhus uff der Aren brugg»[17], «wasser thor»[18], «Thor bey der Gilgen»[19]. Eingebürgert hat sich die Bezeichnung inneres Wassertor (zu unterscheiden vom äußeren Wassertor, also dem inneren Berntor), das in den früheren Dokumenten kaum klar unterschieden auftritt.

Der wehrtechnische Zweck dieses um 1839 abgebrochenen Baus ist bereits in den schematischen Darstellungen der Bilderchroniken des späten 15. Jahrhunderts ersichtlich (BD I/2, 3; Abb. 60); das Tor soll einem Angreifer von der Aare und ab der Brücke von der Vorstadt her den

Abb. 145
Blick gegen Westen auf den Wehrgang beim Haus Berntorstraße 16. Photographie, 1994. – Text S. 146.

Anmerkungen am Schluß des Kapitels S. 218–219

Eintritt in die mehrere Stadt verwehren. In dieser Funktion findet das Brückentor zahlreiche verwandte Bauten in anderen Flußstädten Mitteleuropas, in der Nachbarschaft beispielsweise das Rheintor zu Basel[20].

Durch seine Lage ist das Brückentor eng mit dem Schicksal der Aarebrücke und der Litzi, der östlich anschließenden Uferwehrmauer, verknüpft. Die erste sichere Erwähnung des Tors datiert aus dem Jahr 1450, doch muß schon viel früher ein gesicherter Durchgang die Verbindung über die Aarebrücke (erste Erwähnung 1252)[21] zur Vorstadt ermöglicht haben. Wir vermuten, daß die unteren Partien des Torturms im 14. Jahrhundert entstanden sind. 1453 wurde Meister HANSEN für etliche Steinwerksarbeiten bezahlt, die er am Turm bei der Wasserbrücke ausgeführt hatte. Namentlich erwähnt werden Schützenlöcher, die Toreinfassung und Kämpfersteine zur Fallbrücke. Im Zusammenhang mit diesen Arbeiten dürfte auch das erhaltene Wappenrelief angebracht worden sein, für das Meister STEFFAN 1450 eine Zahlung erhalten hat[22] (Abb. 147).

1463 verbaute Werkmeister CONRAD SPÄTI 56 ℔ für Mauerwerk[23]. Die beiden genannten Bauarbeiten dürften mit einer Erhöhung des Tors um das oberste Stockwerk in Zusammenhang gestanden haben; diese ist auf allen Bilddarstellungen vom 16. bis 19. Jahrhundert durch einen aareseitigen Blendbogenfries erkennbar.

Im 17. Jahrhundert erfahren wir erstmals von weiteren Funktionen des Torturms. 1603 trug man sich mit dem Gedanken, darin Gefängnisse unterzubringen[24]. Zu Zeiten allgemeiner Unsicherheit während des Dreißigjährigen Krieges gewann auch das sonst kaum je bewachte Brückentor vermehrte Bedeutung und wurde als Pulverturm sowie zur Aufnahme von Geschützen verwendet[25]. Als einen der ersten Wehrbauten schleifte man das Brückentor im Rahmen einer Korrektur des Staldens bereits um 1839.

Beschreibung (BD I/2, 3, II/1, 2, 10, 21, 40, IV/1). Aus alten Bilddarstellungen kann die Gestalt des Brückentors ziemlich gut erschlossen werden (Abb. 146). Über einem querrechteckigen, leicht über die Ufermauer hinausgreifenden Grundriß von etwa 5 × 8 m erhob sich der etwa 19 m hohe Torturm. Seine aareseitige Mauerstärke betrug bis 1,5 m, die stadtseitige 0,6 m. Als Tordurchlaß diente eine Spitzbogenöffnung von etwa 3 m Breite (aareseitig)[26]. Über dem Tor befand sich, durch ein Klebedächlein geschützt, das Stadtwappen. Dieses markierte zusammen mit einem Spitzbogenblendfries auf der Aareseite eine Turmerhöhung um ein bis zwei Geschosse, vermutlich aus der Mitte des 15. Jahrhunderts. Bei jener Gelegenheit dürften auch die Schlüsselscharten und eine brückenseitige Pechnase entstanden sein, die auf EMANUEL BÜCHELS Federzeichnung gut erkennbar sind (BD IV/1) (Abb. 83). Im Verlaufe des späten 17. oder in der ersten Hälfte des 18. Jahrhunderts wurde das letzte Brückenjoch zur Schwungrutenbrücke umgebaut. Das Mauerwerk um das Portalgewände erhielt dabei eine Vertiefung für die Brückenplatte und das Wehrgeschoß darüber senkrechte Mauerschlitze für die beweglichen Schwungruten.

Keinen genauen Aufschluß geben die erhaltenen Bild- und Textquellen über Aussehen und Aufbau der Innenseite des Torturms, die ursprünglich auch offen hätte sein können. Verbürgt sind auf dieser Seite die dünnere und zu Beginn des 19. Jahrhunderts eine breitere Toröffnung.

Wappenrelief, ehem. an der Außenseite des Brückentors (heute in der Wendeltreppe des Rathauses)[27] (Abb. 147). Nach dem Abbruch des Tors gelangte das Relief auf das Landhaus Wallierhof in Riedholz, wo es in die Gartenmauer eingelassen

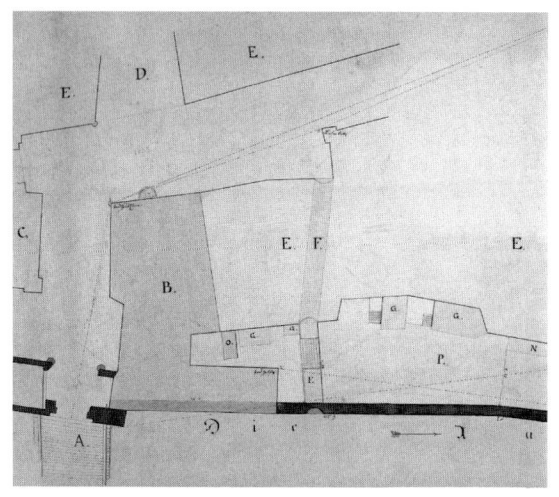

Abb. 146
Situationsplan des Landhausquais. Kolorierte Federzeichnung von Josef Schwaller, 1823 (PD 36). Unten links ist der Grundriß des Brückentors eingezeichnet. A = Aarebrücke, B = Stadtbad. – Text S. 148.

wurde. Eine anonyme Bleistiftzeichnung aus der Mitte des 19. Jahrhunderts (PB Solothurn) gibt die Situation wieder. 1952 wurde es dort wieder entfernt und durch Bildhauer HERMANN WALTHER 1953 kopiert (Kopie an der Außenseite des Bieltors).

Beschreibung. Ungefähr quadratisches Sandsteinrelief (etwa 117 × 117 cm), das von seitlich und oben sich durchdringenden Rundstäben gerahmt wird. Drei Engel mit gefiederten Flügelpaaren tragen bzw. halten die drei erloschenen Wappenschilde der Wappenpyramide. Die gelockten Figuren mit etwas knittrigen Gewändern können stilistisch gut mit einer Datierung ins Jahr 1450 in Verbindung gebracht werden. FRANZ-JOSEF SLADECZEK sieht Bezüge zur Berner Münsterplastik und unterstützt eine Zuschreibung an STEFAN HURDER, den Berner Münsterbaumeister von 1453 bis 1469[28].

Katzenstegturm (ursprünglich Haffners-Turm, auch St.-Georgs-Turm[29]; zerstört) (Abb. 141, Nr. 2)

Baugeschichte. Der 1856/57 abgebrochene Turm markierte die Südwestecke der Altstadt und war ein Werk der Jahre 1539–1542. Sein Vorgänger, der sogenannte Haffners-Turm, ist in URS GRAFS Zeichnung bildlich überliefert (BD II/40; Abb. 56). Er war im Grundriß wohl ungefähr quadratisch und stand im Norden und im Osten im Verband mit der Wehrmauer. Sein oberstes Geschoß bestand aus einer bretterverschalten Holzkonstruktion. Er besaß ein gleichseitiges Walmdach. Spärliche Nachrichten sind aus dem Jahre 1454 überliefert. Aus einem Verding des Werkmeisters CONRAD GIBELIN (?) resultierten Zahlungen von 37 ₰ an acht Handwerker und überdies 15 ₰ «ze bessern». Aus den Kosten und aus der «Zehrung» auf dem Rathaus darf geschlossen werden, daß es sich um umfangreiche Arbeiten handelte, möglicherweise um eine Verstärkung oder gar eine Erhöhung[30]. Im Bereich des Stadtgrabens besaß der Turm einen gemauerten und überdachten Vorbau in der Art eines Wehrgangs, der den Zugang zum nächtlichen Schlupftor (Katzenloch) gewährte[31]. Den erfolgreichen Widerstand gegen die modernen Feuerwaffen traute man allerdings dem alten Haffners-Turm nicht mehr lange zu, so daß er (wie schon 1535 der alte Pflugersturm) 1539–1542

Abb. 147
Spätgotisches Wappenrelief von Stefan Hurder (Zuschreibung), 1450, ehemals an der Außenseite des Brückentors. Photographie, 1986. – Text S. 148f.

durch einen bollwerkartigen Rundturm modernen wehrtechnischen Zuschnitts ersetzt wurde.

Am 11. Dezember 1538 faßte man den entsprechenden Beschluß[32], und am 4. Januar 1539 wurde der Bau an ULI SCHMID, HEINRICH SCHNELLER und HANS ULRICH HAFFNER verdingt[33]. Als Innendurchmesser waren 40 Schuh, als Mauerstärke 17 Schuh vorgeschrieben. Der Rundturm sollte die Höhe des alten, nun abzubrechenden Haffners-Turms erhalten. Der Bau scheint (wie schon beim Buristurm) schnell vor sich gegangen zu sein. Jedenfalls verzeichnen die Rechnungen nur gerade in den Jahren 1539/40 Tagwerke explizit für den neuen Katzenstegturm[34]. 1542 fand die Kollaudation mit anschließender Zehrung in der Krone statt[35].

1593 ordnete der Rat an, die Fußgängerbrücke über den Wehrgraben zum Schlupftor, den «Katzensteg», zu decken[36]. Im Jahre 1619 beschloß man, «uf dem Platz bey dem Katzenstäg ein Wart-

---

Anmerkungen am Schluß des Kapitels S. 219

150 DIE STADTBEFESTIGUNG

Abb. 148
Ansicht des Katzenstegturms und der St.-Georgs-Bastion von Nordosten. Federzeichnung von Heinrich Jenni von 1882 nach einem Entwurf von 1856 (BD VI 6.2). – Text S. 150.

hüslin und ein Fallbruckhen» zu errichten[37]. Dem ersten Teil der Anordnung scheint man Nachachtung verschafft zu haben[38], während 1632 erneut «ein Fhalbrugkh bim Katzenstäg» reklamiert werden mußte[39]. Es handelte sich um die spannungsvolle Zeit des Kluser Handels, die auch von wiederholten Aufforderungen zur Schließung des Katzenstegs begleitet war[40]. Beim «Warthüslin» dürfte es sich um ein rundes Scharwachttürmchen gehandelt haben, das bei KÜNG/SCHLENRIT (BD II/10) (Abb. 76) und BERNHARD (BD II/42) (Abb. 278) zusammen mit dem hölzernen Katzensteg abgebildet ist.

Die Errichtung der St.-Georgs-Schanze hatte ab 1668 eine partielle Aufschüttung an der äußeren Rundung des Turms zur Folge, scheint den Bau im übrigen aber unangetastet gelassen zu haben. Nachdem Baumeister CHRISTIAN KELLER in der ersten Jahreshälfte 1716 schon die Einwölbung des Buristurms besorgt hatte, wurde er am 28. Juni 1716 mit der entsprechenden Arbeit am Katzenstegturm betraut[41]. Nachdem Wasser ins neue Gewölbe eingedrungen war, behalf man sich nach Anleitung von Ingenieur JEAN FORTIER 1721 (ebenso beim Buristurm und dem Riedholzturm) «mit verkütteten besetzblatten», da man die Türme «für die Stuckh und mousqueterey» brauchen wollte[42].

1856/57 wurden der Turm und die St.-Georgs-Bastion im Zusammenhang mit der Errichtung der Eisenbahnbrücke über die Aare geschleift. Bei Grabarbeiten in den Jahren 1967 und 1972 schnitt man die Turmfundamente an[43].

Beschreibung (BD II/1, 2, 10, 21, 40, IV/1, V/1, VI/3a.10, 6.2, 6.6, 8; Abb. 148). Der zu gut drei Vierteln frei stehende Katzenstegturm erhob sich als gedrungener, bollwerkartiger Rundturm über kreisförmigem Grundriß. Aus einer Bauaufnahme vor dem Abbruch ergeben sich ein Außendurchmesser von 67,3 Fuß, ein Innendurchmesser von 42,3 Fuß und eine Mauerstärke von 12,5 Fuß. Beim Mauerwerk handelte es sich nach übereinstimmender Auskunft der bildlichen Überlieferungen um das lagerhafte rustizierte Megalithquader-Mauerwerk mit Randschlag aus Solothurner Kalkstein, das wir noch am kurz zuvor entstandenen Buristurm beobachten können. Am obersten Geschoß mit der Wehrplatte änderte sich der Charakter der Mauerung: Das nunmehr glatte Hausteinwerk kragte um wenige Zentimeter vor, um dann in bombiertem, auf drei Seiten von Zinnenscharten durchbrochenem Anzug zu enden. Den Abschluß bildete ein wenig steiles Kegeldach mit Spitz und Knauf. Auf dem Niveau des Zwischengeschosses auf halber Höhe befanden sich liegende Geschützscharten. Zu erwähnen sind noch die beiden rundbogigen Toröffnungen auf der Stadtseite gegen die Wirtschaft Ilge, die zur Bestückung, Bemannung und Versorgung dienten. Das obere Portal auf halber Höhe war über einen Holzsteg von der St.-Georgs-Schanze her zugänglich[44]. Aareseitig war an einem Quader die Jahreszahl 1540 angebracht.

Wehrturm bei den Häusern Stalden 23/25[45] *(zerstört)* (Abb. 141, Nr. 3)

Im Bereich der Westflanke der ursprünglichen Castrumsmauer befand sich gemäß den Stadtansichten des 16. bis 18. Jahrhunderts ein viereckiger Wehrturm mit Zeltdach. Er setzte über den im Keller vermutlich noch erhaltenen Fundamentresten eines (römischen?) Turms an. URS GRAF stellt ihn fassadenbündig zwei Geschosse über die Wehrmauer ragend dar. In den übrigen Wiedergaben greift er etwas über die Flucht der Stadtmauer hinaus (BD II/1, 10, 40, 55). MICHAEL GROSS zeigt ihn als allseitig gemauertes Quadrat[46]. Am präzisesten äußerte sich RAHN, der in diesem Haus noch größere Reste des Turms sah[47].

Halbrundturm bei den Häusern Schmiedengasse 9/11[48] (teilweise zerstört) (Abb. 141, Nr. 4)

In der Fortsetzung des westlichen Mauerrings, unweit der Stelle, an welcher die Stadtmauer an die Rundung des Kastells läuft, erhob sich noch im mittleren 19. Jahrhundert ein halbkreisförmiger schlanker Schalenturm mit Zinnenkranz über Blendbogenfries (BD II/1, 10, 40)[49]. Er erinnert in seiner Art an die erhaltenen Türme am Nordring, scheint jene aber gemäß Plan von Michael Gross an Durchmesser übertroffen zu haben. Der Wehrbau, der den Viereckturm am Stalden 23/25 um etwa ein Geschoß überragte, scheint im aufgehenden Mauerwerk der Westfassade des Hauses Schmiedengasse 9 noch teilweise erhalten zu sein. Das Gebäude überragt die benachbarten Häuser um ein Geschoß und springt deutlich über die Flucht vor, besonders stark im Süden, wo die Ringmauer noch ganz erhalten ist. Der Scheitel der äußeren Turmrundung wurde im mittleren 19. Jahrhundert gekappt, das Fragment zur Hausfassade umgestaltet[50].

Bieltor (Gurzelntor)[51] (Abb. 141, Nr. 5)

Baugeschichte. Das von der westlichen Jurafußstraße her Einlaß bietende Stadttor wird erstmals im Jahre 1230 erwähnt («extra Portam»); es handelt sich um die früheste Nennung eines Wehrbaus in Solothurn überhaupt[52]. Daß tatsächlich das Bieltor gemeint ist, geht aus einer präzisierenden Lagebeschreibung von 1271 hervor: «Praedium ... ultra pontem ante portam ze Hermans Bůhele iuxta fossale.» (Das Gut auf dem Hermesbüel, jenseits der Brücke über den Stadtgraben)[53]. Erst seit dem frühen 14. Jahrhundert bürgert sich in den urkundlichen Erwähnungen die Bezeichnung nach einem anderen Flurnamen im Westen der Stadt ein und erscheint als «Porta Gurcellon» (1313) oder «Gurzellon tore» (1337)[54].

Um die Mitte des 15. Jahrhunderts dürfte der Turm bereits seine endgültige Höhe erreicht haben. Die Entstehung der ältesten Teile des Tors, von dem das Erdgeschoß und das ehemalige Wehrgeschoß noch erhalten sind, kann in der ersten Hälfte des 13. Jahrhunderts angenommen werden. Die Erhöhung um drei Stockwerke, die vielleicht in zwei Etappen erfolgte, und das neue Wehrgeschoß stammen wohl aus dem späteren 14. oder den ersten Jahrzehnten des 15. Jahrhunderts[55]. In der folgenden Zeit sind nur noch Unterhaltsarbeiten oder Umbauten überliefert. 1450 erfahren wir, daß das Bieltor bereits ein Ziegeldach besaß[56]. Bauliche Maßnahmen in den Jahren 1464/65 dürften mit Veränderungen im Bereich des Wehrgangs in Zusammenhang stehen: Im Jahre 1464 hatte Werkmeister Conrad Speti «zwey pfiler zu Gurzelentor» zu setzen[57]. 1482–1492 wurden größere Arbeiten ausgeführt, die sich nicht genau bestimmen lassen[58]. 1483 fand an der Außenseite des Tors eine Figur des Stadtpatrons Aufstellung, wofür ein nicht namentlich genannter Bildhauer 8 ₶ erhielt; ein weiteres Pfund mußte ausgelegt werden, als das St.-Ursen-Bild «harab gefallen, zerbrochen und wider gelimpt ward»[59]. Aus dem Jahre 1542 datiert das ursprüngliche, verwitterte Wappenrelief, welches sich bis zu seinem Ersatz 1952/53 über der feldseitigen Toröffnung befand[60]. Ein größerer Eingriff ins bauliche Gefüge erfolgte im Jahre 1572, als Melchior Gut im Inneren des Torturms, der damals bereits als Gefängnis diente, zwei übereinanderliegende Gewölberäume («uff die gattung eines gewelbtten Kellers») zu erstellen hatte. Überdies sollte von der Gasse her eine Außentreppe errichtet werden und der Turmkörper durch das Zumauern der großen Spitzbogenöffnung stadtseitig geschlossen werden[61]. Diese Arbeiten scheinen tatsächlich noch im selben Jahr ausgeführt worden zu sein, so daß am 14. Oktober 1572 das Anbringen einer Sonnenuhr angeordnet werden konnte[62]. Zwanzig Jahre später veranlaßte ein Blitzschlag eine Umgestaltung des Daches: Zwei der vier Dachtürmchen wurden entfernt, so daß nur noch die beiden Aufbauten auf der Feld- und auf der Stadtseite erhalten blieben. Bei dieser Gelegenheit wurde das ganze Dach neu eingedeckt, und zwar mit Ziegeln, die man sich von der Baustelle des Kapuzinerklosters ausborgte[63]. 1601 wurde eine kleine Glocke auf den Turm verordnet, und 1606 verdingte die Stadt dem Marx Kruter die Erstellung eines 28 Fuß breiten Fundamentpfeilers im «Hirzengraben»; es handelte sich wohl um eine Verstärkung an der Außenseite des Bieltors[64]. 1623 schuf Meister Gregorius Bienckher zusammen mit Bernhard Eichholzer (farbliche Fassung) und Hans Grieni (Schwert) die St.-Ursen-Fi-

---

Anmerkungen am Schluß des Kapitels S. 219–220

gur aus Solothurner Stein⁶⁵. In den ersten Jahrzehnten des 17. Jahrhunderts findet das Bieltor immer wieder Erwähnung als Kerker oder als Wohnung, die sich im obersten Wächtergeschoß befand. 1644/45 wurde durch Meister WILHELM KERLER, Uhrmacher in Solothurn, ein neues Uhrwerk mit vier kupfernen Zifferblättern erstellt. URS KÖNIG (KÜNG) bemalte Zifferblätter und Uhrzeiger⁶⁶.

Die Errichtung des barocken Befestigungsrings zog die Verlegung des Stadtgrabens vor das neue äußere Bieltor nach sich, das 1674 axial vor den alten Torturm gesetzt worden war, und hatte 1699 das Anbringen einer neuen «Porten under das Gewölb» zur Folge⁶⁷.

Zu Beginn des 19. Jahrhunderts zeigten sich ernsthafte Schäden im Dachstuhl, die 1821–1823 Planungen für ein neues Dach oder einen Terrassenabschluß nach sich zogen; auch den Abbruch des Turms faßte man ins Auge⁶⁸. In den Jahren 1824/25 gestaltete man in Abänderung von Plänen von 1821 einen neuen Dachabschluß. Die Vorentwürfe hatte man bei Spengler VIKTOR RENAUD in Murten eingeholt, der zwei Dachvarianten vorschlug, eine davon nach dem ausdrücklichen Vorbild des Rathausturms in Murten, die andere in Anlehnung an das innere Berntor in Solothurn (1776) und an das Berntor in Murten (1777/78), welche ihrerseits Anleihen vom Berner Zytgloggeturm zeigen⁶⁹. Im Oktober 1824 wurde der endgültige Baubeschluß zu einem neuen Dach gefaßt, das dann in den Proportionen etwas niedriger gestaltet wurde als das in der zweiten Planvariante von RENAUD vorgeschlagene⁷⁰. 1826 erhielt das Dachtürmchen eine Glocke aus der Gießerei von FRANZ LUDWIG KAISER in Solothurn⁷¹. Gleichen Jahres wurden auch die ehemalige Turmwächterwohnung im obersten Geschoß instand gesetzt und das Äußere des Torturms teilweise verputzt⁷². Der Abbruch des westlichen Schanzenrings 1865/66 und die Zerstörung des äußeren Bieltors im Jahre 1871 gaben dem Torturm nahezu die mittelalterliche und beherrschende Stellung zurück.

Vor und nach der Jahrhundertwende erfolgten verschiedene Eingriffe in den Originalbestand des Bauwerks: So wurde 1892 über dem inneren Torbogen (unter Preisgabe einer alten Schlüsselscharte) das Wappenrelief vom abgebrochenen Berntor angebracht; in den ersten beiden Obergeschossen erfolgte die Einrichtung einer Transformatorenstation; die Erstellung eines Personendurchgangs im nördlich angrenzenden Haus hatte zur Folge, daß mit Hilfe eines Durchbruchs im nördlichen Turmmauerwerk ein neuer Treppenaufgang zum betreffenden Wohnhaus geschaffen werden mußte. 1948 (Dach) und 1952/53 (Verputz, Mauerwerk, plastischer Schmuck, Uhrwerk) wurde das ganze Bauwerk einer Sanierung unterzogen, und es erhielt bei dieser Gelegenheit den heutigen Wappenreliefschmuck⁷³. Als letzter größerer Eingriff erfolgte 1958 die Gestaltung einer Fußgängerpassage beim südlich angebauten Haus; die gleichzeitige Einrichtung von Telephonkabinen bedingte wiederum den Ausbruch von Mauerwerk im Erdgeschoß⁷⁴.

Beschreibung (BD II/1, 10, 40, 42, 55, V/5–V/8, VI/1h; Abb. 149–156). Mittelalterlicher Zustand. Der Gründerbau des frühen 13. Jahrhunderts dürfte neben dem Tordurchgang noch ein Verteidigungsgeschoß und die Wehrplatte umfaßt haben und sich somit unter Einschluß des (bei der späteren Aufstockung entfernten) Zinnenkranzes als gedrungener Turmstumpf von kaum mehr als 12 m Höhe präsentiert haben. Im Grundriß besaß er die Form einer dreiseitigen, im Obergeschoß stadtwärts offenen Turmschale mit einer Seitenlänge von etwa 8 m und einer feldseitigen Mauerstärke von rund 2,3 m (im ersten Obergeschoß gemessen)⁷⁵ (Abb. 152, 153). Die erhaltenen Partien des Urbaus sind in regelmäßigen Lagen aus grob behauenen Kalksteinquadern gefügt, die in den obersten sieben Steinlagen (oberhalb des Torbogenscheitels) vermehrt Buckel und Randschlag aufweisen. Über einer schmalen, simsartigen Steinlage auf halber Höhe des ersten Obergeschosses springt das Mauerwerk leicht zurück. Anhaltspunkte für den ursprünglichen Abschluß der Brustwehr fehlen.

Die Gestaltung des Tordurchgangs ist weitgehend das Resultat späterer Veränderungen. Jene auf der Innenseite können zumindest teilweise in die Zeit um 1464 datiert werden. Die äußere, leicht spitzbogige Toröffnung dürfte ursprünglich Stirn und Laibung aus Kalksteinquadern besessen haben, die nachträglich (wohl wegen der Zugbrücke) in Tuff erneuert und mit einer rechteckigen Ausnehmung für die hochziehbare Brückenplatte versehen wurde. Innerhalb des Tuffbogens finden sich Durchlaufschlitze und die (modern verbreiterten) Führungen für das Fallgatter. Das heutige Kalksteingewölbe des Tordurchgangs

Abb. 149
Blick gegen Nordosten auf das Bieltor und den Buristurm. Photographie, um 1965. – Text S. 152ff.

dürfte eine ursprüngliche Balkendecke ersetzt haben. Wie die stadtseitige Torstirn beschaffen war, läßt sich nicht eindeutig bestimmen; daß etwa ein Bogen von Anfang an als Abschluß und Verstrebung zwischen den seitlichen Brustwehren diente, ist eher unwahrscheinlich. Innerhalb der Torhalle fanden sich ursprünglich seitliche (später zurückgearbeitete) Mauerzungen, welche wohl zur Befestigung von Torflügeln gedient haben mochten und somit ein Kammertor bildeten.

Anmerkungen am Schluß des Kapitels S. 220

Zustand im 15./16. Jahrhundert. Nach der (vielleicht in zwei Etappen erfolgten) Erhöhung um vier Geschosse vor oder nach 1400 offenbarte sich die Schalenform des innen offenen Turms noch deutlicher: Ein monumentaler, inwendig abgefaster Spitzbogen mit einer Scheitelhöhe von etwa 16 m über dem Straßenniveau gab den Blick in das mit Balkenböden unterteilte Turminnere frei (Abb. 154). Über dem Bogenscheitel erhoben sich noch zwei weitere, allseitig ummauerte Stockwerke und das neue, mit Zinnen versehene Wehrgeschoß. Der Bieltorturm bot damals einen Anblick, der jenem des (freilich unvergleichlich mächtigeren) Christoffelturms in Bern ähnlich war. Möglicherweise entstanden in dieser Etappe der erneuerte feldseitige Tuffstein-Torbogen, allenfalls auch das daran anschließende Torgewölbe, das in einer ersten Etappe bis zu den (nunmehr abgearbeiteten) Mauerzungen erstellt wurde.

Um 1464 erfolgten weitere Veränderungen, wenn nun auch kleineren Ausmaßes: Als Unterbau des stadtseitig um den Turm geführten Wehrgangs entstanden über einem 1,3 m tiefen Torbogen ein erkerartiger Vorbau und im Verbund damit stadtwärts die restliche Wölbung des Tordurchgangs. Das Bieltor hatte seit seiner Errichtung nicht nur an Höhenausdehnung, sondern – durch die kriegstechnischen Fortschritte bedingt – auch an Festigkeit gewonnen. Diese wurde ein Jahrhundert später (1572) noch merklich verstärkt durch den Einbau von Gewölben im ersten und im zweiten Obergeschoß und durch das Vermauern der stadtseitigen Spitzbogenöffnung im Bereich des zweiten und des dritten Obergeschosses. Mit der Dachumgestaltung nach dem Blitzschlag von 1592 und der Reduktion auf zwei Türmchenaufbauten erhielt das Bieltor eine Gestalt, welche sich bis ins frühe 19. Jahrhundert kaum mehr verändert hat.

Heutiger Zustand. Der Tor- und Uhrturm erhebt sich über annähernd quadratischem Grundriß von etwa 8 m Breite und ungefähr 7,5 m Tiefe (in den Obergeschossen). Wenig über dem Tordurchlaß springt das Mauerwerk um einige Zentimeter zurück, um dann ohne Anzug gerade bis zu einer Traufhöhe von gut 22 m anzusteigen. Ein Zeltdach mit stattlichem quadratischem Laternenaufbau zur Aufnahme der Schlagglocken bildet die Bekrönung: Der blechbedeckte Aufsatz öffnet sich in vier übergiebelten Schallfensterchen. Die

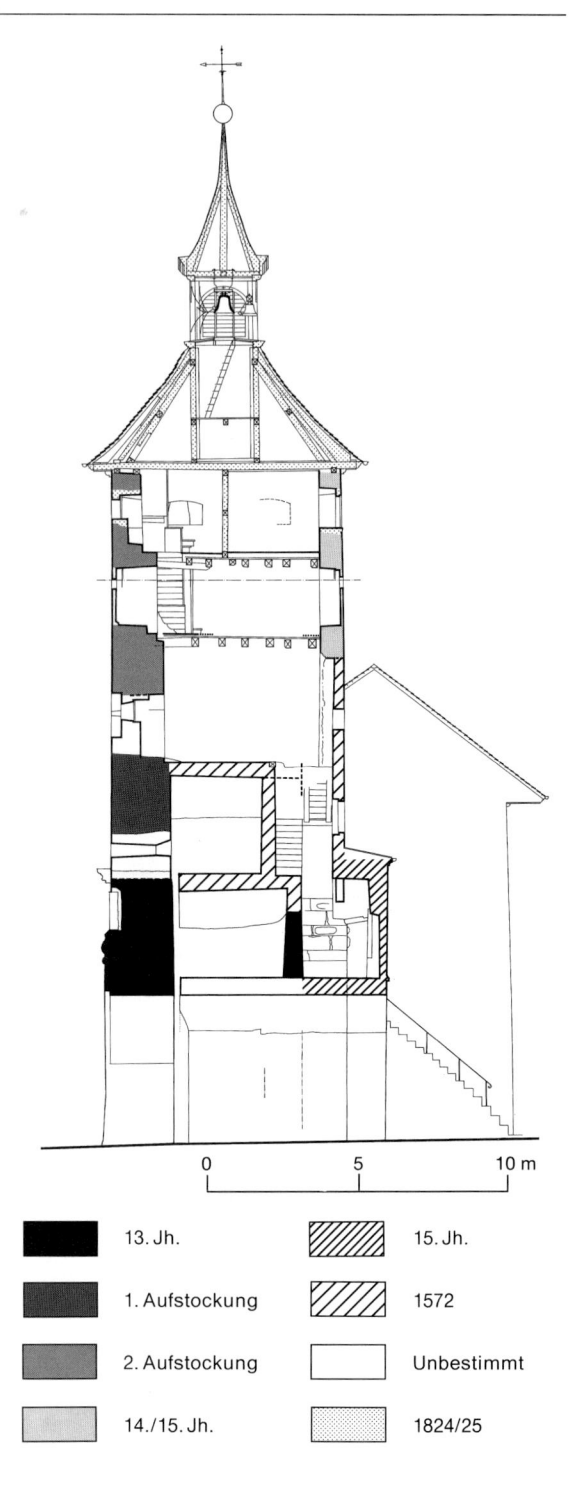

Abb. 150
Längsschnitt durch das Bieltor mit Einzeichnung der bauanalytischen Befunde. Zeichnung von Markus Hochstrasser, 1986. – Text S. 152ff.

Abb. 151
Aufriß der Westfassade des Bieltors. Zeichnung von Markus Hochstrasser nach photogrammetrischen Aufnahmen von S. Mesaric, 1986. – Text S. 152ff.

Wetterfahne über dem Kugelknauf ging 1948 ihrer Windrose verlustig.

Auf der Feldseite springt das Bieltor – am äußersten Punkt der konvex sich vorwölbenden Häuserzeile – etwa 4 m über die Fluchten vor und überragt die Traufen der angrenzenden Bauten um drei bis vier Geschosse; das Bauwerk tritt somit als markanter, dominanter Wehrbau in Erscheinung. Umgekehrt wirkt es auf der Innenseite der Stadt etwas zwischen den seitlich anschließenden Wohnhäusern eingezwängt und steht erst ungefähr auf der Höhe des Uhrengeschosses frei. Beachtenswert ist, daß das Tor etwas aus dem Winkel und der Achse der Gurzelngasse als regel-

durchbrochen (Abb. 168). Demgegenüber sind die Stockwerke an den Seitenfassaden verputzt, ebenso an der Gassenfassade. Hier ragt an den beiden untersten Geschossen der in Tuff gefügte Vorbau mit dem Wehrgang von 1464 vor, der beidseits in die angrenzenden Häuser wegführte. An seiner Stelle finden sich zwei Fenster, im darüberliegenden vierten Geschoß zwei Schlüsselscharten. Die großen Fenster von 1824/25 an der ehe-

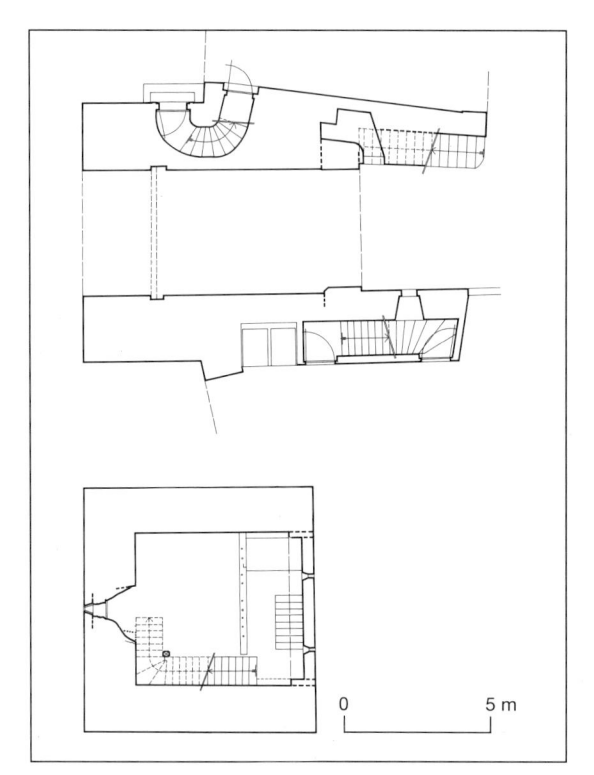

Abb. 152, 153 und 154
Grundrisse des Bieltors: Erdgeschoß, drittes Obergeschoß. Zeichnungen von Markus Hochstrasser, 1986. – Text S. 152. – Innenansicht der Ostmauer des Bieltors im dritten Obergeschoß. Photographie, 1986. – Text S. 154.

mäßigem geradem Gassenmarkt verschoben ist. Dies mag mit der früheren Entstehung des Bieltors erklärt werden. Denkbar ist auch, daß der Bieltorturm seine Torfunktion erst durch eine nachträglich eingebrochene Öffnung erhielt und daß ursprünglich ein Durchlaß in der Wehrmauer südlich des Bieltorturms (an der Stelle des Hauses Schmiedengasse 31) in die Stadt hineinführte (Beispiele ähnlicher Art in Aarau, Brugg, Schaffhausen).

Anzumerken ist die schmucklose Strenge des Baukörpers, die bis 1952 durch wenige gliedernde oder rahmende Elemente an der Traufe und um die Zifferblätter etwas aufgelockert war. Vom Amthausplatz her fällt an der Außenfront der Wechsel vom (teilweise buckeligen) Kalksteinquaderwerk an den beiden Untergeschossen zum glatten, in schönen Lagen gefügten Tuffmauerwerk in den vier Obergeschossen auf; diese sind einzig durch zwei Schießscharten und am ehemaligen Wehrgeschoß durch zwei Fenster der Wächterstube

Abb. 155
Wappenrelief von 1542, ehemals an der Außenseite des Bieltors. Photographie, um 1952. – Text S. 157.

maligen Turmwächterwohnung vermitteln wie auf der Feldseite noch entfernt den Eindruck des ursprünglichen Zinnenkranzes. Ans nördliche Nachbarhaus (St.-Urban-Gasse 1) angeschmiegt, führt in geradem Lauf die Kalksteintreppe von 1572 ins erste Geschoß des Turms.

Bauschmuck und -plastik[76]. Von der Bauplastik hat sich am originalen Standort nur die Statue des Stadtpatrons in Gestalt einer Kopie aus dem Jahre 1952 erhalten. Die heutigen Wappenreliefkopien am Bieltor sind nach Originalen entstanden, die sich ursprünglich an anderen Wehrtürmen befanden: Die Wappenpyramide an der Innenseite stammt vom 1876 abgebrochenen Berntor (siehe S. 187) und wurde im Jahre 1892 an der Stelle einer Schlüsselscharte zusammen mit einem Schutzdächlein angebracht; 1981 wurde das Original durch eine Replik ersetzt. Das ursprüngliche Relief an der Außenseite war 1952 derart stark verwittert, daß es durch die Kopie des ursprünglichen Wappenreliefs am Brückentor (vgl. S. 148) ersetzt wurde.

Beschreibung des ursprünglichen Wappensteins auf der Feldseite (im Depot der Kantonalen Denkmalpflege; Abb. 155). Sehr stark verwittertes Sandsteinrelief (140 × 102 × 30 cm). RAHN beschrieb es 1892 mit folgenden Worten: «Es zeigt, von den hl. Ursus und Victor begleitet, die beiden Stadtschilde von dem Reiche überragt. Zwei Engelchen schweben zu Seiten der Krone. Kandelabersäulen bilden den seitlichen Abschluß. Auf dem Fuße der Tafel steht das Datum 1542»[77].

Beschreibung der St.-Ursen-Figur (Original im Steinmuseum Kreuzen; Abb. 156)[78]. Die etwas überlebensgroße (etwa 205 cm hohe) Kalksteinskulptur aus dem Jahre 1623 ist ein Werk des Bildhauers GREGOR BIENCKHER (Datum und Steinmetzzeichen am Sockel über dem Tor). Auch wenn sich von der früheren farblichen Fassung nur noch geringe Spuren erhalten haben, handelt es sich hier dennoch um eines der schönsten Bildwerke, die je aus dem widerspenstigen, brüchigen Solothurner Kalkstein geschaffen worden sind. Im Vergleich zu den Torwächtern aus dem späten 15. Jahrhundert ist dieser Urs stämmiger und gedrungener. In breitem Kontrapost blickt er frontal auf den Beschauer, in exakt dargestellter Rüstung mit Kreuz auf dem Harnisch und mit verzierten Gelenkschützen. In seiner Linken trägt er wie üblich den aufgestellten, ebenfalls kreuzverzierten, kartuschenartigen Schild. Die andere, ausgestreckte Hand umfaßt das Banner, das sich ebensowenig wie das umgehängte Schwert erhalten hat. Das schnauzbärtige Haupt mit markanter Nase und hervorquellenden Augen blickt unter dem geöffneten Visier hervor, das die buschige Helmzier kranzartig überzieht.

Beschreibung des Inneren. Der Turm wird in den beiden ersten, gewölbten Obergeschossen

Abb. 156
Kalksteinskulptur des heiligen Ursus von Gregor Bienckher, 1623. Ehemals an der Außenseite des Bieltors. Photographie, 1986. – Text S. 157.

Anmerkungen am Schluß des Kapitels S. 220

durch gegenläufige Treppen (sekundär), in den oberen Stockwerken durch eine den Wänden entlang laufende Holztreppe erschlossen. Mit Ausnahme der Gewölberäume (die zu Beginn des Jahrhunderts für eine Transformatorenstation hergerichtet worden waren) und der Turmwächterwohnung sind die meisten Mauern unverputzt; die Erhöhung aus Tuffstein zeigt am inneren Haupt unregelmäßig gefügtes Bruchsteinmauerwerk. Die frühere Öffnung zur Stadt mit ihrem spitzbogigen, abgefasten Entlastungsbogen ist noch gut erkennbar. Die meisten Schießscharten- und Fensteröffnungen sind verändert; auffällig die Eingriffe im Uhrengeschoß, wo nachträgliche Mauerdurchbrüche für die Zeiger festzustellen sind, und im Wächtergeschoß, wo alte Scharten zugemauert und kleinere Fenster eingesetzt worden sind.

Einfacher Sparrendachstuhl mit Dachtürmchen mit Firststiel. An einem der vier Eckständer des Türmchens eingeschnitzte Jahreszahl 1824; an dessen Bretterdecke aufgemalte Jahreszahl 1825.

Ausstattung. Uhrwerk. Neuerstellt im Jahre 1952 durch die Firma A. Bär, Gwatt-Thun. – Glocken (Stunden- und Viertelstunden-Schlagglocken). Große Glocke: D 73 cm, H 72 cm, Glockenhals: Palmettenkranz und Festongehänge; Inschrift: «M.H.G. HERR APPELLATIONSRATH GEREON LEONZ VON SURBECK DIESER ZEIT BAVHERR DER STADT SOLOTHURN.» Auf dem Mantel: Reliefdarstellung der Stadt aus der Vogelschau; auf der Gegenseite Gießerwappen und Inschrift: «FRANZ LVDWIG KAISER/VON SOLOTHURN HAT/MICH GEGOSSEN IM IAHR/1826». – Mittlere Glocke: D 55 cm, H 50 cm. Inschrift am Schlagring: «GEGOSSEN VON JAKOB KELLER IN ZURICH 1865». – Kleine Glocke: D 46 cm, H 40 cm. Inschrift am Schlagring: «GEGOSSEN VON JAKOB KELLER A. 1856».

Buristurm (Pflugersturm)[79] (Abb. 141, Nr. 6; 157–160)

Baugeschichte. Schriftliche Anhaltspunkte zum mittelalterlichen Vorläufer des heutigen Baus von 1535 sind nicht bekannt. Urs Grafs Zeichnung (BD II/40) (Abb. 56) überliefert einen viereckigen Turm in Übereckstellung. 1940 wurden im Zusammenhang mit Arbeiten zum Einbau eines Luftschutzkellers die Überreste des vermutlich quadratischen, drei- oder vierseitigen Eckturms fest-

Abb. 157
Blick gegen Südosten auf den Buristurm und das Bieltor. Photographie, 1993. – Text S. 158ff.

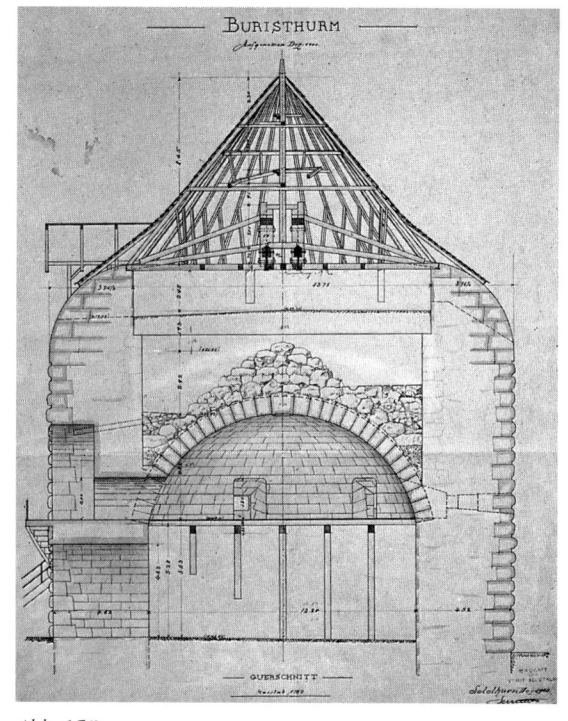

Abb. 158
Querschnitt durch den Buristurm. Planaufnahme von Edgar Schlatter, 1900. – Text S. 158ff.

DIE MITTELALTERLICHE UND FRÜHNEUZEITLICHE BEFESTIGUNG 159

Überreste des 1535
abgebrochenen, 1940 aus-
gegrabenen Turms

.... Rekonstruktionsversuch

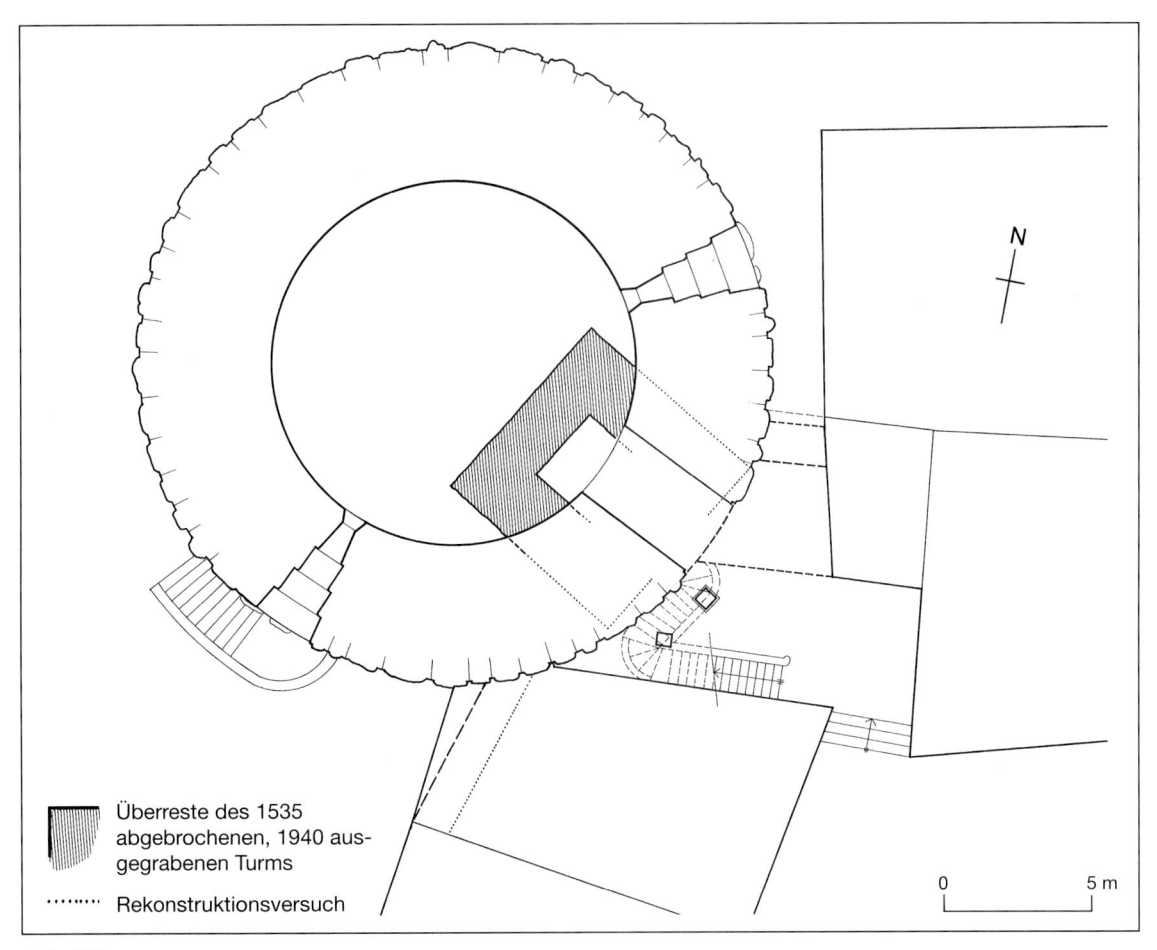

Abb. 159
Grundriß des Buristurms mit Grundrißrekonstruktion des mittelalterlichen Pflugersturms. Zeichnung von Markus Hochstrasser nach Aufnahmen aus dem Jahre 1940. – Text S. 158f.

gestellt, dessen eine Seitenlänge 7,12 m betrug (Innenmaß: 2,72 m)[80]. In bezug auf die Stadtmauer, deren westlicher und nördlicher Abschnitt hier stumpfwinklig aufeinandertreffen, besaß dieser Turm eine übereckgestellte Lage[81]. Der einhäuptig gemauerte Turmstumpf erreichte noch eine Höhe von 2,50 m; von den acht erkennbaren Lagen der Quaderverblendung wurden 1941 die zwei am besten erhaltenen ins Areal der Kantonalbank verlegt (seit 1952 im Stadtpark bei der reformierten Kirche). Das glatt behauene Mauerwerk dürfte noch ins 13. Jahrhundert zu datieren sein (Abb. 159, 160).

Daß aus spätmittelalterlicher Zeit keine Nachrichten über diesen Eckturm bekannt sind, mag in dem Umstand begründet sein, daß man diesem Turm eine weniger große verteidigungstechnische Bedeutung beimaß als dem bloß etwa 40 m weiter südlich stehenden Bieltorturm. Indessen war es dann der Buristurm, der als erster im Rahmen der grundlegenden Erneuerung aller vier Ecktürme des Stadtgevierts ersetzt wurde.

Am 30. November 1534 wurde der Beschluß zum Bau eines neuen Turms, eines sogenannten «Bollwerks», gefaßt. Dabei beabsichtigte man, nach Zürich, Luzern, Freiburg und an andere Orte zu schreiben, um die Dienste eines im modernen Wehrbau erfahrenen Meisters zu erlangen[82]. Der Rat entschied sich, den auswärtigen ULI SCHMID, den Maurer, mit dem Bauwerk zu betrauen, ihn

Anmerkungen am Schluß des Kapitels S. 220–221

jedoch «nur gastweise wie einen andern Fremden» zu halten[83]. FRANZ HAFFNER meldet, daß am 30. Dezember gleichen Jahres ULI SCHMID, HEINI SCHNELLER und HANS ULI HAFNER für 9 Kronen pro Klafter der Turm verdingt worden sei[84]. Tatsächlich erhielten am 12. Januar 1535 Büchsenmeister WILHELM BERGER und Meister ULI SCHMID den Auftrag, nach Zürich zu reisen, um dort das jüngst errichtete Bollwerk (zweifellos das Oetenbachbollwerk von 1532 oder das große Rennweg-Bollwerk, vollendet 1525[85]) zu besichtigen[86]. Gleichzeitig hatte man in Solothurn auch einen «frömbden Meister» zu einem Augenschein beigezogen[87]. 1535 wurde mit den eigentlichen Bauarbeiten begonnen, und man legte über 175 ℔ aus, das «Pfulmint ze graben»; indirekt damit in Zusammenhang stand auch der Abbruch von Uli Pflugers benachbartem Haus[88]. Spätestens seit 1535 müssen in größerem Umfang Steinfuhren erfolgt sein, welche durch die Stadtbürger im Frondienst getätigt wurden[89]. Ob der Bau gemäß Inschrift an der Südwestseite noch im Jahre 1535 bis auf etwa einen Viertel seiner endgültigen Höhe heranwuchs, ist unsicher[90]. Immerhin war bereits 1538 der ganze Turm vollendet, so daß HANS RUCHTI den Knauf aufsetzen konnte und die von HAFFNER genannten drei Meister auch noch für die «hochwerin», offenbar die Brustwehren auf der Geschützplatte, entschädigt werden konnten[91]. Am 31. Januar 1539 verdingte der Rat dem Werkmeister CONRAD GIBELIN die Errichtung einer Grabenmauer um den neuen Turm herum, im Abstand von 40 Schuh, zuunterst 5 Schuh, in der Mitte 4 Schuh und oben 3 Schuh dick[92]. Anläßlich der Aushubarbeiten zum Bieltor-Parking konnten 1974/75 die Reste der runden Grabengegenmauer im Abstand von etwa 12 m vom Buristum ausgegraben und dokumentiert werden[93].

Im Verlauf des 17. Jahrhunderts erfahren wir, wofür der Turm in Friedenszeiten benützt wurde: 1630 verfügte man den Umzug eines «Plochhuses», einer hölzernen Gefangenenzelle, vom Riedholzturm in den Buristurm; die Zelle wurde dann sechs Jahre darauf tatsächlich zur Einkerkerung eines Falschmünzers verwendet[94]. 1638 verbot man dem Salpetersieder, der seinen Ofen direkt unter der Treppe aufgestellt hatte, die Arbeit im Buristurm, «sintemaln das Pulver grad obenthalb im Thurm» war[95].

1716 besorgte Baumeister CHRISTIAN KELLER die Einwölbung des Turms[96], um die Bestückung der Wehrplatte mit schweren Geschützen zu ermöglichen, wie dies der Festungsingenieur DEMORAINWILLE 1713 gefordert hatte[97]. Einen weiteren großen Eingriff in die Bausubstanz bedeutete dann 1902 der Einbau eines Wasserreservoirs über dem Kuppelgewölbe für die Leitung, die seit dem frühen 17. Jahrhundert Wasser von Bellach am Bieltor vorbei in die Stadt führte[98]. 1940 sodann bewirkte der Umbau zum Luftschutzkeller eine Niveauabsenkung um mehrere Meter[99]. In den sechziger Jahren schließlich erfolgte die Einrichtung eines Kleintheaters.

Beschreibung (Zustand vor den Einbauten unseres Jahrhunderts) (BD II/1, II/10, II/40, VI/3.23/VI/3a.23, 7.1)[100]. Bis zum Bau der barocken Schanzen besaß der Turm eine noch wesentlich dominantere Stellung. Mit dem Schanzenbau versank er fast bis zur Höhe des ersten Obergeschosses in einer Erdaufschüttung; auch nach der Entfestigung des 19. Jahrhunderts stecken die untersten Partien immer noch 2–3 m tief im ehemaligen Stadtgraben. Dafür greift der Wehrbau mit seinem kreisrunden Grundriß von gut 21,2 m bis auf ein kleines Segment kräftig über die ehemals südlich und östlich abgehenden Ringmauern hinaus.

Abb. 160
Blick gegen Südosten auf die Fundamentreste des mittelalterlichen Pflugersturms. Photographie, 1940. – Text S. 159.

Anmerkungen am Schluß des Kapitels S. 221

Abb. 161
Blick vom Buristurm gegen Osten in den Chüngeligraben (heute Burisgraben) mit den Wehrtürmen der nördlichen Stadtmauer. Aquarell von Franz Graff, um 1835 (BD V/10).

Die räumliche Stellung sowie die grob behauenen Rustikaquader des regelmäßig und lagerhaft gefügten Mauerwerks des Erdgeschosses und des Zwischengeschosses verleihen dem Turm eine imposante Wirkung. Die Brustwehr ist (gleich wie bei den übrigen kurz darauf errichteten Wehrbauten der Stadt) aus glattem Hausteinwerk gefügt; sie kragt (ohne vermittelndes Gesims) schwach aus,

162 DIE STADTBEFESTIGUNG

um dann in bombiertem Anzug unter die Aufschieblinge des niedrigen Kegeldaches zu laufen.

An Hand der Positionierung und der Form der Geschützscharten lassen sich die unterschiedlichen militärischen Funktionen der drei verschiedenen Geschosse erkennen: Aus den beiden horizontalen Stufenscharten des Erdgeschosses konnten der Nord- und der Westgraben mit dem Feuer von Schußwaffen bestrichen und zudem dem Bieltor Feuerunterstützung gewährt werden. Aus den vier gleichartigen Scharten in der feldseitigen Rundungshälfte des Zwischengeschosses konnte das unmittelbare Vorfeld des Grabensystems beschossen werden. Demgegenüber dienten die Senkrechtscharten (innen abgeschrägt, außen gestuft) sowohl für Weit- als auch Nahschuß.

Auf halber Höhe des Erdgeschosses ist südwestseitig an glattem Quader in arabischen und lateinischen Zeichen die Jahreszahl 1535 eingehauen.

Abb. 162
Ansicht des Halbrundturms am Haus St.-Urban-Gasse 53 von Nordosten. Photographie, 1993. – Text S. 164.

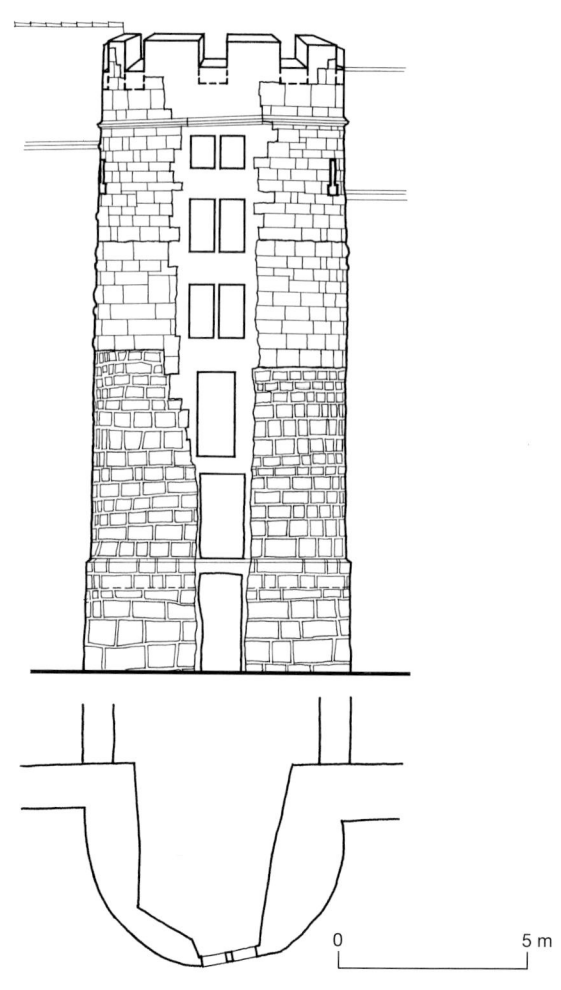

Abb. 163
Grundriß auf der Höhe des zweiten Obergeschosses und Ansicht der Nordfassade des Halbrundturms am Haus St.-Urban-Gasse 53 mit Einzeichnung der Bauphasen. Die unteren Partien entstanden im 13. resp. im 14. Jahrhundert. Die obere Hälfte des Turmschaftes entstammt einer (möglicherweise in zwei Bauetappen erfolgten) Aufstockung im 15. Jahrhundert. Zeichnung von Markus Hochstrasser, 1993. – Text S. 164.

Die Eingänge zum Turm befinden sich im Winkel der St.-Urban-Gasse, wo die Häuserbebauung ausgespart ist. Ein hohes, breites Rundbogenportal bietet Einlaß ins Erdgeschoß. Bis zu den Veränderungen von 1940 stand die Erde bis zur Schwellenhöhe an. Bei einer Mauerstärke von etwa 4,5 m (die auf der Höhe der Wehrplatte etwa 0,75 m geringer ist) ergibt sich ein Innenraum von unge-

Anmerkungen am Schluß des Kapitels S. 221

fähr 12,2 m Durchmesser. Der Eindruck eines hohen überkuppelten Raumes hat sich erst durch die Entfernung der Schutzraum-Einbauten ergeben. Bis 1940 war der Kuppelraum durch einen hölzernen Zwischenboden unterteilt, der von zahlreichen Ständerbalken und Wandbügen gestützt war. Es dürfte sich um jenen Boden gehandelt haben, der 1751 instand gesetzt worden war[101]. Diesen Zwischenboden erreichte man über eine steinerne abgewinkelte Außentreppe, die auf zwei Steinpfeilern ruht (der eine wurde 1902 formgetreu ersetzt). Die teilweise wohl aus Spolien gefügte Konstruktion trägt die Jahreszahl 1744 und war notwendig geworden, weil der Einzug eines Gewölbes den Abbruch der ursprünglichen Innentreppe notwendig gemacht hatte[102]. Am oberen Ende der Treppe gelangte man durch ein Rundbogentor auf den besagten Zwischenboden (etwa 5,5 m über dem Erdboden) am Fuß der sims- und kämpferlosen Hausteinkuppel. Am ringförmigen Schlußstein Solothurner Standeswappen und Inschrift: «SO/1716/CHRISTIAN KELER». Nischenartige Schießscharten mit rechteckigem Mund[103]. Etwas aus dem Scheitel gerückt eine kleine runde Öffnung als Rauchabzug.

Über der ringförmig konstruierten Wölbung fand sich eine 3,70 m mächtige (vom Scheitel gemessen) Stein- und Schutteinfüllung. Dadurch kam die Wehrplatte – zugänglich über eine 1716 aus dem Mauerkörper gehauene Treppe – auf etwa 13,7 m über das Gassenniveau zu liegen. Ob sie mit Steinplatten belegt war (wie dies beim Riedholzturm und offensichtlich auch beim Katzenstegturm der Fall war), wissen wir nicht. Die Brustwehr ist durch fünf Schießscharten durchbrochen sowie gassenseitig durch eine Einladeöffnung von etwa 2,65 m Breite.

Das Kegeldach entwickelt sich über Fußbinderbalken als achtseitige Sparren-Rahmenpfetten-Konstruktion mit Sprengwerk und Firststiel.

Abb. 164
Blick gegen Südosten auf die Osthälfte der nördlichen Stadtmauer. Von rechts nach links: Halbrundturm am Haus St.-Urban-Gasse 71, Gerberei Guillaume mit vorgebauten Trockenlauben, Franziskanerkloster mit Wehrturm, Ambassadorenhof, Riedholzturm. Photographie, um 1900–1910.

Halbrundturm am Haus St.-Urban-Gasse 53
(Abb. 141, Nr. 7; 161–163)

Baugeschichte. Es handelt sich dabei wohl um jenen Bau, der 1465 im Zusammenhang mit einer Ziegellieferung als «Doern an der Webergassen» erstmals erwähnt wird[104]. Auf den Darstellungen des 16. und des 17. Jahrhunderts erscheint er als stadtseitig offener Schalenturm mit Zinnenkranz, der die Dächer der St.-Urbangaß-Häuser etwas überragte.

Die Entstehungszeit dieses Turms und der übrigen Schalentürme des Mauerrings ist nicht genau bestimmbar. Der Charakter der unteren Partien des Mauerwerks läßt die Zeit des 13. Jahrhunderts dafür als wahrscheinlich erscheinen. Zwei Erhöhungen sowie der Turmabschluß dürften im 14./15. Jahrhundert erfolgt sein. Mit dem endgültigen Verlust der militärischen Bedeutung dieser Schalentürme nach dem Schanzenbau folgte deren Ausbau zu Wohnzwecken; davon zeugen die Fensteröffnungen im ehemaligen Turm an der St.-Urban-Gasse 56 (bis zum Hausumbau 1976), die Pultdachabdeckung des Zinnenkranzes sowie im Innern die Verbindungsöffnungen zum Haus Nr. 53[105].

Beschreibung (BD II/1, 10, V/10, 11, VI/3a.17). Grundriß in Form eines gestelzten Halbkreises von etwa 6,5 m Durchmesser und einer maximalen Mauerstärke von etwas mehr als 1 m; Gesamthöhe rund 16 m. Ob der Turm ganz im Verband mit der hier noch vorhandenen ältesten Stadtmauer steht, ist nicht geklärt. Das unterste Geschoß, ehemals auf Grabenniveau (und heute noch ebenerdig vom Burisgraben zugänglich), ist größtenteils aus großen Kalkbruchsteinen gefügt und schließt mit zwei Lagen von glatten Tuffquadern ab. Nach einem kleinen Rücksprung setzt der fünfgeschossig wirkende Aufbau an. Bis auf halbe Turmhöhe besteht er aus unregelmäßigen, teils buckligen Tuffquadern. Dann folgt ein sorgfältiger gefügtes Mauerwerk aus Kalksteinquadern mit kissenartigen Bossen und Randschlag (2,8 m hoch), offenbar eine erste Aufstockung des Turms. Darüber erhebt sich ein eingeschossiger Aufbau aus kleinen und regelmäßig bossierten Tuffsteinquadern, der mit einem Kaffgesims abgeschlossen und von Zinnen bekrönt ist (zweite Aufstockung). Der Zinnenkranz ist 1976 teilweise rekonstruiert worden. Von den alten Öffnungen haben sich nur an den Rundungsansätzen drei teils vermauerte Schießscharten erhalten. Die massiven Fenstergewände entstammen der Restaurierung von 1976; bis zur letzten Jahrhundertwende bestanden schmalere Fensteröffnungen, die die Mauerrundung weniger unterbrachen.

Halbrundturm am Haus St.-Urban-Gasse 71
(Abb. 141, Nr. 8; 165, 166)

Baugeschichte. Es handelt sich um den mittleren der drei Schalentürme an der Nordmauer (Achsenabstand je 55 m). Der namentlich nicht faßbare Turm wird erstmals 1769 erwähnt, anläßlich eines Verkaufs, der auch «die oberst im Thurn befindliche Kamer» beinhaltet[106]. Um die Mitte des 19. Jahrhunderts sind etwa zwei Geschosse abgebrochen und durch eine verputzte Riegelkonstruktion unter Pultdach ersetzt worden. In Darstellungen aus der ersten Hälfte des 19. Jahrhunderts überragt der Turm die Nachbarbauten noch

Abb. 165
Blick von Norden auf den Halbrundturm am Haus St.-Urban-Gasse 71. Photographie, 1993. – Text S. 164f.

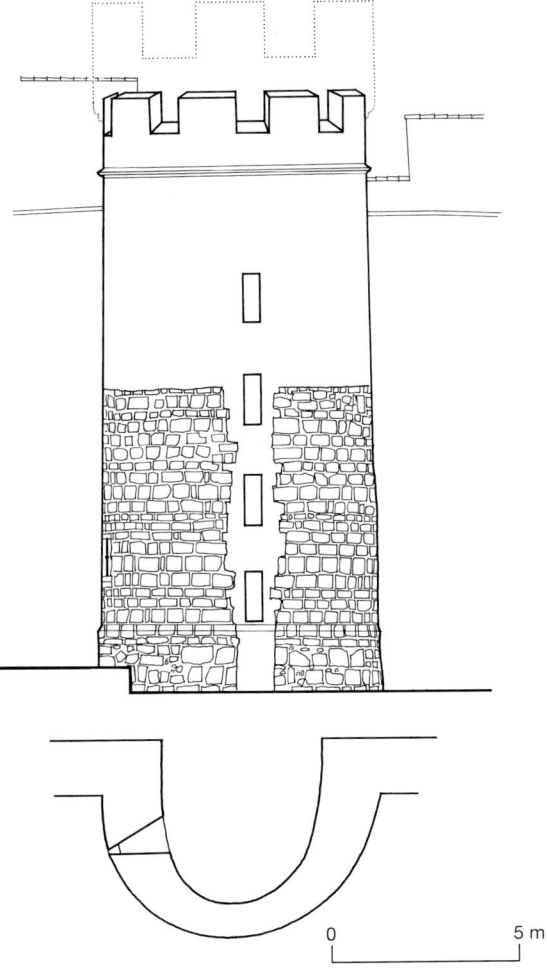

DIE MITTELALTERLICHE UND FRÜHNEUZEITLICHE BEFESTIGUNG   165

Abb. 166
Grundriß auf der Höhe des ersten Obergeschosses und Ansicht der Nordfassade des Halbrundturms am Haus St.-Urban-Gasse 71 mit Einzeichnung der Bauphasen. Steingerecht ist der Bestand aus dem 13./14. Jahrhundert gezeichnet, weiß belassen die Rekonstruktion von 1964, punktiert die ursprüngliche Turmhöhe nach Bilddokumenten des 19. Jahrhunderts. Zeichnung von Markus Hochstrasser, 1993. – Text S. 164f.

um ein Beträchtliches. Anläßlich der Neuaufstockung im Jahre 1964 rekonstruierte man einen Zinnenkranz wie am Halbturm St.-Urban-Gasse 53 und verzichtete auf eine Wiederherstellung des ursprünglichen Blendbogenfrieses, wie er am Turm des Franziskanerklosters erhalten ist[107].

Beschreibung (BD II/1, 10, 40, V/9, 10, 11, VI/3a.17). Halbkreisförmiger Schalenturm mit Durchmesser von etwa 7 m. Das unterste Geschoß auf dem ehemaligen Grabenniveau ist seit dem Anfang des 20. Jahrhunderts nahezu zugeschüttet. Noch erkennbar sind der Steinwechsel von Kalk zu Tuff am Sockel und der Mauerrücksprung über dem Erdgeschoß (wie beim Turm an der St.-Urban-Gasse 53). Über dem Erdgeschoß erheben sich drei in regelmäßigen Tuffquadern gefügte Geschosse sowie moderne Rekonstruktion zwei weitere samt Zinnenkranz. 1964 entstanden auch die schmalen Fensterchen; einzig die Schlüsselscharte am östlichen Rundungsansatz ist alt.

Turm beim Franziskanerkloster[108]
(Abb. 141, Nr. 9; 167, 168)

Baugeschichte. Der östlichste der drei Halbtürme an der nördlichen Stadtmauer wurde 1663–1668 in den Neubau des Franziskanerklosters einbezogen und nimmt seit dem mittleren 19. Jahrhundert das Treppenhaus auf[109]. Äußerlich hat er seinen wehrhaften Charakter nie verloren.

Baugeschichtliche Nachrichten sind unsicher überliefert. Der heutige Bestand dürfte im wesentlichen noch ins 13./14. Jahrhundert zurückreichen. 1443 werden – gleichzeitig mit dem «Turn hinden San Urssen» – größere Bauarbeiten von Werkmeister WENZLIN «an dem Turn zen Barfüssen» bezeugt[110]. 1664 nahm man anläßlich der Einverleibung ins neue Franziskanerkloster nicht nur Veränderungen im Innern, sondern auch am Aufbau vor: Der offene Zinnenkranz wurde überdeckt und das Wehrgeschoß zu einer Kammer ausgebaut[111]. 1964 erfolgte im Anschluß an den Brand im ehemaligen Franziskanerkloster eine Restaurierung des Turms, insbesondere eine Erneuerung des Daches[112]. Von den vier verbliebenen Binnentürmen des mittelalterlichen Mauerrings ist dieser Turm der am besten erhaltene.

Beschreibung (BD II/1, 10, 40, V/9, 10, 11, VI/3a.17). Schalenturm über Grundriß in der Form eines gestelzten Halbkreises von etwa 6,5 m Durchmesser und mit maximal 0,8 m Mauerstärke. Der alte Graben ist auch hier weitgehend zugeschüttet, so daß nur die fünf Vollgeschosse in Tuffstein sichtbar sind; sie erreichen bis zur Traufe des Kegeldaches eine Höhe von fast 17 m. Das Wehrgeschoß ladet über einem Korbbogenblendfries auf zweifach vorspringenden Konsolen um weni-

Anmerkungen am Schluß des Kapitels S. 221–222

166　DIE STADTBEFESTIGUNG

Abb. 167 und 168
Blick gegen Südosten auf den Halbrundturm beim Franziskanerkloster. Photographie, 1993. – Text S. 165f. – Grundriß auf der Höhe des Erdgeschosses und Ansicht der Nordfassade des Turms beim Franziskanerkloster mit Einzeichnung der Bauphasen. Die unteren Mauerpartien aus dem 13./14. Jahrhundert und die oberen Mauerpartien mit Störungen um die Schießscharten aus der Zeit um 1443 sind steingerecht gezeichnet. Weiß belassen sind die jüngeren Umbauten des 18./19. Jahrhunderts. Zeichnung von Markus Hochstrasser, 1993. – Text S. 165f.

ges aus. Mit Ausnahme eines Fensters am Schaft und der Befensterung am Wehrgeschoß (an Stelle des Zinnenkranzes) hat sich der alte Schartenbestand erhalten: Die einzelnen Schlüsselscharten sind an den Flanken und am Scheitel des Halbkreisturms axial angeordnet. Die beiden obersten Geschosse, wahrscheinlich von 1443, besitzen ein anderes Mauerwerk als die unteren. Die ursprünglichen Zinnen mit Schlitzscharten über dem Bogenfries konnten 1992 bauanalytisch festgestellt werden. Zur Aufstockungsphase gehört die nordseitige Schlüsselscharte auf der Höhe des zweiten Obergeschosses.

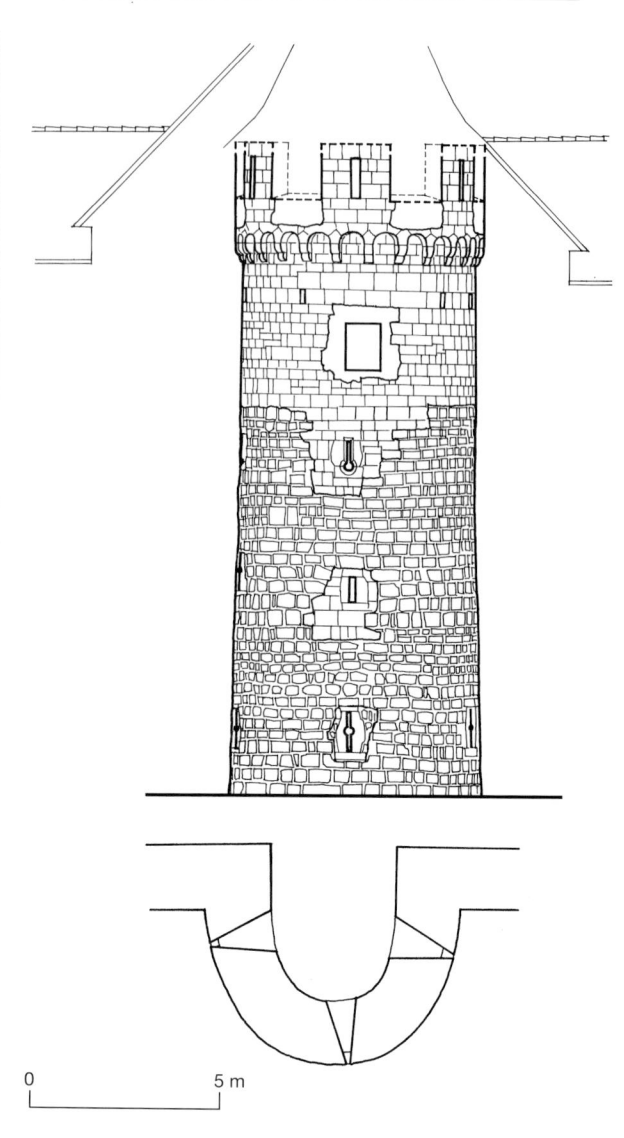

Schollenlochturm[113] *(zerstört)*
(Abb. 141, Nr. 10)

In topographischen Ansichten des 16. und des 17. Jahrhunderts ist nördlich des alten Ambassadorenhofs ein niedriger Wehrbau mit rundem Kegeldach erkennbar – das Schollenloch (BD II/1, 10) (Abb. 72, 76). Beim Neubau der 1717 abgebrannten Ambassadorenresidenz wurde der Bau abgebrochen, und seine Fundamente wurden in den Neubau einbezogen[114]. Unsere Kenntnisse der Baugeschichte und des Aussehens des Turms sind höchst lückenhaft. 1559 wird das Schollenloch erstmals als Gefängnis erwähnt; in dieser Funktion taucht es auch noch 1612 auf[115]. Mit der Errichtung der Schanzen wird der Bau fortifikatorisch überflüssig. 1703 erfahren wir, daß das Schollenloch «mit zweyen Gwölberen versechen» war[116]. Weitere Angaben über den Baubestand liefern nur noch Vermessungs- und Befestigungspläne des 17. Jahrhunderts (MICHAEL GROSS 1626, FRANCESCO POLATTA 1667) (Abb. 200, 201). Das Schollenloch erscheint als niedriger Wehrbau von etwa 12 m Durchmesser mit hufeisenförmigem Grundriß an der Stelle eines Ringmauervorsprungs.

Riedholzturm[117] *(Nideggturm)*
(Abb. 141, Nr. 11)

Baugeschichte des mittelalterlichen Nideggturms. Er wird als erster aller Türme (die Tore ausgenommen) in Solothurn erwähnt, nämlich in einer Urkunde vom 6. Juni 1338 im Zusammenhang mit einem Garten «am Graben, hinter dem Turne, den man sprichet Nideke»[118]. Der Turm befindet sich an der höchsten Stelle der Altstadt (etwa 451 m ü. M.), auf einer natürlichen Erhebung der Gletschermoräne, die sich vom Ritterquai (rund 428 m ü. M.) hinanzieht. In welcher Form sich das Terrain vor der Anlage des mittelalterlichen Stadtgrabens und der barocken Befestigungen nach Norden entwickelte, läßt sich nur vermuten. Es darf angenommen werden, daß es sich im Bereich des heutigen Stadtparks kegelartig in nordwestlicher Richtung absenkte. Der herausragenden Lage und der verteidigungstechnischen Bedeutung dieser Stelle innerhalb des Wehrgürtels entsprach auch die Beschaffenheit des Nideggturms: Er war der stärkste, größte und wohl höchste der mittelalterlichen Türme.

«Nideke» und seine spätere Abwandlung erwecken besonderes Interesse, nicht nur wegen der auffälligen Ähnlichkeit mit der zähringischen Stadtburg Nydegg in Bern. «Nidegg» oder ähnliches kann innerhalb der Burgennamengebung in der Schweiz sehr gut eingeordnet und als Kombination von «Trutzname» und topographischer Bezeichnung gedeutet werden. «Nid-» in der Bedeutung «feindselige Gesinnung, Kampfgrimm» oder «Haß, Groll» ist als Burgname häufig[119]. «Als *Egg* (...) bezeichnet man im Schweizerdeutschen eine vorspringende Anhöhe oder einen langgestreckten Hügelrücken»[120]

Der Nideggturm in Solothurn trug somit im frühen 14. Jahrhundert einen Burgennamen. Auch noch im Jahre 1474 war man sich des Burgencharakters bewußt: «In dem schloss Nidegg, da noch gůt türn und muren sind», wähnte man den Amtssitz des legendären römischen Statthalters Hirtacus, des Vertreters der römischen Kaiser Diokletian und Maximinian und somit jenes Schergen, der Urs und Victor samt ihren Gefährten ins Martyrium getrieben hätte[121]. Einen ähnlichen Eindruck überlieferte gleichzeitig der durchreisende HANS VON WALDHEIM: «Bie dem barfussen clostere stehit ouch noch der thorm, der an der borgk gelegin had ...»[122].

Wenige Jahre zuvor hatte der Turm größere bauliche Änderungen erfahren. FRANZ HAFFNER meldet für 1454 einen Neubau[123]. Anzunehmen ist aber vielmehr eine Aufstockung: 1452 wurde Meister HANS VOGT «umb die kranzbogen uff den thurn Niedegg» entlöhnt, und zwei Jahre später

Abb. 169
Der 1546 zerstörte Nideggturm. Ausschnitt aus dem Holzschnitt in Johannes Stumpfs Chronik (BD II/1). – Text S. 168.

Anmerkungen am Schluß des Kapitels S. 222

bezahlte man «zem sintsen» (Sims) und «umb pflaster»[124]. 1457 wurde Meister CONRAD das Holzwerk verdingt, und 1467 scheinen Tonplatten verlegt worden zu sein[125]. Die Vollendung oder eine Veränderung des Daches fiel ins Jahr 1482: «als die knopff uff Niedegk uffgericht wurden», begoß man diesen Anlaß mit Wein[126]. Am Nideggturm nahm man nur noch einige unbedeutende Reparaturen vor[127], bis am 26. Juli 1546 ein Blitzschlag die im Turm gelagerten 30 Zentner Büchsenpulver zur Explosion brachte[128]. Die Zerstörung des Turms war offenbar so groß, daß ein Neubau in der Art der beiden Ecktürme an der Westseite der Stadt in Angriff genommen wurde (Fortsetzung der Baugeschichte unter Riedholzturm, S. 170f.).

Beschreibung des mittelalterlichen Nideggturms auf Grund der bildlichen Darstellungen (BD II/1, 40) und der archäologischen Ausgrabungen von 1990/91. 1546 hatte der Maler HANS ASPER eine Darstellung der Stadt noch mit dem alten Nideggturm geschaffen; sie fand dann als Holzschnitt Eingang in die STUMPF-Chronik (Abb. 169), so daß wir zusammen mit URS GRAFS Federzeichnung (Abb. 56) über das Aussehen des Bauwerks recht gut unterrichtet sind[129].

Die Dokumente zeigen einen hohen wuchtigen Turmbau von mindestens fünf Geschossen, der die nordöstliche Ecke des Mauergevierts einnahm.

Abb. 170
Blick auf die Wehrmauer im westlichen Anschluß an den Riedholzturm (am linken Bildrand angeschnitten). In der Bildmitte haben sich Überreste der Nordmauer des zerstörten Nideggturms erhalten. Zwischen den beiden mittleren Bäumen ist die Nordwestecke des Nideggturms als Mauerfuge erkennbar. Photographie, 1990. – Text S. 168.

Gegen den Riedholzplatz hin scheint er durch einen ummauerten Hof oder Zwinger abgeschlossen zu sein. Der Wehrgang auf der östlichen und der nördlichen Ringmauer verläuft entlang den beiden stadtseitigen Mauern des Turms; er ist über einen gedeckten Treppenaufgang vom Riedholzplatz her zugänglich. Deutlich erkennt man oberhalb des Wehrganggeschosses ein fensterloses Geschoß mit Mauerrücksprung; auf diesem erheben sich noch zwei bis drei wohl nachträglich aufgestockte Vollgeschosse mit Fenstern und Schlüsselscharten. Blendbogenfriese oder Pechnasenöffnungen – die «krantzbogen» von 1452 – markieren die Wehrplatte, die von einem Walmdach mit den beiden (1482 erwähnten) Helmstangen überdeckt ist.

1987 konnten erstmals Überreste des alten Nideggturms in der Flucht der westlich an den Riedholzturm anschließenden Stadtmauer nachgewiesen werden; es handelt sich um ein etwa 5,4 m breites und etwa 6,3 m hohes Mauerstück mit sporadisch vorstehenden Steinköpfen und einem Eckverband aus sorgfältig bearbeiteten Bossenquadern[130]. Eine Ausgrabung im Höflein zwischen Riedholzturm und Thüringenhaus und im südlich angrenzenden Haus Riedholzplatz 32 konnte wesentliche Teile der drei südlichen Mauerschenkel nachweisen (Abb. 171); diese lassen sich zusammen mit dem aufgehenden Mauerwerk in der nördlichen Wehrmauer (Abb. 170) zu einem unregelmäßigen Rechteckgrundriß mit Außenmaßen von etwa 19,5 × 16,3 m ergänzen. An der Südwestecke des Turmrestes waren stellenweise bis zu drei Steinlagen des aufgehenden Mauerwerks aus lagenhaft gefügten Bruchsteinen erhalten geblieben; dessen Stärke beträgt 2,2–2,5 m, im Fundamentbereich etwa 2,5 m. Im Innern des nur etwa zur Hälfte ausgegrabenen Turmgrundrisses konnten drei Stützenfundamente nachgewiesen werden; sie lassen auf eine zweischiffige Halle von 14,5 × 11,3 m schließen, eventuell mit einem Einbau (Treppe?). «Das Erdgeschoß des Turms scheint nicht allzu stark begangen worden zu sein»[131]. An der äußeren Nordwestecke konnte noch ein Mauerstück festgestellt werden, das vielleicht als Eckverstärkung zu deuten ist[132]. Doch ist nicht ganz auszuschließen, daß die westlich anschließende Wehrmauer im Verband mit dem ehemaligen Nideggturm stand. Nach den spärlichen Funden und dem Mauercharakter zu schließen,

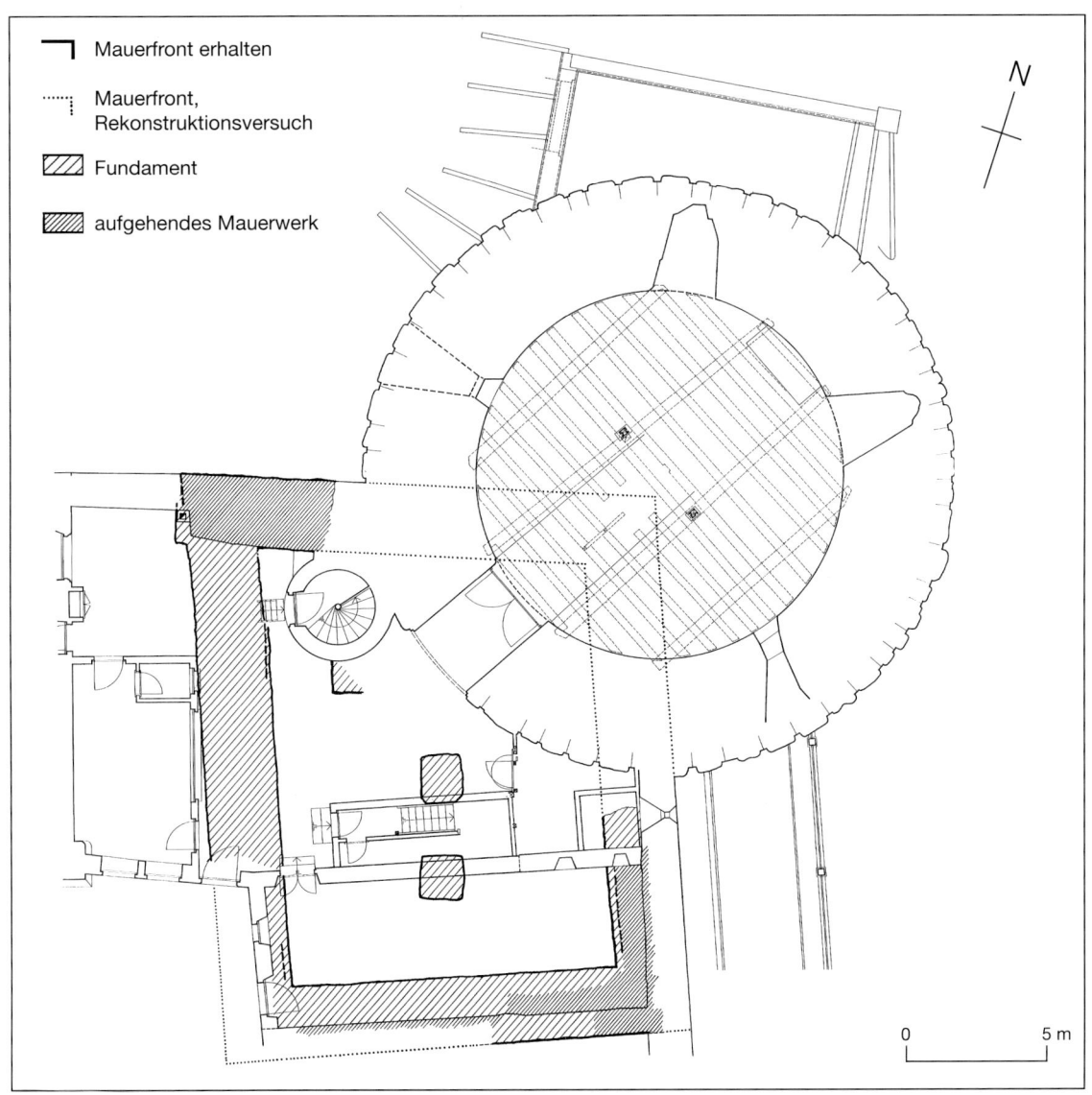

DIE MITTELALTERLICHE UND FRÜHNEUZEITLICHE BEFESTIGUNG 169

Abb. 171
Grundriß des Riedholzturms mit Einzeichnung des Grundrisses des Nideggturms gemäß Resultaten der archäologischen Ausgrabung von 1990/91. Zeichnung von Markus Hochstrasser nach Plan von Pius Flury und Iwan Affolter sowie gemäß Aufnahmen der Kantonsarchäologie. – Text S. 168.

dürfte dieser Bau in der Zeit um 1200 auf einem Areal errichtet worden sein, das zuvor «als Brachland, Weide oder baumbestandene Hofstatt genutzt worden sein» mochte[133].

Grabungsergebnisse, Bilddokumente und Analogieschlüsse legen nahe, den Solothurner Nideggturm als spätzähringische Stadtburg, vielleicht des letzten Zähringerherzogs Bertold V., zu interpretieren. Er ist als Indiz für den beträchtlichen Stellenwert zu deuten, den Solothurn im Rektorat Burgund für die Herzöge von Zähringen besaß. Über dem ungefähren Rechteckgrundriß dürfte der wohl nur mit wenigen Fenstern und mit Hocheingang versehene Donjon drei bis vier Ge-

---

Anmerkungen am Schluß des Kapitels S. 222

schosse hoch gewesen sein. Er kann in engen typologischen Zusammenhang mit einer Anzahl von Zähringerburgen im Bereich des Oberrheins und des Schweizer Mittellandes gebracht werden[134]. In Grundrißform und Dimensionen besonders gut vergleichbar sind die ins letzte Viertel des 12. Jahrhunderts datierten Türme in Bern (Nydegg), Moudon VD (Tour de Broye) und im deutschen Breisach (um 1770 abgetragene Burg); diese weisen allerdings durchwegs eine beträchtlich größere Mauerstärke auf[135].

Der Riedholzturm von 1548

Baugeschichte. Allem Anschein nach noch im Jahre der Zerstörung des alten Nideggturms, im Herbst 1546, konnte der neue Riedholzturm an URS MICHEL (genannt der Gipser) und an ULI SCHMID, genannt «der Murer», verdingt werden. Letzterer hatte in den Jahren zuvor schon den Buristurm und den Katzenstegturm errichtet und war mittlerweile Stadtbürger geworden[136]. SCHMID hat an einem Schlußstein des Hocheingangs sein

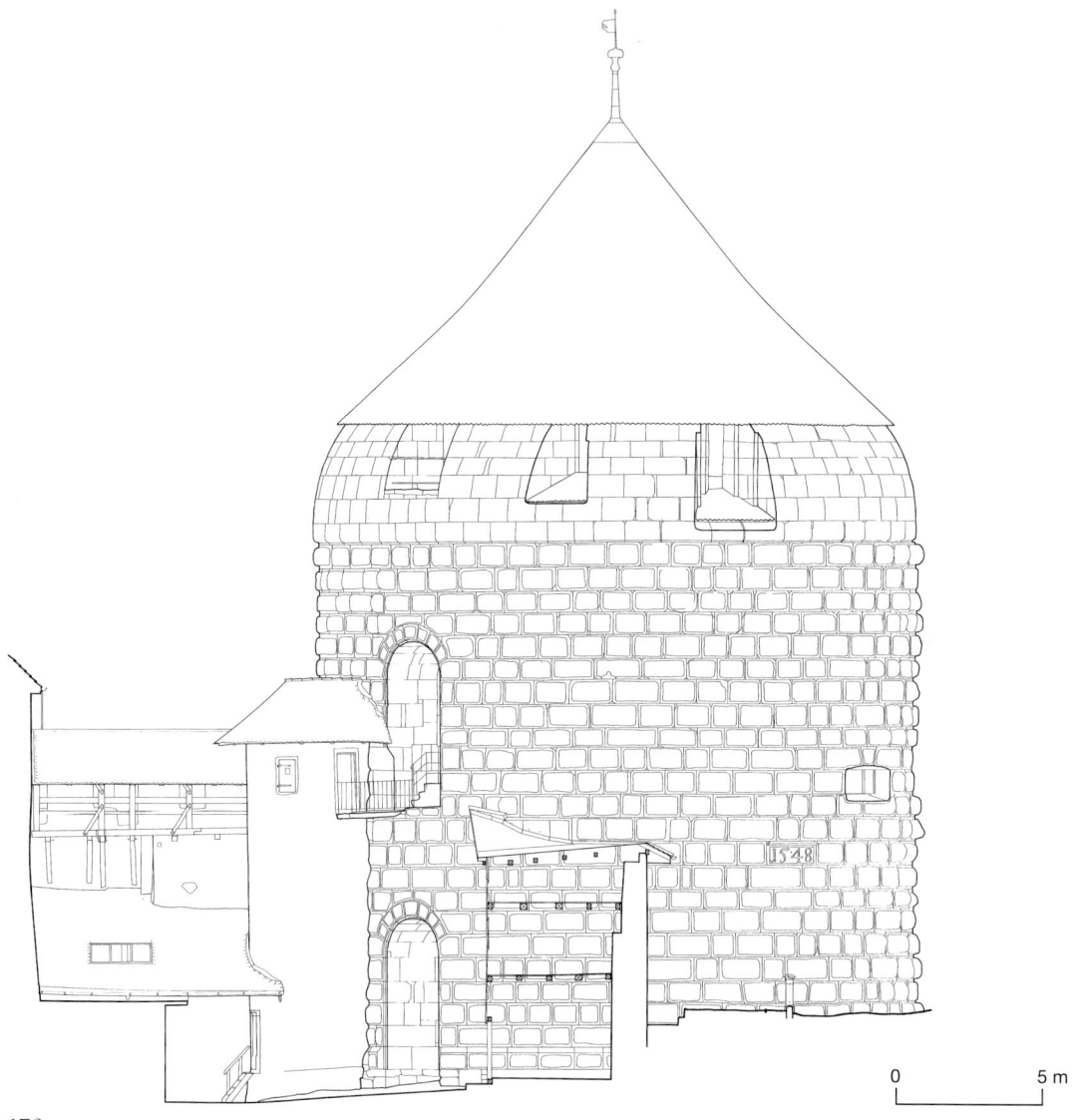

Abb. 172
Aufriß der Südfassade des Riedholzturms. Zeichnung von Sylvia Toscano, 1988, nach photogrammetrischen Aufnahmen der Aerokart AG. – Text S. 170ff.

Steinmetzzeichen in einem Wappenschild angebracht[137].

Im Jahre 1548, als wie an den beiden anderen Muttitürmen auf Drittelhöhe die Jahreszahl angebracht wurde, legten die Zimmerleute im Innern den hölzernen Zwischenboden ein[138]. Im August 1550 wurden an die Maurer und ihre Knechte Trinkgelder ausbezahlt, da offensichtlich ihre Arbeit abgeschlossen war. Im April erhielten auch der Zimmerwerkmeister NIKLAUS AERNI und seine Gesellen Gratifikationen[139].

Aus Einträgen in den Ratsmanualen des 17. und des 18. Jahrhunderts geht die unterschiedliche Verwendungsart des Turms hervor: In den 1630er Jahren brauchte man ihn als Gefängnis und ließ darin eigens eine Gefangenenzelle («Plochhus») erstellen. Auch im neuen Riedholzturm wurde Pulver gelagert, was 1705 den benachbarten Ambassador zu einer Demarche veranlaßte[140]. 1710 stand hier eine Mühleeinrichtung (Pferdemühle?), die aber nicht rege gebraucht wurde[141].

Am 19. Mai 1717 ist bei der Brandkatastrophe in der Residenz des Ambassadors auch der Dachstuhl auf dem Riedholzturm «völlig abgebrandt und in die Aschen gelegt» worden[142]. Wohl kurz zuvor war in Analogie zum Buristurm und zum Katzenstegturm durch CHRISTIAN KELLER die Einwölbung vorgenommen worden[143]. Schon 1721 mußte auf dem Riedholzturm (kurz danach auch im Katzenstegturm) wegen der Wasserdurchläßigkeit des Gewölbes durch JEAN FORTIER die Wehrplatte «mit gantzen Steinen und Kütt» besetzt werden[144]. Die Wölbung von 1717 hatte eine Änderung der Zugänge zum Wehrgeschoß zur Folge (Außentreppe bis zum Wehrgang und zum ersten Geschoß; inkorporierte Treppe bis zur Wehrplatte).

Pläne aus den Jahren 1939/40 und den 1970er Jahren, den bisher im Innern wie am Äußeren unbeeinträchtigen Turm zu einem Luftschutzraum bzw. zu einem Kleintheater umzubauen, gelangten nicht zur Ausführung; beides wurde im Buristurm realisiert[145].

Beschreibung (BD II/2, 10, V/13, 14, VI/3.24, 3a.16, 7.2) (Abb. 171–173). Der kreisrunde Turm an der höchsten Stelle des Stadtgevierts ragt weit über die etwa rechtwinklig aufeinandertreffenden Stadtmauern hinaus und kantoniert – als Pendant zum Buristurm – die nordöstliche Ecke des Mauerberings. Er weist einen Durchmesser von 20,5 m und im Erdgeschoß eine Mauerstärke von 4 m auf.

Abb. 173
Blick vom Thüringenhaus gegen Nordosten auf den Riedholzturm. Photographie, 1993. – Text S. 170ff.

Am inneren Kreissegment bleibt wie beim wenig älteren Buristurm und beim Vorgängerbau ein kleiner Hof frei, gegen Westen durch das Thüringenhaus, gegen Süden durch das Schwaller-Haus begrenzt. Spätestens seit dem 18. Jahrhundert ist das Höflein mit einer Mauer abgeschlossen.

Der Riedholzturm ist dem Buristurm hinsichtlich Disposition und Erscheinungsbild grundsätzlich gleich. Auch hier ist der zylindrische Baukörper aus regelmäßigen Lagen von Rustikaquadern mit Randschlag gefügt. Der zweigeschossige Turmschaft steht im Kontrast zum wenig ausladenden und zum Kegeldach hin anziehenden Wehrgeschoß mit seiner glatten Hausteinfassade; diese wird nur durch die tief einschneidenden Stufenscharten unterbrochen. Die Maueröffnungen an den Feldseiten der unteren Geschosse sind als gestufte horizontale Geschützscharten ausgebildet.

Anmerkungen am Schluß des Kapitels S. 222–223

Die drei stadtseitigen Öffnungen zur Bemannung und Bestückung liegen senkrecht übereinander und präsentieren sich als breite Brustwehraussparung (Aufzug) oder als Rundbogenöffnungen im Falle des ebenerdigen Eingangstors bzw. der großen Nische am Obergeschoß. Den Aufgang zu letzterer sowie zum Wehrgangfragment der nördlichen Ringmauer bildet ein schlanker, sich an den Riedholzturm anlehnender Rundturm von 3,80 m Durchmesser mit steinerner Wendeltreppe. Nach

Abb. 174
Blick gegen Norden auf den Wehrgang der Nordmauer. Zustand vor der Rekonstruktion von 1978. Photographie, 1973. – Text S. 172.

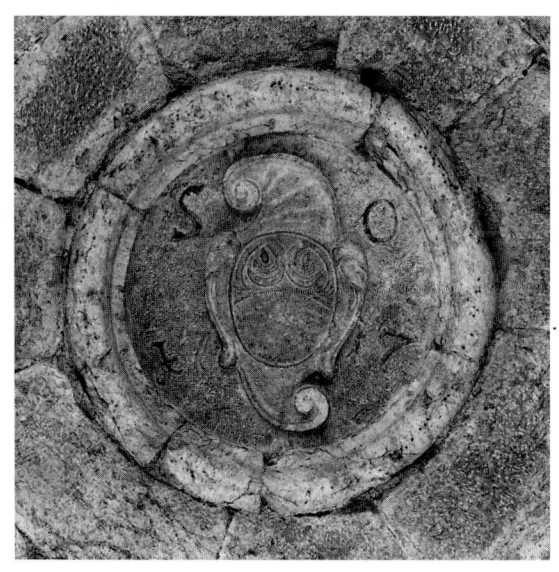

Abb. 175
1717 datierter Schlußstein von Christian Keller am Gewölbe des Riedholzturms. Photographie, 1992. – Text S. 172.

1892 wurden die Hofpflästerung entfernt und das Gehniveau abgesenkt, so daß man die Tür zum Treppentürmchen heute nur über ein hölzernes Anlauftreppchen erreicht. Fasen an den Gewänden des Portals sowie der Fenster und die Zierformen an der Wendeltreppe dürften aus dem 16. Jahrhundert stammen und hier wiederverwendet worden sein. Die obere Türe (am Türsturz datiert 1728) führt über einen freien Steg zur Außennische des mittleren Turmgeschosses und erschließt gleichzeitig den nach Westen führenden Wehrgangrest auf der Stadtmauer (Abb. 174).

Das Innere des Riedholzturms – wenn auch von modernen Einbauten verschont geblieben – ist gleichwohl nicht unverändert erhalten: Die Balkenkonstruktion an Stelle der alten Zwischengeschoßteilung ist zu unbekanntem Zeitpunkt tiefer verlegt worden; es fehlen überdies die Bodenbretter. Dafür erhält man ungehinderten Einblick in die Halbkugel der Hausteinkuppel mit dem runden, kartuschengeschmückten Schlußstein; er ist 1717 datiert und mit der Baumeistersignatur «CHRISTIAN KELLER» versehen (Abb. 175). Eine ins Mauerwerk eingefügte Treppe ermöglicht den Aufstieg zur Wehrplatte mit den Stufenscharten[146]. Kalksteinplattenboden von 1721. Der Dachstuhl, eine doppelt liegende Konstruktion über rundem Grundriß mit Diagonalbindern, war ebenfalls nach dem Brand von 1717 neu errichtet worden.

Wehrturm am Haus Riedholzplatz 18
(Abb. 141, Nr. 12)

Baugeschichte. Der kleine Binnenturm wird durch RAHN und HERZOG mit dem 1328 urkundlich erwähnten «Tumelmans turn» im Riedholz gleichgesetzt; diese Annahme darf eine gewisse Wahrscheinlichkeit für sich beanspruchen[147]. Im späteren 15. Jahrhundert hieß der Bau «Weibelsthurn» oder ähnlich, weil das platzseitige Haus auf der Hofstätte dem Stiftsweibel gehörte[148].

Die Ansichten des 16./17. Jahrhunderts zeigen auf halbem Weg zwischen Riedholzturm und Baseltor einen querrechteckigen, wenig tiefen Turm mit leicht vorkragendem Obergaden, der mit seinem Zeltdach die Häuserzeile am Riedholzplatz etwas überragt. MICHAEL GROSS (PD 1; Abb. 200) zeigt ihn an die Innenseite der Stadtmauern gebaut und feldseitig in der Flucht mit der Ringmauer. Dies deckt sich mit dem heutigen Befund.

Beschreibung (BD II/1, 10; Abb. 176). Der Bau hat seinen Turmcharakter verloren und tritt als Wohnhaus in Erscheinung. Erst am vierten Obergeschoß, das sich über einem leicht vorstehenden, verputzten Blendbogenfries erhebt, ist der Turmobergaden (Grundriß etwa 7,5 × 4,5 m) mit einseitig abgewalmtem Satteldach erkennbar. Die Fenster an Stelle der ehemaligen Zinnenöffnungen wurden wahrscheinlich beim Einbau einer «Gelegenheit» (eines Zimmers) 1686 eingesetzt[149].

Baseltor (Eichtor)[150] (Abb. 141, Nr. 13)

Baugeschichte. Im Jahre 1312 wird das Bauwerk als letztes der drei Stadttore im Zusammenhang mit einer Ortsbezeichnung «prope portam dictam ze Eich» erstmals erwähnt[151]. Bei der nächsten Nennung ist von einem «ortum situm ante portam zeich infra fossatam antiquam» die Rede[152]. Die Bewandtnis dieses alten oder äußeren Grabens ist nicht bekannt. Möglicherweise meint diese Bezeichnung die früheste Wall- und Grabenanlage der Stadt oder des St.-Ursen-Stifts-Bezirks[153]. Im Zusammenhang mit Bauarbeiten erscheint das Eichtor in den Quellen erstmals 1452–1454, als die angrenzende Ringmauer neu erstellt wurde[154], und dann direkt 1462, als CONRAD SPETI «für ein stuck stein under Eichtor» 1 ₰ berechnete[155]. Im Jahr darauf lieferte URS KAUFMANN vier Glasfenster «in das tor hus under eichtor»[156]. 1486/87 wurde ein neues Torhäuschen errichtet[157].

Am 4. Januar 1502 erhielt der Werkmeister HANS GIBELIN, ein Prismeller aus dem Valsesia, den Neubau des Eichtors verdingt[158]. Damit nahm die Erneuerung der Stadtbefestigung nach damals aktuellen wehrtechnischen Grundsätzen ihren Anfang. Der aufgekommene Geschützkrieg verlangte niedrige, kompakte Wehrbauten über runden Grundrissen. Damit avancierte die Ostflanke – in den dreißiger und vierziger Jahren des 16. Jahrhunderts vervollständigt durch das Ritter-Bollwerk an der Südostecke – zum fortschrittlichsten Teil der Stadtbewehrung überhaupt.

HANS GIBELIN sollte «das thor gantz von grund und nüwen uff führen»: In der Mitte erhielt der Bau einen «gevierden turm», seitlich je einen runden Turm von 10 Schuh Mauerdicke – gefügt «mitt guetem läber gestein» (Kalkstein). Der Mittelturm sollte ein Gelaß als Brückenlager und ober- und unterhalb davon Geschützlöcher aufweisen. Die

Abb. 176
Blick von der Kurtinenmauer über den Bastionsweg nach Südwesten auf das Haus Riedholzplatz 18 mit inkorporiertem Wehrturm. Photographie, 1986. – Text S. 172f.

Seitentürme sollten auf die Höhe der beidseits abgehenden Stadtmauer aufgeführt werden und mit «Wurfflöchern als minen herren gevalt» bekrönt werden. Ein Gang über dem Tor sollte die beiden Rundtürme untereinander verbinden. Ausdrücklich wurde festgehalten, es «söllent alle stücke uswendig gehöwen werden mitt possen nach miner herren gevallen»[159]. Die Bauarbeiten scheinen unverzüglich aufgenommen worden zu sein[160]; doch der Bau nahm weit mehr Zeit in Anspruch als die vorgesehenen zwei Jahre. Als am 8. Oktober 1504 eine Abmessung des Tors vorgenommen wurde, ragten die Seitentürme erst 6 bzw. 5 Klafter, also

---

Anmerkungen am Schluß des Kapitels S. 223

Abb. 177
Blick von der Baselstraße nach Westen auf die Außenseite des Baseltors. Photographie, um 1920. – Text S. 173ff.

zwischen 14 und 17 m, aus dem Stadtgraben empor. Der Torturm war auch bloß ein Stumpf und erhob sich an seiner Außenseite 5 Klafter (also etwa 14 m) über den Graben, an der Innenseite 3 Klafter (also 8,5 m) über das Straßenniveau. Dafür wurde GIBELIN insgesamt mit 2002 ₶ entschädigt[161]. Die bestehende Situation – unvollendeter Bau bei gleichwohl aufgebrauchtem Baubudget – führte den Rat in finanzielle Verlegenheit und Diskussionen. Immerhin konnte tags darauf, am 9. Oktober 1504, ein Vertrag zur Fertigstellung des Baus für 1000 ₶ geschlossen werden. GIBELIN sollte sowohl Seitenrondellen wie auch Mittelturm um je 2 Klafter (etwa 5,7 m) erhöhen und hernach alle drei Türme einwölben[162], mit Platten abdecken und «nach aller notturfft vergiessen» sowie mit «drackenn [Drachen, Wasserspeier] und Sust gehuwnen kenel [Dachrinnen]» die Ableitung des Regenwassers bewerkstelligen. Die «Zinnen und

tachung» sollten außen aus Kalkstein und inwendig in Tuff aufgeführt werden. Der bereits im ersten Verding verlangte Verbindungsgang, der ebensowenig wie das Fallgatter ausgeführt war, sollte nun außerhalb vor den Torturm («mit mortlochernn gemacht») zu stehen kommen. Schließlich wurde noch bestimmt, daß mittels einer 3 Schuh dicken Mauer «von ruchem murwergk» der Anschluß an die Stadtmauern erstellt werden müsse[163]. Aus dem Beschrieb des zweiten Verdings darf geschlossen werden, daß keine Überdachungen vorgesehen waren.

Vielleicht bildete dieser Umstand den Grund für eine Erneuerung der drei Zinnenkränze im Jahre 1536. Sicher gelangten – wie beim etwa zur gleichen Zeit errichteten Buristurm- und St.-Peters-Bollwerk – die neuen wehrtechnischen Grundsätze bei der Neugestaltung zur Anwendung. Am 16. November 1535 waren CONRAD GIBE-

LIN, dem Sohn des Werkmeisters HANS, «die brustwerinen uff den dryen thürnen an dem Eychthore» verdingt worden, und zwar «in der form, wie Im sollichs angezöigt»[164]. Es muß angenommen werden, daß CONRAD die Zinnenkränze (evtl. die Wehrplatten) seines Vaters abtrug und durch neue Schartenmauern ersetzte. Am 28. Juli 1537 wurden ihm bei der Abmessung 60 Klafter Mauerwerk angerechnet[165]. Nach Abschluß des Umbaus dürfte auch der zuvor neugefaßte Skulpturenschmuck über dem Tordurchgang – zweifellos eine steinerne St.-Ursen-Figur – eine Neuaufstellung gefunden haben[166].

In den folgenden Jahrhunderten wurden bloß bescheidene Änderungen oder Reparaturen ausgeführt[167]. Einen Eingriff, weniger in die Substanz als ins Erscheinungsbild des Baseltors, brachte der Bau der Schanzen mit der Errichtung des äußeren Baseltors: Das Eichtor verlor hinter der neuen Bastion St. Urs (Schulschanze) seine ehedem beherrschende Stellung; überdies wurden der alte Graben und damit der Unterbau der Rundtürme und die Bogenbrücke zugeschüttet. 1772 ließ man das «presthaft hangende Stadttwappen» zusammen mit der St.-Ursen-Figur abnehmen und durch den heutigen Urs ersetzen, der zuvor auf dem Brunnen am Fuß der St.-Ursen-Treppe gestanden hatte[168]. Im Jahre 1775 wurden die Dachstühle instand gesetzt und dabei das Dach des Mittelturms über die Brustwehr hinabgezogen[169].

1919/20 wurde an der Flanke des Nordturms nach Plan von E. FRÖHLICHER ein Fußgängerdurchgang geschaffen. 1962–1966 erfolgte im Inneren die mit massiven Eingriffen in die Originalsubstanz des Baseltors verbundene Umgestaltung zum Vereinslokal des Unteroffiziersverbandes Solothurn.

Beschreibung (BD II/1, 2, 10, V/15, 16, 22, 23, 24, VI/3.21, 3a.21, 7.4) (Abb. 177–182). Das Baseltor – mit dem ebenfalls dreitürmigen Spalentor in Basel (14.–16. Jh.) eines der eindrücklichsten Stadttore hierzulande – bildet eines der frühesten Beispiele italienisch beeinflußter Artillerie-Architektur der Frühneuzeit in der Schweiz und ist überdies ein bedeutendes Werk der Prismeller Baumeister[170]. Es befindet sich in der Mitte der östlichen Schmalseite des Altstadtrechtecks, etwa auf halber Höhe zwischen der Aare und dem Riedholzturm. Überreste oder Spuren des mittelalterlichen Vorgängerbaus haben sich nicht erhalten.

Das Tor aus den ersten Jahren des 16. Jahrhunderts präsentiert sich als gedrungenes Bauwerk, das aus der Flucht der Stadtmauer vorspringt. Der Mittelturm mit dem Tordurchlaß (Grundrißmaß etwa 9,5 × 8,5 m) überragt mit seinen fünf Geschossen (Traufhöhe 16,5 m) die um gut 3 m vorgeschobenen dreigeschossigen Seitenrondelle (Durchmesser 9 m) auch an den Traufen um 5 m. Die Kegeldächer auf den Rondellen und das heruntergezogene Kragdach am Turmwalm unterstreichen auf der Feldseite die pyramidenhafte Wirkung der dreiteiligen Baugruppe (Abb. 177, 178).

Stadtseitig erscheint das Tor als einfacher Turm (Traufhöhe 16,2 m). Spätestens im 18. Jahrhundert sind die ursprünglich offenen Dreiviertelschalenrondelle durch Einbezug in die dreigeschossigen Nachbarbauten geschlossen worden: Durch schräg abgehende einachsige Fassadenabschnitte der angrenzenden Wohnhäuser hat das Baseltor auf seiner Innenseite eine bescheidene, aber städtebaulich doch wirksame Verbindung zum barocken Gassenbild erhalten.

Abb. 178
Blick von der Hauptgasse gegen Osten auf die Innenseite des Baseltors. Photographie, 1993. – Text S. 173ff.

Anmerkungen am Schluß des Kapitels S. 223–224

176　DIE STADTBEFESTIGUNG

Die Schäfte der drei Türme (1502–1506) sind allseitig aus großen regelmäßigen Kalkstein-Bossenquadern mit glattem Spiegel und tiefem Randschlag gefügt. Nur die über profilierten Wasserschlaggesimsen ansetzenden, etwas ausladenden und bombiert anziehenden Brustwehren zeigen glattes Hausteinwerk. Ein Quader am nördlichen Seitenturm trägt die Jahreszahl 1536[171]. Auch im Innern unterscheiden sich die großen glatten Quader der Wehrgeschosse vom eher amorphen und kleinteiligeren Bruchsteinmauerwerk der unteren Geschosse. Analoge Unterschiede zeigen sich in den Schartenöffnungen, die in den älteren Partien in der Form von Horizontalscharten, in den jüngeren Brustwehren als querrechteckige Stufenscharten ausgebildet sind.

Zwei Spitzbogenöffnungen von etwa 4,25 m (außen) bzw. ungefähr 4,5 m Scheitelhöhe und 3,7 m Weite bilden den Zugang zur stichbogig gewölbten Torhalle. Der äußere Torbogen weist in den Zwickeln eine rechteckige Ausnehmung für die hochgezogene Fallbrücke auf[172]. Die Bogenlaibung besitzt in spätgotischer Tradition eine ziemlich reich gestufte Profilierung mit drei eingestellten Rundstäben auf Manschetten mit Spiralmuster (Abb. 182). Der weniger profilierte und einfacher gestaltete innere Torbogen weist nur einen Rundstab in einer Hohlkehle auf. An den Innenseiten beider Toröffnungen befinden sich Angellöcher der ehemaligen Torflügel. Gewölbeschlitz und seitliche Führungen sowie bescheidene Balkenreste des Aufzugsgestells animierten in den 1960er Jahren zur Neuschöpfung des Fallgatters[173]. 1941 (erneut 1987) konnte auf der Feldseite des Baseltors 6 m vom äußeren Torbogen entfernt unter dem heutigen Straßenniveau ein Gewölbebogen (4,25 m weit, 5,8 m breit) festgestellt werden. Es handelt sich um das Joch der Grabenbrücke (erkennbar auf den vorbarocken Ansichten BD II/1, 2, 10; Abb. 72, 75, 76), die zur hölzernen Zug-

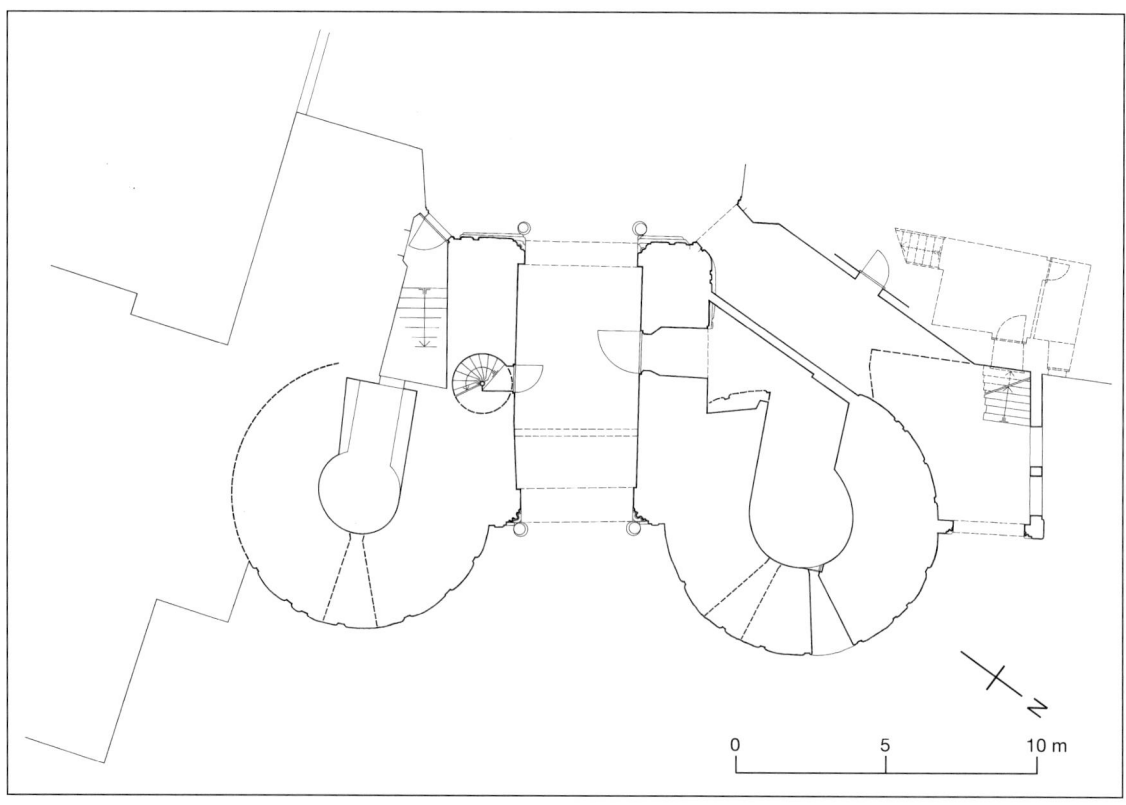

Abb. 179
Grundriß des Baseltors auf der Höhe des Erdgeschosses. Zeichnung von Iwan Affolter, 1987, nach photogrammetrischen Aufnahmen der Aerokart AG. – Text S. 175ff.

brücke heranführte. Es kann auf eine Wehrgrabentiefe von etwa 4,5 m unter dem heutigen Straßenniveau geschlossen werden[174].

Auf der Nordseite der Torhalle führt ein (offenbar 1552 verändertes) Steinportal mit geradem Sturz in die ehemalige Wächterstube, die ihr ursprüngliches Aussehen spätestens bei der Gestaltung des Fußgängerdurchgangs verloren hat. Auf der Gegenseite führt eine schmale Türe zu einer engen steinernen Wendeltreppe im Turmmauerwerk mit (alt vermauertem) Zugang zum Erdgeschoß des Südrondells und Aufgang ins fensterlose Aufzugslager des ersten Turmgeschosses[175] sowie ins zweite Turmgeschoß. Die Wendeltreppe selber endet in einer kleinen, querorientierten Spitztonne des jüngeren GIBELIN[176], von der aus man bis in die 1960er Jahre durch eine Spitzbogenöffnung in das Turmgelaß des zweiten Stockes und von da durch eine weitere Spitzbogentüre auf die Wehrplatte des nördlichen Rondells gelangte. Das Turmzimmer hat – wie die übrigen zugänglichen Räume – während des Umbaus von 1962 bis 1966 vollständig neue Boden- und Deckenverkleidungen aus Holz erhalten. Lichtquelle bildet ein leicht exzentrisch plaziertes Fenster mit geradem Sturz auf der Stadtseite; die feldseitige Horizontalscharte ist innen vermauert.

Neue Holztreppen führen ins fensterlose dritte Turmgeschoß und wiederum ins vierte Obergeschoß, das Wehrgeschoß: aus glatten Hausteinquadern gefügter Raum mit großer Fensteröffnung zur Stadt hin und Stufenscharten an den übrigen Seiten.

Dachstühle. Mittelturm: Sparrendach und Aufschieblinge mit Mittelständer und Zwischenbinder; dieser durch kleine Ständer mit Kopf- und Fußholz abgestützt. Das feldseitige Kragdach mit vorstehenden Rafen, durch vier Schräghölzer abgestützt. – Seitentürme: Mittelständer mit sternförmig angeordneten Sparren und Aufschieblingen.

Schmuck. Auf einem konsolgestützten, feldseitigen Laufgang zwischen den Seitenrondellen steht seit 1772 die ehemalige Brunnenfigur des heiligen Ursus von J. G. RACHUEL aus dem Jahre 1739 (Abb. 181). Die Statue (über den Vorläufer ist nichts Genaueres bekannt) versperrt mit ihren Schultern die Horizontalscharte des zweiten Obergeschosses. Die fein gehauene Skulptur des Stadtpatrons in römischer Soldatenkleidung entspricht grundsätzlich dem Figurentyp der von GREGOR BIENCKHER geschaffenen Statue des heiligen Ursus am Bieltor. Sie ist aber viel zierlicher gearbeitet und zeigt einen eleganten Kontrapost.

Wann der Laufgang (schon im ersten Akkord von 1502 als Außenverbindung gefordert) seine heutige Form erhalten hat, ist nicht bekannt (Ende 17./18. Jh.?). Er ist mit einem einfachen geschmiedeten Rautengitter aus Rundstäben versehen. An Stelle des im späten 18. Jahrhundert entfernten Stadtwappens[177] wurden im 19. Jahrhundert (spätestens in den achtziger Jahren) in den Zwickeln des äußeren Torbogens stuckierte gegengleiche Wappenschilde angebracht, die bei einer späteren Erneuerung direkt auf den Stein gemalt wurden[178].

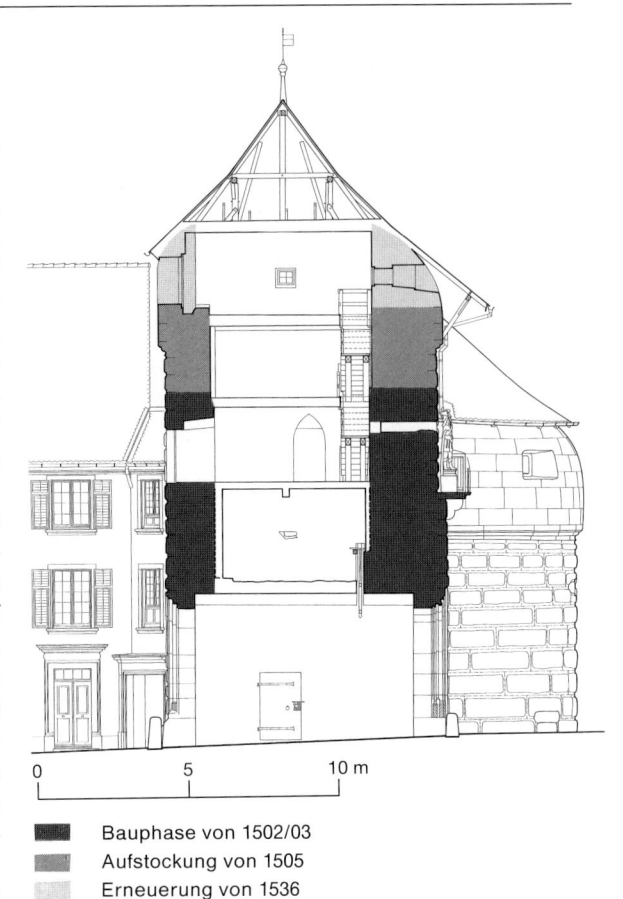

Anmerkungen am Schluß des Kapitels S. 224

■ Bauphase von 1502/03
▨ Aufstockung von 1505
□ Erneuerung von 1536

Abb. 180
Querschnitt durch das Baseltor mit Einzeichnung der Bauetappen. Zeichnung von Iwan Affolter nach photogrammetrischen Aufnahmen der Aerokart AG. – Text S. 175ff.

Turm bei St. Ursen (zerstört) (Abb. 141, Nr. 14)

Knapp 50 m südlich des Baseltors befand sich bis zum Bau des Kapitelhauses um 1773 ein weiterer halbkreisförmiger Schalenturm. Er besetzte die Stelle, wo die Stadtmauer gegen Westen hin einen leichten Knick beschrieb.

Er wurde als «Turn hinder San Urssen» 1443 erstmals erwähnt, als Meister WENZLIN hier und am Barfüßerturm 78 «Tagwen» (Tagwerke) baute[179]. 1587 besichtigte der Rat den «Turm hinter der Schule» und schloß mit einem nicht namentlich genannten Maurermeister ein Verding ab[180]. Die Art der Bauarbeiten läßt sich nicht bestimmen. Ein Abbruchbeschluß von 1667 «wegen Verhinderung des Schanzenwerckes» betraf offenbar nur die oberen Partien des Baus[181]. Den Turmstumpf ließ man stehen[182]. Der Grundriß des ehemaligen Turms besaß die Form eines schwach gestelzten Halbkreises mit einem Außendurchmesser von etwa 30 Fuß; Innendurchmesser rund 13 Fuß. Das Bauwerk wird in den Stadtansichten des 16. Jahrhunderts nicht dargestellt und erscheint erstmals in GROSS' Stadtplan (PD 1; Abb. 200) und bei KÜNG/SCHLENRIT (BD II/10; Abb. 76). Dort ist er mit demselben Zinnenkranz wie die übrigen Schalentürme wiedergegeben.

Bollwerk St. Peter[183] *(Ritter, Kavalier; zerstört)* (Abb. 141, Nr. 15; 183)

Baugeschichte. Ein gedrungener, etwa quadratischer Wehrbau aus den Jahren 1536–1539 markierte das Ende der Litzi und gleichzeitig den südöstlichen Eckpunkt des Stadtgevierts. In der Zeit zuvor wurden in diesem Bereich das «niedere wikhus» oder ein Wächter «uff dem wighuse uff der Aren»[184] erwähnt. Dieses «Wighaus»[185] ist in URS GRAFS Federzeichnung als schlanker viereckiger

Abb. 181 und 182
Kalksteinskulptur des heiligen Ursus von J.G. Rachuel, 1739, an der Außenseite des Baseltors. Photographie, 1992. – Text S. 177. – Südlicher Teil der Sockelzone des äußeren Torbogens am Baseltor. Photographie, 1992. – Text S. 176.

Abb. 183
Ansicht des Ritterbollwerks und der Ritterbastion von Südwesten. Anonymes Aquarell, um 1830–1840. – Text S. 178.

Turm, bekrönt von einem Wehrgeschoß mit Blendbogenfries und Zeltdach, dargestellt. Er war nahe an die Aare vorgeschoben und dabei mit dem rückwärtigen und etwas höheren St.-Peters-Turm (abgebrochen 1632) durch einen Wehrgang verbunden (BD II/40; Abb. 56)[186].

Im Zuge der Verstärkung der vier Eckpunkte der linksufrigen Befestigung durch moderne Artillerie-Architektur wurde 1536–1539 an Stelle des niederen Wighauses das St.-Peters-Bollwerk errichtet. Ausführender Werkmeister war BENEDIKT FRANZ, Planverfasser vermutlich ein Meister WILHELM[187]. Bereits 1537 war beim Gießer PETER FÜESSLI in Zürich eine Anzahl von Geschützen für das Bollwerk in Auftrag gegeben worden[188]. 1555 ist von der Errichtung zweier großer Pfeiler die Rede, die ULI SCHMID zu errichten hatte[189]. Ab 1610 häufen sich Bemerkungen über den schlechten Zustand des Bollwerks. 1626 war auch der St.-Peters-Turm schadhaft[190]. 1632 wurde der Abbruch dieses Turms angeordnet, «wyl er gantz unnütz»[191]. In Befolgung einer Anregung von MICHAEL GROSS aus dem Jahre 1626 erhöhte man 1634 die Brustwehr des Bollwerks um einen 4 Schuh großen Aufbau (hernach Kavalier oder Ritter genannt)[192]. Im September 1634 hatte Maurermeister URS ALTERMATT den Ausbau des Bollwerks so weit vollendet, daß es wieder bestückt werden konnte[193]. Überdies wurde 1638/39 das nördlich anschließende Gelände, welches durch den Abbruch des St.-Peters-Turms frei geworden war, zur Gewinnung eines erhöhten Platzes aufgeschüttet; es erhielt so das Aussehen eines längsrechteckigen «Zwingers». Dabei nützte man einfach den Umstand aus, daß in diesem Bereich zwischen dem Turm bei St. Ursen und dem Bollwerk die Stadtmauer doppelt geführt war (nach außen mittelalterliche Ringmauer mit gedecktem Wehrgang und

---

Anmerkungen am Schluß des Kapitels S. 224

gegen die Stadt hin Zinnenmauer) (Abb. 76). Auf diesem zwingerartigen Platz befand sich die Salpetersiederei[194].

Bedeutende Veränderungen brachte der Schanzenbau. Die Bastion «St. Pierre» (erbaut um 1685) erhob sich direkt aus der Aare und ging unmittelbar aus dem alten Bollwerk als dessen östliche Verlängerung hervor. Damit dieses nicht ganz nutzlos wurde, erhöhte man es damals um wenige Meter und überdachte es, um darin ein Pulvermagazin unterbringen zu können[195].

Im Verlaufe des 18. und des frühen 19. Jahrhunderts war das Bollwerk als städtischer Werkhof in Gebrauch; in diesem Zusammenhang trat es immer wieder in den Rats- und später den Bauamtsprotokollen auf. 1839 wurde der «Ritter» samt Bastion geschleift und darauf der Aarequai angelegt, der von der Wengibrücke her entlang der alten Litzi aus dem alten Stadtbereich führte[196].

Beschreibung (BD II/1, 2, 9, 10, 21, 67–90, IV/1, V/21, VI/3a.2, 6.3). Der «Ritter» ist über alle Jahrhunderte bildlich ziemlich gut dokumentiert; planerische Aufnahmen, welche genauere Vorstellungen über die Gebäudeanlage vermitteln könnten, fehlen. In Ansichten des 16. und des frühen 17. Jahrhunderts (BD II/1, 2, 9; Abb. 72, 75) – die auch noch den St.-Peters-Turm als schlanken Bau mit ausladendem Obergaden und Zeltdach darstellen – erscheint das Bollwerk als würfelartiger Bau mit grobem Mauerwerk und abgeschrägtem Zinnenkranz über umlaufendem Kaffgesims. Aus jüngeren Quellen darf auf ein Grundrißmaß von etwa 25 × 28 m geschlossen werden; anläßlich von Bauarbeiten konnte 1958 bei der Nordmauer des Bollwerks eine Mauerstärke von 5 m im Fundamentbereich festgestellt werden[197]. Die 1633/34 angebrachte Brustwehr, eine zurückversetzte, mit Zinnen versehene Aufmauerung, ist bei SCHLENRIT (BD II/10; Abb. 76) sehr gut erkennbar. Der hüttenartige Einbau mit Kamin darf als die Salpetersiederei gedeutet werden, die in den Quellen erwähnt wird. Eine exakte Darstellung des Aussehens des Bollwerks in seinem Endausbau vermittelt uns EMANUEL BÜCHELS Zeichnung aus dem Jahre 1757 (BD IV/1; Abb. 84). Deutlich erscheint der Unterbau der Zeit von 1536 bis 1539 mit seinem leicht angeschrägten, aus Kissenquadern mit Randschlag regelmäßig gefügten Mauerwerk wie am Baseltor. Die partielle Aufstockung von 1687 barg im Kern des glatten Mauerwerks offenbar noch die Brustwehr von 1633/34. Ein tief heruntergezogenes Walmdach verlieh dem turmartig emporragenden Bollwerk ein trutziges Aussehen.

Hürligturm[198] *(kleiner Pulverturm, Luzerntor; zerstört)*
(Abb. 141, Nr. 16; 184, 185)

Baugeschichte. Der Hürligturm markierte das untere Ende oder die östliche Spitze des Vorstadt-Halbrunds. Er wird erstmals 1488/89 erwähnt, als gleichzeitig mit der Erhöhung des Wassertors HANS HEUTSCHI von Leuzingen auch Tuffsteine «zu dem kleinen Turm in der Vorstadt» zu liefern hatte[199]. Aus den Quellen geht nicht hervor, ob schon ein Vorgängerturm existierte, oder ob der Hürligturm einfach auf die alte Wehrmauer aufgesetzt wurde. Der Turm befand sich an verteidigungstechnisch wichtiger Lage gegenüber der vergleichsweise schlecht geschützten Litzi der «meh-

Abb. 184
Ansicht des Hürligturms von Norden. Federzeichnung von Heinrich Jenni aus dem Jahr 1882 nach Vorzeichnung von 1864. – Text S. 180f.

Abb. 185
Ansicht der Nordostecke des Hürligturms, die in die südliche Ufermauer der Aare verbaut ist. Photographie, 1987. – Text S. 180f.

reren» Stadt. Stadtansichten des 16. und 17. Jahrhunderts zeigen den Hürligturm freilich bloß als kleineres schlankes Gebäude mit ausladendem (hölzernem?) Wehrgeschoß und Pyramidendach – jedenfalls keine Wehrbaute von großer Festigkeit. 1626 ist die Rede davon, im Turm ein Gefängnis einzurichten.

1678–1680 wurde der Hürligturm in den Pulverturm der Vorstadt umgewandelt. Möglicherweise war der alte Turm baufällig geworden[200]. Man brach ihn bis auf halbe Höhe ab und führte ihn neu auf[201].

Durch den Einbezug der Vorstadt in den großen Schanzenring verlor der Bau endgültig seine wehrhafte Bedeutung, diente 1777 aber immer noch als Salpetermagazin und wurde in der Folge zunehmend mit Anbauten versehen. In die südwärts abgehende alte Wehrmauer wurde das sogenannte Luzerntor als Verbindung zwischen mittelalterlicher Vorstadt und barockem Kreuzackerquai gebrochen[202]. Eine Bürgerpetition vom Jahre 1861 erwirkte 1864 einen Abbruchbeschluß des Regierungsrates.

Beschreibung (BD II/1, 2, 10, 21, 26, IV/1, 4, 8, 9, 12, VI/3a.24, 6.7). Der Hürligturm erhob sich exakt über dem östlichen Winkel der Wehrgänge an der Aareufermauer und der Vorstadtringmauer. Stadtpläne des 19. Jahrhunderts lassen auf einen quadratischen Grundriß von etwa 6 × 6 m schließen[203]. Die nordöstliche Ecke hat sich als senkrechter Stumpf in der heutigen Ufermauer erhalten und hebt sich deutlich von der östlich anschließenden, etwas anziehenden «Quaimauer» aus der Zeit des Schanzenbaus ab (Abb. 185). Der Eckverband und die anschließende Uferwehrmauer weisen Buckelquader auf, wie sie für das 13. Jahrhundert in Solothurn typisch sind; sie dürften zur hochmittelalterlichen Vorstadtummauerung gehört haben.

Darstellungen des späten 18. und des 19. Jahrhunderts zeigen den kleinen Pulverturm von 1678–1680 als dreigeschossigen Bau mit schlankem Pyramidendach. Über dem wohl noch mittelalterlichen Erdgeschoß erhob sich nach einem leichten Rücksprung der Oberbau, der auch einen anderen Eckverband aufwies (Abb. 184).

Halbrundtürme in der Vorstadt (zerstört)
(Abb. 141, Nrn. 17 und 19; 186)

Bis zum frühen 18. Jahrhundert standen in der Vorstadtmauer – die Streckenabschnitte der Wehrmauer zwischen Hürligturm, Berntor und Krummturm halbierend – zwei halbrunde Schalentürme mit ausladendem Zinnenkranz über Blendbogenfries[204] (BD II/1, 2, 10, 40). Die genaueste Darstellung vermittelt die Federzeichnung von CONRAD MEYER (BD IV/25, um 1638; Abb. 186), die auch den Einbezug dieser Bauten ins Wehrgangsystem der Vorstadt verdeutlicht. Die vermutlich im 15. Jahrhundert aufgestockten Wehrtürme überragten den überdachten Laufgang offenbar um mindestens zwei Geschosse. Typologisch wiesen sie Ähnlichkeiten mit dem noch erhaltenen Wehrturm am ehemaligen Konventgebäude des Franziskanerklosters (aus den 1440er Jahren) auf.

Anmerkungen am Schluß des Kapitels S. 224–225

DIE STADTBEFESTIGUNG

Berntor[205] *(inneres Berntor, äußeres Wassertor; zerstört)* (Abb. 141, Nr. 18; 187–192)

Baugeschichte. Zur Zeit der ersten Nennung der Aarebrücke 1252 dürfen auch ein südufriger Brückenkopf und die Existenz der Vorstadt angenommen werden. Wahrscheinlich ist das Tor 1296 erstmals erwähnt, als von einem «Burthor» die Rede ist; man nimmt an, es sei das Ausfalltor nach Büren an der Aare gewesen[206]. Seit dem 15. Jahrhundert ist der auf den Vorstadt-Wassergraben bezogene Begriff «Wassertor» üblich; «Berntor» hat sich in späterer Zeit eingebürgert.

Das 1877 niedergelegte Berntor muß nach den kurz vor dem Abbruch entstandenen Photographien beurteilt werden. Die untersten Partien dürften noch aus dem 13. Jahrhundert gestammt haben. Dieses erste faßbare Torgebäude bestand ursprünglich wohl nur aus dem Erdgeschoß mit dem Torduchgang und einem Obergeschoß mit Wehrplatte. Seine Höhe läßt sich an dem photographisch überlieferten Mauerwerk ungefähr ersehen. Dieses wechselte drei bzw. vier Steinlagen über dem ersten Mauerrücksprung seinen Charakter, was auf eine spätere Erhöhung schließen läßt.

Wir treffen somit eine Situation an, wie wir sie auch am Bieltor beobachten können und wie sie am Berner Zytgloggeturm festgestellt worden ist (vgl. S. 152). Als oberen Abschluß dieses zweigeschossigen, gedrungenen Bauwerks hat man sich noch einen oberen, bei der Aufstockung gezwungenermaßen entfernten Abschluß in Gestalt eines Zinnenkranzes (eventuell mit abschließendem Zeltdach) hinzuzudenken.

Der Zeitpunkt der ersten Aufstockung durch das in sauberen Lagen geschichtete Bossenquader-Mauerwerk läßt sich nicht genau fixieren; einen Anhaltspunkt könnte das Sandsteinrelief mit dem Wappen von Reich und Stadt geben, das unterhalb der Mauernahtstelle eingelassen war und ins zweite Viertel des 15. Jahrhunderts datierbar ist. Als 1454 das Wassertor erstmals konkreter faßbar wird, besitzt es einen «Helm»; auch Ziegellieferungen im Jahre 1480 lassen auf eine Bedachung schließen[207]. 1461–1464 erhalten wir Kenntnis von größeren Bauarbeiten, die am ehesten einen Innenausbau, vielleicht den Einzug eines Gewölbes betroffen haben. Möglicherweise handelte es sich um eine Maßnahme im Rahmen der übrigen Verstärkung der Vorstadtbefestigung, die auch unter

Abb. 186
Blick von Südosten auf Ringmauer, Wehrtürme und Berntor in der Vorstadt. Lavierte Federzeichnung von Conrad Meyer, um 1638. – Text S. 181.

DIE MITTELALTERLICHE UND FRÜHNEUZEITLICHE BEFESTIGUNG 183

Abb. 187
Blick von Südosten auf das Berntor. Photographie von C. Rust vor dem 1877 erfolgten Abbruch. Die beim Abbruch geretteten Bauzierden sind an ihrem ursprünglichen Standort gut erkennbar, nämlich der Schlußstein am Torbogen, das Wappenrelief und in der Rundbogennische darüber die Holzfigur des hl. Ursus. – Text S. 182ff.

Anmerkungen am Schluß des Kapitels S. 225

dem Gesichtspunkt des ungefähr gleichzeitigen Ausbaus der Befestigung von Bern zu sehen ist, von dem sich Solothurn bedroht fühlte: 1461 scheint Baubeginn gewesen zu sein[208]. 1463 ist die Lieferung von 900 «murstein» durch den Ziegler HEINRICH und von Kalk verzeichnet; im Jahr darauf werden Werkmeister CONRAD SPETI 12 ₶ «vom Wassertor» vergütet[209].

Eine beträchtliche Verstärkung bedeutete die Erhöhung des Wassertors um zwei Voll- und ein Wehrgeschoß in den Jahren 1487–1490. Vorerst ließ man aus Bern und Biel zwei Werkmeister kommen, die «den turn besechen» sollten[210]. Noch 1486/87 wurden durch HANS HEUTSCHI in Leuzigen und Meister JÖRG umfangreiche Lieferungen von Mauersteinen und Werkstücken beschafft. Meister JÖRG lieferte insbesondere die Steine für die Schießscharten, welche am zweiten Obergeschoß ins bestehende Mauerwerk eingefügt wurden[211]. An die Außenseite dieses Geschosses kam auch die Figur des heiligen Urs zu stehen, die man für 8 ₶ bei «Meister hanssen dem bildhouwer» – wohl HANS TUSSMANN – in Auftrag gegeben hatte[212].

In der nachfolgenden Zeit setzten die umfangreichen Bauarbeiten für die eigentliche Aufstockung ein. Für die Rechnungsperiode 1487/88 sind sie noch nicht abschätzbar, da die Staatsrechnung fehlt. 1488/89 und 1489/90 sind Tufflieferungen von HANS HEUTSCHI aus Leuzigen überliefert, ebenso zahlreiche Steinfuhren, mindestens teilweise zu Schiff[213]. 1489/90 hatte man «Meister paulin dem Maler» den Auftrag gegeben, das St.-Ursen-Bild zu fassen, ebenso das «Rich», nämlich das ältere Wappenrelief mit Reichsadler und Stadtwappen über dem Toreingang, das hier erstmals erwähnt wird und aus der Hand von «fridrichen dem tischmacher» ein Schutzdächlein erhielt[214].

Nachdem bereits 1489/90 «durch die buwherren und durch die werchlütt zu den Zimerlütten» die Aufrichte gefeiert worden war, erscheint 1490/91 als letzter Auftrag die Verarbeitung von zwei Zentnern Blei durch den Kannengießer CONRAD RUCHTI; sie dürften bei der Abdichtung des zinnenbekrönten Flachdaches Verwendung gefunden haben[215].

In den folgenden Jahrzehnten und Jahrhunderten lassen die Archivalien außer allgemeineren Reparaturen wenig über das Wasser- oder Berntor verlauten. 1535 wird es erstmals als «ussirn Wasserthor» bezeichnet und 1589 als «Züttglogkjthurn»[216]. Nach FRANZ HAFFNER wurde 1643 die Schlaguhr vom Krummen Turm ins Berntor versetzt. Tatsächlich waren in diesem Jahr «Urs König dem Mohler die zwo Taffelen an d. Zyt in der Vorstadt zemohlen» mit 66 ₶ bezahlt worden[217]. Sein äußeres Erscheinungsbild änderte das Wassertor erst 1776, als Werkmeister KIEFER auf den Zinnenkranz ein Pyramidendach mit Glockentürmchen setzte, das mit Blech beschlagen und rot angestrichen wurde. Gleichzeitig war im Inneren eine neue Treppe zu errichten[218].

Mit der Begründung, der Verkehr durch die Vorstadt habe seit Eröffnung des Bahnhofs Neu-Solothurn stark zugenommen, wurde im Juli 1877 der Torturm abgebrochen. Bei bengalischer Beleuchtung und Feuerwerk feierte die Bevölkerung seine Niederlegung[219].

Beschreibung (BD II/1, 2, 10, 21, 40, 42, IV/38, V/25, VI/3a.18). Kurz vor dem Abbruch aufgenommene Photographien vermitteln ein gutes Bild von der äußeren Erscheinung und geben auch einige Anhaltspunkte für baugeschichtliche Schlußfolgerungen (Abb. 187, 188). Der Turm erhob sich als allseitig rustiziert gemauertes sechsgeschossiges Bauwerk über ungefähr quadratischem Grundriß (8,5 × 9 m). Ursprünglich ragte er beidseits über die Flucht der Ringmauern mit ihren Wehrgängen hervor und war dreiseitig fast frei stehend. Seit dem späteren 18. Jahrhundert waren außerhalb der Mauern Häuser seitlich an ihn angebaut.

Die verschiedenen Bauetappen zeigen sich deutlich in den unterschiedlichen Arten des Quadermauerwerks. Das Erdgeschoß mit dem spitzbogigen Tordurchlaß und das darüberliegende Fallgatterlager waren aus grob gehauenen Rustikaquadern in Solothurner Kalkstein gefügt. Lange Bankstücke in der Mitte des ersten Geschosses bildeten eine simsartige Horizontalgliederung und markierten einen leichten Mauerrücksprung. Die stadtseitige Torbogenstirn hatte ihre ursprüngliche Bossierung behalten, während auf der Feldseite später eine rechteckige Ausnehmung für den Laden der Fallbrücke herausgespitzt worden war. Beide Schlußsteine waren figürlich-plastisch gehauen und befinden sich heute im Lapidarium II (Beschreibung siehe S. 187).

Drei Steinlagen über dem Mauerrücksprung setzte das glatt gehauene, mit unterschiedlich hohen Bossenquadern aus Kalkstein gefügte Mauerwerk der eingeschossigen Aufstockung an, welche

Abb. 188
Blick von der Berntorstraße gegen Süden auf das Berntor. Photographie von C. Rust vor dem 1877 erfolgten Abbruch. Im Streiflicht erkennt man die unterschiedliche Beschaffenheit des Mauerwerks: Kalkstein in den unteren Geschossen, Tuffstein im oberen Drittel des Turmschafts. – Text S. 182ff.

Anmerkungen am Schluß des Kapitels S. 225

186   DIE STADTBEFESTIGUNG

Abb. 189 und 190
Schlußsteine des inneren und äußeren Torbogens des Berntors. Photographien, um 1970. – Text S. 187.

Abb. 191
Wappenrelief aus dem späten 15. Jahrhundert, ehemals an der Außenseite des Berntors. Photographie, um 1892. – Text S. 187.

ihren Abschluß in einem feinen Kaffgesims fand. Während die Stadtseite nur durch ein hochrechteckiges Fenster durchbrochen war, zeigte sich die Feldseite stärker instrumentiert. Direkt über dem Mauerrücksprung befanden sich das spätgotische Sandsteinrelief mit Stadt- und Reichswappen (Abb. 191), darüber eine Rundbogennische für die St.-Ursen-Statue (Abb. 192); diese war 1486/87 ihrerseits zusammen mit den zwei seitlichen Schlüsselscharten in die erste Aufstockung hineingefügt worden. Über der Nische mit Blendmaßwerkfeld ragten zwei Kragsteine für das Schirmdächlein vor. (Zur St.-Ursen-Figur im Museum Blumenstein siehe Beschreibung S. 187.)

Die zweite Aufstockung von 1487–1490 war in regelmäßigen Kissenquadern aus Tuff gefügt. Am Wehrgeschoß kragte das Mauerwerk um weniges vor; ein feiner Rundbogenfries mit Blendmaßwerk bildete die Überleitung zum Zinnenkranz, dessen Zähne von schlanken Schlitzscharten durchbrochen waren. Neben wenigen kreuzförmigen Schießscharten auf der Feldseite und einem Fenster auf der Innenseite ist vor allem der hochsitzende doppelte Gußerker auf der Feldseite zu erwähnen. Darunter befand sich das Zifferblatt der Uhr aus dem 16. Jahrhundert; dasjenige auf der Stadtseite war etwas höher angebracht. Der Dachabschluß aus dem Jahre 1776 präsentierte sich als einfaches, steiles Pyramidendach mit Aufschiebling und vierseitigem offenem Glockenstuhl mit Blechverkleidung. Vom Aussehen des Inneren haben wir keine Kenntnis.

Anmerkungen am Schluß des Kapitels S. 225

Relikte vom alten Berntor. 1. Schlußsteine der Tordurchgänge (im Lapidarium II). Es handelt sich um derb gehauene Werkstücke in Solothurner Stein.

a) Reliefdarstellung eines bärtigen Männergesichts (vom inneren Torbogen; Abb. 189). Stilistisch kaum mehr datierbar; eine Entstehung im frühen 13. Jahrhundert, die für diese Partie des Turms angenommen wird, ist nicht ausgeschlossen. H 62 cm, B 62 cm, T 45 cm.

b) Plastische Darstellung eines Gesäßes (vom äußeren Torbogen; Abb. 190). Das Werkstück ist in der unteren Partie später für die Zugbrücke abgearbeitet worden. H 73 cm, B 84 cm, T 76 cm. Die lokale Tradition interpretierte diese Darstellung als Spottbild auf die Kyburger. Wahrscheinlicher ist, daß mit dem Relief ein möglicher Feind verhöhnt werden sollte und es eine apotropäische Funktion hatte[220].

2. Sandsteinrelief mit Reichswappen (Doppeladler) und Doppelwappen von Solothurn (Abb. 191). H 128 cm, B 120 cm, T 21 cm. Datierbar in das zweite Viertel des 15. Jahrhunderts. 1981 restauriert und aufmodelliert[221]. Original im Depot des Kunstmuseums. Bemalte Abgußkopie von 1981 an der Innenseite des Bieltors.

Das nahezu quadratische Feld wird von einem Rundstab und einem glatten Steg umrandet. Die Füllung ist einfach und klar gestaltet: Die drei Wappenschilde sind in der Gestalt eines gleichschenkligen Dreiecks angeordnet und werden von drei knienden Engeln in gegengleicher Plazierung gehalten. Das Wappen und die Figuren sind hochplastisch aus dem Stein herausgeschnitten und bewirken ein lebhaftes Licht-Schatten-Spiel. Die Prägnanz der Darstellung zeigt sich vor allem im fast ornamental aufgefaßten Wappentier, aber auch im graphisch gezeichneten Gefieder der Flügel der Engel und in den Faltenwürfen der Gewänder. Der «weiche Stil» klingt ganz entfernt noch an. Es handelt sich um die künstlerisch bedeutendste Steinhauerarbeit der Spätgotik in Solothurn[222].

3. St.-Ursen-Figur (im Museum Blumenstein; Abb. 192). H 171 cm. Lindenholz, farbig gefaßt. Die 1486/87 von Bildhauer HANS, möglicherweise HANS TUSSMANN, geschaffene und zwei Jahre später durch Meister PAUL gefaßte Kriegerfigur befand sich in der hochgelegenen Rundbogennische. Dem erhöhten und untersichtigen Standort trug der Bildhauer durch eine eher schematische Dar-

Abb. 192
Holzskulptur des heiligen Ursus von Hans Tussmann (Zuschreibung), 1486/87, ehemals an der Außenseite des Berntors. – Text S. 187.

stellung Rechnung. Der Stadtpatron zeigt sich in etwas starrer Haltung und in voller Rüstung, aber mit geöffnetem Visier. Stereotype, ausdruckslose Gesichtsbildung. In der rechten Hand trägt er an langer Stange ein Fähnchen; in der Linken den Kreuzschild. Das Schwert fehlt, seitdem die Figur vom Turm abgenommen worden ist[223].

Krummturm[224] (Krummer Turm)
(Abb. 141, Nr. 20)

Baugeschichte. Auf allen Vogelschaubildern und Ansichten der Stadt von Westen sticht der Krumme Turm wegen seiner ungewohnten Gestalt und seiner Lage als westlichster Punkt der Vorstadt ins Auge. Eine Bewehrung an dieser Stelle darf seit der Befestigung der Vorstadt im Verlaufe des 13. Jahrhunderts angenommen werden. Reste aus dieser Zeit haben sich vermutlich im Unterbau des Krummturms bis auf eine Höhe von gut 11 m zum größten Teil erhalten.

Schriftliche Nachrichten treten erst 1462 auf, als man den «nüwen Thurn in der vorstatt» um zwei Geschosse erhöhte[225]. Die eigentlichen Bauarbeiten und Tuffsteinlieferungen sind nicht erwähnt. Der Bau erscheint mit dem Turmknopf erstmals in den Seckelmeisterrechnungen, was auf fortgeschrittene Arbeiten schließen läßt: 1462 lieferte Meister DIETRICH HÜBSCHIN von Bern den Knauf im Gewicht von einem Zentner und 13 ₰ sowie die Helmstange[226]. Im folgenden Jahr wurde der Turm «ussgmacht»[227], erhielt HANS KIENER die «bůninen und stegen» verdingt[228] und lieferte der Ziegler HEINRICH Ziegel und 600 «murstein»[229]. Die Aufstockung dürfte 1463 beendet worden sein[230].

Nachrichten in den folgenden Jahrhunderten sind recht selten. 1590 stellte man ein – wohl hölzernes – «Wachthüslin» auf[231]. Im Jahre 1632 fand ein «Vorhabendes Fortifications Werkh beym krumben Thurm» Erwähnung; Bauherren und Hauptleute sollten einen «Abryss» der geplanten Schanze beim Krummturm besorgen. Erstmals im Jahre 1634 wurde das Vorhandensein einer Uhr erwähnt[232]. Doch bereits 1643 scheint man nach HAFFNER die Schlaguhr ans Berntor verlegt zu haben[233]. Wenig erstaunt die Tatsache, daß das expo-

Abb. 193
Blick über die Aare nach Südosten auf den Krummturm und das Alte Spital. Photographie, um 1900. – Text S. 188ff.

nierte Dach mit seiner unregelmäßigen Steilform häufiger Reparaturen bedurfte[234]. 1871 ging der Turm in den Besitz der Stadtgemeinde über. Diese ließ 1948 das Innere renovieren und für den Artillerieverein als Vereinslokal herrichten[235].

Beschreibung (BD II/1, 2, 10, 21, 40, 42, 55–61, IV/10, V/26, 29–31, VI/3a.6, 3a.7, 3a.8, 7.5, 7.6; Abb. 193–199).

Lage. Der Krummturm nächst der Aare erhebt sich als äußerster westlicher Vorposten der gesamten Stadtbefestigung an besonders wichtiger Position: Er beherrscht den oberen Flußraum und deckte gemeinsam mit dem ehemaligen Haffners- oder Katzenstegturm der anderen Flußseite die am Aarebogen liegende Stadt. Zusammen mit dem St.-Peters-Turm und dem zugehörigen Wighaus bzw. dem späteren Bollwerk resultierte ein einigermaßen wirksamer Schutz des Aareraumes. Für die große militärische Bedeutung, die man diesem Dispositiv zumaß, sprechen die Errichtung einer Schanze beim Krummturm noch vor der Bastionierung am Ende des 17. Jahrhunderts sowie der Bau und die spätere Verstärkung des «Ritter»-Bollwerks im frühen 16. und im 17. Jahrhundert.

Die Lage des Krummturms sowie die spezifische Ausrichtung seines fünfeckigen Grundrisses auf den Oberlauf der Aare erinnern entfernt an ähnliche Bauwerke wie etwa den Wellenbergturm in Zürich oder den Wasserturm in Luzern: Auch wenn der Turm in Solothurn nicht wie der Wellenberg oder der Wasserturm am Ausfluß eines Sees steht, so teilt er als Scheider von Aare und Vorstadtgraben mit jenen die Lage am Wasser.

Beschrieb. Knapp 5 m von der Aareufermauer entfernt erhebt sich der Bau über unregelmäßigem Fünfeck von 10,5 m Fußlinie und ebensolcher Länge. Das sich über zwei Geschosse erhebende Verlies ist dem Grundriß als trapezförmiger Schachtraum (5,5 × 4,8 m) einbeschrieben. Die drei Obergeschosse des 15. Jahrhunderts folgen der Fünfeckform des älteren Turmteils (Abb. 197). Sowohl auf dem Niveau des Verlieses als auch in den Stockwerken beobachtet man dieselbe Dimensionierung der Mauerstärken: Die stadtseitige Mauer ist eindeutig die schwächste, während zur Spitze hin die beiden Winkelmauern als Wehrseiten viel stärker bemessen sind. Am Baubestand läßt sich allerdings erkennen, daß der Krummturm auch stadtseitig immer geschlossen und nie als Schalenturm ausgebildet war.

Abb. 194
Blick gegen Westen auf den Krummturm und die Krummturmschanze. Photographie, 1992. – Text S. 188ff.

Am Mauerwerk lassen sich leicht zwei Bauphasen unterscheiden: Das unbelichtete Verliesgeschoß (es setzt etwa 1 m unter dem heutigen Gehniveau und wenig über dem Wasserspiegel der Aare an; Abb. 198) sowie das von der barocken Schanze über eine kurze Außentreppe zugängliche erste Obergeschoß sind in schöner, regelmäßiger Kalksteinrustika («Kissenquader» aus langen buckligen Steinen mit Randschlag) gefügt; davon ausgenommen bleibt die breite Stadtseite in kleinteiligem, ursprünglich wohl verputztem Bruchsteinmauerwerk und Eckquaderverband. Das Mauerwerk aus Kalksteinquadern weist einen leichten Anzug auf und erinnert in seinem Charakter an andere Mauerpartien in der Stadt, die aus der zweiten Hälfte des 13. Jahrhunderts stammen dürften[236]. In etwa 11 m Höhe setzt – nicht lagegenau – die Tuffsteinaufmauerung aus den 1460er Jahren an; ihre glatt gehauene, poröse Oberfläche kontra-

Anmerkungen am Schluß des Kapitels S. 225

stiert mit dem bewegteren Mauerwerk des hochmittelalterlichen Unterbaus. Ein leichter Simsrücksprung wenig oberhalb des Mauerwerkwechsels sowie ein vorkragendes umlaufendes Kaffgesims deuten ungefähr die innere Stockwerksunterteilung an. Ein Kehlgesims schließt den Schaft des Turms gegen das Dach ab.

Schmückende Elemente fehlen heute am Äußeren. Bis zu Beginn unseres Jahrhunderts stand in einer profilierten Kielbogennische am zweiten Obergeschoß der aareseitigen Winkelmauer eine St.-Ursen-Figur – als eine Art solothurnisches Hoheitszeichen[237]. An der Stadtseite, neben dem rechten Fenster des obersten Geschosses, finden sich Reste des alten Zifferblattes der ehemaligen Uhr.

Den einzigen und ursprünglichen Turmzugang bildet – von der barocken Schanze her – ein gerade schließendes, einfaches Portal, das über eine kurze Steintreppe erreicht wird. Es stand in Verbindung mit dem ehemals hier ansetzenden mittelalterlichen Wehrgang, dessen Bindersteine noch aus der Mauer vorkragen. Schlüssel- und Schlitzscharten an den vier Wehrseiten sowie zwei Fensterpaare in den oberen Geschossen der Stadtseite gewährleisten einen spärlichen Lichteinfall. In späterer Zeit (vielleicht im Zusammenhang mit dem Schanzenbau) sind einige der stich- oder korbbogigen Schartennischen im Innern erweitert worden, um Platz für Geschütze zu schaffen.

Die Stockwerksunterteilung ist in den oberen Geschossen mittels Balkenunterzügen und Tonplattenboden bewerkstelligt, über dem Verlies durch ein nachträglich (vermutlich 1463) eingezogenes, leicht spitzbogiges Backsteingewölbe mit rechteckigem Durchlaß in der Mitte. Das ursprüngliche Rundstabgitter ist verschwunden (BD VI/7.6; Abb. 199). Der Steinplattenboden über dem Verlies entstand 1948. Einfache Holztreppen, Blockstufen auf Tragholmen, stellen die Verbindung zwischen den unterschiedlich hohen Geschossen her, deren Grundfläche wegen der abnehmenden Mauerstärke nach oben zunimmt (Abb. 196).

Das schmucklose Innere birgt in der Ostecke des dritten Obergeschosses den Holzverschlag der Turmwächterstube mit einem Rest des Ofens aus der Zeit um 1561[238]; nebenan – in der Nordecke – befand sich die ehemalige Uhrstube.

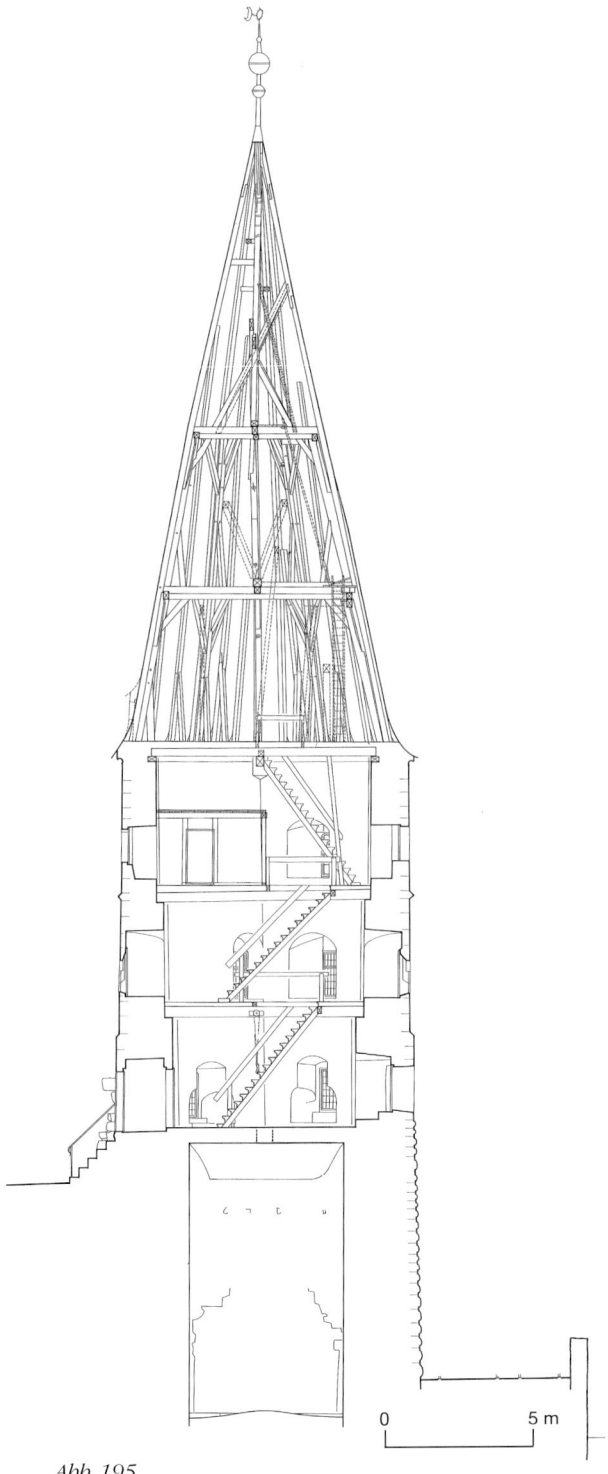

Abb. 195
Längsschnitt durch den Krummturm. Zeichnung von Iwan Affolter, 1987, nach photogrammetrischen Aufnahmen der Aerokart AG. – Text S. 189ff.

Anmerkungen am Schluß des Kapitels S. 225–226

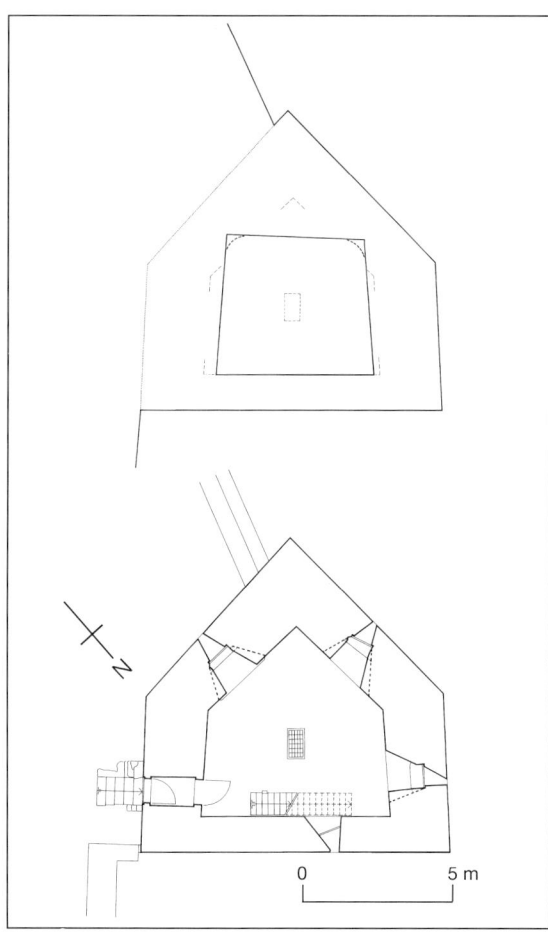

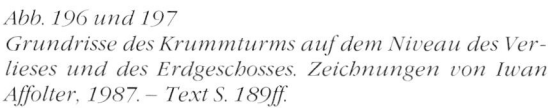

Abb. 196 und 197
Grundrisse des Krummturms auf dem Niveau des Verlieses und des Erdgeschosses. Zeichnungen von Iwan Affolter, 1987. – Text S. 189ff.

Es ist die Dachkonstruktion, die dem Krummen Turm den Namen gegeben hat: Der steile Pyramidenhelm entwickelt sich konstruktiv aus dem unregelmäßigen Fünfeckgrundriß[239]. Die etwas exzentrisch gewählte (weil auf den Schnittpunkt der Längs- und der Querachse bezogene) Fallinie hat zur Folge, daß vier der fünf Pyramidenseiten als ungleichseitige Dreiecke in Erscheinung treten; sie lassen das Dach als «schief» erscheinen, was im

Abb. 198 und 199
Nordmauer des Verlieses im Krummturm. Photographie, 1987. – Text S. 189. – Innenansicht des Erdgeschosses des Krummturms. Federzeichnung von Johann Rudolf Rahn, 1892. – Text S. 190.

Volksmund zur Sagenbildung anregte. Das Dach ist als doppelt liegender Sparrendachstuhl mit Pfettenrahmen und geschoßweise abgebundenem Mittelständer und Firststiel konstruiert. Sparren, Binder und Ständer sind fast durchwegs mit Kopf- und Fußhölzern versehen. Einige Diagonalwindverstrebungen im obersten Bereich gehörten ebenfalls zum originalen Bestand von 1463, während sich weitere Streben als nachträgliche Verstärkungen (im Pfetten-Binder-Bereich) zu erkennen geben. Drei gemauerte Schleppgauben belichten den Dachstuhl im obersten (stadtseitig) und im untersten Geschoß (stadt- und eingangsseitig). Die blechverkleidete Dachspitze wird von einem aus drei Kugeln bestehenden Knauf und der Wetterfahne mit Stern und Mondsichel als späteren Erneuerungen bekrönt.

DIE BAROCKE BEFESTIGUNG[240]

PLANUNGSGESCHICHTE

Im Verlaufe des 17. Jahrhunderts wurde das vom 13. bis zum 16. Jahrhundert entstandene Wehrsystem durch ein modernes Fortifikationswerk im Bastionärsystem abgelöst. Die Wehrmauer und die Wehrtürme des 13./14. Jahrhunderts, welche im 15. Jahrhundert erhöht worden waren, blieben dabei erhalten, ebenso die drei Rundtürme und das Bollwerk, welche in der ersten Hälfte des 16. Jahrhunderts als Eckverstärkungen gegen Artilleriefeuer errichtet worden waren. Nach zögernder Vorplanung erfolgte zwischen 1667 und 1700 der Bau der Festungsanlage, die die ganze Stadt samt Vorstadt sternförmig umschloß. Am Graben- und Glacissystem baute man noch bis 1727, ohne daß dieses je zur Perfektion gelangt wäre.

Sieben Vollbastionen und vier Halbbastionen, die im Wechsel mit dazwischenliegenden Kurtinenmauern die Stadt kranzförmig umgaben, wurden einige Meter vor das mittelalterliche und frühneuzeitliche Wehrsystem gebaut. Der zwischen alter und neuer Befestigung liegende schmale Geländestreifen hatte im Verteidigungsfalle als Wallstraße für Versorgungszwecke zu dienen. Einzig südlich der Aare wurde mit der Neubefestigung eine Vorstadterweiterung in östlicher Richtung verbunden.

Solothurns Interesse an einer Erneuerung der Stadtbefestigung läßt sich bis ins Jahr 1625 zurückverfolgen. Am 15. Mai dieses Jahres beauftragte der Rat den Schultheißen von Roll, er «soll mit M. Michel dem Geometrihten reden, daß er die Statt In Grund lege, undt wie die Fortificationen vor der Statt gemacht werden khondten»[241]. Angesprochen war der Festungsingenieur MICHAEL GROSS, genannt SYZ, aus Besigheim am Neckar, der 1626 dem Rat einen ausführlichen Gutachterbericht mit Planvorschlägen von möglichen Befestigungsvarianten samt geometrischer Aufnahme der Stadt vorlegte – seinen sogenannten «CHOROGRAPHIAE FORTIFICATIONIS TRACTATUS» (Abb. 200)[242]. Über MICHAEL GROSS, der sich in seiner Arbeit großer Erfahrung rühmt und diese auch in seinen schriftlichen und zeichnerischen Darlegungen beweist, ist nichts bekannt; auch der Weg seiner Empfehlung nach Solothurn bleibt ungewiß[243]. Sein Traktat umfaßt in Text und Plänen eine recht exakte Grundrißaufnahme der Stadt und der vorhandenen Wehrbauten (Maßstab 1:2500) (PD 1) und zehn Fortifikationsvorschläge für die Stadt und die Vorstadt nach verschiedenen Manieren. GROSS instruierte auch Werkmeister MAURITZ GIBELIN, der ein Holzmodell für die projektierte Befestigung erstellte[244].

Die Ursache für die Solothurner, sich mit der Sicherheit ihrer Stadt zu beschäftigen, war wohl der seit 1618 in Deutschland wütende Dreißigjährige Krieg, der auch die Berner zur Befestigung ihrer Stadt antrieb; 1622 hatte man dort mit dem Bau von modernen Fortifikationen nach Plänen von AGRIPPA D'AUBIGNÉ begonnen (Vollendung 1646)[245], und Solothurns Reaktion folgte auf dem Fuß.

Die Essenz von GROSS' Bericht war eine Kostenschätzung für eine taugliche Stadtbefestigung nach neuester Manier auf die Summe von 100 000 Kronen. Das vorläufige Ausbleiben weiterer Planungsarbeiten läßt erahnen, daß an eine Realisierung aus Kostengründen nicht zu denken war. Immerhin verstärkte man in den Jahren 1632–1634 in Befolgung einer entsprechenden Empfehlung von GROSS das Bollwerk an der Aare (vgl. S. 179). 1632 berichtet das Ratsmanuale auch über ein «Vorhabendes Fortifications Werkh beym krumben Thurm» und über einen «Abryss» einer dort zu errichtenden Bastion; möglicherweise handelte es sich um die zu einem nicht näher bestimmbaren

DIE BAROCKE BEFESTIGUNG 193

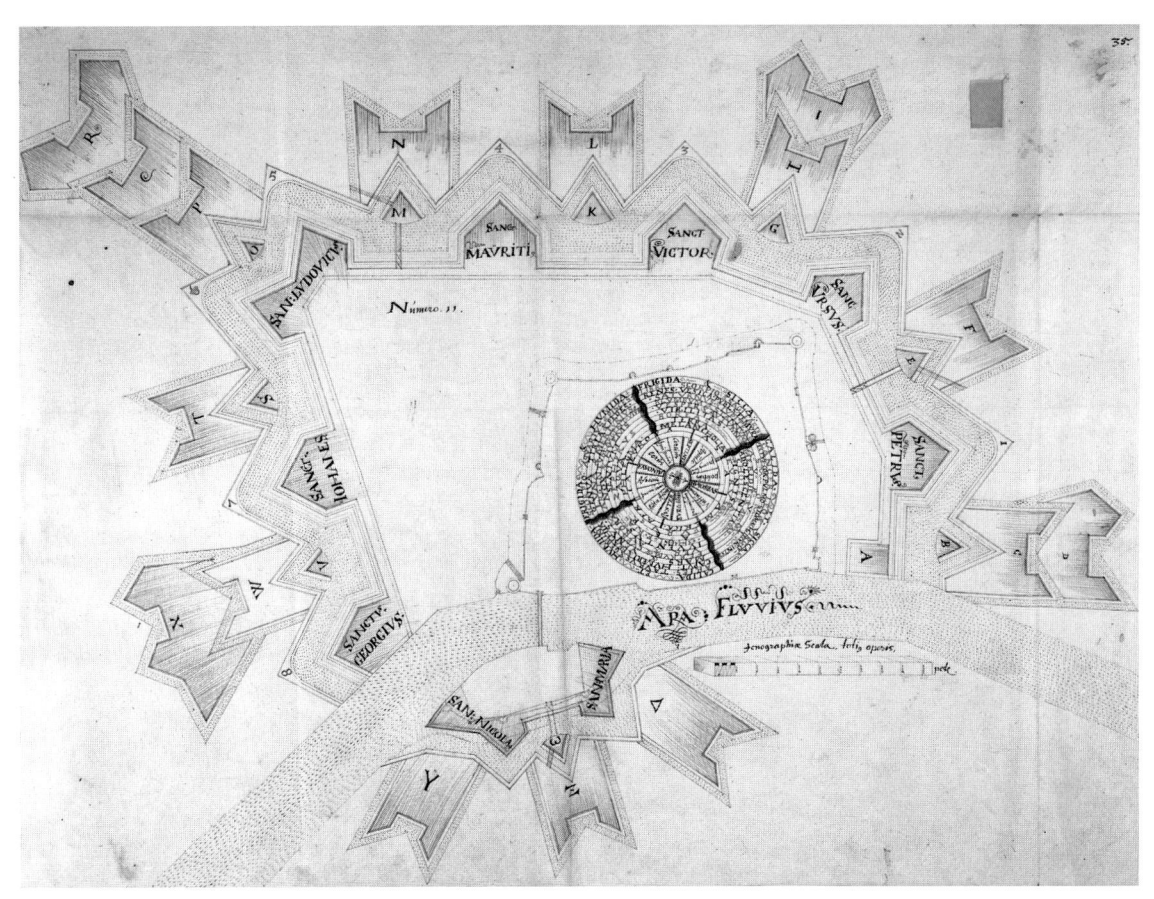

Abb. 200
Projekt für die Neubefestigung von Solothurn. Kolorierte Federzeichnung (Plan Nr. 11) in «Chorographiae Fortificationis Tractatus» von Michael Gross, 1626 (PD 1). – Text S. 192.

Zeitpunkt erstellte parallel zur Aare verlaufende Stützmauer beidseits des Krummturms[246]. Solothurns Sorgen in den 1630er Jahren sind vor dem Hintergrund des Kluser Handels von 1632 zu beurteilen, der eine konkrete Kriegsgefahr heraufbeschwor und die Verletzlichkeit der Stadt besonders deutlich an den Tag treten ließ. Planungen für eine ausgreifende Stadtbefestigung fanden aber einstweilen nicht mehr statt.

Es brauchte wieder eine konkrete Bedrohung, nämlich den Bauernkrieg 1653 und den Ersten Villmerger Krieg 1656, die bei den Solothurnern das alte Bedürfnis einer Fortifikation der Stadt erweckte. Es ist bezeichnend für die Situation der Stadt, daß sie sich im Jahre 1656 zuallererst an den Ambassador wandte: Eine Abordnung sollte sich bei ihm nach der Möglichkeit der Beschaffung eines Gutachtens über die bestmögliche Befestigung der Stadt erkundigen[247]. Freilich wollte man nicht nur auf diese eine Karte setzen und holte bei einem anderen katholischen Stand, in Luzern, Erkundigungen ein. Es ging eine Empfehlung für zwei Ingenieure ein, mit denen ein Ratsausschuß in Verhandlung treten sollte, um zu einem konkreten Fortifikationsplan zu gelangen[248]. Die Ingenieure schienen ihre Arbeit sehr bald aufgenommen zu haben, vermerkte das Ratsmanuale doch bereits am 13. Mai gleichen Jahres, diese seien lange Zeit hier gewesen, und man hoffe nicht, daß ihre Anwesenheit länger nötig sei; man wolle sie entlöhnen. Vorausblickend verehrte man dem älteren, nicht namentlich bekannten der beiden In-

---

Anmerkungen am Schluß des Kapitels S. 226

genieure immerhin das Burgrecht, um ihn notfalls wieder konsultieren zu können[249]. Eine diesbezügliche Bitte des jüngeren Ingenieurs, FRANCESCO POLATTA von Melano in der Vogtei Lauis (Lugano), wurde abgeschlagen[250]. Maßnahmen im Anschluß an die Planung der beiden Ingenieure sind nicht ersichtlich.

Vermutlich war es der 1661 durch Bern in Angriff genommene Bau der Festung Aarburg vor den Toren Oltens, der Solothurns unentschlossene Stadtväter doch noch zum Handeln drängte. Jedenfalls legte 1662 der Stallmeister des Ambassadors de la Barde, PIERRE D'ANGÉLY, dem Rat «einen zierlichen Auffsatz wie dieser Stadt ingeschanzet werden könt oder möcht» vor – ein Zeichen dafür, daß man sich immer noch in einem Meinungsbildungsprozeß befand[251].

Erst 1666 war man zur Entscheidungsreife gelangt. Konkretes Signal war die Berufung von FRANCESCO POLATTA, nun in Mailand, zum Schanzmeister[252]. Das Jahr 1667 sah die definitive Planbereinigung und den eigentlichen Baubeginn des langwierigen Fortifikationswerks. Am 23. Februar wurde ein Ratsausschuß zur Unterhandlung mit POLATTA abgeordnet. Innert weniger Tage wurde offenbar das Projekt für den Schanzenbau durchberaten und am 4. März durch den Kleinen Rat einstimmig verabschiedet[253]. Es ist in einer zeitgenössischen Plankopie erhalten (PD 69; Projektierungsstufe 1, vgl. S. 202; Abb. 201). POLATTAS Projekt sah einen Kranz von Voll- und Halbbastionen vor, der sich eng an die mittelalterlichen Ringmauern beidseits der Aare anschmiegen sollte. Auf die Anlage von Vorwerken sollte verzichtet werden. Der Große Rat genehmigte das Vorhaben am 7. März; gleichzeitig verabschiedete er ein scharfes Mandat gegen Kritik aus den Reihen der Bürgerschaft, um sich zu erwartender defätistischer Meinungsäußerungen zu erwehren[254].

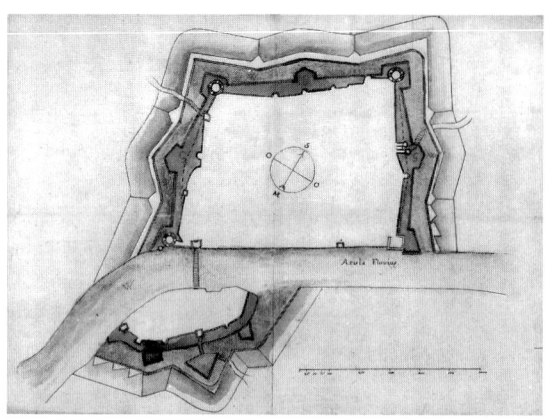

Abb. 201
Anonyme Kopie des nicht ausgeführten Projektes für die Neubefestigung von Solothurn nach Entwurf von Francesco Polatta vom März 1667 (Projektierungsstufe 1). Kolorierte Federzeichnung, 1667 (PD 69). – Text S. 194 und 202.

Wenige Tage nach diesem grundsätzlichen Baubeschluß wurde POLATTA auf eigenen Wunsch beurlaubt und dabei am 16. März mit 40 Dublonen Belohnung und dem Wunsch nach Rückkehr verabschiedet[255]. Spätestens im Juni 1667 weilte er wiederum in Solothurn. Mittlerweile war hier offenbar ein achtköpfiger Schanzrat gebildet worden, der damals unter der Leitung von Jungrat Viktor Sury stand[256]. Dieser Schanzrat beriet am 25. Juni über einen zweiten Befestigungsplan, der dem ersten (im März verabschiedeten) «nit gar ungleich», aber «umb etwas weitläuffiger» war (PD 70; Projektierungsstufe 2; vgl. S. 202; Abb. 202). Am 1. Juli wurde er ratifiziert und am 8. Juli anläßlich eines Augenscheins des mit kleinen Tannen ausgesteckten Bauvorhabens definitiv genehmigt[257]. Ein Vergleich der beiden Pläne zeigt die grundsätzliche Ähnlichkeit der beiden Projekte 1 und 2; entscheidender Unterschied war die Hinzufügung von Ravelins vor den Kurtinen.

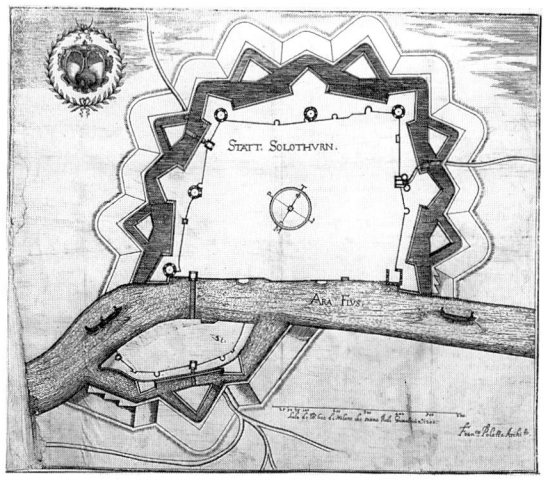

Abb. 202
Kopie des teilweise ausgeführten Projektes für die Neubefestigung nach Entwurf von Francesco Polatta vom Juni 1667 (Projektierungsstufe 2). Holzschnitt, um 1668 (PD 70). – Text S. 194 und 202.

DIE BAROCKE BEFESTIGUNG

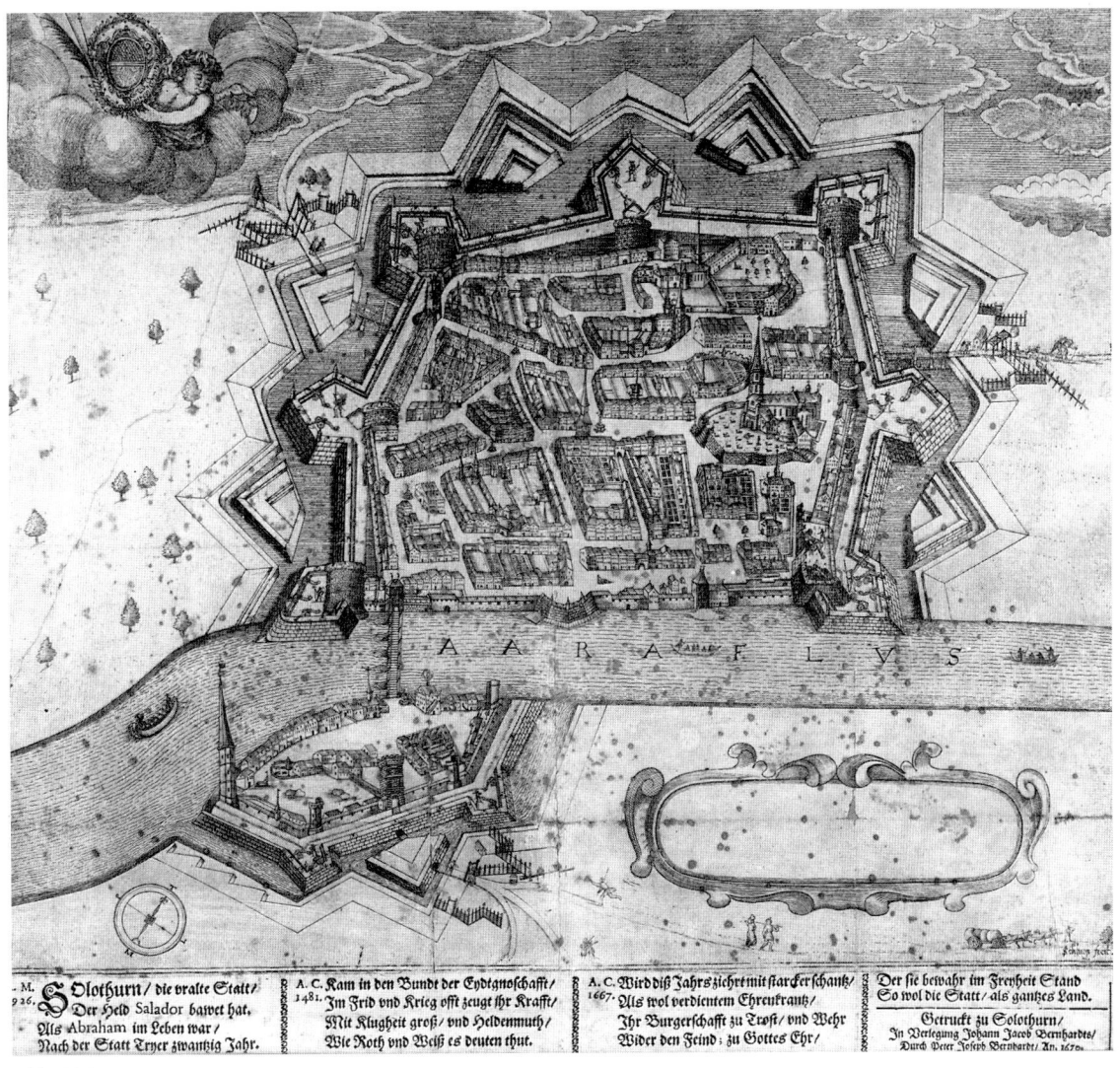

Abb. 203
Vogelschau von Süden mit Darstellung von Francesco Polattas Befestigungsprojekt vom Juni 1667, das sich damals im Bau befand (Projektierungsstufe 2). Kupferstich von Jakob Schluop, 1670 (BD II/11). – Text S. 195ff., 202.

BAUGESCHICHTE

Insgesamt sechzig Jahre beschäftigte sich die Kleinstadt Solothurn mit dem Bau einer modernen Fortifikation und drang damit oftmals an die Grenzen ihrer finanziellen und logistischen Möglichkeiten. Eine weitgehende politische Abhängigkeit von Frankreich war die Folge. Zahlreiche Festungsingenieure König Ludwigs XIV. griffen durch Vermittlung des Ambassadors in die Planung ein. Nur durch Zahlungsverträge mit Frankreich 1689 und 1696 ließ sich das begonnene Werk zu Ende führen[258]. Außerordentlich groß waren die Eingriffe ins städtebauliche Gefüge von Solothurn. Zur Anlage der Werke, Gräben und Vorwerke mußten außerhalb der Ringmauer Dutzende von Gebäuden, insbesondere eine Anzahl von Sommerhäusern des Patriziats, abgebrochen werden – mit entsprechenden Expropriationskosten.

Anmerkungen am Schluß des Kapitels S. 226

DIE STADTBEFESTIGUNG

Bau der linksufrigen Befestigung

Am 15. Juli 1667 fand die Grundsteinlegung zur Befestigung vorläufig der linksufrigen Seite statt. In einer kirchlichen Zeremonie wurde beim Riedholzturm der erste Grundstein zur Bastion St. Victor gelegt[259] und dabei – wie später bei den anderen Bastionen – eine gravierte Bleiplatte mit Gedenkinschrift und ein Reliquienkästchen im Fundament deponiert (vgl. S. 217).

Über den Verlauf der Arbeiten an den einzelnen Bauwerken und Mauerabschnitten sind wir nicht genau orientiert. 1668 dürften die Grundsteine zu mindestens drei weiteren Bastionen gelegt worden sein[260]. Im Frühjahr 1672 wurde zusammen mit POLATTA über die Höhe der Schanzenmauern und die Form der Brustwehr beraten[261]. Im Sommer desselben Jahres lag auch ein «Riss der neuen Porten» vor, mit größter Wahrscheinlichkeit ein Entwurf von POLATTA für das neue Schanzenportal vor dem (äußeren) Bieltor; seine Ausführung folgte aber erst 1674[262]. 1675 mußte auf einen früheren Beschluß über die Form der Brustwehr zurückgekommen werden: Wegen der drohenden Splittergefahr bei Beschuß entschied man sich gegen eine steinerne Brustwehrkrone; man wollte diese mit Erdreich füllen[263]. 1675 und 1677 zeigten sich bereits die ersten Schäden am St.-Peters-Bollwerk an der Aare und an der Kurtine nördlich davon[264]. 1677 wurde über die Gestaltung der Grabenbrücken vor dem Baseltor und vor dem Bieltor beraten[265]. Es kann davon ausgegangen werden, daß um 1680 das Bauwerk nördlich der Aare schon sehr weit gediehen war. Allerdings wurde noch 1689/90 an den Brustwehren mehrerer Bastionen gearbeitet[266].

Den Hauptteil der Arbeit hatten freiwillige Fronarbeiter und Taglöhner geleistet[267]. Vereinzelt begegnet man Namen von Meistern oder Maurern, die teilweise von weit her stammten[268]. Als eine Art Bauunternehmer fungierten über lange Jahre die Einheimischen JAKOB KELLER und dessen Sohn WILHELM. 1690 wurde Ingenieur FRANZ GLEITZ als Schanzaufseher vereidigt. FRANCESCO POLATTA und sein Sohn GIOVANNI BATTISTA dürften nur selten in Solothurn geweilt haben. Am 6. Juli 1672 taucht

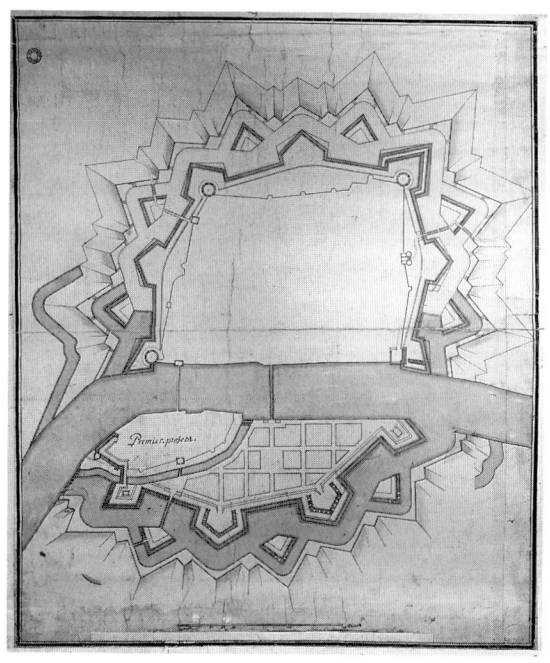

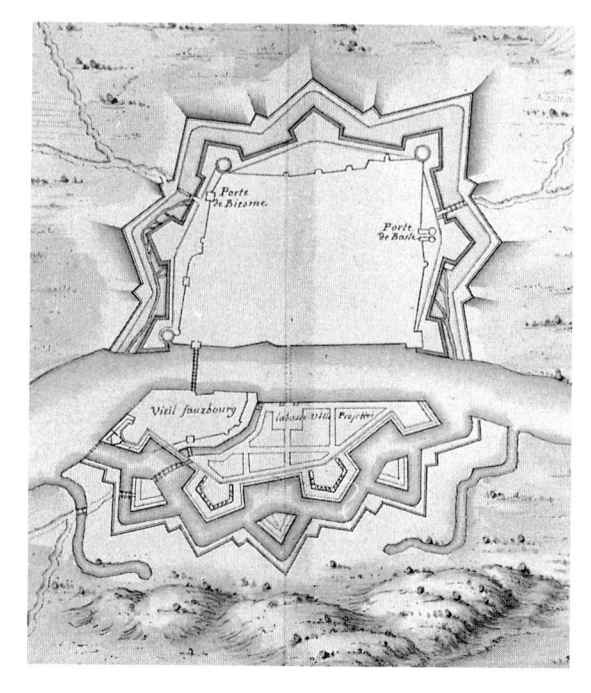

Abb. 204 und 205
Projekt für die Neubefestigung der Vorstadt von Jacques de Tarade (oder Kopie). Nicht ausgeführte Variante Nr. 1 (Projektierungsstufe 4). Kolorierte Federzeichnung, um 1681 (PD 72). – Text S. 198, 203. – Kopie des Projektes für die Neubefestigung der Vorstadt nach Entwurf von Jacques de Tarade. Nicht ausgeführte Variante Nr. 2 (Projektierungsstufe 5a). Kolorierte Federzeichnung, um 1681–1684 (PD 73). – Text S. 198, 203.

Abb. 206
Phantastische Darstellung der Stadtbefestigung und Vorstadterweiterung von Süden gemäß Planungsstand von 1681/82 (Projektierungsstufe 5b). Radierung von Gabriel I Le Clerc, 1682 (BD II/13). – Text S. 198, 203.

letztmals der Name von POLATTA in den Protokollen auf; Hintergründe für sein Ausscheiden in Solothurn sind nicht bekannt.

Schon bald darauf manifestierte sich erstmals Kritik an Polattas Planung. 1674 war ein weiter nicht bekannter Ingenieur MARBET («Ingenieur du Roy») beigezogen worden, der ein Gutachten samt Plan unterbreitete[269]. MARBET machte die Schanzherren erstmals auf die Mängel von POLATTAS Fortifikationsprojekt aufmerksam, sparte aber mit einer generellen Kritik. Er vermittelte vielmehr Anhaltspunkte für konstruktive Details, Mauerhöhen

Abb. 207
Projekt zur Gestaltung von Grabensystem und Vorwerken von Sébastien Le Prestre de Vauban (Projektierungsstufe 6). Kolorierte Federzeichnung von Vauban oder seinem Atelier, 1700 (PD 74). – Text S. 200, 203f.

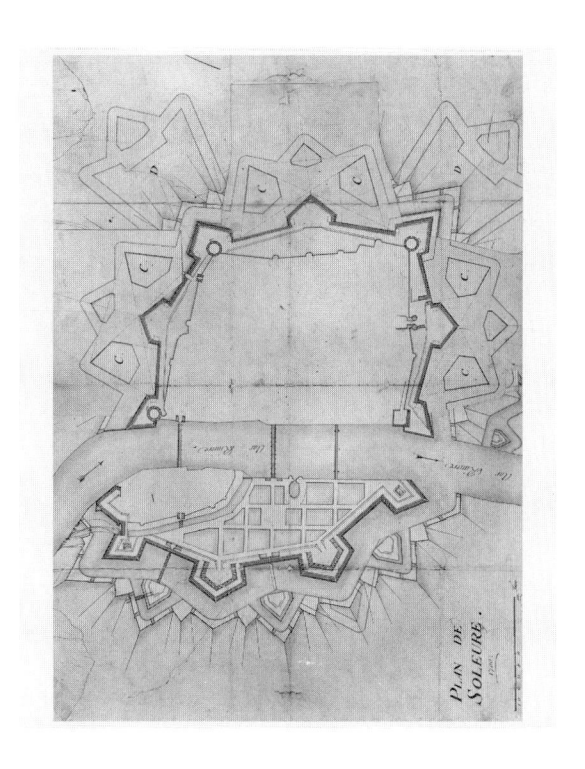

Anmerkungen am Schluß des Kapitels S. 226–227

und die Anlage der «Contrescarpe» des «Chemin couvert» und der Laufgänge. MARBET regte als erster Gutachter die Einwölbung der drei Muttitürme an.

Bau der Vorstadtbefestigung

1680 begann man mit der Planung zur Befestigung der Vorstadt. Erfolglos versuchte der Rat einen Ingenieur SIRENA aus Lugano (vermutlich DOMENICO SERENA) anzuwerben[270]. Dafür konnte der französische Ingenieur JACQUES DE TARADE («directeur des fortifications d'Alsace» zwischen 1681 und 1713) gewonnen werden. Durch Vermittlung des Ambassadors de Gravel und mit Empfehlungsschreiben von Louis XIV war er nach Solothurn beordert worden. Am 25. April 1681 lagen drei Risse für die Befestigung der Vorstadt vor; TARADE mochte sie in den wenigen Tagen seines Aufenthaltes in Solothurn erarbeitet haben. Der Rat ließ im folgenden einen davon ausstecken und am 23. Mai in Augenschein nehmen. In einem Gutachten vom 29. April 1681 erläuterte TARADE nicht nur seinen Vorstadtschanzenplan, sondern brachte auch deutliche Kritik am Fortifikationswerk der linksufrigen Stadt an. Neben vielen kleinen Detailrügen richteten sich TARADES Einwände vor allem gegen die zu enge Anlage des Schanzengürtels, die zu kleinen Flanken der Bastionen, den Mangel an Ravelins und die Gefährlichkeit der ungeschützten Anhöhen südlich der Vorstadt[271]. TARADES Expertise muß auf Solothurns Politiker sehr ernüchternd gewirkt haben, wurden ihnen doch in aller Deutlichkeit die Schwächen ihrer bisher ausgeführten Stadtbefestigung klargemacht. Im Februar 1682 fand die weitere Projektierung statt, danach billigte sie der Kleine und dann der Große Rat. Es wurde beschlossen, nach der zweiten von TARADES drei Varianten zu bauen[272] (PD 73; Projektierungsstufe 5; vgl. S. 203; Abb. 205). Sie sah die Erweiterung der Vorstadt in östlicher Richtung vor und ermöglichte eine beträchtliche Vergrößerung des

Abb. 208
Modell der Altstadt von Solothurn mit dem Baubestand um 1820–1830. Modell aus dem Atelier Langmack in Zürich, 1921. – Text S. 206ff.

Abb. 209
Blick vom Obach gegen Nordosten auf die St.-Georgs-Bastion und die St.-Josefs-Schanze. Lavierte Sepiazeichnung von Ludwig Schulthess, 1840 (BD VI/ 3a.9). – Text S. 206f.

Stadtgebietes. Die Vorstadtbefestigung sollte aus einer Toranlage mit zwei flankierenden Vollbastionen bestehen sowie einer Halbbastion und schließlich einem einfachen Werk beim Krummen Turm. Vorwerke waren nicht geplant. Noch im Frühjahr desselben Jahres wurde mit dem Fundamentaushub begonnen, doch scheinen die Bauarbeiten keinen großen Fortschritt gemacht zu haben.

Vielleicht war es die Kritik von TARADE, die den Rat zum Beizug eines weiteren Gutachters bewog. Jedenfalls weilte noch vor Baubeginn der Vorstadtschanzen im Winter 1684/85 L. HAUTEBEAU, «profeßeur des Mathemathiques», in Solothurn. In einer Expertise vom 2. Dezember 1684 äußerte er sich über die bis anhin errichteten Festungswerke der Stadt und wiederholte dabei die Kritik TARADES in den wesentlichen Punkten[273].

Am 23. August 1685 fand die Grundsteinlegung zur ersten Bastion in der Vorstadt statt[274]. Im Oktober 1685 und im April 1686 war Baubeginn bei den zwei nächsten Bastionen[275]. Die Arbeiten scheinen einigermaßen zügig fortgeschritten zu sein. Ende 1689 wurde Meister JAKOB KELLER mit der Projektierung des neuen Berntors in der Vorstadt betraut[276]. Im August 1693 konnte der durchreisende Minorit FRANZ G. KÖNIG berichten, daß «die Schanz schon den Kranz erreicht» hätte[277]. Noch stand aber die Bastion beim Krummen Turm nicht. Sie wurde erst ums Jahr 1700 als unregelmäßige Halbbastion errichtet. Damit waren die hauptsächlichen Bauarbeiten an Bastionen, Kurtinen und Toren vollendet.

Anmerkungen am Schluß des Kapitels S. 227

Anlage des Tracés und der Vorwerke

Die Anlage des Graben- und Glacissystems bereitete den Schanzherren große Schwierigkeiten und der Bau von Vorwerken oder Ravelins beträchtliche finanzielle Mühe. Vor allem die Kontereskarpe (Contrescarpe) und der gedeckte Weg (Chemin couvert) wurden wegen mangelnder Fachkenntnis nicht nach den Regeln der Fortifikationskunst eingerichtet. So entschloß man sich im Februar 1700 ein weiteres Mal zum Beizug eines erfahrenen Ingenieurs. Der Ambassador Marquis de Puysieux konnte bei Louis XIV die Entsendung von ETIENNE CHEVALIER («Ingénieur du Roy à Belfort») erwirken, der sich in Solothurn am 12. April 1700 tatsächlich in einem Gutachten und einem (heute verschollenen) Plan zum Stand der Festungsarbeiten äußerte. Kostspielige Vorschläge zur Remedur der begangenen Fehler konnten auch bei diesem nicht ausbleiben[278].

Vielleicht waren es die zu erwartenden, exorbitant hohen Kosten, welche den Rat noch im selben Jahr nach einem weiteren Befestigungsexperten rufen ließen. Diesmal war es kein Geringerer als SÉBASTIEN LE PRESTRE DE VAUBAN, der (wiederum mit Hilfe des Ambassadors) beigezogen wurde und sich mit eigenem Plan und Gutachten aus der Ferne vernehmen ließ (PD 74; Projektierungsstufe 6; vgl. S. 203; Abb. 207)[279]. Der berühmte französische Festungsingenieur sprach von einer «fortifi-

Abb. 210
Vogelschau gegen Südosten auf die Befestigung vor dem Bieltor im Zustand des späten 18. Jahrhunderts. Idealisierte Rekonstruktionszeichnung von Markus Hochstrasser.

Mittelalterliche und frühneuzeitliche Befestigungsbauten:
A Buristurm
B Bieltor
C Halbrundturm an der Schmiedengasse
Barocke Wehrbauten:
D Marienschanze
E Äußeres Bieltor
F Josephsschanze
G Käferschänzli mit Zollhaus (zugänglich über drei steinerne Grabenbrücken)

Einzelne Teile der Befestigung:
1 *Kurtine:* zwischen zwei Bastionen gelegener Abschnitt der Fortifikationsmauer (Hauptwall)
2 *Eskarpe:* innere Grabenmauer
3 *Bastion* (in Solothurn meist Schanze genannt): mit Geschützen bestückte, vorspringende Anlage im Hauptwall; hier als fünfeckige Vollbastion ausgebildet, an der Aare als Halbbastionen angelegt.
4 *Flanke:* kurzer, aus der Kurtine hervorspringender Teil der Bastion mit Schießscharten
5 *Facen:* zwei der Grabengegenmauer (Kontereskarpe) zugekehrte, spitz- oder stumpfwinklig zulaufende Teile der Bastion
6 *Brustwehr:* mannshohe Aufmauerung der Eskarpe und Bastion mit begrünter Krone als Splitterschutz, stellenweise von Schießscharten durchbrochen
7 *Kordon:* Gurtgesimse an Kurtine und Bastion am Fuße der Brustwehr
8 *Postenerker:* steinernes Beobachtungstürmchen an den Bastionswinkeln
9 *Wallgang:* stadtseitig an die Brustwehr anschließender Teil der Wallaufschüttung
10 *Wallstraße:* stadtseitige Verbindungsstraße unterhalb des erhöhten Wallgangs
11 *Graben:* zwischen der Eskarpe und der Kontereskarpe liegender, meist trockener Graben
12 *Cunette:* Entwässerungsrinne in der Grabensohle
13 *Kontereskarpe:* gemauerte äußere Grabenwand
14 *Ravelin:* am äußeren Rand des Grabens gegenüber der Kurtine gelegenes fünfeckiges Werk; die spitz zulaufenden Außenseiten mit Brustwehren
15 *Glacis:* als freies Schußfeld angelegte, feindseitig flach geneigte Aufschüttung vor der Kontereskarpe
16 *Gedeckter Weg* (chemin couvert): offener Rondengang zwischen Kontereskarpe und Glacis
17 *Place d'armes* (Waffenplatz): durch Traversen gesicherter Platz im gedeckten Weg, wo Wachen oder Truppen aufgestellt werden konnten
18 *Traverse:* kurze Querwälle zur streckenweisen Sicherung des gedeckten Weges

Weitere wehrtechnische Begriffe:
Tracé: Linienverlauf einer Festungsanlage
Vorwerk: Außenwerk einer Festung jenseits (jedoch in Feuerreichweite) des gedeckten Weges
Hornwerk: aus dem Hauptwerk weit ausgreifendes Vorwerk, das feindseitig in zwei Halbbastionen endet (in den Planungen von Gross und Vauban)
Niederwall: vor dem Hauptwall einer Kurtine oder einer Bastion verlaufende niedrigere Wallstufe (bei der Riedholzschanze)
Kavalier (Ritter): auf einer Bastion aufgemauerte überhöhte Stellung für Etagenfeuer (bei der Ritterbastion)
Batardeau: Staumauer zur Abtrennung des Vorstadtgrabens vom Aarelauf
Hindernistürmchen: kleiner Rundpfeiler auf dem Batardeau als Annäherungshindernis

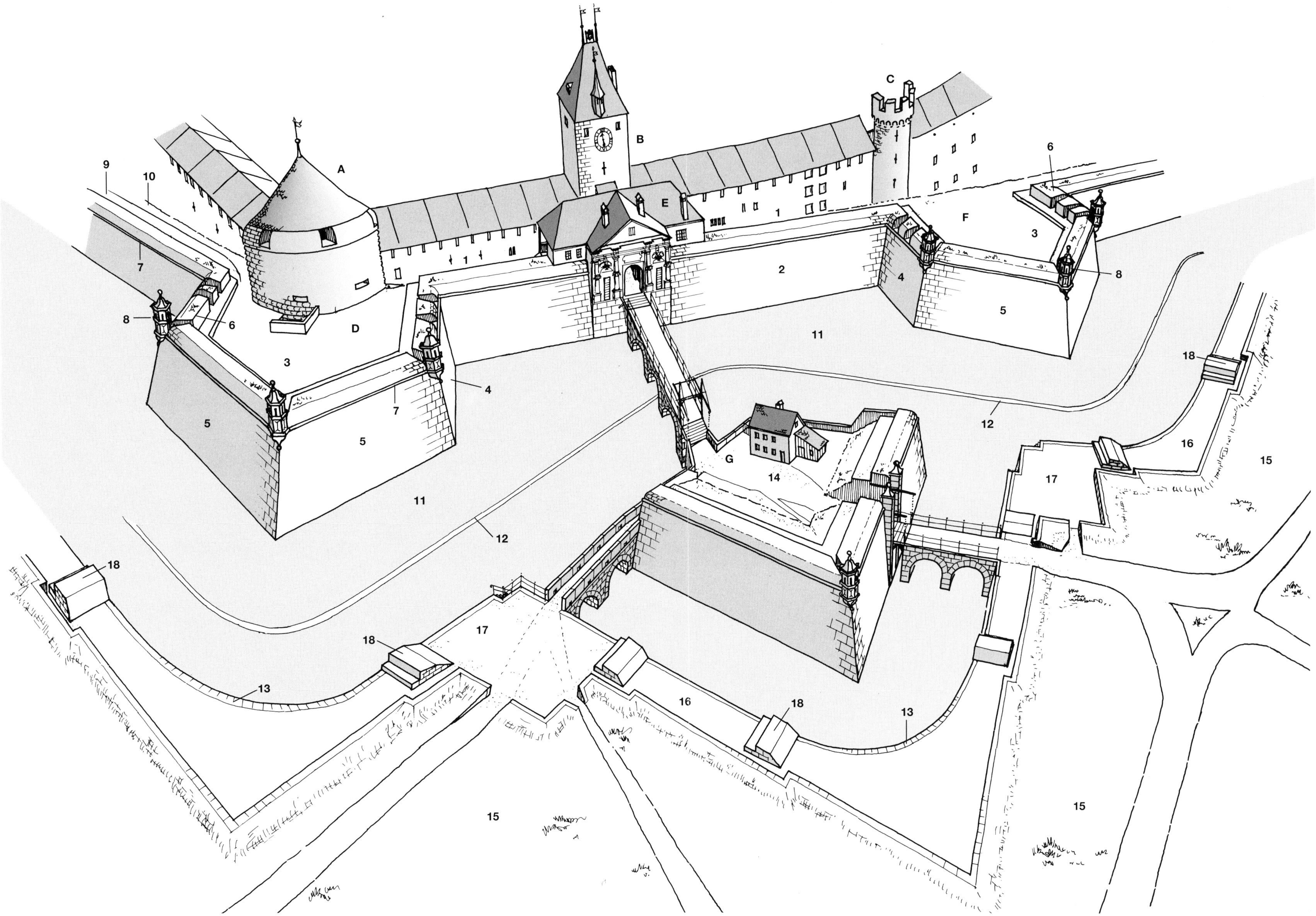
A
B
C
D
E
F
G
1
2
3
4
5
6
7
8
9
10
11
12
13
14
15
16
17
18

*Abb. 210
Vogelschau gegen Südosten auf die Befestigung vor dem Bieltor im Zustand des späten 18. Jahrhunderts. Idealisierte Rekonstruktionszeichnung von Markus Hochstrasser.*

cation fort contrainte», und sein abschätziges Urteil über den Nutzen des bisherigen Schanzenwerks hatte beim Rat gar zur Folge, daß sich dessen Mitglieder eidlich zur Geheimhaltung des Inhalts der Expertise verpflichten mußten[280]. Ravelins vor jeder Kurtine bildeten das Rückgrat von VAUBANS Verbesserungsvorschlag, ebenso die Anlage eines ausgeklügelten gedeckten Weges; die Errichtung zweier gedrungener Hornwerke, wie er sie in seinem Plan angibt, wäre dagegen fakultativ gewesen.

VAUBANS Vorschläge schienen vorerst in Solothurn neue Zuversicht bewirkt zu haben. Ende 1701 begann man mit dem Aushub zu einem Ravelin vor dem Bieltor, und 1702 ließ man nach VAUBANS Plan auch weitere Ravelins und Gräben ausstecken. Diese Visierung weckte bei den Ratsherren nun das Bewußtsein, daß mit den Vorwerken nach VAUBANS Intentionen zu viele Häuser und Gärten geopfert werden müßten; man hätte sich deshalb mit der Anlage eines schmalen Grabens außerhalb der Kontereskarpe begnügen müssen[281]. Die allgemeine Ratlosigkeit äußerte sich im April 1703 durch den Beizug eines weiteren, nicht namentlich bekannten «Frantzösischen Herrn Ingenieurs» sowie im darauffolgenden Beschluß, daß die Arbeit am Bieltor-Ravelin «widerumb uffgehebt und eingeworffen werde»[282]. Es mag die allgemein gefahrvolle Zeit des Spanischen Erbfolgekrieges gewesen sein, welche 1708 zur Anstellung des Ingenieurs JEAN FORTIER führte. Dieser sollte bis zu seinem Tod 1727 unter teils widrigen Umständen den Ausbau des Vorgeländes der Befestigung begleiten. Bereits 1709 konnte er den Ravelin vor dem Bieltor und die Kasematte vor der St.-Georgs-Bastion vollenden[283].

Im Jahr 1710 zog man noch den Tessiner Ingenieur PIETRO MORETTINI aus Cerentino als weiteren Experten bei[284]. Nachhaltigeren Eindruck hinterließ im Sommer 1712 – genau während des Zweiten Villmerger Krieges – der von Louis XIV beorderte Lessieur DEMORAINVILLE. In unterschiedlichen Gutachten und Plänen ließ sich dieser zu zahlreichen Problemen vernehmen. In seiner Hauptexpertise vom 23. Juli 1712 äußerte er sich generell zum Solothurner Schanzenwerk und zu Detailfragen[285]. Für Solothurner Verhältnisse utopisch anmuten mußten seine Vorschläge für weitläufige Außenwerke – Redouten – nördlich und östlich der Stadt (Abb. 80)[286]. Von Straßburg aus schickte DEMORAINVILLE ein weiteres Gutachten mit zwei Skizzen für den Vorstadtgraben und dessen Abschlüsse mit zwei Batardeaus (Staumauern)[287]. Am 21. Januar 1713 gab er schließlich noch eine Expertise und einen Plan über die Einwölbung der drei Muttitürme ab[288].

Im Juni 1714 hatte JEAN FORTIER dem Rat Bericht über den Stand der Arbeiten erstattet: Es seien «die Schantzarbeith und der Glacis umb die alte Statt allbereith völlig ausgemacht» und nun ein Beschluß erforderlich, wie «die äußere Werckh – als den Chemin Couvert, places d'armes, Glacis» um die Vorstadt zu machen wären, ob «nur ein einfältiger Chemin Couvert und places d'armes oder aber nach dem von herrn MORAINVILLE hinderlaßene Ryß»[289]. Ohne daß ein direkter Beschluß nachzuweisen wäre, wurde in den folgenden Jahren in einfacher Weise ein Tracé ohne Ravelins ausgeführt. Noch 1723 beklagte das Ratsmanuale die «Situation» vor dem Berntor als so «ohngünstig», daß der «Chemin couvert» und «selbige Werckh» niemals «in eine vollkommenheit gesetzt» werden könnten. Das eigentliche Ende des Schanzenwerks, das freilich seit Jahrhundertbeginn nur noch um bescheidene Bauten vermehrt worden war, brachte im Jahre 1727 der Tod des Schanzingenieurs JEAN FORTIER.

Weiteres Schicksal der Befestigung bis zur Schleifung

In den folgenden Jahrzehnten waren aufwendige Unterhaltsarbeiten auszuführen[290]. Offenbar sehr bald nach der Fertigstellung des Bauwerks waren entlang den Banketten Reihen von Lindenbäumen gepflanzt worden; sie sind erstmals auf einer Vedute von 1706 erkennbar (BD II/16). Auf der Riedholzschanze sind sie bis heute erhalten geblieben. Den Nachweis der Kriegstauglichkeit mußte die Fortifikation von Solothurn, die seit 1701 als Garnison bewacht wurde, niemals erbringen[291]. 1798 wurde die Stadt kampflos den einfallenden Franzosen unter dem Kommando von General Balthazar de Schauenburg übergeben. Dieser interessierte sich außerordentlich für die Stadtbefestigung. Er ließ nicht nur das historische Planmaterial aus der Projektierungs- und Bauphase konfiszieren, sondern auch eine planerische Be-

---

Anmerkungen am Schluß des Kapitels S. 227–228

standesaufnahme (PD 9) und eine (recht anerkennende) Zustandsbeschreibung der Fortifikation anlegen[292]. Bei der Sönderung von 1803 gingen die Schanzen in den Besitz des Kantons als Inhaber der Militärhoheit über. Dieser zerstörte zwischen 1835 und 1905 bis auf zwei Bastionen das eindrückliche Werk, das von Reiseschriftstellern in bisweilen emphatischen Worten beschrieben worden war (zur Entfestigung vgl. S. 89–115).

PLAN- UND BILDDOKUMENTE DER VERSCHIEDENEN PROJEKTIERUNGSSTUFEN

1. Anonymer, undatierter Plan, März 1667 (PD 69; Abb. 201). Kopie von FRANCESCO POLATTAS erstem Projekt. Schematischer Grundriß der Stadt mit ihren vorbarocken Festungswerken und dem neuzuschaffenden Schanzengürtel. Der Plan bildete eine Briefbeilage des Solothurner Jesuitenobern von Diesbach an den Provinzial Veihelin in München und war am 23. April 1667 in Solothurn abgeschickt worden. Er erweist sich somit als der älteste Plan des Solothurner Schanzenwerks und widerspiegelt den Planungsstand von Anfang 1667. Mit Sicherheit handelt es sich um eine Kopie des verschollenen POLATTA-Originals, das am 7. März 1667 vom Rat verabschiedet worden war.

Stadt und Vorstadt sollen von einem eng an der mittelalterlichen Ringmauer liegenden Bastionenkranz, einem schmalen Graben mit einfachem gedecktem Weg und einem nicht sehr breiten Glacis umgeben werden. Um die linksufrige Stadt sind es zwei Halbbastionen (am Aareufer) und fünf offene Vollbastionen (in den nördlichen Ecken des Stadtgevierts und in der Mitte der drei Seiten), welche die Festungsbauten bilden. Die Bastionen sind sehr klein dimensioniert; die Places d'armes vor der massiven Grabengegenmauer gegenüber den langen Kurtinen sind nicht deutlich ausgebildet. Sägeartig angeordnete Places d'armes östlich des Bollwerks beim Baseltor scheinen aus Rücksicht auf das abschüssige Gelände zur Aare geplant zu sein. Ravelins sind keine vorgesehen. Die Zugänge zum Baseltor und zum Bieltor erfolgen über hölzerne Brücken. Mit Ausnahme des fehlenden Ravelins vor dem Bieltor entspricht die Disposition der linksufrigen Bastionen der Ausführung.

In bezug auf die Vorstadt hat dieser Plan dagegen mit dem ausgeführten Bestand nichts mehr gemeinsam. Die rechtsufrige Befestigung sollte nach POLATTA nur auf die bestehende Überbauung beschränkt sein und somit große Teile der linksufrigen Litzi ungedeckt lassen. Auch mit der Beschränkung auf zwei kleine, zur Kehle geschlossene Bastionen und einen vorgelagerten Ravelin vor dem Berntor wäre die Vorstadt schwach befestigt gewesen. Die Intention des Planentwerfers war, im krummen Lauf einen künstlichen Aarearm als Schanzengraben südlich um die Vorstadt herumzuführen. Die nördliche Kanalwand hätte dann auch als Kurtine gedient. Der Zugang über den Ravelin zum Berntor war über zwei hölzerne Brücken vorgesehen.

2a. Ausführungsprojekt von Francesco Polatta, Juni 1667 (PD 70; Abb. 202). Stich wohl von 1668 nach POLATTAS verschollenem Original[293]. Im Verlauf des Frühjahrs 1667 wurde das Solothurner Schanzenprojekt weiter studiert, und im Juni erstellte POLATTA einen revidierten Plan. Das am 8. Juli definitiv genehmigte Projekt wird als «umb etwas weitläuffiger» bezeichnet. Diesem Projektierungsstand entspricht der Plan, der in der Disposition der Bastionen genau dem vorhergehenden entspricht (nördlich der Aare fünf Voll- und zwei Halbbastionen, südlich davon zwei kleinere Bastionen). Dagegen wird bei der linksufrigen Stadt vor jede Kurtine zwischen den einzelnen Bastionen ein Ravelin vorgestellt, was zusammen mit der Vergrößerung der Basteien eine merkliche Verbesserung darstellt. Immer noch ungeschützt bleibt die untere Litzi; zwei kleine platte Bastionen, die in den Aarelauf ausgreifen, vermögen keinen Ausgleich zu bieten.

2b. Stadtvedute von 1670 mit Darstellung von Polattas Ausführungsprojekt (BD II/11; Abb. 203)[294]. Die Ansicht entspricht fast vollständig dem (wohl zwei bis drei Jahre zuvor entstandenen) Stich nach POLATTAS Schanzenplan (Nr. 2a) und konkretisiert das Bauvorhaben. So sind etwa die Posterneker an den Ecken der Bastionen erkennbar, ebenso die Konstruktion der Torzugänge als Holzbrücken mit hochziehbaren Jochen. Ob diese Darstellung von POLATTA autorisiert war und somit auch die geringfügigen Veränderungen gegenüber dem Grundriß (offene Bastionen in der Vorstadt, flache Uferbastion an Stelle des Landhauses) seinen Intentionen entsprachen, entzieht sich unserer Kenntnis.

3. Anonymer undatierter Befestigungsplan, um etwa 1680 (PD 71; Abb. 305). Entstanden eventuell im Umfeld von JACQUES DE TARADE. Das Projekt ist nicht genau in die Planungsgeschichte einzuordnen. Die Projektierung einer Brücke auf der Höhe des Landhauses, ebenso die Disposition der Krummturmschanze und die Einzeichnung von Kavalieren auf den Vorstadtbastionen zeigen Nähe zu TARADES Projekten von 1681; die Form der Spitzbastionen dagegen spricht eher für eine andere Autorschaft.

Der Plan rechnet mit den von POLATTA projektierten und mindestens teilweise vollendeten Schanzen westlich und nördlich der Altstadt, will aber östlich des Baseltors mit einer Voll- und einer Halbbastion so weit ausgreifen, daß Raum für die Anlage eines kleinen Neuquartiers zwischen Baseltor und Bollwerk entsteht. Ravelins sichern die Zugänge zu Baseltor und Bieltor.

Die linksufrige Stadt soll durch eine östliche Erweiterung um das Zwei- bis Dreifache vergrößert werden. Diese Neustadt und die alte Vorstadt werden durch drei Voll- und zwei Halbbastionen gesichert. Drei davon sind zusätzlich mit einem Kavalier versehen, um einem Beschuß vom Schöngrün aus besser begegnen zu können.

Ein Ravelin schützt wieder den Zugang zum äußeren Berntor.

4. Anonymer, undatierter Schanzenplan, 1681 (PD 72; Abb. 204). Projekt 1 der drei Vorschläge von JACQUES DE TARADE von 1681; möglicherweise eine Kopie[295]. Der Plan enthält einen Vorschlag für die Befestigung der Vorstadt und Korrekturvorschläge an den Großstadtschanzen sowie ein Projekt für die Gestaltung von Vorwerken, Graben, gedecktem Weg und Glacis. Wie Nr. 3 sieht auch dieser Plan die Anlage einer zweiten Aarebrücke auf der Höhe des Landhauses vor.

Vorstadt. Der alte Vorstadtgraben sollte mit Wasser gefüllt werden, ebenso der neue Schanzengraben um die nach Osten hin bis auf Bollwerkhöhe zu errichtende Vorstadt. Die Sicherung bilden zwei seitliche Halbbastionen und in der Mitte zwei Vollbastionen, welche durch Kavaliere besetzt werden sollten. Zwischen den Kurtinen liegen drei Ravelins; der westlichste ist Brückenkopf des Zugangs zum äußeren Berntor. Es fällt auf, daß die westlichste Halbbastion vom Aareufer etwas zurückgesetzt ist und somit auch nicht den Krummturm einschließt. Dieser ist vielmehr in zwei winklig angeordnete Schanzenmauerschenkel eingebunden und kann seine Kavalierfunktion wahrnehmen.

An den Schanzen der nördlichen Stadt fallen die Korrekturen an den (damals vollendeten oder sich im Bau befindenden) Bastionen auf, welche von TARADE als zu spitz empfunden werden und durch Verlängerung der Flanken verbessert werden sollten. Desgleichen sollten alle Kurtinen durch vorgelagerte Ravelins geschützt werden. Die schulmäßige Anlage einer polygonalen Front mit gedecktem Weg, Places d'armes und Traversen sowie des Glacis wird im Detail vorgezeichnet. Bemerkenswert ist die Benützung von Geländesenken zur Anlage von stumpfen Schanzengrabenarmen.

5a. Anonyme, undatierte Kopie von Tarades Ausführungsprojekt von 1681, um 1681–1684 (PD 73; Abb. 205)[296]. Die beiden stilisiert gezeichneten Pläne geben im Bereich der Vorstadt das zweite Projekt von Tarade wieder, das ab 1685 teilweise ausgeführt wurde. Die zwei Vollbastionen mit aufgesetztem Kavalier sowie die östlich am Aareufer liegende Halbbastion entsprechen dem ersten Projekt. Die westliche Halbbastion wird aufgegeben bzw. unter Abwertung in ein Festungswerk mit integriertem Krummturm einbezogen. Dabei greift die westlichste Kurtine zur Hälfte in die alte Vorstadt hinein, was TARADE mit der unbedeutenden Bebauung rechtfertigt. Die Wassergräben der alten Vorstadt und des neuen Schanzenrings entsprechen dem ersten Projekt, ebenso die Anlage von drei Ravelins.

Die linksufrige Stadt scheint dem damals in Ausführung oder Vollendung begriffenen Schanzenprojekt entsprochen zu haben; es fehlen Ravelins; das Tracé ist sehr einfach gehalten.

5b. Vogelschauansicht der Stadt mit Darstellung des Schanzenwerks nach damaligem Planungsstand (1681/82) (BD II/13; Abb. 206). Darstellung auf dem Ratswappenkalender von 1681/82. Die Fortifikation der

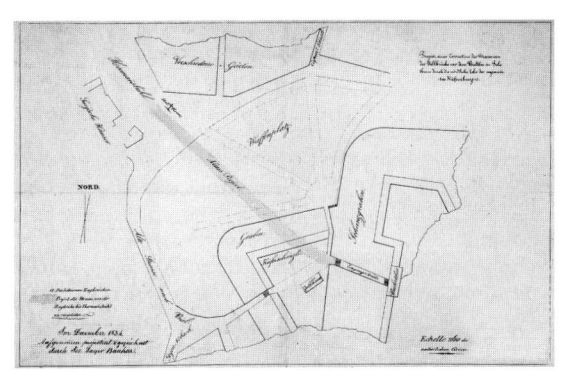

Abb. 211
Projekt zur Straßenkorrektion vor dem äußeren Bieltor. Lithographie, 1835. – Text S. 207ff.

Abb. 212
Blick gegen Norden auf das äußere Bieltor und die Grabenbrücke. Bleistift- und Federzeichnung von Franz Schmid, um 1820 (BD V/2). – Text S. 207ff.

nördlichen Stadt im Hintergrund entspricht immer noch den früheren Vorstellungen, wie sie SCHLUOP im Stich von 1670 wiedergegeben hatte (vgl. Nr. 2a). Erstmals ist hier die Idee einer Brücke beim Landhaus als Verbindung von Schaalgasse und neuer Vorstadt beim Kreuzacker bildlich faßbar.

Die Vorstadtschanzen entsprechen TARADES zweitem Projekt, mit Ausnahme des in die mittlere Kurtine verlegten Berntors. Gut erkennbar sind die Kavaliere auf den beiden Vollbastionen.

6. Projekt zur Gestaltung von Grabensystem und Vorwerken von Sébastien Le Prestre de Vauban, datiert 1700 (PD 74; Abb. 207)[297]. Der Plan war Beilage von VAUBANS Gutachten vom Juli 1700 und vereinigt eigene Verbesserungsvorschläge mit den von VAUBAN nicht akzeptierten Korrekturideen ETIENNE CHEVALIERS am damals bestehenden Schanzenwerk. Das Blatt ist somit nicht nur für die hiesige Fortifikation von Bedeutung, sondern zugleich als Kritik des großen Festungsingenieurs an einem seiner Untergebenen interessant.

Anmerkungen am Schluß des Kapitels S. 228

VAUBANS Plan läßt erkennen, daß man in Solothurn um 1700 das Tracé der Vorstadt immer noch nach TARADES erstem Projekt von 1681 zu befestigen dachte. VAUBAN und auch CHEVALIER brachten vergleichsweise bescheidene Änderungen an, etwa andere Form der Ravelins und die Anlage von Traversen auf dem gedeckten Weg. Unklar ist, weshalb VAUBAN neben der damals eben vollendeten neuen Kreuzackerbrücke noch die ältere Idee einer Landhausbrücke einzeichnet; ebenso hält er auch die (offenbar schon 1681/82) aufgegebene Situierung des Vorstadttors in der westlichen Kurtine fest, neben der Einzeichnung des Berntors in der Mitte der Bastionen[298].

Fortifikatorisch aussagekräftiger sind VAUBANS Bemerkungen bezüglich der Anlagen bei der linksufrigen Stadt. Die von CHEVALIER postulierten Flanken- und Facenveränderungen sind auch in diesem Plan angedeutet; ebenso sind als Varianten eingezeichnet (bewerkstelligt mit zwei umklappbaren Planpartien) CHEVALIERS drei Hornwerke gegen Westen, Norden und Osten (bez. mit B) sowie CHEVALIERS Lösung mit drei Demitenaillen gegen Westen, Norden und Osten (bez. mit C). VAUBANS eigener Vorschlag beinhaltet dagegen zwei fakultative Hornwerke vor der Nordwest- bzw. Nordostecke in Verlängerung der beiden Muttitürme und der Eckbastionen sowie die Anlage eines ausgebildeten Tracés mit Ravelins vor jeder Kurtine, die über Brückenstege untereinander verbunden sein sollen (bez. mit A). Doch auch VAUBANS Vorschlag hätte nach den Angaben seines Verfassers nicht mehr als die begangenen Fehler «un peu reparer» können[299].

7. Anonymes, undatiertes Projekt zur Gestaltung von Grabensystem und Vorwerken, um 1701–1706 (PD 75; Abb. 306). Der besonders fein gezeichnete Plan ist nicht eindeutig zuzuordnen. Er ist sicher erst nach VAUBANS Intervention entstanden, entfernt sich dagegen in den Vorstadtwerken etwas von den im Jahr 1700 aktuellen Vorstellungen und entspricht in der Art und der Zahl der Bastionen dem ausgeführten Bestand: Die Halbbastion beim Krummturm wird nämlich etwas vorgezogen, wodurch die östlich anschließende Kurtine nicht mehr in den mittelalterlichen Bereich der Vorstadt eingreifen muß. Im trockenen Schanzengraben mit Cunette wird ein einziger Ravelin – in der Mitte vor dem Berntor – geplant. Er gelangte letztlich doch nicht zur Ausführung; ebensowenig wie die fünfeckigen Kavaliere auf den Bastionen beidseits des äußeren Berntors. Ein weiteres, hufeisenförmiges Bauwerk im Sinne eines Kavaliers wird in der Mittelbastion der Nordflanke der Altstadt geplant. Die Idee zu diesem Aufsatz ist weder in anderen Plänen noch in den schriftlichen Quellen faßbar.

Bemerkenswert sind die erstmaligen Bezeichnungen der einzelnen Bastionen mit Namen von Heiligen.

8. Drei Pläne eines Projektes zur Einrichtung von Grabensystem und Vorwerken vor der Ritterbastion und der östlichen bzw. westlichen Vorstadt, von Lessieur Demorainwille, 1712 (PD 76) (Abb. 307). Die virtuos gezeichneten Grundrisse, Ansichten und Schnitte zeigen zusätzlich anzulegende Ravelins, Kontergarden und Fleschen innerhalb eines durchdachten Graben- und Glacissystems vor. Die Vorstadtbastionen sollen mit Kavalieren versehen werden, um die Anhöhe des Schöngrüns im Süden der Stadt mit Feuer aus Geschützen bestreichen zu können.

9. Kartographische Aufnahme des Stadtgebietes (ohne Steingruben) mit Einzeichnung vorgeschlagener Vorwerke und Feldschanzen von Lessieur Demorainwille, 27. Juli 1712 (PD 2; Abb. 80). Virtuos gestaltete Karte mit Wiedergabe des Reliefs und der Nutzung des Bodens; erste Planaufnahme der Stadt mit Einzeichnung des Baubestandes. Eigentlicher Inhalt des Blattes sind DEMORAINWILLES utopische Vorschläge für Vorwerke um die Bastionärsbefestigung und Feldschanzen nördlich und östlich der Stadt, die sich in zusammenhängender Zackenlinie um bestehende Bautengruppen legen sollen.

10. Zwei anonyme, undatierte Projekte zur Einrichtung des Tracés bei der Vorstadt, vielleicht von Jean Fortier, um 1714 (PD 78). Die Bastionenfolge auf den beiden gleichartigen Plänen zeigt den gebauten Bestand. Planinhalt ist die Anlage des Trockengrabens mit dem gedeckten Weg in unterschiedlichen Varianten und eventuell eines Ravelins vor dem äußeren Berntor sowie zweier Lunetten vor den seitlichen Kurtinen (Nr. 10b). Ausgeführt wurde der einfachere der beiden Pläne (Nr. 10a), ohne irgendwelche Vorwerke, ebenso ohne die kanalisierte Wasserzuführung.

Abb. 213
Blick gegen Osten über die Grabenbrücke auf das äußere und das innere Bieltor. Photographie, um 1860.
– Text S. 207ff.

DIE BAROCKE BEFESTIGUNG 205

Abb. 214
Blick über den Kosciuszkoplatz (heute Amthausplatz) gegen Nordosten. Von rechts nach links: der Mittelteil des äußeren Bieltors, der Buristurm nach Abbruch der Marienschanze und die alte protestantische Kirche. Photographie von C. Rust, um 1871. – Text S. 207ff.

BESCHREIBUNG DER BEFESTIGUNG
IM ZUSTAND VOR DER ZERSTÖRUNG

Solothurn war neben Zürich und Genf die einzige (überdies bei weitem die kleinste) Stadt der heutigen Schweiz, die sich im 17./18. Jahrhundert eine vollständige Befestigung nach dem damals modernen Bastionärsystem geleistet hatte (BD II/ 19–21, 30, 31, VI/3, 8)[300].

Dieses Fortifikationswerk bestand beidseits des Flusses aus einer Folge von elf fünfeckigen offenen Spitzbastionen im Wechsel mit Kurtinen leicht variierender Länge. Die vier Werke am Aareufer waren als Halbbastionen konzipiert. Das linksufrige System – zwischen 1667 und etwa 1690 nach Plan von FRANCESCO POLATTA errichtet – besaß kleiner dimensionierte Bastionen als die Vorstadtbefestigung, die 1684 bis etwa 1700 nach JACQUES DE TARADES Planung entstanden war[301].

Trockengräben mit Kontereskarpen und darüber ansetzendem gedecktem Weg umschlossen die Anlage. Der gedeckte Weg war – wenn auch in einer Front mit einfacher Linienführung – recht konsequent durchgeführt und umfaßte auch Waffenplätze und Traversen. Als einziges Vorwerk war vor dem Bieltor ein Ravelin ausgeführt worden. Hier ermöglichten zwei Brückenabschnitte den Zugang zum äußeren Bieltor. Je eine weitere Brücke führte zum äußeren Baseltor und zum äußeren Berntor.

Die Bauweise der Bastionen ist an zwei noch erhaltenen Werken zu ersehen, nämlich an der Riedholzschanze mit südlicher Kurtine (als erste 1667 in Angriff genommen und mit Niederwall versehen) und an der Krummturmschanze (um 1700 vollendet und als Halbbastion konzipiert). Diese beiden Werke bilden die am besten erhaltenen Bastionen der Schweiz. Die Mauern der Bastionen und der Kurtine sind aus großen Kalksteinquadern gefügt und leicht geböscht (etwa 5–7°). Entlang der werkseitig vertikalen Brustwehr (H 1,3 m) verläuft das Bankett. Feindseitig besitzt die Brustwehr

---

Anmerkungen am Schluß des Kapitels S. 228

oberhalb des Kordons eine gerundete Außenböschung aus glattem Quadermauerwerk; die Brustwehrkrone ist mit Erdmaterial gefüllt. An den Facen ist die Brustwehr geschlossen; die Flanken sind je von zwei Zinnen durchbrochen, die eine doppelte Bestückung erlaubten[302]. An den Ecken der Bastionsspitzen und an den Schulterwinkeln befinden sich sechseckige Postenerker (échauguettes), die durch schmale Korridore in der Brustwehr erreichbar sind. Diese zierlichen Kleinarchitekturen sitzen auf monolithischen Konsolen mit Kordonverkröpfung und sind aus diamantierten und geschlitzten Kalksteinplatten, Ecklisenen und einem Gurtgesimse gefügt; den Abschluß bildet eine steinerne Glockenhaube mit Kugelaufsatz[303]. Gesamthöhe 5,5 m, Innendurchmesser 1,3 m.

Die Befestigung wird im Uhrzeigersinn beschrieben, beginnend bei der St.-Georgs-Bastion (Abb. 78, 79, 208). Zur Terminologie der Befestigungsarchitektur siehe Abb. 210.

Linksufrige Schanzenwerke

St.-Georgs-Bastion (zerstört) (Abb. 78, Nr. 11)

(*Bastion St-George, Katzenstegschanze*; BD II/55–65, V/1, VI/3a.9, 3a.10, 3a.24, VI/6.2, 6.6; Abb. 209). Halbbastion. Erbaut ab etwa 1668. Die linke Flanke sprang aus dem runden Katzenstegturm hervor, und die linke Face stieg aus dem Aarebett an. In gerader Flucht nach Westen stand der Batardeau (Staumauer), der den Schanzengraben gegen die Aare abschloß. Im Bereich der Grabengegenmauer befand sich eine Art Kasematte, die in Protokollen und vereinzelten Ansichten auftaucht. Die Schanze war vom Wallgang und direkt vom Turm her zugänglich. Abgebrochen 1856 zwecks Anlage einer Zufahrt zum Bahnhof (heute Westbahnhof)[304].

St.-Josefs-Schanze (zerstört) (Abb. 78, Nr. 12)

(*Bastion St-Joseph*; BD II/55–65, V/2–8, VI/1.h). Vollbastion. Erbaut ab etwa 1668. Ungefähr vor der konvexen Rundung des römischen Castrumbereichs liegend.

Abb. 215
Blick in den Schanzengraben bei der Mauritiusschanze nach Osten auf den Stadtbach-Aquädukt und die Riedholzschanze. Lavierte Sepiazeichnung von Ludwig Schulthess, 1840 (BD VI/3a.14). – Text S. 211.

Abb. 216
Blick gegen Südwesten auf die Riedholzschanze und den Riedholzturm. Photographie, 1993. – Text S. 211.

Sie ragte etwas über die beiden stumpfwinklig abgehenden Kurtinen hervor. Abgebrochen 1864–1866. Bei Aushubarbeiten im Jahre 1986 traten Reste des Fundamentes und aufgehender Mauern zutage und wurden dokumentiert[305].

Äußeres Bieltor mit Ravelin und Brücken (zerstört)[306] (Abb. 78, Nrn. 13 und 14)

(BD V/2–8, VI/1.h, 3.22, 3a.11, 6.4; Abb. 210–214). Erbaut um etwa 1674 (Tor) bzw. 1708/09 (Ravelin und Brücke). Die nördlich an das St.-Josefs-Bollwerk anschließende Kurtine wurde in ihrem nördlichen Drittel durch das *äußere Bieltor* unterbrochen, welches in Verletzung elementarer fortifikatorischer Grundsätze direkt vor das mittelalterliche Bieltor gesetzt worden war[307].

Das äußere Bieltor – vermutlich 1672 nach Entwurf von FRANCESCO POLATTA entstanden – war als zweigeschossiges Bauwerk mit Walmdach konzipiert; im Obergeschoß nahm es stadtseitig in offener Laube den Wallgang auf und barg im Erdgeschoß den rundbogigen Tordurchlaß mit flankierenden Wächterstuben (Abb. 213, 214). Feldseitig erschien das eigentliche Schanzentor als übergiebelter, an einen Triumphbogen erinnernder Risalit. Die Portalfassade ging senkrecht aus der schrägen Eskarpe hervor. Vier dreiviertelrunde Säulen in Gestalt von Kanonenläufen, sogenannten Columnae bellicae, mit Delphingriffen trugen ein kräftiges Gebälk mit Kanonenkugelbesatz an den Verkröpfungen[308]. Das einfache Mittelkompartiment öffnete sich auf den Fahrweg. Die schmalen Seitenpartien hoch über dem Schanzengraben nahmen Türöffnungen mit Sprenggiebel und verziertem Oblicht (Schilde, Helmzierden) auf[309]. Vermutlich trug der (auf allen Darstellungen des 19. Jahrhunderts leere) Dreieckgiebel des Poratalrisalits das Wappen des französischen Königs, das durch den Ambassador wegen der zahlreichen Zahlungen Louis' XIV an das Schanzenwerk gewünscht worden war[310]. «Dieses kleine Denkmal konnte zu den eigenartigsten und edelsten Werken gerechnet werden, welche die Schweiz aus der Spätzeit des 17. Jahrhunderts besaß» (RAHN).

Von außen war das Bieltor über den Ravelin, das sog. Käferschänzli mit dem Zollhaus, zu erreichen. Dieser Ravelin lag wie eine Insel im Schanzengraben und war vom Hermesbühl und vom Kapuzinerweg auf zwei zweijochigen Steinbrücken zu erreichen[311]. Die Verbindung zwischen Ravelin und äußerem Bieltor ermöglichte eine dreijochige Steinbrücke, die an ihren Enden mit hölzernen Zugbrücken ausgestattet war (Abb. 212).

Anmerkungen am Schluß des Kapitels S. 228–229

208 DIE STADTBEFESTIGUNG

Abb. 217
Blick von der Baselstraße gegen Nordwesten auf die Kurtinenmauer und die Riedholzschanze. Photographie, 1993. – Text S. 211.

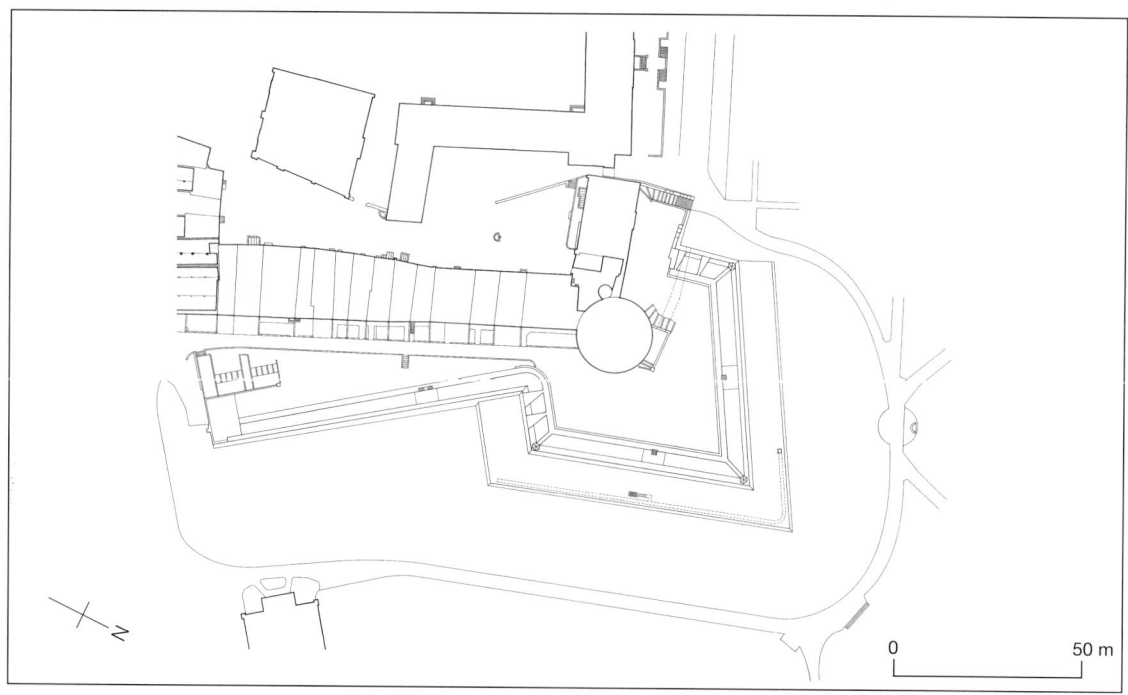

Abb. 218
Situationsplan der Riedholzschanze. Zeichnung von Iwan Affolter, 1988. – Text S. 211.

DIE BAROCKE BEFESTIGUNG 209

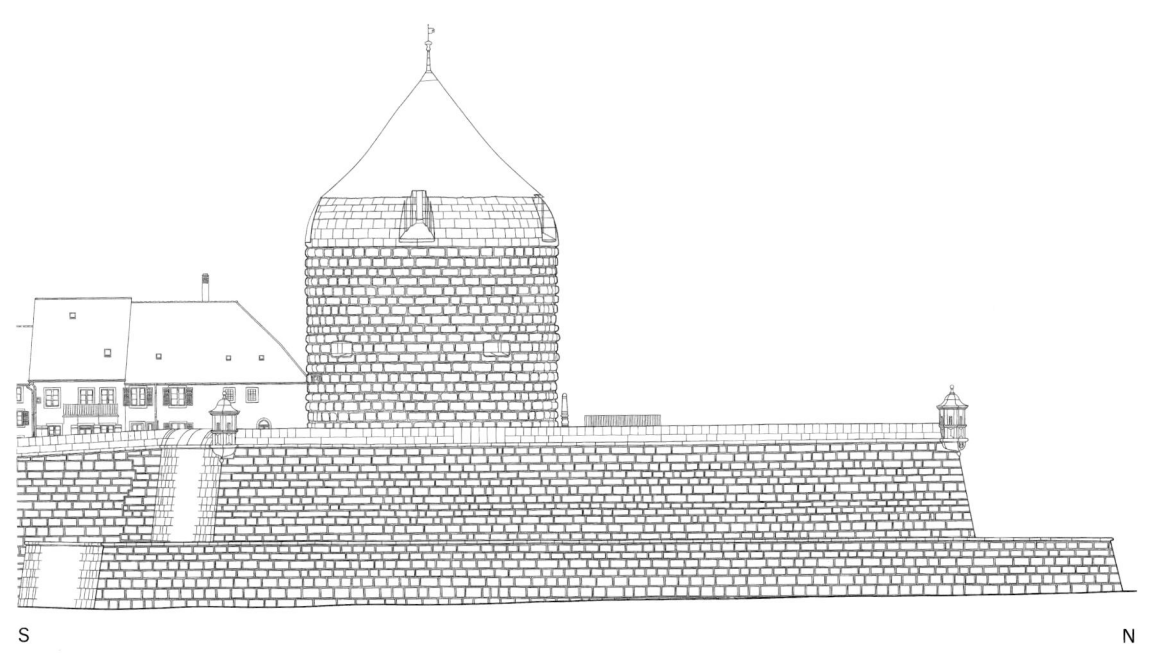

S   N

Abb. 219
Ansicht der Riedholzschanze und des Riedholzturms von Osten. Zeichnung von Iwan Affolter, 1988, nach photogrammetrischen Aufnahmen der Aerokart AG. – Text S. 211.

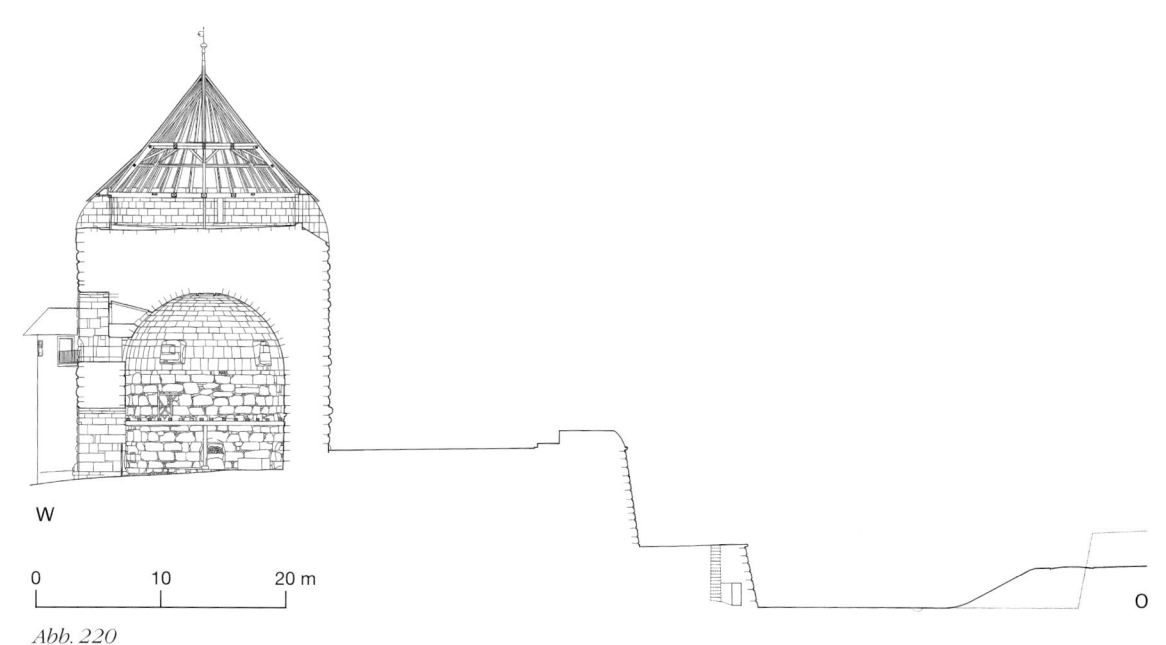

W   O

Abb. 220
Schnitt durch die Riedholzschanze und den Riedholzturm. Zeichnung von Iwan Affolter, 1988, nach photogrammetrischen Aufnahmen der Aerokart AG. – Text S. 211.

1835 hatte man mit der Planung einer neuen Verkehrsführung vor dem äußeren Bieltor begonnen[312]. An der steinernen dreijochigen Schanzengrabenbrücke wurden vorerst die hölzernen Anlaufjoche mit ihren Zugbrückeneinrichtungen abgebrochen und statt dessen massiv gemauert. 1838 brach man das Käferschänzli mit dem Zollhaus ab. Der Graben um das Vorwerk wurde eingeebnet und die äußere Fahrbrücke am 11. September 1838 durch den Kanton versteigert. Es handelte sich um eine massive zweijochig gewölbte Steinbrücke von gut 16 Fuß Breite; datiert 1708[313].

Im Jahre 1866 erfolgten der Abbruch der Brücke vor dem äußeren Bieltor und die Auffüllung des Grabens, so daß das äußere Bieltor nach dem Verlust der seitlichen Kurtinen für einige Zeit als frei stehender «Triumphbogen» übrigblieb, bis es 1871 ebenfalls zerstört wurde[314].

Marienschanze (zerstört) (Abb. 78, Nr. 15)

(*Bastion Ste-Marie, Liebfrauenschanze, Buristurmschanze*; BD VI/3a.13). Vollbastion. Erbaut ab etwa 1668. Vom Buristurm durch einen tiefliegenden Mauerdurchbruch mit Treppe zugänglich. Abgebrochen 1867. 1975 Dokumentation der Reste[315].

St.-Mauritius-Schanze (zerstört) (Abb. 78, Nr. 16)

(*Bastion St-Maurice, Küngeligrabenschanze*; BD VI/3a.12, 3a.15; Abb. 215). Vollbastion. Erbaut ab etwa 1668. Da die mittelalterlichen Befestigungen am Nordring wie am Westring in einem leicht konvexen Bogen errichtet worden waren, ragte auch dieses Werk über die Flucht der Eckbastionen hinaus. Der Wallgang im Bereich des Nordrings lag um einiges über dem Parterreniveau der Hintergaßhäuser, da die Fortifikation auf das ansteigende Terrain in Richtung Greiben und Schanzmühle Rücksicht zu nehmen hatte. Abgebrochen 1878, obwohl sich zwei Jahre zuvor im Kantonsrat gewichtige Stimmen für einen Erhalt der Festungswerke nördlich der Stadt gewehrt hatten[316]. Diesem Abbruch fiel auch der gewölbte Aquädukt zum Opfer, der den Stadtbach in zwei Abschnitten über den Schanzengraben und die Wallstraße westlich des Franziskanerklosters in die Stadt einleitete.

Abb. 221 und 222
Ansicht des mittleren Postenerkers an der Riedholzschanze. Photographie, 1993. – Text S. 211. – Ansicht der Innenseite der Brustwehr an der Riedholzschanze mit Blick gegen Nordosten auf den mittleren Postenerker. Photographie, 1993. – Text S. 211.

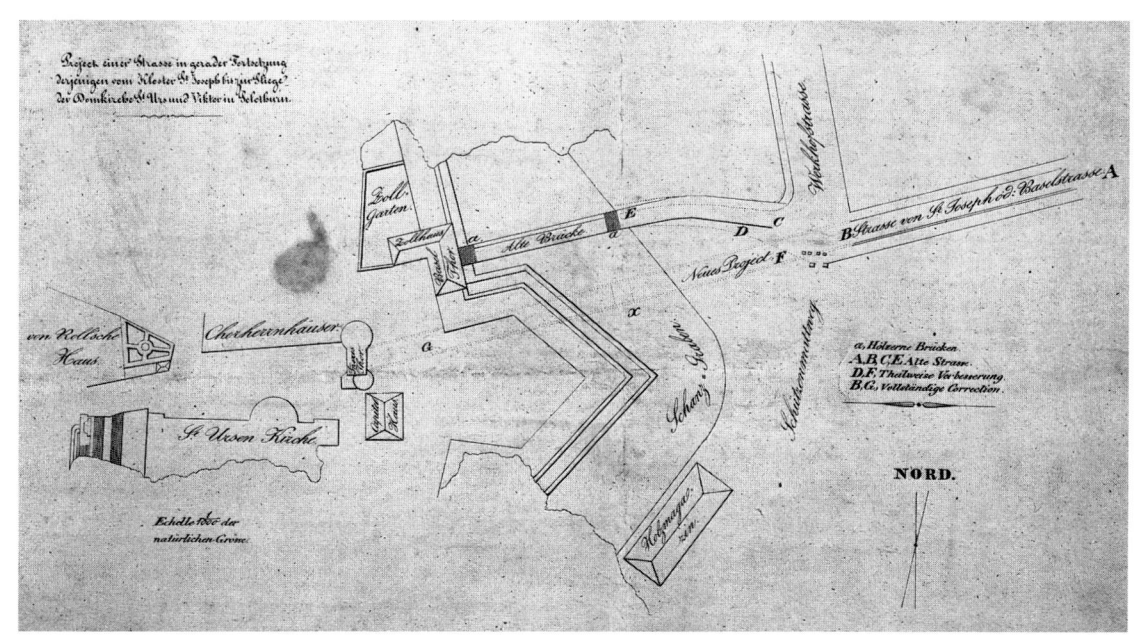

Abb. 223
Projekt zur Straßenkorrektion vor dem äußeren Baseltor. Lithographie, 1835. – Text S. 212.

Riedholzschanze mit südlich anschließender Kurtine[317] (Abb. 78, Nr. 17)

(*Bastion St-Victor, heute auch St.-Ursen-Bastion;* BD V/13, 24, VI/3a.14, 3a.15, 3a.16, 5.2, 7.3; Abb. 216–222). Vollbastion mit Niederwall. Erbaut ab 1667. Als einzige Vollbastion ganz erhalten, samt den drei sechseckigen Postenerkern (Abb. 221, 222). Am mittleren Postenerker aus dem Stein gehauenes Doppelwappen von Solothurn. An der Nordseite des Riedholzturms, der seit seiner Einwölbung 1717 als Geschützturm diente, führt westlich eine Tunnelrampe zum Niederwall hinab. Dessen östliche Face besitzt einen versteckten Treppenabstieg zu einem Eskarpengang, vermutlich einem Minengang, der auf dem Niveau der Grabensohle entlang der ganzen östlichen, teilweise der nördlichen Eskarpe verläuft (Abb. 218).

Diese als erste in Angriff genommene Bastion war auch die einzige des gesamten Festungswerks mit Niederwall (Fausse-Braie) gewesen. 1690 war im Rat in Erwägung gezogen worden, die Flanken- und Facenmauern dieser Bastion auf den davorliegenden Niederwall zu versetzen, um damit die ganze Schanze und ihre wiederholt beanstandete zu enge Kehle im Bereich des Riedholzturms zu vergrößern[318].

1893 erfolgte die Restaurierung der zuvor abbruchgefährdeten Bastion durch EDGAR SCHLATTER. Dabei wurden auf der Brustwehrkrone der beiden Facen, ebenso auf der südlichen Kurtine, die drei umzäunten Aussichtsaltanen angelegt. 1963 Teilrestaurierung des Steinwerks.

Der heute sichtbare Schanzengraben besitzt etwa die ursprüngliche Tiefe, aber nur gut die Hälfte der ehemaligen Breite. In der nordöstlichen Verlängerung der Bastionsspitze (hinter dem Soldatendenkmal) hat sich noch ein Überrest der Ecke der Mauer des gedeckten Weges erhalten.

Südlich der Bastion, entlang den Häuserfassaden des abschüssigen Bastionsweges als ehemaliger Wallstraße, verläuft der einzige Rest der einstigen Kurtinen (Abb. 217). Die etwa 65 m lange und bis zu 14 m hohe Eskarpenmauer mit geschlossener Brustwehr endet in einem Nebenbau des ehemaligen äußeren Baseltors.

Anmerkungen am Schluß des Kapitels S. 229

212 DIE STADTBEFESTIGUNG

Äußeres Baseltor und Schulschanze (zerstört)
(Abb. 78, Nrn. 18 und 19)

(*Bastion St-Urs*; BD V/20, VI/3a.22; Abb. 223–225). Die Vollbastion wurde zu einem nicht näher bestimmbaren Zeitpunkt nach 1667 erbaut. Am südlichen Ende der erhaltenen Kurtine zwischen den Bastionen St-Victor und St-Urs, ganz an die Flanke der letzteren gerückt, befand sich das äußere Baseltor. Den Zugang über den Schanzengraben vermittelte eine fünfjochige, steingewölbte Brücke, die mittels Zugbrücken gegen den Tordurchgang und die Kontereskarpe unterbrochen werden konnte; beide Zugvorrichtungen waren bis ins frühe 19. Jahrhundert erhalten geblieben. 1836 wurde das Tor bis auf einen Nebentrakt des stadtseitigen Torgebäudes abgebrochen. 1839 Versteigerung der Brücke und Wiederaufbau in Klus bei Balsthal (Abb. 225; vgl. S. 92f.).

Wie das Bieltor war auch das äußere Baseltor als zweigeschossiger Walmdachbau mit Torrisalit konzipiert; es besaß aber in Gestalt des Torwächterhauses, welches erst in den 1890er Jahren abgebrochen wurde, einen L-förmigen Anbau (Abb. 224). Die übergiebelte Portalfassade mit kräftigem Gebälk wurde durch toskanische Säulenpaare gegliedert. Die seitlichen Rundbogennischen erinnerten mit dem Torbogen noch stärker als das Bieltor an Triumphbogenarchitektur. Dennoch war es das bescheidenste der drei Torgebäude.

Die angrenzende Schulschanze wurde 1835 als erste Bastion abgebrochen. Schon kurze Zeit nach der Errichtung wurde die Festung baufällig; die südlich abgehende Kurtine mußte 1674 und nochmals 1677 saniert werden[319]. Bereits in TARADES Plan von 1681 ist ersichtlich, daß man mit einem Vorbau vor der südlichen Flanke eine statische Sicherung des Mauerwerks versucht hatte. Anläßlich des Baugrubenaushubs für die Baseltorparkgarage im Jahre 1987 konnte diese sekundäre Verstärkung wieder freigelegt werden. Der nasse, lehmige Baugrund war in diesem Abschnitt derart schlecht, daß die ganze Kurtine Richtung Bollwerk mit 20–30 cm dicken, ins Erdreich gerammten Tannenpfählen hatte verstärkt werden müssen. Ein Überrest des Fundaments mit Pfählung konnte im untersten Geschoß des Parkhauses konserviert werden[320].

St.-Peters-Schanze (zerstört) (Abb. 78, Nr. 20)

(*Bastion St-Pierre, Ritterbastion*; BD II/67–90, IV/1, V/18a, 21, VI/3a.2, 6.3; Abb. 226). Halbbastion. Erbaut ab etwa 1668. An das St.-Peters-Bollwerk (Ritter) angebaut und in östlicher Verlängerung der Litzi vom Aareufer aufsteigend. Der schlechte Baugrund, der bereits beim Ritter wiederholt zu Problemen geführt hatte, bedingte bereits 1675 und dann wieder 1703 eine Sanierung[321]. Der Abbruch erfolgte 1839[322].

Abb. 224–226
Ansicht des äußeren Baseltors von Osten. Lavierte Sepiazeichnung von Ludwig Schulthess, 1840 (BD VI/3a.22). – Text S. 212. – Klus bei Balsthal. Fragment der ehemaligen Grabenbrücke vor dem Baseltor, welche nach ihrer Versteigerung 1839 als Dünnernbrücke wiederaufgebaut wurde. Photographie, 1993. – Text S. 212. – Blick vom Schanzengraben bei der Turnschanze gegen Norden über die Aare auf die Ritterbastion und die St.-Ursen-Kirche. Lavierte Sepiazeichnung von Ludwig Schulthess, 1840 (BD VI/3a.1). – Text S. 212f.

Anmerkungen am Schluß des Kapitels S. 229

DIE BAROCKE BEFESTIGUNG   213

Abb. 227–229
Blick gegen Südosten über die Aare auf die Turnschanze. Photographie, vor 1905. – Text S. 213. – Blick vom eingeebneten Schanzengraben gegen Norden auf die Turnschanze. Photographie, vor 1905. – Text S. 213. – Hindernistürmchen auf der Staumauer (batardeau) des Schanzengrabens östlich der Turnschanze. Photographie, vor 1905. – Text S. 213.

Rechtsufrige Schanzenwerke

Turnschanze (zerstört) (Abb. 78, Nr. 21)

(*Bastion St-Jean;* in geringen Resten erhalten; BD II/ 69–82, VI/3a.1, 3a.2; Abb. 227–229). Halbbastion von wesentlich größerer Dimension als die beiden Pendants am Nordufer. Erbaut ab 1685/86. Östlichste der Vorstadtschanzen, in Verlängerung des Kreuzackerquais. Erhob sich über unregelmäßig vieleckigem Grundriß als geschlossene Bastion am Aareufer. In östlicher Fortsetzung der Flanke, entlang dem Fluß, verlief der untere Batardeau (Staumauer) zwischen Aare und Schanzengraben, aus welchem durch eine kleine Öffnung die Cunette in die Aare floß. Auf dem Batardeau stand ein markantes Hindernistürmchen (dame) (Abb. 229).

1905 als letzte der Schanzen gegen den Widerstand der schweizerischen Öffentlichkeit abgebrochen. Erhalten geblieben ist ein Großteil der aareseitigen Face[323].

Kornhausbastion (zerstört) (Abb. 78, Nr. 22)

(*Bastion St-Ignace*; BD II/35, VI/3a.3, 3a.4). Vollbastion. Erbaut ab 1685/86. Der in allen Projekten seit Tarade geplante Ritter war nicht realisiert worden. 1873–1877 abgebrochen zwecks Errichtung des Bahnhofs Neu-Solothurn. Bei der nordöstlichen Kurtine wurde 1964 ein Eskarpengang festgestellt und dokumentiert.

214　DIE STADTBEFESTIGUNG

Äußeres Berntor mit Grabenbrücke (zerstört)
(Abb. 78, Nr. 23)

(Ein Torbogen im Park des Gewerbeschulhauses erhalten; BD II/35, 38, V/27, VI/3.20, 3a.5; Abb. 230–232.) Baubeschluß und wohl auch Entwurf 1689[324]. Größter der drei Torbauten; stadtseitig als Hufeisenbau, feldseitig als tiefer Torrisalit in Erscheinung tretend. Den Zugang bildete eine vierjochige Steinbrücke mit je einem hölzernen Anlaufjoch mit Zugbrückenvorrichtungen. Die italienisierende, palladianisch wirkende Außenfassade zeigte einen basilikalen Aufbau (Abb. 230). Bis auf Kordonhöhe war sie mit einem Fugenschnitt und rustizierten Lisenen versehen, welche die drei Kompartimente mit niedrigen Seitenöffnungen und hohem Portalbogen unter Segmentgiebel ausschieden. An der Innenseite des gewalmten Torhauses mit der übergiebelten Portalachse dominierten rustizierte Vertikalgliederungen.

Nach dem Abbruch wurde die feldseitige Mittelpartie zusammen mit dem Innengiebel des Tors zum Gartenportal der damaligen Strafanstalt im Kreuzacker (ehemaliges Fruchtmagazin) umgestaltet. Nach deren Abbruch als isoliertes Fragment hinter dem Gewerbeschulhaus erhalten (Abb. 232)[325].

Kuhschanze (zerstört) (Abb. 78, Nr. 24)

(*Bastion St-François*; BD II/35, 38, 39, 99, VI/3a.6). Vollbastion. Erbaut ab 1685/86. Auch hier wurde der über Jahrzehnte hinweg in den Schanzenplänen figurierende Kavalier nicht ausgeführt. 1875–1877 gemeinsam mit dem äußeren Berntor und der Kornhausschanze abgebrochen[326].

Abb. 230–232
Blick gegen Norden auf das äußere Berntor. Lavierte Sepiazeichnung von Ludwig Schulthess, 1840 (BD VI/3a.5). – Text S. 214. – Ansicht der Stadtseite des äußeren Berntors. Bleistiftzeichnung von Emil Schulthess, 1840 (BD VI/3.20). – Text S. 214. – Fragment des äußeren Berntors, aufgestellt beim Berufsschulhaus auf dem Kreuzacker. Photographie, 1993. – Text S. 214.

Abb. 233
Ansicht der Krummturmschanze von Süden. Photographie, 1993. – Text S. 215.

Krummturmschanze (Abb. 78, Nr. 25)

(*Bastion Ste-Croix;* erhalten; BD II/55–65, V/26, 30, 31, VI/3a.6, 3a.7, 3a.8, 4; Abb. 193, 233, 234). Halbbastion über unregelmäßigem Grundriß. Erbaut um 1700. Der ursprüngliche Graben ist Ende des 19. Jahrhunderts zugeschüttet worden, so daß vom Mauerwerk an Flanke und Face unterhalb des Kordons nur noch sechs bis sieben Lagen in Erscheinung treten. An den beiden Bastionsspitzen sitzen zwei Postenerker; der westliche trägt an der Konsole das skulptierte Doppelwappen von Solothurn. In Verlängerung der südlichen aareseitigen Face verläuft die innere, nachträglich erhöhte Schanzengrabenmauer. Integral erhalten ist dagegen die uferparallele Face, welche auf die spitze Ecke des Krummen Turms zuläuft und dahinter der Flußkrümmung folgend ihre Fortsetzung findet. Diese uferseitigen Partien sind nicht wie das ganze übrige Schanzenwerk in ungegliedertem rustiziertem Megalithquaderwerk gefügt, sondern als (ursprünglich verputzte) Bruchsteinmauer mit rustizierten Lisenen.

Die Bastion war 1891/92 instand gesetzt und unter der Obhut der Bürgergemeinde als «Erholungsplatz für die Reconvalescenten des Spitals» landschaftsgärtnerisch hergerichtet worden[327].

Anmerkungen am Schluß des Kapitels S. 229

RELIKTE DER EHEMALIGEN STADTBEFESTIGUNGEN

Funde aus den Fundamenten der geschleiften Bastionen

Das Historische Museum Blumenstein in Solothurn bewahrt in seiner Sammlung eine Anzahl von metallenen Inschrifttafeln und Reliquienkästchen auf, die jeweils anläßlich der Grundsteinlegungen an den Bastionsspitzen eingelassen worden waren und beim Abbruch der Schanzen im 19. Jahrhundert geborgen wurden. Der ursprüngliche Standort der einzelnen Objekte ist heute nicht mehr eruierbar.

1. *Gedenktafel* zur Erinnerung an die Grundsteinlegung der Stadtbefestigung am 15. Juli 1667. Gravierte Bleiplatte. H 23 cm, B 25,6 cm. Vs: Wappen von Solothurn, von Reichsadler überhöht. Schriftband oben: «·IN·OMNEM·/·EVENTVM·RESOLVTVS·/·S·P·/·Q·S·». Schriftleiste unten: «ARTE·NEC·MARTE·/·DEO·IVVANTE·». Inschrift unten links: «GLEICHES ZEICHEN BEFINDET SICH AN DEM NIDECKH BOLWERCK SPITZ EIN GEMAURT». Unten rechts: «FRANCISCUS POLATTA ARCHIT/ECTUS CIVIS INVENTOR ET EXE/CUTOR HUIUS FORTIFICATIONIS». Rs: Inschrift mit Bezugnahme auf die Grundsteinlegung (HMBS, Inv. Nr. 1989.79) (Abb. 235)[328].

2. *Gedenktafel* zur Erinnerung an die Grundsteinlegung einer Bastion am 16. Juni 1668. Gravierte Bleiplatte. H 21,5 cm, B 19,1 cm. Vs: Wappen von Solothurn, von Reichsadler überhöht. Inschrift über dem Wappen: «·IN·OMNEM·/·EVENTVM·RESOLVTVS·/·S·P·/·Q·S·». Unter dem Wappen: «·ARTE·NEC·MARTE·/·DEO·IVVANTE·». Darunter: «GLEICHES ZEICHEN BEFINDET SICH AN DEM NID/ECKH BOLWERCKH SPITZ EINGEMAURT». Rs: Inschrift mit Bezugnahme auf die Grundsteinlegung (HMBS, Inv. Nr. 1989.28).

3. *Gedenktafel* zur Erinnerung an die Grundsteinlegung einer Bastion am 9. September 1668. Gravierte Bleiplatte. H 24,3 cm, H 15,9 cm. Vs: Wappen von Solothurn, von Reichsadler überhöht. Inschrift wie bei Nr. 2. Rs: Inschrift mit Bezugnahme auf die Grundsteinlegung (HMBS, Inv. Nr. 1989.29).

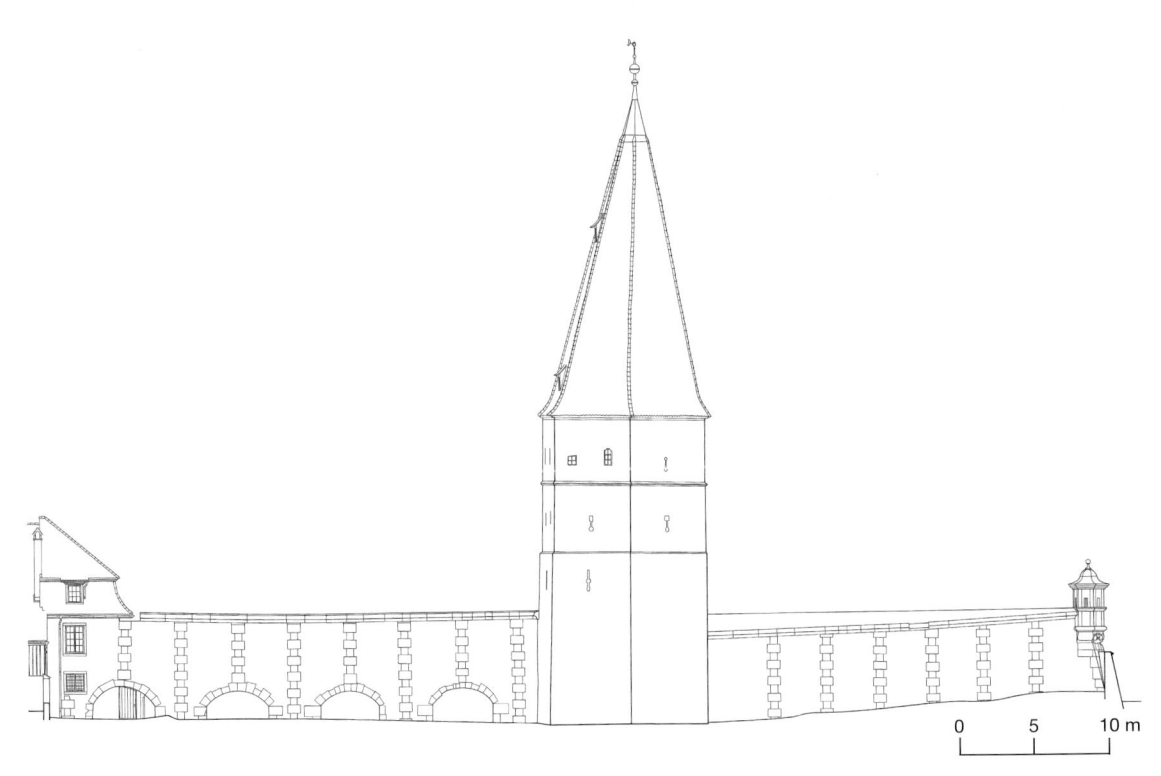

Abb. 234
Ansicht der Nordfassade des Krummturms und der rahmenden Stadtmauer aus der Mitte des 17. Jahrhunderts. Zeichnung von Iwan Affolter, 1992, nach photogrammetrischen Aufnahmen der Aerokart AG. – Text S. 215.

4. *Gedenktafel* zur Erinnerung an die Grundsteinlegung einer Bastion am 2. Oktober 1685. Gravierte Bleiplatte. H 26 cm, B 22 cm. Vs: Wappen von Solothurn, von Reichsadler überhöht. Inschrift wie bei Nr. 2. Rs: Inschrift mit Bezugnahme auf die Grundsteinlegung (HMBS, Inv. Nr. 1989.27).

5. *Reliquienkästchen* aus dem Fundament einer Bastion. Kästchen aus Blei mit Deckel. 1668. H 4,5 cm, L 11,7 cm, T 7,5 cm. Inschrift mit Bezugnahme auf die ehemals inliegenden Thebäerreliquien: «Sacrae Reliquiae/SS Ursi, Victoris, Sociorumque/Martyrum, Thaebeorum/Ab Adm Rto Dno Dno Nicolao/Hedinger Praeposito Donatae/MDCLXVIII/1668» (HMBS, Inv. Nr. 1989.22).

6. *Reliquienkästchen* aus dem Fundament einer Bastion. Kästchen aus Blei mit Deckel. 1668. H 3,5 cm, L 9,5 cm, T 8,5 cm. Inschrift mit Bezugnahme auf die ehemals inliegenden Thebäerreliquien analog Nr. 5 (HMBS, Inv. Nr. 1989.25).

7. *Reliquienkästchen* aus dem Fundament einer Bastion. Kästchen aus Zinn mit Schiebedeckel. Um 1667–1685. H 5,8 cm, L 16 cm, T 11,7 cm. Ohne Inschrift (HMBS, Inv. Nr. 1989.23).

Relikte von den früheren Stadttoren

1. *Sammlung von Schlüsseln und Schlössern* der ehemaligen Stadttore aus der Zeit um 1747 (HMBS)[329].

2. *Torgeldbüchse.* 17./18. Jahrhundert. H 21 cm, D 14,5 cm (Abb. 236). Rundes hölzernes Behältnis, mit Blechbändern eingefaßt und mit Schließmechanismus versehen. In den Standesfarben bemalt und mit «SO» bezeichnet (Depositum des HMBS im Museum Schloß Waldegg, Feldbrunnen-St. Niklaus).

Abb. 235
Gedenktafel zur Erinnerung an die Grundsteinlegung der Stadtbefestigung am 15. Juli 1667. Gravierte Bleiplatte. – Text S. 216.

WÜRDIGUNG

Trotz eines systematischen Abbruchs zwischen 1835 und 1905 haben sich im Stadtbild von Solothurn eine beträchtliche Anzahl von Überresten der mittelalterlichen, frühneuzeitlichen und barocken Befestigung erhalten. Größere zusammenhängende Wehrabschnitte, wie beispielsweise in Luzern, Freiburg oder Murten, finden sich nicht mehr; doch die einzelnen erhaltenen Befestigungen können innerhalb der schweizerischen Wehrarchitektur durchaus nationale Bedeutung für sich in Anspruch nehmen.

Die Gesamtanlage der mittelalterlichen Stadtbewehrung geht zwar in ihrer Bedeutung nicht über jene einer vergleichbaren Klein- oder Mittelstadt hinaus, jedoch sind die Reste der Turmburg unter dem Riedholzturm und der integral erhaltene Krummturm in der Vorstadt in geschichtlicher und typologischer Hinsicht von besonderem Interesse.

Von größerer Bedeutung ist die Verstärkung der mittelalterlichen Befestigung im frühen 16. Jahrhundert, mit welcher moderne Artilleriearchitektur nach italienischen Vorbildern nach Solothurn kam. Von ihr haben sich die markanten Rundbauten von Buristurm und Riedholzturm sowie das beeindruckende Baseltor erhalten. Wehrbauten von vergleichbarer Art bestehen in der Schweiz nur noch in Luzern, Freiburg und Zug.

Es ist ein Zeichen sowohl des solothurnischen Verteidigungswillens als auch der vom protestantischen Bern ausgehenden Bedrohung in der Zeit zwischen den beiden Villmerger Kriegen, daß sich die vergleichsweise kleine Stadt mit einer vollständigen Bastionärsbefestigung umgab, wie sie auf dem Gebiet der heutigen Schweiz nur Zürich und Genf hatten errichten lassen. Von diesem Großbauwerk, das sich nur mit dem Rat französischer, von den Ambassadoren vermittelter Festungsingenieure vollenden ließ, sind immerhin die Halbbastion beim Krummen Turm und die Schanze beim

---

Anmerkungen am Schluß des Kapitels S. 229

Riedholzturm übriggeblieben. Die letztere ist die einzige integral und mit Graben erhaltene barocke Vollbastion der Schweiz. In ihrer Verbindung mit dem als Geschützturm dienenden Riedholzturm aus der Renaissance und mit den darunter ergrabenen Überresten des Nideggturms als zähringischer Turmburg, darüber hinaus durch die Nachbarschaft zur mittelalterlichen Wehrmauer am Nordring und zum frühneuzeitlichen Baseltor ist sie Bestandteil eines besonders dichten wehrhistorischen Ensembles.

Abb. 236
Torgeldbüchse aus dem 17./18. Jahrhundert. – Text S. 217.

ANMERKUNGEN ZUM KAPITEL
DIE STADTBEFESTIGUNG

Seiten 143–218

1 Literatur. Zur Terminologie: Glossarium Artis. Burgen und Feste Plätze. Der Wehrbau vor Einführung der Feuerwaffen. Tübingen 1977². – HARTWIG NEUMANN. Festungsbaukunst und Festungsbautechnik. Deutsche Wehrbautechnik vom XV. bis XX. Jahrhundert. Koblenz 1988. Zu Solothurn: RAHN, Kunstdenkmäler. – SCHLATTER, Stadt-Befestigungen. – Dank der umfangreichen archivalischen, archäologischen und bauanalytischen Untersuchungen und dank der zahlreichen Planfunde der letzten Jahre ist die frühere Literatur in weiten Teilen überholt.
2 Zu den zahlreichen Bauarbeiten an den Ringmauern, die nicht immer genau lokalisiert oder charakterisiert werden können, vgl. die Quellenregesten «Ringmauer» im Archiv der Kantonalen Denkmalpflege, Solothurn.
3 Das zeigt sich etwa in einem Beschluß von 1690, der den Gebrauch der Türme hinter den Häusern an der Ringmauer erlaubte (RM 1690, Band 194, S. 281). Aber noch 1707 wurde verfügt, daß Öffnungen in der Ringmauer, die nicht mindestens 15 Werkschuh über Bodenniveau waren, innert Monatsfrist zu vermauern seien (RM 1707, Band 210, S. 548f.).
4 Z.B. am Haus Riedholzplatz 32, am Haus St.-Urban-Gasse 67 (dokumentiert), aber auch an weiteren Häusern an der St.-Urban-Gasse, der Schmiedengasse und am Stalden.
5 Das Wehrmauerstück besitzt noch eine vermauerte Schlüsselscharte, Balkenlöcher des ehemaligen Wehrgangs und zugemauerte Zinnenfenster.
6 Vgl. dazu: Solothurn, Haus Riedholzplatz 22 (JbfSolG 59, 1986, S. 282–286) (= Denkmalpflege im Kanton Solothurn 1985). – Markus Hochstrasser datiert die untersten Partien (D 1,5 m) der sich nach oben stark verjüngenden Mauer ins 13. Jh. Zu einem späteren Zeitpunkt erfolgte eine Erhöhung um etwa 2,8 m; nach der Explosion des Riedholzturmes erfolgte um 1550 eine zweite Erhöhung mit dem heutigen Zinnenkranz; die Zinnenfenster später verkleinert.
7 MARKUS HOCHSTRASSER, Solothurn, Haus St.-Urban-Gasse 67 (JbfSolG 61, 1988, S. 264–273, bes. S. 264) (= Denkmalpflege im Kanton Solothurn 1987).
8 SUB II, Nr. 294: «... apud Solodorum ultra pontem ante portam ze Hermans Bůhele iuxta fossale ...»
9 Urkunde vom 6. Juni 1338 (StASO).
10 Angaben bei SCHUBIGER, Stadtgestalt im Spätmittelalter, S. 268. – Seine ursprüngliche Funktion (evtl. im Zusammenhang mit dem St.-Ursen-Stift oder dem Nideggturm?) wird nicht klar.

11 Die Veduten bilden auch Tiere ab, die spätestens seit 1488 im Graben gehalten wurden, als in den Seckelmeisterrechnungen erstmals der Kauf von «haber den Hirzen im stattgraben» verzeichnet wurde (SMR 1488/89, S. 159).
12 Beim Buristurm konnte 1974/75 die runde Gegenmauer von 1539 archäologisch nachgewiesen werden (vgl. S. 160).
13 Solothurn, Schanzenreste auf dem Areal Parkhaus Baseltor (JbfSolG 63, 1990, S. 164–169) (=Denkmalpflege im Kanton Solothurn 1989).
14 Solothurn Prisongasse (Fundbericht von YLVA BACKMAN in ASO 6, 1989, S. 145–147).
15 Literatur: RAHN, Kunstdenkmäler, S. 157.
16 SMR 1450, S. 29.
17 SMR 1463, S. 151.
18 Allerhand Copeyen, 18. November 1510.
19 RM 1586, Band 90, S. 589.
20 C. H. BAER, Kdm BS I, S. 206–210, 322f.
21 SUB II, Nr. 77, S. 47.
22 SMR 1450, S. 29; 1453, S. 192.
23 SMR 1463, S. 151.
24 RM 1603, Band 107, S. 197.
25 RM 1629, Band 133, S. 223b; 1634, Band 138, S. 180.
26 Vgl. Plan des Landhausquais von JOSEF SCHWALLER von 1823 (PD 36; Abb. 146).
27 Vgl. MARKUS HOCHSTRASSER. Zur Frage nach dem Meister des Wappenreliefs vom Litzitor in Solothurn (JbfSolG 61, 1988, S. 235–239). – In der älteren Literatur wird das hier beschriebene Relief häufig mit dem Wappenrelief vom inneren Berntor (stilistisch datierbar ins 2. Viertel des 15. Jh., Original im Depot des Kunstmuseums) verwechselt.
28 Vgl. FRANZ-JOSEF SLADECZEK. Die Skulptur Berns im 15. Jahrhundert. Gedanken zur Entstehung und Entwicklung des spätgotischen Bildhauerwerks in der Aarestadt (Bern. Die Skulpturenfunde der Münsterplattform. Bericht über das Interims-Kolloquium vom 26./27. August 1988 in Bern. Hg. von DANIEL GUTSCHER und URS ZUMBRUNN. Bern 1989, S. 45–56), S. 48, Anm. 9.
29 Literatur: Rahn, Kunstdenkmäler, S. 156f. – CLEMENS ARNOLD. Steinfuhren für den Bau des Buristurms und des ehemaligen Haffnerturms in Solothurn 1534/35 (JbfSolG 35, 1962, S. 179–205). – Plandokumente: Zwei Pläne mit Grundriß von Turm und Bastion bzw. mit Schnitten der Bastion der Firma LOCHER & NAEFF, entstanden um 1856 im Zusammenhang mit dem Abbruch (BASO, A 5 95; A 5 114).
30 SMR 1454, S. 69, 116, 119.
31 Der Chronist FRANZ HAFFNER nennt 1666 «ein klein Pförtlein oder Katzenstäg, durch welches Nachts die ankommenden Posten auß- oder eingelassen werden» (HAFFNER, Schawplatz II, S. 25).
32 RM 1538, Band 29, S. 397.
33 Allerhand Copeyen, Band W 22, S. 579–581 (StASO).

34 SMR 1539, S. 235; 1540/I, S. 89; 1540/II, S. 153.
35 SMR 1542, S. 118.
36 RM 1593, Band 97, S. 497.
37 RM 1619, Band 123, S. 238, 261.
38 RM 1619, Band 123, S. 505; 1625, Band 129, S. 425.
39 RM 1632, Band 136, S. 498.
40 RM 1632, Band 136, S. 322; 1634, Band 138, S. 251, 451.
41 SRM 3, fol. 71, 78' (Lohnauszahlung am 13. Dezember 1716). Der 1717 datierte Schlußstein befindet sich heute im Lapidarium II.
42 RM 1721, Band 224, S. 858.
43 Dokumentation Kantonsarchäologie Solothurn, Nr. 115/121. – Solothurner Zeitung, Nr. 279, 1. Dezember 1967. – Solothurner Nachrichten 1972, Nr. 189.
44 Wie bei den beiden anderen Muttitürmen scheint auch hier eine Innentreppe gefehlt zu haben. – RAHN (S. 156f.) macht darauf aufmerksam, daß bei KÜNG/SCHLENRIT und SPENGLER (Abb. 76, 77) in einer aareseitigen Rundbogenöffnung die Büste eines Pferdes erkennbar ist, und verweist auf F. A. ZETTER-COLLINS' Vermutung, wonach es sich dabei um jene Pferdedarstellung gehandelt haben könnte, die zur Aufführung von GEORG GOTTHARTS Tragödie von der Zerstörung Trojas im Jahre 1598 geschaffen worden sein soll.
45 GB 656/657.
46 Gross, CHOROGRAPHIAE FORTIFICATIONIS TRACTATUS, (PD 1) (Abb. 200).
47 «Der inwendig halbrunde Bau war aussen rechteckig hintermauert. Der innere Durchmesser des Halbkreises beträgt ca. 5,35 m, und die sehr beträchtliche Mauerstärke bleibt die gleiche bis zum Dache des Wohnhauses, bei dessen Einrichtung in den Dreissiger Jahren die Aussenfronte durchbrochen worden ist. Ihre Substruktion soll unter der Gartenterrasse noch erhalten sein.» (RAHN, Kunstdenkmäler, S. 171f.). – Nach Mitteilung von TATARINOFF sollen auch im benachbarten Haus Stalden 23 «früher Partien eines Turmes konstatiert worden sein». Nach E. TATARINOFF-EGGENSCHWILER. Planaufnahme des Castrums Solothurn im Jahre 1939 (JbfSolG 13, 1940, S. 143–161), S. 149.
48 GB 669/670.
49 Er figuriert noch in OBERLINS Brunnenplan von 1840, aber nicht mehr in den Planungen des Westringquartiers ab 1856.
50 RAHN, Kunstdenkmäler, S. 171. – WALTER HERZOG. Von Solothurnischen Gassen (JbfSolG 33, 1960, S. 164–187), S. 166.
51 Literatur: RAHN, Kunstdenkmäler, S. 169ff. – MORGENTHALER, ASA 1922, S. 225. – GOTTLIEB LOERTSCHER. Zur Restaurierung des Bieltors (Jurablätter 14, 1952, S. 172–175). – HANS LUDER. Von der Restaurierung des Bieltores (Solothurner Anzeiger, 1. August 1952, Nr. 178). – ALEXANDER HAVEL; ERNST MÜLLER. Solothurn-Amthausplatz, die Bieltorschan-

zen (JbfSolG 48, 1975, S. 386–398). – HOCHSTRASSER, Amthausplatz, S. 167–171. – Plandokumente: 1. BASO, A 2 59 (2 Aufrisse mit Ansichten zweier verschiedener Dachstühle von VICTOR RENAUD, 1821). – 2. BASO, A 2 60 (2 Aufrisse mit Ansicht und Schnitt eines neuen Dachstuhls von VICTOR RENAUD, 1821). – 3. BASO, A 2 17 (Entwurf einer Schlagglocke von FRANZ LUDWIG KAISER, 1826). Die genannten Pläne sind alle abgebildet bei HOCHSTRASSER, Amthausplatz.

52 In einer Urkunde vom 12. Juli 1230 wird u.a. ein Hofgut außerhalb des Stadttors von Henricus Dives («predium suum, quod habet extra Portam») zugunsten des Klosters Hauterive belastet (SUB I, Nr. 359, S. 203).

53 SUB II, Nr. 294, S. 186.

54 StASO, Urkunden vom 12. Juni 1313 bzw. 26. April 1337.

55 Als regionales, ungefähr zeitgleiches Vergleichsbeispiel (wenngleich viel bescheidener dimensioniert) bietet sich der Zeitglockenturm (südliches Tor) von Wangen an der Aare an. Am Wappenschild ins Jahr 1406 datiert, ist er ebenfalls in Tuffquadern gefügt und war ursprünglich gegen die Stadt hin offen.

56 SMR 1450, S. 30.

57 SMR 1464, S. 138; 1465, S. 255.

58 SMR 1482, S. 130f.; 1483, S. 128, 130, 132, 211; 1486/87, S. 153.

59 SMR 1483, S. 128.

60 SMR 1542, fol. 152′: «Ussgeben dem Bildhower von miner Herren Wappen in den Stein ze howen 40 ₶». – Angaben dazu weiter unten im Abschnitt Beschreibung S. 157.

61 StASO, Curiosa, 41, S. 111.

62 RM 1572, Band 76, S. 292.

63 RM 1592, Band 96, S. 447, 446.

64 RM 1601, Band 105, S. 248. – SMB I, fol. 155v.

65 SMR 1623, S. 94, 27. Oktober 1623: «Mr. Gregorio Büenckher von dem steinenen S. Ursi bildt für das Cursollenthor 20 Kronen, thuondt 66 ₶ 13 Sch. 4 D.» (überdies erhielt er laut SMJ 1624 6 ₶ für die Überarbeitung des Wappensteins von 1542). – SMJ, 1. Dezember 1623: «M. Bernhard Eichholtzer dem Bild S.Ursi vor und ob dem Chursollenthor, und miner G.H. Wappen vermög der Buwherren Zedel 28 Kronen = 93 ₶ 6 Sch. 8 D». – SMJ 1623: «Hansen Grieni von dem währ oder schwärtlin an St. Ursen Bild vor und ob dem Chursollenthor 3 ₶.» (Beschreibung unten).

66 SMR 1644, S. 583. – Vgl. dazu: KLEMENS ARNOLD. Was die Schlaguhr für das Bieltor aus dem Jahre 1645 kostete (St. Ursen-Kalender 1963), S. 67f.

67 RM 1699, Band 202, S. 729.

68 BP Stadt 1819–1823, S. 343, 371, 422, 424, 569, 579. Der Abbruch unterblieb, weil ein südlich angrenzendes, ebenfalls für eine Demolierung bestimmtes Haus nicht käuflich war.

69 BP Stadt 1819–1823, S. 422, 424. Der Kostenvoranschlag für die Variante «Rathausturm» belief sich auf 2600 fl. – Vgl. die Pläne Nr. 1, 2 unter Anm. 51.

70 BP Stadt 1823–1826, S. 255.

71 BP Stadt 1823–1826, S. 498, 558. Die alte Glocke war gesprungen. – Plan Nr. 3 unter Anm. 51.

72 BP Stadt 1823–1826, S. 536f. Bei dieser Gelegenheit entstand unter einem Zifferblatt die folgende Handwerkerinschrift: «Im [Jahr] 1826/Ist dieser Thurm r[enov]iert worden/durch Meister Ge[o]rg Rust von Solothurn/seine Söhne Johann und Franz Rust/seinen Arbeitern Johan Bobst von Önsingen/Johan Ratti von Mümliswil, Johan Winistörfer/von Winistorf, Benedikt Häner und/Peter Joseph Häner von Zulwyl Cantons Solo[thurn]/unter Leonz vo[n] Surbeck Bauher/der löbl[ic]hen Stadtgemeinde».

73 Vgl. LOERTSCHER und LUDER (wie Anm. 51). AK 1950–1953. – Akten auf der Kantonalen Denkmalpflege Solothurn.

74 AK 1958.

75 Das Bieltor besaß typologische Ähnlichkeit mit dem wohl ungefähr gleichzeitig entstandenen Zytglogge-Torturm in Bern, der freilich größer dimensioniert ist. Dazu: zytglogge. Der Wehrturm, der zum Denkmal wurde. Ein Bericht zum Abschluss der Restaurierung 1981–1983, herausgegeben von der Baudirektion der Stadt Bern. Bern 1983. Für das Bieltor, das als Vergleichsbeispiel herangezogen wird, wichtig der Beitrag: UELI BELLWALD. Ergebnisse der baugeschichtlichen Untersuchungen (S. 28–45), bes. 28ff.

76 Als solche empfindet man auch vier Zifferblätter der Turmuhr, welche 1952 ihre heutige Gestaltung erhielten: Die profilierten Rahmungen in Kunststein aus dem frühen 19. Jh. wurden entfernt, am nord- und am südseitigen Zifferblatt die ursprünglichen einhändigen Zeiger, welche nicht mehr in Betrieb waren, durch die neuere Form ersetzt.

77 RAHN, Kunstdenkmäler, S. 171.

78 HANS ROTH. Gregorius Bienkher, der Schöpfer der St. Ursenstatue am Bieltor (Jurablätter 14, 1952, S. 185–188). – MARKUS HOCHSTRASSER. Gregor Bienckher, ein Solothurner Steinmetz des frühen 17. Jahrhunderts (Jurablätter 51, 1989, S. 17–30), S. 22f.

79 Literatur: RAHN, Kunstdenkmäler, S. 168, Fig. 85. – SCHLATTER, Stadt-Befestigungen, S. 10ff. – Pläne: Plandokumente: 5 Pläne für den Einbau eines Wasserreservoirs über dem Kuppelgewölbe mit Teildokumentation des Vorzustandes von EDGAR SCHLATTER, Dezember 1900/Juni 1901 (Planarchiv Stadtbauamt, P1–P5). – Pläne für den Einbau von Luftschutzräumen von HALLER, 20. März 1939. – Planaufnahmen des mittelalterlichen Turmfundaments von OTTO SCHMID, Juni 1940 (Grundriß mit Seitenansichten und Situationsplan von Otto Schmid) (Planarchiv Stadtbauamt und Kantonale Denkmalpflege Solothurn).

80 Berichte über den Fund und dessen Konservierung: AK 1939, 1940, 1941, 1943, 1952. – Dokumentation Kantonsarchäologie Solothurn, Nr. 115/180.
81 In der Unterstadt von Burgdorf befand sich in der Nordecke der Stadterweiterung der Zeit um 1287–1300 in Gestalt des sogenannten Selsturmes (eines dreiseitigen Schalenturms) ein geringfügig größeres Bauwerk in vergleichbarer Übereckstellung. Dazu: JÜRG SCHWEIZER, Kdm BE Land I, S. 54, Abb. 345. – DANIEL GUTSCHER. Burgdorf BE, Kornhaus (Fundbericht in JbSGUF 75, 1992, S. 324).
82 Als Inspektoren für den Bau wurden der alte und der neue Bauherr, Vogt SPECHT und VOGELSANG, bestimmt (RM 1534, Band 25, S. 167, 181; Copiae, 1534, Band 20, S. 547).
83 RM, 16. Dezember 1534, Band 25, S. 189.
84 HAFFNER, Schawplatz II, S. 223.
85 ALFRED MANTEL. Geschichte der Zürcher Stadtbefestigung. Erster Teil (114. Neujahrsblatt der Feuerwerker-Gesellschaft (Artillerie-Kollegium) in Zürich auf das Jahr 1919), S. 13–15. – KONRAD ESCHER, Kdm ZH I, S. 51f.
86 Beschluß: Copiae, 1535, Band 21, S. 19. – Spesenabrechung: SMR 1535, S. 182 (daraus geht hervor, daß die Reise 6 Tage dauerte). Im Staatsarchiv Zürich konnten keine Belege für diese Reise ausfindig gemacht werden.
87 Spesen und Honorar betrugen 13 ₰ 6 Sch. 8 D. (SMR 1535, S. 180).
88 SMR 1535, S. 213; 1536, S. 195. Daraus ist ersichtlich, woher der Pflugersturm diesen Namen erhalten hat.
89 Über diese Fronleistungen, die sich wenige Jahre später beim Bau des Katzenstegs wiederholten, gibt ein Schriftstück Auskunft (StASO, Curiosa, Band 41, S. 139–154). Dazu: CLEMENS ARNOLD. Steinfuhren für den Bau des Buristurms und des ehemaligen Haffnerturms in Solothurn 1534/35 (JbfSolG 35, 1962, S. 179–205).
90 Es könnte sich auch um eine Angabe des Baubeginns handeln.
91 RUCHTI erhielt 300 ₰, MURER, SCHNELLER und HAFFNER wurden («über das so hievor gerechnott wurde» hinaus) mit 1370 ₰ 13 Sch. «gäntzlich bezallt» (frühere Zahlungen sind keine bekannt) (SMR 1538, S. 185, 194).
92 StASO, Allerhand Copeyen, Band X, 23, S. 124.
93 Dokumentation Kantonsarchäologie Solothurn, Nr. 115/137 und Plan.
94 RM, 13. Juli 1630, Band 134, S. 403; 11. Februar 1636, Band 140, S. 76.
95 RM, 17. und 28. September 1638, Band 142, S. 422, 429. 1768 wurde sogar geprüft, ob sich der Turm als Gemüselagerraum eigne, da «zu Verwahrung des vorräthigen Kohls würckhlichen kein Platz mehr vorhanden» sei (RM, 27. Juni 1768, Band 271, S. 584).
96 Angaben dazu im SRM 3: 1. Dezember 1715, 19. Januar, 26. April 1716, fol. 51, 55′, 61′.
97 DEMORAINWILLE. Memoire sur la reparation a faire aux trois tours qui se trouvent a Soleure dans les gorges des Bastions de Sainct Victor, de Nostre Dame et de Sainct George pour y faire de doubles Voultes et les rendre capables de servir de magazins a poudre et Souterrains a l'epreuve de la Bombe. 21. Januar 1713. Mskr. (StASO, Schanzschriften BG 14,9). – Schon im Jahre 1700 war eine Einwölbung durch den Festungsingenieur ETIENNE CHEVALIER gefordert worden (ETIENNE CHEVALIER. Memoire concernant l'estat des fortifications de Soleure. 12. April 1700. Mskr. [AGV, Article 14, Soleure]). – Zeitgenössische Abschrift im StASO, Schanzschriften, BG 14.1.
98 Die Erdeinfüllung über dem Gewölbe wurde entfernt und als Reservoirraum benützt, der durch eine bombierte Decke auf dem Niveau der alten Wehrplatte abgeschlossen wurde. Pläne dazu im Stadtbauamt (1902).
99 Kurzbeschrieb der Arbeiten in AK 1940: Abtiefung um ein Kellergeschoß, darin Ausbruch eines Notausgangs gegen Südwesten, Einzug zweier Betondecken und einer Eisenbetonhaube. Siehe Pläne im Stadtbauamt (1940).
100 RAHN, Kunstdenkmäler, S. 168, und SCHLATTER, Stadt-Befestigungen, S. 10ff., schildern den Turm noch in seinem Originalzustand.
101 Das Ratsmanuale meldet 1751 (Band 254, S. 570), man müsse den Buristurm, wo «ein Boden eingefahlen, fürdersamb und erforderlich repariren».
102 Auch beim Katzenstegturm und beim Riedholzturm waren nachträgliche Hilfskonstruktionen zur Erschließung des ersten Obergeschosses und der Wehrplatte notwendig geworden.
103 In einer der Schießscharten fand sich noch bis 1940 ein Rest einer Art Lafette (photographische Überlieferung).
104 SMR 1465, S. 255.
105 Zur Restaurierung von 1976: AK 1971–1976 (JbfSolG 51, 1978, S. 75–416), S. 153–155.
106 Gerichts-Protokoll, 1767–1769, Band 24, S. 528.
107 AK 1965–1967 (JbfSolG 1968), S. 402.
108 RAHN, Kunstdenkmäler, S. 165f. (RAHN bezeichnet ihn fälschlicherweise als «Schöllenloch-Thurm»; dieser lag jedoch etwas östlicher.)
109 Umbaupläne des Franziskanerklosters zum Lehrerseminar von J. SAGER 1854 (StASO, P 23, P 51) zeigen den gestelzten Halbrundturm ohne Treppe, hingegen verbunden mit dem Korridor (ehemaliger Wehrgang) entlang der Stadtmauer.
110 SMR 1443, S. 132–134, 166. Arbeiten, die sich eindeutig auf den Turm *auf* der Barfüßerkirche beziehen, werden im Ratsmanual in den Jahren 1590, 1592, 1601 und 1623 verzeichnet (vgl. Karten im Hist. Grundbuch auf der Kantonalen Denkmalpflege Solothurn).
111 HELMUT SCHMID. Vor 300 Jahren wurde der Grundstein gelegt. Aus der Geschichte des ehemaligen

Franziskanerklosters und heutigen Schülerkosthauses in Solothurn (Solothurner Zeitung, 5. November 1964, Nr. 259). – SCHNELLER, Franziskanerkirche.
112 AK 1963/64 (JbfSolG 1965), S. 246.
113 Dazu: AMBROS KOCHER. Das Schollen-Loch (JbfSolG 19, 1946, S. 149f.).
114 RM, 29. November 1717, Band 220, S. 1051. – Der Name des Baus wird mit dem ehemals hier ansässigen Geschlecht Scholl (auch Schöll, Schölli) in Verbindung gebracht. – Der Umbau des Ambassadorenhofs (nachmals Kaserne) zur Kantonsschule 1881 führte dazu, daß der Turm «wieder ausgegraben wurde, um vollständig niedergerissen zu werden». Nach: W. RUST. Der Ambassadoren-Hof von 1529 bis 1881. Kloster, Residenz, Kaserne, Schule (Solothurner Volkszeitung, VI. Jahrgang, Nr. 11, 26. Januar 1882).
115 RM 1559, Band 65, S. 424; 1612, Band 116, S. 233. – 1618, Band 122 (22. Oktober, 14. November) taucht das Schollenloch zweimal als Lokalitätsbezeichnung im Zusammenhang mit dem damaligen Neubau des Ambassadorenhofs und der dortigen Ringmauer auf (SMB II, unpag.). Aus dieser eindeutigen Lokalisierung geht hervor, daß RAHNS Identifikation des Schollenlochs mit dem Turm weiter westlich falsch ist (RAHN, Kunstdenkmäler, S. 165).
116 RM, 20. Oktober 1706, Band 209, S. 738f.
117 Literatur: RAHN, Kunstdenkmäler, S. 163–165. – HOCHSTRASSER, Befunde zur baulichen Entwicklung der Stadt Solothurn, S. 249. – BENNO SCHUBIGER. Bemerkungen zum Riedholzturm und zur stadtgeschichtlichen Bedeutung seiner Umgebung. Vortrag vom 26. Oktober 1990. Typoskript. – Solothurn/Riedholzplatz 30, 32, 36 (Grabungsbericht von YLVA BACKMAN) (ASO 7, 1991, S. 125–127; 8, 1993, S. 134–136). – Dazu von MARKUS HOCHSTRASSER: Solothurn, Riedholzturm (JbfSolG 65, 1992, S. 286–288) (=Denkmalpflege im Kanton Solothurn 1991).
118 Im StASO.
119 HEINRICH BOXLER. Die Burgennamengebung in der Nordostschweiz und in Graubünden. Frauenfeld 1976 (Studia Linguistica Alemannica, Forschungen zum alemannischen Sprachraum, Band 6), S. 196f. – Ich danke Barbara Grossenbacher Künzler von der Forschungsstelle Solothurnisches Namenbuch für ihre namenkundlichen Hinweise.
120 BOXLER (wie Anm. 119), S. 93f.
121 Zitiert nach: HANS MORGENTHALER. Die Auffindung und Erhebung der Thebäer-Reliquien in Solothurn 1473–1474 (Zeitschrift für Schweizerische Kirchengeschichte 17, 1923, S. 161–181), hier S. 172 (=Zitat aus dem Einladungsschreiben Solothurns an die Stadt Thun vom 25. März 1474 zur feierlichen Translation neu entdeckter «Thebäerreliquien»).
122 Zitiert nach: F. E. WELTI. Hans von Waldheims Reisen durch die Schweiz im Jahre 1474 (Archiv des Historischen Vereins des Kantons Bern 25, 2. Heft, 1920, S. 89–154), S. 115. – Die Idee einer Stadtburg bzw. einer Pfalz an Stelle des Riedholzturms war im späten 18. Jahrhundert durch Stiftskantor Franz Jakob Hermann wieder aufgegriffen worden. Die jüngere Forschung stellte dagegen die Existenz einer Stadtburg oder Pfalz entweder eher in Abrede oder vermutete eine solche beim Zeitglockenturm.
123 HAFFNER, Schawplatz II, S. 157.
124 SMR 1452, S. 132; 1454, S. 119. – Daß es sich bei diesen Arbeiten immerhin um umfangreichere gehandelt haben muß, zeigen die 36 Maß Wein, die 1454 bei Niklaus von Wengi getrunken wurden, «als der buw im Rietholtz usgemacht ward» (SMR 1454, S. 152).
125 MORGENTHALER, ASA 1922, S. 226. – 1462 werden überdies für «die setzstein ze Nidegg» 12 Sch. bezahlt (SMR 1462, S. 91). – «Gevierttach» und «800 besetzstein» von Ziegler PETER SCHÖNI laut SMR 1467, S. 207.
126 SMR 1482, S. 133, 131. Im selben Jahr wurden auch noch Ziegel für den Turm bezahlt (S. 228).
127 1535: «Ußgeben Hansen Ruchtin den Thurn und den Knopf uff den Riedholzthurn zubischlachin tut 4 ₰ 4 Sch.» (SMR 1535, S. 181). – 1537: «Ußgeben Turs Graffen und Nigli Wällti so sy in den Turm Nidegg gewerchott ...» (SMR 1537, S. 216). – 1540: «Conradt gibelin ... von dem Nidegg wider ze machen ...».
128 Über den Hergang des Unglücks und die Folgen (u.a. fünf Tote und viele Verletzte, auch an umliegenden Bauten großer Sachschaden, der auf über 10000 fl. geschätzt wurde) berichtet das Ratsmanual vom 27. Juli 1546, Band 41, S. 329f. – Eine weitere Schilderung findet sich im Jahrzeitenbuch des Stiftes; abgedruckt: F.A. ZETTER-COLLIN. Darstellung der Pulverexplosion vom 26. Juli 1546 (Neues Solothurner Wochenblatt 1, 1912, S. 152). – Noch 1578 erhielt der bei diesem Unglück verwundete Maurerknecht Peter Singelmann vom Rat einen Bettelbrief zugestanden (RM, Band 82, S. 174).
129 Als der Rat Anfang 1547 «die abcontrefeite statt» an SEBASTIAN MÜNSTER («an Munsterum») sandte, unterließ man es nicht, ihm vom geplanten Wiederaufbau des alten Nideggturmes als «ein bollwerck in egken wie die andern thurn» zu unterrichten (RM, 28. Februar 1547, Band 43, S. 100) (vgl. Abb. 75).
130 Markus Hochstrasser hat diesen Turmrest beobachtet und hernach erstmals publiziert (HOCHSTRASSER, Befunde zur baulichen Entwicklung der Stadt Solothurn, S. 249).
131 Zitat nach ASO 7, S. 127.
132 Vgl. ASO 8, 1993, S. 136.
133 ASO 7, 1991, S. 127.
134 ALFONS ZETTLER. Zähringerburgen. Versuch einer landesgeschichtlichen und burgenkundlichen Beschreibung der wichtigsten Monumente in Deutschland und in der Schweiz (Zähringer III,

S. 95–176). – PAUL HOFER. Die Nydegg im Rahmen des spätzähringischen Burgenbaus (PAUL HOFER; HANS JAKOB MEYER. Die Burg Nydegg. Forschungen zur frühen Geschichte von Bern. Bern 1991, S. 139–170).

135 Bern: 22,5 × 16,2 m, D 4,4 m; Moudon: 23,95 × 16,25 m, D 3,45 m; Breisach: 22,75 × 16,45 m, D 3,2 m. Maße nach HOFER (wie Anm. 134).
136 RM, 15. September 1546, Band 41, S. 381.
137 Vgl. Tabelle der Steinmetzzeichen am Schluß des Buches.
138 RM, 23. November 1548, Band 45, S. 580.
139 RM, 20., 29. August 1550, Band 48, S. 363, 423; 8. April 1551, Band 49, S. 157.
140 RM, 26. August 1705, Band 208, S. 560.
141 RM, 22. Februar 1710, Band 213, S. 279.
142 RM, Band 220, S. 452. Am 7. Oktober 1717 (RM, Band 220, S. 874) berichteten die Schanzherren, daß der Turm nicht vor dem kommenden Frühjahr «in völlig brauchbaren standt gesetzet werden könne».
143 SRM 3, 26. April 1716, fol. 61. – Der Schlußstein trägt das Datum 1717.
144 RM, 6. September 1720, Band 223, S. 894f.; 27. August 1721, Band 224, S. 858f.
145 Pläne zu den beiden Vorhaben im Stadtbauamt. – AK 1971–1978 (JbfSolG 51, 1978), S. 174.
146 Diese Treppe wurde 1717 nach Vorschlag von DE-MORAINWILLE aus dem Jahre 1713 herausgebrochen: «Je propose de faire un escalier a escargot dans l'epaisseur du mur» (vgl. Anm. 288).
147 Die falsche Lesart wurde aus der Publikation einer Verkaufsurkunde vom 3. Juni 1328 (im StASO) im SWB 1816, S. 282, übernommen. – RAHN, Kunstdenkmäler, S. 152, 163. – WALTER HERZOG. Die Häuser am Riedholzplatz (JbfSolG 35, 1962, S. 226–240), S. 236f.
148 Diese Interpretation wird gestützt durch wiederholte Erwähnungen von Ziegellieferungen in den Jahren 1463 und 1488/89, die für die dächerlosen übrigen Kleintürme in den Ringmauern weit weniger in Frage kamen (SMR 1463, S. 159; 1488/89, S. 158). 1464 wird die «letzi bi waibelsturn» erwähnt (SMR 1464, S. 153).
149 Der Turm wurde im Januar 1686 zusammen mit einer an ihn angebauten Scheune an den Landvogt Johann Joseph Schwaller abgetreten, der sich kurz zuvor auf dem Areal der heutigen Häuser Riedholzplatz 14/16 ein neues Haus eingerichtet hatte (StASO, Gerichtsprotokolle 1682–1686, S. 197. – RM, 31. März 1685, Band 189, S. 208; 14., 18. Januar, 27. Februar, 1. März 1686, Band 190, S. 10, 19, 122, 129).
150 Literatur: RAHN, Kunstdenkmäler, S. 159–163. – SCHLATTER, Stadt-Befestigungen, S. 14. – MORGENTHALER, ASA 1922, S. 25. – (GOTTLIEB LOERTSCHER). Geschichte des Baseltores. Solothurn o.J. (1966). – HUGO SCHNEIDER. Toranlagen an mittelalterlichen Wehrbauten (Nachrichten des Schweizerischen Burgenvereins 42, 1969, 7. Band, Nr. 4, S. 317–320), S. 318f.
151 SWB 1818, S. 187.
152 Bis 1490 erscheint noch verschiedene Male dieser «alte Graben» in den Urkunden.
153 Nicht ganz auszuschließen ist auch ein Zusammenhang mit dem Nideggturm. – 1382 wird in einer Urkunde davon gesprochen, daß auch an der Nordseite der Stadt gegen Kaltenhäusern der «alte Graben» dereinst wieder geöffnet werden könnte (Urkunde vom 10. Mai 1382 im StASO).
154 SMR 1452, S. 188, 132; 1454, S. 87.
155 SMR 1462, S. 146.
156 SMR 1463, S. 163.
157 SMR 1486/87, S. 156, 161, 163, 164, 172, 251.
158 HANS GIBELIN aus der Gemeinde Alagna ist seit 1498 in Solothurn nachweisbar. – J. KAELIN. Woher stammen die Gibelin? (JbfSolG 1, 1928, S. 255–259).
159 Verding im RM, 4. Januar 1502, Band 9, S. 196 (Transkription Aimée Stampfli-Pettermand im Archiv der Kantonalen Denkmalpflege Solothurn).
160 1503 erfolgten erste Zahlungen: 1108 ₰ 4 Sch. 8 D. an «meister Hans Gibili uff den buw des turns» (SMR 1503, S. 131, 123, 122).
161 Abmessungen in: StASO, Denkwürdige Sachen, Band 18, fol. 134, 134', ebenso RM, 8. Oktober 1504, Band 9, S. 64. – Von beiden hat Aimée Stampfli-Pettermand Transkriptionen erstellt (im Archiv der Kantonalen Denkmalpflege Solothurn). – Eine zweite Zahlung im Jahr 1504 betrug 557 ₰ 2 Sch. 2 D. (SMR 1504, S. 133).
162 Tatsächlich scheinen dann nur die beiden Rondelle gewölbt worden zu sein; der Mittelturm besitzt nur über dem Tordurchlaß ein Gewölbe.
163 StASO, Denkwürdige Sachen, Band 18, fol. 134', 135. Ebenso RM, 9. Oktober 1504, Band 9, S. 64f. Zahlungen an GIBELIN: 1505: 541 ₰ 9 Sch. (SMR 1505, S. 132), 1506: 353 ₰ 8 Sch. (SMR 1506, S. 195).
164 RM, Band 26, S. 125. Das Werk sollte an Pfingsten des folgenden Jahres vollendet sein.
165 RM, Band 27, S. 211. Zahlungen an CONRAD GIBELIN: 1535: 30 ₰ (SMR 1535, S. 188), 1536: 752 ₰ 5 Sch. 10 D. (SMR 1536, S. 205). 1537: 1283 ₰ 11 Sch. an «Cuonrad Gibelin uff sin verding uff dem Eychthor und damit sin verding ganz und gar für alls bezahlt (SMR 1537, S. 223, 232).
166 1535 wird ein Kostenbetrag, «den man uff den Eychthor zimalin», verzeichnet (SMR, S. 188).
167 1552 Erweiterung und Erhöhung eines kleinen Türchens (wohl des Zugangs zur Wächterstube in der Nordseite des Tordurchgangs) (RM, 18. Februar 1552, Band 50, S. 78). – 1610 Reparatur der «Falbruck» (RM, 25. Oktober 1610, Band 114, S. 384).
168 RM, 23. September 1772, Band 275, S. 757. Die jetzige Skulptur trägt an der Postamentplatte die Signatur «I.G. RACHUEL 1739.»

169 BP Kanton, 18. Mai 1775, S. 284.
170 Etwas älter ist das 1490–1496 erbaute Große Bollwerk in Freiburg i. Ü.
171 Sie ist zeichnerisch wiedergegeben bei: EDUARD V. RODT. Kunstgeschichtliche Denkmäler der Schweiz. 1. Serie. Bern 1883, Blatt 15.
172 Wie sich der Aufzugsmechanismus tatsächlich gestaltete, läßt sich nicht mehr sagen.
173 Dazu Schreiben von Gottlieb Loertscher vom 7. Oktober 1963 an Hugo Schneider, Zürich (Archiv der Kantonalen Denkmalpflege Solothurn).
174 AK 1940 (JbfSolG 14, 1941, S. 248f.). Pläne vom 6. Juni 1940 im Archiv der Kantonalen Denkmalpflege Solothurn. – ASO 6, 1989, S. 144. – Nördlich führt ein versetzter, wohl barockzeitlicher Gewölbegang weiter.
175 1962–1966 mit einer Betondecke und an den Schmalseiten mit Kalksandsteinmauern versehen.
176 Hinweis auf «das gewelbe uff dem schnecken» im RM 1537, Band 27, S. 211.
177 Es befand sich über dem Torbogen, an Stelle der beiden Kalksteinquader, die nicht versetzt übereinander plaziert sind.
178 Erneuerung 1933 und etwa 1944 (vgl. AK 1940, 1942f.).
179 SMR 1443, S. 132. – 1479 (SMR, S. 126) werden Glaserarbeiten am «Thurn bim Eichthor» erwähnt; möglicherweise handelt es sich um ebendiesen Turm.
180 RM, 16. November 1587, Band 91, S. 625. Es scheint sich um Anpassungsarbeiten im Zusammenhang mit dem Neubau der Stiftsschule gehandelt zu haben, die auch die Stadtmauer zwischen Turm und Schule betrafen (SMR 1587, S. 137, 139).
181 RM, 11. März 1667, Band 171, S. 149.
182 Wiedergabe in DEMORAINWILLES Plan für einen Schützenmatt-Ravelin von 1712 (Abb. 307) und in FRANZ JOSEPH DERENDINGERS Grundrißplan der St.-Ursen-Kirche von 1762. Plan im HMBS. Abb. bei SENNHAUSER, St. Ursen-St. Stephan-St. Peter, S. 87, 88.
183 RAHN, Kunstdenkmäler, S. 158f.
184 SMR 1470, S. 71; 1483, S. 132.
185 Zu den Wighäusern und zu den Begriffsdefinitionen: JÜRG A. MEIER. Wighäuser und wighafte Bauten in der Schweiz (Nachrichten des Schweizerischen Burgenvereins 42, 1969, Band 7, S. 328, 333–336; 43, 1970, Band 7, S. 341–344).
186 Vielleicht war der größere St.-Peters-Turm wegen der notorisch schwierigen Fundierungsverhältnisse etwas zurückversetzt, oder das Wighaus bzw. das spätere Bollwerk sind aus wehrtechnischen Gründen ins seichte Aareufer vorgebaut worden.
187 StASO, Allerhand Copeyen, Band U 20, 6. November 1534, S. 287f. (Fundamentpfählung in der Aare); SMR 1535, S. 213 (Grabarbeiten); 1536, S. 205, 316 (Fundamentrost bis zum St.-Peters-Turm); 1537, S. 232; 1538, S. 198 (Brustwehr); StASO, Allerhand Copeyen, Band X 23, 25. September 1539, fol. 273vf. (Auftrag zum Abschluß der Arbeiten); SMR 1540/41, S. 81 (Schlußzahlungen). – Während der Bauarbeiten wird im Bereich des «niederen Bollwerks» auch ein alter Turm «genampt der Kumuff» erwähnt, der in der Literatur häufig mit dem Krummturm in Verbindung gebracht wird. Vielleicht handelte es sich um das ehemalige Wighaus an dieser Stelle (StASO, Allerhand Copeyen, Band W 22, 6. Oktober 1536, fol. 316v).
188 Vgl. dazu: SCHLATTER, Stadt-Befestigungen, S. 14f. – Das Kunstmuseum Solothurn besitzt ein Ölportrait dieses Geschützgießers von HANS ASPER aus dem Jahr 1535 (Inv. Nr. B 16).
189 Ob diese Arbeiten als Ergänzung oder bereits als Reparaturen aufzufassen sind, wird nicht klar (RM 1555, Band 56, S. 297).
190 RM 1626, Band 130, S. 784. Damals war der Turm Gefängnis.
191 RM 1632, Band 136, S. 527.
192 «Das bollwerckh soll noch In 4 Schuch hoch ufgefhüert ein Brustwäri mit gehauwnen Stückh gemacht werden ...» (RM 1633, Band 137, S. 586).
193 ALTERMATT wurde 1634 mit 500 ₶ und «6 Mütt Müliguot» entschädigt und erhielt 1637 für das Bollwerk, den Bau «under der Litzi» und das Kornhaus nochmals 2215 ₶ (SMR 1637, S. 69). – Vgl. auch RM 1634, Band 138, S. 488. – An Fronleichnam 1636 wurde das Bollwerk mit Böllerschüssen eingeweiht («wie von altem har continuiert») (RM 1636, Band 140, S. 242). – 1638 wurde noch über den Zugang zur Salpetersiederei diskutiert, die sich auf dem Bollwerk befand (RM 1638, Band 142, S. 438).
194 SMR 1639, S. 81–85 (Arbeiten durch Maurer HANS LUDWIG REINHART und Zimmermann FRIEDRICH GSANDER). – MARKUS HOCHSTRASSER hat diesen Bau untersucht, vgl. dazu: Solothurn, Baselstrasse 4A, Beobachtungen zur Stadtmauer (JbfSolG 66, 1993, S. 489–492) (= Denkmalpflege im Kanton Solothurn 1992).
195 RM 1687, Band 191, S. 253, 595.
196 RM 1839, A 1, Band 362, S. 118f.
197 Pläne von J. B. ALTERMATT 1828 und 1832. – Aufnahme anläßlich der Bauarbeiten zur Erweiterung des Werkgebäudes im Dez. 1958 von E. BÜHLER (Plan im Archiv der Kantonsarchäologie Solothurn).
198 RAHN, Kunstdenkmäler, S. 181. – Morgenthaler, ASA 1922, S. 31f. – EUGEN BRAUNSCHWEIG. Der «Krumme» Turm in der Vorstadt Solothurn. Solothurn 1953, S. 12–15. – HOCHSTRASSER, Befunde zur baulichen Entwicklung, S. 248.
199 SMR 1488/89, S. 125–128. – HAFFNER, Schawplatz II, S. 192, bestätigt das Baudatum 1489. – Die erste Erwähnung als «Hürligthurn» erfolgt 1597 (RM, Band 101, S. 311). – BRAUNSCHWEIG (wie Anm. 198), S. 14, erläutert die Etymologie («Hürlig» als spöttische Bezeichnung eines kleinen Menschen).
200 RM 1678, Band 182, S. 327f.; 1679, Band 186, S. 561, 577.

201 SMR 1680, S. 58, weisen Kosten von 622 ₰ 1 Sch. 4 D. aus. – 1688 wurden dem Deckmeister noch 220 ₰ bezahlt (SMR, S. 39).
202 Die beste Darstellung dieses Luzerntors in JOHANN BAPTIST ALTERMATTS Skizzenbuch, S. 175 (ZBS, S 158; BD II/21).
203 Z. B. ALTERMATT-Plan von 1832 (PD 16). – Der Katasterplan von 1870 (Blatt 24) gibt für die Nordseite dieses Turmstumpfes eine Mauerstärke von etwa 1,8 m wieder.
204 Der östliche Turm (ungefähr an der Stelle des Hauses Patriotenweg 1) war etwa 45 m vom Berntor entfernt, der westliche Turm (ungefähr an der Stelle des Hauses Adlergasse 11) rund 55 m.
205 RAHN, Kunstdenkmäler, S. 178–180. – MORGENTHALER, ASA 1922, S. 28–31. – EUGEN BRAUNSCHWEIG. Der «Krumme» Turm in der Vorstadt Solothurn. Solothurn 1953. – HOCHSTRASSER, Befunde zur baulichen Entwicklung der Stadt Solothurn, S. 243, 245.
206 SUB III, Nr. 421. Die Interpretation hat einiges für sich, da sich die Erwähnung im Anschluß an einen Garten «alia parte Aralis, ubi transitur per pontem» findet. – In einer Urkunde vom 1. Oktober 1305 (StASO) wird ein Haus «sita in loco dicto am burgtor» erwähnt.
207 SMR 1454, S. 88; 1480, S. 162.
208 SMR 1461, S. 94: «Jtem verzerdt die buwherren und die zimmerlüt als sy den Turn by wassertor usmachtent 2 ₰ 8 Sch.»
209 SMR 1463, S. 159; 1464, S. 138.
210 SMR 1486/87, S. 267.
211 HEUTSCHI lieferte aus Leuzigen 900 Tuffsteine (SMR 1488/89, S. 151, 182; 1489/90, S. 122, 143); Meister JÖRG lieferte 265 Stück Stein und eine Anzahl weiterer Stücke von «Pfegetzstein» (Kalksteine aus den Steingruben im Fegetz in Solothurn), die für die Wendeltreppe und die zugehörige Türe im Innern verwendet wurden (SMR 1486/87, S. 91, 178).
212 SMR 1586/87, S. 167.
213 SMR 1488/89, S. 182. Da gleichzeitig am Hürligturm gebaut wurde, sind Materiallieferungen auch dorthin denkbar.
214 SMR 1489/90, S. 133, 144f.
215 SMR 1489/90, S. 128; 1490/91, S. 156.
216 SMR 1535, S. 199. – RM 1589, Band 93, S. 753.
217 SMR 1643, S. 75. – Nach dem Turmabbruch 1877 soll das Uhrwerk in den Kirchturm von Rüti bei Büren an der Aare versetzt worden sein (vom ehemaligen inneren Berntor in der Vorstadt [Solothurner Zeitung, Nr. 5, 1952]).
218 BP Kanton, 28. März, 10., 17. Mai, 20. Juni 1776, S. 344, 351, 353, 358.
219 ZBS, Stadtarchiv, Bauakten 1877/78, Kapitel «Bau», Nr. 114, 164, 222.
220 Abb. bei RAHN, Kunstdenkmäler, S. 182. – A. LECHNER. Das Spottbild am ehemaligen innern Vorstadttor (Neues Solothurner Wochenblatt 1, 1910/11, S. 291–293). – Als Vergleichsbeispiel bietet sich eine Plastik über dem Torportal von Ruffach im Elsaß an, wo der sogenannte «Läck mer am Arsch» der Feldseite zugewandt ist. – Vgl. ALBERT SPYCHER. Der Basler Lällenkönig, seine Nachbarn, Freunde und Verwandten. Basel 1987 (166. Neujahrsblatt. Hg. von der Gesellschaft für das Gute und Gemeinnützige, S. 47–59, 75–81).
221 Kunst im Kanton Solothurn, S. 65, Nr. 18. – WALTER MOSER. Die Wappenreliefs am Bieltor in Solothurn und das Kantonswappen (JbfSolG 61, 1988, S. 215–239), S. 223–229.
222 Kunst im Kanton Solothurn, S. 65.
223 LOERTSCHER, Tussmann, S. 15.
224 Literatur: RAHN, Kunstdenkmäler, S. 175–178. – W. RUST. Der «Krumme Thurm» (St. Ursen-Kalender 1889, S. 34). – MORGENTHALER, ASA 1922, S. 31. – AMBROS KOCHER. Der Inhalt des Knopfes auf dem krummen Turm (Für die Heimat, 11. November 1944). – EUGEN BRAUNSCHWEIG. Der «Krumme» Turm in der Vorstadt Solothurn. Solothurn o. J. (1953). – G. HABERTHÜR. Der Krumme Turm. Zur Einweihung 19. Juni 1955. Solothurn 1955.
225 SMR 1462, S. 90.
226 SMR 1462, S. 90, 91, 99, 100.
227 SMR 1463, S. 108.
228 SMR 1463, S. 162; 1464 wurden ihm 3 ₰ ausbezahlt (SMR 1464, S. 142).
229 Wohl Backsteine für die Fensterüberfangungen. SMR 1463, S. 159.
230 Die Resultate einer 1991 durchgeführten dendrochronologischen Untersuchung des Holzwerks (Treppen, Zwischenböden, Dachkonstruktion) beweisen, daß die Aufstockung 1462/63 entstanden ist.
231 RM 1590, Band 94, S. 264 (9. April 1590).
232 RM 1634, Band 138, S. 456, 507, 517.
233 HAFFNER, Schawplatz II, S. 299.
234 Zu den Turmknopfbeigaben, die anläßlich der verschiedenen Reparaturen deponiert und wieder aufgefunden wurden, vgl. KOCHER (wie Anm. 224).
235 Die Arbeiten standen unter der Leitung von Stadtbaumeister HANS LUDER und betrafen die Freiräumung des Verlieses, Änderung der Bodenbeläge, Freilegung der alten Schießscharten und Einsetzen neuer Fenster (AK 1948).
236 Die Quaderung erinnert an die Überreste des Turmstumpfes des Hürligturmes (siehe S. 180f.) und an gewisse Partien der Halbrundtürme an der nördlichen Stadtmauer. Darüber hinaus verweise ich auf die Mauerwerke der kiburgischen Ausbauphase am Schloß Burgdorf («um 1250, 2. Hälfte 13. Jh.»): JÜRG SCHWEIZER, Kdm BE, Landband I, S. 130ff., Abb. 104ff.
237 Sie ist zeichnerisch dargestellt bei: EDUARD V. RODT. Kunstgeschichtliche Denkmäler der Schweiz. 1. Serie. Bern 1883, Blatt 15.
238 Das Ofenfragment auf gemauertem Ofenfuß weist noch eine Reihe reliefierter Rautenkacheln und ei-

nen Kranz mit Rankendekor auf. Aus stilistischen Überlegungen möchte man diesen Ofenrest mit einer Notiz im Ratsmanuale von 1561 in Verbindung bringen, worin wegen Brandgefahr der Ersatz des bestehenden Ofens verlangt wurde (RM, Band 67, S. 414).

239 Ein vergleichbarer namenloser Turm über fünfeckigem Grundriß befand sich an der Basler Stadtbefestigung etwas südlich des Spalentors; vgl. C. A. MÜLLER. Die Stadtbefestigung von Basel. Die Befestigungsanlagen in ihrer geschichtlichen Entwicklung. Neujahrsblatt, hg. von der Gesellschaft zur Beförderung des Guten und Gemeinnützigen 133 und 134, Basel 1955, Abb. vor S. 37 (Nr. 133), S. 39 (Nr. 134).

240 Literatur: SCHLATTER, Stadt-Befestigungen. – STUDER, Solothurn und seine Schanzen. – HANS SIGRIST. 300 Jahre Solothurnische Schanzen. Zur Erinnerung an den Beginn des Schanzenbaus 15. Juli 1667 (Jurablätter 29, 1967, S. 73–88). – BENNO SCHUBIGER; Stuart Morgan. Vauban und Solothurn. Neue Materialien zu einem Befestigungsprojekt aus dem Jahre 1700 für die Ambassadorenstadt (JbfSolG 62, 1989, S. 213–235). – STUART MORGAN. Vaubans Projekt zur Befestigung einer Schweizer Stadt. Cartographica Helvetica 1, 1990, S. 22–28. – STUART MORGAN; BENNO SCHUBIGER. Un projet de Vauban pour la défense d'une ville suisse (ZAK 49, 1992, S. 221–240). – Terminologie: Glossarium Artis. Festungen. Der Wehrbau nach Einführung der Feuerwaffen. München 1990². – Die barocke Befestigung und ihre Bastionen werden in Solothurn seit je als «Schanzen» bezeichnet. Auch wenn in der Standardterminologie unter Schanze eine Feldbefestigung verstanden wird, wird im folgenden die hiesige Verwendung des Wortes nicht strikte vermieden.

241 RM 1625, Band 129, S. 348 (15. Mai 1625). Weiterer Beschluß am 23. Mai 1625.

242 Folioband, ursprünglich im Besitz des StASO. Nachdem er dort gestohlen worden war, wurde er 1958 durch die Zentralbibliothek Solothurn wieder angekauft (ZBS, S II 157). Der Band war 1626 durch ULRICH MEYER für 10 ₶ eingebunden worden (SMR 1626, S. 67). – Die reichillustrierte Handschrift ist 1986/87 durch Aimée Stampfli-Pettermann für die Kunstdenkmäler-Inventarisation transkribiert worden. – Zum Aufenthalt von GROSS vgl. SCHLATTER, Stadt-Befestigungen, S. 26–31.

243 Der deutsche Festungshistoriker Hartwig Neumann aus Jülich hat 1987 erfolglos Nachforschungen über MICHAEL GROSS angestellt.

244 GROSS wurde mit 707 ₶ entschädigt (darin eingeschlossen die Abgeltung für GIBELIN).

245 HOFER, Kdm BE I, S. 87ff. – PAUL HOFER. Die Wehrbauten Berns. Burg Nydegg und Stadtbefestigung vom 12. bis zum 19. Jahrhundert. Bern 1953, S. 55–61.

246 RM 1632, Band 136, S. 556 (29. Oktober 1632).
247 RM 1656, Band 160, S. 28 (14. Januar 1656).
248 RM 1656, Band 160, S. 181 (27. März 1656).
249 RM 1656, Band 160, S. 278 (13. Mai 1656).
250 RM 1656, Band 160, S. 284 (15. Mai 1656).
251 RM 1662, Band 166, S. 263 (31. Mai 1662). Von POLATTA sind neben der linksufrigen Stadtbefestigung von Solothurn keine weiteren Werke bekannt. 1670 verfaßte er für Freiburg i. Ü. ein Gutachten. Literatur über FRANCESCO POLATTA: Bolettino Storico della Svizzera italiana 1899, S. 35–37. – BRUN, Band 2, 561. – HBLS, Band V, S. 438. – LUIGI BRENTANI. Antichi maestri d'arte e di scuola delle terre ticinesi. Notizie e documenti. Vol. V. Lugano 1944, S. 315–318 (Hinweis auf ein Expertenmandat von FRANCESCO POLATTA und DOMENICO SERENA in einem Baustreit des Jahres 1685). – MARCEL STRUB, Kdm FR I, S. 188. (Ich danke Elfi Rüsch in Locarno für Angaben zu POLATTA.)

252 Den Kontakt zu diesem stellte Johann Viktor I. Besenval her, in dessen Familienchronik es heißt: «1667 hat er auf obrigkeitlicher Bewilligung einen Schanzmeister aus Italien kommen lassen ...» (Genealogie de la famille des Baron de Besenval tirée des ecrits autentiques, ainsique des registres de Mariages, Baptêmes, et morts, redigée par BALTASAR, JOSEPH GRIZ cydevant curé de Ville et Chanoine Ecclesiaste L'an 1796, S. 23. Manuskript im Museum Schloß Waldegg.) Besenval war 1664–1667 Landvogt in Locarno.

253 RM 1667, Band 171, S. 104, 120 (23. Februar, 4. März 1666).
254 RM 1667, Band 171, S. 131. Die angedrohten Strafen reichten bis zu Ehr- und Bürgerrechtsverlust.
255 RM 1667, Band 171, S. 163, 169 (14., 16. März 1667).
256 RM 1667, Band 171, S. 330 (25. Juni 1667).
257 RM 1667, Band 171, S. 341, 357 (1., 8. Juli 1667).
258 MEYER, Solothurns Politik, 1956, S. 43–53. – Die Baukosten für das ganze Fortifikationswerk werden auf 80–100 Millionen heutiger Franken geschätzt. Exakte Summen sind nicht ermittelt worden.
259 RM 1667, Band 171, S. 368, 374 (11., 13. Juli 1667). – Kopie einer Beschreibung der Festlichkeiten in SS.
260 Dies ist aus den datierten Inschrifttafeln und Reliquienkästchen zu erschließen, die bei der Schleifung der Schanzen gefunden wurden. Vgl. Katalog S. 216f.
261 RM 1672, Band 176, S. 266, 362.
262 RM 1672, Band 176, S. 379 (6. Juli 1672). – SS Buch, S. 5 (9. April 1674).
263 RM 1675, Band 179, S. 794. – SS Buch, S. 15 (4. November 1675).
264 RM 1675, Band 179, S. 63; 1677, Band 181, S. 148.
265 SS Buch, S. 75.
266 SRM 1, fol. 6, 7.
267 Zu den Arbeitsbedingungen: SCHLATTER, Stadt-Befestigungen, S. 54f.

268 Erwähnungen weiterer Beteiligter: 1668 Maurermeister von Neuenburg, Ligerz, Rheinfelden und Solothurn, 1669 ein Meister CHRISTOFFEL (der italienische Maurer), 1671 ein Windenmeister JOHANNES KUON von Zofingen, 1676 ALBERT RAGAZZI und weitere italienische Maurer sowie 1689 als Ziegler die Brüder DOMINIQUE und JEAN PIERRE VANNET von Cademario in der Vogtei Lugano.

269 Undatiertes Gutachten von MARBET mit drei Skizzen im StASO, GB 14,9; ein eigentlicher Plan fehlt. – MARBET erhielt am 7. März 1674 über 293 ₰ (SMR, S. 52). – Der Rat zeigte sich sehr zufrieden und beschenkte den Gutachter gar mit dem Burgrecht (RM 1674, Band 178, S. 193).

270 RM 1680, Band 184, S. 598 (18. Dezember 1680). Altrat Hauptmann von Roll (damals Landvogt in Lugano) sollte dabei zu Hilfe genommen werden. – SERENA ist erwähnt bei BRENTANI (wie Anm. 251).

271 RM 1681, Band 185, S. 171, 178, 234 (25., 28. April, 17. Mai 1681). SS Buch, S. 35, 25. April, 17. Mai 1681. Zu TARADE: THIEME/BECKER, 32. Band, S. 439. – ANNE BLANCHARD. Les ingénieurs du «Roy» de Louis XIV à Louis XVI. Etude du corps des fortifications. Montpellier 1979, passim. – Es ist zu beachten, daß TARADE vielleicht noch vor der Visierung des Planes im Gelände von Solothurn abreiste; jedenfalls wird bereits am 28. April von seiner bevorstehenden Abreise gesprochen und über sein Geschenk beraten (RM 1681, Band 185, S. 178, 28. April 1681). Ein weiterer Aufenthalt TARADES ist nicht mehr nachgewiesen. – TARADES Gutachten (in alter Kopie) in SS.

272 RM 1682, Band 186, S. 90, 107. – SS Buch, 19., 27. Februar 1682, S. 37f. – Es hat sich nur der Grundriß des ersten Projektes original erhalten (vgl. S. 203).

273 HAUTEBEAU verwies auf die in taktischer Hinsicht gefährlichen Anhöhen rund um die Stadt, auf die Kleinheit der Bastionsflanken und die zu kleinen Halbbastionen an der Aare, die teilweise schlechten Niveaus der Bastionen, die schlechte Deckung der Stadttore und besonders des Bieltors (inneres und äußeres Tor waren in Flucht angelegt) sowie auf die Ausbaumöglichkeit der drei Muttitürme zu Kavalieren mit Hilfe von Einwölbungen. HAUTEBEAU legte verschiedene Projekte vor, die sich leider nicht erhalten haben. Zwei schlagen mit Hilfe von Ravelins Verbesserungen der bestehenden Fortifikation um die Stadt vor, ein anderes Projekt ist der Befestigung der Vorstadt gewidmet. – HAUTEBEAUS Gutachten vom 2. Dezember 1684 (in alter Kopie) in SS. – RM 1685, Band 189, S. 37 (24. Januar 1685).

274 RM, Band 189, S. 441.

275 Vgl. die Inschriftafel vom 2. Oktober 1685 (S. 217, Nr. 4) und RM 1686, Band 190, S. 237.

276 RM 1689, Band 193, S. 681 (8. November 1689). Am 26. Dezember 1689 wurde Meister JAKOB KELLER diese «stattporten ... um 450 Kronen ... auss zu arbeiten verdingt». Sie sollte bis Herbst 1690 aufgerichtet werden (SRM 1, fol. 5').

277 Zitat nach SCHLATTER, Stadt-Befestigungen, S. 40.

278 Hauptsächliche Forderungen CHEVALIERS waren die Errichtung dreier fingerartig ausgreifender Hornwerke mit vorgelagerten Ravelins im Bereich der Stadt sowie alternativ die Anlage von Tenaillen außerhalb der Bastionen. Auch CHEVALIER forderte eine Einwölbung der Muttitürme. – RM 1700, Band 203, S. 118 (15. Februar 1700). Im Rat hatte man eigentlich den Beizug von TARADE ins Auge gefaßt. CHEVALIERS Gutachten in alter Kopie vom 12. April 1700 in SS. (Es ist resümiert und auszugsweise zitiert bei SCHLATTER, S. 42.) – CHEVALIERS Originalgutachten in AGV, Article 14, Soleure. Die zugehörigen Planunterlagen sind verschollen.

279 VAUBANS Gutachten (alte Kopie), welches am 14. Juli 1700 dem Rat vorlag, in den SS. – RM, Band 203, 14. Juli, 29. Oktober 1700, S. 526, 736. – VAUBANS eigenhändig unterzeichnete Antwort auf das Dankesschreiben der Solothurner in den SS (4. Dezember 1700). – Detaillierte Würdigung von VAUBANS Gutachten und Plan mit genauem Aktennachweis bei MORGAN/SCHUBIGER (wie Anm. 240).

280 VAUBAN bemängelte das zu enge Anliegen des Schanzenwerks an der mittelalterlichen Ringmauer, die Kleinheit der Bastionen und die Planung bloß eines Ravelins vor dem Bieltor. Er sah sich aber auch zur Kritik an CHEVALIERS kurz zuvor entstandener Expertise veranlaßt. Die Vergrößerung der Bastionsflanken erachtete er im Hinblick auf die Kosten und Opfer als unverhältnismäßig ebenso wie die drei großen Hornwerke, und die Tenaillen in den Gräben schließlich seien nicht nach den Regeln der Kunst angelegt und im vorliegenden Fall überhaupt abzulehnen.

281 RM, 13. Dezember 1701, Band 204, S. 824; 10. Februar, 28. August 1702, Band 205, S. 111, 610.

282 RM, 27. April, 4. Juni, 18. Juli 1703, Band 206, S. 241, 270, 401. – Ebenfalls im Frühjahr 1703 zeigten sich schwerwiegende statische Probleme bei der Bastion beim Bollwerk. Leutnant BRUNNER (seit 1703 Schanzinspektor) entwarf sogar einen Riß für einen Neubau dieser Schanze (RM, 4., 7. Mai, 27. August 1703, Band 206, S. 270, 277, 454; 21. Januar 1704, Band 207, S. 47). – Schultheiß Johann Viktor I. von Besenval hatte im Rat auch die Frage aufgeworfen, ob man nicht für sechs Jahre sämtliche Schanzarbeiten einstellen solle (RM, 27. August 1703, Band 206, S. 454).

283 RM, 17. August 1709, Band 212, S. 651. – SRM 1, fol. 30'.

284 Der VAUBAN-Schüler Morettini, der 1710 in Freiburg i. Ü. tätig war (MARCEL STRUB, Kdm FR I, Basel 1964, S. 189, Abb. 163), verwies auf taktische Probleme mit dem Gelände im Bereich der Schützenmatte (Senke) und der Schanzmühle (Erhebung), ebenso auf die Notwendigkeit von fünf bzw. drei Ravelins um Stadt und Vorstadt; schließlich machte er auf die Wölbung der Türme aufmerksam. Wir erfahren,

daß damals der gedeckte Weg ziemlich fortgeschritten und die Grabenmauer in der Vorstadt vollendet war (RM, 29. März 1710, Band 213, S. 1382: Zahlung). – RM, 20. Mai 1711, Band 211, S. 549: Verhörung eines Memorials vom 11. Dezember 1710; dieses Dokument mit Bezugnahme auf «Moretin» in den SS. Ein darauf bezogener Plan von Schanzherr BRUNNER und JEAN FORTIER hat sich nicht erhalten.

285 Er gab u.a. Ratschläge zu den Places d'armes und dem gedeckten Weg, den Torzugangsbrücken, und er regte die Schaffung von mehr Ravelins an, die auch zwecks Kosteneinsparung aus Erdwerk mit Steinverkleidung errichtet werden könnten. – Gutachten vom 23. Juli 1712 in deutscher Übersetzung in den SS (darüber SCHLATTER, Stadt-Befestigungen, S. 48–52). Drei Pläne von 1712 im AGV, Article 14, Soleure.

286 DEMORAINWILLES Gutachten vom 22. Juli 1712 und kartographische Aufnahme der Stadt vom 27. Juli 1712 mit Einzeichnung der Redouten im AGV, Article 14, Soleure.

287 Originalgutachten vom 29. November 1712 im StASO, Bauakten, Schanzen, B 29,13. Keine Pläne erhalten.

288 Originalgutachten vom 21. Januar 1713 in den SS.

289 Memorial von FORTIER vom 19. Juni 1714 in den SS. – Am 20. Juni 1714 fand darüber eine Sitzung statt; wiederum konnte sich der Rat für keine der Varianten entscheiden, sondern ließ zuvor beide Projekte im Gelände ausstecken (RM, 20. Juni 1714, Band 217, S. 728).

290 Dazu SRM 4 und 5, später BP Kanton. – Schanzrechnungen (StASO, BG 14, 12–25).

291 Zur Stadtwache und Stadtgarnison: Solothurnische Geschichte, Band 2, S. 502–506.

292 AGV, Article 14, Soleure: «Memoire sur la place de Soleure» (20. März 1798). Dazu «Plan de la place de Soleure» (20. März 1798).

293 Möglicherweise hängt dieser Stich mit einer Protokollnotiz zusammen, wonach der Maler URS KÖNIG am 20. April 1668 einen Riß von Stadt und Schanze eingelegt hätte (RM, Band 172, S. 184).

294 Auf Bernhardt und seinen «Schanzabriss» bezüglicher Eintrag in RM, 30. April 1670, Band 174, S. 211.

295 Vgl. TARADES Expertise vom 29. April 1681 in den SS.

296 Vgl. TARADES Expertise vom 29. April 1681 in den SS. – Die beiden Pläne entstammen dem sog. «Atlas de Louis XIV» von 1684: Das Solothurner Exemplar stammt aus Band 1 dieses Atlasses, der seit 1796 in Vincennes fehlte und 1953 in Hamburg zurückgekauft wurde. Allerdings fehlt heute das Blatt 71 von Solothurn, da dieses bereits 1951 durch die ZBS angekauft worden war. Die Variante in Vincennes befindet sich als Blatt 70 im Band 2 des «Atlas de Louis XIV» (abgebildet bei MORGAN/SCHUBIGER, wie Anm. 240, Fig. 5). Zu beiden Plänen: Catalogue général des manuscrits des bibliothèques publiques de France. Paris 1911, S. 302f.

297 VAUBANS Plan ist als Faksimile ediert in: Die Sammlung Schauenburg. Hauterive 1989, Plan Nr. 23. – Dazu mit ausführlichen Quellenangaben: MORGAN/SCHUBIGER (wie Anm. 240).

298 Diese «Unstimmigkeiten» können mit Übermittlungsfehlern und der Verwendung von älteren Planunterlagen zusammenhängen.

299 Zitat nach VAUBANS Gutachten in den SS.

300 Einen Überblick über das neuzeitliche Befestigungswesen in der Schweiz bietet: ANDRÉ MEYER. Profane Bauten. Disentis 1989 (Ars Helvetica IV), S. 192–204.

301 Maße der Kurtinen und Vollbastionen (ermittelt nach den Katasterplänen von J. SCHWALLER 1818 durch MARKUS HOCHSTRASSER): 1. Linksufrige Stadt: a) Kurtinen: variierend von 96 bis 118 m. b) Bastionen: Flanken 16–21 m, Facen 43–58 m, Bastionsachsen 45 m, Bastionskehlen 57–65 m. 2. Rechtsufrige Stadt: Kurtinen: 96 – 108 m, Flanken 33 oder 30 m, Facen 63 oder 74 m, Bastionsachsen 74 oder 79 m, Bastionskehlen 84 oder 98 m.

302 Auch an TARADES Vorstadtschanzen mit beträchtlich längeren Flanken (bis maximal 33 m statt minimal 16 m an den Bastionen nördlich der Aare).

303 Im Park des Königshofs in Rüttenen haben sich einige Kuppelelemente von abgebrochenen Postenerkern als Spolien erhalten.

304 Grundrißaufnahme und Schnitt der Bastion von LOCHER & NAEFF 1856 im BASO, A 5 95 und 114.

305 Regierungsratsbeschlüsse vom 18. Juni 1864, RM, S. 721. – 22. Juni 1866, RM, S. 774. – Freilegung, Dokumentation und Publikation durch MARKUS HOCHSTRASSER: Solothurn, Schanzenreste im Westringquartier (JbfSolG 60, 1987, S. 266f.) (= Denkmalpflege im Kanton Solothurn 1986).

306 RAHN, Kunstdenkmäler, S. 170f. – SCHLATTER, Stadt-Befestigungen, S. 57.

307 RM, 6. Juli 1672, Band 176, S. 379.

308 Eine ähnliche Verwendung der Säulenordnung mit Kanonenrohren beobachten wir an der Festung Marienberg ob Würzburg beim äußeren Hochberger Tor von 1708. (Dazu: Architekt und Ingenieur. Baumeister in Krieg und Frieden. Ausstellungskataloge der Herzog August Bibliothek Nr. 42. Wolfenbüttel 1984, Kat.Nr. 125, 305.) Auslöser waren Architektur- und Fortifikationstraktate, die teilweise auf ihren Frontispizen die «columna bellica» darstellten. Vgl. WENDEL DITTERLIN. Architectura. Nürnberg 1598, Tf. 73. – JEAN ERRARD DE BAR-LE-DUC. Fortificatio. Frankfurt a.M. 1604, Frontispiz. – HANZELET LORRAIN. La pyrotechnie. Pont à Mousson 1630, Frontispiz. – Eine Säule in Kanonenrohrform – eine sog. «collone bellique» – bildet ab: A. C. DAVILIER. Cours d'architecture qui comprend les ordres de Vignole. Tome premier. La Haye 1730^3, pl. 93 bei S. 307.

309 Die beiden «steinernen Helme» wurden am 11. November 1884 an Herrn Bargetzi-Borer «zu Handen seines Auftraggebers in Grissach zum Preise von

Fr. 500.– verkauft» (RM 1884, Nr. 2338). – Ein anderes Fragment des Portals findet sich im Park der Kantonalbank.
310 Darauf passender Hinweis in RM, 30. Juni 1674, Band 178, S. 486, 434.
311 1709 hatten die Kapuziner verlangt, daß für sie eine zweite Brücke zum Ravelin errichtet werden sollte (SRM 2, fol. 15).
312 Lithographierter Plan im StASO. – Einzelheiten zur Entfestigung S. 92f.
313 Lithographierte Darstellung auf dem Versteigerungsprospekt in der ZBS, a 895.
314 RM, 18. Juli 1866, S. 845f. – Abbruchauftrag an Herrn BARGETZI-SCHMID: RM, 6. März 1871, Nr. 476. – Anläßlich des Baugrubenaushubs für die Bieltorparkgarage wurden 1975 Überreste des aufgehenden Mauerwerks der Kurtine, Teile der Steinbrücke sowie Mauerwerk des ehemaligen Ravelins samt unterirdischem Laufgang untersucht. Dazu: ALEXANDER HAVEL; ERNST MÜLLER. Solothurn-Amthausplatz, die Bieltorschanzen (JbfSolG 48, 1975, S. 386–398). – ERNST MÜLLER; ALEXANDER HAVEL. Die Schanzen weichen der Parkgarage Bieltor (St. Ursenkalender 1976, S. 69–73). – Anläßlich des Abbruchs wurden durch A. HUBER Gipsmodelle der Fassade des äußeren Bieltors erstellt (H 40 cm, B 65 cm, T 10 cm). Eines davon befindet sich bei der Kantonalen Denkmalpflege Solothurn.
315 RM, 25. Februar 1867, Nr. 440. – Zur Ausgrabung: ALEXANDER HAVEL; ERNST MÜLLER (wie Anm. 314).
316 Abbruchbeschluß des Kantonsrates am 29. November 1877; genau ein Jahr zuvor, am 29. November 1876, hatten sich die Kantonsräte Josef von Sury und Urs Vigier gegen einen weiteren Abbruch der Schanzen gewehrt. Dazu: CHARLES STUDER. Solothurn und seine Schanzen. Solothurn o.J., S. 11.
317 SCHLATTER, Stadt-Befestigungen, S. 64. – SCHUBIGER/MORGAN (wie Anm. 240), S. 228–234. – MORGAN/SCHUBIGER (wie Anm. 240), S. 233f.
318 RM, 28. August 1690, Band 194, S. 581.
319 SS Buch, S. 5, 24. Mai 1674. – RM, 22. März 1677, Band 181, S. 148.
320 Die Untersuchung durch Markus Hochstrasser hatte auch einige Kalksteinlagen der Grabenmauer sowie die Kontereskarpe aus roh bearbeiteten Kalkquadern bis auf etwa 8,5 m Höhe freilegen können; selbst die Cunette ließ sich eruieren. Dazu: Solothurn, Schanzenreste auf dem Areal Parkhaus Baseltor (JbfSolG 63, 1990, S. 164–169) (= Denkmalpflege im Kanton Solothurn 1989).
321 RM, 1. Februar 1657, Band 179, S. 63; 4., 7. Mai, 27. August 1703, Band 206, S. 270, 277, 454.
322 RM 1839, S. 1118f. – Anläßlich von Bauarbeiten im Dezember 1958 konnten Teile der Schanzenfundamente dokumentiert werden (vgl. Anm. 197).
323 Zum Abbruch vgl. S. 105. – Aufnahmeplan der Turnschanze um 1900 im Planarchiv des Stadtbauamtes, P 56. – Pläne zum Abbruch der Turnschanze im StASO, D 3 12, 13 (April 1905); D 3 13 (September 1906).
324 RM, 8. November 1689, Band 193, S. 681.
325 HOCHSTRASSER, Kaufhäuser, S. 292–296. – Planaufnahmen durch Studenten des Technikums Burgdorf vom März 1918 bei der Kantonalen Denkmalpflege Solothurn.
326 Abbruchbeschluß RM 1875, Nr. 164.
327 Bauakten im BASO, D V 12.
328 Es ist zu vermuten, daß man diese Tafel beim Abbruch einer weiteren Bastion gefunden hat, die ebenfalls am 15. Juli 1667 in Angriff genommen wurde. – Möglicherweise ist dieses Stück identisch mit einer Gedenktafel, die unter Nr. 1168 im Inventar des Museums Altes Zeughaus Solothurn figuriert.
329 Ein Teil befindet sich als Leihgaben in der Schloßfabrik Glutz AG in Solothurn. Der Schlüsselbund vom Baseltor ist im ersten Obergeschoß des Baseltors ausgestellt.

WASSERVERSORGUNG UND BRUNNEN[1]

DER STADTBACH UND DIE TRINKWASSERVERSORGUNG

Die Stadt Solothurn bezog ihr Wasser von Quellen und Bächen der Juraabhänge, die entweder in Brunnenleitungen oder als offene Wasserläufe künstlich in den Stadtkern oder die Außenquartiere geführt wurden. Wichtig für das Gebiet nördlich der Aare waren der Stadtbach (innerhalb der Mauern Goldbach genannt) und parallel geführte entsprechende Brunnenleitungen sowie seit 1638 die Bellacher Leitung. Die äußere Baselstraße östlich der Altstadt wurde durch den Feldbrunnen versorgt und die Vorstadt südlich der Aare durch jene Wasserleitung, welche aus dem Buchhofwald über das Schöngrün in die Ischern geführt wurde[2].

Bedeutendste Wasserversorgung und Wasserkraft für Solothurn bildete seit dem Spätmittelalter der Stadtbach (Abb. 57). Es besteht Grund zur Annahme, daß damals Stift und Bürgerschaft über verschiedene Wasserrechte verfügten. Das Stift dürfte sein Wasser aus einer künstlichen Umleitung des Dürrbachs bezogen haben, der selber etwa 250 m oberhalb der Aarebrücke als Obach in den Fluß mündet; seine Wasserrechte trat das Stift 1501 an die Stadt ab[3]. Einen ersten indirekten Hinweis auf die Existenz eines Bachs, der durch die Stadt fließt, erhalten wir 1303, als in der Goldgasse erstmals eine Mühle auf Stadtgebiet erwähnt wird[4]. Die Bürgerschaft schuf sich 1347 eine eigene Wasserleitung. Es handelte sich um einen künstlichen Kanal (den Busletenmühlibach), der in der Busleten oberhalb Langendorf seinen Anfang nahm und mit dem Einverständnis des St.-Ursen-Stifts als Grundbesitzer über die Hofmatt geleitet werden durfte[5]. Im Jahre 1456 wird bestätigt, daß der «Stadtbrunnen» über das Gut Äußere Hofmatt gehe[6]. Die Brunnenleitung wurde an der nördlichen Ringmauer mit Hilfe einer Wuhre, welche 1349 erstmals erwähnt wird, in die Stadt geführt[7]. Dazu hatte man offenbar den höchstmöglichen Punkt unmittelbar westlich des Franziskanerklosters gewählt, der eine möglichst weitgehende Wasserversorgung des Altstadtgebietes erlauben sollte und dabei gleichzeitig dem Bach so viel Fließgeschwindigkeit ließ, daß er innerhalb der Stadtmauern Wasserräder betreiben konnte[8]. Tatsächlich besaß dieser Bach der Bürgerschaft beträchtliche Bedeutung für die Entwicklung der Stadt. Bereits 1350 wird an der Stelle der heutigen Staatskanzlei eine Mühle genannt (die spätere Eselsmühle), und schon 1373 erhalten wir Kenntnis von einer weiteren Mühle (der späteren Gibelinmühle; Abb. 239), welche durch diesen Bach betrieben wurde. Schließlich findet 1391 noch die Mühle «ze Kaltenhüsern» (die spätere Schanzmühle) Erwähnung[9].

Im Jahre 1530 wurde beschlossen, «das Waßer uss dem Moß in die statt ze legen, uff die Mŭlinen, Blŏwen, Ryben und dergleichen ...». Die anfallenden Kosten sollten anteilsmäßig den Anstößern und am (Stadt-)Bach anliegenden Betrieben auferlegt werden. Bei dieser Gelegenheit erfahren wir, daß damals in der Stadt und nördlich von ihr zu Kaltenhäusern vier Mühlen bestanden, des weitern die «mule zŭ dem hoff, sampt den zweyenen Rybinen» (Stadtmühle bei der Hofmatt?), sodann «die Harnisch schliffe, die Mange und Bochlis schlyffe»[10]. Es ist denkbar, daß damals als künstliche Abzweigung des Dürrbachs der Bachabschnitt parallel zur heutigen Bergstraße, am Abhang zwischen Königshof und Stadtmühle, angelegt wurde.

Der früheste Hinweis auf eine Trinkwasserversorgung unabhängig vom offenen Bach, in Dünkelleitungen, stammt von 1437. Im Anstellungsvertrag für den Brunnmeister Hans Kiener vom 8. Ok-

Abb. 237
Blick gegen Südwesten auf den Nordring. In der Bildmitte der innere Aquädukt des Stadtbachs, der zwischen dem Franziskanerkloster und der Gerberei in die Stadt geleitet wurde. Lavierte Sepiazeichnung von Ludwig Schulthess, 1840 (BD VI/3a.17). – Text S. 232.

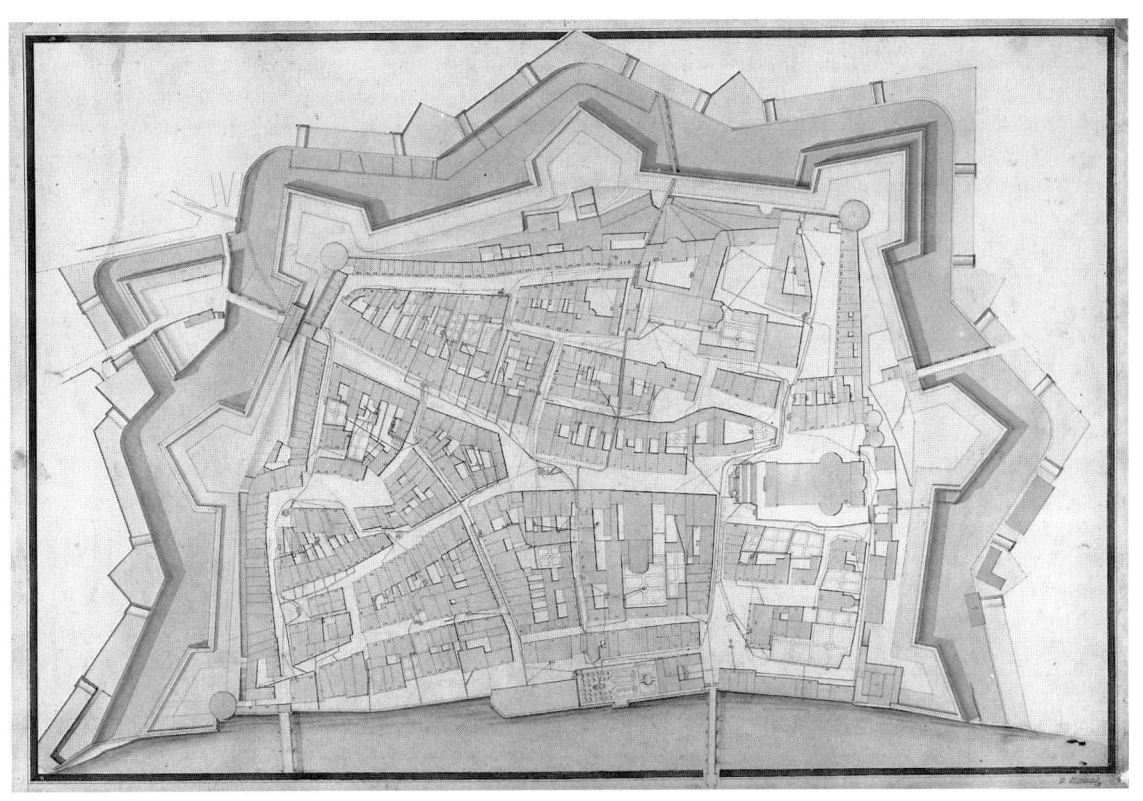

Abb. 238
Plan der Altstadt nördlich der Aare mit Einzeichnung der Wasserleitungen. Kolorierte Federzeichnung von Johann Baptist Altermatt, 1828 (PD 15). – Text S. 230ff.

tober 1437, der die Aufsicht über Wasserführung von der Quelle, über die Erstellung und den Unterhalt des Dünkelleitungsnetzes bis auf die Aufteilung in den Brunnenstöcken regelte, wurde dieser auch angewiesen, «den brunnen in der masse halten dz kein bachwasser dar in kome, dann er sol nut den gůt brunnwasser in die statt legen»[11]. 1623/24 ließ der Rat einen Teil der Wasserleitung erneuern. Es wurden in einen Graben 150 Klafter steinerne Kännel von 10 Zoll Breite und 8½ Zoll Tiefe verlegt[12]. 1699/1700 ersetzte man weitere 246 Klafter der Wasserleitung durch Steinkännel; der Austausch der verbliebenen etwa 200 Klafter wurde 1701 beschlossen[13].

Aus Plänen des 18. und des 19. Jahrhunderts, insbesondere dem Brunnenplan von JOHANN LUDWIG ERB aus dem Jahre 1738 (Stadt und umliegende Quellfassungen; PD 3), jenem von JOSEF SCHWALLER aus dem Jahre 1818 (Leitungen außerhalb des Schanzenrings; PD 35) und jenem von JOHANN BAPTIST ALTERMATT aus dem Jahre 1828 (Leitungen innerhalb des Schanzenrings; PD 15; Abb. 238), sind Art und Verlauf dieser beiden Systeme der Wasserführung sehr gut zu erschließen[14].

Der *Stadtbach* bildete sich aus zwei künstlich angelegten Zuflüssen, die sich bei der Stadtmühle nördlich des Klosters Visitation vereinigten. Der eine dieser Wasserarme, der Brüggmoosbach, wurde oberhalb des Königshofs aus dem natürlichen Dürrbach abgezweigt (1530?), um am steilen Abhang der Bergstraße hintereinander eine Marmorsäge[15], eine Pulverstampfi[16] und die Loohstampfi (Knochenstampfi?) zu betreiben; im 19. Jahrhundert wird auch eine Gipsmühle erwähnt[17]. Der andere (ältere?) künstliche Zufluß, der Busletenmühlibach, wurde von der Weiermatt bei Langendorf in schrägem Verlauf oberhalb von

---

Anmerkungen am Schluß des Kapitels S. 254–255

Rosegg und Hofmatt zur Stadtmühle herangeführt. Bei dieser vereinigten sich die beiden künstlichen Bachstränge zum Stadtbach, der entlang dem Fuß der Steingruben (im Bereich der heutigen Amanz-Gressly-Straße/Bergstraße) und dem Steingrubenweg (heute untere Steingrubenstraße) Richtung Altstadt geleitet wurde. Außerhalb der Stadtmauern betrieb er noch die Schanzmühle, um dann nördlich des Franziskanerklosters, zwischen dem heutigen Kunstmuseum und dem Konzertsaal, über den Ringgraben in die Stadt hineingeführt zu werden. Bis ins späte 16. Jahrhundert floß das Wasser in großen tannenen Kännel, die dann sukzessive durch steinerne ersetzt wurden[18]. Im Jahre 1630 beschloß man auch, einen neuen Kanal zum Stadtbach über den Hirzengraben beim Franziskanerkloster zu führen, doch scheint er erst 1640 ausgeführt worden zu sein[19]. Die Schanzenbefestigung verlangte eine Erneuerung: Der Bach wurde nun in einem gedeckten Aquädukt über den Schanzengraben und über den Wallgang beim Franziskanerkloster in die Stadt geleitet[20] (BD VI/3a.14, 3a.17; Abb. 237).

In teils offenem, teils gedecktem Kanalbett floß der Bach mitten durch die Stadt, teilweise sogar unter Häusern durch. Innerhalb der Mauern betrieb er zuerst die Gibelinmühle vor der Westfassade der Franziskanerkirche (Abb. 239), um dann westlich des Rathauses zur Eselsmühle geführt zu werden[21]. Entlang der Schützenzunft (dem ersten Rathaus bis 1474) erreichte er die Hauptgasse, wo er nach Westen abbog und dann südwärts die Goldgasse durchfloß (Abb. 240). Dort betrieb er seit dem Mittelalter eine Mühle, die im frühen 17. Jahrhundert durch die Münze abgelöst wurde. Die Fischergaßhäuser unter dem «Bögli» passierend, ergoß er sich in die Aare[22]. Die nachhaltige gewerbliche Bedeutung des Stadtbachs unterstreicht eine Zusammenstellung aus dem Jahre 1852, wonach der Busletenbach und der Brüggmoosbach sowie der aus ihrer Vereinigung entstandene Stadtbach insgesamt neunzehn Wasserräder betrieben[23]. FRANZ HAFFNER hat den Stadtbach und seine verschiedenen Funktionen folgendermaßen beschrieben: «Durch die breiten und langen Gassen laufft/so offt es vonnöthen ein grosser Bach/welcher innerhalb der Statt 3. und nächst ausserhalb 2. Mallmühlen; Item unfehr davon/die Schleiffe/Bolliere/und Walcke treibet/säubert und führt zugleich allen Unrath auß: Darumben der Lufft frisch/rein und gesund/auch den Innwohnern und Durchreysenden annemblich ist»[24].

Der Stadtbach wurde also nicht nur als Goldbach in direktem Lauf durch die Stadt gelassen; zum Zwecke der Bewässerung und der Entwässerung der Straßenräume leitete man aus ihm verschiedene kleine Rinnsale durch die Gassen ab. 1550 erfahren wir, daß auch bei der «Metzge» ein «Bächli» vorbeifloß (unabdingbarer Bestandteil der Fleischschaal), welches vermutlich bis ins Jahr 1295 zurückverfolgt werden kann[25]. 1562 wird auch am Stalden ein offener Bach erwähnt; 1697 erwog man mit Blick auf das benachbarte Stadtbad, daß mit Hilfe des «disörthigen Wasserfahls der Blasbalg durch ein Wasserrad getrieben werden könte»[26]; der Blasbalg dürfte zum Ofen für die Erwärmung des Badwassers gehört haben. Wiederholt findet auch der «Barfüßer-Bach» als kleiner Arm des Stadtbachs Erwähnung[27]. Noch auf Stadtplänen des 19. Jahrhunderts sind einzelne Abschnitte solch offener Gassenbäche an der St.-Urban-Gasse, der Gurzelngasse, der Schmiedengasse, am Stalden, an der Schaalgasse sowie an der Barfüßergasse verzeichnet[28].

Es darf davon ausgegangen werden, daß schon im 13./14. Jahrhundert der Stadtbach nach Passie-

Abb. 239
Blick vom Rathausplatz gegen Nordwesten auf die Gibelinmühle, kurz vor deren Abbruch 1952. Der Stadtbach floß in der schmalen Gasse zwischen der Mühle und dem Gemeindehaus am linken Bildrand. Am rechten Bildrand die Franziskanerkirche und dahinter das Franziskanertor. Photographie, 1952. – Text S. 230, 232.

ren der Nordringmauer verzweigt wurde: Der Hauptstrang mit der größten Wassermenge durchquerte in einigermaßen direktem Lauf das Altstadtgebiet und betrieb einige Mühlen. Eine erste Ableitung führte über die St.-Urban-Gasse zur Fleischschaale an der Ecke Hauptgasse/Schaalgasse, eine zweite über die St.-Urban-Gasse und die Schmiedengasse den Stalden hinab, an dessen unterem Ende spätestens Ende des 14. Jahrhunderts das Gerbereigewerbe angesiedelt war.

Die *Wasserleitungen* nahmen außerhalb der Stadt einen ähnlichen Verlauf wie der Brüggmoos- und der Busletenmühlibach, bevor sie sich zum Stadtbach vereinigten. Die «Lengendörfer Brunnleitung» wurde in der Weiermatt westlich von Langendorf gefaßt, die Brüggmoosleitung im Brüggmooswald oberhalb der Steingruben. An der unteren Steingrubenstraße, beim Sommerhaus Vigier, vereinigten sich die beiden Leitungen, um dann parallel zum Stadtbach über den Schanzengraben geführt zu werden. Am Wallgang unmittelbar innerhalb der Schanzenmauer befand sich eine Brunnenstube, welche in fächerförmig angeordneten Leitungen die Verteilung des Wassers zu den verschiedenen öffentlichen Brunnen und Waschstellen, «Partikularbrunnen» und Waschhäusern usw. erlaubte[29].

Die Wasserleitungen aus Langendorf und dem Brüggmoos versorgten bis 1638 die Stadt nördlich der Aare alleine. Wegen Wassermangels wurde damals von Westen her als weitere Brunnenleitung die Bellacher Leitung aus hölzernen Dünkeln in die Stadt geführt[30]. Im Nachgang zu den Arbeiten an der Brüggmoosleitung ersetzte man um 1701–1705 auch die Bellacher Leitung durch steinerne Dünkel[31].

Wasserleitungen und Stadtbach blieben in Funktion bis zur Schaffung einer modernen Wasserversorgung seit den 1870er Jahren[32]. Den Anlaß dazu hatte eine Typhusepidemie gegeben. Nach der Bellacher Leitung (1877) wurden 1884 die Brüggmoos- und die Langendorfer Leitung in modernen Wasserreservoirs neu gefaßt. Die Erneuerung der gesamten Trinkwasserversorgung erfolgte dann in den Jahren 1901–1904, wobei das Wasser weiterhin in den traditionellen Quellgebieten gefaßt wurde. Bei dieser Gelegenheit baute man den Buristurm zum Reservoir für die Bellacher Leitung aus[33] (vgl. Kapitel Stadtbefestigung, S. 160).

Abb. 240
Blick gegen Süden in die gekrümmt verlaufende Goldgasse, durch die der Stadtbach (in diesem Abschnitt Goldbach genannt) floß. Das Haus mit den gotischen Staffelfenstern war ursprünglich die Goldgaßmühle, seit dem 17. Jahrhundert die Münze. Photographie, 1993. – Text S. 232.

DIE BRUNNEN[34]

Die Monumentalbrunnen, welche die Gassen und Plätze der Altstadt zieren, stammen vor allem aus dem 16. und dem 18. Jahrhundert. Die meisten besaßen aber Vorläufer bereits im 14. und im 15. Jahrhundert. Der erste Brunnen wird 1303 im Zusammenhang mit einer Lokalitätsnennung urkundlich erwähnt («... prope fontem Sancti Petri»)[35]; es handelte sich dabei um einen Brunnen bei einem Haus unmittelbar an der St.-Peters-Kapelle, möglicherweise um einen räumlich versetzt stehenden Vorgänger des heutigen Klosterplatzbrunnens. 1366 wird der erste genau lokalisierbare Brunnen erwähnt, nämlich der Vorgänger des

Anmerkungen am Schluß des Kapitels S. 255–256

234 WASSERVERSORGUNG UND BRUNNEN

Bereich mit erhöhter Wirtschaftsaktivität. Einige der genannten Brunnen sind auf STUMPFS Holzschnitt wiedergegeben (BD II/1; Abb. 72): der Gänsbrunnen, der Friedhofplatzbrunnen, der Sinnbrunnen, der Vorstadtbrunnen an der Brücke, aber auch je ein weiterer Brunnen im oberen Winkel und beim Landhaus. Wahrscheinlich ist die Erwähnung des Sinnbrunnens als «stockbrunnen» auf dessen auffällige Gestalt zurückzuführen. Tatsächlich ist dieser Brunnen an der Stelle des späteren Gerechtigkeitsbrunnens mit einem polygonalen oder runden Becken und einem zentralen

Figur, Kapitell und Säule
1548
Laurent Perroud

Abb. 241
Blick auf den Georgsbrunnen von Nordwesten. Das Original des Kapitells befindet sich seit 1975 im Lapidarium II. Photographie, 1993. – Text S. 235f.

Stock und Trog
1780

heutigen Gerechtigkeitsbrunnens, der zuerst als «stokbrunnen», 1395 als «Sinne» und 1466 dann als «Sinnbrunnen» bezeichnet wurde[36].

Eine Vielzahl von Brunnen wird im Verlaufe des 15. Jahrhunderts erwähnt: 1438 der Brunnen am Fischmarkt (heute Marktplatz), 1444 der Brunnen an der Gurzelngasse, zwei Stöcke am Friedhof sowie der Brunnen in der Schaal, 1466 der Brunnen «by dem Baeren» (nach 1481 als «Genßbrunnen» bezeichnet), 1470 der Brunnen «in der Vorstatt», 1479 der Brunnen «zu Barfüßern», 1490 der Brunnen der Beginen und 1496 der Brunnen bei der Propstei (der heutige Mauritiusbrunnen). Es zeigt sich eine Häufung der öffentlichen Brunnen in einem weiteren Umkreis um das Straßenkreuz von Hauptgasse und Judengasse/Schaalgasse in einem

Abb. 242
Vorderansicht des Georgsbrunnens. Zeichnung von Iwan Affolter, 1990, nach photogrammetrischen Aufnahmen der Aerokart AG. – Text S. 235f.

Stock dargestellt. Er unterscheidet sich von den übrigen rechteckigen Brunnen mit seitlichem Stock, von denen einige aus Holz gebaut waren. Im Verlaufe des 16. Jahrhunderts entstanden die eindrucksvollen Figurenbrunnen. Durch ihre Typologie als Säulenbrunnen und durch die Meister, die sie schufen, besitzen die Solothurner Gassenbrunnen enge Verbindungen zu zahlreichen ähnlichen Brunnen, denen wir in vielen großen und kleinen Städten des schweizerischen Mittellandes und Juras begegnen. Anders aber als etwa in Bern dominieren in Solothurn die Figurenbrunnen nicht die einzelnen Abschnitte der Gassenräume (der Fischbrunnen am Marktplatz bildet die Ausnahme), sondern sie akzentuieren die kleinen Plätze, auf denen sie in szenographischer Art in engem räumlichem Bezug zu den umliegenden Häusern aufgestellt worden sind. Alle Figurenbrunnen haben im Verlauf der Zeit Reparaturen und Änderungen erfahren[37]; in der zweiten Hälfte des 18. Jahrhunderts wurden die meisten Becken ersetzt und teilweise durch Nebenbrunnen ergänzt[38]; manchmal erhielten die Brunnensäulen und -figuren neue Farbfassungen[39]. 1939 und schließlich wieder in den siebziger und achtziger Jahren wurden sie ein letztes Mal restauriert und neugefaßt[40].

DIE FIGURENBRUNNEN
DES 16. JAHRHUNDERTS[41]

St.-Georgs-Brunnen

Auf dem Börsenplatz (frühere Bezeichnung Gensbrunnen; Abb. 241–243). Der 1466 erstmals erwähnte Brunnen «by dem Baeren» wurde um 1545/46 vollständig erneuert. Aus dieser Zeit sind keine Teile mehr erhalten, nicht einmal der Trog von PETER PAGAN aus Nidau[42]. Im Februar 1779 barst bei großer Kälte der Brunnentrog, weil er durch den Brunnenwascher nicht richtig unterhalten worden war[43]. Ob es sich beim zersprungenen Trog um jenen von PAGAN handelte, läßt sich nicht feststellen; das Ereignis löste die Erstellung einer neuen Brunnenanlage aus. 1780 entstand der heutige Trog. Auf den Brunnenstock setzte man die Säule mit der Georgsfigur, die beide 1548 von LAURENT PERROUD für den Gurzelngaßbrunnen geschaffen worden waren, dort aber bei dessen Neu-

*Abb. 243
Kapitell und Figur des Georgsbrunnens. Photographie, 1988. – Text S. 235f.*

anlage (ebenfalls 1780) nicht mehr Verwendung fanden[44]. 1888, 1939 und letztmals 1975 Restaurierung von Brunnensäule und Figur, dabei 1975 Ersatz des Kapitells in Hauterive-Kalkstein; Neufassung mit Kunstharzfarben[45].

Beschreibung (BD IV/39; Abb. 241, 242). Aus zwei Steinblöcken gehauenes, unterteiltes Brunnenbecken quadratischer Grundform mit zwei halbrund ausbuchtenden Schalenseiten mit erha-

---

Anmerkungen am Schluß des Kapitels S. 256

236　WASSERVERSORGUNG UND BRUNNEN

Abb. 244
Blick auf den Simsonbrunnen von Nordwesten. Photographie, 1988. – Text S. 236f.

Simsonbrunnen

Auf dem Friedhofplatz/am oberen Stalden (Abb. 244–246). 1444 ist in der Abrechnung des Brunnmeisters erstmals die Rede von «zwein stöken im Frithof»[48]. Figur und Säule des heutigen Brunnens entstanden 1548, gleichzeitig mit dem Georgsbrunnen, und sind ebenfalls das Werk von LAURENT PERROUD; die erste Farbfassung besorgte URS AMIET; das ursprüngliche Becken schuf PETER PAGAN[49]; das heutige entstand um 1772[50]. Restaurierung von Säule und Figur 1988/89[51].

Beschreibung (Abb. 244, 245). Auf gestuftem Sockel steht das kreisrunde, zweigeteilte Brunnenbecken. Stock in Form einer Säule mit glattem Un-

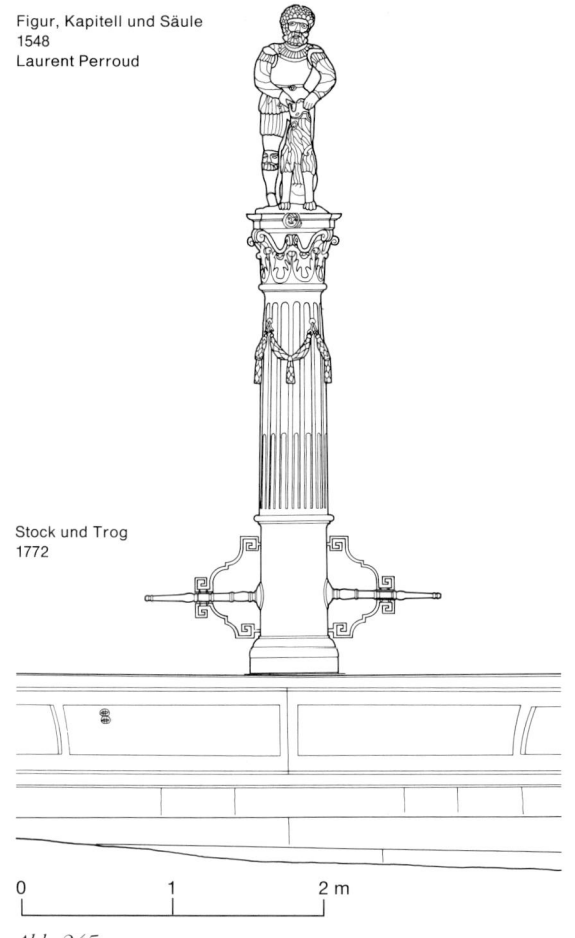

Figur, Kapitell und Säule
1548
Laurent Perroud

Stock und Trog
1772

0　1　2 m

Abb. 245
Vorderansicht des Simsonbrunnens. Zeichnung von Iwan Affolter, 1990, nach photogrammetrischen Aufnahmen der Aerokart AG. Brunnenbecken seitlich beschnitten. – Text S. 236f.

benen Füllungen. Angefügtes Nebenbecken. Aus der Trennwand hervorgehendes Postament für den farbig gefaßten Brunnenstock: der untere Teil des Schaftes in Gestalt einer kannelierten Säulentrommel aus Kalkstein mit gegenständigen Ausgußrohren aus der Zeit um 1780. Oberteil als balusterartige nachgotische Spiralsäule in Hauterive-Kalkstein. Der Schaft weist große Verwandtschaft auf mit jenem von PAGANS Vennerbrunnen in Biel (1546). Ausladendes Phantasiekapitell mit tubablasenden Engeln am Rumpf (auf einer Seite zusätzlich mit Solothurner Wappenschild). An den Ecken Drachenköpfe, die durch Schriftbänder untereinander verbunden sind[46]. Die Bekrönung des ganzen Brunnens bildet LAURENT PERROUDS (Lorenz von Grissachs) Figurengruppe des heiligen Georg (Abb. 243): Auf kleinstem Raum finden sich der gerüstete Ritter auf dem Schimmel, welcher sich über dem sterbenden, von der Lanze durchbohrten Drachen aufbäumt; daneben steht die Gestalt der betenden Königstochter. Qualitätvolle, lebendige Plastik, die sich auf dem wuchtigen Kapitell etwas niedlich ausnimmt[47].

Abb. 246
Kapitell und Figur des Simsonbrunnens. Photographie, 1988. – Text S. 236f.

Abb. 247
Kapitell und Figur des Gerechtigkeitsbrunnens. Photographie, 1988. – Text S. 237ff.

terteil und Ausgußröhren. Der obere Teil des Säulenschaftes ist kanneliert und mit umlaufendem Festongehänge versehen. Feines Blatt- und Volutenkapitell kompositer Ordnung. Abakusblüten, teilweise als Fratzen gestaltet[52]. Die bekrönende Brunnenfigur stellt den bärtigen Simson dar, wie er auf dem Rücken des Löwen steht und diesen durch Aufreißen des Rachens überwältigt (Abb. 246). Die Skulptur erinnert an die beiden Simsonbrunnen von Bern (1544) und von Freiburg i. Ü. (1547) von HANS GIENG, die in ihrer figürlichen Gestaltung etwas lebendiger wirken[53].

Gerechtigkeitsbrunnen

An der Hauptgasse, Einmündung Pfisterngasse (frühere Bezeichnung Sinnbrunnen; Abb. 247–249). Es handelt sich um den ältesten Brunnen mit ununterbrochener Tradition. Seine erste Erwähnung 1366 als «stokbrunnen» und seine genaue Lokalisierung «an dem orte, alz ez da nebent uff zuchet wider den frithoff» heben ihn besonders hervor[54]. Seit 1395 ist seine Funktion als Sinne (Ort

Anmerkungen am Schluß des Kapitels S. 257

Figur, Kapitell und Säule
1561
Laurent Perroud

Stock und Trog
1789
Josef Müller

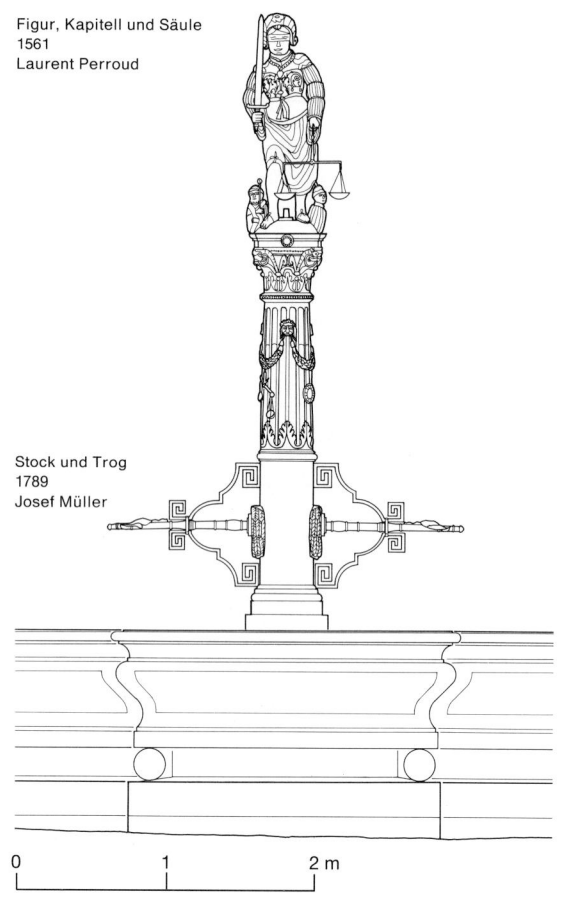

0 1 2 m

Abb. 248
Vorderansicht des Gerechtigkeitsbrunnens. Zeichnung von Iwan Affolter, 1990, nach photogrammetrischen Aufnahmen der Aerokart AG. Brunnenbecken seitlich beschnitten. – Text S. 237ff.

zur amtlichen Eichung und Visierung von Gefäßen) oder Sinnbrunnen bekannt, die er (auch nach der Schmückung mit einer Gerechtigkeitsfigur 1561) bis zur Verlegung der Sinne an den Klosterplatzbrunnen 1744 beibehielt[55].

1545/46 wurde Meister PETER PAGAN für einen neuen Sinnbrunnen (gleichzeitig auch den Brunnen vor der St.-Ursen-Kirche) bezahlt[56]. Er dürfte jenen Brunnen geschaffen haben, der in STUMPFS Holzschnitt von 1547 mit rundem Becken und einfacher Säule dargestellt ist. Bemalung durch MARTIN SCHWARTZ[57].

Den noch erhaltenen Brunnenstock mit der Figur der Justitia schuf Meister LAURENT PERROUD gemäß Baudatum erst 1561 (gleichzeitig mit dem Stock beim Spitalbrunnen); Meister HANS SCHILT besorgte die Farbfassung[58]. 1789 lieferte Meister JOSEF MÜLLER nach einem Riß von PAOLO ANTONIO PISONI einen neuen Brunnentrog; datiert 1789. Bei dieser Gelegenheit wurde auch der alte Brunnenstock restauriert, wie eine Bauinschrift bezeugt[59]. Neuerliche Restaurierungen 1939 und 1987/88[60].

Beschreibung (BD III/40; Abb. 248 und 249). Auf Kugelfüßen ruhendes querformatiges monolithisches Brunnenbecken auf verschliffener Kreuzgrundform. Geschwungene Trogwände mit vertieften Füllungen. Um den Ausguß zum rückwärtigen Nebenbecken eingehauene Jahreszahl 1789. Aus dieser Zeit stammten auch der glatte untere Teil der Säule und die aus Lorbeerbündeln entspringenden, gegossenen Brunnenröhren mit Drachenmündungen und schmiedeeisernen Verstrebungen. Der obere Teil der Säule ist kanneliert und verziert mit einer Akanthusmanschette, mit Festons, die an Löwenköpfen hängen, sowie mit plastischem Cartello (datiert 1561 und 1789). Feines Kompositkapitell mit männlichen Fratzen über den Eckvoluten[61]. Die kräftige Frauengestalt

Abb. 249
Blick auf den Gerechtigkeitsbrunnen von Süden. Photographie, 1990. – Text S. 237ff.

der Justitia trägt ein faltenreiches Kleid mit besticktem Mieder sowie ein plissiertes Blouson (Abb. 247). Augenbinde sowie erhobenes Schwert und Waage (die letzteren beiden aus Metall) sind die traditionellen Attribute der Justitia. Zu Füßen der Statue finden sich die Halbfiguren von Papst, Kaiser, Schultheiß und Sultan als Symbole der geistlichen und weltlichen Macht. Typus und Form des Kapitells und der Figur lehnen sich deutlich an HANS GIENGS Figur am Berner Gerechtigkeitsbrunnen von 1543 oder an die gleiche Vorlage an[62].

Fischbrunnen

Am Marktplatz (unrichtig auch als St.-Ursen-Brunnen bezeichnet; Abb. 250–252). Erste Erwähnung 1438, als Brunnmeister HANS KIENER «umb den brunnentrog vor mines hern schultheissen hus» 9 ₰ und ein gewisser KÖBELIN «von dem brunnentrog am Fischermerit und vom stock» 13 ₰ erhielten. Dem Brunnmeister wurde 1444 eine weitere Entschädigung «von dem brunnenstock am Fischmerit» entrichtet. 1446 wurden die Röhren neu verfertigt[63]. 1471 hatte der Rat dem «meister Hansen dem bildhöwer den brunnstock am Vischmerkt» für 15 fl. verdingt, und zwar «von gůtem gehöwen leberstein»[64]. Möglicherweise war er aber nicht in Solothurner Kalkstein, son-

Figur
1587/88
Jakob Perroud

Kapitell und Säule
1613
Anonymer Steinmetz
aus Delsberg (?)

Stock und Trog
1780

Abb. 250
Blick auf den Fischbrunnen von Osten. Photographie, 1988. – Text S. 239ff.

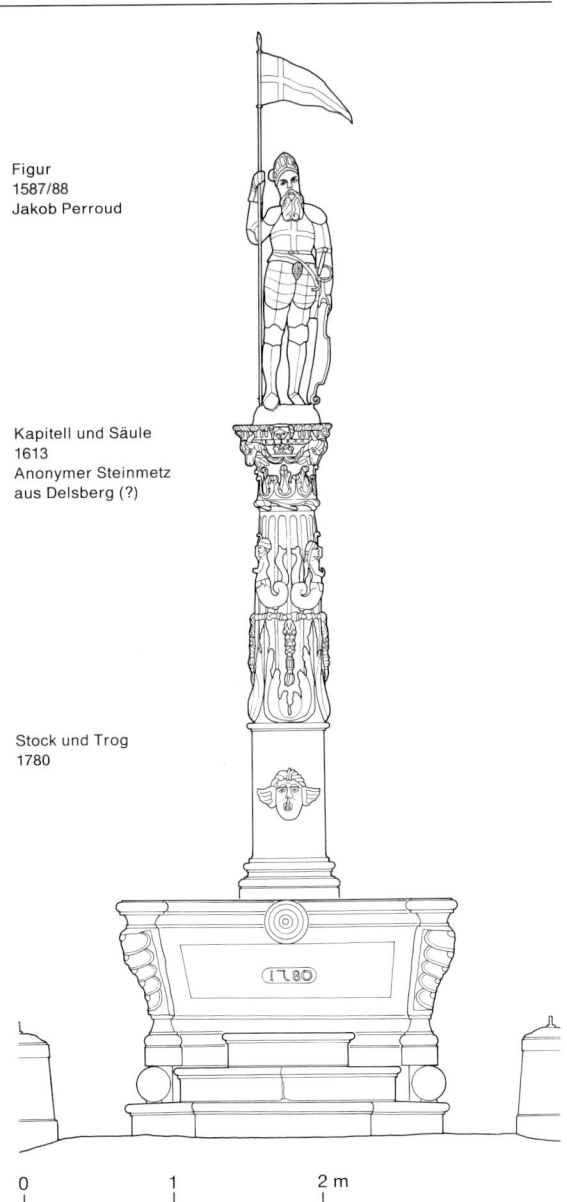

Abb. 251
Vorderansicht des Fischbrunnens. Zeichnung von Iwan Affolter, 1990, nach photogrammetrischen Aufnahmen der Aerokart AG. – Text S. 239ff.

Anmerkungen am Schluß des Kapitels S. 257

Abb. 252
Kapitell und Figur des Fischbrunnens. Photographie, 1988. – Text S. 239ff.

die Fisch verkauft worden, hin weg gethan ...»[66]. Am 27. Juli 1587 verdingte man Jakob Perro von Grissach, dem Sohn des vor 1586 verstorbenen Laurent Perroud, den neuen Fischbrunnen[67]; offensichtlich ging es nur um die Säule und die Figur, da am 20. Januar 1589 dem Maurermeister Michel Gutt und dem Deckermeister Hans Schneller das Becken «sodenne den brunstok so im wasser stadt» verdingt wurden[68]. 1603 erhielt Daniel Knopf den Auftrag, den «Fischbrunnen zu vergülden und auch zu malen»[69]. 1635 hatte Meister Klaus Altermatt ein «Nebent Trögli» gehauen[70].

1828 wurden «theils aus Oekonomie, theils zur Verschönerung und sonderheitlich um mehr Platz an der Gurzelgasse sowie auch auf dem Markt zu gewinnen» Brunnenversetzungen vorgenommen[71]: Den 1589 geschaffenen Plattentrog des Fischbrunnens brachte man an Stelle eines baufälligen Beckens an den Klosterplatz und ersetzte ihn am Marktplatz durch das Becken des Gurzelngaßbrunnens – ein 1780 datiertes Werk von Claus Schnetz. Bei der Vereinigung des frühklassizistischen Beckens mit der Renaissance-Brunnenfigur dürfte auch die Kämpferplatte über dem Säulenkapitell eingefügt worden sein. 1885 wurde der Fischbrunnen nach Anleitung von Franz Anton Zetter-Collin restauriert; Kunstmaler J. A. Borer vergoldete und versilberte die Figur mit Waffelgold und Aluminium und bemalte die Säule wieder bunt[72]. 1939 und wiederum 1977 Restaurierung von Säule und Figur[73].

Beschreibung (BD III/23, 25; Abb. 250, 251). Claus Schnetz' Brunnenbecken von 1780 ruht in der Aufstellung von 1828 auf Kugelfüßen und einer Standplatte, ist an den geraden Schmalseiten je durch drei Treppenstufen zugänglich und wird an den ausschwingenden Längsseiten durch Prellsteine mit Ketten geschützt. Das elegant vorbauchende Monolithbecken aus Solothurner Kalkstein wird durch vertiefte Wandfüllungen und verkröpfte geschuppte Agraffen subtil im Louis-XVI-Stil akzentuiert[74]. Der untere Teil der Brunnensäule mit attischer Basis und zwei geflügelten Fratzen, in welche die gegossenen Brunnenröhren mit Drachenspeiern eingelassen sind, dürfte ebenso 1780 entstanden sein. 1885 kopiert; das Original in Solothurner Kalkstein befindet sich im Garten des Restaurants Kreuzen in Rüttenen. Der obere Teil des Schaftes sowie Kapitell und Figur bestehen aus Hauterive-Kalkstein. Die kannelierte Säule ist mit

dern in Sandstein geschaffen worden, jedenfalls ging der Bildhauer «von der steinen wegen zů dem brunnenstock» auch nach Bern. Es war wohl Hans Tussmann, der für den Fischbrunnen die vermutlich erste gestaltete Brunnensäule in Solothurn schuf. Daß es sich bei diesem Stock um eine besonders reiche Arbeit handelte, bezeugen die hohen feststellbaren Kosten von über 125 ₰[65].

Um 1587–1589 ersetzte man den Brunnen. Dabei wurde offenbar auch ein «häuslein so an dem fisch brunen auf dem march, gewesen, in welchem

FIGURENBRUNNEN DES 16. JAHRHUNDERTS   241

figürlichem und vegetabilem Dekor in drei Rängen reich verziert: kelchförmige Manschette mit großblättrigem Akanthus, darüber Fruchtstabkranz mit Abhänglingen; unterhalb des Kapitells je ein Paar Fischweibchen und -männchen, die Solothurner Wappenschilde halten[75]. Reiches Phantasiekapitell mit Akanthusblattkranz am Hals, Ziegenköpfen an Stelle der Eckvoluten und Frauenköpfen am Abakus. Die etwas steife Figur des Bannerträgers und Wappenschildhalters präsentiert sich in leichter Rücklage als bärtiger Ritter in Vollrüstung (Abb. 252). Speer und Schwert sind aus Eisen.

Mauritiusbrunnen

Am Haus Hauptgasse Nr. 73 (Abb. 253–255). Der Brunnen bei der Propstei wurde erstmals 1496 erwähnt. Als 1555 sein Ersatz beschlossen wird,

Figur, Kapitell, Säule und Stock
1556/57
Hans Gieng,
Freiburg i. Ue.

Trog
1556
Jakob Pfyffer

Abb. 253
Blick auf den Mauritiusbrunnen von Westen. Die Originale von Stock, Säule und Kapitell befinden sich im Lapidarium II. Photographie, 1993. – Text S. 241f.

Abb. 254
Vorderansicht des Mauritiusbrunnens. Zeichnung von Iwan Affolter, 1990, nach photogrammetrischen Aufnahmen der Aerokart AG. Brunnenbecken seitlich beschnitten. – Text S. 241f.

Anmerkungen am Schluß des Kapitels S. 257

erfährt man, daß der alte «ungefähr da gestanden bei 200 Jahren» und aus Holz gewesen sein soll[76]. Meister JAKOB PFYFFER erhielt das Becken verdingt, MICHAEL HAS das Eisenwerk[77]. Am 15. Mai 1556 wurde dem Freiburger Bildhauer HANS GIENG der Brunnenstock samt Figur um 16 Kronen verdingt[78]. Dieses Werk hatte HANS SCHILT im Jahre 1557 zu bemalen[79]. 1939 Restaurierung und Neubemalung; ebenso 1971, als Säule und Kapitell durch Kopien ersetzt wurden[80].

Beschreibung (Abb. 253, 254). Der Brunnen lehnt sich an die Westfassade der alten Propstei an und markiert somit den Abschluß der Blickachse gegenüber der Rathausfassade. Das Becken ist das altertümlichste aller Figurenbrunnen: Seine sechseckige Grundfläche entspricht einem quergelagerten Rechteck mit stark abgeschrägten vorderen Ecken. Die Wandplatten, deren vertiefte Füllungen als ganz flache Diamanten ausgebildet sind, werden von eisernen Ankern und Bändern zusammengehalten. Mehrteilige, durch Renaissance-Beschlagwerk und Gesichter reichverzierte Brunnensäule aus Solothurner Kalkstein[81]. Aus der untersten Säulentrommel mit den stark plastischen Fratzen gehen die Gußröhren mit Drachenmotiven hervor. Elegantes Kompositkapitell aus Neuenburger Kalksandstein mit geflügelten Engelsköpfen am Abakus. Die bekrönende Figur des Mauritius präsentiert sich als gerüsteter Ritter in elegantem Kontrapost; ihre Qualität übertrifft jene der Kriegerfigur auf dem Marktplatz bei weitem (Abb. 255). Es handelt sich nicht nur um eine der besterhaltenen, sondern auch künstlerisch hochstehendsten Bannerträgerfiguren auf einem Schweizer Brunnen des 16. Jahrhunderts.

Fragmente von Brunnen des 16. Jahrhunderts

Sechs teils fragmentarische Kalksteinplatten eines polygonalen (vermutlich sechseckigen) Brunnenbeckens. 1548. Platte mit Inschrift: «··ANNO DOMINI·1·5·48·». Die übrigen Elemente besitzen rechteckige Vertiefungen mit in den Stein gehauenen gegengleichen Wappenschildpaaren. Die Elemente dürften von einem der drei Brunnen stammen, die 1548 in Auftrag gegeben worden waren (Brunnen an der Gurzelngasse, Brunnen auf dem Friedhofplatz, unbekannter dritter Brunnen). Die Elemente waren im Kapitelhaus als Bodenplatten verbaut und wurden 1964 bei Bauarbeiten geborgen. Heutiger Verbleib unbekannt.

Fragment eines runden Brunnenstocks. 16. Jahrhundert. H 31 cm, D etwa 80 cm. Stark verwittertes und

Abb. 255
Kapitell und Figur des Mauritiusbrunnens. Photographie, 1988. – Text S. 241f.

Anmerkungen am Schluß des Kapitels S. 258

beschädigtes Kalksteinelement mit drei von ursprünglich vier Fratzen zur Aufnahme der Brunnenröhren. (Bis 1959 im Kollegiumschulhaus; heute HMBS, Depot der Kantonalen Denkmalpflege.)

Fragment eines runden Brunnenstocks. 1597. H 73 cm, D etwa 53 cm. Säulentrommel aus Kalkstein mit zwei primitiven Fratzen zur Aufnahme der Brunnenröhren. Datiert «15.97»[82].

BRUNNEN DES 17.–19. JAHRHUNDERTS IN DER ALTSTADT

Gerberngaßbrunnen

Am Haus Gerberngasse Nr. 2 (Abb. 256). Der Brunnen wird im Brunnenbuch von 1717 erwähnt; in jenem von 1841 wird er als «Gemeindsbrunnen auf dem alten Stadtbadplatz» bezeichnet[83]. Der heutige Brunnen des ausgehenden 18. Jahrhunderts war ursprünglich an der Nordfassade des alten Stadtbades aufgestellt, an städtebaulich wichtiger Stelle in der Blickachse des Staldens[84]. Anläßlich des Neubaus der alten Solothurner Handelsbank 1847 an Stelle des Bades (seit dem frühen 20. Jahrhundert Restaurant Storchen) wurde das Brunnenbecken etwas ostwärts versetzt.

Beschreibung. Louis-XVI-Wandbrunnen (um 1790) aus Solothurner Kalkstein mit halbrunder gerippter Muschelschale. Kannelierter Stock mit Pinienzapfenbekrönung und geometrisierenden Seitenvoluten[85].

Schmiedengaßbrunnen

Beim Haus Schmiedengasse Nr. 20 (Abb. 257). Erwähnt 1724 als «Stöcklin-Brunnen», mit gleicher Bezeichnung auch im ersten Brunnenbuch[86]. Der heutige Brunnen entstand laut Baudatum 1796.

Beschreibung. Der Wandbrunnen aus Solothurner Kalkstein ist in die Hofmauer südlich des Hauses Schmiedengasse Nr. 20 verbaut. Dreiteiliger Aufbau in zwei seitliche Rechteckbecken und eine mittlere, etwas erhöhte Brunnenschale. Triumph-

Abb. 257
Ansicht des Schmiedengaßbrunnens von Nordwesten. Photographie, um 1920. – Text S. 243f.

Abb. 256
Ansicht des Gerberngaßbrunnens von Nordosten. Photographie, 1993. – Text S. 243.

(vgl. St.-Georgs-Brunnen). 1828 wurde der heutige Brunnen vollständig neu errichtet. Die Brunnenröhren fertigte der Oensinger Bildhauer SESSELI. Der Brunnentrog von 1780 gelangte damals an den Marktplatz (vgl. Kapitel Fischbrunnen).

Beschreibung. Schöne Anlage aus Solothurner Kalkstein in späten Louis-XVI-Formen. Auf zwei Fußbalken ruht das querformatige kelchartige Becken mit Perlstabfries und oben ausladendem, geripptem Rand. Rückseitig angefügter Brunnenstock mit kanneliertem Säulenstumpf, bekrönt von reichverzierter Vasenurne mit Festonbehang. Einer Blütenrosette entspringt der sich verzweigende Röhrenausguß. Auf der Trottoirseite niedrige Nebenbecken[91].

Hintergaßbrunnen

Vor dem Haus St.-Urban-Gasse Nr. 28 (auch als St.-Urban-Gaß-Brunnen bezeichnet; Abb. 259). Erste Erwähnung eines Brunnens «an der hindern Gassen» im Jahre 1521. 1560 beschließt der Rat die Erstellung eines steinernen Brunnens, der in den folgenden beiden Jahren ausgeführt wird[92]. Nachdem in den Steingruben ein großer Steinblock gefunden worden war, betraute man PAOLO ANTONIO PISONI 1788 mit der Ausarbeitung eines Risses für einen neuen Brunnen, welcher kurz darauf genehmigt wurde[93]. 1791 nachträglicher Beschluß zur Kürzung des Brunnenstocks[94].

Beschreibung. Das polygonale Brunnenbecken ruht auf einer Standplatte und Kugelfüßen; es

Abb. 258
Ansicht des Gurzelngaßbrunnens von Südosten. Photographie, 1993. – Text S. 244.

bogenartige Rückwand mit drei Nischen, die schmale mittlere enthält die Brunnenröhre; darüber Baudatum 1796.

Gurzelngaßbrunnen

Vor dem Haus Hauptgasse Nr. 20 (Abb. 258). Figur, Brunnensäule und Kapitell des alten St.-Georgs-Brunnens schuf 1548 (gleichzeitig mit dem Simsonbrunnen) der Bildhauer LAURENT PERROUD; HANS BRANDOLF DIEMER hatte die Farbfassung besorgt[87]. 1722 erfolgte eine Reparatur des Beckens[88]. Im Jahre 1777 wurde die Errichtung eines neuen Brunnens «aus einem eintzigen Stein» beschlossen und für gut 250 Kronen an CLAUS SCHNETZ verdingt[89]. In Ermangelung eines so großen Monoliths verzögerte sich die Lieferung. Bei der Versetzung im Jahr 1780 wurde der neue Brunnen ein Haus westlicher in die Blickachse der Judengasse verschoben[90]. Die Säule mit Kapitell und Georgsfigur versetzte man 1780 auf den Staldenbrunnen

Abb. 259
Ansicht des Hintergaßbrunnens von Norden. Photographie, 1993. – Text S. 244f.

weist eine dreiteilige Front mit geradem Mittel- und schrägen Seitenteilen (⅜-Grundriß) auf; Rück- und Seitenwände sind gerade. Der obere Teil der Beckenwand ist zum profilierten Gebälk ausgebildet, das sich in den eckbegleitenden balusterartigen Hermenpilastern verkröpft. An der Beckenrückwand erhebt sich aus dem Wasser der massige, kantonierte Stock mit bekrönender Vase. Zwischen den übereck angebrachten Drachen-Ausgußrohren eingehauenes Baudatum 1792. Es handelt sich um ein elegantes Werk von PAOLO ANTONIO PISONI, das im Vergleich mit dem um ein Jahrzehnt älteren Trog des Fischbrunnens klassizistisch weiterentwickelt worden ist.

Brunnen vor der Franziskanerkirche (Abb. 260)

Der Brunnen war 1960 an die Stelle der 1952 abgebrochenen Gibelinmühle versetzt worden und hatte sich ursprünglich im Hinterhof des Hauses Hauptgasse Nr. 58 befunden[95]. Das Entstehungsdatum 1628 am Brunnen steht im Zusammenhang mit der Bewilligung für den Bau eines Brunnens im Hof von Junker Hans Jakob Wallier am 14. August 1628[96].

Beschreibung. Relativ kleiner sechseckiger Trog mit stark profilierter und vorbauchender Brunnenwand. Daran geschoben frei stehender Brunnenstock mit reichem Zierat: profiliertes und fratzenverziertes Postament, darauf kannelierte Säule mit Pfeifen, bekrönt von einem korinthischen Kapitell. Die Brunnenröhre geht aus einer Fratze hervor; darüber Cartello mit Jahreszahl 1628 und Steinmetzzeichen. Schöne Arbeit aus Solothurner Kalkstein; sehr stark überarbeitet und teilweise durch Kopien ersetzt.

Brunnen auf dem Franziskanerplatz (Abb. 261)

Es handelt sich um den früheren «Gemeindsbrunnen an der Franziskanerkirchhofmauer», der 1584 erstmals erwähnt wird[97]. Im Jahre 1607 war Maurer HANS SCHIFFMAN ein steinerner Brunnentrog verdingt worden[98]. Die heutige Anlage nach Plan von PETER FELBER entstand 1825 im Zusammenhang mit der Aufhebung des Klosterfriedhofs und der Neugestaltung des Rathausplatzes im Anschluß an den Umbau der Franziskanerkirche[99].

Abb. 260
Der Brunnen vor der Franziskanerkirche an seinem ursprünglichen Standort im Hof des Hauses Hauptgasse 58. Photographie, um 1925. – Text S. 245.

Abb. 261
Ansicht des Brunnens auf dem Franziskanerplatz von Süden. Photographie, 1993. – Text S. 245f.

Beschreibung. Der klassizistische Wandbrunnen ist in die symmetrische Gestaltung des Terrassenplatzes südlich der Franziskanerkirche integriert. Seitliche Treppen rahmen die kleine Brun-

Anmerkungen am Schluß des Kapitels S. 258

nenanlage: Eine querovale kelchförmige Brunnenschale ist in die Mauernische eingelassen. Eine antikisierende Amphore mit Röhrenausguß bildet den rückseitigen Brunnenstock. In der Terrassenmauer beidseits des Beckens halbrunde Konsolen. Originelle Anlage in der Tradition der Solothurner Louis-XVI-Brunnen, jedoch graziler ausgeführt als diese.

Brunnen im Ambassadorenhof

Die Cour d'honneur des 1798 zur Kaserne umgewandelten Ambassadorenhofs war ohne Brunnen, bis um 1881/82 im Zusammenhang mit der Verlegung der Kantonsschule in die damalige Kaserne im umgestalteten Hofareal ein Springbrunnen eingerichtet wurde. Da sich Regierungsrat und Einwohnergemeinde nicht über eine unentgeltliche Wasserzufuhr einigen konnten, ließ der Kanton den Springbrunnen nach einigen Jahren wieder eingehen[100]. Als Ersatz schaffte man darauf das heutige vierpaßförmige Brunnenbecken herbei, welches sich auf demselben Areal befand. Der Katasterplan von 1867/1870 zeigt dieses Becken noch unmittelbar nördlich der Ehrenpforte des Ambassadorenhofs gegen den Riedholzplatz hin. Für diese Stelle dürfte der Brunnen gegen Mitte des 19. Jahrhunderts geschaffen worden sein, um seinerseits einen Wandbrunnen aus der zweiten Hälfte des 18. Jahrhunderts zu ersetzen. Am ursprünglichen Standort des heutigen Ambassadorenhofbrunnens steht ein viertelkreisförmiger Wandbrunnen im Mauerwinkel außerhalb der Ehrenpforte[101].

Beschreibung. Querformatiges Vierpaßbecken aus der Zeit um 1850 mit vorbauchender Wand; einfache Profilierungen. Der kugelbekrönte Stock in der Beckenmitte mit zwei seitlichen Ausgüssen stammt aus der Zeit nach der Verschiebung; am alten Standort befand sich der Brunnenstock neben dem Becken.

Riedholzplatzbrunnen

Dieser höchstgelegene Brunnen in der Altstadt ist relativ spät – jedenfalls nach 1602 – entstanden[102]. Erwähnt im Brunnenbuch von 1717 und mit einer Schwemmi in Verbindung gebracht. Das schmucklose Halbrund-Schalenbecken mit rückwärtigem überdachtem Stock dürfte zu Beginn des 19. Jahrhunderts entstanden sein.

Pisoni-Brunnen

Nordöstlich der Kathedrale (Abb. 262). Der Brunnen entstand nach dem Bau des Kapitelhauses und der St.-Ursen-Stiftskirche und ist erstmals 1780 faßbar[103]. 1930 wurde an der Westseite des Brunnenaufsatzes ein bronzenes Flachrelief mit Bildnis von GAETANO MATTEO PISONI, dem Erbauer der St.-Ursen-Kirche, angebracht. Das aus Anlaß der eben vollendeten Kirchenrestaurierung geschaffene Relief ist ein Werk von Bildhauer WALTER PETER[104].

Beschreibung. Die klassizistische Brunnenanlage bildet Bestandteil der (teilweise entfernten) steinernen Umfriedung westlich des Kapitelhauses. Es handelt sich um einen Doppelbrunnen mit halbrunder Tiertränke auf der Hofseite und einem kelchförmigen Schalenbecken auf der Stadtseite. Der auf der Trennwand stehende Aufsatz mit seitlichen Triglyphen trägt einen Pinienzapfen.

Abb. 262
Ansicht des Pisonibrunnens von Nordwesten. Photographie, 1994. – Text S. 246.

Moses- und Gideonbrunnen

Am Fuß der St.-Ursen-Treppe (Abb. 263 und 264). 1545/46 entstand der erste konkret faßbare Vorläufer der beiden heutigen Monumentalbrunnen. Der Bildhauer HANS SCHÖNI wurde «umb den Sant Ursen uff des Junckherhaus Brunnen» entschädigt, und den Schmied ULRICH GRAF bezahlte man für die Beschlagsarbeiten[105]. Der Brunnen mit seinem polygonalen Becken ist bildlich erstmals erfaßt auf dem Stadtprospekt von 1550 bei SEBASTIAN MÜNSTER (BD II/2) (Abb. 75). Wegen der Figur des Stadtpatrons wurde er als St.-Ursen-Brunnen bezeichnet und muß als solcher vom Fischbrunnen mit seiner Bannerträgerfigur unterschieden werden. 1631 errichtete man neben diesem Brunnen «ein Banckh von Steinen»[106]. Das Ansinnen von 1697, ihn auf den Klosterplatz zu verlegen und durch einen – vermutlich durch JOHANN VIKTOR II. VON BESENVAL entworfenen – neuen zu ersetzen, gelangte allem Anschein nach nicht zur Ausführung[107]. Erst 1738 wurde dieses Vorhaben wieder aufgegriffen; am 24. Januar lag ein Projekt vor, wonach ein 18 Schuh langer und 11 Schuh breiter Stein «zu anständigkeit der ganzen Stadt zu einer Brunnschaalen vor der St. Ursenkirche gesetzt werden» könnte. Das alte Brunnenbecken sollte dagegen auf den Klosterplatz versetzt werden. Am 7. Februar lagen verschiedene Pläne zur Auswahl vor, und der Rat entschied sich für den größeren Brunnen «mit Abschregung der Eggen». Genau einen Monat später diskutierte man die «Ausziierung»: Einem «Meerfräulein» zog man die Darstellung von Jonas und dem Walfisch vor. Im weiteren wollte man an einem St.-Ursen-Bild festhalten und fragte sich lediglich, ob dieses aus Erz geschaffen werden sollte[108]. J. G. RACHUEL gestaltete schließlich 1738 aus Solothurner Kalkstein eine elegante Figur des heiligen Urs als römischer Krieger. Eine von HANS SCHÖNI 1545/46 geschaffene Statue blieb nicht erhalten. Nachdem dieser St.-Ursen-Brunnen um 1762 zusammen mit der alten Stiftskirche abgebrochen worden war, nahm RACHUELS ursprüngliche Brunnenfigur 1772 die Stelle eines älteren Stadtpatrons über dem feldseitigen Tordurchgang des inneren Baseltors ein (siehe Kapitel Stadtbefestigung, S. 177)[109].

1773 wurden im Rahmen der Neugestaltung des Vorplatzes der neuen Stiftskirche und der Schaffung der Freitreppe nach Entwurf von PAOLO ANTONIO PISONI die beiden Monumentalbrunnen errichtet[110]. Bereits bei Baubeginn (1763) der Kirche hatte GAETANO MATTEO PISONI am Fuße der Treppenanlage einen axialen Brunnen vorgesehen. Auch sein Neffe entwarf eine Treppe mit einem einzigen Brunnen, erarbeitete gleichzeitig auch Varianten mit zwei Brunnen. Am 25. Oktober 1769 entschied man sich für die Lösung mit zwei Brunnen[111]. Aus jener Zeit datiert PAOLO ANTONIO PISONIS Treppenentwurf mit den beiden Delphinspeierbrunnen. Die eigentliche Planung konkretisierte sich erst 1772, als der Einsiedler Bildhauer JOHANN BAPTIST BABEL für die Gestaltung der gesamten Bauplastik sowie der beiden Brunnenfiguren beigezogen wurde. Bis zur Kirchweihe am 26. September 1773 waren die Brunnenaufsätze ebenso wie die Fassadenplastiken vollendet[112].

Beschreibung. Die breite Monumentaltreppe, die sich zur Hauptgasse hinunter einmal in leichtem Schwung und dann nochmals in kräftigem Einzug verjüngt, bildet zusammen mit der basilika-

Abb. 263
Ansicht des Mosesbrunnens von Nordwesten. Photographie, um 1920–1930. – Text S. 247ff.

Anmerkungen am Schluß des Kapitels S. 258–259

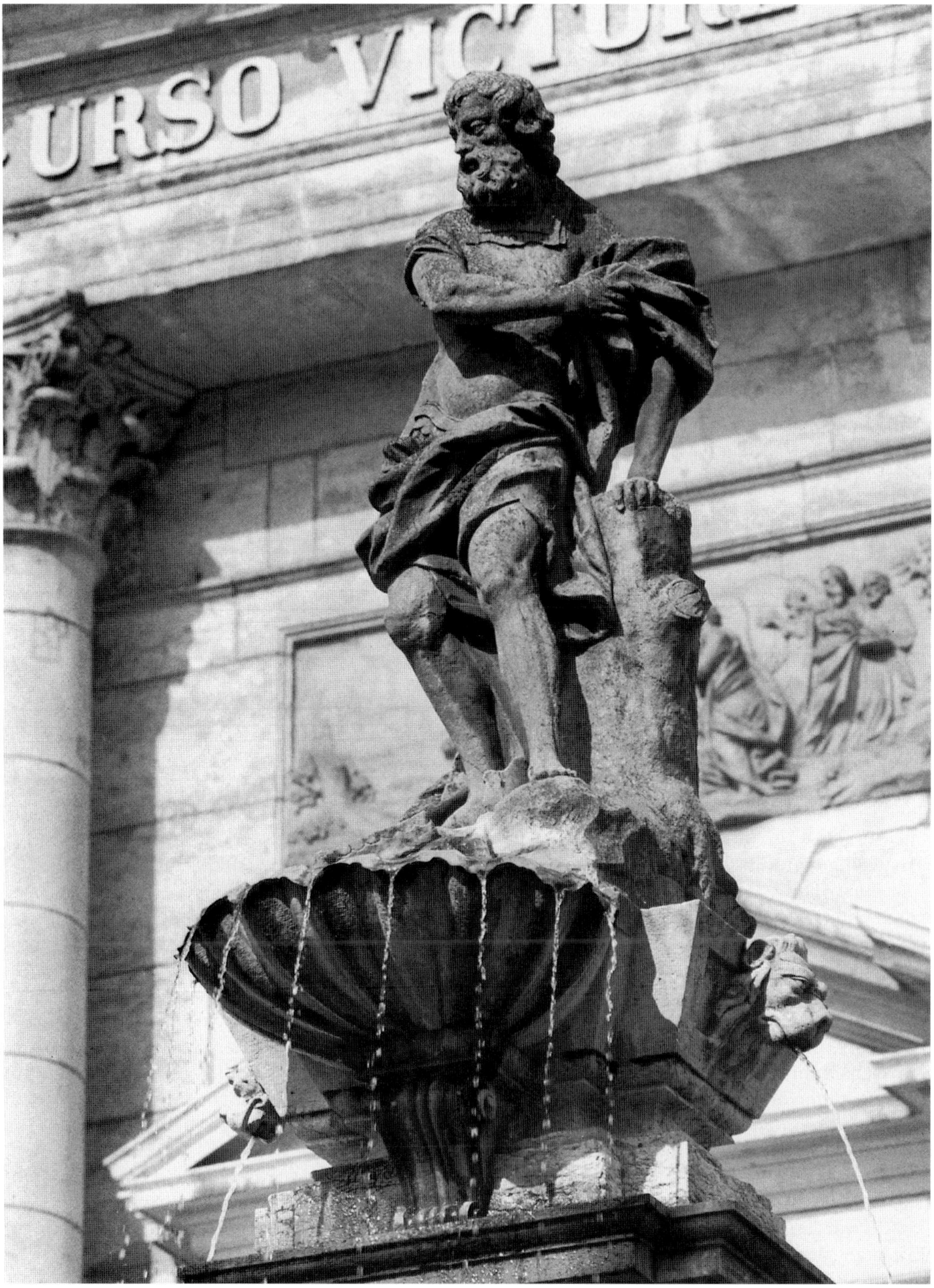
URSO VIC

len Kirchenfassade das räumliche Bezugsfeld der beiden Brunnen. Sie flankieren den schmaleren Treppenanlauf und werden ihrerseits von der urnenbekrönten Balustrade des ersten Treppenpodestes hinterfangen. Die Kalksteinbrunnen sind in sich symmetrisch und unterscheiden sich nur in der Gestaltung der beiden Figurenaufsätze aus Hauterive-Kalkstein. Die beiden Brunnen sind recht aufwendig in pyramidaler Anordnung angelegt und setzen sich aus einem Becken und zwei Schalen zusammen. Zwei Postamente zwischen den Becken und Schalen sorgen für eine beträchtliche Höhe; die bekrönenden Brunnenfiguren werden so in die Szenographie der Treppenanlage und der Fassade eingebunden.

An der Rückseite des stark geschwungenen und ausgreifenden unteren Brunnenbeckens mit Standplatte und Kugelfüßen steht als Stock ein mehrfach gegliedertes Postament. Dieses trägt die querovale mittlere Schale, in welche sich elf Wasserstrahlen aus der oberen Muschelschale sowie aus seitlich plazierten Löwenfratzen ergießen. Die bewegte Figur auf dem rechten Brunnen stellt Gideon mit dem Fellmantel dar; auf dem linken Brunnen posiert Moses majestätisch auf dem Felsen, aus dem Brunnenwasser fließt.

Seilergaßbrunnen (Abb. 265)

Der Brunnen im südlichen Mauerwinkel unter der St.-Ursen-Treppe wurde am 10. Dezember 1772 an JOHANNES WINISDÖRFER um 8 Louisdor verdingt und hatte funktionell wohl den alten St.-Ursen-Brunnen zu ersetzen, da die neu entstandenen Monumentalbrunnen nur als Zierbrunnen konzipiert waren. Es war ein vorhandener «Dauphin» wiederzuverwenden; vermutlich handelte es sich dabei um einen Bestandteil des um 1762 abgebrochenen St.-Ursen-Brunnens[113].

Beschreibung. An die Wand gelehnter Brunnen mit halbovalem profiliertem Becken und niedrigeren rechteckigen Nebentrögen (der südliche ist nach 1925 entfernt worden). Der rückwärtige Brunnenstock ist als ein sich verjüngender Aufsatz mit Eckvoluten und bekrönender Vase gebildet.

Abb. 264
Ansicht der Figur auf dem Gideonbrunnen von Südwesten. Photographie, um 1960–1970. – Text S. 247ff.

Abb. 265
Ansicht des Seilergaßbrunnens von Nordwesten. Photographie, um 1920–1930. – Text S. 249.

An seiner Vorderseite ist in Zweitverwendung ein gewundener Delphin als Wasserspeier angebracht.

Klosterplatzbrunnen (Abb. 266)

Im Jahre 1303 wird als erster Solothurner Brunnen jener bei St. Peter erwähnt[114]. Möglicherweise handelte es sich um einen Sodbrunnen, wird doch noch 1782 im Zusammenhang mit dem Klosterplatzbrunnen ein Sod erwähnt[115]. Der Brunnen besaß allerdings keine Kontinuität[116] und ist erst im 18. Jahrhundert wieder neu eingerichtet worden. Das Ersuchen «der gmeindt im Kloster» um Aufstellung eines Brunnens im Jahre 1601 war ohne Folgen geblieben[117], wie ein weiteres Gesuch der Anstößer im Jahre 1707 zeigt. Dannzumal wurde beschlossen, daß bis zur «Dahinsetzung eines ansechenlichen Brunnens ... ein Brunnstokh mit einer Röhren samt einem Brunntrog mitten in gedachtes Closter gesetzt werden solle»[118]. Im An-

---

Anmerkungen am Schluß des Kapitels S. 259

*Abb. 266
Ansicht des Klosterplatzbrunnens von Nordwesten.
Photographie, 1971. – Text S. 249f.*

schluß an die Neuerrichtung des St.-Ursen-Brunnens am Fuß der Kirchentreppe 1738 dürfte tatsächlich das alte Becken zum Klosterplatz transportiert worden sein, worauf 1744 auch beschlossen wurde, die Sinne vom Gerechtigkeitsbrunnen an den Klosterplatzbrunnen zu verlegen[119]. Im Jahr 1780 erfolgte im Auftrag des Bauamtes die erfolglose Planung eines neuen Brunnens durch GEORG SCHNETZ[120]. Ein weiterer Versuch wurde 1787 unternommen, doch kam es offenbar auch diesmal nicht zu einer Ausführung[121]. Erst 1828 wurde schließlich die Brunnenanlage erneuert. Sie erhielt dabei kein neues Becken, sondern den alten Plattentrog von 1589, der bis anhin dem Fischbrunnen am Marktplatz gedient hatte. Auf den neu gefertigten Stock plazierte man die Vase des alten Brunnens von 1738.

Beschreibung. Großdimensioniertes Achteckbecken aus Einzelplatten mit Füllungen sowie Fußwulst und gerundeter Gesimsplatte, durch Eisenbänder zusammengehalten und durch Kittungen abgedichtet. Einziger erhaltener Plattentrog des 16. Jahrhunderts neben dem Mauritiusbrunnen. Aus klassizistischer Epoche stammt nur der viereckige Brunnenstock mit den gegenständig angebrachten Ausgußröhren. Urnenförmiger Vasenaufsatz in Régenceformen (1738?).

Brunnen beim Kollegiumschulhaus

An der Goldgasse (Abb. 267, 268). Am Bibliotheksflügel des Jesuitenkollegiums befand sich bis 1882 zur Gasse hin der öffentliche Goldgaßbrunnen[122]. Der Wegzug der Kantonsschule aus dem ehemaligen Kollegiumgebäude führte 1882/83 zu einer grundlegenden Neugestaltung durch ERNST GLUTZ und J. FRÖLICHER: Der frühere Innenhof des Kollegiums wurde gassenseitig geöffnet und der so gewonnene «Ehrenhof» des spätklassizistisch veränderten Dreiflügelbaus 1883 durch eine Tor- und Gitteranlage mit integriertem Brunnen abgeschlossen[123].

Beschreibung. Der auf die Gassen- und die Hofseite gehende Doppelbrunnen in guten Spätklassizismusformen ist axialer Sammelpunkt der exedraartigen Mauer- und Gittereinfriedung. Von Voluten flankierter Brunnenstock mit Ausgüssen in das kelchartig geschnürte gassenseitige Becken mit Fünfachtelgrundriß und ins einfache halbrunde hofseitige Becken. Der Brunnen beim Kollegiumschulhaus besitzt große Ähnlichkeiten mit demjenigen an der Südwestseite des Amthausplatzes (siehe S. 252).

Landhausbrünnli

Westlich des Landhauses. 1532 wird erstmals ein Brunnen im Land erwähnt[124]; es handelte sich wohl um jenen Trogbrunnen mit seitlichem Stock, der in den Holzschnitten bei STUMPF und MÜNSTER und später bei KÜNG/SCHLENRIT im Straßenraum vor der Schiffleutezunft dargestellt ist (Abb. 72, 75, 76). Spätestens die Erweiterung des Landhauses gegen Osten hin bewirkte im frühen 18. Jahrhun-

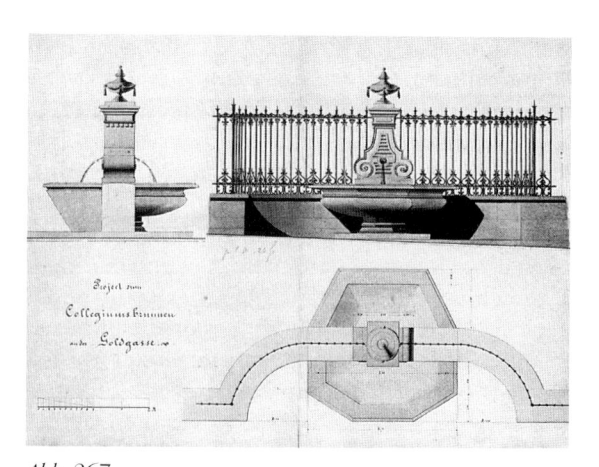

*Abb. 267
Projekt für einen Brunnen beim Kollegiumschulhaus.
Kolorierte Federzeichnung, vermutlich von E. Glutz und J. Frölicher, um 1882/83. – Text S. 250.*

Abb. 268
Ansicht des Brunnens beim Kollegiumschulhaus von Westen. Photographie, 1994. – Text S. 250.

dert die Versetzung des Brunnens an die Nordostecke des neuen Landhauses[125]. Im Zusammenhang mit der Einrichtung des alten Kaufhauses zum Landhaus-Schulhaus 1870 wurde 1879 als Ersatz des alten Brunnentrogs westlich des Landhauses – am Quai gegenüber dem Schulhauseingang – ein kleiner Brunnen aufgestellt[126]. Nach einer Explosion in den 1960er Jahren durch eine Kopie ersetzt.

Beschreibung. Kelchförmiges, über dem Fuß geschnürtes und am oberen Rand ausladendes Becken in Gestalt eines breitgezogenen Oktogons. Datiert 1879. An der Rückseite steht eine gußeiserne Gruppe nach Entwurf von URS JOSEF PFLUGER: Barock-Putto mit Ruder, auf liegender Vase mit Wasserausguß sitzend.

Spitalbrunnen

An der Südfassade der Spitalkirche. 1470 wird erstmals der Brunnen «in der Vorstatt» erwähnt. In den Stadtveduten des 16. Jahrhunderts erscheint an die Westseite des unteren Spitals angelehnt ein länglicher Brunnentrog, durch ein Vordach an der Giebelfassade geschützt. Dieser Brunnen wurde 1560/61 (gleichzeitig mit der Schaffung des Hintergaßbrunnens) durch einen Figurenbrunnen von LAURENT PERROUD ersetzt. Bei KÜNG/SCHLENRIT ist dieser – immer noch unmittelbar vor dem unteren Spital gelegen – in der stereotypen Art als Figurenbrunnen mit Achteckbecken wiedergegeben (Abb. 76)[127]. In dieser Form erscheint er noch 1790 auf dem Stadtplan von EDUARD TUGGINER. 1794 wurde der Brunnen an die Südseite der Spitalkirche versetzt[128]. 1888 Ersatz durch einen bescheidenen Wandbrunnen mit kelchförmigem, datiertem Becken.

Brunnen im unteren Winkel

Der «Hauptbrunnen» im unteren Winkel ist zwar auf den Veduten des 16. und des 17. Jahrhunderts noch nicht dargestellt; er wird dagegen im Brunnenbuch von 1717 erwähnt[129]. Beim heutigen Brunnen aus dem 19. Jahrhundert handelt es sich um ein einfaches, zweigeteiltes längsrechteckiges Becken. Der seitliche Brunnenstock wird von einer einfachen Vasenurne bekrönt und trägt die eingehauene Zahl «38»[130].

Brunnen im oberen Winkel

Bereits bei STUMPF/ASPER ist im Bereich des oberen Winkels ein einfacher, wohl hölzerner Trogbrunnen dargestellt[131]. Er taucht im Brunnenbuch von 1717 als Hauptbrunnen auf (bei Nr. 7) und ist im Katasterplan von 1867/1870 als Längstrog mit Nebenbecken wiedergegeben. Die Einrichtung der Krummturmstraße nach Abbruch des südöstlichen Kurtinenrestes führte zur Entfernung des Brunnens; er wurde durch einen bescheidenen halbrunden Wandbrunnen an der stadtseitigen Mauer bei der Eisenbahnunterführung ersetzt.

Brunnen an der Adlergasse

Langer schmaler Tränketrog, am unteren Ende gerundet. Quadratischer Brunnenstock in Kopie von 1992. Ursprünglich an der Südfassade des Hauses Berntorstraße 10, seit 1992 im Hof westlich davon.

Anmerkungen am Schluß des Kapitels S. 259–260

BRUNNEN AUSSERHALB DER ALTSTADT

Brunnen an der Poststraße

Einfacher längsrechteckiger Brunnen mit schmucklosem Stock. Mitte 19. Jahrhundert. Vermutlich ehemaliger Tränkbrunnen des hier befindlichen Viehmarktplatzes.

Brunnen an der Römerstraße

Längsrechteckiges einfaches Brunnenbecken mit eher gedrungenem Stock; Kugelaufsatz über profiliertem Kämpfer. An der Längsseite des Beckens eingehauen: «I 18 W 14».

Brunnen am Amthausplatz

Nach dem Abbruch des äußeren Bieltors und des vorgelagerten Ravelins entstand nach 1867 der Amthausplatz. Der kleine Doppelbrunnen aus der Zeit um 1875–1880 in der Südwestecke hat die Veränderungen der dreißiger und siebziger Jahre des 20. Jahrhunderts überdauert. Der in eine Mauernische mit Gitter komponierte Brunnen in Neurenaissanceformen stammt vom gleichen Entwerfer wie der Goldgaßbrunnen und weist ein ähnlich gestaltetes polygonales Becken auf[132]. Brunnenstock mit Seitenvoluten und Löwenausguß sowie bekrönender Vase.

Bei der Gestaltung des Amthausplatzes nach Plänen von ALFRED ZSCHOKKE entstand um 1872 auch ein neubarockes Platzmilieu mit Schalenspringbrunnen, der 1931 einer einfachen Wasserfläche mit Springbrunnen wich. Entfernung 1974 nach Parkhausbau und 1976 Ersatz durch fünf ringförmige Bodenspringbrunnen auf dem Vorplatz der Solothurner Kantonalbank[133]. Schon 1967 war nach Entwurf von SCHANG HUTTER etwas vom Amthausplatz zurückversetzt neben der Kantonalbank der Tadeusz-Kosciusko-Brunnen als Denkmalbrunnen entstanden[134].

Drei Brunnen teilen sich somit die Nachfolge des «Eybrunnens» vor dem Gurzelntor, der 1493 als einer der ältesten Brunnen außerhalb der Altstadt erwähnt wurde und nach dem Schanzenbau als «Brunnen des Zollners vor dem Gurzelnthor» auf dem Ravelin weiterexistierte[135].

Brunnen hinter dem Amthaus I

Der große Hinterhof des Amthauses I wurde in den 1870er Jahren zum baumbestandenen Platz gestaltet. Der zentrale Brunnen eines nicht namentlich bekannten Entwerfers kann frühestens um 1873 entstanden sein[136]. Es handelt sich um ein ovales, schalenartiges Becken aus Solothurner Kalkstein mit einem in der Mitte stehenden, oktogonalen und profilierten Stock mit seitlichen Ausgußröhren.

Brunnen beim Pflug

Vor dem Haus Bielstraße 44 (Abb. 269). Erstmals 1766 erwähnt; 1802 als Gemeindebrunnen bezeichnet[137]. Der heutige Brunnenstock mit der Jahreszahl 1689 ist eine Spolie, die 1942 auf dem Areal der Firma Autophon gefunden worden war und 1960 hier in einer kleinen Grünanlage an der Straßengabelung Bielstraße/Weißensteinstraße Aufstellung fand[138]. Einfacher Trogbrunnen mit viereckigem, abgefastem Stock (stark überarbeitet): skulptierte Fratze als Mündung für den Röhrenausguß; darüber fein gehauenes Allianzwappen Franz Reinhard-Magdalena Zurmatten mit Helmzier.

Abb. 269
Ansicht des Brunnens beim Pflug von Süden. Photographie, 1977. – Text S. 252.

Brunnen an der Zurmattenstraße

Querrechteckiges ausladendes Becken, an den Kanten zum Achteck abgeschrägt. Einfache Brunnensäule mit Kugelaufsatz.

Brunnen beim Altwyberhüsli

An der unteren Steingrubenstraße. Als «Gemeine Brunnen bei Nom. Jesu» erwähnt 1655[139]. Einfacher Trogbrunnen mit seitlichem Stock und kugelbekröntem Abschluß.

Brunnen am Midartweg

Halbkreisbrunnen mit schalenförmigem Becken und rückseitigem Stock mit Kugelbekrönung. Mitte 19. Jahrhundert.

Brunnen in der Fegetzallee

Rechteckiger niedriger Brunnentrog mit vorstehendem Solothurner Wappen und der Jahreszahl 1768. In den 1970er Jahren neu gestalteter Wassereinlauf.

Trinkbrunnen im Stadtpark vor der Riedholzschanze (Abb. 270)

1905 im Rahmen der Stadtparkgestaltung an einer Weggabelung nördlich des Schanzengrabens aufgestellt[140]. Originelle Kleinarchitektur mit Motiven aus Neurenaissance und Jugendstil: kelchförmiges Rundbecken, überhöht von Halbkreis-Bogenarchitektur mit Fratze als Wasserspeier. Datiert 1905.

Brunnen vor dem Baseltor (Abb. 271)

Als «Eichbrunnen» 1647 erwähnt. Im Brunnenbuch von 1717 beschrieben als «steiniger Stock an der Landstrass Ussen am Eichthor gegen St. Joseph»[141]. Um 1800 entstand vor dem äußeren Baseltor ein eleganter Brunnen im Louis-XVI-Stil, der sich seit seiner Versetzung in diesem Jahrhundert vor dem St.-Katharinen-Friedhof befindet: Muldenbecken auf zwei vegetabil verzierten Steinsockeln. An der Rückseite massiger Stock mit schwerer, festonbehangener Urne.

Der heutige Baseltorbrunnen vor dem Schanzenmauerrest stammt aus dem Kloster Visitation und ist 1970, nach Überarbeitung und teilweiser Umgestaltung, hieher versetzt worden. Einfaches, aber ausnehmend langes Trogbecken mit Unterteilung; datiert 1781. Modern gestalteter Wassereinlauf[142].

Abb. 270
Brunnen im Stadtpark von Süden. Photographie, 1993.
– Text S. 253.

Brunnen vor dem Berntor

Am Roßmarktplatz. Der «Eichbrunnen vor dem Wasserthor» wurde 1457 als erster der Brunnen außerhalb der Altstadt erwähnt. Er erscheint auch als einziger auf den Veduten des 16. und des 17. Jahrhunderts. Erwähnt im Brunnenbuch von 1717 als «Haubtbrunnen in der Ußern Vorstadt»[143].

Im Verlauf des 17. Jahrhunderts, vermutlich noch vor dem Bau der Vorstadtschanzen, dürfte jener Brunnen entstanden sein, der bis 1930 den Schwanenplatz zierte: monolithischer Trogbrunnen mit vertieften Wandfeldern; an der Rückseite viereckiger, profilierter Stock mit Pinienzapfenbe-

Anmerkungen am Schluß des Kapitels S. 260

Abb. 271
Brunnen im St.-Katharinen-Friedhof, photographiert an seinem ursprünglichen Standort vor dem Baseltor. Photographie, um 1920. – Text S. 253f.

krönung. Am Schaft skulptierte Fratzen im Stil des mittleren 17. Jahrhunderts. Verschollen.

Im Jahre 1930 Ersatz durch einen Oktogonalbrunnen in Anlehnung an die Figurenbrunnen des 16. Jahrhunderts. Von ROBERT RUDOLF stammt die bronzene Brunnenfigur des Fahnenträgers als Erinnerung an die Dornacher Schlacht von 1499[144].

An der Westseite des benachbarten Dornacherplatzes steht sodann ein langer, schmaler Pferde- und Viehtränkbrunnen aus dem Jahre 1906 (am Stock datiert).

Beim Hotel Jura (Dornacherstraße 18) entstand 1896 ein origineller Kleinbrunnen mit kreisrundem Becken, rückwärtigem Stock und seitlichen Postamenten. In den 1970er Jahren verfälschend überarbeitet und an den Landungssteg der «Romandie» westlich der Krummturmschanze versetzt[145].

ANMERKUNGEN ZUM KAPITEL
WASSERVERSORGUNG UND BRUNNEN

Seiten 230–254

1 Zur Thematik generell: JÜRGEN SYDOW (Hg.). Städtische Versorgung und Entsorgung im Wandel der Geschichte. Sigmaringen 1981 (Stadt in der Geschichte. Veröffentlichungen des Südwestdeutschen Arbeitskreises für Stadtgeschichtsforschung 8). – Die Wasserversorgung im Mittelalter. Mainz 1991 (Geschichte der Wasserversorgung 4). – Zu Solothurn: FERDINAND SCHUBIGER. Öffentliche Gesundheitspflege im alten Solothurn (JbfSolG 5, 1932, S. 155–181), bes. S. 158–162.
2 Die Vorstadtleitung soll im Jahre 1470 gelegt worden sein, wie die «Kleine oder Kurtzjährige alte Solothurnische Cronic» (16. Jh.?) im Von-Roll-Archiv (Nr. 180, S. 8) meldet («Der brunen In der vorstatt ward hieher gleitt»).
3 ADELE TATARINOFF-EGGENSCHWILER. Schanzmühle und Cartierhof in Solothurn (Jurablätter 1951, Heft 2, S. 17–19).
4 «casalia molendini» in einer Urkunde von 1303 im StASO; mit großer Wahrscheinlichkeit läßt sich auf ein Fließgewässer schließen.
5 Urkunde vom 10. Juli 1347 im StASO (RQ SO I, 44, S. 85f.).
6 Copiae, 6. April 1456, 5/34.
7 Urkunden vom 2. Mai 1349 und 27. Mai 1349 (Zitat) im StASO. In einer Urkunde vom 29. November 1373 (Kopie im Chronologikum des Franziskanerklosters im StASO, S. 8) wird diese Einleitung im Zusammenhang mit einer Schleiferei folgendermaßen beschrieben: «... die selbe schliffe hoffstatt mit steg und mit weg und sunderlich mit dem valle des wuores als er nuo durch der statt von solottern Ringmure har in und auch durch der barfuoßen mure erhaben und geleittet ist ...» (Gleichlautende Urkunde auch in BASO).
8 Noch aus JOHANN OBERLINS Wasserleitungsplan von 1840 (PD 17) geht hervor, wie geschickt diese Mündung gewählt worden war, welche eine fächerförmige Verteilung des Wassers zu den verschiedenen Altstadtquartieren erlaubte.
9 Urkunden im StASO zu den verschiedenen Mühlen am Stadtbach: 23. August 1350; 1. Februar 1364; 5. September 1366 (Eselsmühle); 23. November 1373 (zur Gibelinmühle). Urkunde vom 9. November 1391 im Von-Roll-Archiv zur Schanzmühle.
10 RM, 22. August 1530, Band 19, S. 350 (Beschluß), S. 369 (Anteilsschlüssel). – Bereits in einer Urkunde im StASO vom 1. Juli 1432 sind die «bluewen» erwähnt worden.

11 Vertrag mit dem vermutlich ersten Solothurner Brunnmeister vom 8. Oktober 1437, StASO, Varia I, S. 115 (zitiert bei MORGENTHALER, ASA 1923, S. 232).
12 Man hatte «gebachene» (irdene) Dünkel in Erwägung gezogen, sich dann aber für eine Leitung aus Kalkstein entschieden. 3. Juli 1623: Verding der Grabarbeiten (RM, Band 127, S. 409); 29. Dezember 1623: Verding von 150 Klafter «känel in guoten Pfägetz steinen» an LORENTZ DORNER, PETER BARATHI, GERMAN MÜLLER, URS BIELLER, URS ALTERMATT (Verding im SMB I, fol. 165r); CASPAR LOBENHOFER, der Schleifer, hatte das Kittwerk übernommen und erhielt am 24. Oktober 1629 einen Mantel verehrt (RM, Band 133, fol. 319v).
13 Die Planung des Vorhabens wurde 1697 begonnen. Erst anläßlich eines Augenscheins wurde man sich bewußt, daß bereits ein Teil der Leitung aus Stein war. Eine Erneuerung des anvisierten Abschnitts durch Holzdünkel hätte in zwei- oder mehrfacher Dünkelleitung bewerkstelligt werden müssen, weshalb man sich für Steinkännel entschied (RM, 29. November 1697, Band 201, S. 797). Am 24. Dezember 1698 Verding mit den Schanzmaurermeistern HEINRICH RESPIGER und JAKOB KELLER über 7 Zoll tiefe und 12 Zoll breite, mit ebenen Platten gedeckte Kännel, das Klafter zu 35 Batzen (das Verlegen und Verkitten nicht inbegriffen) (RM, Band 202, S. 933). Zur Fortsetzung des Werks RM, 29. Oktober 1700, Band 203, S. 740; 20. Juli 1701, Band 204, S. 519.
14 Brunnenplan von JOHANN LUDWIG ERB, 1738 («Plan des Harfließens undt Abtheillens deren sambthlichen in die statt Solothurn laufendten so wohl Haupt- als Particular Brünnen ...»), im Planarchiv des BASO (PD 3) (dazu gehörig Brunnenbuch 1717–1778 im StASO, B 17,4). Kopie dieses Plans in vier Teilblättern von JOSEF SCHWALLER (PD 11). – Brunnenpläne von JOSEF SCHWALLER, 1818, im Planarchiv des BASO, A 4, bes. Blätter 8, 9, 10, 13. – Brunnenplan von JOHANN OBERLIN (1840) im Städtischen Katasteramt (PD 17). Dazugehörig: FR. KARL PFLUGER, Beschreibung der sämtlichen Brünnen und Hauptleitungen in der Stadt ... Mskr. Solothurn 1841 (ZBS, Stadtarchiv); Transkription durch Othmar Werner, Solothurn. – Weitere, unkatalogisierte Quellen zur Wasserversorgung im Stadtarchiv der ZBS: a) Tabellarische Übersicht der Brunnen nach den vier Quartieren 1835; b) «Chronologisches Register der Protokols-Verhandlungen über Brunnsachen, Gebäude und Liegenschaften 1366 bis 1820»; c) Sammlung von Brunnrechten 1347 bis 1820. – Einen guten Überblick über die offenen Wasserläufe im Weichbild von Solothurn bietet JOHANN BAPTIST ALTERMATTS lithographierter «Plan der Stadt und des Stadtbezirks Solothurn» von 1822 (PD 12) (Abb. 58).
15 Erste Erwähnung 9. November 1776, als Peter Schreiber (Scheuber) um die Einrichtung einer Marmorsäge am Stadtbach im Brüggmoos ersuchte. RM, Band 260, S. 885.
16 Zur Pulverstampfi: JÜRGEN HOFER. Die alte Pulverstampfe an der Bergstrasse in Solothurn. Mskr. Solothurn 1987.
17 Erwähnt bei PFLUGER, Brunnenbuch 1841 (wie Anm. 14), passim.
18 RM, 23. Oktober 1587, Band 91, S. 591: Klage, daß große tannene Kännel zur Leitung des Stadtbachs durch den Graben nicht mehr zu finden seien.
19 RM, 5. Juli 1630, Band 134, S. 383; 7. Mai 1640, Band 144, S. 274.
20 TATARINOFF (wie Anm. 3). Drei Jochfundamente des Aquäduktes konnten im Bereich Franziskanerkloster/Nordringstraße ergraben werden. Pläne und Dokumentation bei der Kantonsarchäologie Solothurn (Nr. 115–130).
21 Gemäß RM floß der Bach bei der Kanzlei teilweise nur «über die glatte Besetz», was zu Kellerüberschwemmungen oder Fundamentunterspülungen führen konnte; das wollte man mittels Graben eines Bachbetts verhindern (RM, 20. September 1729, Band 232, S. 828, insbesondere einen Fall von 1682 zitierend). Ähnlichen Problemen bei der Schützenzunft war man 1675 mit dem Ersatz der hölzernen Kännel durch steinerne begegnet (RM, 16. Oktober 1675, Band 179, S. 733).
22 Pläne für eine neue Führung des Bachbetts im Bereich der Goldbachmündung in die Aare im BASO: 17. September 1828 (A 4 20); Mai 1834 (A 4 23). – Dazu BP Kanton, 10., 28. November 1832, S. 179f., 181f.; 22., 27. Mai, 7. Juni, 12. September 1834, S. 520f., 536, 544ff., 581; 18. Februar 1835, S. 624f. (Wegschaffung des Bassins im Garten des Palais Besenval); 31. Mai, 7., 16. Juli, 29. Oktober 1836, S. 775, 777f., 780, 793; 25. März, 12. Mai 1837, S. 22f., 36 (neues Bassin und Wasserleitung).
23 Reglement über Benutzung, Reinigung und Vornahme von Wehr- und Wuhrungen am sogenannten Stadtbach mit Inbegriff des Busleten-, Brüggmoos- und Widlisbaches laut Verkommniß der betheiligten Werkbesitzer und der Stadtgemeinde Solothurn, Solothurn 1852, S. 6f.
24 HAFFNER, Schawplatz II, S. 25.
25 StASO, Allerhand Copeyen, Band Gg 32 (11. August 1550). 1295 wird eine innere Wuhr bei der Schale urkundlich erwähnt («bie der Schâla bie der Enrun Wueri») (SUB III, Nr. 410, S. 253). Als äußere Wuhr wäre demnach der Goldbach zu betrachten.
26 RM, 5. August 1562, Band 68, S. 260. – RM, 27. Februar 1697, Band 201, S. 174, 329. – Betr. dessen Eindeckung: RM, 21. Januar 1789, Band 292, S. 77. – Am 23. Februar 1622 mußten die Bürger am Stalden ermahnt werden «dz sy das Isch uffhauwend, damit der Bach khönne ohne Schaden abhin gelassen werden.» (RM, Band 126, S. 135).
27 RM, 23. August 1662, Band 166, S. 403: Beschluß, den Bach «bis an den Eggen hinauf» überdecken zu

lassen; RM, 22. Juni 1663, Band 167, S. 316f.: Bitte der Nachbarschaft, daß der Bach «nit weiter eingeschlossen werde»; RM, 2. Juli 1784, Band 287, S. 534: Forderung, «dass der kleine Arm des Stadtbaches ... besser versichert werde».

28 Aussagekräftig sind der Dachplan von JOHANN BAPTIST ALTERMATT (1827) (PD 14) (Abb. 304), der Stadtplan (1828) (Abb. 303), ebenfalls von ALTERMATT (PD 15) (Abb. 79), und ein undatierter lithographierter Stadtplan um 1860 (PD 20). Die Solothurner Katasterpläne von 1867 verzeichnen vereinzelt die mit Steinplatten eingedolten Wasserläufe (PD 59).

29 Bei Ausgrabungen oder Grabarbeiten konnten vereinzelt Überreste der Kanalisation (Leitungen, Abteilungsstöcke) gefunden werden. Im Archiv der Kantonsarchäologie besonders gut dokumentiert: 1. Wasserleitungen im Bereich Friedhofplatz/Stalden; Ausgrabung 1950; publiziert in JbfSolG 24, 1951, S. 91–104. – 2. Abwasserleitungen im Bereich Klosterplatz; Ausgrabung 1960 (Nr. 115–63); publiziert in JbfSolG 34, 1961, S. 233f.

30 RM 1638, Band 142, S. 341, 373, 401, 501, 573, 580.

31 RM, 20. Juli 1701, Band 204, S. 519; 10. November 1705, Band 208, S. 703.

32 Im Auftrag der Kantonalen Denkmalpflege hat GIORGIO NOGARA, Solothurn, 1990 unter Anleitung von RUDOLF GLUTZ vom Institut für Denkmalpflege der ETHZ den Verlauf und die Überreste der Stadtbach-Wasserzuführung auf dem Gebiet von Langendorf und Solothurn archäologisch untersucht und mit Plänen dokumentiert (Unterlagen im Archiv der Kantonalen Denkmalpflege).

33 Zur Geschichte der modernen Wasserversorgung: RUDOLF TSCHUMI. Solothurn. Hydrologie einer Stadt (MNGSO 25, 1971). Enthält einen Rückblick auf die Wasserversorgung in der Moderne. – Bericht über den weiteren Ausbau der Wasserversorgung der Stadt Solothurn 1901. Solothurn 1901 (Vorlage an die Versammlung der Einwohnergemeinde der Stadt Solothurn vom 20. Juli 1901). – Bericht über die vom Stadtbauamte ausgeführten Arbeiten für den weitern Ausbau der Wasserversorgung in Solothurn 1901–1904. Solothurn 1904.

34 Hofbrunnen und Brunnen in architektonischem Zusammenhang mit Gebäuden unter den einzelnen Objekten werden in den geplanten Bänden Kdm SO II und IV behandelt werden.

35 Urkunde von 1303 im StASO.

36 Urkunde vom 20. Januar 1366, FRB 8, 1456, S. 657; 22. Januar 1466, Copiae 6/255.

37 1590 nahmen einige Ratsherren mit dem Maurerwerkmeister DANIEL HEINZMANN in Bern einen Augenschein betr. Verbesserung der Stadtbrunnen vor. RM, 2., 13. Januar 1590, Band 94, S. 4, 9.

38 RM, 16. Juli 1635, Band 139, S. 344: «Die Buwherren sollend kleine nebend Bruntröglin zuo den Brunnen machen lassen».

39 1574 Verding mit FRANZ KNOPF: «die gemeinten Stattbrunnen als Sant ursen, fysch, sinn, genss unnd gurtzelen brunnen widerum Durch frantz knoppfen ernüweren und malen Lassen» (SMB I, fol. 64). – RM, 25. Juni 1707, Band 210, S. 501: Diskussion, «ob man die allhiesige Stattbrünnen zu mehrerer anständigkeit der Statt nicht widerum frischer dingen fassen oder mahlen lassen wolle».

40 Kurzbericht in AK 1939 (JbfSolG 1940, S. 202). – Die Polychromieentwürfe von HEINZ NASS von der Firma PFISTER-BLOCH & Co (1939) im Stadtbauamt. – MARTIN LISIBACH. Restaurierung beziehungsweise Sanierung der Altstadtbrunnen von Solothurn. Diplomarbeit zur Erlangung eines Titels eines Malermeisters SMPV – Wallisellen. Typoskript 1991.

41 Literatur: WILHELM RUST. Unsere Hauptbrunnen (Solothurner Tagblatt, 28.–30. September 1881, Nr. 229–231). – PAUL MEINTEL. Schweizer Brunnen. Frauenfeld 1931. – AK 1939 (JfSolG 13, 1940) (Kurzbericht über die Restaurierung der fünf Figurenbrunnen). – HANS SIGRIST. Von den solothurnischen Brunnen (Jurablätter 16, 1954), S. 192–196. – PIERRE BOUFFARD; RENÉ CREUX. Brunnen, Spiegel der Schweiz. Genf 1973, S. 170ff. – ADELE TATARINOFF. Brunnen der Stadt Solothurn. Solothurn 1976, S. 7–16. – MARKUS HOCHSTRASSER. Wo Tugenden sprudeln. In Solothurn künden alte Brunnen mit allegorischen Figuren vom Glauben und von der Lebensart zur Ambassadorenzeit (Turicum. Schweizer Kultur und Wirtschaft 23, August/September 1992, S. 42–47).

42 SMR 1546, S. 190 (Zahlung an PAGAN), S. 191 (Ausgaben an JAKOB GRAFF «den Genssbrunnen zu beschlachen», ebenso an den Schmied HANSEN ZUM KREPS). – RM 1546, S. 14.

43 BP Kanton, 18. Februar 1779, S. 523.

44 Ob der alte «Gänsbrunnen» damals auf der Säule noch eine Brunnenfigur besaß, wissen wir nicht. Die Spenglerscheibe (BD II/10) gibt auch hier eine stereotype Kriegerfigur wieder. 1738 diskutierte man, «dass zu mehrerer anständigkeit auf den stalden brunnen eine steinerne arbeit ein bluemengeschirr anzeigend zusetzen anständig wäre» (RM, 24. Januar 1738, Band 241, S. 60). – Zu LAURENT PERROUD: LOUIS THÉVENAZ; ANDRÉ RAIS. L'architecte et sculpteur Laurent Perroud et les fontaines de Porrentruy (Musée neuchâtelois 1953, S. 33–50). Den Hinweis auf diese Publikation und die Übermittlung eines Stammbaums von LAURENT PERROUD und seinem Sohn JACQUES verdanke ich Dr. Olivier Clottu in St-Blaise.

45 Das Renovationsdatum 1888 ist auf älteren Photos am Kapitell im westlichen Schriftband zu lesen. Siehe auch: GOTTLIEB LOERTSCHER. Bericht der Altertümer-Kommission über die Jahre 1971–1976 (JbfSolG 51, 1978, S. 383, 385). – Farbfassung durch ALFRED ERB, Kapitellkopie durch KURT WALTHER JUN. (Originalkapitell im Lapidarium II).

46 Moderne Aufschrift mit Hinweisen auf Entstehung und Restaurierung des Brunnens.
47 Dargestellt auf einer Bleistiftzeichnung von LUDWIG VOGEL (BD IV/39). – Die St.-Georgs-Gruppe ist vergleichbar mit HANS GEILERS Georgsbrunnen von 1524/25 in Freiburg i. Ü. Vgl. MARCEL STRUB, Kdm FR I, Basel 1964, S. 216–220, Abb. 185, 189f.
48 SMR 1444, S. 134.
49 Zu PERROUD Angaben wie Anm. 44; der Faßmaler URS AMIET erhielt 53 ₤.
50 BP Kanton, 1772, S. 115.
51 Steinrestaurierung durch KURT WALTHER; Farbfassung durch ALFRED ERB. Dazu: Solothurn, Gerechtigkeits- und Simsonbrunnen (JbfSolG 62, 1989, S. 270f.) (= Denkmalpflege im Kanton Solothurn 1988).
52 Das Kapitell erinnert an LAURENT PERROUDS nördlichen Bannerträgerbrunnen in La Neuveville (1550). Freundlicher Hinweis von Markus Hochstrasser.
53 PAUL HOFER, Kdm BE I, Basel 1952, S. 289–294. – MARCEL STRUB, Kdm FR I, Basel 1964, S. 222–224.
54 FRB 8, 20. Januar 1366, Nr. 1656, S. 657.
55 RM, 23. Dezember 1744, Band 247, S. 1468.
56 SMR 1545, S. 169, 176, 177, 180 («Jacoben Graffen von dem Sinnbrunnen zu beschlachen sambt dem Ysen so er dazu gäben und kaufft hatt»); SMR 1546, S. 169. – Darauf bezogen wohl auch RM 1543, S. 212; 1544, S. 218, 276; 1545, S. 171, 411, 424, 452.
57 SMR 1547.
58 SMR 1562: LAURENT PERROUD erhielt für beide Brunnen 52 ₤ 6 Sch. 8 D.; ferner «aber ime gäben von zweyen Mundstuckhen so nit im Verding gsin ...» (S. 182). Für das Fassen beider Brunnenstöcke erhielt Meister HANS SCHILT 100 ₤ (S. 183). Für seine Schmiedearbeiten erhielt HANS BONNER 16 ₤ (S. 182).
59 BP Kanton, 10., 31. Juli, 7. August 1788, S. 363, 366, 369; 2. Juli, 1. Oktober 1789, S. 458, 483. – Am Brunnenstock findet sich unter der Jahreszahl 1561 ein eingelassenes Bronzeschildchen: «R.a.1789».
60 Steinrestaurierung durch KURT WALTHER; Farbfassung durch ALFRED ERB. Vgl. Anm. 51.
61 Säule und Kapitell haben große Ähnlichkeit mit PERROUDS Fontaine du Sauvage von 1576 in Delsberg, ebenso mit dessen Fontaine du Banneret von 1581 in Neuenburg (JEAN COURVOISIER, Kdm NE I, Basel 1955, S. 58f.). – Das Kapitell hat verwandte Züge zu jenem des Bannerträgerbrunnens von 1588 in Pruntrut (freundlicher Hinweis von Markus Hochstrasser).
62 PAUL HOFER, Kdm BE I, Basel 1952, S. 314–321.
63 SMR 1438, S. 39, 50, 51, 53, 59; 1444, S. 134 (7 ₤ zusammen mit den «zwein stöken im Frithof»). – GOTTLIEB LOERTSCHER vermutet, daß es sich bei dieser Arbeit um die St.-Ursen-Figur aus Sandstein in der Fassadennische des Rathausturmes handelt. (Original seit 1963 im Parterre des Rathaus-Treppenturms. Vgl. LOERTSCHER, Tussmann, S. 82. Diese Zuschreibung ist unsicher.)
64 SMR 1471, S. 107.
65 CONRAD SPÄTI erhielt für das Brechen des Stocks 16 fl.; Kannengießer CONRAT RUCHTI, der Blei und Kupfer an dem Brunnen verarbeitete, empfing ebenfalls verschiedene Zahlungen. – Kostenzusammenstellung laut SMR 1472/73 bei MORGENTHALER, ASA 1923, S. 232–234. – Daß es sich bei der Brunnensäule um eine St.-Ursen-Figur oder gar um die Steinskulptur des Stadtheiligen in der Ostfassade des Rathauses handelte (Vermutungen von MORGENTHALER bzw. LOERTSCHER), ist eher unwahrscheinlich.
66 WALLIER, Topographia Solodorana, S. 31.
67 RM, 27. Juli 1587, Band 91, S. 448. – Unser Terminus ante quem für den Tod von LAURENT PERROUD erschließt sich aus dem Verding vom 2. Dezember 1585 über die Fenster für das Solothurner Schützenhaus mit «Meister Lorenzen des steinmetzen selligen von gryssach sune» (SMB I, S. 121r).
68 SMB I, fol. 127; RM, 23. Januar 1589, Band 93, S. 36.
69 SMB II, fol. 12. – Damit im Zusammenhang mag die Notiz in RM, 27. Juni 1601, Band 105, S. 262, stehen: Eine Kommission soll zusammen mit den Bauherren «... mit dem Steinmetz [der des Ambassadorn Werckh In Sant Ursen Kilchen gemacht] des Vischbrunnens halb undenreden wie er denselben machen und was er nemen wolle.» (Gemeint ist ANTOINE REGNARD, der Schöpfer der bronzenen Grabmalbildnisfigur von Ambassador François Hotmann de Mortefontaine von 1601, zerstört.)
70 SMR, 17. August 1635, S. 80.
71 Zu den Brunnenversetzungen von 1828 vgl. Baurapport 1827/28, S. 49–51 (Zitat). BP Stadt 1826–1830, S. 377–381. Bauamtsschriften 1826–1828. Baurapport, 25. September 1828 (ZBS, Stadtarchiv). Hinweis von Markus Hochstrasser.
72 ZBS, Stadtarchiv, Bauakten, Acta VI 1885, 1. Bau: Schreiben von ZETTER-COLLIN vom 6. Juli 1885 und weitere Aktenstücke für die Gemeinde-Commission vom 8. August 1885 (inkl. Bleistiftzeichnung, vermutlich von E. GLUTZ). – Modell des Brunnens von 1885 aus dem Nachlaß von ZETTER-COLLIN im Besitz von Urs Jeger, Solothurn. 1885 wurde auch die ausladende Kämpferplatte entfernt.
73 1939 war wiederum eine Kämpferplatte montiert worden (Entfernung 1977). Zur letzten Restaurierung: GOTTLIEB LOERTSCHER. Bericht der Altertümer-Kommission über die Jahre 1971–1976 (JbfSolG 51, 1978), S. 383, 385. Farbfassung durch ALFRED ERB.
74 Das Becken besitzt Ähnlichkeit mit jenem des Schützenbrunnens in Bern, entstanden 1783/84 in Solothurn (PAUL HOFER, Kdm BE I, S. 271f., mit Quellenangaben).
75 Das Motiv der wappenhaltenden Fischmenschen kehrt ähnlich an folgenden Brunnensäulen wieder: Johannesbrunnen in Freiburg i. Ü. (1547) von HANS

GIENG, südliche Fontaine du Banneret (1550) in La Neuveville und Fontaine du Banneret 1558 in Pruntrut, beide von LAURENT PERROUD. Freundliche Hinweise von Markus Hochstrasser.
76 SMR 1496. – RM, 14. Juli 1555, Band 56, S. 105; 2. September, S. 138.
77 RM, 27. September 1555, Band 56, S. 193 (Verding ohne Eisenwerk und Kitt für 90 fl.); StASO, Curiosa, 4. Oktober 1555, Band 46, S. 33 (Namensnennung).
78 StASO, Curiosa, Band 44: «... mit Meister Hans Gieng dem Bildhouwer von Frybourg überkommen und verdingt worden, den Brunnenstock by des Bropsts Hus vom Wasser uff zemachen, wie ime dan söicher ze houwen zöigt, und er selbs abconterfect gehebt, es sye gewunden oder mit Bloumwerk. Sol oben uff dem Stocke ein gewapnotten Possen VII Schuch hoch machen.» (Zitatauszug nach MARCEL STRUB. Deux Maîtres de la Sculpture Suisse du XVIe siècle: Hans Geiler et Hans Gieng. Freiburg i.Ü. 1962, S. 22, Anm. 94.; zum Brunnen auch S. 28–30, Kat. Nr. 62). – Ebenfalls zitiert bei: JULIUS BAUM. Nachlese zu Erhart Küng, Stephan Schöni, Hans Geiler, Hans Gieng und Jacob Ruess (ZAK 4, 1942, S. 185–188), S. 187f.
79 SMR 1557, S. 198, ebenso S. 182, 197.
80 GOTTLIEB LOERTSCHER. Bericht der Altertümer-Kommission über die Jahre 1971–1976 (JbfSolG 51, 1978), S. 383, 385. Farbfassung durch ALFRED ERB; Steinhauerarbeiten und Kopien durch HERMANN und KURT WALTHER. Die Originale befinden sich im Lapidarium II im Hof des Solothurner Jesuitenkollegiums.
81 Eine mitunter formulierte Zuschreibung der Säule an GREGOR BIENCKHER ist quellenmäßig nicht belegbar. GIENGS Autorschaft wird durch uns angezweifelt.
82 Die Graphische Sammlung der ZBZ (Sammlung Rahn) bewahrt eine Zeichnung dieses Stücks von KONRAD MEISTERHANS auf (datiert 8. Februar 1893).
83 Brunnenbuch 1717 (unpag.), unter Abteilung 65; Brunnenbuch 1841 von KARL PFLUGER (ZBS, Stadtarchiv), Transkription S. 92.
84 Eingezeichnet im Plan von JOSEF SCHWALLER SEN. vom Landhausquai von 1823 (PD 36) (Abb. 146).
85 Photographie um 1925 in der Bürgerhaus-Photosammlung von E. SCHLATTER, Nr. 54 (Eidg. Archiv für Denkmalpflege, Bern).
86 RM, 23. Juni 1724, Band 227, S. 702. – Brunnenbuch 1717, unter Abteilung 58.
87 RM, 10. März 1548, Band 45, S. 133: «Min heren haben geraten uff den brunen Im Frythoff ein Simson zu machen Uff den Gurzellen brunnen Sant Georgen Wapnern.» – Copeyen, Band Ee 30, 10. März 1548: Arbeitsvergabe an PERROUD für 80 Kronen. – RM, 15. März 1549, Band 57, S. 157: Zahlung an PERROUD von 80 Kronen für die beiden betreffenden Brunnenstöcke. – Der Faßmaler erhielt 80 ₰ (SMR 1549).

88 RM, 24. Juli 1722, Band 225, S. 807 («Asphald zu Verküttung des Brunnen»).
89 RM, 2. April 1777, Band 280, S. 213. – BP Kanton, 10. April 1777, S. 388.
90 BP Kanton, 14. Januar 1779, S. 514. – RM, 16. Juni 1780, Band 283, S. 445.
91 Vgl. dieses Element am Brunnen südlich der Franziskanerkirche von 1825.
92 RM, 17. Januar 1560, Band 66, S. 22. – SMR 1562, S. 182 (HANS BONER wird um «allerley Schmidwärck» an den Brunnentrögen beim Spital und an der Hintergasse bezahlt).
93 BP Kanton, 21., 28. August 1788, S. 370, 374. Am 18. Februar 1790 (BP Kanton, S. 541) wird erneut die Genehmigung eines Risses Nr. 1 gemeldet.
94 BP Kanton, 1. Juni 1791, S. 661. – Anläßlich des Abbruchs des benachbarten Hauses St.-Urban-Gasse Nr. 28 wurde 1950 der Hintergaßbrunnen demontiert und wieder neu aufgerichtet (AK 1950 in JbfSolG 24, 1951, S. 137). – 1987 wurde der obere Brunnenrand zurückgehauen und in Solothurner Stein neu ergänzt.
95 AK 1952 (Beibehaltung im Hof Hauptgasse Nr. 58), AK 1958 (Schenkung von Erwin Remund-Kissling, vollständige Überarbeitung und provisorische Aufstellung).
96 RM 1628, Band 132, S. 517.
97 Brunnenbuch PFLUGER, 1841 (wie Anm. 14), Transkription, S. 46; RM 1584, Band 190, S. 204.
98 Verding von zwei Brunnen, «der ein bei barfusskilchhoff», am 6. April 1607, Bezahlung am 1. Juni 1607 (SMB I, fol. 152).
99 BP Kanton, 26. Januar, 13. Mai, 6. Juni 1825, S. 128, 175, 194.
100 Der Springbrunnen ist wiedergegeben auf L. WAGNERS Stadtvedute von 1884 (BD II/22) (Abb. 96). – RM, 29. Juni, 14. August 1883, Nr. 1256, 1593; 13. Juni 1884, Nr. 1268.
101 Diese beiden Wandbrunnen innerhalb und außerhalb der Ehrenpforte sind auf ALTERMATTS Stadtgrundriß von 1828 eingezeichnet (PD 15) (Abb. 79), fehlen dagegen auf den Grundrißplänen des Ambassadorenhofs (um 1750) im StASO.
102 Am 4. September 1602 Augenschein durch den Venner und die beiden Bauherren «im Riedholtz, dohier ein Nachburschafte daselbsten ein Brunnen zesetzen begarendt ...» (RM, Band 106, S. 348).
103 BP Kanton, 3. Februar 1780, S. 642 (Diskussion über Gatter zum Brunnen beim Kapitelhaus). – Der Brunnen ist eingezeichnet in ALTERMATTS Stadtgrundriß von 1828. Im Brunnenbuch PFLUGER 1841 (wie Anm. 14), S. 51, wird er als «Schulbrünnli-Gemeindbrunnen» bezeichnet.
104 SCHNELLER/SCHUBIGER, Denkmäler, Nr. 13.
105 SMR 1545, S. 179 (Graf); 1546, S. 169, 190 (Aufrichte, SCHÖNI). – Das Junkernhaus ist das heutige Von-Roll-Haus.
106 RM, 10. Oktober 1631, Band 135, S. 545.

107 SRM 1688–1708, BG 14.1, 17. Februar 1697, fol. 40'–41. RM, 25. Februar 1697, Band 201, S. 172. Den Anstoß gab der Fund eines etwa 20 Fuß langen Monoliths in den Steingruben, «welches von seiner ohngemeinen Grösse eine Rarität».
108 RM, 24. Januar, 7. Februar, 7. März 1738, S. 60, 107, 177. FRANZ KARL BERNHARD WALLIER VON WENDELSTORF hat in seiner Beschreibung des Abbruchs der alten St.-Ursen-Stiftskirche von 1762 das Aussehen dieses Brunnens am Fuß der Kirchhofmauer mit polygonalem Becken, Fischausguß und bekrönender St.-Ursen-Figur skizzenhaft überliefert (Mskr. in der ZBS, S II 129). Vgl. die Abb. bei SENNHAUSER, St. Ursen–St. Stephan–St. Peter, Abb. 15–20. – Der Brunnen wurde tatsächlich aus einem ausnehmend großen Stein gefertigt, was FRANZ KARL BERNHARD WALLIER VON WENDELSTORF noch einige Jahre später (aber noch vor dem Ersatz der zahlreichen Brunnenbecken seit 1780) in seiner Topographia Solodorana (WALLIER, Topographia Solodorana, S. 31) erwähnenswert fand.
109 RM, 23. September 1772, Band 275, S. 757.
110 FRIEDRICH SCHWENDIMANN. St. Ursen. Kathedrale des Bistums Basel und Pfarrkirche von Solothurn. Solothurn 1928, S. 124, 132, 195–197, Abb. 67f. – HANS RUDOLF HEYER. Gaetano Matteo Pisoni. Bern 1967 (Basler Studien zur Kunstgeschichte, NF 8), S. 184, (Kat.Nr. 21, 30, 31, 35; Abb. 57–60). – PETER FELDER. Johann Baptist Babel. Ein Meister der schweizerischen Barockplastik. Basel 1970 (Beiträge zur Kunstgeschichte der Schweiz, Band 1), S. 62–68, 107 (W 84), 126–128.
111 RM, 25. Oktober 1769, Band 272, S. 784ff. – HEYER, Kat.Nr. 30, Abb. 58. – Pläne im HMBS, alte Inv. Nr. 29, 34, 35, 45.
112 Detaillierte Auskünfte über BABELS Arbeiten vermittelt das Kirchen- und Glocken-Kommissions-Protokoll im StASO, 15. November 1772, S. 356f.: Als Preis einer Brunnenstatue zu 6½ Schuh fordert BABEL 11 Louisdor; es werden ein Einheitspreis für alle Figuren von 12 Lr. und die Lieferung bis August 1773 ausgehandelt. Als Figuren werden rechts der Prophet Moses vorgeschlagen, wie er Wasser aus dem Felsen schlägt, auf der linken Seite Samson; dieses Thema beliebt nicht, so daß Gideon zur Ausführung gelangen soll. 4. März 1773, S. 374: BABEL bringt «Models» u.a. für die Brunnenstatuen. 2. Juni 1773, S. 387: In Hauterive findet man guten Stein u.a. für den Moses. 19. September 1774, S. 449: Abrechnung mit BABEL, u.a. die 12 Lr. je Brunnenstatue (Wiedergabe bei FELDER, wie Anm. 110, Quellenanhang).
113 BP Kanton, 10. Dezember 1772, S. 125.
114 Urkunde von 1303 im StASO: «... prope fontem Sancti Petri ...»
115 RM, 10. Juni 1782, Band 285, S. 453.
116 Eine Mitteilung im RM von 1585, Band 89, S. 186, wonach der Brunnen im Kloster abgestellt worden sei, ist wohl auf den Gemeinbrunnen zu beziehen (diesbezügliche Darstellungen fehlen allerdings in den Holzschnitten nach ASPER).
117 RM, 28. März 1601, Band 105, S. 162. Der Rat stellte einen Beitrag von 6 Kronen in Aussicht, «sovere dass demnach min Herren wyters unbekhumberot syen».
118 RM, 20. Juli 1707, Band 210, S. 584. – Schon 1697 war diskutiert worden, beim anvisierten Ersatz des St.-Ursen-Brunnens den alten Brunnen ins Kloster zu versetzen (RM, 25. Februar 1697, Band 201, S. 172).
119 RM, 24. Januar 1738, Band 241, S. 60. – 23. Dezember 1744, Band 247, S. 1468. – Noch am 12. Januar 1775 wird beschlossen, im Kloster einen neuen Sinnigstein einzurichten (BP Kanton, S. 265).
120 BP Kanton, 20. Januar, 2. März 1780, S. 641, 653 (es liegen Riß und Berechnung vor).
121 BP Kanton, 19. April, 16. Mai 1787, S. 269, 278. – Die Zurückstellung eines neuen Brunnens mag auch mit der 1782 beklagten schwachen Wasserführung der Brunnenzuleitung in Zusammenhang stehen (RM, 10. Juni 1782, Band 285, S. 453).
122 1649 wurde die Erstellung eines Brunnens an der Goldgasse beschlossen (RM, 6., 13. Oktober 1659, Band 153, S. 656, 669f.) – Erwähnung im Brunnenbuch 1717, bei Nr. 57. – Darstellung als Wandbrunnen mit Nebenbecken im ALTERMATT-Plan von 1828 (PD 15, Abb. 238) und im Katasterplan 1867/1870, Blatt Nr. 12 (PD 59).
123 SCHUBIGER, Die Jesuitenkirche in Solothurn, S. 28, 30. – Eine derartige Brunnenanlage ist bereits in den Vorplänen von FRÖLICHER und GLUTZ zum Umbau vom 26. Juli 1880 vorgesehen (Planarchiv des Stadtbauamtes, P 36, P 37). 1883 wurde noch ein Wettbewerb für die Brunnengestaltung durchgeführt (Unterlagen in der ZBS, Stadtarchiv: Akten Bau I 1879–1883, Rubrik A «Hochbau», 24. Februar, 26. Juni 1883; Nr. 34, Nr. 12). Drei anonyme Pläne (u. a. der Ausführungsplan; Abb. 267) haben sich erhalten (Planarchiv des Stadtbauamtes, P 57, P 58, P 59).
124 RM 1532, S. 72. – Nochmalige Erwähnung RM, 20. Oktober 1593, Band 97, S. 676.
125 An dieser Stelle erscheint in ALTERMATTS Stadtplan von 1828 (Abb. 238) und im Katasterplan 1867/1870 ein Trogbrunnen.
126 TATARINOFF, Brunnen, Nr. 34. – Aus den 1840er Jahren stammt ein Entwurf zu einem Brunnen beim Landhaus von FRANZ GRAFF (BASO, D V 22).
127 Quellen dazu: SMR 1560, S. 209 (Zahlung an Maurer JAKOB PFYFFER), 210 (an LORENZ VON GRISSACH); 1561, S. 193 (an JAKOB PFYFFER, an HANS ZUM KRÄBS, LORENZ VON GRISSACH), 195 (an Schmied HANS BONER); 1562, S. 163 (an HANS BONER, an JAKOB PFYFFER), 167 (an Schiffmann JOGGY BASY, um die Stöcke von Grissach herzuführen), 182 (an LORENZ VON GRISSACH), 183 (an Maler HANS SCHILT).
128 Zur Versetzung des Brunnens vgl. RM 1794, Band

297, S. 543, 557. – Im HMBS haben sich die bronzenen Ausgußröhren erhalten, die dieser Erneuerung entstammen dürften (Inv. Nr. 1927.5/6). – Der Katasterplan von 1867/1870 (Blatt 27; PD 59) rückt den Brunnen ganz in die Nähe des unteren Spitals (nachmaliges Waisenhaus) und stellt ihn als Doppelbrunnen mit großem und kleinem Trog dar.
129 Brunnenbuch 1717, bei Nr. 6.
130 Es handelt sich vermutlich um den gleichen Trog, der im Katasterplan 1867/1870 (Blatt 29) dargestellt ist, damals allerdings um 90 Grad gedreht.
131 Vermutlich bezieht sich die Zahlung von 20 ₰ im Jahre 1632 «umb ein steinernen Brunstockh in die Vorstadt» auf diesen Brunnen (SMR 1632, S. 65).
132 Anonymer Entwurf im Planarchiv des Stadtbauamtes Solothurn, Nr. P 60. – Variante als Nischenbrunnen im BASO, A 2 74. – OTHMAR BIRKNER, Solothurner Bauten, S. 59.
133 HOCHSTRASSER, Amthausplatz, S. 172–179. – TATARINOFF, Brunnen, S. 35.
134 SCHNELLER/SCHUBIGER, Denkmäler, Nr. 22.
135 Urkunde vom 12. Februar 1493 im StASO. – RM 1770, fol. 245; 1766, fol. 887. – Brunnenbuch 1717, bei Nr. 29.
136 Der Terminus ante quem erschließt sich aus einem Plan von LUDWIG PFLUGER zur Platzgestaltung vom 11. Februar 1873 (Planarchiv des Stadtbauamtes, i 11), der noch eine andere Brunnenform zeigt.
137 RM, 12. Dezember 1766, Band 269, S. 1315. – Gemeindekammerprotokoll 1802, Nr. 4, fol. 289ff.
138 AK 1942 (JbfSolG 16, 1943, S. 191f.). – TATARINOFF, Brunnen, Nr. 12.
139 RM 1655, fol. 593. – Ebenfalls erwähnt im Brunnenbuch 1717 (bei Nr. 62) und im Brunnenbuch PFLUGER (wie Anm. 14), S. 10.
140 BIRKNER, Mskr. INSA Solothurn, S. 50. Er verweist auf eine mögliche Autorschaft der Bildhauer PAUL ABRY und ADOLF MEYER, welche gemeinsam mit den Architekten RICHARD KUDER und JOSEF MÜLLER in einem Wettbewerb für öffentliche Brunnen in Zürich 1902 mit einem ähnlichen Entwurf einen ersten Preis errungen hatten (SBZ 39, S. 241–244, Tafel).
141 RM 1647, fol. 876. – Brunnenbuch 1717, bei Nr. 69.
142 AK 1965–1967 (JbfSolG 1968), S. 441; 1968–1970 (JbfSolG 1971), S. 192.
143 StASO, Copeyenbuch 1455–1469 A, fol. 176. – Brunnenbuch 1717, bei Nr. 5.
144 SCHNELLER/SCHUBIGER, Denkmäler, Nr. 12.
145 Überarbeitung des Kalksteins, Neugestaltung des Stockaufsatzes mit Entfernung der Jahreszahl und Bekrönung mit einem Pinienzapfen.

RELIGIÖSE WEGZEICHEN UND DENKMÄLER

KREUZWEGE, BILDSTÖCKE UND WEGKREUZE

Kreuzweg am Kapuzinerweg von 1650

Ums Jahr 1650 wurde ein Kreuzweg zur 1649/50 erbauten Loretokapelle errichtet. Er nahm seinen Anfang vor dem Bieltor und folgte dem Kapuzinerweg (BD II/10) (Abb. 76). Stifter waren verschiedene Patrizierfamilien. 1747 waren einige der steinernen Kreuze zertrümmert, so daß die Stifterfamilien ermahnt werden mußten, die Kreuze reparieren zu lassen oder «hinwegzutun»[1]. Zu unbekanntem Zeitpunkt entfernte man die ersten acht Stationen. Die sechs an Ort und Stelle verbliebenen wurden 1939/40 und wieder 1982 restauriert.

Beschreibung (Abb. 272). Fragmentarischer Kreuzwegstationenzyklus aus Solothurner Kalkstein, noch die neunte bis vierzehnte Station umfassend. Drei frei stehende Stationen an der westlichen Seite des Kapuzinerwegs, oberhalb der Loretostraße; drei weitere Stationen in die Südseite der Loretokapelle eingemauert. Die einzelnen Bildstöcke bestehen aus hohen Schäften, welche als Aufsatz flache Ädikulen in voluiterter Rahmung mit bekrönendem Kreuz tragen. An der neunten Station findet sich unterhalb der Bildnische eine Ausnehmung für einen Stifterwappenschild (vermutlich 1798 zerstört). Die zehnte Station trägt das in Stein gehauene Wappen von Mauritz Wagner[2]. Die

Abb. 272
Kreuzstationen von 1650 am Kapuzinerweg, der zur Loretokapelle im Hintergrund führt. Im Vordergrund steht das Wegkreuz von 1868/69. Photographie, 1993. – Texte S. 261f.

elfte Station ist am Schaft 1650 datiert. Die Bilder wurden 1939 von A. TRÖNDLE-ENGEL gemalt. Gleichzeitig neue Eisengitter³. Eine weitere fragmentarische Kreuzwegstation befindet sich heute im Lapidarium II.

Gedenkkreuz an der Gartenmauer des Hauses Mittlere Greibengasse 2, 1723

Entstanden zur Erinnerung an das Duell am 17. April 1723 zwischen Peter Anton Joseph von Besenval und Peter Julius von Sury, die sich anläßlich einer Gemeindeversammlung verfeindet hatten. Restaurierungen 1939 und 1971.
Beschreibung. Einfaches Steinkreuz mit halbrunder Bildnische im Schnittpunkt der Kreuzbalken. In der Vertiefung sehr schadhafte Barockmalerei auf Eisenblech, «Maria der Sieben Schmerzen», darunter die Inschrift: «IN MEMORIAM XVII APRILIS MDCCXXIII», flankiert von den Wappen Besenval und von Sury⁴.

Bildstöcklein an der Kreuzung Weißensteinstraße/Grenchenstraße, 17./18. Jahrhundert

Etwa 3 m hohe viereckige Stele aus Aaregranit («Geißbergerstein»)⁵. Monolith mit balusterförmigem Schaft und kubischem Gehäuse. Darin halbrunde Bildnische mit modernem Marienbild hinter Rautengitter. Auf der Rückseite Ausnehmungen für ein nicht mehr vorhandenes Kreuz. Restaurierung 1972.

Bildstöcklein an der Gartenmauer Baselstraße 61 (ehemaliges Grimmenhaus), Anfang 18. Jahrhundert

Wandstele mit breitem Schaft und flachem Gehäuse mit halbrunder Bildnische. Darunter Initialen «H.I.B.G. I.M.A.A.» und Allianzwappen Grimm-Aregger mit Freiherrenkrone für Johann Balthasar Aregger (1674–1728) und Johanna Maria Anna Aregger (1672–1728). An Ort und Stelle Kopie von E. BIBERSTEIN in Solothurner Stein, 1942. Verwittertes Original im Lapidarium II⁶.

Bildstöcklein an der Gartenmauer des Hauses St.-Niklaus-Straße 5, Anfang 18. Jahrhundert

Wandstele über schmalem Schaft mit flachem Gehäuse mit bekrönendem Kreuz. In der rechteckigen Bildnische gemalte Ölbergszene von EMIL SCHELLER, 1942⁷.

Wegkreuz auf dem Areal Obachstraße 36, 18. Jahrhundert

Schlankes Kalksteinkreuz mit rundem Medaillon im Schnittpunkt der Kreuzbalken⁸.

Wegkreuz am Platz vor dem Kapuzinerkloster, 1868/69 (Abb. 272)

Entstanden zur Erinnerung an die Eröffnung des I. Vatikanischen Konzils. Kalksteinkreuz mit geschnitztem Kruzifixus und hölzernem Dächlein. An der Rückseite eingemeißelte Zahl «1868», an der Vorderseite des Sockels eingehauen: «VH.I.DCB:/1869».

Bildstock am Kloster Visitation, 1872

Einfache Kalkstein-Wandstele mit flachem Gehäuse, von Kreuz überhöht. In der vergitterten Bildnische neuere Malerei auf Metallunterlage, «Rückkehr vom Grabe Christi». Über der Rundung in Stein eingehauenes Datum «1872». Am Kreuzbalken: «ISH⁺MA». Restauriert 1982.

Abb. 273
Inschrifttafel bei der «Katzenstiege»; die Inschrift bezieht sich auf die ehemals in der Nähe stehenden «Hermessäulen». Photographie, 1970. – Text S. 263.

DENKMÄLER

Solothurn besaß im späten 18. und in der ersten Hälfte des 19. Jahrhunderts eine vergleichsweise frühe und reiche Tradition des aufklärerischen und bildungsbürgerlichen Denkmals. Die meisten dieser Denkmäler finden sich in der Verenaschlucht im Norden der Stadt, auf Gemeindegebiet von Rüttenen, wo eine Einsiedelei im Sinne der Empfindsamkeit den idealen Rahmen für eine romantische Denkmallandschaft abgab, eine der dichtesten und aussagekräftigsten in unserem Lande! Seit dem Jahre 1791 bis ins späte 19. Jahrhundert wurden dort eine Vielzahl von Denkmälern, vor allem Findlingsdenkmäler, zu Ehren solothurnischer Gelehrter, Kunstschaffender, Politiker und Wohltäter aufgestellt. Mit einem gewissen Recht wurde deshalb die Verenaschlucht als «Walhalla» oder «Panthéon» der berühmten Solothurner bezeichnet.

Denkmäler auf Stadtgebiet entstanden im Verlauf des 19. Jahrhunderts dagegen nur wenige. Sie können als Zeichen der Reverenz Solothurns an seine verdienten Mitbürger und Gäste nur hinreichend gewürdigt werden, wenn auch der bemerkenswerte Bestand in Rüttenen miteinbezogen wird[9].

Inschrifttafel bei der Katzenstiege zur Erläuterung der sich früher hier befindenden römischen «Hermessäulen», 1612

In die Mauer eingelassene Kalksteinplatte (190 × 102 cm) mit verwitterter lateinischer Inschrift von HANS JAKOB VON STAAL D. Ä. (1539–1615) (Abb. 273). Der Inschrift zufolge wurden zwei auf dem Hermesbühl gefundene Säulen, welche die Bilder von Mars und Hermes getragen hätten, von Rat und Volk von Solothurn hier aufgestellt. Sie seien anstatt Mars Gott und anstatt dem Sohn der Maia dem Sohn Marias zu besserem Dienst geweiht[10]. Selbstredend verstand man in Solothurn darunter die Götzenbilder, vor denen die Thebäerheiligen Urs und Victor hätten opfern sollen. Die Säulen waren nach einem Beschluß von 1608 im Jahre 1612 vermutlich bei der Treppe der alten St.-Ursen-Kirche aufgestellt worden. Die Inschriftplatte stammt von CASPAR SIXT[11]. Bereits 1621 beschloß man eine erste Versetzung von Säulen und Tafel[12]. 1653 erscheinen sie erstmals in bildlicher Darstellung (BD II/10; Abb. 76). FRANZ HAFFNER und JOHANNES MÜLLER haben die Inschrift erstmals im Wortlaut wiedergegeben[13].

Nach dem Neubau der St.-Ursen-Kirche wurden Säulen und Inschrifttafel zur Katzenstiege verlegt, welche von der St.-Ursen-Terrasse zum Nictumgäßlein hinunterführt. Die Tafel ließ man in die Ostmauer der Treppe ein, die Säulen setzte man auf die Balustradenpfosten am oberen Treppenende. Zum Schutz gegen die Witterung erstellte man 1774 zylindrische Kupfergehäuse mit Türchen (Abb. 274)[14]. Anläßlich der Kirchenrestaurierung wurden die Säulen im frühen 20. Jahrhundert entfernt. Sie befinden sich heute im Lapidarium I bei der Jesuitenkirche[15]. An Ort und Stelle ist die Tafel das einzige Überbleibsel eines Denkmals, das die Verherrlichung der eigenen christlichen Tradition zum Inhalt hatte.

Denkmal für den Offizier Urs Franz Josef Wilhelm Fidel von Sury-Bussy (1733–1798) im Garten des Schlosses Steinbrugg, etwa 1810–1820

Der Artillerieoffizier war am 2. März 1798 anläßlich des erfolglosen Abwehrkampfes der Solothur-

*Abb. 274
Blick auf die «Hermessäulen» an ihrem ehemaligen Standort bei der «Katzenstiege» von Norden. Photographie, vor 1901. – Text S. 263.*

Anmerkungen am Schluß des Kapitels S. 267

ner gegen die einfallenden Franzosen bei Selzach tödlich getroffen worden und hernach im Friedhof von Selzach begraben worden. Zu nicht exakt bestimmbarem Zeitpunkt ließ der älteste Sohn des Gefallenen, Josef von Sury-Bussy, im Park des Schlosses Steinbrugg, des Sury-Steinbruggschen Substitutionsgutes, ein sarkophagartiges Denkmal in streng klassizistischen Formen errichten. Die Aufstellung dieses Denkmals im Park des Familienschlosses, was ja eine öffentliche Ehrenbezeugung des Gefallenen zum vorneherein praktisch ausschloß, vermittelt ihm einen ausgesprochenen Privatcharakter. Es ist daher nicht ausgeschlossen, daß dieser Kenotaph vielleicht noch vor der Restaurationszeit, also in den ersten anderthalb Jahrzehnten des 19. Jahrhunderts, entstanden ist[16].

Beschreibung (Abb. 275). Das Denkmal liegt innerhalb des Schloßparks im Bereich eines Bosketts. Auf zwei Steinstufen ruht der sarkophagförmige, akroterverzierte Kenotaph. Der Korpus ist von einem halbkreisförmigen Bogen durchbrochen, in dem ursprünglich eine gußeiserne Helmzier lag; diese ist seit 1929 verschollen. Unterhalb des Sarkophagdeckels die auf Ereignis und Stifter bezüglichen Inschriften: «V.I. SVRY DE BVSSY PRO PAT. FORT. PVGNANS CECIDIT II. MART. ANNO MDCCXCVIII.» – «HOC MONVMENTVM POS. JOSEPH FIL. N. MAI.». Bemerkenswertes, strenges Monument in der Art des französischen oder Weinbrennerschen Revolutionsklassizismus.

Sonderbunddenkmal, 1851

Denkmal zu Ehren der beim Sonderbundskrieg am 23. November 1847 bei Gislikon gefallenen Solothurner Heinrich Mertz, Peter Kunz und Urs Moser. Die Initiative zur Errichtung des Denkmals hatten einige Offiziere ergriffen, als sie den Regierungsrat um die Erlaubnis baten, «in der Kaserne eine Gedächtnistafel für die im Sonderbundsfeldzug gefallenen Solothurner aufzustellen». Die Kosten wurden durch eine Subskription gedeckt, den Rest bezahlte der Regierungsrat[17]. Ein Einweihungsdatum ist nicht bekannt; das Denkmal ist am ehesten im Jahre 1851 entstanden. Feierlichkeiten für die Sonderbundskriegsveteranen fanden vor diesem Denkmal noch in den 1890er Jahren statt.

Beschreibung. Das tafelartige Denkmal befindet sich zwischen zwei Fenstern auf der Innenseite des westlichen Flügels des Ambassadorenhofs, welcher zur Entstehungszeit des Sonderbunddenkmals als kantonale Kaserne genutzt wurde. Gestufter Kalksteinsockel mit obeliskförmiger, von Kalkstein gerahmter Marmortafel, welche in gotischer Fraktur die Inschrift trägt: «Den/im Kampfe der/Eidgenossenschaft/gegen den/Sonderbund/den 23.November 1847 bei Gislicon/gefallenen/Solothurnern:/Mertz, Heinrich, Kanonierwmst. von Hägendorf,/Kuntz, Peter, Kanonier von Dornach,/Moser, Urs, Kanonier von Aetigkofen,/Ihre Waffenbrüder./ Sie folgten dem Panner des/Vaterlandes und fielen, ihrer Pflicht getreu, als/Soldaten.»

Denkmal für die Bourbaki-Armee, 1871

31 Soldaten der Bourbaki-Armee, welche nach dem 1. Februar 1871 teilweise auch in Solothurn interniert war, starben hier und erhielten 1871/72 auf dem alten Spitalfriedhof zwischen Krummturm und Dreibeinskreuzkapelle, wo sie beerdigt wurden, einen Sammelgrabstein mit Denkmalcharak-

Abb. 275
Ansicht des Von-Sury-Denkmals im Garten des Schlosses Steinbrugg von Norden. Photographie, 1989. – Text S. 263f.

ter. Nach Auflösung des Friedhofs wurde als einziger Bestandteil des Denkmals die Inschrifttafel unter dem Vorzeichen der Dreibeinskreuzkapelle, neben dem Westportal, angebracht[18].

Beschreibung. Das photographisch überlieferte Denkmal aus Solothurner Stein war ein Zippus mit mehrfach gestuftem Sockel, sich verjüngendem Schaft und profilierter Abdeckung mit Blendbogenfries und bekrönendem Kreuz. Die erhaltene Tafel trägt neben den 31 Namen der Verstorbenen die Inschriften: «Aux Français internés de l'armée Bourbaki, morts à Soleure, comme victimes de la guerre 1870–71 enterrés aux cimitières de l'hospital.». Auf dem Sockel: «Après avoir défendu héroïquement le sol sacré de leur chère Patrie de la France, ils ont joui de l'hospitalité de la Suisse et de nos sympathies jusqu'au dernier moment. Sit iis terra levis!»

Munzinger-Obelisk im Stadtpark östlich der protestantischen Kirche, 1879

Denkmal zu Ehren von Bundesrat Joseph Munzinger (1791–1855) und dessen Söhnen Wilhelm Munzinger (1826–1878), Advokat und Oberrichter, Walter Munzinger (1830–1873), Professor für Rechtswissenschaften, Werner Munzinger (1832–1875), Afrikaforscher und Orientalist.

Am Anfang der Planungsgeschichte stand die Initiative der Töpfergesellschaft und der Naturforschenden Gesellschaft, ein Denkmal zu Ehren des Forschers Werner Munzinger zu errichten. Der Schriftsteller ALFRED HARTMANN entwarf dazu eine monumentale Sphinx, die in der Nähe des Wengisteins hätte aufgestellt werden sollen. Der Alternativvorschlag zu einem 10 m hohen Obelisken erhielt darauf den Vorzug, doch lehnte im Juni 1879 der Bürgerrat den Standort ab, da die Verenaschlucht nur Denkmälern mit engem Bezug zu Solothurner Ereignissen vorbehalten sei.

Am 31. August 1879 wurde der Obelisk hinter der protestantischen Kirche – nahe der Werkhofstraße – aufgestellt, wo nach dem Abbruch der Mauritiusbastion eine Ringstraßenanlage im Entstehen begriffen war. Das von der Firma BARGETZI-BORER geschaffene Denkmal war nun um den Namen von Walter Munzinger ergänzt worden. Wann die Namen von Bundesrat Joseph Munzinger und Sohn Wilhelm in den Sockel des Obelisken eingehauen wurden, entzieht sich unserer Kenntnis[19].

Abb. 276
Ansicht des Munzinger-Obelisken im Stadtpark von Südwesten. Photographie, 1989. – Text S. 265.

Beschreibung (Abb. 276). Obelisk in Solothurner Kalkstein auf zweistufiger Platte und niedrigem Sockel; auf den vier vertieften Feldern die lapidaren Inschriften: «Joseph Munzinger. 1855.», «Walther Munzinger. 1873.», «Werner Munzinger. 1875.», «Wilhelm Munzinger. 1878.»

Denkmal für Lehrer Jakob Roth (1798–1863), 1884

Kaplan Jakob Roth war verdienter Lehrer und Schulfunktionär. Noch in seinem Todesjahr hatte die kantonale Lehrervereinigung die Schaffung eines Denkmals beschlossen; zugunsten der «Roth-Stiftung» wurde dieses Vorhaben zurückgestellt und erst wieder in den siebziger Jahren weiterverfolgt. Für den Entwurf und die Schaffung der Büste zog man den Wolfwiler RICHARD KISSLING bei, damals einer der bekanntesten Schweizer Bildhauer. Eine Zahlung im Januar 1883 läßt auf ein Projekt aus dem Jahre 1882 schließen. Im Juni 1884 definitive Genehmigung des Aufstellungsortes; Einweihungsfeier am 13. September 1884[20].

Anmerkungen am Schluß des Kapitels S. 267

Abb. 277
Westansicht des Soldatendenkmals im Stadtpark in seinem ursprünglichen Zustand. Photographie, um 1925. – Text S. 266f.

Beschreibung (Abb. 87). Standort auf einer kleinen Raseninsel zwischen Rathaus, Zeughaus und Ambassadorenhof, an der Stelle des früheren Franziskanergartens. Denkmal aus Solothurner Stein: Auf niedriger oktogonaler Stufenanlage (bis etwa 1940 durch Schmiedeeisengitter umzäunt) erhebt sich auf doppeltem quadratischem Piedestal mit sich verjüngendem Pfeilerstumpf Roths Büste von ernstem Ausdruck. Am Mittelstück des Unterbaus die volutengerahmte Inschrift: «OBERLEHRER ROTH 1798–1863».

Denkmal zur Erinnerung an die Restaurierung der Riedholzschanze, 1893

Als Entwerfer kommt am ehesten EDGAR SCHLATTER in Frage, der 1893 die von der Eidgenossenschaft unterstützte Restaurierung der Riedholzschanze geleitet hatte[21].
Beschreibung. Standort in der Kehle der Bastion nahe beim Riedholzturm. Signalhafte Freiplastik aus Kalkstein in formaler Mischung zwischen Omphalos und Meilenstein. Quadratischer Sockel mit plastischen Solothurner Standeswappen an den vier Seiten, balusterartiger Schaft und Aufsatz in Zuckerhutform mit den Inschriften: «Bastion Sankt Ursen. Erbaut 1667, Renoviert 1893, Renoviert 1967».

Denkmal für Schriftsteller Josef Joachim (1835–1904), 1906

Bald nach Joachims Tod entstand in der Töpfergesellschaft Solothurn und in der Academia Olten die Idee zu diesem Denkmal. Der Solothurner Bildhauer HERMANN PETER entwarf 1906 die Büste, welche kurz darauf als Denkmal im Park westlich des Kunstmuseums eingeweiht wurde[22].
Beschreibung. Kleine Kalksteinstele von quadratischem Querschnitt mit einfachen Elementen im geometrischen Jugendstil. Darüber die bronzene, etwas stilisierte Büste. Am oberen Saum des Sockels in Bronzebuchstaben: «Volksschriftsteller Jos. Joachim aus Kestenholz.»

Soldatendenkmal, 1922, verändert 1956

In Anlehnung an ähnliche Bestrebungen in der Schweiz faßte Ende 1919 die städtische Offiziersgesellschaft den Beschluß zur Errichtung eines Denkmals für die während des Aktivdienstes verstorbenen Wehrmänner. LEO BERGER entwarf ein erstes Projekt in Gestalt eines trauernden Pferdes. In der Folge nahm sich die Kantonale Offiziersgesellschaft des Unternehmens an und schrieb

---

Anmerkungen am Schluß des Kapitels S. 267

durch ihren Denkmalausschuß einen Wettbewerb unter Solothurner Künstlern aus, der zur Prämierung von Entwürfen der Bildhauer LEO BERGER und ROBERT RUDOLF führte. Letzterer wurde mit einer Weiterbearbeitung betraut und stellte bis November 1921 sein Denkmal fertig. Pompöse Einweihungsfeier am 11. Juni 1922[23].

Beschreibung (ursprünglicher Zustand) (Abb. 277). Das Denkmal befand sich bis zu seiner Versetzung 1956 weiter nördlich in der Kurve der Werkhofstraße. Mit szenographischem Kalkül wurde die Denkmalanlage als «germanischer» Hain geplant: Eine niedrige Kalksteinmauer umschloß auf niedriger Kuppe drei regelmäßig angeordnete Bäume, welche in ihrer Mitte den breiten Tamboursockel des eigentlichen Denkmals umgaben. Dieses runde Podest trägt an seinen von umgekehrten Fackeln getrennten Seitenfeldern die Namen der verstorbenen Wehrmänner; darüber sitzt auf lorbeerumkränztem Piedestal ein nackter Jüngling mit blankem Schwert und Schweizer Soldatenhelm. Die lebensgroße Figur soll nach ROBERT RUDOLFS eigener Aussage «das Symbol der Wehrkraft des Landes, das Symbol der Armee» darstellen.

Eine nach 1945 während längerer Zeit geplante Erweiterung des Denkmals zum Gedächtnis an die verstorbenen Wehrmänner des Zweiten Weltkrieges wurde 1955/56 im Zusammenhang mit der Korrektion der Werkhofstraße realisiert. Versetzung des Denkmals aus dem alten Hain nach Süden in die Diagonalachse der Riedholzbastion. Unter Einbezug der erhaltenen Glacishintermauerung wurde mittels seitlicher Namenstafeln nach Entwurf von HANS LUDER eine neue Aufstellung geschaffen. Das Denkmal RUDOLFS wurde in den Hintergrund eines großzügigeren, jedoch öderen Vorplatzes gerückt.

ANMERKUNGEN ZUM KAPITEL
RELIGIÖSE WEGZEICHEN UND DENKMÄLER

Seiten 261–267

1 RM 1747, Band 250, S. 837.
2 Mauritz Wagner (1597–1653) hatte sich in erster Ehe 1618 mit Elisabeth Schwaller und in zweiter Ehe 1647 mit Elisabeth Wallier von St-Aubin verheiratet; deren Wappen sind im zweiten und im dritten Viertel wiedergegeben. Herrn Dr. Erich Meyer in Starrkirch-Wil danke ich für die Mitteilung über Wagners Ehen.
3 AK 1939 (JbfSolG 14, 1940, S. 208). – AK 1940 (JbfSolG 15, 1941, S. 253).
4 Der Grabstein des unterlegenen Duellanten befindet sich in der Kapelle des Schlosses Waldegg in Feldbrunnen-St. Niklaus.
5 Materialbezeichnung nach Brief von François de Quervain vom 15. Juli 1972 im Archiv der Kantonalen Denkmalpflege.
6 AK 1942 (JbfSolG 16, 1943, S. 193).
7 AK 1942 (JbfSolG 16, 1943, S. 193).
8 Vor 1818 entstanden, da in JOSEF SCHWALLERS Katasterplan verzeichnet (PD 35).
9 Zur Denkmalgeschichte und -landschaft von Solothurn allgemein: SCHNELLER/SCHUBIGER, Denkmäler, S. 7–30.
10 Transkription und Übersetzung der Inschrift bei: KONRAD GLUTZ VON BLOTZHEIM. Das Lapidarium im Kreuzgang zu Jesuitern in Solothurn. Solothurn 1954, S. 29.
11 SMJ 1612.
12 Bezahlung von 40 ₺ «von der Taffelen und Seüllen abzubrechen und gegen der Stägen widerumb ufzusetzen» (SMR 1621, S. 83).
13 HAFFNER, Schawplatz II, S. 36. – JOHANNES MÜLLER. Merckwürdige Überbleibsel von Alterthümern an verschiedenen Oerthen der Eydgenosschafft. Zürich 1773–1783, Band 1, S. 7f., Band 2, Tf. 11/15 (Abbildung einer Säule mit Renaissance-Postament).
14 RM 1474 (ohne Angabe des Datums), Band 277, S. 552.
15 DANIEL SCHNELLER. Grundriss der Entwicklung der Solothurner Denkmäler (SCHNELLER/SCHUBIGER, Denkmäler), S. 8.
16 Dazu: PAUL BORRER. Von Sury Familiengeschichte. Solothurn 1933, S. 50–54. – SCHNELLER/SCHUBIGER, Denkmäler, Nr. 1.
17 RM 1850, 18. Januar 1850, S. 54; 27. Februar 1852, S. 158f. – SCHNELLER/SCHUBIGER, Denkmäler, Nr. 2.
18 KONRAD GLUTZ VON BLOTZHEIM. Das Denkmal der in Solothurn verstorbenen Bourbaki (Jurablätter 40, März 1978), S. 46–48. – SCHNELLER/SCHUBIGER, Denkmäler, Nr. 6.
19 SCHNELLER/SCHUBIGER, Denkmäler, Nr. 7.
20 SCHNELLER/SCHUBIGER, Denkmäler, Nr. 8.
21 SCHNELLER/SCHUBIGER, Denkmäler, Nr. 9.
22 SCHNELLER/SCHUBIGER, Denkmäler, Nr. 10.
23 SCHNELLER/SCHUBIGER, Denkmäler, Nr. 11.

ANLAGEN AM WASSER

DIE ENTWICKLUNG DER UFERVERBAUUNG

Solothurn ist schicksalhaft mit dem Fluß verbunden. Die Talenge bei der Endmoräne, welche die vom Großen Moos her mäandrierende Aare faßte, hatte die Grundlage der Siedlung von Salodurum gebildet. Es darf davon ausgegangen werden, daß die Aare seit römischer Zeit etappenweise schiffbar war, und nachgewiesenermaßen kam der Schiffahrt vom Hochmittelalter bis ins 19. Jahrhundert große Bedeutung zu[1]. Wenn auch üblicherweise der Fluß «sänftiglich und still» die Stadt passierte (FRANZ HAFFNER)[2], konnte er sich bei Überschwemmungen und Tauwetter zum gefährlichen Strom mit Treibholz und Eisgängen entwickeln, welcher die flußnahen Stadtteile und die Brücke bedrohte und letztere auch mehrmals beschädigte oder wegriß (vgl. Kapitel Brücken, S. 282f). Unvermittelt auftretende Hochwasser bildeten eine stete Gefahr[3]. So erklärt sich das kanalartige Flußbett leicht, das die Solothurner im Verlauf der Jahrhunderte schufen, um der Aare ein schnelles und ungehindertes Passieren der Stadt zu ermöglichen. Um so nüchterner war der Aspekt des Flußraumes, der weit weniger als in Städten an Seeausflüssen mit Einrichtungen wie Wasserrädern, Wasserschöpfanlagen, Wasch- und Badeflößen oder Wehranlagen belegt war[4].

Hochwassergefährdet waren vor den beiden Juragewässerkorrektionen vor allem die Ebene westlich der Altstadt, die nur schwach besiedelten Mutten und das Brühl mit den Allmenden[5]. Den Grund dieser Hochwasserexposition bildete das geringe Gefälle der Aare, welche sich (noch ohne die künstliche Einleitung in den Bielersee) mit ihrem Geschiebe den eigenen Weg versperrte und sporadisch über die Ufer trat. Beeinträchtigend wirkten sich auch die Ufererosionen aus, denen mit Pfählungen oder Schwirren (Gewetten) begegnet wurde[6]. Die erste Juragewässerkorrektion (1868–1891) mit der künstlichen Einleitung der Aare in den Bielersee zwecks Geschiebeablagerung verbesserte die Situation und bewirkte, daß die Höchstwassermengen um einen Drittel abnahmen. Aber erst eine zweite Juragewässerkorrektion (1962–1973) konnte die Überschwemmungen endgültig bannen, die wegen erfolgter Terrainabsenkungen immer noch auftraten. Durch das Stauwehr in Flumenthal reguliert, ist die Aare tatsächlich zum träge dahinfließenden Gewässer geworden, das HAFFNER beschreibt[7].

Die baulichen Anlagen am Aareufer

Im Bereich der Goldgasse konnte bereits für die Römerzeit (1. Jahrhundert) eine Aareuferverbauung archäologisch nachgewiesen werden[8]. Die schriftlichen Quellen melden seit dem mittleren 15. Jahrhundert umfangreiche und immer wieder neu einsetzende Bauarbeiten an der Litzi sowie an der Aufmauerung und der Befestigung des Aareufers. In sukzessiven, nicht genau geplanten Bauschritten dürfte über Jahrzehnte ein Bauwerk entstanden sein, das Funktionen des Hochwasserschutzes, der Verteidigung und des Warenumschlages wahrzunehmen hatte. Daß der Aareraum in die verteidigungstechnischen Überlegungen einbezogen wurde, beweist neben den wehrtechnischen Vorkehrungen nicht zuletzt der Umstand, daß 1625 wenig oberhalb der Aarebrücke eine eiserne Kette über den Fluß gespannt wurde, welche zum Schutz gegen feindlichen Schiffverkehr in der Gilge und der alten Pfisterei im Spital über Holzräder sich hochziehen ließ. JOHANN JAKOB BERNHARDS Stadtansicht von 1662 gibt diese Kette bildlich wieder (BD II/42; Abb. 278)[9].

Die Litzi

HANS ASPERS Stadtansicht von 1546 (BD II/1; Abb. 72) zeigt eine Mauer- und Laufgangbewehrung auf der ganzen Länge des Aarenordufers zwischen Katzenstegturm und Ritterbollwerk. Es lassen sich dabei deutlich mehrere Bau- oder Ausbauetappen unterscheiden. Der gebaute Bestand ist allerdings nur schwer mit den schriftlichen Quellen in Verbindung zu bringen, zumal der Begriff der «Litzi» auf die übrigen Stadtmauern (die Litzinen) ausgedehnt wird. 1443 wurde «den Werklütten von dem ersten Stein ze legen an der mur by der Are 12 Sch.» bezahlt. Möglicherweise stand diese Grundsteinlegung im Zusammenhang mit größeren, aber nicht genau erfaßbaren Bauten der Jahre 1442–1444[10]. Am 31. Januar 1462 erhielt Werkmeister CONRAD SPÄTI die vierstufige Treppe des Schiffertors am Land verdingt[11]. Derselbe Werkmeister besorgte 1471/72 den Bau oder die Erneuerung der Litzi zwischen der «Krutbad-

Abb. 278
Ansicht der Altstadt von Südwesten. Radierung, gedruckt bei Johann Jakob Bernhard, 1661 (BD II/42). Am linken Bildrand das Frauenkloster Visitation an seinem ersten Standort im Obach. Etwas oberhalb der Aarebrücke die eiserne Kette über die Aare. – Text S. 268.

stube» (etwa beim heutigen Besenval-Garten) und dem niederen «Wighaus» (an der Stelle des späteren Bollwerks), also offenbar fast des ganzen östlichen Drittels[12]. Zwischen 1601 und 1605 wurden größere Erneuerungsarbeiten an der Litzi vorgenommen, die möglicherweise zur Vorbereitung eines Neubaus des Kornhauses (1604–1608) westlich des Landhauses dienten[13].

Die Verlegung des Kornhauses (erstmals 1548 an der Aare lokalisierbar) und nachfolgend auch des Kaufhauses (1637–1640) von der Hauptgasse an den Landhausquai, wo sich seit Jahrhunderten die Landestelle für Schiffe befand, unterstreicht die zunehmende Bedeutung der Litzi auch als Handelsplatz[14].

Nach 1700 wurde das Aareufer zunehmend Schauplatz baulicher Unternehmungen und ging dabei auch immer mehr seines wehrhaften Charakters verlustig. Das alte, in den Litziwehrgang integrierte und mit dem Schiffertor kombinierte Landhaus wurde 1720–1722 neu erstellt und dabei nach Osten verlängert. Weiter flußabwärts war schon 1702–1705 im Bereich der unteren Schiffände das Palais Besenval (der sogenannte «Neue Bau») samt Lustgarten errichtet worden. Dies hatte den Abbruch des dortigen Pulverturms mit dem unteren Ländetor bedingt. Der Turm über diesem Tor war anscheinend erst in der zweiten Hälfte des 16. Jahrhunderts errichtet worden.

Der sukzessive Abbruch der Litzimauern oder deren zunehmende Vereinnahmung durch Neubauten seit dem letzten Drittel des 17. Jahrhun-

---

Anmerkungen am Schluß des Kapitels S. 279–280

270 ANLAGEN AM WASSER

derts illustriert die schwindende Bedeutung der Aarebefestigung als Folge des Schanzenbaus und den willkommenen Einbezug dieses innerstädtischen Freiraumes für den zunehmenden Handelsumschlag und auch den repräsentativen Wohnbau.

Als letzter noch nicht verbauter oder aufrecht stehender Abschnitt der früheren Aarebewehrung wurde die Litzi zwischen dem Brückentor und dem Landhaus abgebrochen. Ein erster Teil verschwand in der ersten Jahreshälfte 1774. Eine Neugestaltung des damit entstandenen Aarequais hatte man vorläufig noch nicht beabsichtigt, so daß man erst im Vorfeld der Bündniserneuerungsfeierlichkeiten des Jahres 1777 gewahr wurde, daß die alte Litzi «ein sehr unanständiges Ansehen» bot. Mit Blick auf diesen Großanlaß und die zu erwartenden auswärtigen Besucher beschloß man, daß dieser Bereich «mit Anständigkeit eingerichtet werden» sollte. Über die Ausführung solcher Arbeiten

Abb. 279
Fluganssicht des Aareraumes und der Uferbebauung Richtung Osten mit der Wengibrücke im Vordergrund, der Kreuzackerbrücke und der Rötibrücke im Hintergrund. Photographie, 1968. – Text S. 268ff.

DIE ENTWICKLUNG DER UFERVERBAUUNGEN 271

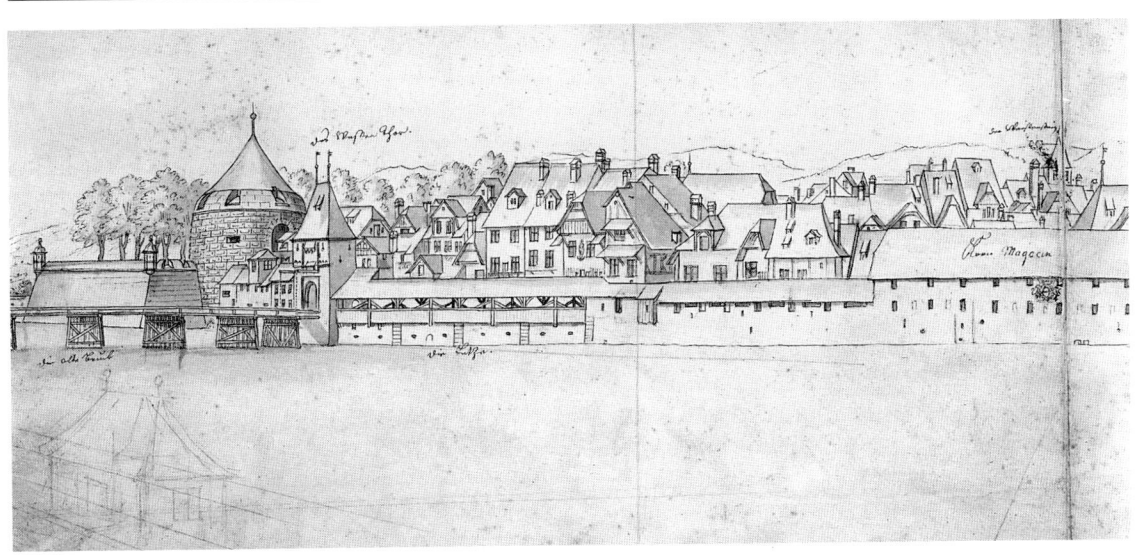

Abb. 280
Blick vom Kreuzackerquai über die Aare auf Litzi, Brückentor und Aarebrücke. Ausschnitt aus der Federzeichnung von Emanuel Büchel, 1757 (BD IV/1). – Text S. 271.

wird nichts vermeldet, erst 1789 wurde dem Bauamt aufgetragen, daß östlich des Stadtbades beim Brückentor «die ehemalige Lüzen zu einer bequemen Terrasse eingerichtet werden möge ...»[15]. Der östlich anschließende Teil der Litzi, in das obere Kornhaus verbaut, verschwand erst in den 1830er Jahren zusammen mit dem Magazin selber[16]. Der Aarequai westlich der Brücke, an der Stelle von Katzenstegturm und -schanze, entstand schließlich 1856/57 im Zusammenhang mit der Zufahrt zum Bahnhof Solothurn.

Beschreibung der Litzi im Zustand des 16./ 17. Jahrhunderts. Die Aarefront des alten Solothurn zeigte einen nicht ganz geradlinigen, sondern bisweilen geknickten Verlauf und besaß in unregelmäßigen Abständen dominierende Aufbauten. Den südwestlichen Eckpunkt des Stadtgevierts bildete der Katzenstegturm (1539–1542), dem nach 1667 die St.-Georgs-Schanze vorgebaut wurde. Unmittelbar aus der Aare erhob sich ein kurzes, ungefähr 40 m langes Litzimauerstück, das die Wehrgangverbindung zum Brückenturm aufnahm. Die Holzschnitte in Anlehnung an HANS ASPER zeigen einen offenen Wehrgang mit von Zinnen bekrönter Brustwehr, der zum Obergeschoß des Brückenturms ansteigt (Abb. 72). Ein Jahrhundert später erscheint auf URS KÜNGS Stadtdarstellung (BD II/10) dieser Mauerabschnitt bereits überdacht und durch ein Scharwachttürmchen zu-

sätzlich bewehrt (Abb. 76); im oberen Aareraum galt es, den flußseitigen Zugang zur Brücke zu schützen. Im nachfolgenden Jahrhundert wurde die Innenseite des Litziabschnittes zwischen Katzensteg und Brückentor sukzessive mit Wohnhäusern verbaut. So zeigt sie BÜCHEL in seiner Zeichnung von 1757 bereits als geschlossene Häuserzeile (BD IV/1; Abb. 83).

Östlich des Brückentorturms nahm der Wehrgang in seiner brückenartigen Holzwerkkonstruktion in der Länge von etwa 200 Fuß seinen Fortgang – es handelt sich um die eigentliche Litzi (Abb. 280). Schmale, lamellenförmige Mauerpfeiler, welche in einer seichten Aarebucht standen, trugen eine fünfjochige gedeckte Holzlaube. Die Funktion dieser etwas eigenartigen Konstruktionsform wird nicht ganz klar: Es ist denkbar, daß sie als Bewehrung einer geschützten Landestelle diente; wahrscheinlicher ist die Verwendung als Gerbersteg im Zusammenhang mit den dahinterliegenden Gerberhäusern (solche nachgewiesen in den Häusern Gerberngasse 2 und 4)[17]. Diesen besonders verletzlichen Teil der Aareuferbebauung suchte man mittels eingerammter Schwirren (Pfähle) zusätzlich zu schützen; größere Sicherheit erhoffte man sich aus einer Untermauerung der Holzlaube nach 1662 – wie sie dann etwa in

Anmerkungen am Schluß des Kapitels S. 280

BÜCHELS Stadtansicht vom Kreuzacker aus deutlich erkennbar ist. Nach dem Abbruch der Litzi errichtete man an dieser Stelle das Stadtbad, das seinerseits in den dreißiger Jahren des 19. Jahrhunderts zusammen mit dem Brückentor wieder abgebrochen wurde.

Die Aarebefestigung im östlichen Anschluß an diese Litzi war schon zu ASPERS Zeiten als weitgehend regelmäßiger gedeckter Wehrgang mit Zinnen gestaltet. Flußseits waren einige hölzerne Aborterker vorgehängt (die «Heimlichkeiten»). In unterschiedlichen Abständen unterteilten das Schiffertor und das untere Schiffländetor die Uferbewehrung. Wann das obere Tor für den Schiffsgüterumschlag seine unregelmäßige Form erhalten hatte, wie sie ASPER und KÜNG dokumentieren, ist unklar. Aus den Darstellungen des 17. Jahrhunderts geht hervor (BD II/10, 42; Abb. 76, 77, 278), daß es sich um einen etwa zweigeschossigen, im Grundriß querformatigen Bau mit einer Abschrägung auf der Schmalseite flußaufwärts handelte. Er nahm also teilweise die Grundrißform des Landhauses von 1720 vorweg und dürfte in den untersten Partien im heutigen Bau noch erhalten sein (Abb. 281). Das alte Schiffertor – Wehrbau und Lagergebäude in einem – öffnete sich mittels eines großen Rundbogentors direkt auf das Wasser (wie heute noch der Bau von 1720–1722). Durchs Obergeschoß führte der Wehrgang der Aareuferbewehrung.

Etwa 140 m unterhalb des Schiffertors befand sich als weitere Maueröffnung das untere Schiffländetor, welches den Warenumschlag mit dem nebenan befindlichen Kornhaus ermöglichte. Mindestens bis zur Mitte des 16. Jahrhunderts scheint über der Bogenöffnung nur ein unbedeutender Aufbau bestanden zu haben, der dann einem etwa zweigeschossigen Turm mit Schießscharten und Walmdach Platz machte. Als 1702 der Ländeturm dem Bau des Palais Besenval zu weichen hatte, konnte man zwar auf seine früheren Wehrfunktionen verzichten, aber nicht auf seine

Abb. 281
Blick von der Wengibrücke ans Nordufer der Aare. Photographie, 1974. – Text S. 272.

Abb. 282
Blick vom Rollhafen am Kreuzackerquai gegen Nordosten über die Aare. Lithographie, um 1850–1860. – Text S. 275.

Aufgabe als Umladestelle[18]. Diese wurde der neu entstandenen Kreuzackerbrücke übertragen, was die sonderbare Form des ersten Brückenjochs zur Folge hatte (vgl. Kapitel Brücken, S. 287).

Östlich des Kornhauses im unteren Land nahm vor dem Bau des Ballenhauses der mit Zinnen versehene und überdachte Wehrgang seinen Fortgang, um in gerader Linie zum St.-Peter-Bollwerk zu führen.

Die südliche Ufermauer

Vor der barocken Befestigung war das Aaresüdufer offenbar nur im Bereich der Vorstadt, zwischen Krummturm und Hürligturm, gemauert. Während im Bereich des unteren Winkels teilweise die Hausfundamente die Ufermauer bildeten, schloß oberhalb der Brücke eine eigene Mauer die Hinterhöfe gegen die Aare ab[19]. Die Errichtung der Vorstadtschanzen zwischen 1685 und 1700 bezog den baumbestandenen Kreuzacker östlich des nun aufgefüllten Vorstadtgrabens ins urbanistische Gefüge ein, was unter anderem die Aufführung einer Aareufermauer verlangte. Bei dieser Gelegenheit errichtete man nicht nur eine zweite Aarebrücke, wie sie seit Beginn der Vorstadtschanzenplanung ins Auge gefaßt worden war (TARADE 1681), sondern baute 1697 auch den heute noch bestehenden Rollhafen zum Wassern und Hochziehen von Schiffen[20]. Schon 1714 wird bekannt, daß «jenes neuwe Schiffporth bey ermeltem Kreutzackher in dem stand, wie es sich … befindt, nicht kan gebraucht werden», weshalb Verbesserungen ins Auge gefaßt wurden[21].

Anmerkungen am Schluß des Kapitels S. 280–281

Abb. 283
Blick vom Landhausquai Richtung Südosten auf den Rollhafen und auf die Parkanlage des Kreuzackers. Photographie, 1994. – Text S. 275.

DIE HEUTIGEN UFERVERBAUUNGEN

Mit dem Erreichen des Stadtgebietes – auf dem sie eine S-Kurve beschreibt – verliert die Aare zunehmend ihren naturnahen Charakter. Künstlich hergerichtete, aber bewachsene Uferböschungen weichen dann im Bereich der linksufrigen Römerstraße (heutiger Straßenname, also nicht archäologisch gemeint) und der gegenüberliegenden Dreibeinskreuzkapelle Ufermauern aus dem 19. und 20. Jahrhundert. Bei der Krummturmschanze und der benachbarten Aareschiffahrt-Anlegestelle bzw. bei der Eisenbahnbrücke erreicht der Fluß den Perimeter der ehemaligen barocken Stadtbefestigung und wird beidseits durch höhere Ufermauern eingezwängt.

Die Quaimauer am linken Aareufer

Bei der linken Quaimauer mit der Uferstraße bis zum Landhaus handelt es sich um schön gefügte Megalithquaderkonstruktionen aus Schanzenabbruchmaterial: Der Abschnitt der Flußbiegung bis zur Wengibrücke entstand 1856/57 aus Material der Katzenstegschanze[22]. Die mehrfach gekrümmte Mauer zwischen Wengibrücke und Landhaus wurde um 1837 aus Quadern der zuvor zerstörten Schulhaus- und Ritterschanze geschaffen; dabei verwendete man auch frühere Grabplatten aus der St.-Ursen-Stiftskirche als Spolien wieder, welche erstmals 1777 in die Ufermauer verbaut worden waren und heute noch als Gurtgesims die massive Brüstung tragen. Beim Landhaus markiert eine vorgebaute Wasserrampe, um die letzte Jahrhundertwende zur Treppe umgestaltet, die ehemalige Lande- und Warenumschlagstelle. Das Landhaus springt um einige Meter in den Flußraum vor und erhebt sich mit seinen angeschrägten Fundament-Quadermauern direkt aus dem Wasser, ebenso wie das östlich anschließende Palais Besenval mit seiner senkrecht gegliederten Bruchsteingartenmauer und dem rustizierten Hausteinmauerwerk des blendbogengeschmückten Sockelgeschoßvorbaus. Die geböschte Quadermauer des Uferabschnitts zwischen Kreuzackerbrücke und Rötibrücke entstammt der Neugestaltung des Ritterquais im Zuge des Neubaus der Rötibrücke 1925/26. Sie integriert auf 80 m Länge noch die untersten Mauerlagen der ehemaligen Ritterschanze bzw. des Ritterbollwerks.

Die rechte Ufermauer

Sie nimmt bei der Krummturmschanze ihren Anfang. Der Abschnitt bis zur Eisenbahnbrücke entstammt vielleicht noch der mittelalterlichen Zeit oder dürfte zumindest aus mittelalterlichen Spolien gefügt sein. Die Quadermauer wirkt wie ein Niederwall, der der Halbbastion vorgelagert ist. Das nachfolgende Areal des Alten Spitals zwischen Eisenbahnbrücke und Wengibrücke schließt mit einer glatten Hausteinmauer gegen den Fluß ab. Im Bereich des westlichen Spitalflügels dürfte sie 1794–1800 entstanden sein, beim Schwesternhaus 1735. Die Mauer bildet die Uferverbauung und gleichzeitig den fassadenbündigen Gebäudesockel. Im dazwischenliegenden Hofraum ist die Ufermauer mit einer Balustrade besetzt (gegen 1790). Im Bereich der Häuser am unteren Winkel, östlich der Wengibrücke, bilden wiederum die fassadenbündigen Substruktions-

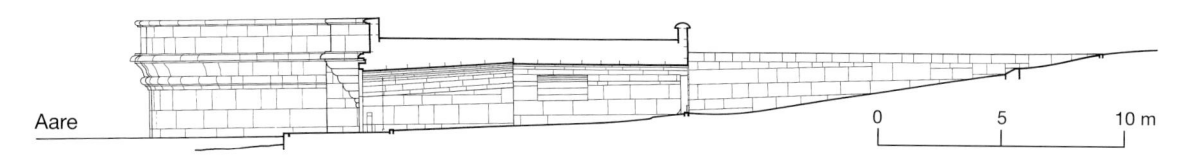

Abb. 284
Querschnitt durch den Rollhafen. Zeichnung von Iwan Affolter, 1992, nach photogrammetrischen Aufnahmen der Aerokart AG. – Text S. 275.

mauern die Aarebegrenzung. Dem Bürgerhaus ist eine Wasserrampe vorgelagert. Die anschließende senkrechte Quaimauer von etwa 26 m Länge markiert die östliche Ausdehnung der mittelalterlichen Vorstadt. In einzelnen Partien dürfte sie noch aus dem 13. Jahrhundert stammen; insbesondere ist deutlich die Nordostecke des Hürligturms im Wechselverband des mittelalterlichen Kissenquaderwerks zu erkennen (Abb. 185). Die Ausdehnung der barocken Vorstadterweiterung umschreibt östlich anschließend die fast 300 m lange, geböschte Hausteinquadermauer (um 1697), welche durch ein gestuftes Gurtgesims und vorstehende Brüstungsplatten horizontal gegliedert ist.

Der Rollhafen von 1697

Gegenüber dem Landhaus unterbricht der Rollhafen diese Quaimauer (Abb. 282–284). Zwei terrassenförmige Mauervorsprünge mit ausladenden Brüstungsmauern über Kaffgesimsen sowie zwei kleinere Konsolerker flankieren das stichbogige Tor der Quaiunterführung; diese ermöglicht zusammen mit einer rückwärtigen Rampe das Hochziehen von niedrigen Barken. Der Entwerfer dieser interessanten, auch im städtebaulichen axialen Bezug zum früheren äußeren Berntor bemerkenswerten Ingenieursarbeit mit gelungenen Details in der Steinhauerarbeit war höchstwahrscheinlich Gardehauptmann JOHANN VICTOR II. VON BESENVAL.

Unterhalb der Kreuzackerbrücke springt die Ufermauer wieder etwas vor. Das Megalithquaderwerk, welches im Widerlager der Rötibrücke endet, bildet den Unterbau der 1905 abgebrochenen Turnschanze aus der Zeit nach 1685 (Abb. 227). Die Rötibrücke markiert den Übergang vom kanalisierten zum beidseits offenen Flußlauf mit bewachsenen Uferböschungen.

DIE AARESCHIFFAHRT

Die Aareschiffahrt spielte sich früher auf Flößen oder Barken (Weidlingen) ab, die zum Teil an ihrem Bestimmungsort zu Bau- oder Brennholz verarbeitet wurden bzw. durch Schiffszieher der Aare entlang wieder hochgezogen werden mußten. Der Unterhalt der Schiffszieherwege (Spannerwege) am Flußufer und der regelmäßige Schnitt von Unterholz und Büschen gehörten zu den Unterhaltspflichten der Stadt oder der Aareanwohner. Seit 1722 besaß die Schiffleutezunft ein eigenes (mehrfach ersetztes) Zunftschifflein samt Weidling. Das größere Schiff war beim Rollhafen am Kreuzackerquai stationiert, der häufiger gebrauchte Weidling hatte seinen Platz an der Schiffländete unter der Kreuzackerbrücke beim Palais Besenval[23]. Schon früher hatte offenbar die Stadt dem französischen Ambassador ein Schiff zur Verfügung gestellt[24].

Im 19. Jahrhundert schien sich eine moderne Flußschiffahrt anzubahnen. 1827 wurde unter Führung von Ludwig von Roll die Anlage einer neuen Schiffländete beim Obach diskutiert[25]. Mitte der dreißiger Jahre geriet Solothurn als mögliche Umladestation an einem Kanal Schaffhausen–Neuenburg–Mittelmeer ins Blickfeld[26]. Mitinitiant eines solchen Vorhabens war Ingenieur ANDREAS MERIAN (1796–1880), der 1854 tatsächlich Pläne für eine Hafenanlage entwarf. In der Entwicklungsphase des schweizerischen Eisenbahnnetzes sah eine Projektvariante für den Hauptverkehrsstrang entlang dem Jurasüdfuß eine Kombination von Schiene und Wasser vor. Ab Solothurn sollten Reisende und Waren, von Osten herkommend, ihre Fahrt Richtung Yverdon zu Schiff auf Aare und Jurafußseen weiterführen[27]. Im Zusammenhang mit einem Gutachten über die Bahnhoffrage zu

Anmerkungen am Schluß des Kapitels S. 281

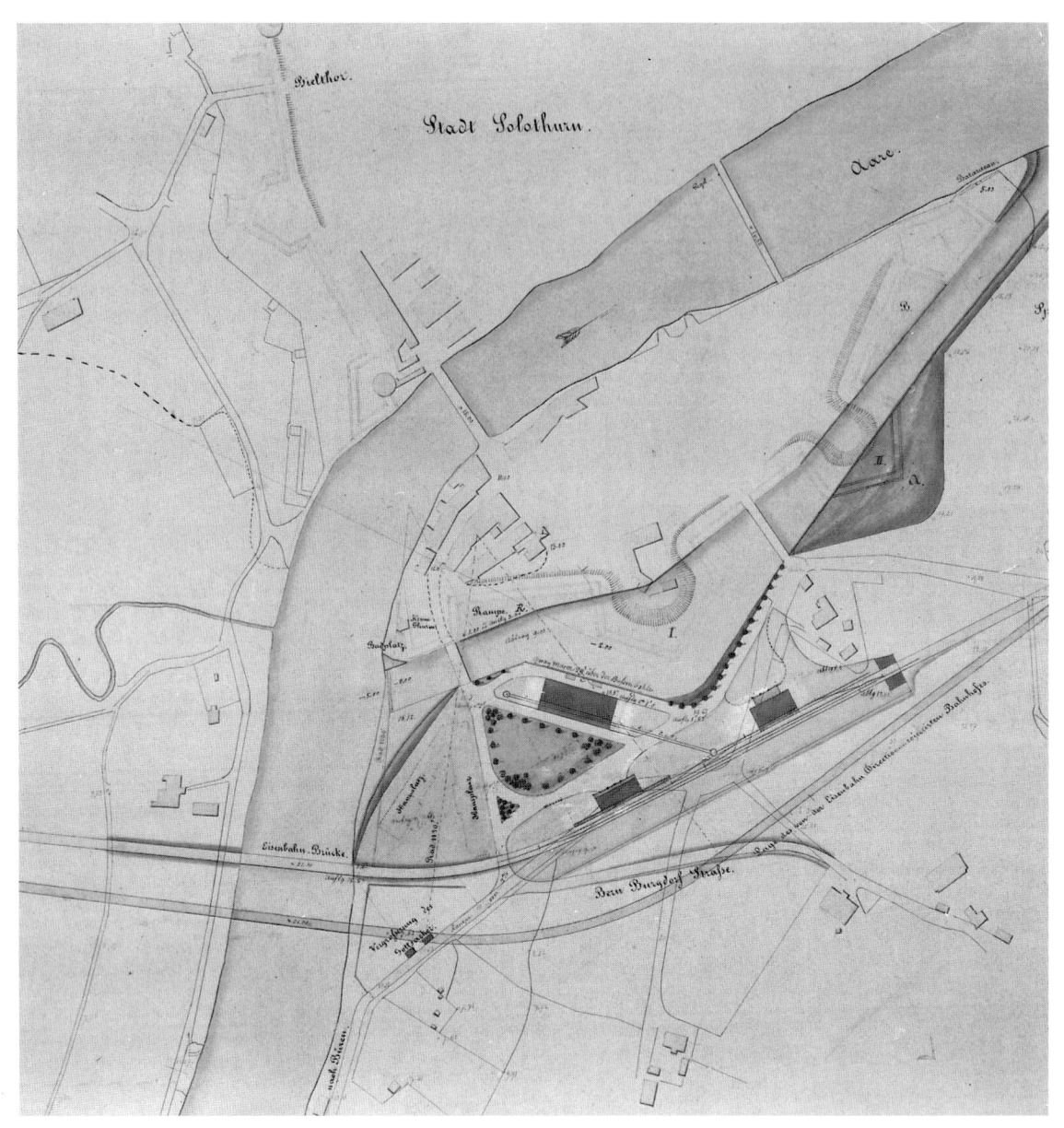

Abb. 285
Projekt zum Bau einer Hafenanlage samt Bahnhof südlich der Vorstadt. Kolorierte Federzeichnung von Andreas Merian, 1854. – Text S. 276, 296.

Handen der Stadt Solothurn entwarf im Januar 1854 ANDREAS MERIAN in zwei Varianten Projekte für eine Bahnhofanlage mit angrenzendem Hafen. Zur Diskussion stand ein Bahnhof auf dem Glacis südlich der Kuhschanze, welche wie die östlich anschließende Kornhausschanze hätte abgebrochen werden müssen, da der vertiefte und teilweise verbreiterte Vorstadtschanzengraben als Hafenbassin dienen sollte (Abb. 285). Als Alternative sah MERIAN eine Hafenanlage vor der Katzenstegschanze in Verbindung mit einem Bahnhof an der Stelle des heutigen Westbahnhofs vor (Abb. 286)[28]. Weil der Ingenieur einen Bahnhof in der Vorstadt bevorzugte, verlor die Stadt Solo-

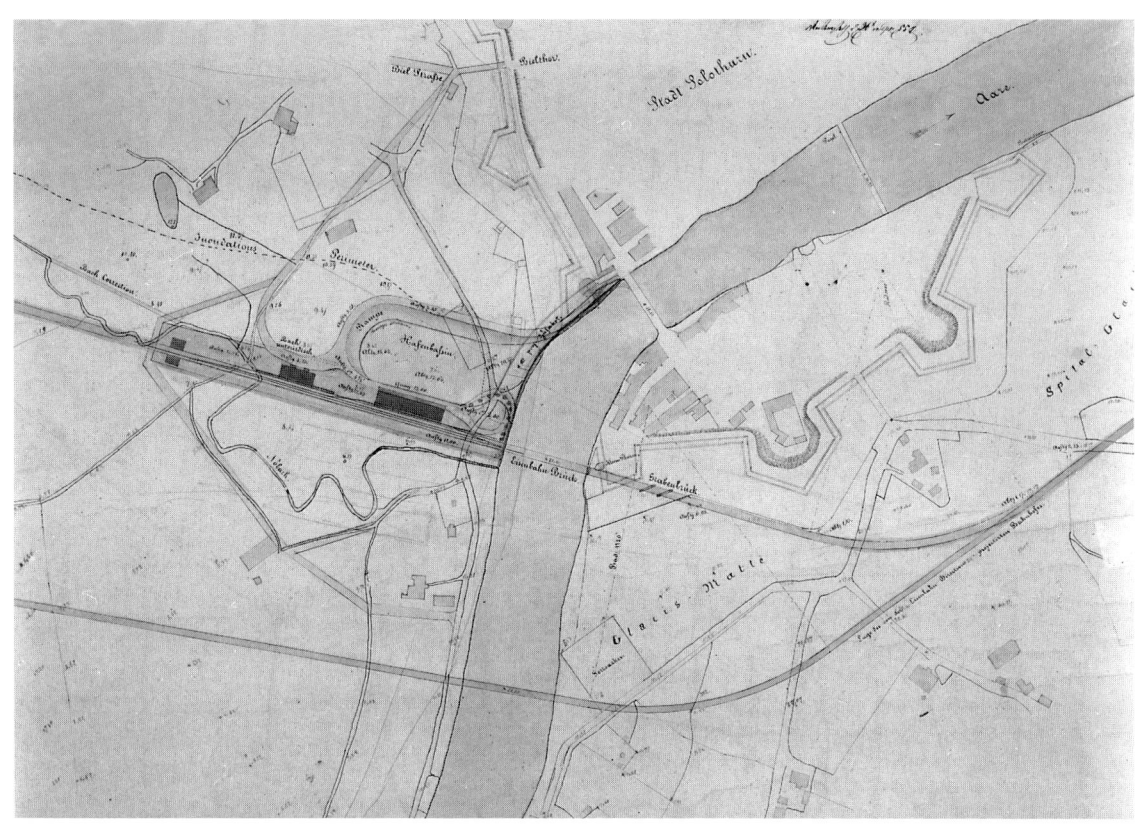

Abb. 286
Projekt zum Bau einer Hafenanlage samt Bahnhof im Obach. Kolorierte Federzeichnung von Andreas Merian, 1854. – Text S. 276, 296.

thurn ihr Interesse an einer Zusammenarbeit mit MERIAN und somit auch an dessen Hafenideen, zumal er diese zu einem Zeitpunkt vorgelegt hat, als die Variante eines kombinierten Verkehrs bereits verworfen worden war.

Führende Kreise in Solothurn hielten aber dennoch an der Idee einer Personen- und Güter-Dampfschiffahrt auf Aare und Bielersee fest und gründeten am 19. Oktober 1854 die «Solothurnische Dampfschiff-Gesellschaft auf den Juragewässern» unter dem Präsidium von Regierungsrat Wilhelm Vigier und unter der Direktion von ANDREAS MERIAN. Mit einem zur «Stadt Solothurn» umgebauten ehemaligen Neckardampfer wurde am 27. Februar 1855 der regelmäßige Personentransport nach Nidau aufgenommen. Der Landeplatz in Solothurn befand sich bei der Schützenmatt. Im Monat darauf wurde für den Warentransport als «Seeländer» ein Neuenburgersee-Dampfboot angeschafft. Noch im September 1855 be-

schloß man den Neubau des Personen-Raddampfers «Wengi» durch ESCHER, WYSS & COMP. in Zürich. Der Dampfer kam wegen der Konkurrenz durch die bald darauf erbaute Eisenbahn fast ausschließlich zwischen Nidau, Neuenburg und Yverdon zum Einsatz. Der Aareschiffsverkehr mit der Landungsstelle bei der Schützenmatt lief recht gut an (Abb. 287), doch die Eröffnung der Linie Herzogenbuchsee–Solothurn–Biel der Schweizerischen Centralbahn im Sommer 1857 brachte den Schiffsverkehr augenblicklich zum Erliegen. Auch die am 20. November 1857 erfolgte Fusion der Dampfschiff-Gesellschaft mit H.H. Glutz-Blotzheim & Scherer, welche mit dem Schiff «Neptun» seit Anfang 1857 den Güterverkehr mit Yverdon besorgten, konnte den baldigen Niedergang der kommerziellen Aareschiffahrt unter dem Konkurrenzdruck der Eisenbahn nicht verhindern[29].

Anmerkungen am Schluß des Kapitels S. 281

Abb. 287
Blick vom Glacis bei der Turnschanze nach Nordwesten auf die Altstadt. Lithographie, um 1855–1857 (BD II/88).
– Text S. 277.

Erst 1952 wurde mit dem Dieselmotorschiff «Romandie» die touristische Aareschiffahrt wiederaufgenommen[30]; zuerst durch einen privaten Schiffahrtsbetreiber, ab 1966 durch die Bielersee-Schiffahrtsgesellschaft. Die Passagierschiffahrt erfuhr diese Neubelebung zu einem Zeitpunkt, als die Errichtung eines transhelvetischen Kanals nahe schien. Seit dem frühen 20. Jahrhundert war an einer Schiffahrtsstraße zwischen Rhein und Rhone geplant worden. 1913 hatte in Solothurn die Gründung einer Zweiggesellschaft der Schweizerischen Vereinigung für die Rhein-Rhone-Schiffahrt stattgefunden[31]. Ersten Vorprojekten folgten nach dem Zweiten Weltkrieg detaillierte Studien, bis in den siebziger Jahren die Idee einer schiffbaren Aare – nicht zuletzt unter dem Eindruck des sich verstärkenden Landschaftsschutzgedankens – aufgegeben werden mußte[32].

DIE SCHWIMMBÄDER

Über die genaue Funktionsweise der beiden im 15. Jahrhundert erwähnten Bäder, des Krutbades an Stelle des heutigen Palais-Besenval-Gartens und des Stadtbades beim Stalden am nördlichen Aarebrückenkopf, besitzen wir keine Kenntnis[33]. Dafür ist der Zusammenhang mit der Aare und der Mündung des Goldbachs eindeutig.

Nachdem noch 1827 ein Verbot, in der Aare zu baden, von der Kanzel verkündet wurde, traten in Solothurn bald die Flußbäder auf, welche den sportlichen Charakter des Badens unterstrichen und eine neue Verbundenheit des Solothurners mit seinem Fluß zum Ausdruck brachten. 1836 wurde bei der Turnschanze eine Flußbadeanstalt

---

Anmerkungen am Schluß des Kapitels S. 281

eingerichtet, nachdem offenbar schon zuvor eine «Schwimmschule» bestanden hatte, welche nun abgebrochen wurde[34]. In den fünfziger Jahren wurde das Schwimmbad oberhalb der Krummturmschanze neu errichtet[35]. Zwischen 1863 und 1873 bestand eine weitere Badeanstalt beim Obach auf der gegenüberliegenden Seite[36]; sie wurde 1873 als auf Petrolfässern schwimmende Männerbadeanstalt erneuert. Dies geschah nach dem Vorbild der Frauenbadeanstalt, welche man schon 1868 bei der Turnschanze als ähnliches Floß errichtet hatte und die man 1889 zur Krummturmschanze verlegte[37]. Zu Beginn unseres Jahrhunderts wurden die beiden Flußbadeanstalten neuerlich verlegt: 1901 entstand gegenüber dem Dreibeinskreuz die Frauenbadeanstalt, 1904 oberhalb der Eisenbahnbrücke die Männerbadeanstalt – beides schwimmende Anlagen mit Kabinenanordnung um zwei Innenhöfe[38]. 1926/27 wurde als Ersatz für diese beiden Flußbäder in den Inneren Mutten parallel zur Aare ein Freibad errichtet. Planverfasser waren Gebr. FRÖHLICHER und H. & E. SALZMANN. 1960–1964 Umbau und Erweiterung[39].

Beschreibung des Schwimmbades im Zustand von 1927

Hans-Huber-Straße 49 (Abb. 288). Das Freibad (35 × 125 m) lehnt sich in seiner symmetrischen Disposition an die alten Flußbäder an: Der kurzen Mittelachse mit Eingangspavillon, Überwachungsturm und Sprungbrettaufbauten fügen sich seitlich zwei nach Geschlechtern getrennte, kabinengesäumte Bassins an (50 × 20 m). Der Mittelteil öffnet sich aareseitig in einem vorgewölbten Kiosk und setzt sich im Bereich der Liegewiesen mit einem Planschbecken fort, um in einem Sprungturm in der Aare zu enden. Die quergelagerte Großanlage weist mit gemauerten Mittel- und Eckpavillons und hölzernen Kabinenverbindungstrakten in neuklassizistischer Architektur eine strenge Disposition auf.

Abb. 288
Flugaufnahme des Schwimmbades von Nordwesten. Photographie, 1932. – Text S. 279.

ANMERKUNGEN ZUM KAPITEL
ANLAGEN AM WASSER

Seiten 268–279

1 GOTTHOLD APPENZELLER. Geschichte der schweizerischen Binnenschiffahrt im Gebiet der Juraseen und Aare. Solothurn 1922 (Mitteilungen des Historischen Vereins des Kantons Solothurn, Heft 11). – HANS G. WÄGLI. Aare-Schiffahrt einst und jetzt (Jurablätter 41, 1979, S. 53–70). – KURT HASLER. Die ehemalige Schiffahrt auf der Aare (Lueg nit verby 1982, S. 98–103). – Die Bedeutung der Schiffahrt im schweizerischen Mittelland schildert unter Einbezug auch von Solothurn FRITZ GLAUSER. Stadt und Fluss zwischen Rhein und Alpen (ERICH MASCHKE und JÜRGEN SYDOW [Hg.]). Die Stadt am Fluss. Sigmaringen 1978 [Stadt in der Geschichte, Band 4], S. 62–99), bes. S. 78ff.

2 HAFFNER, Schawplatz II, S. 26.

3 Zum Hochwasser siehe außer den erwähnten Autoren: KLEMENS ARNOLD. Zur Aareüberschwemmung vom 1. Dezember 1651 (St. Ursen-Kalender 1968, S. 61f.). – WALTER MOSER. Aarepegel, Meereshöhe und Hochwassermarken in der Stadt Solothurn (Jurablätter 48, 1986, S. 157–169), S. 164–168. – Die Lage am Wasser brachte es auch mit sich, daß die Solothurner Räte 1748 mit zwei Schaffhausern und deren «allherogebrachten Machine, womit die in tiefe gewässer versunkenen Effecten widerumb gefunden werden

mögen ...» konfrontiert wurden. Die Demonstration war dem Seckelmeister zwei alte Louisdor wert (SMR, 29. Mai 1748, S. 66).

4 Nur im 16. Jh. wird in den Ratsmanualen von festgebundenen Flößen gesprochen (APPENZELLER, wie Anm. 1, S. 138). Der Holzschnitt bei STUMPF (BD II/1) (Abb. 72) zeigt an der Litzi oberhalb des alten Landhauses ein solches Floß.

5 In Plänen von Ingenieur ANDREAS MERIAN für die Anlage des Bahnhofs der Schweizerischen Centralbahn von 1854 ist der Hochwasserperimeter eingezeichnet (Planarchiv BASO, A 5 36, A 5 37). – Das zur Versumpfung neigende flache Gelände der Allmenden im Brühl mußte durch lange Gräben entwässert werden. Vom 24. März 1603 hat sich ein Verding mit «Meysteren frydlin wydma dem friessen» zur Aushebung von 10 bis 12 Fuß breiten Gräben erhalten (SMB I, S. 146R). Entschädigung für diese und weitere Gräben 1603/04 im SMB II.

6 Am 1. Oktober 1600 wurde ANDRESEN KALCHMATTER «das gwätt by dem katzensteg» verdingt, am 24. Oktober 1603 jenes «gegen tribiscrütz der aren nach» (SMB I, S. 140L, 149L). – Diesbezügliche Abrechnungen in SMB II. – Das Gwätt bei Dreibeinskreuz ist auf einem Zehntplan 1750/1760 abgebildet (StASO, Plan H 3). – Die Pfähle beim Katzensteg, bei den sog. «alten Visitanten», wurden widerrechtlich auch zum Anbinden von Schiffen benutzt. Vgl. APPENZELLER, wie Anm. 1, S. 47, 124.

7 Überblick über die Aarekorrektion: WALTER MOSER. Die erste und die zweite Juragewässerkorrektion 1868; 1962–1973 (JbfSolG 64, 1991, S. 223–294). – NIKLAUS SCHNITTER. Die Geschichte des Wasserbaus in der Schweiz. Oberbözberg 1992, S. 117–120.

8 YLVA BACKMAN. Solothurn – Vigier-Häuser (ASO 4 1985, S. 110f.). – YLVA BACKMAN et al. Die Vigier-Häuser. Ausgrabungen in der Solothurner Altstadt (in Vorbereitung). – Auf den Umstand, daß das Überschwemmungsgebiet der Aare in vormittelalterlicher Zeit im heutigen Altstadtbereich viel größer war, deuten auch die Senkungen der Südmauer des spätrömischen Glockenkastells hin, welche auf den schlechten Baugrund am damaligen Aarebord zurückzuführen sein dürften (SPYCHER, Solothurn in römischer Zeit, S. 21) (vgl. Abb. 69).

9 Ratsbeschluß vom 16. November 1624 (RM, Band 128). – Am 26. Februar 1625 wurde Zimmermann CONRAD NÜNLIST und Maurer URS ALTERMATT die Erstellung dieses Spannmechanismus für die Aarekette verdingt (SMB I, S. 168R). – HAFFNER nennt als Gewicht der Kette 33 Zentner (HAFFNER, Schawplatz II, S. 281). – Als 1632 der Kluser Handel kriegerische Auseinandersetzungen mit Bern fürchten ließ, beschloß der Rat «... die nothwendig Kettinen und was in und under Litzi zu verbessern». RM, 1. Oktober 1632, S. 505. Weitere Ausbesserungsarbeiten an der Litzi 1632/33.

10 Vgl. MORGENTHALER, ASA 1922, S. 223f.

11 SMR 1462, S. 165. – In einer Urkunde vom 8. Februar 1335 (im StASO) ist die «porta aque» erstmals erwähnt. 1494 (SMR, S. 107) ist vom «Riff thor» die Rede.

12 Vgl. MORGENTHALER, ASA 1922, S. 223f. Verding 1470. Am 7. Oktober 1471 hatte SPÄTI 46 Klafter vollendet und erhielt dafür 276 ₶. Die Mauern wurden in Tuff aus den Steinbrüchen von Leuzigen in der bernischen Nachbarschaft errichtet. – Um 1494/95 stürzte ein Teil der Litzi zusammen; der Wiederaufbau wurde gegen Ende 1497 vollendet.

13 «Verding von der muren under der nüwen Lytzj» mit PETER PERRO im SMB I, S. 143L. – Abrechnung mit PERRO 1602 im SMB II.

14 Vgl. HOCHSTRASSER, Kaufhäuser.

15 RM, 20. April 1789, S. 418f. – BP Kanton, 14. Mai 1789, S. 444. – ALTERMATT (BD II/21) (Abb. 79) zeigt, daß in der Folge ein zum Stadtbad gehörendes kleines Gartenhäuschen mit Walmdachbau errichtet worden war.

16 1837 erteilte das Kantonsbauamt dem Stadtbauamt die Bewilligung für die Verwendung von «Schanzsteinen» für die neue Aaremauer zwischen der Fahrbrücke und dem Kaufhaus (BP Kanton, 5. Oktober 1837, S. 64).

17 Vgl. dazu: JOHANNES CRAMER. Gerberhaus und Gerberviertel in der mittelalterlichen Stadt. Bonn 1981 (Studien zur Bauforschung 12) (z. B. Gerbersteg in Reutlingen, Abb. auf Tf. 22).

18 In den Fundamenten des Palais Besenval konnten Reste des unteren Schiffländetors nachgewiesen werden. Vgl. Solothurn, Palais Besenval (JbfSolG 63, 1990, S. 160–162) (= Denkmalpflege im Kanton Solothurn 1989).

19 1624 wurde diese Mauer «beim Spittal an der Aaren» durch GREGOR BIENCKHER erneuert (RM, 6. September 1624, Band 128, S. 590).

20 Chorherr URS VIKTOR WAGNER vermerkte den Baubeginn für den Rollhafen in seinem Tagebuch unter dem 15. Februar 1697: «Post prandium hab ich mit H. Curé undt H. Lips den anfang des newen haffens an der Aar in der forstatt beschauwet, so vor ungefähr 14 Tagen ist angefangen worden undt durch Haubtman Besenual aux Gardes ist angeben worden. Man hat schlechtlich gepföhlet, daß dahero die einte pfähl, weil sie zu kurtz, von dem wasser undterfressen, ledig worden undt man sehr besorget, es möchte das gantze werckh gegen undtergang in die Aar sinckhen. Man hat alsobaldt andere, längere pfähl vor undt umb das werckh geschlagen und mit bretter vermacht, die stein mit eisenen klammern zusammmen geheftt, den gwalt des wassers zu verhindern ...» (Zitat nach E. TATARINOFF. Aus dem Tagebuch des Chorherrn Urs Viktor Wagner von Solothurn. Separat-Abzug aus dem Solothurner Tagblatt 1916, S. 41f.). Beim Entwerfer oder Ideenlieferanten handelte es sich um Gardehauptmann JOHANN VIKTOR II. VON BESENVAL (1671–1736). – WAGNERS Bericht

wird untermauert durch einen Eintrag in den Schanzrechnungen unter dem 5. April 1697, wonach «Mr. Victor Tschan für Clammern und für die Schiffyhnfahrt in der Neuwstadt» 14 ₶ bezahlt wurden (BASO, H I).
21 RM, 22. Januar, 22. August 1714, Band 217, S. 115f., 914f.
22 Vgl. Plan von NAEFF & LOCHER im BASO, A 5 67.
23 APPENZELLER, wie Anm. 1, S. 129f. Dort zitiert die «Verordnung betreffend der beiden Zunftschiffe» vom 24. Juni 1793 im II. Protokoll der Schiffleutezunft, S. 104.
24 Am 8. Dezember 1698 berichten die SMR, daß Mr. VICTOR KÜEFFER «ein Bogen uff das Gesandten Schiff zue machen» hatte (SMR 1698, S. 53).
25 Bericht vom 20. Dezember 1827, signiert von LUDWIG VON ROLL, Präsident des Finanzraths (StASO, BL 31,1).
26 Korrespondenz von H. Molineaux und A. MERIAN (1837) im StASO, BL 34,1.
27 PAUL STÄUBLE. Juragewässerkorrektion und Gotthardbahn. Unerwartete Parallelen mit schwimmenden Eisenbahnen (Jurablätter 45, 1983, S. 101–103).
28 Planarchiv BASO, A 5 36, A 5 37.
29 Zur Dampfschiffahrt auf der Aare: Souscription für Herstellung einer Dampfschiffahrt zwischen Solothurn und Yverdon. Solothurn 1854 (ZBS, Rv 2280). – Rechnungsbuch der Dampfschiff-Gesellschaft für 1856 vom 27. April 1857 (StASO, BL 34,4). – Fusionsvertrag, November 1857 (ZBS, Rv 2288). – HANS G. WÄGLI (wie Anm. 1), S. 57–59. – JOSEF GWERDER; ERICH LIECHTI; JÜRG MEISTER. Die Geschichte der Schiffahrt auf den Juragewässern. Neuenburgersee–Murtensee–Bielersee–Aare. Schaffhausen 1982, S. 194–232. – URS SCHEIDEGGER. Es war nicht immer so ... In den Akten der Stadtammänner von Solothurn nachgeblättert. Band I. Solothurn 1985, S. 58–61. – Privater Initiative entsprungen ist der Solothurner Ruderclub, der sich 1911 an der Römerstraße 29 am linken Aareufer ein einfaches Bootshaus baute (Planverfasser ALFONS RUDOLF) und dieses 1919 mit einem in den Fluß hineingreifenden Vorbau im Heimatstil nach Plänen von MAX KOPP erweiterte (Archiv des Stadtbauamtes, Baugesuch 32/1911. – Baugesuch 29/1918 [beide mit Plänen]. – Geschichte des Solothurner Ruderclub. Solothurn 1935, S. 6, 9).
30 R.K. Vom Einbaum zur «Romandie» (St. Ursen-Kalender 1955, S. 72f.).

31 Solothurner Tagblatt, 10. Juni 1913.
32 Vorprojekte aus den 1920er Jahren im StASO, BL 34,3 (mit Planskizze für einen Hafen Solothurn in der Widi auf Zuchwiler Gemeindegebiet). – Ausbauplan der Gewässer zwischen dem Genfersee und dem Rhein. Wirtschaftlicher Generalbericht bearbeitet unter der Leitung der Studienkommission des Schweizerischen Rhone-Rhein-Schiffahrtsverbandes. Neuenburg 1954. Textband mit Tafelbeilagen. – Unser Nein zum transhelvetischen Kanal! (SA aus Natur und Mensch, Nr. 6, 14. Jg. 1972).
33 Ein Gebäudegrundriß des Krutbades befindet sich im BASO, Urkunde Nr. 339 (Kopie von 1832 nach Original von 1701); den Gebäudeumriß des Stadtbades gibt JOSEF SCHWALLERS Situationsplan des Landhausquais von 1823 wieder (BASO, A 5 4) (Abb. 146).
34 BP Kanton, 6. Oktober 1832 (S. 164ff.) Plan eines «Kalten Bades» beim Krummen Turm. – 15. März 1833 (S. 242ff.) Bericht an den Präsidenten des Kleinen Rates. – 16. April 1835 (S. 633) Krediteröffnung von Fr. 750.– für Badeanstalt bei der Kreuzackerschanze mit Vollzugsanweisung. – 30. Juli 1836 (S. 783) Verbesserung der Badanstalt nach Gutachten der Professoren SCHRÖDER und WEISHAUPT. – 8. Januar 1837 (S. 71) Abbruch der «Schwimmschule» durch Zimmermeister J. FREI von Bellach. – Am 12. Februar 1835 hatte die Sanitätskommission einen Bericht abgeliefert.
35 Sie war als in den Fluß gestelltes hölzernes Atrium gestaltet (eingezeichnet in einem Eisenbahnbrückenplan vom September 1855 im StASO, E 1, 20).
36 Im Katasterplan von 1867, Blatt 22 (PD 59), ist sie als langgezogener Holzbau am Aareufer eingezeichnet; Wiedergabe bei RUDOLF DIKENMANN, um 1865 (BD II/61a) (Abb. 299).
37 OSKAR GRESSLY. Baden und Schwimmen. Solothurn 1915 (SA aus der Solothurner Zeitung, S. 7). – Solothurner Anzeiger, 4. Juli 1889.
38 GRESSLY (wie Anm. 37), S. 8. – Volkswacht am Jura, 27. März 1901.
39 Gemeindebeschluß vom 26. Oktober 1926. Eröffnung 26. Juni 1927. Baukosten Fr. 372 393.- (Beschlüsse, Bauakten und Pläne vom März 1927 im Stadtbauamt). – Dazu: Die neue Badanstalt der Stadt Solothurn (Solothurner Zeitung, 25. Juni 1927, Nr. 146). – URS SCHEIDEGGER. Es war nicht immer so ... In den Akten der Stadtammänner von Solothurn nachgeblättert. Band I. Solothurn 1985, S. 92.

BRÜCKEN

WENGIBRÜCKE (ALTE BRÜCKE, OBERE BRÜCKE, FAHRBRÜCKE)[1]

Die vormittelalterlichen Brücken

Die heutige Wengibrücke kann in ununterbrochener Tradition ins 13. Jahrhundert zurückverfolgt werden. Solothurns Brückensituation reicht aber in römische Zeit zurück. Die römische Straße führte von Westen (Aventicum und Petinesca) her auf der südlichen, rechten Aareseite nach Salodurum; hier überquerte sie die Aare und setzte sich in östlicher Richtung nach Augusta Raurica oder Vindonissa auf der nördlichen, linken Flußseite fort. Die Frage, wo genau der Brückenschlag stattgefunden hatte, ist Gegenstand eines alten Forscherstreites.

Humanistische Tradition vermutete die Römerbrücke bei der Dreibeinskreuzkapelle, etwa 700 m oberhalb der Wengibrücke, wo bei Niederwasser häufig aus dem Wasser ragende Holzpfähle beobachtet wurden[2]. Als Fundationsarbeiten beim Neubau der Wengibrücke im Jahre 1878 eine große Menge römischer und mittelalterlicher Funde zutage förderten, begann sich die Erkenntnis durchzusetzen, daß eine Römerbrücke sich im Bereich der mittelalterlichen und neuzeitlichen Aarebrücke befunden haben mußte. JAKOB AMIET äußerte die Vermutung, daß das römische Solothurn zeitweise gleichzeitig zwei Brücken besessen hätte, eine an der Stelle der Wengibrücke und eine zweite an der Heeresstraße, welche bei Dreibeinskreuz über die Aare geführt worden sei[3]. Diese Hypothese berücksichtigte auch die traditionelle Lokalisierung der legendären Enthauptung der Thebäer auf einer römischen Brücke oberhalb Solothurns.

1896 entwarf FRANZ ANTON ZETTER-COLLIN ein differenzierteres Bild dieser Brückenfrage: Aus dem Fehlen von Funden der Zeit zwischen spätrömischer und hochmittelalterlicher Zeit anläßlich des Brückenbaus von 1878 schloß er, daß «für die dazwischenliegende Zeit, so cirka vom 6. bis 13. Jahrhundert» die Solothurner Brücke bei Dreibeinskreuz gesucht werden müßte[4]. Daß zu dieser frühen Zeit in Solothurn nicht nur eine Fähre, sondern auch eine Brücke bestanden haben sollte, müßte als außerordentlich gewertet werden; gleichwohl läßt sich diese Hypothese nicht völlig von der Hand weisen[5]. Als weitere Diskussionsvariante ist auch die Möglichkeit ins Spiel gebracht worden, es könnte sich bei den Pfählen bei Dreibeinskreuz um Überreste einer Kriegsbrücke anläßlich der Belagerung Solothurns durch Herzog Leopold von Österreich handeln[6].

Weitere Hinweise auf den Standort der Römerbrücke brachte eine Ausgrabung vom Herbst 1989 im Bereich des Alten Spitals. Etwa 60 m westlich der Wengibrücke, also ungefähr in der Mitte zwischen der Straßen- und der Eisenbahnbrücke, wurde ein kurzes Stück Römerstraße aus dem 1. Jahrhundert n. Chr. freigelegt[7]. Dieses führte senkrecht zur Aare und mußte seine Fortsetzung in jener Römerbrücke gefunden haben, welche spätestens seit der Aareausbaggerung im Rahmen der zweiten Juragewässerkorrektion 1968/69 an dieser Stelle vermutet wurde[8]. Aus der Beobachtung der Archäologen, daß das ergrabene Stück der Römerstraße nie erneuert worden war und somit vielleicht nur kurze Zeit in Gebrauch gestanden haben dürfte, könnte geschlossen werden, daß die Brücke aareabwärts etwa an die Stelle der Wengibrücke verlegt worden war, wie das auf Grund der Funde beim Brückenbau von 1878 vermutet wurde. Da exakte archäologische Beobachtungen und dendrochronologische Daten zu Befunden im Aarebett fehlen, bleibt es bei diesen Vermutungen[9].

Geschichte der Aarebrücke vom Mittelalter bis ins 19. Jahrhundert

Die mittelalterliche Aarebrücke als Vorläuferin der heutigen Wengibrücke wird erstmals am 24. November 1252 erwähnt, als die Aufnahme des Klosters St. Urban ins Solothurner Burgrecht beurkundet wurde. Damals mußte die Brücke bereits bestanden oder sich zumindest im Bau befunden haben[10]. Die nächsten Erwähnungen der Brücke fallen in die Jahre 1286, 1296 und 1314[11].

Beschädigungen und Zerstörungen der Brücke im 15. und im 16. Jahrhundert sowie Neubau 1653. Durch den Berner Chronisten CONRAD JUSTINGER hören wir im Jahre 1408 erstmals von einer Zerstörung der Brücke. Überschwemmungen und Eisgänge erforderten auch in den nachfolgenden Jahrzehnten immer wieder Reparaturen; sie wurden durch die Zimmerleute und die

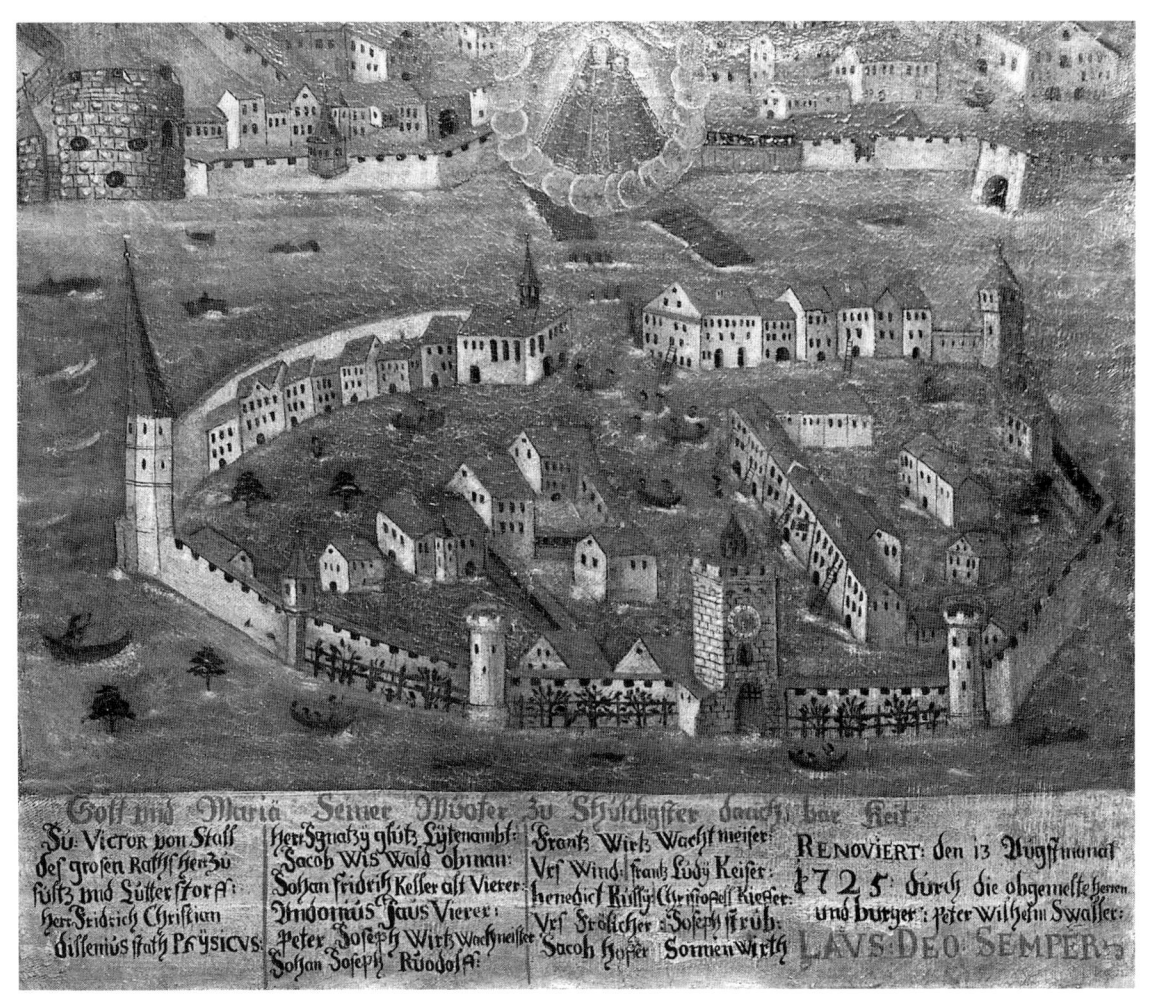

Abb. 289
Vogelschau von Süden auf die Vorstadt während der Überschwemmung von 1653. Ölgemälde, um 1653 (BD II/26). – Text S. 284.

Schiffleute ausgeführt und vermitteln uns Angaben über die Brückenkonstruktion. Das wohl aus hölzernen Jochen bestehende Bauwerk muß ein kleines «wigghus»[12] besessen haben und flußaufwärts mit schrägen Streben, mit «Ischbomen», zur Abwehr von Treibeis und -holz versehen gewesen sein[13].

Am 21. Januar 1506 zerstörten Eismassen die Brücke ein weiteres Mal. Am 15. März wurde der Neubau einer Steinbrücke mit gewölbten Jochen beschlossen[14]. Die Ausführung erfolgte dann doch in Holz und wurde, trotz des Protests der lokalen Zimmerleute, durch den Berner Zimmermann BENDICHT HIRSINGER besorgt[15]. Baubeginn 1507[16].

STUMPFS Holzschnitt zeigt diese Holzbrücke, welche nordwärts unmittelbar ins Brückentor führt, als vermutlich fünfjochiges einfaches Bauwerk mit Geländer (Abb. 72). Bis zum Neubau im Jahre 1878 folgten alle Nachfolgerbauten bei wechselnder Jochzahl diesem Konstruktionstypus.

1621 war die Brücke wieder schadhaft; mit «steinig pfylern under der brügkh» wollte man eine Verstärkung bewirken[17]. Am 23. Januar 1632 wurde dann aber den Zimmermeistern BENEDIKT MATHIS und URS REINHART für 3500 Pfund und 25 Mütt Mühlegut der Neubau einer fünfjochigen

---

Anmerkungen am Schluß des Kapitels S. 291

284 BRÜCKEN

Holzbrücke verdingt[18]. Ende 1633 dürfte das Werk größtenteils vollendet gewesen sein[19]. Bereits am 4. Dezember 1651 riß das Hochwasser, welches die ganze Vorstadt überschwemmte, diesen Bau weg (Abb. 289)[20]. Die neue Brücke sollte «widerumb von Holtz umb etliche Schuehe erhöcht und etwas gebogen gemacht werden»[21]. Vermutlich 1653 war das neue Bauwerk vollendet[22]. Bei der Planung der Stadtbefestigung (Baubeginn 1667) war auch die Errichtung einer steinernen Brücke nach (nicht erhaltenem) Plan des Festungsingenieurs FRANCESCO POLATTA ins Auge gefaßt worden[23].

Neubauplanungen für die Brücke im 18. und im frühen 19. Jahrhundert. 1732 war die Holzbrücke von 1653 offenbar bereits wieder in einem derart schlechten Zustand, daß man an einen Neubau denken mußte. Der Schanzrat erhielt den Auftrag, beim französischen Architekten und nachmaligen Erbauer des Spitals in Solothurn, JOSEPH ABEILLE in Bern, Pläne für eine steinerne Brücke einzuholen. Am 30. Juli 1732 lagen die Entwürfe samt Kostenvoranschlag vor, zu einem Baubeschluß kam es jedoch nicht[24].

Auch als 1769 Baumeister JOHANNES GRUBENMANN (1739–1810) von ihm eingeforderte Pläne zu einer neuen Holzbrücke einreichte und dafür mit 320 Gulden entschädigt wurde, resultierte kein Neubau[25]. Dafür hat sich das prächtige Projekt für die etwa 71 m lange, stützenlose Aarebrücke erhalten (Abb. 290, 291). Es zeigt eine typische GRUBENMANN-Konstruktion, ähnlich jener, die 1764–1766 beim Bau der um 10 m kürzeren Limmatbrücke in Wettingen zur Anwendung gelangt war (1799 zer-

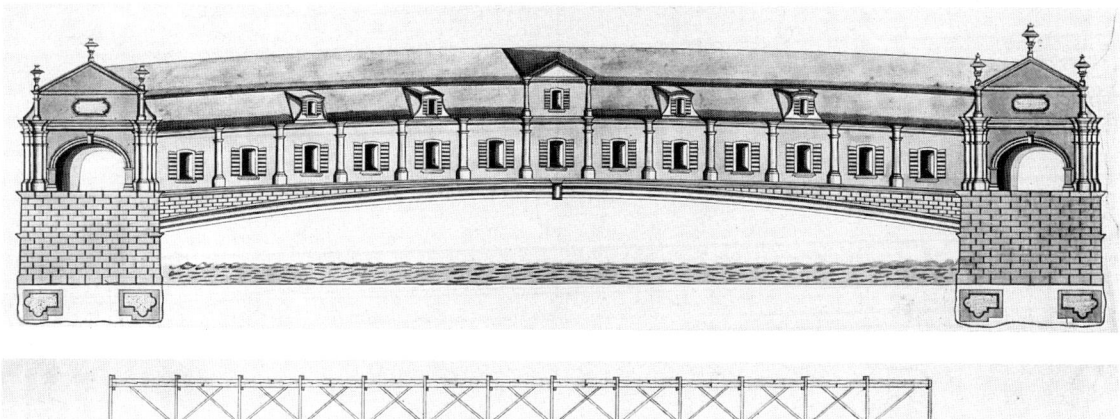

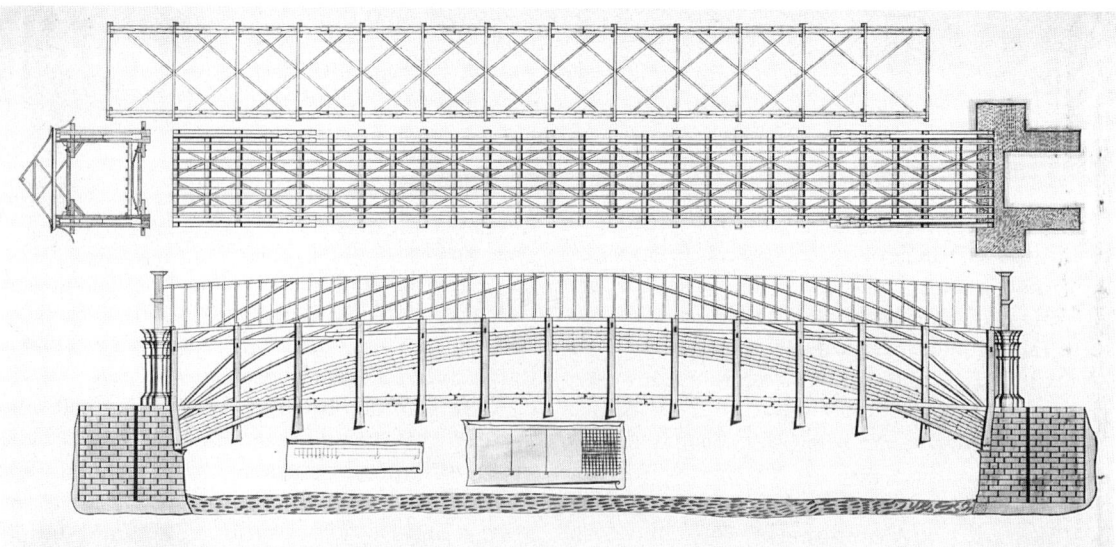

Abb. 290 und 291
Projekt von Johannes Grubenmann zum Bau einer gedeckten Holzbrücke über die Aare. Kolorierte Federzeichnung, 1769. – Text S. 284.

Abb. 292
Blick vom Obach nach Osten auf die Aarebrücke. Aquarellierte Federzeichnung von Caspar Wyss, Ende 18. Jahrhundert (BD IV/2). – Text S. 285f.

stört), nämlich ein sechsfaches, verzahntes Bogentragwerk mit zwölf Hängesäulenpaaren[26]. Etwas Besonderes hatte sich GRUBENMANN – wohl angesichts des städtischen Kontexts der Brücke – bei der Außenverkleidung der Holzkonstruktion einfallen lassen: Sie übernimmt mit Pilastergliederung, Mansarddach, Querrisalit und Stichbogenfenstern Elemente des spätbarocken Profanbaus. Die Ausgestaltung der Brückenzufahrten als übergiebelte und architektonisch ausgeschmückte Tordurchgänge dürfte durch das spätmittelalterliche Brückentor angeregt worden sein[27]. Der Neubau hätte dessen Abbruch und die Errichtung zweier neuer Widerlager bedingt.

Eine noch geringere Realisierungschance (da offensichtlich keinem unmittelbaren Auftrag entsprungen) besaß der Plan für eine steinerne Brücke aus dem Jahre 1808, den der junge JOSEPH ANTON FRÖLICHER (1790–1866) nach einem Entwurf seines Lehrers AUBERT PARENT (1753–1835) gezeichnet hatte[28]. PARENT sah eine steinerne Brücke mit zwei kurzen, rundbogigen Jochen bei den Widerlagern und einem weiten, stichbogigen Mitteljoch vor; die gedrungenen Halb- und Viertel-

säulen erinnern an den französischen «Revolutionsklassizismus».

1834 entwarf Zimmermeister KARL PFLUGER einen Plan zur Verstärkung der bestehenden Brücke, welcher sozusagen einem Neubauprojekt für eine fünfjochige Holzbrücke mit Sprengwerk in traditioneller Konstruktionsweise gleichkam[29]. Ein undatierter und unsignierter Neubauplan dürfte etwa gleichzeitig entstanden sein[30]. Keiner gelangte zur Ausführung, da man sich im Anschluß an den Abbruch des Brückentors auf eine Anpassung des letzten Jochs beschränkte[31].

Erst im Jahre 1878 erfolgte ein Neubau der Brücke von 1653, welche somit – dank zahlloser Reparaturen und Teilneubauten – 225 Jahre überdauert hatte. Das Aussehen dieser alten Holzbrücke ist in vielen Stadtdarstellungen wiedergegeben, besonders detailliert in einer Zeichnung von EMANUEL BÜCHEL (BD IV/1; Abb. 83).

Beschreibung der alten Holzbrücke vor 1878 (Abb. 292). Sechsjochige, leicht überhöhte Balkenbrücke ohne Sprengwerk, mit einfachem Ge-

---

Anmerkungen am Schluß des Kapitels S. 291–292

länder. Die fünf Pfahlreihen bestehen aus ungefähr zehn horizontal und diagonal verstrebten Pfählen, die flußauf- und -abwärts etwas schräg ins Aarebett gerammt worden sind. Wegen der Lage der Brücke am Ausgang eines Flußbogens mit stärkerer Strömung an der Kurvenaußenseite versetzten die Brückenbauer die drei nördlichen Pfahlreihen um bis zu 4 Grad aus dem rechten Winkel in die Stromlinie[32]. Das nördlichste Joch war bis ins späte 18. Jahrhundert durch eine sechste Pfahlreihe unterteilt, welche das Auflager für die Zugbrücke des Brückenturms bildete.

Der Neubau der heutigen Wengibrücke 1878

Planungs- und Baugeschichte. In der Planungsphase für den Bahnhofbau Neu-Solothurn der Schweizerischen Centralbahn gewann 1875 die Brückenneubaufrage an Aktualität. Es sollte nicht nur die obere Aarebrücke erneuert werden, sondern gleichzeitig bei der Schützenmatte eine neue Verbindungsbrücke zwischen der Baselstraße und dem geplanten Bahnhof (spätere Rötibrücke) erstellt werden[33]. Im März 1876 unterbreitete Stadtingenieur EUSEBIUS VOGT Projektvarianten sowohl für die Fahrbrücke als auch für die neu zu errichtende Schützenmattbrücke[34]. Eine Brückenbaukommission unter dem Präsidium von Hermann Dietler führte im Sommer 1876 einen Projektwettbewerb mit internationaler Beteiligung durch, woraufhin am 22. November der Gemeinderat eine Entscheidung für den Ersatz der Holzbrücke durch einen Neubau faßte – bei vorläufigem Verzicht auf die Schützenmattbrücke[35]. 1877 entwickelte sich die Idee, statt einer neuen Brücke bei der Schützenmatt die hölzerne Kreuzackerfußbrücke durch eine befahrbare Neukonstruktion zu ersetzen. Am 28. Oktober 1877 faßte die Gemeindeversammlung den Baubeschluß für eine neue Fahrbrücke in eiserner Fachwerkkonstruktion auf zwei steinernen Pfeilern und den Ersatz der unteren Brücke ebenfalls durch eine Eisenkonstruktion. Pläne und Kostenvoranschläge stammten von EUSEBIUS VOGT. Im Rahmen der nachfolgenden Bauausschreibung erhielten die Firmen G. OTT & Co und F. THORMANN in Bern den Auftrag zur etwas vereinfachten Ausführung beider Brücken; vertragliche Regelung am 3. Dezember 1877[36]. Bereits am 1. September 1878 konnte das vollendete Bauwerk dem Verkehr übergeben werden[37]. 1898 erhielt es die heutige Bezeichnung Wengibrücke[38]. 1930 wurde unter der Leitung von Ingenieur HUGO SCHERER in Luzern der Brückenoberbau im Trottoirbereich durch Stahlträger verstärkt, um 2,5 m verbreitert und zwecks besserer Linienführung im Bereich des nördlichen Aufgangs in den Aarequai ausgerundet[39].

Beschreibung vor dem Umbau von 1930 (Abb. 293). Die Brücke liegt an derselben Stelle wie die alte Holzbrücke und überquert die Aare rechtwinklig, um den Stalden mit der Berntorstraße in gerader Flucht zu verbinden. Geringfügig aus der Ufermauer vorspringende Brückenköpfe (Spannweite 72,8 m) und zwei abgerundete Pfeiler aus Kalksteinmauerwerk (je 21,7 m vom Widerlager entfernt) tragen den horizontal verlaufenden Brückenoberbau von 10 m Gesamtbreite. Er bestand ursprünglich aus einer Eisenfachwerkkonstruktion mit Doppel T Trägern (Zorèseisen), nämlich vier Haupt- und drei Nebenunterzügen. Konsolgetragene Seitenvorbauten trugen die Trottoirs und das gotisierende Gußeisengeländer, hergestellt durch die Eisengießerei VON ROLL. Vier dreiflammige Gußeisenkandelaber-Paare standen über den Widerlagern und Pfeilern. Aus Kostengründen hatte auf eine weitere Ausschmückung des Bauwerks verzichtet werden müssen.

Seit 1930 bewerkstelligen zwei zusätzliche, seitliche Vollwandträger, welche auch die auskragenden Trottoirs mit dem schlichten Staketengelän-

Abb. 293
Blick vom Bürgerhaus auf die Wengibrücke und das Nordufer der Aare. Photographie, um 1880–1890. – Text S. 286f.

Anmerkungen am Schluß des Kapitels S. 292–293

der tragen, die Verstärkung. Die Wengibrücke tritt heute als sachlich gestalteter Zweckbau in Erscheinung, und nur die steinernen Unterbauten erinnern an die Gründerzeitkonstruktion.

KREUZACKERBRÜCKE
(NEUE BRÜCKE, FUSSBRÜCKE)

Die früheren Holzbrücken

Baugeschichte. Die Idee zu einer zweiten Aarebrücke wird erstmals in den Projekten von Festungsingenieur JACQUES DE TARADE vom April 1681 faßbar[40]. Das Bauwerk ist dort in der Verlängerung der Schaalgasse eingezeichnet und soll die geplanten Bauquartiere der neuen Vorstadt im Bereich des Kreuzackers östlich des mittelalterlichen Vorstadtgrabens mit der Großstadt verbinden. 1696 werden in der Schanzrechnung Vorbereitungsarbeiten für dieses Bauwerk erstmals aktenkundig[41]. Die Planung war offensichtlich durch den Schanzrat initiiert worden, und erst am 25. Februar 1697 beschloß der Kleine Rat auf Antrag von Altschultheiß Johann Viktor I. von Besenval den Bau einer kleinen «Fuossbrugg». Sie sollte östlicher als bei TARADE angedeutet errichtet werden und das «untere Land» beim Kronenplatz mit dem Kreuzacker verbinden, mit dem erklärten Ziel der Entwicklungsförderung dieses neuen Stadtteils, nämlich «... damit der Lust in der neuwen Stadt zubauwen desto mehrers den Particularen erwekt werde ...»[42]. Als im folgenden Jahre mehrere Bewohner der Vorstadt und einige Wirte, die um ihr Einkommen bangten, Opposition gegen dieses Bauvorhaben machten, wurde diese durch die Gnädigen Herren mit aller Härte unterdrückt, wenngleich ein paar Forderungen nachgekommen wurde[43]. Der Bau der Brücke erfolgte in den Jahren 1698/99[44]. Kurze Zeit danach entstand am Nordende der Brücke das Palais Besenval (1702–1706).

Bereits 1770 war die Fußbrücke in einem derart schlechten Zustand, daß Einsturzgefahr bestand und eine Sperrung notwendig wurde[45]. Im Sommer 1772 wurde PAOLO ANTONIO PISONI zu einer Zustandsbeurteilung beigezogen, und am 2. Dezember 1772 schloß man mit Werkmeister JAKOB KIEFER einen Akkord für einen Neubau der hölzernen Brücke ab[46]. Da man offensichtlich das winterliche

Abb. 294
Ansicht der ersten Kreuzackerbrücke von Südosten. Photographie, von Adolf Braun, vor 1878. – Text S. 287.

Niederwasser ausnützen konnte, schritt der Bau sehr schnell voran, so daß bereits am 27. Mai die Bauabnahme der neuen Brücke anberaumt werden konnte[47].

Beschreibung der hölzernen Brücken. Das Aussehen der Fußbrücke von 1698/99 ist besonders durch die Zeichnung von EMANUEL BÜCHEL aus dem Jahre 1757 überliefert (Abb. 84). Es handelte sich um eine insgesamt dreizehnjochige ebene Balkenbrücke mit einfachem Geländer. Die beiden äußersten Stützen waren steinerne Pfeiler mit Vorhäuptern; die inneren Pfeiler bestanden aus horizontal und diagonal verstrebten Pfahlreihen. Der ebenfalls dreizehnjochige Neubau von 1773 – photographisch und in Katasterplänen dokumentiert (Abb. 294) – übernahm vom Vorgänger nicht nur das Konstruktionsprinzip, sondern auch die steinernen Pfeiler. Die Holzpfeiler waren aus sechs verstrebten Rammpfählen gefügt, deren erster (der «Eyschbaum») stromaufwärts spitz zulief. Hauptsächliche Unterschiede bildeten das hölzerne Staketengeländer und die balkonartigen Ausladungen des Holzstegs über dem mittleren Joch. Die Länge der Fußbrücke betrug gut 110 m, die Breite 3 m. Ebenfalls vom Vorgängerbau dürfte die besondere Gestaltung des nördlichen Brückenkopfs beim Palais Besenval übernommen worden sein. Da die untere Brücke ausschließlich als Fußgängerbrücke zu dienen hatte, konnte sie stadtseitig nur durch eine zweiarmige Treppe betreten werden; ein dazwischen gespannter Bogen ermöglichte über eine Rampe den Zugang zu einer kleinen Schifflände («Unteres Land») unter dem ersten Brückenjoch (BD IV/6).

Abb. 295
Ansicht der zweiten Kreuzackerbrücke von Südwesten. Photographie, um 1920. – Text S. 288.

Brückenbauten des 19./20. Jahrhunderts

Baugeschichte. Im Vorfeld des Neubaus der Wengibrücke war 1877 eine Erneuerung der hölzernen Fußbrücke aktuell geworden. Eine neue Brücke sollte den Bahnhof Neu-Solothurn der im Dezember 1876 eröffneten Bahnlinie Olten–Solothurn auf direktem Wege mit der Altstadt verbinden. Gleichzeitig mit dem Neubaubeschluß für die Wengibrücke faßte die Gemeindeversammlung am 28. Oktober 1877 auch jenen für die «Fußbrücke mit absoluter Fahrfähigkeit» nach Plänen von Stadtingenieur EUSEBIUS VOGT. Bis Juli 1878 wurde durch das Berner Firmenkonsortium OTT und THORMANN die eiserne Brückenkonstruktion vollendet[48]. Mit Beschluß vom 28. Januar 1898 erhielt sie den Namen Kreuzackerbrücke. In den Jahren 1960/61 wurde das Bauwerk durch eine moderne Spannbetonbrücke auf zwei Betonpfeilern nach Projekt von Ingenieur HEINZMANN in Solothurn ersetzt[49].

Beschreibung der Eisenbrücke von 1878 (Abb. 295). Mit Ausnahme des Unterbaus, der hier nicht aus Steinpfeilern, sondern aus fünf diagonal verstrebten Eisenstützen bestand, besaß die Brücke Ähnlichkeit mit der Wengibrücke. Den Oberbau (Fahrbahnbreite 4,5 m, Trottoirbreite je 1,2 m) bildete ein Eisenfachwerk aus Zorèseisen, das seitlich ausladend ein Gußeisengeländer der Firma VON ROLL trug[50]. Vier dreiflammige Kandelaberpaare aus Gußeisen erhoben sich über den Brückenköpfen aus Haustein und alternierend über zwei Stützen.

Wie die Wengibrücke trat auch die Kreuzackerbrücke in ihrem geradezu filigranen Gefüge nur zurückhaltend in Erscheinung. Die Verwendung neuartiger Konstruktionen und Materialien setzte im überwiegend noch barock geprägten Aareraum gründerzeitliche Akzente.

Anmerkungen am Schluß des Kapitels S. 293–294

RÖTIBRÜCKE

Planungs- und Baugeschichte

Gleichzeitig mit der Neubauplanung für die Wengibrücke 1875/76 wurde auch die Errichtung einer sogenannten Schützenmattbrücke projektiert; sie sollte die Ringstraße (Werkhofstraße) mit dem Bahnhof Neu-Solothurn der Gäubahnlinie von Olten (Eröffnung 1876) verbinden. Der Wettbewerb vom Sommer 1876 bezog auch die Projektierung dieser neuen Straßenbrücke mit ein[51]. Ein Vorprojekt zur städtebaulichen Planung des neuen Bahnhofquartiers von Stadtingenieur EUSEBIUS VOGT vom April 1875 enthielt eine Brücke wenig östlich der alten Gasfabrik und der Turnschanze sowie eine Anschlußstraße, die rechtwinklig zu dem neu zu errichtenden Aufnahmegebäude der Gäubahn verlief (PD 61)[52]. Im Herbst 1876 trat in den Planungen die Schützenmattbrücke in den Hintergrund, da einstweilen der Neubau der Kreuzackerbrücke vorgezogen werden sollte. Die in den 1890er Jahren entstandenen Neubauquartiere entlang der Rötistraße zwischen der Aare und dem Bahnhof Neu-Solothurn riefen förmlich nach einem Brückenanschluß zum Chantier-Areal nördlich der Aare, aber zur konkreten Bauvorbereitung brauchte es den Druck der im Februar 1918 neueröffneten Solothurn-Niederbipp-Bahn, die aus Konzessionsgründen auf einen Anschluß ihrer Linie an den Bahnhof Neu-Solothurn angewiesen war[53]. Der Bau einer 1918 fest geplanten und durch Genietruppen zu errichtenden Holzbrücke wurde wegen des Kriegsendes fallengelassen[54].

Am 30. April 1919 kam es endlich zur Ausschreibung eines Projektwettbewerbs für die Rötibrücke unter den Ingenieurbüros DIETLER, LUDER, Gebrüder SALZMANN in Solothurn und SCHNYDER in Burgdorf[55]. Ingenieur W. LUDER mit Architekt K. INDERMÜHLE in Bern gewann den ersten Preis, Ingenieur M. SCHNYDER mit den Architekten O. R. SALVISBERG in Bern und STUDER & AMSTEIN in Solothurn den zweiten Preis (drei Projektvarianten), die Ingenieure A. und E. SALZMANN mit den Architekten PROBST & SCHLATTER in Solothurn erhielten den dritten Preis, Ingenieur E. DIETLER in Solothurn mit den Architekten VON ARX & REAL in Olten den vierten Preis[56]. Die engen Wettbewerbsvorgaben hatten architektonisch recht ähnliche Vorschläge zur Folge, die sich hauptsächlich in der Gestaltung der Pfeilervorköpfe und Brüstungsgeländer sowie im Charakter der Steinverkleidung voneinander abheben. Größer waren die Unterschiede in der Ausgestaltung technischer und statischer Einzelheiten, die teils auf die Kritik der Jury stießen.

W. LUDER als Verfasser des Siegerprojektes besorgte 1921 gemeinsam mit K. INDERMÜHLE, der den eigenen Entwurf mit architektonischen Elementen des drittplazierten Projektes von SALZMANN, PROBST und SCHLATTER vereinigte, die Ausarbeitung des Ausführungsprojektes mit geplanten Kosten von 1,3 Millionen Franken (Genehmigung durch städtische und kantonale Abstimmungen im Oktober 1922) (Abb. 296). Die Errichtung der Brücke erfolgte in den Jahren 1923–1925 durch die Firma E. ZÜBLIN & Cie AG in Basel im Verband mit den Solothurner Firmen L. LÜTHY, R. BANNWART und F. RENFER; die örtliche Bauleitung oblag dem Ingenieurbüro A. und E. SALZMANN. Die Einweihung erfolgte am 31. Oktober 1925. Die Kosten betrugen etwa 1,5 Millionen Franken[57]. 1965/66 wurde mit Kostenfolgen von rund 2,65 Millionen Franken (inkl. Nebenarbeiten und Straßenanschlüssen) die Brückenplatte von 13 m auf 21 m verbreitert; dabei brach man die Steinbrüstung

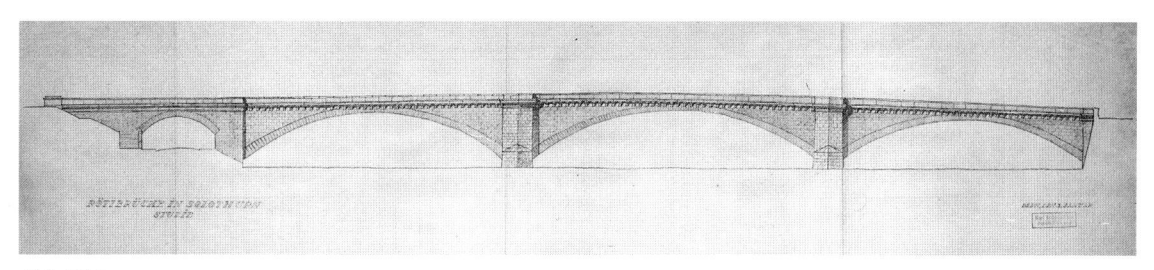

Abb. 296
Projekt von Karl Indermühle für die Rötibrücke. Ansicht von Westen. Heliographierte Zeichnung, 1919. – Text S. 289.

Abb. 297
Ansicht der Rötibrücke von Südosten. Photographie, um 1930. – Text S. 290.

und die Erkertürme bis auf die Pfeilervorköpfe ab. Der Ersatz der Brüstung durch ein Geländer hatte zur Folge, daß der Brückenoberbau im Verhältnis zum massiven Unterbau zu grazil wirkt[58].

Beschreibung der Brücke in ihrem ursprünglichen Zustand (Abb. 297)

Die dreieinhalbjochige, stichbogige Eisenbetonbrücke ist mit Granit verkleidet; von Sichtbeton war man schon frühzeitig abgerückt. Die einzelnen Joche sind als Dreigelenkbogenkonstruktionen mit Hohlgewölben über den Pfeilern und Wölbungen ausgebildet. Holzpfähle (unter den beiden Hauptpfeilern im Aarebett) und Eisenbetonpfähle (unter den Widerlagern bzw. dem Pfeiler des Halbjochs für den Ritterquai-Durchlaß) tragen die Betonfundamente über dem lehm- und kieshaltigen Aareuntergrund[59].

Die Brücke (Spannweite zwischen den Widerlagern 113,10 m) trat in ihrem ursprünglichen Zustand als vergleichsweise massive, gleichwohl elegante Konstruktion in Erscheinung. Sie besaß eine erhöhte Fahrbahn über drei Stichbogen von je etwa 33 bis 37 m Spannweite. Die halbrunden Brückenerker zur Aufnahme der Fahrleitungsmasten, welche turmartig über den dreieckigen Pfeilervorköpfen ansetzten, prägten das Aussehen der Brücke. Ein kräftiges Kaffgesims trennte die massive Brüstung von der Fahrbahn.

Die historisierende Grundhaltung der Brückenarchitektur, welche sich stark von den fortschrittlichen Ingenieurkonstruktionen der zwanziger Jahre unterschied, erweckte in Solothurn außerordentlichen Gefallen. Man erkannte in der Rötibrücke jenen wohltuenden städtebaulichen Akzent, den die technisch wirkenden beiden Eisenbrücken von 1878 nicht erbrachten. Als markanter Abschluß des barock geprägten Aareraumes gegen Osten hin besetzte die Brücke überdies jene Lücken, welche nach den Abbrüchen von Ritterbastion und Turnschanze zurückblieben[60].

BRÜCKEN ÜBER DIE JURABÄCHE

Steinbrücke über den Wildbach

Kleine Steinbrücke auf der Grenze gegen Bellach, oberhalb des Kiesfangs[61]. Stichbogengewölbe mit Brüstungen aus massigen Kalksteinplatten. An der Innenseite der nördlichen Brüstung das eingehauene Datum 1755.

Natursteinbrücke über den Wildbach

Niedrige Brücke am Unterlauf auf der Grenze zu Bellach, unmittelbar nördlich des Allmendhofs[62]. Einfache Konstruktion aus stichbogigem Trockengewölbe mit niedrigen Brüstungen aus Spolien. Um 1850.

Steinbrücke über den Verenabach

Steinbrücke auf der Grenze gegen Feldbrunnen-St. Niklaus, unterhalb der Pfarrkirche St. Niklaus[63]. Kräftiges Stichbogengewölbe mit Brüstungen aus mächtigen Kalksteinquadern. 18. Jahrhundert.

Anmerkungen am Schluß des Kapitels S. 294

ANMERKUNGEN ZUM KAPITEL
BRÜCKEN

Seiten 282–290

1 Allgemeine Literatur zur Brückengeschichte von Solothurn: W. LUDER. Die Aarenbrücken in Solothurn (St. Ursen-Kalender 1925, S. 76–79). – FRITZ WYSS. Die Stadt Solothurn. Geographisch und kulturhistorisch dargestellt. Solothurn 1943, S. 57f., 67–71. – KARL H. FLATT. Flussübergänge an der mittleren Aare (Festgabe Hans Erzer, S. 31–48). Solothurn 1983, S. 39f. – PETER KAISER. Die Brückenstädte der Aare am Jurasüdfuss im Mittelalter. Studie zur siedlungsprägenden Wirkung von Verkehrseinrichtungen. Lizentiatsarbeit Universität Bern 1986, S. 40–48. – URS SCHEIDEGGER. Es war nicht immer so… In den Akten der Stadtammänner von Solothurn nachgeblättert. Band II. Solothurn 1986, S. 69–77.
2 Die schematische Darstellung nach Kantor F. HERMANN in Acta Sanctorum. September. Band 8. Amsterdam 1762, bei S. 261, gibt diese Vorstellung wieder. Sie wird auch vorgetragen von K. MEISTERHANS. Älteste Geschichte des Kantons Solothurn bis zum Jahre 687. Solothurn 1890, besonders S. 51.
3 JAKOB AMIET. Alterthümer, gefunden im Frühling 1878 beim Brückenbau in Solothurn (ASA 11, 1878, S. 843–848, 870–874).
4 F. A. ZETTER-COLLIN. Historisch-antiquarische Notizen (Solothurner Tagblatt, 12. November 1896). – Daß die bis ins späte 19. Jh. immer wieder beobachteten und als «Brückenpfähle» interpretierten Überreste bei Dreibeinskreuz tatsächlich bestanden haben mußten, kann PETER KAISER an Hand eines Zehntplans von 1750/1760 (StASO, Plan H 3) beweisen, wo beidseits der Aare je drei Pfähle eines Brückenjochs oder -widerlagers eingezeichnet sind (KAISER, Zur Geschichte der Brücken, S. 259, Abb. 5).
5 FRITZ GLAUSER hat eine Zusammenstellung über die mittelalterlichen Brücken an den schiffbaren Flüssen der deutschen Schweiz angefertigt und kann vor 1200 nur eine Brücke, jene von Brugg (erwähnt 1064), nachweisen. FRITZ GLAUSER. Stadt und Fluss zwischen Rhein und Alpen (Die Stadt am Fluss, hg. von Erich Maschke und Jürgen Sydow. Sigmaringen 1978 [Stadt in der Geschichte, Band 4], S. 62–99).
6 HANS SIGRIST. Die Belagerung von Solothurn im Herbst 1318 (Jurablätter 31, Heft 1, Januar 1969, S. 1–20), bes. S. 15f.
7 Zur Ausgrabung: Erstmals römische Straße nachgewiesen. Ausgrabungen der Kantonsarchäologie im Alten Spital (Solothurner Zeitung, 16. Dezember 1989, Nr. 295). – ASO 1991, S. 124f. (Grabungsbericht von YLVA BACKMAN).
8 Zur Ausbaggerung: Bericht von MAX ZUBER an die Kantonsarchäologie Solothurn. Typoskript vom 20. November 1972. – HANNI SCHWAB. Die Vergangenheit des Seelandes in neuem Licht. Freiburg 1973, S. 111–113. Im Rahmen der Ausbaggerung der Aarerinne waren neben Eichenpfählen und ineinander verzahnten Holzkonstruktionen, welche auf eine Brücke schließen lassen, zahlreiche Keramik- und Metallfunde zutage gefördert worden.
9 Beurteilt man die Brückensituation in Solothurn auf Grund von Analogieschlüssen, fällt auf, daß hier wie bei hochrheinischen Beispielen jeweils die jüngere Brücke wenig flußabwärts errichtet worden war: MARTIN HARTMANN. Eine spätrömische und eine mittelalterliche Rheinbrücke in Zurzach AG (Archäologie der Schweiz 10/1987, Heft 1, S. 13–15). – KURT BÄNTELI; BEATRICE RUCKSTUHL. Der Brückenkopf des Kastells «Auf Burg» von Stein am Rhein SH (Archäologie der Schweiz 10/1987, Heft 1, S. 23–25).
10 SUB II, S. 47. – Die betreffende Textpassage zitiert und übersetzt bei KAISER, Zur Geschichte der Brücken, S. 263, Anm. 3. – Auf eine Brücke zu dieser Zeit mag auch die Erwähnung eines Solothurner Bürgers namens «Henricus in Ponte» am 15. April 1251 (SUB II, S. 37) hinweisen. – Die Existenz eines Brückenkopfes oder einer Vorstadt südlich der Aare ist nicht beweisbar, aber anzunehmen.
11 SUB III, S. 121 (27. Oktober 1286), S. 261 (23. Oktober 1296); 3. Februar 1314 (im StASO). Die Erwähnungen geschehen immer im Zusammenhang mit Gärten jenseits der Aare.
12 SMR 1446, S. 146. – 1469 wurden durch Ziegler PETER SCHÖN Ziegel «uff das hüsli auff Wasserbrugg» geliefert (SMR 1469, S. 188).
13 SMR 1465, S. 172, 175. – Angaben über Beschädigungen und Reparaturen, aber auch überstandene Hochwasser im 15. Jh. bei MORGENTHALER, ASA 1923.
14 MORGENTHALER, ASA 1923, S. 36. – RM 1506, 12., 15. März 1506, Band 7, S. 310, 319; 14. Juni 1507, Band 9, S. 98.
15 RM, 5. August 1507, Band 3, S. 19.
16 SMR 1507, S. 127: «der brugg pfiler halb» wurde mit LANG HANS und HEINRICH abgerechnet. – SMR 1508, S. 135: «als man die Brugg anfieng und om ersten pfyler inzuschlachen». S. 138: Entschädigung an «Clewi Schmid um Schue zu der bruggen» (Pfahlschuhe).
17 RM, 17., 26. November 1621, Band 125, S. 687, 718. – Auch der als Gutachter beigezogene Festungsingenieur MICHAEL GROSS hielt 1626 die Brücke «zimlicher massen Bawfällig und dewegen wol von nötten Eine mit Steinen pfeilern zuo formiren, welche ein Ewig werkh und nicht all zehen Jahr ernewrenss bedürfftig.» (Mskr. ZBS, S II 157, fol. 41r).
18 RM, Band 136, S. 44, 49, 282. – An URS REINHART wurde 1635 auch der Bau der Brücke in Olten verdingt (zusammen mit STOFFEL KÜMMERLI); RM, Band 178, S. 33, 493.

19 Am 29. Dezember 1633 wird angeordnet, die alten Brückenpfähle so tief als möglich abzuschneiden, um die Schiffahrt nicht zu gefährden. Erfolglos war zuvor versucht worden, die alten Pfähle auszureißen (RM, Band 137, S. 683, 466). Am 22. Februar 1639 wird diese Anordnung wiederholt (RM, Band 143, S. 91).
20 RM, Band 155, S. 179. – Am 9. Dezember 1651 wird die Einrichtung eines «Fährschiffes für Personen, Ross und Wagen» beschlossen (RM 1651, Band 155, S. 766).
21 RM, 21. März 1652, Band 156, S. 272. Auf einen steinernen Bau wollte man u.a. wegen der zu erwartenden langen Baudauer verzichten.
22 Am 12. Juni 1653 wurde mit Zimmermeister GSONDER abgerechnet (RM, Band 157, S. 477).
23 Der Hinweis auf eine solche Steinbrücke mit vier vollen und zwei halben Jochen findet sich in einem undatierten Schriftstück in der ZBS, Bauamtsschriften 1781–1840. – Am 26. Dezember 1694 wird im Rat der Vorschlag des Schanzrates behandelt, die Brückenjoche in Olten und in Solothurn künftig nicht mehr aus Holz, sondern aus Stein zu machen. Ein Zusammenhang zum obenerwähnten Schriftstück wird nicht ersichtlich. – In sämtlichen Fortifikationsplänen des späten 17. Jh. wird mit einer hölzernen Brücke gerechnet.
24 SRM 1725–1743 (BG 14,4), 25. Mai 1732. – RM 1732, Band 235, S. 497, 510, 537, 668, 886. Über zu erwartende Baukosten erfahren wir nichts; an ABEILLES Devis wird bemängelt, daß es die Zimmermannskosten für Bockgestelle und Lehrgerüste nicht berücksichtigt. Am 30. Juli 1732 wird ABEILLE mit 40 alten Louisdor (666 Gulden) entschädigt.
25 Pläne im BASO, A 5 15, A 5 46. – RM, 1. Dezember 1769, Band 272, S. 928. SMR 1770 (sub 4. Dezember 1769), S. 74. – Die Seckelmeisterrechnung nennt «Joh. Grubenmann von Appenzell inneren Rodus» und unterscheidet damit den Planverfasser, welcher nach seiner Konversion von Trogen nach Appenzell gezogen war, eindeutig von seinen Verwandten. GRUBENMANN war Polier beim ähnlich konzipierten Brückenbau von Wettingen gewesen und beteiligte sich 1806 mit einem ähnlichen Wettbewerbsprojekt für den Wiederaufbau der Brücke von Eglisau (Variante ohne Mittelpfeiler; vgl. JOSEF KILLER. Die Werke der Baumeister Grubenmann. 3. Aufl. Basel 1985, S. 59–62, Abb. 35). – Zu JOHANNES GRUBENMANN speziell: EUGEN STEINMANN; PETER WITSCHI. Johannes Grubenmann der Jüngere von Teufen und Appenzell. Brückenbauer und Klosterarchitekt. SA aus Appenzellische Jahrbücher 1987. Trogen 1988. – Das Solothurner Projekt war bis anhin in der GRUBENMANN-Literatur nicht bekannt. – Für Auskünfte zu JOHANNES GRUBENMANN danke ich Rosemarie Nüesch-Gautschi in Niederteufen.
26 Planverfasser in Wettingen war JOHANNES GRUBENMANNS berühmter Onkel HANS-ULRICH (1709–1783) gewesen. Vgl. JOSEF KILLER. Die Werke der Baumeister Grubenmann. 3. Aufl. Basel 1985, S. 42–47.
27 Eine vergleichbare, wenn auch wesentlich einfachere Torgestaltung hatte FRANZ SPILLER 1829 an seiner klassizistisch anmutenden Holzbrücke über die Jona in Jona SG errichtet. Vgl. BERNHARD ANDERES, Kdm SG IV, S. 88, Abb. 105.
28 Plan im BASO, A 5.2. Zum in Solothurn gebürtigen Architekten FRÖLICHER: FRANÇOIS MACÉ DE LÉPINAY. De Soleure au Faubourg Saint-Germain: Joseph-Antoine Froelicher (1790–1866) (ZAK 33, 1976, S. 211–223). – Der Bildhauer, Zeichner und Architekt AUBERT PARENT lebte 1793–1813 als französischer Flüchtling in der Schweiz, zeitweise auch in Solothurn; hier ist er besonders im Jahr 1808 faßbar, als er im ehemaligen Ambassadorenhof eine Zeichenschule führte und auch Logis hatte. Dazu und zu verschiedenen Aufträgen: BP Kanton, 1808, S. 814, 826, 834, 846, 892, 905f. – Zu AUBERT PARENT: ANNE-MARIE KERNEIS. Aubert Parent – une vie d'artiste (Valentiana, revue régionale d'art, d'archéologie, de littérature, Valenciennes, Dezember 1988, S. 58–67), S. 63. Freundlicher Hinweis von lic. phil. Anne Nagel, Basel, die an einer kunsthistorischen Lizentiatsarbeit über AUBERT PARENT arbeitet.
29 Plan vom 9. April 1834 im BASO, A.5.13. Vgl. BP Kanton, 1834–1836, 11. April, 4. Juli 1834, S. 67, 178f.
30 Plan im BASO, A.5.16.
31 Darauf bezogen wohl die Bauholzbewilligung vom 9. Oktober 1834 (BP Stadt, 1834–1836, S. 245).
32 Grundriß ersichtlich aus dem Katasterplan von 1867.
33 Antrag von Verwaltungsrat Fluri an der Gemeindeversammlung vom 4. Juli 1875 (Solothurner Tagblatt, 7. Juli 1875, Nr. 157). – Am 30. November 1875, Nr. 282, bringt das Solothurner Tagblatt ein «Eingesandt», in welchem der sofortige Neubau der Wengibrücke nach Zorèssystem gefordert wird und für den späteren Bau der Schützenmattbrücke plädiert wird. Der Einsender weiß vom (damals ausgeschlagenen) Angebot des 1817 in Solothurn verstorbenen polnischen Freiheitshelden Tadeusz Kosciuscko zu berichten, den Neubau einer steinernen Aarebrücke zu bezahlen.
34 Berichterstattung über die Gemeinderatssitzung vom 22. März 1876 im Solothurner Tagblatt vom 24. und 26. März 1876, Nr. 70 und 72: VOGT projektierte eine 10 m breite Brücke (oder 33 1/3 Fuß Breite gegenüber 20 Fuß der Holzbrücke) mit einer Spannweite von 72,6 m. Die Varianten betrafen die Konstruktionsweise mit drei eisernen Pfeilern bzw. einem steinernen oder zwei steinernen Pfeilern.
35 Undatierter Bericht (November 1876) der Brückenbaukommission unter dem Präsidium von H. DIETLER an den Gemeinderat. Die im Vordergrund stehende Brücke mit steinernen Pfeilern würde auf 260000 Franken zu stehen kommen. 20000 Franken waren noch für eine Notbrücke vorzusehen, wozu E. VOGT einen Plan entworfen hatte (Planarchiv des Stadtbau-

amtes, Nr. T 15). – Die Wettbewerbsteilnehmer waren gewesen: 1. OTT & Cie in Bern, 2. J. CHAPPUIS in Nidau, 3. Maschinenfabrik Aarau gemeinsam mit CONRADIN ZSCHOKKE, 4. Gebr. BENKISSER in Pforzheim, 5. Guthoffnungshütte in Sterkade, vertreten durch SCHULTHESS & SCHOLDER in Zürich. 6. Union in Dortmund, 7. CAIL & Cie in Paris. Das Planmaterial dazu ist nicht auffindbar. – Berichterstattung über die Arbeit der Brückenbaukommission im Solothurner Tagblatt, 18., 25., 28. November 1876, Nr. 273, 279, 281. (Weitere Meldungen zur Brückenfrage in den Nr. 152, 181, 205 des Jahrgangs 1876.)

36 Die Baukosten wurden im Vertrag vom 3. Dezember 1877 mit 188 000 Franken (inkl. Chaussierung, Zufahrten, Geländer sowie hölzerner Notbrücke) veranschlagt; die Abrechnung vom 27. Juni 1879 schloß mit geringem Mehraufwand und effektiven Kosten von etwa 200 000 Franken. Unterlagen zur Planung und Ausführung der Brücke (wie Bericht über die Brückenplanung von EUSEBIUS VOGT vom Dezember 1875; Bedingnisheft für die obere und untere Brücke von EUSEBIUS VOGT vom 1. Oktober 1877; Ausschreibung vom 29. Oktober 1877; Firmeneingaben bis zum 15. November 1877; Expertengutachten von KARL PESTALOZZI in Zürich vom 22. November 1877; Vertrag mit OTT und THORMANN vom 3. Dezember 1877; Expertise von G. BRIDEL in Biel und KARL PESTALOZZI in Zürich vom Mai 1879; Berichte über Baufortschritt, Belastungsproben, Abrechnungen) befinden sich im Archiv des Stadtbauamtes (Dossier 550/1) und in der ZBS (Bauakten 1877/78, Rubrik Bau; Akten Bau I 1879–1883, Rubrik C Brückenbau). – Das Planmaterial zur Wengibrücke im Planarchiv des Stadtbauamtes, T 1-T 21, T 23.

37 Besondere Probleme hatten die Fundationen gestellt. In eisernen Senkkästen (Caissons) waren bis in eine Tiefe von 9,5 m unter Niederwasser die steinernen Pfeilerfundamente ins Aarebett gelegt worden. Bei dieser Gelegenheit waren auch die mittelalterlichen und römischen Funde gemacht worden, die JAKOB AMIET beschrieb. Vgl. Anm. 3.

38 Gemeinderatsbeschluß vom 28. Januar 1898. Vgl. WALTER MOSER. Die Namen «Wengi- und Kreuzackerbrücke» – und 35 Straßenbenennungen in Solothurn, 1898 (Jurablätter 48, 1986, S. 85–98), S. 87.

39 Schon 1916 hatten Untersuchungen gezeigt, daß die an sich intakte Konstruktion für die damaligen Verkehrslasten zu schwach war. – Vorstudien, Pläne und Bauakten im Archiv des Stadtbauamtes, Dossier 550/2. – Vgl. Die Wengibrücke nach Verstärkung und Verbreiterung (Solothurner Anzeiger, 3. Januar 1931, Nr. 2).

40 Vgl. S. 197, Abb. 206. Die in Anlehnung an TARADES Plan entstandene Stadtdarstellung auf dem Ratswappenkalender von 1681/82 (BD II/13) (Abb. 206) zeigt auch eine Phantasiedarstellung dieser Brücke.

41 Schanzrechnung 1695/96 im BASO, H.I: 17. Februar, 24. März 1696 Lieferung von «Bockhstell zu der neuwen Aarbrugg» durch den Werkmeister. 21. Juli bis 24. Dezember 1696 Zahlung von 175 Pfund an Schlossermeister CHRISTOPH SCHWERZEL «wegen der neuewen Brugg in der newen Stadt».

42 RM, 25. Februar 1697, Band 201, S. 172.

43 RM, 15. Januar 1698, Band 202a, S. 36–39. – Zur Baugeschichte und den begleitenden Umständen: HANS SIGRIST. Zur Geschichte der Kreuzackerbrücke (JbfSolG 52, 1979, S. 268–273). – Vgl. auch JOSEF SCHMID. Das Palais Besenval in Solothurn (St. Ursen-Glocken, 7. März 1950, Nr. 8), S. 29. – Die Einwände der Opponenten hatten zur Folge, daß nebst dem Wagenfahrverbot die neue Fußbrücke für Auswärtige mit einem Brückenzoll von einem Kreuzer belegt wurde und daß zwischen dem neuen Berntor und der neuen Brücke sowie im Bereich des Klosterplatzes keine neue Wirtschaft eröffnet werden durfte.

44 Die Baukosten figurieren nicht in den SMR, sondern tauchen bloß rudimentär in der Schanzrechnung auf. Dort erfahren wir, daß der Maurer JAKOB KELLER in der Zeit zwischen dem 13. Juni 1698 und dem 13. Februar 1699 u.a. für die neue Brücke (vermutlich die Widerlager und die Steinpfeiler der jeweils ersten Brückenjoche) gemäß Verding eine Summe von gut 560 Pfund ausbezahlt erhielt (Schanzrechnung im BASO, H.I, 1698/99). – Am 10. Mai 1700 erfahren wir erstmals, daß die Brücke vollendet war (RM, Band 203, S. 385).

45 RM, 21. März, 7. Juni 1770, S. 244 (sieben der neun hölzernen Joche sind in schlechtem Zustand), S. 436 (Sperrung).

46 RM, 19. August, 1. Oktober, 11. November, 2. Dezember 1772, Band 275, S. 700 (Reparaturabklärung PISONI), S. 763 (Kostenberechnung für neue Brücke), S. 849 (Holzzusammenstellung), S. 915–917 (Akkord mit JAKOB KIEFER: Er sah die Wiederverwendung eines bestehenden Pfahljochs und die Erstellung von neun neuen Jochen zu Kosten von 540 Pfund vor; die einzelnen Joche sollten aus sechs Pfählen inkl. «Eyschbaum» bestehen). Transkription dieses Akkordes von Aimée Stampfli-Pettermand im Archiv der Kantonalen Denkmalpflege Solothurn (Zeitgenössische Abschrift des Akkordes im BP Kanton, 11. Dezember 1772, S. 129ff.).

47 BP Kanton, 27. Mai 1773, S. 181. – Zuvor war noch entschieden worden, auch das ursprünglich zur Weiterverwendung vorgesehene und nur scheinbar intakte zehnte Joch durch ein neues zu ersetzen (RM, 29. März 1773, Band 276, S. 228; BP Kanton, 1. April 1773, S. 162). – Im BP Kanton, 26. Februar 1773, S. 157, erfahren wir, daß die Zimmermeister PETER ADAM von Oberdorf und URS PFLUGER von Solothurn am Bau der Brücke beteiligt waren. Hingegen enthalten die SMR keine Kostenabrechnung.

48 Vgl. die Quellenangaben zur Planungs- und Baugeschichte in Anm. 75; sie sind identisch mit jenen für die Wengibrücke, da der Bau beider Brücken als ein Geschäft behandelt wurde. Quellenmaterial befindet

sich (meist im Doppel) zusätzlich auch im Archiv des Stadtbauamtes, Dossier 549/1. – Die Belastungsproben fanden am 21. Juli 1878 statt. Die Baukosten betrugen etwa 125 000 Franken. – Planmaterial im Archiv des Stadtbauamtes, T 22a, T 25, T 26, T 30–T 37.

49 Beim Brückenbau war auf die künftige Schiffahrt auf dem damals geplanten Rhein-Rhone-Kanal Rücksicht genommen worden: Das mittlere Brückenjoch war 41 m breit; da die erforderliche Durchfahrtshöhe von 6,5 m bei mittlerem Wasserstand sich nicht erreichen ließ, waren Vorkehrungen für einen späteren Umbau zur beweglichen Brücke getroffen worden. – Planungs- und Bauakten im Archiv des Stadtbauamtes, Dossiers 549, 549/2, 549/3. Die Kosten hatten Franken 1 032 506.95 betragen. – Vgl. [R.M.]. Die neue Kreuzackerbrücke in Solothurn (St. Ursen-Kalender 1961, S. 64f.).

50 Im Archiv des Stadtbauamtes (Dossier 549/1) hat sich ein Auszug aus dem Musterkatalog der «Gesellschaft der L.v. Roll'schen Eisenwerke» mit dem Modell des wabenartigen, schlichten Geländertyps erhalten (Tf. 93, Nr. 6).

51 Bericht über Storchen- und Schützenmattbrücke von E. VOGT, Dezember 1875. – Bericht der Brückenbaukommission von H. DIETLER, Herbst 1876. (Beides im Archiv des Stadtbauamtes, Dossier 550/1.) – Für die geplante Schützenmattbrücke haben sich zwei Pläne für eine vierjochige Eisenfachwerkbrücke auf Steinpfeilern erhalten; einer stammt von der Guthoffnungshütte in Oberhausen (Kopie), der andere ist unsigniert (Archiv des Stadtbauamtes, T 39, T 27).

52 Plan im StASO, E 1,13.

53 Bericht der Brückenbaukommission an die Gemeinderatskommission vom Juli 1916 (O. Bargetzi, W. Luder, A. Reber). Bauunterlagen im Archiv des Stadtbauamtes.

54 Bauunterlagen im Archiv des Stadtbauamtes. Dazu: Die Rötibrücke (Solothurner Tagblatt, 2. Mai 1918).

55 Programm vom 30. April 1919 (Bauunterlagen im Archiv des Stadtbauamtes). Die Eisenbetonkonstruktion sollte als natursteinverkleidete Dreigelenkbogenbrücke auf zwei Stützen ruhen und dabei mit ihren Lichtweiten auf die künftige Aareschiffahrt (Schiffahrtprofil von 6 × 20 m in der Flußmitte) Rücksicht nehmen. Wegen des geneigten Terrains am Nordufer mußte die Brücke als leicht ansteigende Rampe ausgebildet werden; geplante Fahrbahnbreite 8 m, Trottoirbreiten je 2,5 m. Sie sollte überdies am Nordufer in einem Nebenjoch die Uferstraße (Ritterquai) überqueren, sodann Gleise und Fahrleitung für die Solothurn-Niederbipp-Bahn tragen und die Versorgungsleitungen von Gas, Wasser, Telephon und Strom aufnehmen. – Die Jury bestand aus Stadtammann W. Hirt (Präsident), Ing. O. Dollinger in Luzern, F. Trechsel, Kantons-Oberingenieur in Bern, Arch. M. Daxelhofer in Bern, Prof. A. Rohn in Zürich.

56 Vgl. Jurybericht (Bauunterlagen im Archiv des Stadtbauamtes). – Publikation des Wettbewerbsresultats: Wettbewerb für die Rötibrücke in Solothurn. (SBZ, Band 1919/II, S. 113, 145–147, 158–162). – Akten, insbesondere Erläuterungen der Wettbewerbseingaben im Archiv des Stadtbauamtes. – Das umfangreiche originale Planmaterial aus diesem Wettbewerb konnte nicht aufgefunden werden. Bei der Beurteilung des Wettbewerbsergebnisses ist man auf die Illustrationen in der Schweizerischen Bauzeitung angewiesen.

57 Die neue Rötibrücke in Solothurn (Solothurner Schreibmappe 1924). – A. MISTELI. Die Rötibrücke in Solothurn (Schweizerische Zeitschrift für Straßenwesen 11, 1925, Heft 10, S. 113–117). – WALTER HIRT. Einweihung der Rötibrücke 31. Oktober 1925 (Solothurner Schreibmappe 1926). – H. SALZMANN. Vom Bau der Rötibrücke in Solothurn (Lueg nit verby 1, 1926, S. 91–97). – Die Rötibrücke in Solothurn (SBZ 1925/II, S. 239, 276, 277).

58 Kantonsratsbeschluß Nr. 297 vom 27. November 1963 (Baubeschluß; im StASO). – Protokoll Nr. 462 des Einwohner-Gemeinderates der Stadt Solothurn vom 21. Juli 1964 (Stellungnahme zur Detailausführung). – Protokoll des Regierungsrates Nr. 1179 vom 11. März 1969 (Abrechnung; Dossier im Archiv des Stadtbauamtes). – Anläßlich der Umbauarbeiten wurde auch der Fahrbahnsank am nördlichen Brückenkopf etwas ausgeebnet, was den Eindruck einer rampenartigen Brückenbahn verstärkt.

59 Vgl. dazu: HANS MOLLET. Geologische Ergebnisse beim Bau der neuen Aarebrücken in Solothurn, ein Beitrag zur Kenntnis des Bodens der Stadt Solothurn. (Eclogae geologicae Helvetiae 21, Nr. 1, 1928, S. 82–90).

60 Zahlreich sind die schriftlichen Äußerungen, welche die wohltuende Harmonie der neuen Brücke im vertrauten Stadtbild hervorheben. Einzig die Verwendung des Tessiner Granits wird bedauert, da der für die Verkleidung der Betonkonstruktion nötige einheimische Kalkstein nicht in ausreichendem Maße zur Verfügung stand. – Zitat aus der Solothurner Schreibmappe 1924: «Ihre Lage sowohl wie ihre Dimensionen und ihre ganze architektonische Haltung versprechen, eine bisherige Lücke im Aarebild und im künstlerischen Verhältnis zu dem unvergleich schönen Stadtbilde auszufüllen. ... Das konstruktiv moderne Bauwerk mit dem massiven Äussern wird sich der malerischen Umgebung harmonisch angliedern, und hier dürfte Verwendungszweck und Verschönerung des Städtebildes Hand in Hand gute Wirkung zeigen.»

61 Koordinaten: Landeskarte 1:25 000, Blatt 1127, 605 800/228 900.

62 Koordinaten: Landeskarte 1:25 000, Blatt 1127, 605 500/228 750.

63 Koordinaten: Landeskarte 1:25 000, Blatt 1127, 607 950/229 900.

EISENBAHNBAUTEN

DIE ANFÄNGE DES EISENBAHNBAUS

Im Zeitraum zwischen 1856 und 1918 wurde Solothurn in mehreren Etappen mit dem schweizerischen Eisenbahnnetz verbunden und Kreuzungs- oder Anfangspunkt zahlreicher Bahnlinien. Allerdings haben mit Ausnahme der Jurasüdfußlinie (1876 mit der Eröffnung der sog. «Gäubahn» entstanden) die sich in Solothurn treffenden Linien nur regionale Bedeutung. Die Bahnlinie von Herzogenbuchsee, die Solothurn als erste mit dem Eisenbahnnetz verbunden hatte, ist am 30. Mai 1992 aus Wirtschaftlichkeitsgründen aufgehoben worden. Der Stellenwert von Solothurn als Bahnknotenpunkt läßt sich somit nicht mit dem von Olten vergleichen, das bereits seit der frühesten Eisenbahnplanung in der Schweiz um 1850 zum nationalen Kreuzungspunkt bestimmt worden war.

Der junge Bundesstaat von 1848 nahm auch die Eisenbahnplanung an die Hand und berief im Juni 1850 die Engländer ROBERT STEPHENSON und HENRY SWINBURNE zu Experten, die ihre verkehrspolitischen und eisenbahntechnischen Vorstellungen für die Schweiz formulieren sollten. Sie schlugen die Schaffung eines nationalen Eisenbahnkreuzes von Basel nach Luzern bzw. von Zürich nach Morges vor, dessen Schnittpunkt nach Olten zu liegen kommen sollte. Der westliche Querstrang von Olten über Lyss, Murten, Yverdon nach Morges sollte auch die Stadt Solothurn bedienen. Da die beiden Engländer auch die Wasserwege in ihr Verkehrsnetz einbinden wollten, äußerten sie in ihrem Gutachten für die Strecke Solothurn–Yverdon die Option einer Schiffahrtslinie auf Aare und Jurafußseen[1] (vgl. Kapitel Anlagen am Wasser, S. 275ff.).

Mit dem Bundesgesetz über den Bau und den Betrieb von Eisenbahnen im Gebiete der Eidgenossenschaft vom 28. Juli 1852 wurde die Oberho-

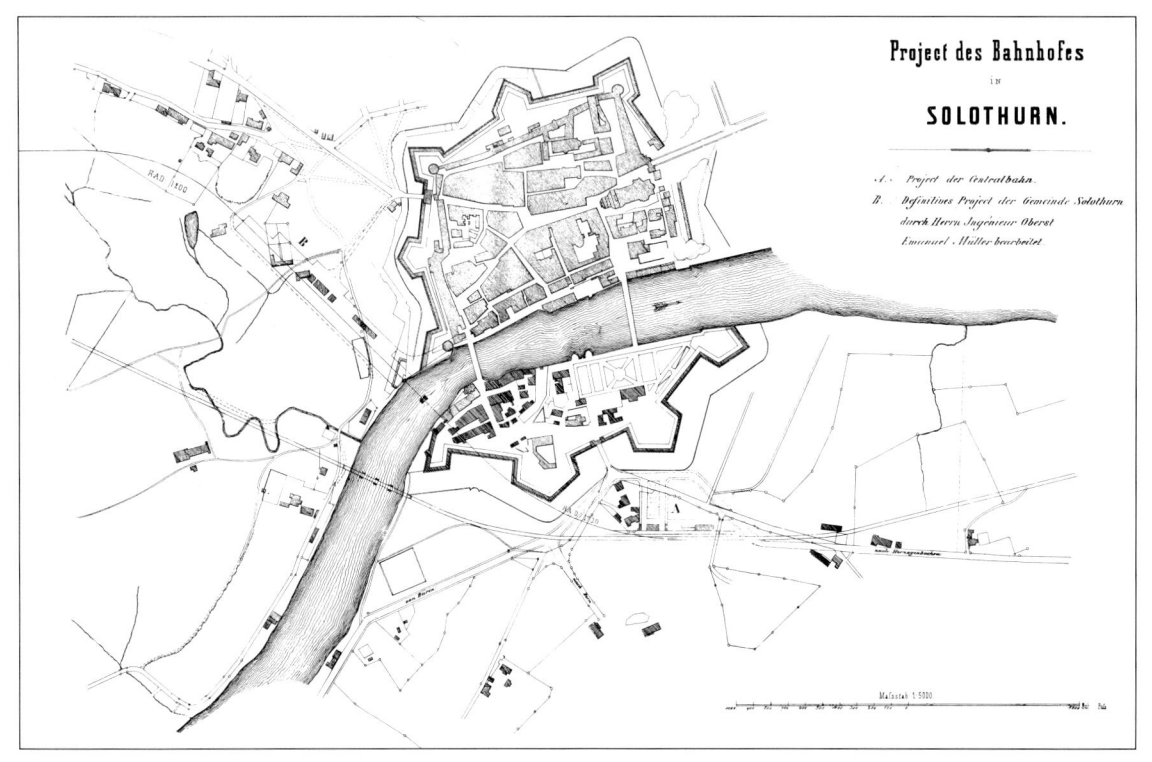

Abb. 298
Stadtplan mit Einzeichnung der zwei Bahnhofprojekte von 1856: A = Projekt der Schweizerischen Centralbahn für einen Bahnhofbau südlich der Vorstadt, B = Projekt der Stadt Solothurn von Emanuel Müller für einen Bahnhofbau westlich der Altstadt. Lithographie, 1856. – Text S. 296.

heit über den Eisenbahnbau gegen den Willen des Bundesrates den Kantonen übertragen und der privaten Initiative anheimgestellt. In den Gebieten der Nordwestschweiz und des Mittellandes wurde die am 26. August 1852 in Basel gegründete Schweizerische Centralbahn (SCB) aktiv, welche nun ein gegenüber den Vorstellungen von STEPHENSON und SWINBURNE modifiziertes Streckennetz in Angriff nahm. Der Bahnhof Solothurn kam demnach nicht mehr an einen nationalen Hauptstrang zu liegen, sondern an eine Nebenlinie der Hauptachse Basel–Olten–Bern, die sich in Herzogenbuchsee nach Solothurn und Biel verzweigte. Ein weiterer Nachteil für den Kanton Solothurn, der eine Staatsbeteiligung an der SCB ausgeschlagen hatte, ergab sich aus dem Umstand, daß die Städte Solothurn und Olten mit der Eisenbahn nur über eine Spitzkehre in Herzogenbuchsee verbunden waren[2]. Immerhin erhielt die Stadt Solothurn die große Chance, an eine der ersten Bahnlinien in der Schweiz angeschlossen zu werden, und zwar durch eine erfolgreiche Eisenbahngesellschaft, deren Direktion und Bausektionen eine große Dynamik an den Tag legten. Diese allerdings bereitete der Stadt gleich zu Beginn des Solothurner Eisenbahnzeitalters größte Mühe[3].

DIE BAHNLINIE HERZOGENBUCHSEE–
SOLOTHURN–BIEL UND DIE ANLAGE
DES ERSTEN BAHNHOFS (SPÄTER
ALT-SOLOTHURN, HEUTE WESTBAHNHOF)

Am 7. November 1853 erhielt die Verwaltungskommission der Stadtgemeinde Solothurn durch das Kantonale Baudepartement Einblick in die Pläne der SCB über die Linienführung auf dem Streckenabschnitt Inkwil–Lengnau. Die SCB wollte ein Bahnhofgebäude in der Sandmatt vor dem äußeren Berntor errichten und das Bahntrassee in leichter Kurve um die Vorstadt und über eine Aarebrücke unmittelbar südwestlich des Krummturm-Schanzengrabens vorbeiführen. Die Stadt Solothurn lehnte einen Bahnhof auf der rechten Aareseite ab und setzte sich vehement für eine Station westlich der Altstadt ein[4]. Im Rahmen eines gut zweijährigen Rechts- und Expertenstreites gelang es der Verwaltungskommission schließlich, mit Hilfe eines Beschlusses der Bundesversammlung in Bern den Bahnhofbau auf der linksufrigen Seite gegen den Willen der SCB durchzusetzen. Da das Resultat im Hinblick auf die weitere städtebauliche Entwicklung der Stadt von Bedeutung war, folgt hier eine kurze Darlegung der Solothurner Bahnhoffrage[5].

Schon am 13. November 1853 verlangte der Gemeinderat vom Direktorium der SCB Kostenberechnungen für einen Bahnhof auf der linken Aareseite westlich der Altstadt und beauftragte seinerseits den Neuenburger Staatsingenieur ANDREAS MERIAN mit der Erarbeitung eines Gegenprojektes zum rechtsufrigen Bahnhof der SCB; die Lage auf der linken Aareseite würde stärker den «Interessen des Verkehrs» entgegenkommen und gegenüber einem Bahnhof in der Vorstadt sich durch eine größere Nähe zu einem Großteil der Haushalte und zur Stein- und Gipsindustrie auszeichnen[6]. Auf Wunsch der Stadt Solothurn hatte der Gutachter auch die mögliche Anlage eines Aareschiffahrtshafens in Verbindung mit dem neuen Bahnhof zu prüfen. In seinem Gutachten mit je einem Vorschlag für eine Bahnhof-Hafen-Anlage auf der rechten und der linken Aareseite kam ANDREAS MERIAN zu einem Ergebnis, das den Intentionen der Verwaltungskommission diametral zuwiderlief; aus technischen und finanziellen Gründen gab er nämlich eindeutig dem in Solothurn unerwünschten Südbahnhof den Vorzug (Abb. 285, 286)[7]. In der Folge behalf sich die Verwaltungskommission mit Professor JOHANN ZETTER und Geometer JOHANN OBERLIN aus Solothurn, welche in einer Analyse des Gutachtens MERIAN die effektiven Vorteile eines Bahnhofs auf der linken Seite darlegen sollten. Die Einheimischen gelangten zum Ergebnis, ein solcher Bahnhof sei in finanzieller Hinsicht günstiger, worauf die Stadt beim Regierungsrat ein weiteres Mal einen Bahnhofbau auf der linken Aareseite verlangte (Abb. 298)[8].

Die Kantonsregierung, welche einen Bahnhof auf der rechten Seite bevorzugte, wegen interner Uneinigkeit die SCB aber nicht mit ausreichender Bestimmtheit unterstützte, unterließ eine genaue Klärung der Situation, so daß sich die beiden Konfliktparteien in ihren unterschiedlichen Positionen festfuhren: Am 14. August 1855 übersandte die SCB dem Regierungsrat die definitiven Pläne für das Trassee Derendingen–Bellach und für die Eisenbahnbrücke über die Aare westlich des Krummen Turms sowie für die Bahnhofanlage vor dem Berntor[9]. Der Regierungsrat genehmigte am

Abb. 299
Blick vom Turm des Aarhofs nach Osten. Im Vordergrund die neue Eisenbahnbrücke von 1856/57. Aquatinta von Rudolf Dikenmann, um 1860 (BD II/66). – Text S. 298.

26. September mit wenigen Auflagen die Planung der SCB und löste damit am 30. September einen Rekurs der Stadtgemeinde Solothurn zu Handen des Kantonsrats aus[10]. Die außerordentliche Sitzung des Kantonsparlaments vom 15. Oktober bedeutete mit der Anberaumung einer trilateralen Schlichtungskonferenz einen Teilsieg für die Stadt[11]. Die unnachgiebige Haltung, welche die SCB anläßlich dieser Konferenz vom 22. Oktober[12] bewahrte, provozierte einen zweiten Kantonsratsbeschluß vom 29. Oktober, welcher die regierungsrätliche Plangenehmigung vom 26. September aufhob und die SCB zur Bahnhofanlage auf der linken Aareseite verpflichtete. Die leicht einlösbare Auflage für die Stadtgemeinde bestand in der Verpflichtung, die Zufahrtswege zu diesem Bahnhof westlich der Altstadt anzulegen. Seinen Beschluß faßte der Kantonsrat offenbar in Kenntnis zweier Gutachten, die unmittelbar zuvor in Solothurn eingegangen waren. Der Neuenburger Ingenieur LADAME hatte in seinem vom Regierungsrat eingeholten Gutachten vom 25. Oktober einen rechtsufrigen Bahnhof nach Intention der SCB eindeutig vorgezogen, während der Gutachter der Stadt Solothurn, Ingenieur EMANUEL MÜLLER (1804–1869) aus Altdorf, am 26. Oktober die Realisierbarkeit des linksufrigen Bahnhofs hervorgestrichen hatte, freilich bei Mehrkosten von gut 200 000 Franken[13].

Das Verdikt des Solothurner Kantonsrates löste einen umfangreich begründeten Rekurs der SCB vom 7. Dezember 1855 beim Bundesrat aus, der seinerseits ein Expertengutachten in Auftrag gab[14]. Neben dem Regierungsrat[15] ließ sich auch die Stadt Solothurn schriftlich vernehmen, indem sie am 17. Januar 1856 ihre Argumentation neuerlich vorbrachte und sich dabei auf ein zweites Gutachten von EMANUEL MÜLLER stützte[16]. Ein geschickter Schachzug war die Verknüpfung dieser Stellungnahme mit der verbindlichen Erklärung, bauliche

---

Anmerkungen am Schluß des Kapitels S. 301–302

298 EISENBAHNBAUTEN

Abb. 300
Blick vom Glacis vor dem äußeren Berntor auf die Altstadt. Im Mittelgrund das neuerstellte Bahntrassee. Stahlstich von J. Riegel nach Ludwig Rohbock, um 1860. – Text S. 298.

Vorleistungen und den geschätzten finanziellen Mehraufwand von gut 986 000 Franken infolge der Verlegung des Bahnhofs auf die linke Aareseite zu übernehmen[17]. Diese goldene Brücke erlaubte der Bundesversammlung, am 7. Februar 1856, gestützt auf die Botschaft des Bundesrates, den Rekurs der SCB abzulehnen[18], denn die von der Stadt Solothurn eingegangenen Verbindlichkeiten öffneten den Weg zu einer schnellen vertraglichen Einigung zwischen Stadt und SCB; diese wollte an einer fristgemäßen Eröffnung der Strecke Herzogenbuchsee–Biel am 1. Juli 1857 festhalten[19].

Anfang April 1856 wurde unter der Leitung des Kreisingenieurs der SCB OLIVIER ZSCHOKKE und nach Plänen von SCB-Oberingenieur KARL ETZEL mit dem Bau der Eisengitterbrücke begonnen. Gemäß den Intentionen von EMANUEL MÜLLER kam sie unmittelbar westlich des Spitals zu stehen und ruhte – bei einer Spannweite von 93,6 m – auf zwei gemauerten Pfeilern. Vollendung Ende April 1857. Ausführung des Unterbaus durch die Firma LOCHER & NAEF in Zürich, des Oberbaus durch die Gebr. BENKISER in Pforzheim. Die Kosten betrugen 353 860 Franken (Abb. 299)[20].

Ende 1856 konnte auch die Ausführung der Bahnhofzufahrten nach Planung des Solothurner Architekten WILHELM TUGGINER in Angriff genommen werden[21] (vgl. Kapitel Stadtanlage und Stadtentwicklung, S. 95). Termingerecht nahm man am 1. Juli 1857 mit der Einweihung der Linie Herzogenbuchsee–Biel auch die Bahnanlagen auf Solothurner Stadtgebiet in Betrieb (Abb. 300). Der Innenausbau des Stationsgebäudes war allerdings erst im Erdgeschoß vollendet[22].

1858 erfolgte der Bau eines Perrondachs nach Plan von Direktionsarchitekt LUDWIG MARING (1820–1893)[23]. Spätere Erweiterungsbauten: Lagerhaus (1861/62)[24], Vergrößerung des Güterschuppens (1871), Drehkran auf Grund einer Eingabe der Industrie (1888), Gleiserweiterung gegen Westen (1891), zwei Stellwerksgebäude (1894)[25].

Anmerkungen am Schluß des Kapitels S. 302–303

Mit dem Ausbau auf Doppelspur und der Elektrifizierung erfolgte 1926/27 der Ersatz der Eisengitterbrücke durch zwei eingleisige Brücken aus kontiniuierlichen Vollwandträgern mit geschweiftem Unterzug. Die Länge der Brücke beträgt 95,75 m. Die Widerlager sind aus Jurakalkstein gemauert, die beiden Pfeiler mit Alpengneis verkleidet[26].

DIE GÄUBAHN UND DIE ANLAGE
DES BAHNHOFS NEU-SOLOTHURN
(HEUTE HAUPTBAHNHOF)

Der ungewollte Verzicht auf eine direkte Bahnverbindung zwischen Solothurn und Olten über die solothurnischen und bernischen Gemeinden am Jurasüdfuß (östlicher Leberberg, Bipper Amt und Gäu) wurde als Mangel empfunden, und schon 1869 regte sich die Initiative für eine Lokalbahn durch das Gäu[27]. Der damalige Solothurner Baudirektor und spätere Sektionsingenieur der Jura-Bern-Bahn, HERMANN DIETLER, griff 1870 die Idee auf und verlieh dem Vorhaben den ersten politischen und fachlichen Rückhalt. 1871 zeigten auch die Centralbahn, die Nordostbahn und die Nationalbahn Interesse an der Gäulinie, die sie gegen Osten und Westen mit den überregionalen Bahnlinien verbinden wollten. Darauf konstituierte sich am 15. August 1871 eine «Schweizerische Thalbahngesellschaft» unter dem Präsidium von HERMANN DIETLER und in Verbindung mit dem englischen Ingenieur WILLIAM NAPIER. Die Gesellschaft wollte eine Linie Olten–Solothurn–Lyss mit Anschlüssen nach Baden–Winterthur bzw. zur Broyetalbahn errichten. Schon am 15. September erteilte der Solothurner Kantonsrat die Konzession[28]. Wiederum entbrannte um die Lage des Bahnhofs in Solothurn und die (teilweise damit in Verbindung stehende) Trasseeführung südlich oder nördlich der Aare ein langer Streit. Die Stadt setzte sich für eine Erweiterung des Bahnhofs der SCB von 1857 und eine Bahnlinienführung nördlich der Stadt Richtung Bipper Amt ein, während Ingenieur NAPIER einen neuen Bahnhof in der Vorstadt und ein Trassee südlich der Aare verlangte[29]. Die vom Solothurner Regierungsrat beigezogenen Gutachter J. MEYER in Lausanne und HERMANN

Abb. 301
Ansicht des Bahnhofs Neu-Solothurn (heute Hauptbahnhof) von Nordwesten. Photographie, um 1950. – Text S. 299f.

DIETLER in Biel schlossen sich NAPIER an, worauf die Regierung und im Dezember 1871 der Kantonsrat sich verbindlich für einen Bahnhof Neu-Solothurn und eine südufrige Linienführung aussprachen. Ein im Auftrag der Stadt verfaßtes Gegengutachten von W. FRAISSE aus Lausanne war nicht durchgedrungen[30]. Folgerichtig beschloß der Kantonsrat 1873 auch den Abbruch der Vorstadtschanzen, um die Planierung des nötigen Baugrundes für den Bahnhof Neu-Solothurn zu ermöglichen.

1873 präsentierte die SCB die ersten Pläne für die Bahnhofanlage. Da sich Gleise und Straße nach Biberist in einem Niveauübergang kreuzen sollten und der Güterschuppen südlich der Gleise hätte liegen sollen, regte sich in Solothurn ein weiteres Mal Widerstand[31]. Durch die Planung eines Straßenzuges in gerader Verlängerung von Wengibrücke und Berntorstraße und zweier Unterführungen für die Gleise nach Biel und nach Lyss[32] sowie dann durch die Verlegung des Güterschuppens östlich des Empfangsgebäudes auf die Stadtseite der Gleisanlagen konnte 1875 das Einverständnis der Stadt Solothurn gewonnen werden[33]. Im April 1875 entwarf Stadtingenieur EUSEBIUS VOGT auf der Grundlage der aktuellen Bahnhofplanung der SCB einen Quartierplan für den sogenannten Stadtteil Neu-Solothurn, wo man sich mit der Option einer dritten Aarebrücke zur Werkhofstraße städtebauliches Entwicklungspotential erhoffte (PD 61; Abb. 105; vgl. Kapitel Stadtentwicklung, S. 103; Kapitel Brücken, S. 288)[34]. Am 14. Dezember 1876 wurde die Bahnlinie Olten–Solothurn eröffnet. Es stand damals erst ein provisorisches Empfangsgebäude. 1886 erfolgte der Ersatz durch den heute noch bestehenden Bau (Abb. 301)[35].

DER ANSCHLUSS WEITERER BAHNLINIEN IN SOLOTHURN

Linie Solothurn–Burgdorf

1865 war die Anlage einer Eisenbahn von Solothurn nach Burgdorf ins Auge gefaßt worden (Emmentalbahn), welche in Derendingen das Trassee der Oltner Linie verlassen und südwärts der Emme entlang führen sollte[36]. 1871 erteilte der Kanton Solothurn die entsprechende Konzession[37]. Am 4. Dezember 1876, also wenige Tage vor der Eröffnung der Oltner Linie, konnte die Strecke Solothurn–Burgdorf in Betrieb genommen werden. Auf Solothurner Boden verläuft die Bahnlinie nicht nach ursprünglichem Plan ostwärts Richtung Derendingen, sondern benützt in weiter Kurve den Geländeeinschnitt Richtung Spitalhof–Biberist auf einem Trassee, das ursprünglich für die Solothurn-Schönbühl-Bahn vorgesehen war. Wegen finanzieller Schwierigkeiten hatte die SCB nach Baubeginn dieses Projekt fallengelassen.

Solothurn-Münster-Bahn (Weißensteinbahn)[38]

Anstatt einer Bahnlinie plante man zuerst eine Straßenverbindung mit einem Tunnel; 1847 traf man planerische Vorbereitungen dazu. 1862 lag für die gleiche Verbindung ein Projekt für eine Pferdebahn vor, und 1865 beschäftigte sich die Stadt Solothurn mit einer Eisenbahn, welche vom SCB-Bahnhof (heute Solothurn West) über Langendorf und Rüttenen durch einen Balmbergtunnel nach Moutier hätte führen sollen. 1885 vergab der Regierungsrat einen Planungsauftrag für eine Normalspurbahn, die 1889 auch eine Konzession erhielt[39]. Doch erst ein neues bernisches Eisenbahnsubventionsgesetz von 1897 gab dem Vorhaben eine Realisierungschance; dies zumal man die geplante Bahn als künftige Transitlinie von Delsberg nach Thun mit Anschlußmöglichkeit an die

Abb. 302
Blick auf die Baseltorkreuzung von Westen. Links das Bahnhofgebäude der Solothurn-Niederbipp-Bahn. Photographie, um 1920–1930. – Text S. 301.

Anmerkungen am Schluß des Kapitels S. 303

projektierte Lötschberglinie betrachtete⁴⁰. Im Jahre 1903 wurde der Bau der Bahn nach Moutier mit dem gut 3,7 km langen Weißensteintunnel zwischen Oberdorf und Gänsbrunnen begonnen. Die Eröffnung erfolgte am 1. August 1908⁴¹.

Auf Solothurner Boden nahm die Linie im Bahnhof Neu-Solothurn ihren Anfang und trennte sich nach dem Bahnhof Solothurn West von der Bieler Linie, um auf hohem Bahndamm wenig westlich des Heidenchappeli über eine Eisenbrücke die Bielstrasse zu überqueren. Das Trassee Richtung Langendorf trennt auffällig das Industriequartier und das Dillitsch-Wohnquartier aus dem frühen 20. Jahrhundert (vgl. Kapitel Stadtanlage und Stadtentwicklung, S. 130).

*Solothurn-Bern-Bahn*⁴²

Mehrere (teils sich konkurrenzierende) Bahnprojekte zur Bedienung von Fraubrunnen oder Schönbühl mit Endpunkt in Bern entstanden im letzten Drittel des 19. Jahrhunderts. 1907 konstituierte sich in Solothurn die Solothurn-Schönbühl-Bahn, der sich 1911 eine Gesellschaft der Utzensdorf-Zollikofen-Bahn entgegenstellen wollte. Den Kompromiß schloß eine geplante Elektrische Solothurn-Bern-Bahn (ESB), welche nach Projekt von WERNER LUDER über Fraubrunnen und Zollikofen die direkte Bahnverbindung Solothurns mit der Bundesstadt ermöglichen sollte. Zwischen 1913 und 1916 entstand die Strecke Solothurn–Schönbühl (Eröffnung am 9. April 1916)⁴³. Die Fusion der ESB mit der Bern-Zollikofen-Bahn ermöglichte dann seit dem 1. Oktober 1924 eine direkte Fahrt nach Bern.

Der Bahnhof Neu-Solothurn hatte südseitig erweitert werden müssen, um die Züge von Biberist-Bleichenberg her aufnehmen zu können.

Solothurn-Niederbipp-Bahn

Nachdem bereits 1906 die Konzession für eine elektrische Straßenbahn erteilt worden war (Änderung Ende Dezember 1913), wurde 1914 endlich mit den Arbeiten begonnen. Der Erste Weltkrieg verzögerte diese stark, so daß die Bahnanlagen erst am 9. Januar 1918 dem Betrieb übergeben werden konnten.

Die Bahn nahm vorerst an der Baseltor-Straßenkreuzung ihren Anfang, um als Straßenbahn auf der Baselstraße zu fahren und bei St. Katharinen das Stadtgebiet zu verlassen. 1919 wurden an beiden genannten Punkten neubarocke Pavillons als Bahnhöfchen errichtet: Solothurn-Baseltor (Planverfasser Architekten STUDER und UMSTEIN; abgebrochen nach 1974) (Abb. 302) und Haltestelle St. Katharinen (Planverfasser OTTO SCHMID)⁴⁴.

Eine durch den Kanton Bern zwingend geforderte Verlängerung der Bahnlinie zum Bahnhof Neu-Solothurn (Hauptbahnhof Solothurn) mußte einstweilen unterbleiben, da eine 1918 geplante provisorische Holzbrücke nicht zur Ausführung gelangte (vgl. Kapitel Brücken, S. 289). Erst die Vollendung der Rötibrücke 1925 ermöglichte eine Linienführung über die Aare und den Anschluß an das SBB-Netz. Die Bahn endete (bis zum Bau des Vordaches 1969) ohne Stationsgebäude auf dem Bahnhofplatz⁴⁵.

ANMERKUNGEN ZUM KAPITEL
EISENBAHNBAUTEN

Seiten 295–301

1 Ein Jahrhundert Schweizer Bahnen 1847–1947. Jubiläumswerk des Eidgenössischen Post- und Eisenbahndepartementes in fünf Bänden. Gesamtredaktion RENÉ THEISSING. Erster Band. Frauenfeld 1947, S. 52–57.
2 Concessions-Act für Eisenbahnen im Kanton Solothurn. Solothurn 1852 (ZBS, R 1296, 1.1). Es handelt sich um den Kantonsratsbeschluß vom 17. Dezember 1852 hinsichtlich Konzessionserteilung an die SCB.
3 Ein Jahrhundert Schweizer Bahnen (wie Anm. 103), S. 70–75 (Kapitel: «Die Schweizerische Centralbahn-Gesellschaft»). – CHRISTOPH SCHEIDEGGER. Die Anfänge des Eisenbahnwesens im Kanton Solothurn (Jurablätter 40, 1978, S. 181–194).
4 Das Baudepartement wandte sich offenbar in einem freiwilligen «Vernehmlassungsverfahren» an die Stadt. Im Begleitbrief vom 7. November zum Planmaterial wird deutlich, daß die Stadt zuvor den Wunsch nach einem Bahnhof im Norden oder im Westen der Stadt geäußert hatte, was von der SCB abgelehnt wor-

den war (BASO, D V 2, Nr. 2). – Angabe der Linienführung unter Litt. A. im lithographierten Plan in der Beilage des gedruckten Gutachtens von EMANUEL MÜLLER (26. Oktober 1855).

5 Quellen: BASO, D V 2 (Zeitgenössische Sammlung von Aktenkopien); D V 3 (Akten); D V 4 (Gutachten von EMANUEL MÜLLER, Altdorf vom 15. Januar 1856). – StASO, BL 2,1; BL 3,2 (Akten). – ZBS, R 1296, 1 und 2, ist eine Sammlung gedruckter Beschlüsse, Gutachten usw. zum Thema; darunter von besonderem Interesse im Band 1.17: Chronologischer Auszug aus den Actenstücken, betreffend die Stellung des Bahnhofes bei der Stadt Solothurn. Solothurn o.J. (etwa 1856). – Weitere Archivalien zur Standortfrage im Archiv der SCB im Archiv der SBB Kreisdirektion II in Luzern: Mappe 274, Dossier 2.

6 Protokoll der Verwaltungskommission vom 8. November 1853. – Brief des Gemeinderates vom 13. November 1853 an ANDREAS MERIAN (1794–1880) (BASO, D V 2, Nr. 3, Nr. 5).

7 «In Vergleichung beider Projecte kann ich nicht anderst, als Ihnen entschieden dasjenige auf dem rechten Ufer anzurathen, weil solches wirklich Vortheile gewährt, welche dem andern des gänzlichen abgehen.» (Geschätzte Minderkosten von etwa 30 000 Franken auf Gesamtbetrag von 600 000 Franken.). – Brief vom 15. Januar 1854 und Gutachten von ANDREAS MERIAN im BASO, D V 3. – Plan für Bahnhof-Hafen-Anlage auf der rechten bzw. linken Aareseite im BASO, A 5 36, A 5 37 (Abb. 285, 286).

8 Gutachten und Pläne von ZETTER und OBERLIN vom 6. Februar 1854 sind nicht auffindbar. Vgl. Protokoll der Verwaltungskommission vom 25. Februar 1854 und diesbezüglichen Brief an den Regierungsrat vom 26. Februar 1854 in BASO, D V 2, Nr. 10, Nr. 11.

9 Von diesen Plänen im StASO erhalten: Plan der Eisenbahnbrücke über die Aare und der Eisenbahnüberführung in der Ischern (E 1 20). Im BASO, A 5 41, befindet sich in Pause der vermutlich ebenfalls zugehörige Plan über das Bahnhofareal vor dem Berntor.

10 Rekursschrift der Stadtgemeinde Solothurn an Tit. hohen Kantonsrath von Solothurn betreffend die Lage des Bahnhofes bei Solothurn. Solothurn 1855. Mit lithographierter Planbeilage von XAVER AMIET (ZBS, R 1296, 1.2).

11 Der Regierungsrat erlitt insofern eine Niederlage, als der Kantonsrat seinen am 13. Oktober 1855 datierten Antrag auf Nichteintreten auf den Rekurs der Stadt Solothurn ablehnte. Vgl. Bericht und Antrag des Regierungsrathes des Kantons Solothurn an den h. Kantonsrath betreffend Rekurs des Gemeinderathes Solothurn über die Bahnhoffrage. Solothurn 1855 (ZBS, R 1296, 1.5).

12 Bericht über diese Konferenz mit Beteiligung von seiten des Regierungsrates, der SCB und der Verwaltungskommission im BASO, D V 2, Nr. 64. – Das Protokoll dieser Sitzung unter dem Datum vom 22. Oktober 1855 in BASO, D V 3.

13 Gutachten LADAME vom 25. Oktober 1855 im BASO, D V 2, Nr. 69. – Gutachten über Verlegung des Bahnhofes bei Solothurn auf die linke Seite der Aare, verfasst von Hrn. Ingenieur EMANUEL MÜLLER, Oberst, als von der Stadtgemeinde Solothurn berufener Experte. Solothurn 1855 (mit lithographierter Planbeilage von XAVER AMIET) (ZBS, R 1296, 1.5).

14 Denkschrift des Direktoriums der schweizerischen Centralbahn an den hohen schweizerischen Bundesrath, betreffend die Bahnhoffrage von Solothurn. Basel 1855. – Expertenbericht über die Bahnhoffrage in Solothurn vom 16. Januar 1856 von RULAND und JOHANN CASPAR WOLFF (ZBS, R 1296, 1.19).

15 Vernehmlassung des Regierungsrates vom 28. Dezember 1855, worin dieser die Argumentation der Kantonsratsbeschlüsse vom 15. und 29. Oktober 1855 vorzubringen hatte (Druck in der ZBS, Rv 1779).

16 Zweites Gutachten des Herrn Ingenieurs EMANUEL MÜLLER, Oberst, an die Verwaltungscommission der Stadtgemeinde Solothurn als Beleuchtung des technischen Theiles der Denkschrift des Directoriums der schweizerischen Centralbahn über die Anlage des Bahnhofes in Solothurn. Solothurn 1856. (Das Originalmanuskript vom 15. Januar 1856 im BASO, D V 4.) Bestandteil des Gutachtens waren Pläne von MÜLLER: Trasseeverlauf mit Bahnhofanlage auf dem linken Aareufer (StASO, Cg 1 [analoger Plan in Kopie im BASO, A 5 49]); zugehöriger Profilplan (StASO, Cg 2 [analoge Pläne in Kopie im BASO, A 5 47,48]); Aaredurchflußprofile bei der geplanten Eisenbahnbrücke und der Wengibrücke (BASO, A 5 50). – Entgegnung auf die Denkschrift des Directoriums der schweizerischen Centralbahn, betreffend die Bahnhoffrage von Solothurn, dem hoh. schweizerischen Bundesrathe und zu Handen der hoh. Bundesversammlung eingereicht von Seite der Gemeinde Solothurn. Solothurn 1856 (ZBS, R 1296, 1.15).

17 Erklärung und Verpflichtung der Stadtgemeinde Solothurn betreffend die Übernahme des Eisenbahn-Baues in Folge Gemeinderathsbeschlusses vom 17. Jänner 1856. Solothurn 1856 (ZBS, R 1296, 1.20).

18 Botschaft des Bundesrathes an die h. Bundesversammlung, betreffend die Bahnhoffrage von Solothurn vom 29. Januar 1856. – Der Antrag lautete auf Ablehnung des SCB-Rekurses (Druck in der ZBS, R 1296, 1, Nr. 23).

19 Vertrag vom 22. Februar 1856 im BASO, D V 3. Darin verpflichtete sich die SCB zur Einhaltung des Kantonsratsbeschlusses vom 29. Oktober 1855 und zur fristgerechten Ausführung der Bahnlinie nach den Plänen von EMANUEL MÜLLER, welche am 20. Februar 1856 durch den Regierungsrat genehmigt worden waren. Im Gegenzug hatte die Stadtgemeinde Solothurn unentgeltlich Land für das Bahntrassee (inkl. Böschungen und eine spätere zweite Spur) abzutreten und zwei Zufahrtswege zum neuen Bahnhof zu erstellen.

20 Vorschriften für den Bau der Aarbrücke bei Solothurn vom 16. Februar 1856 im BASO, D V 3. (Die Widerlager sollten auf einer mit Spundwänden gefaßten Betonschicht, die Zwischenpfeiler auf Pfahlrosten mit Beton ruhen.) Die Ausführungspläne haben sich nicht erhalten; die Konstruktion lehnte sich aber eng an ZSCHOKKES Plan für die vierjochige Aarebrücke nach SCB-Trassee vom September 1855 an (BASO, A 5 12), so daß an ZSCHOKKES Urheberschaft nicht gezweifelt werden muß. – Der Kreisingenieur rapportierte periodisch über den Baufortschritt des Loses III (Emme–Bellach) und meldete in seinem Bericht vom 21. Juli 1857, daß der «eiserne Oberbau der Aarbrücke» vom 19. bis 22. April 1857 offenbar als Ganzes auf die Pfeiler geschoben worden war (Archiv SCB, Mappe 78, Dossier 3). – WERNER LUDER. Die Aarenbrücken in Solothurn (St. Ursen-Kalender 1925, S. 76–79), S. 76.

21 Baubeschluß des Gemeinderats vom 9. August 1856 (ZBS, R 1296, 1.28). – Vertrag zwischen der Stadtgemeinde Solothurn und den Unternehmern LOCHER & NAEFF vom 16. Dezember 1856 im BASO, D V 3. – Die Baukosten für die Arbeiten zwischen November 1856 und Juni 1858 betrugen für die Stadt Franken 162 682.49 (Baurechnung für Quaimauer und Bahnhofszufahrten z.Hd. der Gemeindeversammlung vom 21. Oktober 1860 im BASO, D V 3).

22 ZSCHOKKE in seinem Bericht vom 21. Juli 1857 (Archiv SCB, Mappe 78, Dossier 3). – Baupläne des Stationsgebäudes haben sich nicht erhalten. Im Archiv SCB (Mappe 275, Dossier 1) finden sich Aufnahmepläne des Grundrisses von Erdgeschoß und Obergeschoß (datiert vom Juni 1890).

23 Sechs Planskizzen für fünf Projekte samt Erläuterungsschreiben vom 23. Februar 1858 im Archiv SCB, Mappe 275, Dossier 1.

24 Archiv SCB, Mappe 274, Dossier 1.

25 Akten zu diesen Ausbauten (z.T. mit Planskizzen) im Archiv SCB, Mappe 275.

26 WERNER LUDER, wie Anm. 20, S. 76.

27 Vgl. KARL H. FLATT. 100 Jahre Gäubahn (Jahrbuch des Oberaargaus 1976, S. 159–180). Der zweite Teil ist nie erschienen.

28 Konzessions-Akt des Kantons Solothurn für eine Eisenbahn Aarau–Solothurn–Lyss. Solothurn 1873. Es handelt sich um den Kantonsratsbeschluß vom 15. September 1871 (ZBS, R 1296, 2). – HERMANN DIETLER. Die Bestrebungen zur Erstellung einer Gäubahn in Verbindung mit einer Broyethal-Bahn, beleuchtet auf Grundlage der vom Initiativ Comitee der Gäubahn gesammelten Materialien. Solothurn 1871 (ZBS, R 1296, 2).

29 Übersetzung der Zuschrift des Hrn. W. NAPIER an den Verwaltungsrath der Stadtgemeinde Solothurn. Bern, 9. Oktober 1871 (Druck in der ZBS, R 1296, 2).

30 J. MEYER, H. DIETLER. Gutachten über die Bahnhofanlage zu Solothurn für die Eisenbahn Lyss–Solothurn–Olten. Abgegeben zu Handen des Regierungsrathes des Kantons Solothurn. Solothurn 1871 (datiert November 1871). Dieses und die folgenden Dokumente in ZBS, R 1296, 2. – Expertenbericht des Herrn W. FRAISSE, Ingenieur, über die Eisenbahn durch das Broyethal und das Gäu an den Verwaltungsrath der Stadt Solothurn vom 25. November 1871. – Bericht des Regierungs-Rathes an den hohen Kantons-Rath über die Bahnhof-Lage in Solothurn. Solothurn 1871 (datiert 27. November 1871). – Die Bahnhof-Lage Solothurn. Ein Wort an die Bewohner der Stadt und Umgebung. (Es handelt sich um eine Verlautbarung mit Gesuch des Eisenbahnkomitees der Gemeinde Solothurn vom 28. November 1871 zugunsten eines linksufrigen Bahnhofs.)

31 Vgl. den Plan (undatiert, signiert S. Adam) in PB Familie von Sury-von Roten, Solothurn.

32 Zur Projektierung des Gleisareals und der Unterführungen um 1875 vgl. den Plan im BASO, D V 5, sowie zwei Pläne in PB von Sury-von Roten, Solothurn.

33 HERMANN DIETLER. Die neue Vorlage der Schweiz. Centralbahn betreffend die Anlage des Gäubahnhofes in Solothurn, beurtheilt vom Standpunkte der städtischen Interessen. Solothurn 1875 (ZBS, R 1296, 2).

34 Plan im StASO, E 1, 13.

35 Pläne für beide Bauten im Archiv der Kreisdirektion II der SBB in Luzern. – Vgl. WERNER STUTZ. Bahnhöfe der Schweiz. Von den Anfängen bis zum Ersten Weltkrieg. Zürich 1983, Kat.Nr. 20, 118. – Zur Restaurierung von 1974 f.: JbfSolG 51, 1978, S. 157 ff.

36 Über Erstellung einer Eisenbahn Solothurn–Burgdorf. Solothurn 1865 (ZBS).

37 Konzessions-Akt des Kantons Solothurn für eine Eisenbahn Solothurn–Burgdorf. Solothurn 1871 (ZBS).

38 Vgl. die ausführliche Darstellung von CHARLES STUDER. Die Weissensteinbahn. Die Bestrebungen Solothurns für eine Bahnverbindung zum Jura (Festgabe Hans Erzer. Solothurn 1983, S. 115–131).

39 Bundesbeschluß betreffend Konzession einer Eisenbahn von Solothurn nach Münster (vom 9. Dezember 1889) (ZBS, Rv 2577).

40 Projekt einer Eisenbahn Solothurn–Münster. Bericht des Initiativkomitees. Solothurn 1898 (ZBS).

41 WERNER LUDER. Vom Bau der Weissensteinbahn (SA SBZ 58, 1911).

42 50 Jahre Solothurn-Bern-Bahn. Schrift zum Gedenken an 50 Jahre Elektrische Solothurn-Bern-Bahn. Solothurn 1966.

43 Die elektrische Bahn Solothurn–Bern. Eröffnungsfeier am 9. April 1916. o.O., o.J. (ZBS). – WERNER LUDER. Die elektrische Solothurn-Bern-Bahn (SBZ 1918/II, S. 169–172, 179–182, 204, 209, 219).

44 Plan für die Haltestelle St. Katharinen von 1917, Plan für den Baseltor-Bahnhof von 1919 im Archiv des Stadtbauamtes (Baugesuch 47/1919).

45 RENÉ STAMM; CLAUDE JEANMAIRE. Oberaargauer Schmalspurbahnen. Archiv Nr. 23. Villigen 1975, S. 18–27.

DOKUMENTATION STADT SOLOTHURN

Solothurn war bis 1798 ein Stadtstaat. 1803 wurde das Staatsgut aus dem Stadtgut ausgeschieden, und 1874 erhielt die Stadt den Status einer politischen Gemeinde. Daher sind die Siegel, Münzen, Wappen, Fahnen und Glasgemälde sowie ausgewählte Staats- und Rechtsaltertümer in den Kapiteln «Standesikonographie und Hoheitszeichen», S. 16–43, und «Dokumentation Kanton Solothurn», S. 44–48, zusammengestellt. In den hier folgenden Kapiteln finden sich Angaben zu den Archiven und zur Literatur, welche besonders die Stadt betreffen, sowie Zusammenstellungen ausgewählter Bilddokumente (Druckgraphik) und Pläne der Stadt Solothurn.

ARCHIVE, QUELLEN

UNGEDRUCKTE ARCHIVALISCHE QUELLEN

Staatsarchiv Solothurn (StASO)

Bauwesen allgemein. BDG 1,7.
Schanzen. B 13. – Schanzratsmanuale 1688–1797, BG 14,1–8. – Schanzschriften 1667–1789, BG 14,9. – Schanzrechnungen 1709–1784, BG 14,10–29.
Brunnen. Brunnenbücher I; II; III B 17,2, B 17,3, B 17,4.
Zahlreiche *Familienarchive* (meist nur rudimentär erschlossen).

Bürgerarchiv Solothurn (BASO)

Allgemeines. Im Archiv A II, III, IV: Protokolle der Municipalität 1799–1803. – Protokolle des Stadtrats 1803–1807. – Protokolle der Stadtverwaltung 1808–1840. – Protokoll der Verwaltungskommission 1840–1918. – Protokoll Rät und Bürger 1804–1830. – Protokoll des Gemeinderats 1830–1874. – Protokoll der Gemeindeversammlungen 1831–1928.
Schanzseckel-Rechnungen 1669–1798. Archiv H I.
Zünfte. Archiv M I–X.
Planarchiv. (dazu: OTHMAR NOSER. Alte Pläne aus dem Bürgerarchiv der Stadt Solothurn. Feldmesserkunst und Architektur in alten Plänen des Bürgerarchivs der Stadt Solothurn. Ausstellungskatalog. Solothurn 1985).

Stadtarchiv
(unaufgearbeitetes Depositum der EGS in der ZBS).

Bauamtserkanntnissen 1778–1836. – Bauamtsprotokoll 1800–1840. – Bauamtsschriften 1781–1840. – Bauakten 1879–1883. – Acta 1877–1887.
Diverse Eisenbahnakten.

Anmerkungen am Schluß des Kapitels S. 320

Archiv des Stadtbauamtes der EGS

Buchgesuche ab 1895 nach Datum geordnet.

Kantonale Denkmalpflege Solothurn

Historisches Grundbuch, erstellt von PETER GRANDY (dazu: PETER GRANDY. Zur Entstehung des Historischen Grundbuchs der Stadt Solothurn [JbfSolG 55, 1982, S. 266–269]).

CHRONIKALISCHE QUELLEN

FRANZ KARL BERNHARD WALLIER VON WENDELSTORF. Topographia Solodorana. Mskr. um 1771 (Archiv Benzigerhof, Depositum im StASO).
FRANZ KARL BERNHARD WALLIER VON WENDELSTORF. Muethmasungen von dem oppido maximo solensium nach denen merchwirdigsten Verenderungen, so vor & nach Christi Geburth in diser Gegen sich Ereignet haben. Mskr. (ZBS, S II 163).

LITERATUR

ÜBERSICHTEN

URS PETER STROHMEIER. Solothurn mit seinen Umgebungen. Solothurn 1840. – FRITZ WYSS. Die Stadt Solothurn. Geographisch und kulturhistorisch dargestellt. Solothurn 1943. – Beiträge zur Heimatkunde des Kantons Solothurn. Band I. Die Bezirke Solothurn-Lebern. Zürich 1947. – MAX DOERFLIGER; DIETER BUTTERS; KARL H. FLATT. Solothurn. Solothurn 1972. – HANS SIGRIST. 3000 Jahre Solothurn. Ein historischer Rückblick; GOTTLIEB LOERTSCHER. Die Stadt Solothurn als Dokument und Kunstwerk. 5. Auflage. Solothurn 1987.

GESCHICHTE

FRIEDRICH FIALA. Geschichtliches über die Schule von Solothurn. 5 Bände. Solothurn 1875–1881. – JAKOB AMIET. Das St. Ursus-Pfarrstift der Stadt Solothurn seit seiner Gründung bis zur staatlichen Aufhebung im Jahre 1874 nach den urkundlichen Quellen. Solothurn 1878. – JAKOB AMIET. Die Gründungssage der Schwesterstädte Solothurn, Zürich und Trier. Solothurn 1890. – FERDINAND SCHUBIGER. Aus der Geschichte des Bürgerspitals Solothurn (JbfSolG 1928, S. 231–254). – GOTTHOLD APPENZELLER. Das solothurnische Zunftwesen (JbfSolG 5, 1932, S. 1–136; 6, 1933, S. 1–91). – LEO ALTERMATT. Die Oekonomische Gesellschaft in Solothurn (1761–1789) (JbfSolG 8, 1935, S. 83–163). – PETER WALLISER. Burgundische Rechtskultur im alten Solothurn (JbfSolG 26, 1953, S. 203–209). – OTHMAR NOSER. Der Henker von Solothurn (JbfSolG 43, 1970, S. 193–202). – PETER GRANDY. Die solothurnische Waffenproduktion im 15.–16. Jahr-

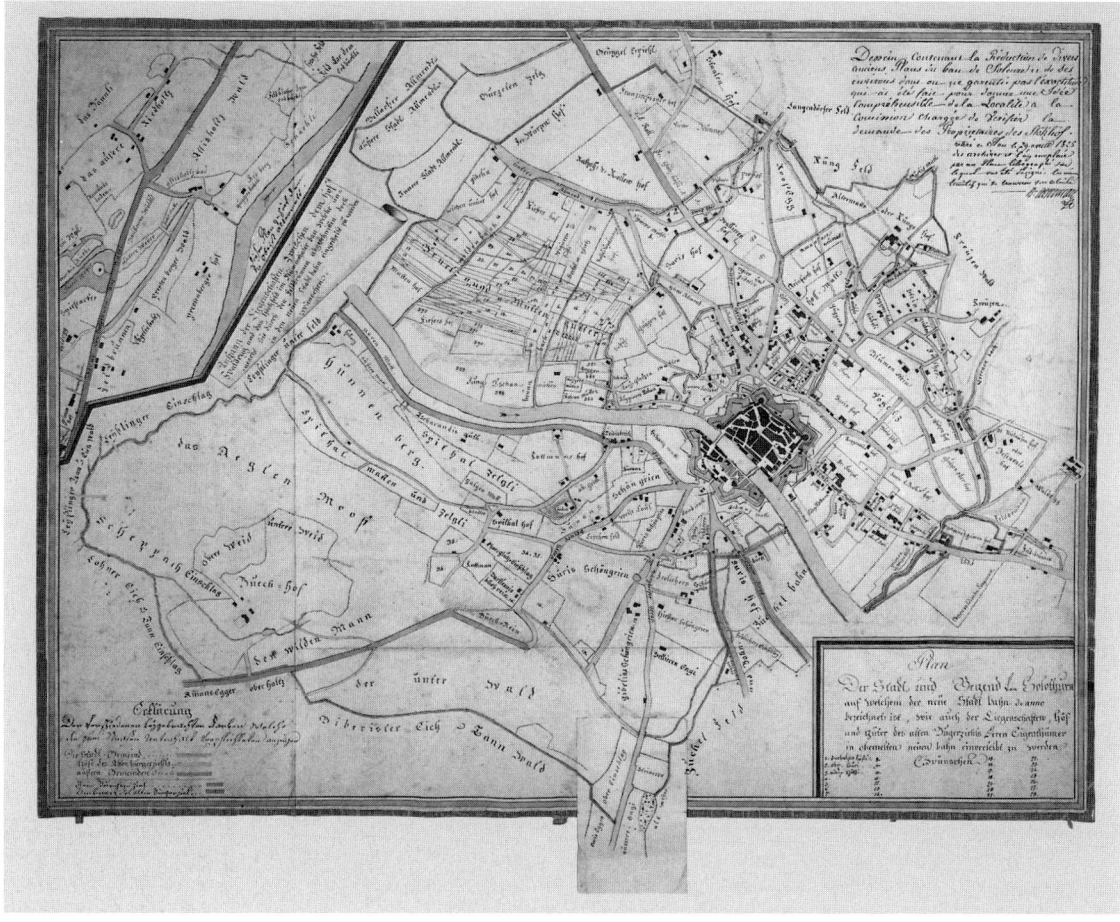

Abb. 303
Plan des Burgerzihls von Solothurn von Johann Baptist Altermatt. Kolorierte Federzeichnung, 1825 (PD 13). – Text S. 317.

hundert (JbfSolG 53, 1980, S. 5–62). – URS SCHEIDEGGER. Es war nicht immer so ... In den Akten der Stadtammänner von Solothurn nachgeblättert. Bände 1 und 2. Solothurn 1985 und 1986. – PETER F. KOPP. Der Mord an den unschuldigen Kindlein zu Solothurn (JbfSolG 64, 1991, S. 5–22). – CHARLES STUDER. Die Juden in Solothurn (JbfSolG 64, 1991, S. 53–76).

KUNST UND KULTURGESCHICHTE

EDGAR SCHLATTER. Baugeschichtliches über die Stadt-Befestigungen von Solothurn. Solothurn 1921 (Sonderschriften, hg. vom Historischen Verein des Kantons Solothurn. Heft 1). – HANS MORGENTHALER. Beiträge zur Bau- und Kunstgeschichte Solothurns im 15. Jahrhundert (ASA 24, 1922, S. 221–226; 25, 1923, S. 25–36, 141–158, 221–239; 26, 1924, S. 173–187, 233–251; 27, 1925, S. 41–58. – Das Bürgerspital Solothurn 1418–1930. Gedenkschrift zur Eröffnung des neuen Bürgerspitals, Samstag, den 26. April 1930. Solothurn 1930. – W. E. AEBERHARDT. Die Tuffsteinlager von Leuzigen. Ein Beitrag zur Geschichte ihrer Ausbeutung und ein Rückblick auf eine während zwei Jahrtausenden ausgeübte Industrie (Separatdruck aus dem Sonntagsblatt der Solothurner Zeitung 1931, Nr. 31–34). – J. V. KELLER. Geschichtliche Notizen über die Schulhäuser der Stadt Solothurn (JbfSolG 4, 1931, S. 167–176). – EUGEN TATARINOFF-EGGENSCHWILER. Plan-Aufnahme des Castrums Solothurn im Jahre 1939 (JbfSolG 13, 1940, S. 143–161). – ADELE TATARINOFF. Brunnen der Stadt Solothurn. Solothurn 1976. – OTHMAR BIRKNER. Solothurner Bauten. Solothurn 1979. – CHARLES STUDER. Solothurn und seine Schanzen. Solothurn 1978. – CHARLES STUDER. Solothurner Patrizierhäuser. Solothurn 1981. – CHARLES STUDER. Pranger und Lastersteine in Solothurn (JbfSolG 55, 1982, S. 251–254). – CHARLES STUDER; BENDICHT WEIBEL. Solothurner

Zunfthäuser und Gaststätten. Solothurn 1983. – MARKUS HOCHSTRASSER. Geschichtliches zu Kaufhäusern, Kornhäusern und Fruchtmagazinen in der Stadt Solothurn (JbfSolG 58, 1985, S. 255–298). – GOTTLIEB LOERTSCHER. Altstadt Solothurn. Bern 1987 (Schweizerische Kunstführer). – HANS R. STAMPFLI. Geschichte der wissenschaftlichen Sammlungen in Solothurn (Mitteilungen der Naturforschenden Gesellschaft des Kantons Solothurn, 33, 1988). – Solothurn. Beiträge zur Geschichte der Stadt im Mittelalter. Zürich 1990 (Veröffentlichungen des Instituts für Denkmalpflege an der Eidgenössischen Technischen Hochschule Zürich. Band 9).

BILDDOKUMENTE
(exkl. Bilddokumente zu den Kirchenbauten und zu den einzelnen Profanbauten)

Solothurns topographische Darstellungen sind noch nie systematisch zusammengestellt worden. Erste rudimentäre Übersichten boten W. RUST (1889) und JOHANN RUDOLF RAHN (1893)[1]. Im Hinblick auf einen Vortrag im Historischen Verein des Kantons Solothurn trug GOTTLIEB LOERTSCHER 1959 zahlreiches Bildmaterial zusammen[2]. Hilfreich für die Identifikation der verschiedenen Darstellungen ist die Zusammenstellung der gedruckten Schweizer Ansichten bis zum Ende des 18. Jahrhunderts, zusammengestellt von der Schweizerischen Landesbibliothek[3].

1989 publizierte PAUL FESER eine Anzahl von Stadtdarstellungen; auf diese Veröffentlichung wird im folgenden jeweils verwiesen[4].

Das nachstehende Verzeichnis bemüht sich um Vollständigkeit, läßt aber bewußt einige wenige originale oder gedruckte Darstellungen ohne topographischen Aussagewert weg. Ebenso wird auf die Auflistung der vorab künstlerisch inspirierten Ansichten seit dem späten 19. Jahrhundert verzichtet.

Sofern sinnvoll, wird im folgenden auf den Standort des Originals oder eines guten Abzuges verwiesen. Häufig handelt es sich dabei um die Zentralbibliothek Solothurn (ZBS) oder das Historische Museum Blumenstein Solothurn (HMBS), welche die umfangreichsten Sammlungen topographischer Ansichten besitzen.

I. CHRONIKILLUSTRATIONEN
DES 15. JAHRHUNDERTS

Mit Ausnahme der Illustration in DIEBOLD SCHILLINGS D. Ä. amtlicher Berner Chronik (Nr. 2) sind in den folgenden Darstellungen keine besonderen topographischen Übereinstimmungen mit der Wirklichkeit festzustellen.

1. Darstellung der Belagerung von Solothurn durch Herzog Leopold von Österreich (1318) mit schematischer Wiedergabe der nördlichen Altstadt von Solothurn und der zerstörten Belagerungsbrücke. In TSCHACHTLANS Berner Chronik, S. 100, 1470 (ZBZ). – 2. Darstellung der Belagerung von Solothurn durch Herzog Leopold von Österreich (1318) mit typisierender Darstellung der nördlichen Altstadt, der Aarebrücke und der Belagerungsbrücke (Abb. 60). Identifizierbar sind der Brückenturm, der Zeitglockenturm, die Friedhofkapelle und das Bieltor. In SCHILLINGS Berner Chronik, S. 75, 1483 (Burgerbibliothek Bern; Abb. bei FESER S. 20). – 3. Darstellung der Belagerung von Solothurn durch Herzog Leopold von Österreich (1318) mit schematischer Wiedergabe der Altstadt von Solothurn samt Aarebrücke und Vorstadt sowie der Belagerungsbrücke. In SCHILLINGS Spiezer Chronik, S. 169, 1484 (Burgerbibliothek Bern). – 4. Darstellung von Graf Rudolfs von Kyburg Anschlag auf die Stadt Solothurn im Jahre 1382 mit schematischer Darstellung der Altstadt samt Aarebrücke und Vorstadt. In SCHILLINGS Spiezer Chronik, S. 428, 1484 (Burgerbibliothek Bern). – 5. Ritt der Solothurner Gesandtschaft nach Bern (1382); schematische Darstellung der Stadt Solothurn im Hintergrund. In SCHILLINGS Spiezer Chronik, S. 430, 1484 (Burgerbibliothek Bern). – 6. Die 1499 von der Tagsatzung vom König von Frankreich erbetenen Geschütze treffen in Solothurn ein; schematische Darstellung der Stadt im Hintergrund. In SCHILLINGS Luzerner Chronik, fol. 187v, 1513 (Korporationsverwaltung Luzern). – 7. Auszug der Solothurner gegen Montbéliard; unrealistische Stadtdarstellung mit Aarebrücke. In WERNHER SCHODOLERS Eidgenössischer Chronik, Band 1, fol. 182v, um 1510 bis 1535 (Stadtarchiv Bremgarten).

II. TOPOGRAPHISCHE ÜBERSICHTSDARSTELLUNGEN DER STADT

a) Vogelschauansichten der Stadt von Süden

1. Vogelschau der Altstadt mit Jurahintergrund. Holzschnitt. 13 × 16,7 cm. Von HANS ASPER (Vorlage)[5] und von JOHANN und RUDOLF WYSSENBACH (Holzschnitt). In: JOHANNES STUMPF. Gemeiner loblicher Eydgnoschafft ... Chronik. Zürich 1547/48, Band 2, Blatt 223v (Abb. 72)[6]. – 1a. Kopie nach STUMPF: Lavierte Federzeichnung. 26,5 × 34,5 cm. Von JOHANN BAPTIST ALTERMATT. 1826. Mit Legendenunterschrift (ZBS, aa 464). – 1b. Kopie nach ALTERMATT: Lithographie. 32 × 42 cm. Von J. KÜMMERLIN, Solothurn (Lithographie). Nach 1826. Mit seitlichen Legenden (ZBS, aa 56). – 1c. Kopie nach ALTERMATT: Lithographie. 13 × 16,4 cm. In: Neuer Solothurner-Kalender für das Schaltjahr 1844, 1. Jahrgang. Solothurn, Druck und Verlag FR. X. ZEPFEL (ZBS, XR 46). – 1d. Freie Kopie nach STUMPF: Lithographie. 13 × 16,7 cm. Von HEINRICH JENNY (Zeichnung) und Gebr. STUDER, Solothurn (Lithographie) (ZBS, a 654). – 2. Vogelschau der Altstadt und des östlichen Weichbilds mit Jurahintergrund. Holzschnitt. 23 × 30 cm. In: SEBASTIAN MÜNSTER. Cosmographei ... Basel, Heinrich Petri, 1550, S. 454f. (ZBS, aa 57)[7] (Abb. 75). – 2a. Seitenverkehrte Kopie: Holzschnitt.

20,5 × 24 cm. In: SEBASTIAN MÜNSTER. Cosmographey ... Basel, Heinrich Petri, 1574, S. 530f. (ZBS, aa 58). – 3. Schematische Vogelschau. Holzschnitt. 8 × 8,2 cm. In: BERNHART BRANDT. Volkumner Begriff aller lobwürdigen Geschichten ... Basel, Jacob Kündig, 1553, fol. 304v (ZBS, Rar 452). – 3a. Kopie. Holzschnitt. In: JOHANNES STUMPF. Die Dryzehen Ort der Loblichen Eydgnosschafft ... Basel, Christoph van Sichem, 1573, S. 11. – 4. Schematische Vogelschau. Radierung. 8,8 × 8,8 cm. In: GEORG BRAUN und FRANZ HOGENBERG. Civitates orbis terrarum. Köln 1572 (ZBS, Rar II 166). – 5. Vogelschau (freie Kopie nach STUMPF). Holzschnitt. 11 × 15 cm. In: JOSIAS SIMLER. Regiment Gemeiner loblicher Eydtgnoschafft ... Zürich, Christoph Froschauer, 1576, 2. Band (ZBS, Rar 263). – 6. Schematische Vogelschau. Radierung von FRANCESCO VALEGIO. 8,9 × 13,4 cm. In: Raccolta di le piu illustri et famose citta di tutto il mondo. Venezia, etwa 1580 (ZBS, a 8). – 7. Schematische Vogelschau. Radierung. 13,4 × 18,5 cm. In: PETRUS BERTIUS. P. Bertii Commentariorum rerum Germanicarum Libri Tres. Amsterdam, Johannes Jansson, 1616, Band 3, S. 668 (ZBS, Rar 1018). – 8. Schematische Vogelschau. Radierung. Etwa 4,5 × 9,5 cm. Randbild auf der Schweizer Karte von PETRIUS KAERIUS. Nova Helvetiae tabula. Amsterdam, Johann Jansson, etwa 1620. – 9. Vogelschau der Altstadt mit unmittelbarem Weichbild, aber ohne Jurahintergrund. Radierung von MATTHÄUS MERIAN. 18 × 25,5 cm. In: Topographia Helvetiae, Rhaetiae, et Valesiae ... Frankfurt a.M., Matthäus Merian, 1642, S. 44 (ZBS, aa 60)[8]. Auch in weiteren Auflagen. – Kopien nach MERIAN: 9a. Radierung. 18,8 × 23,2 cm. In: JOHANN JACOB SCHEUCHZER. Ouresiphoites Helveticus ... Leiden, Pieter van der Aa, 1723, Band IV, S. 592f. – 9b. Radierung. 12,1 × 15,7 cm. In: L'Etat et les délices de la Suisse. Amsterdam, Wetstein et Smith, 1730, Band 3, S. 571 (ZBS, a 12). – 9c. Radierung. 10,8 × 13 cm. In: DAVID FRANÇOIS DE MERVEILLEUX. Amusemens des bains de Bade en Suisse. Londres, Samuel Harding, 1730. Tf. nach S. 18 (ZBS, Rar 1095). – 9d–e. Sehr schematische Kopien nach MERIAN: 9d. Radierung. 6,0 × 11,1 cm. In: Ausführliche und grundrichtige Beschreibung ... dess gantzen Schweitzerlandes ... Frankfurt a.M./Leipzig, Christoph Riegel, 1690 (ZBS, a 3). – 9e. Radierung. 6 × 11,5 cm. In: Der grosse Helvetische Bund ... Nürnberg, David Funck, 1690. – 10. Detaillierte Vogelschau der Altstadt und ihres Weichbildes mit Juralandschaft (Abb. 76). Radierung (Unikum). 33,5 × 45,5 cm. Von URS KÜNG (Vorzeichnung) und SIGMUND SCHLENRIT (Stich). Darstellung mit Legenden abgebildeter Gebäude auf dem Ratswappenkalender von 1653, gedruckt von JOHANN JAKOB BERNHARD[9] (HMBS, Inv.Nr. 1990.675). – 10a. Kopie nach KÜNG/SCHLENRIT: Detaillierte Vogelschau der Altstadt und des engeren Weichbildes, 1659 (Abb. 77). Monochrome Glasrißmalerei in Braun von WOLFGANG SPENGLER. 27 × 35,5 cm (HMBS, Inv.Nr. 1919.3). – 10b. Exakte Kopie nach SPENGLER, 1659: Beige-graue Tonlithographie von J. HÜRZELER (Stein) und X. AMIET (Druck). 26,5 × 34,5 cm. 1877. – 11. Vogelschau der Altstadt mit der damals im Bau befindlichen Fortifikation (Abb. 203). Kupferstich von JAKOB SCHLUOP, 1670; Druck von PETER JOSEPH BERNHARD im Verlag Johann Jakob Bernhard[10]. 35 × 40,5 cm (HMBS; ein fragmentarisches Zweitexemplar in der ZBZ; Abb. bei FESER, S. 29). – 12. Sehr schematische Vogelschau der Altstadt mit der Fortifikation. Holzschnitt, bez. «GFM P» (pinxit) und «CK. Exc. 1679.» (excudit), 1679. 6,7 × 13,7 cm. Medaillon auf dem Titelblatt des Schreibkalenders von 1681ff., Druck durch JOHANN GEORG TSCHAN (ZBS, XR 42). – 13. Vogelschau der Altstadt samt Umgebung und Juralandschaft (Abb. 206); Wiedergabe mit Fortifikation gemäß Planungsstand 1681/82. Radierung von Kupferstecher GABRIEL I LE CLERC[11]. 40 × 40,6 cm. Darstellung auf dem Ratswappenkalender von 1682. Druck von JOHANN JAKOB BERNHARD[12]. Unikum (StASO, Lesesaal). – 14. Sehr schematische Vogelschau der Altstadt mit Fortifikation (in Vereinfachung von SCHLUOP). Radierung. 6,2 × 11,7 cm. In: JOHANN JACOB WAGNER. Mercurius Helveticus. Zürich, Johann Heinrich Lindinner, 1688, S. 144 (ZBS, Rar 689). – 15. Vogelschau der Altstadt und des Weichbildes; Fortifikationen gemäß Planungsstand 1667; die nördliche Altstadt nur im Grundriß mit Hervorhebung einiger Bauten. Radierung. 14,4 × 19,1 cm. In: JOHANN STRIDBECK. Theatrum der vornehmsten Staede und Örther. Augsburg, Johann Stridbeck, etwa 1700 (wiederverwendet bei GABRIEL BODENEHER um 1720 und um 1725). – 16. Vogelschau der Altstadt mit Fortifikation samt Umgebung und Juralandschaft auf dem Ratswappenkalender von 1706; in starker Anlehnung an die Darstellung auf dem Ratswappenkalender von 1681/82, aber teilweise aktualisiert. Radierung[13]. Vedute im Rahmen etwa 26 × 36,5 cm. Von JOHANN RUDOLF HUBER (Zeichnung) und JOHANN JAKOB THOURNEYSER (Stich) (KKBS, Inv. Nr. 1886, I, 34b). – 17. Schematische Vogelschau der Altstadt mit Fortifikation (in Anlehnung an den Ratswappenkalender von 1681/82). Radierung. Randbild, 6,7 × 11,7 cm, auf der Schweizer Karte von HEINRICH LUDWIG MUOSS, Zug 1710. – 18. Schematische Vogelschau der Altstadt mit Fortifikation gemäß Planungsstand 1667. Radierung. 12 × 15,5 cm. In: ABRAHAM RUCHAT. Les délices de la Suisse ... Leiden, Pieter van der Aa, 1714 (ZBS, a 12). – 19. Vogelschau der Altstadt mit Fortifikation samt Umgebung und Juralandschaft im Ratswappenkalender von 1723; in starker Anlehnung an die Darstellung auf dem Ratswappenkalender von 1706. Kupferstich. Vedute in Umrahmung etwa 36 × 32 cm. Von JOHANN GEORG und DIETGEN SEILLER[14] (HMBS, Inv. Nr. 96; Abb. bei FESER, S. 29). – 20. Sehr schematische Vogelschau der Altstadt mit Fortifikation samt Umgebung; in Anlehnung an den Ratswappenkalender von 1706; ergänzt durch Wiedergabe zweier Römersäulen auf dem Hermesbühl und die puttengetragene Arca mit Thebäerreliquien im Domschatz. Radierung. 15,4 × 17,7 cm. In: Acta Sanctorum. Septembris, Tom. VIII, Paris 1765, S. 261. – 21. Sehr exakte Vogelschau der Altstadt mit Fortifikation. Kolorierte Federzeichnung von JOHANN

Anmerkungen am Schluß des Kapitels S. 320

BAPTIST ALTERMATT (Abb. 79). 85 × 68 cm. 1833 (im Besitz der Familienstiftung Labor, Kammersrohr.) – Vorzeichnungen dazu in ALTERMATTS Skizzenbuch (ZBS, S 158). – 21a. Genaue Kopie: Lithographie von J. KÜMMERLIN. 86 × 74 cm. Nach 1833 (HMBS; Abb. bei FESER, Vorsatzblatt). – 22. Sehr exakte Vogelschau von Solothurn und Umgebung aus Südwesten (Abb. 96). Lavierte Federzeichnung von L. WAGNER. 49,7 × 69,7 cm[15]. 1884 (PB Luzern).

b) Weitere Südansichten

23. Sehr schematische Ansicht der Altstadt mit eingedrucktem Stadtwappen. Holzschnitt. 7,7 × 9,8 cm. 2. Hälfte 16. Jh.(?) (ZBZ GS, Solothurn I, 12; Abb. bei FESER, S. 23). – 24. Ansicht von Süden (im Vordergrund zwei Figuren als Allegorien des Todes). Radierung. 7,2 × 14,5 cm. In: DANIEL MEISNER. Thesaurus philo-politicus. Frankfurt a.M., Eberhard Kieser, 1623, Band 1, Tf. 47 (ZBS, a 9). – 25. Ansicht von Süden. Radierung. 10,2 × 15,3 cm. In: NICOLAS TASSIN. Description de tous les cantons, villes ... Paris, Sebastien Cramoisy, 1635, Tf. 10 (Abb. bei FESER, S. 25). – 26. Ansicht der Vorstadt und des nördlichen Aareufers auf einem Votivbild aus Anlaß der Aareüberschwemmung von 1653 (Abb. 289). Öl auf Leinwand. 50 × 55 cm (mit Rahmen). Um 1653 (in der Spitalkirche). – 27. Sehr schematische Darstellung von Teilen der Vorstadt sowie der Altstadt nördlich der Aare; auf einem Andachtsbildchen der Stadtpatrone. Kupferstich, sign. «Lo:Ang:fe:». 13,6 × 8,1 cm. Mitte 17. Jh.(?) (PB Solothurn; Abb. bei FESER, S. 21). – 28. Sehr schematische Ansicht der Altstadt mit Phantasieburg westlich sowie mißverständlichen Legenden (möglicherweise in Anlehnung an MEISNER Nr. II/24 entstanden). Holzschnitt. 17,7 × 29,7 cm. 2. Hälfte 17. Jh.(?) (HMBS, Inv. Nr. 53; Abb. bei FESER, S. 30). – 29. Wenig realistische Ansicht der Altstadt mit Fortifikation im Planungsstand von 1667 samt südlichem Vorgelände; Schriftband und puttengetragene Legendenblätter im Himmel. Lavierte Federzeichnung von FRIEDRICH BERNHARD WERNER. 15,2 × 27,7 cm. Anfang 18. Jh.; laut Bezeichnung 1725 (HMBS, Inv. Nr. 203). – 29a. Kupferstich nach WERNERS Federzeichnung von JOHANN CHRISTIAN LEOPOLD. Mit Legendenblättern im Himmel und erläuterndem Text unter der Darstellung. 15 × 27,5 cm (ZBS, aa 42B; Abb. bei FESER, S. 33). – 30. Sehr detaillierte Ansicht der Stadt und der umgebenden Landschaft, von der «Weißen Laus» aus gesehen. Feder- und Bleistiftzeichnung von EMANUEL BÜCHEL. 24 × 89 cm. 1757[16] (KKBS, A 202, S. 9) (Abb. 81). – 31. Ansicht der Stadt und der umgebenden Landschaft von Süden. Radierung von JOHANN RUDOLF METZGER nach Vorzeichnung von EMANUEL BÜCHEL. 16 × 27 cm. 1758. In: DAVID HERRLIBERGER. Neue und vollständige Topographie der Eydgnossschaft ... Basel 1758, Band 2, Tf. 264 (ZBS, aa 8). – 31a. Kopie nach HERRLIBERGER: Vedute im Ratswappenkalender von 1757. Radierung von JOHANN und JOSEPH KLAUBER nach Zeichnung von JOHANN WOLFGANG BAUMGARTNER[17]. Gesamtmaß 150,5 × 79 cm (ZBS, Treppe) (Abb. 63). – 31b. Kopie nach HERRLIBERGER: Radierung. 15,4 × 22,3 cm. In: L'Etat et les délices de la Suisse ... Basel, Emanuel Thurneisen, 1764, Band 3, S. 62 (ZBS, Rar 1002). – 32. Ansicht der Stadt samt Umgelände nach HERRLIBERGER, aber mit neuer St.-Ursen-Stiftskirche[18]. Vedute auf kalligraphischer Ehrenadresse an Schultheiß Franz Victor Buch. Sepia-Federzeichnung von JOSEPH DOMINIKUS WÜRTZ (WIRZ). 1764 (ZBS, ab 172). – 33. Ansicht der Stadt samt Umgelände nach HERRLIBERGER. Seitenverkehrte Radierung als Guckkastenbild. 27 × 41,5 cm. Nach 1758. Stich von LEIZEL. Variante mit anderer Beschriftung erschienen in «Augsburg bei Ios. Carminie» (ZBS, aa 419A, Variante: ZBS, aa 475). – 34. Ansicht der Stadt samt Umgelände nach HERRLIBERGER, aber mit neuer St.-Ursen-Stiftskirche. Vedute auf einer kalligraphischen Handwerkerkundschaft. Kupferstich. Von FRIEDRICH ARNOLD OBRIST (Zeichnung und Stich). Gesamtmaß 34 × 42,3 cm. 1772. Mit Varianten in der Rahmung (ZBZ GS, Solothurn I, 21a; Abb. bei FESER, S. 43)[19]. – 35. Ansicht der Vorstadtfortifikation mit St.-Ursen-Kirche vom Glacis aus. Aquarellierte Federzeichnung von DOMINIK WISSWALD. 33 × 49,8 cm. 1813 (KMS; Abb. bei FESER S. 81). – 36. Ansicht der Stadt und der umgebenden Landschaft von der alten Bernstraße aus. Bleistift- und Federzeichnung mit Quadratraster von FRANZ SCHMID. 27 × 38,8 cm. Um 1820 (HMBS, Depot KMS, Nr. 336). – 37. Panorama der Stadt vom Bleichenberg. Federlithographie von FRANZ GRAFF. 21,4 × 54,3 cm. Um 1840. In: STROHMEIER, 1840 (ZBS, R 695). – 37a. Vom selben Standort mit kleinerem Ausschnitt: Aquarell von FRANZ GRAFF. 17,7 × 35,5 cm (KMS, A 88 239). – 38. Ansicht der Vorstadt mit Eisenbahn und Blick auf die St.-Ursen-Kirche (Abb. 300). Stahlstich von LUDWIG ROHBOCK (Zeichnung) und J. RIEGEL (Stich). 11 × 17,3 cm. Um 1860 (ZBS, a 34; Abb. bei FESER, S. 241)[20]. – 39. Ansicht der Vorstadt nach Abbruch des äußeren Berntors, mit Blick auf die St.-Ursen-Kirche. Aquarell von J. ZIMMERMANN. Um 1875 (Standort unbekannt). – 39a. Stich nach ZIMMERMANN: Xylographie. Etwa 12,5 × 17 cm. In: Dr. GSELL-FELS. Die Schweiz. 2. Aufl. Zürich 1883, S. 243.

c) Südwestansichten vom rechten Aareufer (Fernsichten)

40. «Nemesis» mit Darstellung der Altstadt und Juralandschaft. Federzeichnung von URS GRAF. 39,2 × 31 cm. Um 1508 (Sammlung Thurn und Taxis, Regensburg) (Abb. 56)[21]. – 41. Schematische Stadtdarstellung auf dem Altargemälde im Mönchschor des Kapuzinerklosters Solothurn. Ölgemälde von HANS BOCK D.Ä. Gesamtmaße 213 × 154 cm[22]. 1604. – 42. Exakte Darstellung der Altstadt mit Juralandschaft auf dem Ratswappenkalender von 1661 (Abb. 278)[23]. 19,7 × 25,9 cm. Radierung. Druck von JOHANN JAKOB BERENHART (BERNHARD) (ZBS, aa 634; im StASO ganzer Ratswappenkalender; die Originalkupferplatte hat sich im HMO erhalten). – 42a. Kopie nach BERNHARD: Stadtdarstellung auf dem Fürbittbild des heili-

gen Franziskus. Ölgemälde von Jakob Kolin an der Decke des Refektoriums im ehemaligen Franziskanerkloster in Solothurn. 1664[24]. – 42b. In Anlehnung an Bernhard: Stadtdarstellung auf dem Gemälde der Belagerung der Stadt Solothurn 1318. Ölgemälde von Lienhard Rachel im Rathaus Solothurn. 135 × 170 cm (mit Rahmen). 1678. – 43. Sehr schematische Darstellung der linksufrigen Altstadt mit teils phantastischer Fortifikation und steinerner Aarebrücke. Auf dem linken Seitenaltarbild der Kirche Oberdorf. Ölgemälde. 1679. – 44. Blick auf Solothurn von der Aare bei Dreibeinskreuz. Radierung von Alexis Nicolas Pérignon (Zeichnung) und Louis Joseph Masquelier (Radierung). 21,1 × 34,5 cm. In: Beat Fidel Anton von Zurlauben. Tableaux de la Suisse. Paris, Clousier, etwa 1780 (ZBS, aa 2). – 44a. Nach dieser Vorlage: Radierung von Samuel Frey. 21 × 34,5 cm (ZBS, aa 3). – 45. Blick vom Spitalhof ins Aaretal mit Solothurn im Mittelgrund. Kolorierte Umrißradierung von Caspar Wyss. 24,5 × 41,5 cm. 1786 (HMBS; Abb. bei Feser, S. 77). – 45a. Kopie nach Wyss: Kolorierte Radierung. 30,7 × 56 cm. Ende 18. Jh. (HMBS, Inv. Nr. XV 528). – 46. Blick vom Hunnenberg auf die Aare mit Solothurn im Mittelgrund. Kolorierte Umrißradierung von Johann Jakob Biedermann. 39,4 × 59,4 cm. 1796 (ZBS, ab 35 bis). – 46a. Verkleinerte Ausgabe von J.J. Biedermann. Kolorierte Umrißradierung. 29,3 × 43,5 cm (ZBS, aa 13). – 47. Blick auf Solothurn von der Aare oberhalb Dreibeinskreuz. Sepiaaquarell von Albert Tscharner. 21,7 × 32,5 cm. 1814 (ZBS, aa 777). – 48. Blick auf Solothurn von der Aare bei Dreibeinskreuz. Lithographie von R. Keller. 9 × 14,4 cm. 2. Viertel 19. Jh. (ZBS, a 871). – 49. Blick auf Solothurn vom Turm der Dreibeinskreuzkapelle von Franz Graff. Feder, laviert. 9,8 × 15 cm. 1839 (KMS, A 88.68). – 49a. Nach dieser Vorlage: Aquatinta von Franz Hegi. 9,9 × 15 cm. In: Strohmeier, 1840 (ZBS, R 695). – 49b. Variante nach derselben Vorlage von der Straße aus. Sepia von Franz Graff. 24 × 36,5 cm. 1833[25] (KMS, A 88.30). – 50. Blick vom Lackenhöfli auf Solothurn. Lithographie von J.P. Wagner nach Daguerrotypie von Franziska Möllinger. 20,4 × 29,4 cm. 1844 (ZBS, aa 11 und GA II 46)[26]. – 51. Blick vom Spitalhof ins Aaretal mit Solothurn im Mittelgrund. Gouache von Andreas Keller. 35 × 52,3 cm. Um 1840–1850 (HMBS, Depot KMS, Mappe 20)[27]. – 51a. Nach dieser Vorlage: Tonlithographie von A. Keller («auf den Stein gezeichnet») und R. Keller (Druck). 31,3 × 45,7 cm. 1846 (ZBS, ab 23; Abb. bei Feser, S. 224). – 52. Blick auf Solothurn vom Lackenhöfli. Bleistiftzeichnung von Caspar Ulrich Huber. 23,8 × 34,4 cm. Um 1850 (GS ETHZ, 691). – 52a. Nach dieser Vorlage: Stahlstich von J.L. Rüdisühli. 12,3 × 18 cm. In: Das Schweizerland in Wort und Bild. ... Verlag von S.W. Albrecht, Lenzburg 1850 (KKBS, 1951.80.58; Originalstahlplatte in der ZBS). – 53. Blick auf Solothurn von der Aare oberhalb Dreibeinskreuz. Getuschte Federzeichnung. Evtl. von L. Rohbock. 11,1 × 17,6 cm. Mitte 19. Jh. (ZBS, a 903). – 53a. Möglicherweise nach dieser Vorlage: Stahlstich von L. Rohbock (Zeichnung) und F. Hablitscheck (Stich). 10,2 × 17,7 cm (ZBS, a

474). – 54. Blick auf Solothurn von der Aare unterhalb Dreibeinskreuz. Öl auf Leinwand. 44 × 62 cm. Um 1860.

d) Westansichten vom linken Aareufer (Nahsichten)

55. Sehr exakte Darstellung der Stadt und der umgebenden Landschaft vom Treppenturm des Aarhofs aus (Abb. 82). Feder- und Bleistiftzeichnung von Emanuel Büchel. Etwa 24 × 93,5 cm. 1757 (KKBS, A 202). – 55a. Nach dieser Vorlage: Radierung von J.R. Metzger. 15,8 × 26,7 cm. In: David Herrliberger. Neue und vollständige Topographie der Eydgnossschaft ... Basel 1758, Band 2, Tf. 263. – 56. Sehr exakte Darstellung der Stadt vom Treppenturm des Aarhofs aus. Aquarellierte Federzeichnung von Laurent Louis Midart. Lichtmaß 40,6 × 54 cm. 1778 (KMO)[28]. – 56a. Replik: Aquarellierte Federzeichnung von L. L. Midart. Lichtmaß 30,2 × 42,9 cm. Um 1780 (PB Solothurn; Abb. bei Feser, S. 92)[29]. – 57. Sehr exakte Darstellung der Stadt und der umgebenden Landschaft vom Treppenturm des Aarhofs aus. Kolorierte Umrißradierung von Niklaus Sprünglin. 35,5 × 55,7 cm. Um 1780 (ZBS, ab 13; Abb. bei Feser, S. 135). – 58. Ovale Darstellung der Stadt vom Treppenturm des Aarhofs aus. Lavierte Federzeichnung von Laurent Louis Midart. 26,4 × 34,2 cm. 1790 (KMS, Inv. Nr. B 92,37)[30]. – 58a. Ovale Replik: Aquatinta von L. L. Midart (Zeichnung und Stich). 19,5 × 30 cm. 1790 (ZBS, aa 6)[31]. – 59. Blick vom Obach auf die Altstadt mit Krummturm und Katzenstegbastion. Getuschte Federzeichnung. 19,4 × 62 cm. 1790 (ZBS, ab 61). – 60. Blick vom Obach auf die Altstadt mit Krummturm und Katzenstegbastion. Aquarellierte Federzeichnung von Ch. Fröhlicher. 14,5 × 23,5 cm. 1824 (HMBS, Inv. Nr. 211). – 61. Detaillierte Ansicht der Altstadt mit Krummturm und Katzenstegbastion vom Obach aus. Aquarellierte Federzeichnung von Franz Schmid. 14,2 × 22,6 cm. Um 1820–1835 (GS ETHZ, 678). – 61a. Nach dieser Vorlage: Aquatinta von J. Sperli bei R. Dikenmann bzw. Jeanneret frères. 11,1 × 16,9 cm. Um 1820–1835 (ZBS, a 33, Variante a 362). – 61b. Nach derselben Vorlage: Aquatinta von J. Sperli. 9,5 × 15,8 cm. Um 1820–1835 (ZBS, a 870). – 62. Blick vom Obach auf die Altstadt mit Krummturm und Katzenstegbastion. Aquatinta von Häsli. 7,2 × 11,3 cm. Um 1820–1835 (SLM, CN 999). – 63. Blick vom Obach auf die Altstadt mit Krummturm und Katzenstegbastion. Aquatinta im Verlag R. Dikenmann. 6,7 × 10,3 cm. Um 1820–1835 (ZBS, a 28). – 63a. Nach dieser Vorlage: Schematische Lithographie. 5,7 × 7 cm . In: C. de Sommerlatt. Carte de la Suisse ... Bern 1837 (ZBS, ab 67). – 64. Blick vom Obach auf die Altstadt mit Krummturm und Katzenstegbastion. Tuschzeichnung. 23 × 34,2 cm. Mitte 19. Jh (HMBS, Inv. Nr. 77). – 65. Blick vom Obach auf die Altstadt mit Krummturm und Katzenstegbastion. Aquatinta. 8,7 × 12,7 cm. Mitte 19. Jh. (ZBS, a 26). – 65a. Nach dieser Vorlage: Tonlithographie von F. Schönfeld im Verlag J.U. Locher. Mitte 19. Jh. (ZBS, a 468). – 66.

Anmerkungen am Schluß des Kapitels S. 320–321

Blick vom Aarhof auf die Altstadt mit Eisenbahnbrücke. Aquatinta von RUDOLF DIKENMANN. 6 × 9,6 cm. Um 1860 (PB Solothurn; Abb.299). – 66a. Variante davon: Blick vom Aarhof auf die Altstadt mit Eisenbahnbrücke und Krummturm. Aquatinta von RUDOLF DIKENMANN. 7,5 × 11,2 cm. Um 1865 (ZBS, a 36). – 66b. Xylographie. 13,3 × 17,8 cm. In: Neuer Appenzeller Kalender 1876 (LB, St.03.5072).

e) Südostansichten vom rechten Aareufer

67. Leichte Aufsicht auf die Stadt und die Vorstadt von der Ischern. Ölgemälde, vermutlich von FRANZ und NIKLAUS KNOPFF von 1583 am Zifferblatt der astronomischen Uhr am Zeitglockenturm. Zwischen 1729 und 1963 wiederholt renoviert[32]. – 68. Sehr detaillierte Ansicht der Altstadt von der Turnschanze aus (Abb.84). Feder- und Bleistiftzeichnung von EMANUEL BÜCHEL. Etwa 28 × 78 cm. 1757 (KKBS, A 202, S.12; Teilabb. bei FESER, S.50). – 68a. Nach dieser Vorlage: Radierung. 18,5 × 27,5 cm. In: DAVID HERRLIBERGER. Neue und vollständige Topographie der Eydgnosssschaft ... Zürich, Band 3, Tf. 298 (ZBS, aa 7). – 69. Blick auf Solothurn vom Aareufer unterhalb der Altstadt. Aquarellierte Federzeichnung von LAURENT LOUIS MIDART. 45,3 × 54 cm. 1775 (PB Solothurn)[33]. – 70. Blick vom Glacis vor der Turnschanze auf die Altstadt mit dem Ritterbollwerk. Kolorierte Umrißradierung von NIKLAUS SPRÜNGLIN, verlegt bei Monty in Genf. 34,6 × 55,6 cm. Um 1780 (ZBS, ab 14; Abb. bei FESER, S.71). – 70a. Identischer Stich von CASPAR WYSS. 1786 (HMBS, Inv. Nr.15). – 71. Blick auf Solothurn vom Aareufer unterhalb der Altstadt. Lavierte Federzeichnung von LAURENT LOUIS MIDART. 19,7 × 30,2 cm. 1790 (KMS, B 92.36; Abb. bei FESER, S.98)[34]. – 71a. Nach dieser Vorlage: Aquatinta von L.L. MIDART (Zeichnung und Stich). 19,5 × 30 cm. Um 1790 (ZBS, aa 615)[35]. – 72. Blick vom Glacis auf die Altstadt. Radierung von FRANZ HEGI. 8,7 × 13,7 cm. In: Helvetischer Almanach für das Jahr 1813, Zürich, Orell Füssli & Comp., 1813, bei S.20. – 72a. Nach dieser Vorlage: Radierung. 9,3 × 14,cm. Um 1820–1840 (ZBS, a 39). – 72b. Nach HEGI: Radierung. Etwa 7,8 × 12,5 cm (ZBS, a 32). – 72c. Nach HEGI: Aquatinta von G.F. SCHMID (Zeichnung) und J. MEYER (Stich). 9,5 × 16 cm. Um 1820–1840 (ZBS, a 31). – 72d. Nach HEGI: Lithographie. 8,7 × 11,4 cm. Um 1820–1840 (SLM, CN 1000). – 73. Blick vom Glacis auf die Altstadt. Lithographie, evtl. von UBALD VON ROLL («Desi. et lithog. à Soleure 1824»). 34 × 64,5 cm. 1824 (ZBS, ab 200 A). – 73a. Evtl. nach dieser Vorlage: Bleistiftzeichnung ohne Staffagefiguren. 33,6 × 54 cm. Um 1830 (PB Solothurn). – 74. Blick vom Glacis auf die Altstadt. Lithographie, ähnlich wie vorhergehende Nummer, evtl. von UBALD VON ROLL. 21 × 26,8 cm. Um 1825 (HMBS, Depot KMS, Mappe 5; Abb. bei FESER, S.144). – 75. Blick vom Glacis auf die Altstadt. Xylographie(?) im Verlag Johann Jakob Christen, Aarau[36]. 16,3 × 24 cm. Um 1825 (ZBS, aa 17). – 76. Blick vom Glacis auf die Altstadt. Lavierte Sepiazeichnung von FRANZ GRAFF. 22 × 32 cm. Um 1830 (KMS, A 88.345). – 76a. Nach dieser Vorlage: Lithographie. 24,7 × 35,9 cm. Um 1840 (HMBS, Inv. Nr.137). – 76b. Variante mit veränderter Staffage: Aquarell von FRANZ GRAFF. 34,4 × 46,8 cm. 1832 (KMS, A 88.319; Abb. bei FESER, S.177). – 76c. Variante ohne Staffage: Lavierte Sepiazeichnung von FRANZ GRAFF. 22 × 35 cm. 1839 (KMS, A 88.26). – 77. Ansicht der Altstadt von der Turnschanze aus. Aquatinta von JOHANN BAPTIST ISENRING (Zeichnung) und JOHANNES HAUSHEER (Stich). Einzeldruck des Milieus im Gruppenstich (vgl. BD III/1). 20,4 × 33,5 cm. 1832/33[37] (ZBS, aa 289; Abb. bei FESER, S.206). – 77a. Nach dieser Vorlage: Aquatinta von JOHANN BAPTIST ISENRING. 7,8 × 12,4 cm. Um 1835–1840[38] (ZBS, a 636). – 78. Blick vom Glacis auf die Altstadt. Lithographie von WALDE, Druck von G. SEYFERT. 6,4 × 12,9. Um 1835. Aus Neujahrsblatt der sog. «Zittauer Blätter» (ZBS, a 991). – 78a. Nach dieser Vorlage: Radierung von F. CAMPE, Nürnberg. 7,6 × 13,2 cm. Um 1840 (ZBS, a 872). – 78b. Nach WALDE/SEYFERT: Lithographie. 7,2 × 10,8 cm. Um 1840 (ZBS, a 635). – 79. Blick vom Glacis auf die Altstadt. Stahlstich von HEINRICH WINKLER nach Zeichnung von GUSTAV ADOLPH MÜLLER. 10,1 × 15,2. In: HEINRICH ZSCHOKKE. Die klassischen Stellen der Schweiz und deren Hauptorte in Originalen dargestellt. Karlsruhe/Leipzig 1838, bei S. 350 (ZBS, a 24). – 79a. Nach dieser Vorlage: Lithographie im Verlag J. Brewer, Dresden, Druck von TH. GÖRNERT. 12,7 × 18,5 cm. Um 1840 (ZBS, aa 15). – 79b. Nach WINKLER/MÜLLER: Lithographie. 6 × 9 cm (ZBS, a 30). – 80. Blick vom Glacis auf die Altstadt. Aquatinta von ANTON WINTERLIN (Zeichnung) und FALKEISEN (Stich). 15,2 × 20,5 cm. Um 1840 (ZBS, aa 9; Abb. bei FESER, S.197). – 81. Blick vom Glacis auf die Altstadt. Lithographie im Verlag FRIEDRICH WALSER in Solothurn. 4,6 × 8,8 cm. Um 1840 (ZBS, a 975). – 82. Ansicht der Altstadt von der Turnschanze aus. Aquatinta, bei RUDOLF DIKENMANN. 6,9 × 10,5 cm. Um 1840 (ZBS, a 21). – 82a. Nach dieser Vorlage: Bleistiftzeichnung von P. HERWEGEN. 6 × 16,5 cm. 1853. Titelblatt von Domherr LUDWIG VON VIVIS im Album des Kunstvereins I (KMS). – 83. Blick vom Glacis auf die Altstadt. Lithographie. 10,5 × 16,8 cm. Um 1840 (HMBS, Depot KMS, Mappe 5, Nr.337). – 83a. Ähnlich: Aquatinta von TRACHSLER[39]. 6,9 × 10,3 cm. Um 1840 (ZBS, a 15). – 83b. Ähnlich: Aquatinta, «Nürnberg bei Riedel». 6,3 × 9,9 cm. Um 1840 (ZBS, aa 557). – 84. Blick vom Glacis auf die Altstadt in sehr schematischer Darstellung. Lithographie von H. VON ARX und C. STAUFFER. 4,1 × 6,3 cm. Um 1840 (ZBS, ab 192). – 85. Ansicht der Altstadt von der Turnschanze. Lithographie von JEAN-LOUIS JACOTTET. 16,5 × 26,5 cm. Um 1840–1850 (ZBS, aa 1). – 86. Blick vom Glacis auf die Altstadt nach Abbruch des Ritterbollwerks. Lavierte Zeichnung in blauer Tusche von L. SABATIER. 8,5 × 14,5 cm. Um 1840–1850 (HMBS, Inv. Nr.979). – 87. Ansicht der Altstadt von der Turnschanze nach Abbruch des Ritterbollwerks. Tonlithographie von JEAN-LOUIS JACOTTET. 11,5 × 39,5 cm. Um 1850–1860 (ZBS, aa 695). – 88. Blick vom Glacis auf die Aare mit Dampfschiff und auf die Altstadt nach Abbruch des Ritterbollwerks

(Abb. 287). Lithographie von ASSELINEAU nach Zeichnung von DEROY. 9,9 × 13,5 cm. Um 1855–1857 (ZBS, a 27). – 89. Blick vom Glacis auf die Aare mit Dampfschiff und Ruderboot und auf die Altstadt nach Abbruch des Ritterbollwerks. Kolorierter Stahlstich. 4,2 × 6,5 cm. Um 1855–1857 (PTT-Museum, Bern; Abb. bei FESER, S. 212). – 90. Ansicht der Altstadt von der Turnschanze nach dem Bau des Gaswerks. Aquatinta von RUDOLF DIKENMANN. 7,5 × 11,3 cm. Nach 1860 (ZBS, a 35).

f) Stadtansichten von Norden

91. Sehr schematische Darstellung der Stadt von Norden auf der Landkarte des Kantons Bern von THOMAS SCHOEPF, Blatt 15. Kupferstich. 1577/78[40] (Burgerbibliothek Bern) (Abb. 4). – 92. Panorama vom Weißenstein mit ziemlich detaillierter Darstellung der Stadt und ihrer weiteren Umgebung. Kolorierte Umrißradierung von JOHANN JAKOB SCHEURMANN nach Zeichnung von HEINRICH KELLER. Gesamtmaß 21 × 190 cm. 1817 (HMBS, Inv. Nr. 141; Abb. eines Ausschnittes bei FESER, S. 163). Miniaturhafte Vorzeichnungen dazu auf einem Sammelblatt (LB). – 92a. In Anlehnung daran aktualisierte Fassung auf einem Prospekt des Hotels Krone in Solothurn: Lithographie von GUSTAV AFFOLTER, Solothurn. 13,2 × 21,5 cm. Um 1850 (ZBS, aa 810). – 93. Blick von den Steingruben auf die Stadt Solothurn mit Bittprozession und Steinbruch im Vordergrund. Aquarell. 20,5 × 28 cm. Um 1830–1850 (PB Zofingen; Abb. bei FESER, S. 199). – 94. Blick von St. Niklaus auf die Fegetzallee und die Altstadt. Bleistift, Sepia, laviert. Von FRANZ GRAFF. 20,2 × 26,7 cm. Um 1830–1840 (KMS, A 88.2). – 94a. Wiederholung ohne Figurenstaffage. 19,5 × 25 cm (HMBS, Depot KMS, Mappe 6, Nr. 100). – 95. Aussicht vom Wengistein auf die Stadt Solothurn in schematischer Darstellung. Getuschte Federzeichnung von ANTON WINTERLIN. 10,3 × 16,1 cm. Um 1850 (KKBS, Inv. Nr. 1927, 447, Skizzenbuch A 210, S. 57). – 96. Panorama von Solothurn von den Steingruben. Aquatinta im Verlag von Johann Heinrich Locher in Zürich. 8,7 × 54,8 cm. Um 1850 (ZBS). – 97. Blick von den Steingruben auf Solothurn in eher schematischer Darstellung. Bleistiftzeichnung, weiß gehöht. Von JOHANN JAKOB ULRICH. 24,7 × 32,2 cm. 1853 (GS ETHZ, Mappe 690)[41]. – 97a. Nach dieser Vorlage: Stahlstich von CASPAR HUBER. 15,2 × 22,8 cm. In: Die Schweiz in Bildern. Zürich 1856 (ZBS, aa 16).

g) Übrige Ansichten außerhalb der Altstadt

98. Ansicht der Gebäude an der Hermesbühlstraße von Süden mit der Indiennemanufaktur Wagner. Aquarellierte Federzeichnung von LAURENT LOUIS MIDART. 27,3 × 39,4 cm. 1781/82[42] (PB Solothurn; Abb. bei FESER, S. 153). – 99. Blick von der Schanze auf das Glacis bei der alten Bernstraße. Getuschte Federzeichnung. 19,4 × 54,2 cm. 1790 (ZBS, ab 60). – 100. Blick von der Schanze in die Greiben. Getuschte Federzeichnung. 20,4 × 66,5 cm. 1790 (ZBS, ab 59). – 101. Blick von Brüggmoosstraße und Herrenweg auf die Loretowiese. Bleistiftzeichnung von UBALD VON ROLL. 36 × 50 cm. 1819 (KMS, Mappe 21, Nr. 2750). – 102. Ansicht des Hermesbühlplatzes mit Lorenzenkapelle. Sepia, laviert. 11,5 × 21,5 cm. 1830 (HMBS, Depot KMS, XVI. 726, 1922.24). – 103. Blick von Feldbrunnen auf Solothurn. Sepia von FRANZ GRAFF. 18,8 × 23,5 cm. Um 1850[43] (KMS, A 88.33). – 104. Ausblick in die Aareebene bei Solothurn anläßlich der Überschwemmung am 17./18. September 1852. Aquarell von FRANZ GRAFF. 23,2 × 32,5 cm (KMS, A 88.314).

III. SAMMELANSICHTEN DER STADT

1. Gruppenstich. Aquatinta von JOHANN BAPTIST ISENRING. Großformatige Ausgabe: 36,8 × 49,8 cm. 1832/33. Milieu: Ansicht der Altstadt von der Turnschanze (wie BD II/73). Randbilder (im Uhrzeigersinn, oben links beginnend): a) Einsiedelei, b) Kreuzenkapelle, c) Inneres der Verenakapelle in der Einsiedelei, d) Friedhof St. Katharina, e) Wengistein, f) Hauptgasse mit Jesuitenkirche und St.-Ursen-Kirche, g) Zeitglockenturm, h) Blick vom Landhaus auf Wengibrücke und Vorstadt, i) Kurhaus Weißenstein, j) Blick vom Obach auf Krummturm und Katzenstegschanze, k) Inneres Baseltor von der Feldseite, l) Rathausgasse mit Rathausfassade (ZBS, ab 4). Vorzeichnungen zu den Randbildern d, e, f, l in der ZBS (a 842, a 333B, a 843, a 844)[44]. – 1a. Kopie nach der großformatigen Ausgabe: Gruppenstich. Aquatinta von JOHANN BAPTIST ISENRING. Kleinformatige Ausgabe: 20,4 × 29,8 cm. 1832–1835 (ZBS, aa 49)[45]. – 2. Gruppenstich. Lithographie. 14,2 × 25,3 cm. Um 1860. Milieu: Blick von der Turnschanze auf die Altstadt (in Anlehnung an ISENRING, BD II/73)[46]. Randbilder (im Uhrzeigersinn, oben links beginnend): a) St.-Ursen-Kirche, b) Jesuitenkirche, c) Einsiedelei, d) Denkmal für Robert Glutz von Blotzheim in der Verenaschlucht (ZBS, aa 44). – 2a. Variante mit gleichen Randbildern, aber zwei Hauptbildern: Lithographie. 10 × 12,4 cm. Um 1860. Hauptbilder: Kosziusko-Denkmal in Zuchwil, Wengistein. Randbilder (im Uhrzeigersinn, oben links beginnend): a) Jesuitenkirche, b) St.-Ursen-Kirche, c) Denkmal für R. Glutz von Blotzheim, d) Einsiedelei (ZBS, a 906). – 3. Souvenirblatt «Curiosités de Soleure». Lithographie. 10 × 12,6 cm. Um 1868. Vorderseite: Gruppenstich. Milieu: Fassade der St.-Ursen-Kirche. Randbilder (im Uhrzeigersinn, oben links beginnend): a) Einsiedelei, b) Wengistein, c) Denkmal für Robert Glutz von Blotzheim in der Verenaschlucht, d) Kosziusko-Denkmal in Zuchwil. Rückseite: Blick vom Aarhof auf die Altstadt mit Eisenbahnbrücke (in Anlehnung an DIKENMANN, BD II/64) (LB, St. 03.5071; Abb. bei FESER, S. 238). – 4. Gruppenstich. Stahlstich. 18 × 25,8 cm. Um 1860. Milieu: Blick von der Turnschanze auf die Altstadt nach Abbruch des Bollwerks und vor Neubau des Gaswerks.

Anmerkungen am Schluß des Kapitels S. 321

Randbilder (im Uhrzeigersinn, oben links beginnend): a) Zeitglockenturm, b) Blick über die Aare auf Palais Besenval und St.-Ursen-Kirche, c) Wengistein, d) Einsiedelei, e) Kosziuscko-Haus an der Gurzelngasse, f) Inneres der St.-Ursen-Kirche, g) Kosziuscko-Denkmal in Zuchwil, h) Anstalt Rosegg, i) Kurhaus Weißenstein, j) Denkmal für Amanz Gressly in der Verenaschlucht, k) Fassade der St.-Ursen-Kirche. In: Jakob Frey. Das Schweizerland in Wort und Bild. Basel 1865. – 5. Darstellung von Solothurner Türmen sowie Hotel Bargetzi. Aquarellierte Federzeichnung von Edouard-Horace Davinet. 1862 (KMO; Abb. bei Feser, S. 258).

IV. DARSTELLUNGEN INNERHALB DER ALTSTADT

a) Ansichten und Bauten entlang der Aare

1. Exakte Panoramadarstellung der Altstadt vom oberen Kreuzackerquai von Emanuel Büchel (Abb. 83, 280). Bleistift und Feder, z.T. laviert. 23,8 × 122 cm. 1757 (KKBS, A 202, S. 8; Teilabb. bei Feser, S. 37). – 2. Blick vom Obach zur Wengibrücke und ihren angrenzenden Bauten. Aquarellierte Federzeichnung von Caspar Wyss. 26,7 × 48 cm. Ende 18. Jh. (HMBS, Inv. Nr. 79; Abb. 292). – 3. Blick vom unteren Kreuzackerquai auf die Altstadt. Kolorierte Umrißradierung von Gossmann(?). 9,6 × 14,3 cm. 1790 (KKBS, Sammlung Falkeisen). – 4. Blick vom Rollhafen zur Wengibrücke und ihren angrenzenden Bauten. Kolorierte Lithographie von Ubald von Roll. 17,2 × 21,5 cm. Um 1820–1830 (HMBS, 123; Abb. bei Feser, S. 152). – 5. Blick vom Obach zur Wengibrücke und ihren angrenzenden Bauten. Bleistiftzeichnung. 12,5 × 22 cm. 1830 (HMBS, Inv. Nr. 1923.24 XVI. 724). – 6. Blick vom Klosterplatz auf Palais Besenval und Kreuzackerbrücke. Aquarellierte Bleistiftzeichnung von Franz Graff. 14,5 × 19 cm. 1830 (KMS, A 88.316). – 7. Blick vom Rollhafen schräg über die Aare auf die Altstadt. Sepia, laviert. Von Franz Graff. 18 × 24,5 cm. 1831 (KMS, A 88.49; Abb. bei Feser, S. 190). – 8. Blick von der Wengibrücke aareaufwärts. Lavierte Sepiazeichnung von Franz Graff. 17,2 × 23,5 cm. Um 1831 (KMS, A 88.20). – 8a. Wiederholung, aber ohne Ruderboot. Lavierte Sepiazeichnung. 17,5 × 23,5 cm (HMBS, Depot KMS, Nr. 101, Mappe 6). – 9. Blick vom unteren Kreuzackerquai auf Hürliturm und Wengibrücke. Bleistiftzeichnung von Leopold von Besenval. 21,3 × 22,2 cm. 1832 (ZBS, aa 751). – 10. Ansicht von Krummturm und altem Spital vom Obach aus. Bleistiftzeichnung von Franz Graff. 21,2 × 25,3 cm. 1836 (ZBS, aa 750). – 11. Blick vom Obach zur Wengibrücke und den angrenzenden Bauten. Aquatinta von Johann Jakob Sperli. 6,5 × 10,2 cm. In: Der Wanderer in der Schweiz. Eine malerische Zeitschrift, herausgegeben von mehreren Freunden des Vaterlandes 3, Nr. 22, 1836, nach S. 94 (ZBS, aa 42). – 11a. Nach dieser Vorlage: Lithographie. 4,5 × 6,9 cm (ZBS, a 48). – 12. Blick vom Landhaus auf die Vorstadt. Bleistiftzeichnung, wohl von Leopold von Besenval. 15 × 23,5 cm.

1839 (ZBS, aa 752). – 13. Blick von der Wengibrücke aareabwärts mit Uferbauten. Bleistiftzeichnung. 14,6 × 23,9 cm. Um 1830–1850 (HMO). – 14. Blick vom oberen Kreuzackerquai auf Palais Besenval und St.-Ursen-Kirche. Aquarell von Franz Graff. 30,2 × 35,2 cm. Um 1830–1840 (KMS, A 88.188). – 15. Blick vom Aareufer bei der ehemaligen Ritterbastion auf die beiden Aarebrücken. Aquarellierte Bleistiftzeichnung von Franz Graff. 26,4 × 33,2 cm. 1845 (KMS, A 88.315). – 16. Blick vom Rollhafen schräg über die Aare auf die Altstadt. Bleistiftzeichnung von Viktor Tugginer. 13,5 × 19 cm. 1848 (ZBS, a 432). – 17. Blick vom Rollhafen zur Wengibrücke. Federzeichnung von «M.F»(?). 13,5 × 21,2 cm. 1856 (HMBS, Inv. Nr. 218). – 18. Blick vom oberen Kreuzackerquai über den Rollhafen und die Aare auf die Altstadt (Abb. 282). Farblithographie von Isidore-Laurent Deroy (Zeichnung) und Léon-Auguste Asselineau (Lithographie). 9,8 × 13,3 cm. Um 1850–1860 (ZBS, a 29; Abb. bei Feser, S. 251). – 19. Blick unter der Eisenbahnbrücke hindurch auf Aare und Altstadt. Aquarell von Edouard-Davinet. 22 × 28 cm (PB Solothurn; Abb. bei Feser, S. 256). – 20. Wengibrücke mit Spital. Xylographie. 6 × 10,5 cm. In: St. Ursenkalender 1875, S. 33. – 21. Blick vom Landhausquai auf die Vorstadt. Bleistiftzeichnung von G. Bühl. 19 × 22,2 cm. 1898 (ZBS, a 54).

b) Übrige Ansichten innerhalb der Altstadt

Ansichten des Marktplatzes und der westlichen Hauptgasse. 22. Marktplatz mit Zeitglockenturm von Nordosten. Bleistiftzeichnung von Josef Wirz. 44,3 × 24,3 cm (mit Rahmen). 1826 (PB Solothurn). – 23. Blick vom Fischbrunnen in die westliche Hauptgasse. Unvollständige aquarellierte Bleistiftzeichnung. 37 × 29,6 cm. Um 1840[47] (KMO; Abb. bei Feser, S. 209). – 24. Marktplatz mit Frontalansicht des Zeitglockenturms. Aquatinta von Franz Graff (Zeichnung) und Franz Hegi (Stich). 14,8 × 9,8 cm. In: Strohmeier, 1840, nach S. 52 (ZBS, R 695). – 25. Blick über den Marktplatz in die westliche Hauptgasse. Lithographie von F. Brunner. 17,5 × 12,4 cm (oval). Um 1840 (ZBS, a 503; Abb. bei Feser, S. 259). – 26. Marktplatz mit Frontalansicht des Zeitglockenturms. Lithographie auf Karton mit eingebauter Bilderuhr samt Datumanzeige. Nach Vorzeichnung von Charles Brunner. 60,5 × 47,8 cm. 1842 (HMBS, Inv. Nr. 22). – 27. Marktplatz mit Frontalansicht des Zeitglockenturms. Lavierte Bleistiftzeichnung von Heinrich Jenny. 30,5 × 22,5 cm. Um 1840–1850 (HMBS, Inv. Nr. 1049; Abb. bei Feser, S. 240).

Ansichten der östlichen Hauptgasse und des Kronenplatzes. 28. Kronenplatz mit Hotel Krone und St.-Ursen-Kirche. Lavierte Federzeichnung von Franz Graff. 11,6 × 9,1 cm. 1839 (GS ETHZ 677 M). – 28a. In ähnlicher Art mit anderer Personenstaffage: Lavierte Federzeichnung von Franz Graff. 11,5 × 9 cm. Um 1839 (KMS,

Anmerkungen am Schluß des Kapitels S. 321

BILDDOKUMENTE 313

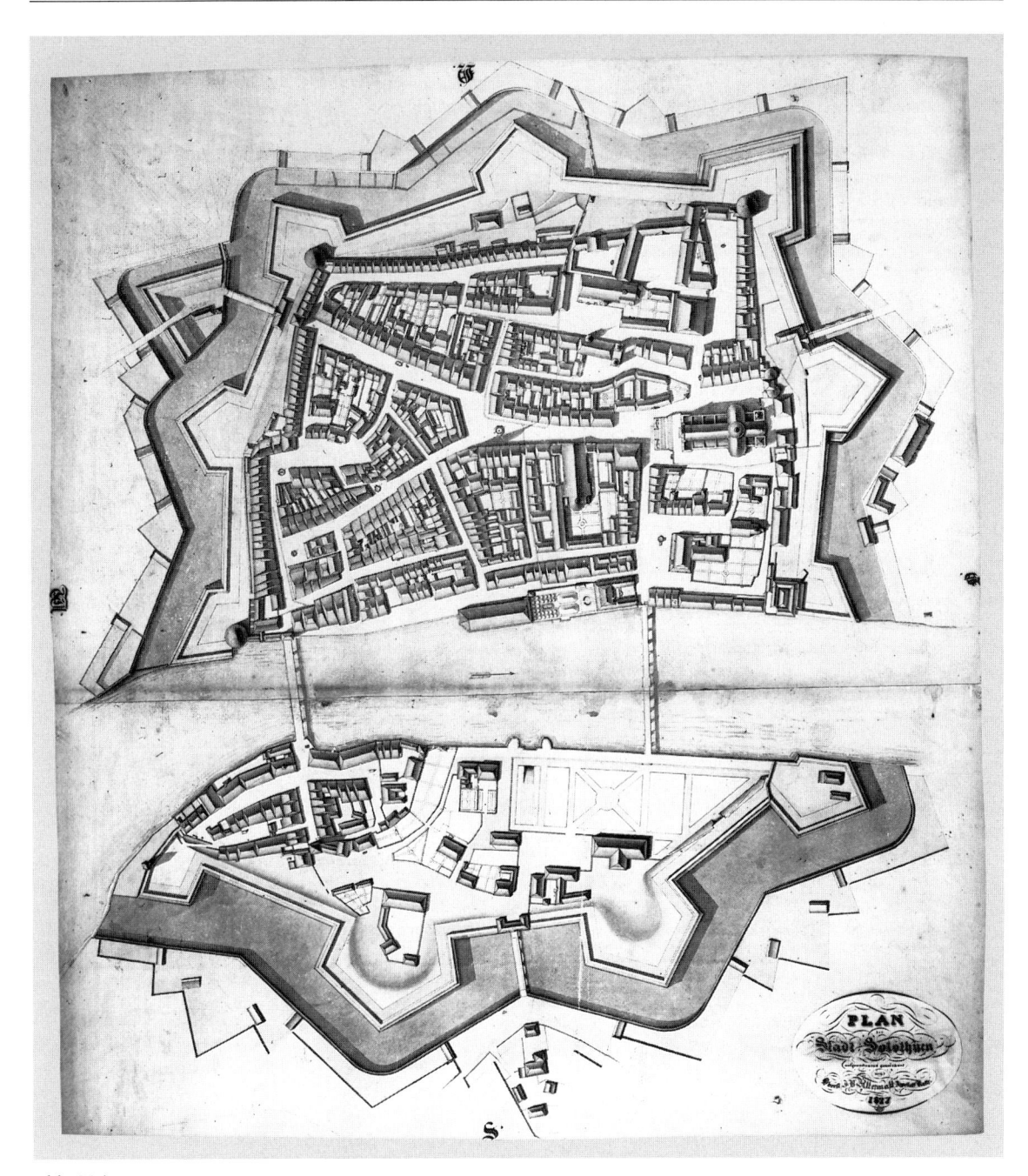

Abb. 304
Plan der Altstadt von Solothurn mit Einzeichnung der Dachlandschaft, von Johann Baptist Altermatt. Kolorierte Federzeichnung, 1827 (PD 14). – Text S. 317.

A 88.69). – 28b. Nach dieser Vorlage: Aquatinta von FRANZ HEGI. 11,5 × 8,9 cm. Um 1840 (ZBS, a 561). – 29. Blick vom Kronenplatz in die Hauptgasse mit der Jesuitenkirche. Aquatinta von FRANZ GRAFF (Zeichnung) und FRANZ HEGI (Stich). 15 × 10 cm. In: STROHMEIER, 1840, nach S. 46 (ZBS, R 695; Abb. bei FESER, S. 106). – 30. Blick vom Marktplatz auf Jesuitenkirche und St.-Ursen-Kirche. Aquatinta von RUDOLF DIKENMANN in Anlehnung an das Rahmenbild bei J. B. ISENRING (vgl. BD III/1f.). 8,6 × 5,9 cm. Um 1840–1850 (ZBS, a 46). – 31. Blick von der

Propstei über den Kronenplatz zum Hotel Krone. Aquatinta, vermutlich von JOHANN HEINRICH LOCHER. 8,9 × 5,9 cm. Um 1840–1850 (ZBS, a 549). – 32. Blick über den Kronenplatz auf Hotel Krone und die St.-Ursen-Kirche. Aquatinta, vermutlich von JOHANN HEINRICH LOCHER. 6,2 × 9,5 cm. Um 1840–1850 (ZBS, a 548). – 33. Blick über den Kronenplatz auf die St.-Ursen-Kirche und die angrenzenden Bauten. Aquarellierte Bleistiftzeichnung von JEAN JACOTTET. 12 × 17 cm. Mitte 19.Jh. (ZBS, a 904). – 33a. Nach dieser Vorlage: Tonlithographie von JEAN JACOTTET, gedruckt bei BLANCHOUD in Vevey. 12 × 17 cm. Mitte 19.Jh. (ZBS, a 63).

Weitere Gassenbilder und Ansichten innerhalb der Altstadt. 34. Dachausblick vom Hotel Krone Richtung Südosten. Bleistiftzeichnung, vermutlich von FRANZ GRAFF. Um 1830–1840 (PB Solothurn). – 35. Dachausblick vom Hotel Krone Richtung Süden. Bleistiftzeichnung von FRANZ GRAFF. 19,5 × 29 cm. 1834 (PB Solothurn). – 36. St.-Peters-Platz mit Fassade der St.-Peters-Kapelle. Aquarell von FRIEDRICH JENNY. 1858 (PB Solothurn). – 37. Blick vom Zeughausplatz zum Rathausplatz. Lavierte Federzeichnung von FRANZ GRAFF. 15 × 10 cm. 1839 (KMS, A 88.70). – 37a. Nach dieser Vorlage: Aquatinta von FRANZ HEGI. 15 × 9,8 cm. In: STROHMEIER, 1840, nach S. 50 (ZBS, R 695; Abb. bei FESER, S. 155). – 38. Blick aus dem Torbogen des Berntors auf die Berntorstraße und die Wengibrücke. Lithographie, evtl. nach Zeichnung von FRANZ GRAFF. Um 1840–1850. 8,2 × 8 cm (ZBS, a 45).

Brunnen. 39. Kapitell und Figur des St.-Georgs-Brunnens. Bleistiftzeichnung von LUDWIG VOGEL. 19,5 × 10,9 cm. Um 1820–1840 (SLM, CM 27549). – 40. Gerechtigkeitsbrunnen von Westen. Holzstich von HEINRICH JENNY. 7 × 4,5 cm. 1885 (ZBS, a 883).

V. BEFESTIGUNGEN

a) Westseite

1. Ansicht des Katzenstegturms und der St.-Georgs-Bastion vom Spital her. Lithographie von HEINRICH JENNY (Zeichnung) und XAVER AMIET (Lithographie). 14,9 × 18,6 cm. Um 1856 (ZBS, aa 576; Abb. bei FESER, S. 120). – 2. Blick von der St.-Josephs-Bastion zum inneren und äußeren Bieltor und die Grabenbrücke (Abb. 212). Bleistift- und Federzeichnung von FRANZ SCHMID. 23,5 × 39,6 cm. Um 1820 (HMBS, Depot KMS, 1914.3.XVI.496). – 3. Blick von der St.-Josephs-Bastion auf Grabenbrücke, Käferschanze und Kapuzinerkloster. Aquarell von UBALD VON ROLL. 1829 (PB Solothurn). – 4. Blick von der Marienschanze nach Süden auf Grabenbrücke und Käferschanze. Bleistiftzeichnung. 1831 (Photographie in der ZBS, Standort des Originals unbekannt). – 5. Blick aus dem Schanzengraben auf das innere und äußere Bieltor. Lavierte Sepiazeichnung von FRANZ GRAFF. 22,3 × 32 cm. Um 1830–1840 (KMS, A 88.344; Abb. bei FESER, S. 141). – 6. Blick von der Käferschanze auf das äußere und innere Bieltor. Aquarellierte Federzeichnung. 19,5 × 14,2 cm. Um 1840 (ZBS, a 780). – 7. Blick von der St.-Josephs-Bastion auf inneres und äußeres Bieltor und die Grabenbrücke. Bleistiftzeichnung von JOHANN JAKOB ULRICH. 11,6 × 18,5 cm. 1853 (PB Zürich). – 7a. Nach dieser Vorlage: Stahlstich von C. HUBER. In: JOHANN JAKOB REITHARD; JOHANN JAKOB ULRICH. Die Schweiz in Bildern. Zürich 1856, Blatt Solothurn. – 8. Ansicht des Fassadenfragments des äußeren Bieltors nach Abbruch der Fortifikation am Westring. Lavierte Bleistiftzeichnung von THEOPHIL BECK nach einer Photographie von C. RUST. 16,3 × 20,6 cm. 1871 (ZBS; Abb. bei FESER, S. 204).

b) Nordseite

9. Blick vom Chüngeligrabenmagazin auf die Stadtmauer Richtung Osten. Bleistiftzeichnung. 16,2 × 25,5 cm. 1828 (PB Solothurn). – 10. Ansicht des Chüngeligrabens beim Pulvermagazin (Abb. 161). Aquarell von FRANZ GRAFF. Um 1830–1835. 31,5 × 37 cm (PB Solothurn). – 10a. Unvollendetes Aquarell. Etwa 54 × 41 cm (KMS, A 88.343; Abb. bei FESER, S. 161). – 10b. Sepia, weiß gehöht. 22 × 17,5 cm. 1834 (KMS, A 88.124). – 10c. Aquarell. 30,2 × 23,2 cm. 1835 (KMS, A 88.313). – 11. Blick in den Chüngeligraben vom Franziskanerkloster Richtung Westen. Lavierte Sepia von FRANZ GRAFF. 22,8 × 17,5 cm. 1834 (KMS, A 88.22). – 12. Blick vom Pulvermagazin Richtung Osten nach Abbruch der Fortifikationen. Ölskizze auf Karton von WALTHER VON VIGIER. 70 × 51 cm. Um 1880[48] (KMS, C 161). – 12a. Ähnliche Darstellung: Öl auf Leinwand. 32 × 47,3 cm. Um 1880 (HMBS, Inv. Nr. 62). – 13. Blick vom Glacis auf die Riedholzschanze und den Nordring nach Abbruch der Fortifikation. Xylographie nach Zeichnung von HEINRICH JENNY. 2,8 × 9,8 cm. Um 1880 (ZBS). – 14. Ansicht des Riedholzturms vom Höfli beim Thüringenhaus. Bleistiftzeichnung. 18,8 × 24,6 cm. Um 1900 (Solothurn, Thüringenhaus).

c) Ostseite

15. Inneres Baseltor von Südosten. Bleistiftzeichnung von LUDWIG VOGEL. 11,2 × 19,5 cm. Um 1820–1830 (SLM, LM 27456). – 16. Inneres Baseltor von Nordosten. Aquarell. Um 1820–1830 (PB Solothurn). – 17. Inneres Baseltor von Nordosten. Sepiaaquarell von JOHN NORRIS. 38 × 27 cm. 1830 (Galerie Fischer Luzern, Kunstauktion 9./10. Dezember 1988, Nr. 3350). – 18. Ansicht vom Chantier auf Bastionsmauer und St.-Ursen-Kirche. Lavierte Sepiazeichnung von FRANZ GRAFF. 21,7 × 17,2 cm. 1831 (KMS, A 88.19). – 19. Blick von der Schulschanze südöstlich in den Schanzengraben auf den Chantier. Bleistiftzeichnung von FRANZ GRAFF. 16,4 × 22,6 cm. 1835 (KMS, A 88.162). – 20. Ansicht des äußeren Baseltors und der Grabenbrücke von Nordosten. Stahlstich

von PIERRE GIRARD (Zeichnung) und SEARS (Stich). 11,8 × 17,2 cm. In: Atlas Géographique, Historique, Statistique et Itinéraire de la Suisse. Paris, Delloye, 1837 (ZBS, G I 154). – 21. Ansicht des Ritterbollwerks und der Ritterbastion vom unteren Kreuzacker aus (Abb. 183). Unvollendetes Aquarell. 21 × 30,5 cm. Um 1830–1840 (ZBZ GS, Sammlung Rahn, Mappe XXII, Nr. 44). – 22. Inneres Baseltor von Nordosten. Lithographie. 23,2 × 16,7 cm. Mitte 19. Jh. (ZBS, a 829). – 23. Inneres Baseltor von Südosten. Radierung von ARTHUR CALAME nach Vorlage von ALEXANDRE CALAME. 12,7 × 11,7 cm. Um 1860–1865 (ZBS, a 495). – 24. Blick vom Glacis vor der Riedholzschanze zum Baseltor. Bleistiftzeichnung. 16,6 × 21,9 cm. 1867 (PB Solothurn).

d) Vorstadt

25. Ansicht des inneren Berntors und der Vorstadtbefestigung von Südosten (Abb. 186). Lavierte Federzeichnung von CONRAD MEYER. 15 × 19,7 cm. Um 1638[49] (Kunsthaus Zürich, Graphische Sammlung P 129, S. 25). – 26. Blick vom Obach über die Aare auf Krummturm und Dreibeinskreuzkapelle. Lavierte Tuschzeichnung, vermutlich von UBALD VON ROLL. 25,3 × 34,8 cm. 1829 (KMO). – 27. Blick vom Glacis auf das äußere Berntor. Lavierte Sepiazeichnung von FRANZ GRAFF. 23,5 × 28 cm. 1836 (KMS, A 88.24). – 28. Blick von der Kornhausschanze über den Kreuzacker zur St.-Ursen-Kirche. Lavierte Sepiazeichnung von FRANZ GRAFF. 23,5 × 17,2 cm. 1841 (KMS, A 88.27). – 29. Ansicht des Krummturms vom oberen Winkel. Lavierte Sepiazeichnung. 28,7 × 21,5 cm. 1854 (KMS, A 88.29). – 30. Ansicht des Krummturms vom Aarebett mit Schanze und Batardeau. Lavierte Sepiazeichnung. 27 × 20,4 cm. 1854 (KMS, A 88.25). – 30a. Wiederholung: Lavierte Sepiazeichnung. 27,2 × 20,3 cm. 1856 (KMS, A 88.349). – 31. Blick vom Obach über die Aare zum Krummturm. Aquarell von FRIEDRICH DIETLER. 19 × 26,7 cm. Um 1850–1860 (PB Solothurn).

VI. KONVOLUTE

1. Album mit Aquarellen und Sepiazeichnungen aus dem Jahre 1828 von UBALD VON ROLL: a) Loretokapelle von Norden (PB Langendorf; Abb. bei FESER, S. 142), b) Stadtmühle in den Steingruben, c) Aarhof von Süden, d) Dreibeinskreuzkapelle von Norden, e) Blick auf die Stadt und die Alpen von den Steingruben, f) Blick von der Kreuzung Brüggmoosstraße/Herrenweg gegen Süden auf die Loretowiese, g) Blick vom Galgenrain in Feldbrunnen Richtung Solothurn, h) Blick von der St.-Josefs-Schanze auf das innere und das äußere Bieltor mit der Grabenbrücke (Abb. bei FESER, S. 212).

2. Skizzenbüchlein mit Bleistift- und Federzeichnungen, evtl. von JOSEF WIRZ. Um 1830 (PB Solothurn). a) Blick von der Kuhschanze auf die Bauten vor dem äußeren Berntor. b) Ansicht der Mühle an der unteren Bergstraße, c) Zugbrücke vor dem Bieltor, d) Benzigerhof von der inneren Baselstraße aus.

3. Ansicht der Befestigungen von Solothurn. 1840. Folge von Bleistiftzeichnungen von EMIL SCHULTHESS als Vorzeichnungen für die Folge von Sepiablättern (vgl. Nr. 3a) (Kunsthaus Zürich, 0 41): 1. Blick von der Schützenmatte über die Aare zur Turnschanze, 2. Blick vom Glacis der Turnschanze über die Aare zum Ritterbollwerk, 3. Blick in den Schanzengraben bei der Turnschanze Richtung Kornhausschanze, 4. Blick in den Schanzengraben bei der Kornhausschanze Richtung Turnschanze, 5. Blick vom Glacis aufs äußere Berntor und die Grabenbrücke, 6. Blick vom Glacis in nordwestlicher Richtung zur Kuhschanze und Krummturmbastion, 7. Blick von der Contrescarpe über Schanzengraben und Batardeau auf die Krummturmbastion, 8. Blick über die Aare auf den Krummturm, 9. Blick vom Alten Spital Richtung Katzenstegturm und St.-Georgs-Bastion, 10. Blick vom Obach auf die Kasematte und die St.-Georgs-Bastion, 11. Blick von der Contrescarpe auf die Marienschanze, inneres und äußeres Bieltor und die Grabenbrücke, 12. Blick in den Schanzengraben bei der Marienschanze ostwärts Richtung Mauritiusschanze, 13. Blick von der Contrescarpe bei der Mauritiusschanze westwärts Richtung Marienschanze, 14. Blick in den Schanzengraben bei der Mauritiusschanze ostwärts auf den Stadtbach-Aquädukt und die Riedholzschanze, 15. Blick in den Schanzengraben bei der Riedholzschanze westwärts auf den Stadtbach-Aquädukt und die Mauritiusschanze, 16. Blick vom Glacis nach Nordwesten auf die Riedholzschanze, 17. Blick von der Banquette auf den inneren Stadtbach-Aquädukt und das Franziskanerkloster, 18. Ansicht des Berntors und der Bauten am Schwanenplatz von Südosten, 19. Ansicht des Zeitglockenturms und der angrenzenden Bauten am Marktplatz von Nordosten, 20. Innenansicht des äußeren Berntors (Abb. 231), 21. Ansicht des inneren Baseltors von Nordosten, 22. Teilansicht der Fassade des äußeren Bieltors, 23. Ansicht des Buristurms von der Marienschanze aus, 24. Detail des Rustikaquadermauerwerks am Riedholzturm mit dem 1548 datierten Quader[50].

3a. «Ansichten der Festungs-Wercke der Stadt Solothurn». Folge von lavierten Sepiazeichnungen von LUDWIG SCHULTHESS in Anlehnung an die Folge der Bleistiftzeichnungen von EMIL SCHULTHESS (vgl. Nr. 3), variiert durch genreartige Personenstaffagen. 1840 (Kunsthaus Glarus): Frontispiz: Fassadenansicht des äußeren Bieltors (in Anlehnung an Nr. 3, 22). 1. Blick von der Schützenmatte über die Aare zur Turnschanze, 2. Blick vom Glacis der Turnschanze über die Aare zum Ritterbollwerk (Abb. 226), 3. Blick in den Schanzengraben bei der Turnschanze Richtung Kornhausschanze, 4. Blick in den Schanzengraben bei der Kornhausschanze Richtung Turnschanze, 5. Blick vom Glacis aufs äußere Berntor und die Grabenbrücke (Abb. 230), 6. Blick vom Glacis in nordwestlicher Richtung zur Kuhschanze und Krumm-

---

Anmerkungen am Schluß des Kapitels S. 321

turmbastion, 7. Blick von der Contrescarpe über Schanzengraben und Batardeau auf die Krummturmbastion, 8. Blick über die Aare auf den Krummturm, 9. Blick vom Alten Spital Richtung Katzenstegturm und St.-Georgs-Bastion (Abb. 209), 10. Blick vom Obach auf die Kasematte und die St.-Georgs-Bastion, 11. Blick von der Contrescarpe auf die Marienschanze, inneres und äußeres Bieltor und die Grabenbrücke, 12. Blick in den Schanzengraben bei der Marienschanze ostwärts Richtung Mauritiusschanze, 13. Blick von der Contrescarpe bei der Mauritiusschanze westwärts Richtung Marienschanze, 14. Blick in den Schanzengraben bei der Mauritiusschanze ostwärts auf den Stadtbach-Aquädukt und die Riedholzschanze (Abb. 215), 15. Blick in den Schanzengraben bei der Riedholzschanze westwärts auf den Stadtbach-Aquädukt und die Mauritiusschanze, 16. Blick nach Nordwesten vom Glacis auf die Riedholzschanze, 17. Blick von der Banquette auf den inneren Stadtbach-Aquädukt und das Franziskanerkloster (Abb. 237), 18. Ansicht des Berntors und der Bauten am Schwanenplatz von Südosten, 19. Ansicht des Zeitglockenturms und der angrenzenden Bauten am Marktplatz von Nordosten, 20. Innenansicht des äußeren Berntors, 21. Ansicht des inneren Baseltors von Nordosten, 22. Ansicht des äußeren Baseltors und der Grabenbrücke von Südosten (Abb. 224), 23. Ansicht des Buristurms von der Marienschanze aus, 24. Blick vom oberen Kreuzackerquai westwärts auf Hürligturm, Wengibrücke, Brückenturm, Katzensteg und St.-Georgs-Bastion.

4. Album von Otto Frölicher mit Bleistift- und Ölskizzen. 1847–1852. Heft A: S. 15 St.-Josefs-Kloster, S. 28f. Fegetz, S. 32 Rathausturm; Heft B: S. 129 Kreuzweg am Kapuzinerweg; Mappe 1: Riedholzschanze (KMS).

5. Skizzenbuch von Joseph E. Brunner mit Bleistift- und Federzeichnungen. Etwa 10 × 16 cm. 1856 (ZBS, S 780): 1. Teilansicht vom Glacis vor der Krummturmschanze, 2. Ansicht vom Glacis vor der Riedholzschanze, 3. Ansicht vom Aareufer bei Dreibeinskreuz, 4. Dachlandschaft bei der St.-Urban-Kapelle.

6. Skizzenbuch «Zeichnungen alter Bauten» von Heinrich Jenny. Federzeichnungen von 1882 nach Entwürfen von 1824, 1856, 1864, 1880 und 1882. Etwa 17 × 24 cm (ZBS, S 765): 1. Blick vom Glacis der Riedholzschanze gegen Westen mit Fortifikationen während des Abbruchs (1880), 2. Katzenstegturm und St.-Georgs-Bastion von Nordosten (1856) (Abb. 148), 3. Ritterbollwerk und -schanze von Süden («Nach einer Aufnahme von Louis von Roll von 1824»), 4. Äußeres und inneres Bieltor in Frontalansicht von Westen, 5. Ansicht des äußeren Berntors und der Grabenbrücke von Südwesten (1856), 6. Ansicht von Katzenstegturm, St.-Georgs-Schanze und Stadtbad von Süden (1856), 7. Ansicht des Hürligturms und des westlichen Wehrgangs von Norden (1864) (Abb. 184), 8. Kasernenportal beim Alten Zeughaus (1882)[51].

7. Konvolut mit Darstellungen von Wehrbauten. Detaillierte Federzeichnungen von Johann Rudolf Rahn für die «Statistik». 1892[52] (Kunsthaus Zürich). 1. Stadtseite des Buristurms mit Treppenaufgang. 2. Hofseite des Riedholzturms mit Treppentürmchen (lavierte Bleistiftvorzeichnung, 1892, in ZBZ GS, Sammlung Rahn, Mappe XXII, Blatt 24). 3. Brustwehr und Echaugette der Riedholzschanze. 4. Das innere Baseltor von Nordosten (lavierte Bleistiftvorzeichnung, 1892, in ZBZ GS, Sammlung Rahn, Mappe XXII, Blatt 40). 5. Der Krummturm von Westen (Bleistiftvorzeichnung, 1892, in ZBZ GS, Sammlung Rahn, Mappe XXII, Blatt 32). 6. Erdgeschossraum des Krummturms (Abb. 199). 7. Höflein des Riedholzturms (Wiederholung, im Besitz des Thüringenhauses, Solothurn).

8. Größeres Konvolut mit Bleistift- und Federzeichnungen von Wilhelm Späti. Um 1900. Meist handelt es sich um Kopien älterer Darstellungen von anderer Hand. Dokumentarischer Wert manchmal zweifelhaft (HMBS).

PLANDOKUMENTE
(Auswahl, zusammengestellt von
Markus Hochstrasser)

ÜBERSICHTSPLÄNE

1. Altstadt und Vorstadt, 1:2500 (Bestandesaufnahme der Ringmauern) (Abb. 200). Michael Gross, Geometer. 1626. Feder. 38,5 × 50 cm (ZBS, S II 157). – 2. Altstadt und Vorstadt mit näherer Umgebung, 1:5000 (mit eingezeichnetem Projekt zur Ergänzung der Fortifikation) (Abb. 80). Lessieur Demorainville, Festungsingenieur. 1712. Feder, koloriert. 38,5 × 49,5 cm (Paris, AGV, Article 14, Soleure). – 3. Stadt und Burgerzihl (mit eingezeichneten Wasserleitungen). Johann Ludwig Erb, Feldmesser. 1738. Feder, koloriert. 122 × 134 cm (BASO, A 4 1). – 4. Stadt und Burgerzihl, etwa 1:10000. Urs Jakob Erb, Feldmesser. Um 1740. Feder, koloriert. 102 × 97,5 cm (StASO, H 1). Siehe auch Kopie von Schwaller (PD 11) (im BASO). – 5. Stadt und Burgerzihl, etwa 1:10000. Urs Jakob Erb. Um 1740. Feder. 56 × 86 cm (BASO, A 1 1). – 6. Stadt und Burgerzihl, 1:10000. Urs Jakob Erb. 1. Hälfte 18. Jh. Feder, koloriert. 100 × 100 cm (BASO, A 1 14). – 7. Altstadt und Vorstadt, 1:3000 (mit Schanzenanlagen). Hirt. Um 1780? Feder, koloriert. 35,1 × 48,5 cm (HMBS, Inv. Nr. 1896.119). – 8. Altstadt- und Vorstadt mit perspektivisch gezeichneten öffentlichen Bauten, 1:1000. Eduard Tugginer. Um 1790. Feder, koloriert. 50 × 64 cm (HMBS, alte Sign. Nr. 170). – 9. Schanzenanlagen um Altstadt und Vorstadt, etwa 1:1500. Anonym, im Auftrag des Geniekommandanten der französischen Armee in der Schweiz. 1798. Feder. 65 × 53,5 cm (Paris, AGV, Article 14, Soleure). – 10. Schanzenanlagen um Altstadt und Vorstadt, 1:5000. Feder, koloriert. Um 1800. 41 × 51,5 cm (Paris, AGV, Article 14, Soleure). – 11. Kopie des Brunnleitungsplans von Johann Ludwig Erb in vier Teilblättern, etwa 1:3000. Josef Schwaller. 1818 (Kopie nach PD 4). Feder, koloriert (BASO, A 4 16–19). – 12. Stadt und Burgerzihl, 1:10000. Johann Baptist Altermatt, Oberst. 1822. Li-

thographie (zwei verschiedene Auflagen). 47,5 × 51 cm (Originaldruckplatte im HMBS). – 13. Stadt und Burgerzihl, Plan zu einem neuen Stadtbann (Abb. 303). JOHANN BAPTIST ALTERMATT, Oberst. 1825. Feder, koloriert. 61,5 × 46 cm (ZBS, ab 166). – 14. Altstadt und Vorstadt, 1:1000 (mit schematischer Dachaufsicht) (Abb. 304). JOHANN BAPTIST ALTERMATT, Oberst. 1827. Feder, koloriert. 88 × 74 cm (StASO, E 1,11). – 15. Altstadt und Vorstadt, 1:1000 (mit Schanzenanlagen und Quartiereinteilung). JOHANN BAPTIST ALTERMATT, Oberst. 1828. Feder, koloriert. 49,5 × 72 cm (BASO, unsigniert). – 16. Altstadt und Vorstadt, 1:1000 (Vogelschauplan) (Abb. 79). JOHANN BAPTIST ALTERMATT, Oberst. 1833. Feder, koloriert. 85 × 68 cm (PB Familienstiftung Labor, Kammersrohr SO). – 17. Altstadt und Vorstadt, 1:1000 (mit Brunnenleitungen). JOHANN OBERLIN, Geometer. 1840. Feder, koloriert. 51 × 62,5 cm (BASO, unsigniert). – 18. Stadtplan, 1:2500 (mit Bahnlinienprojekt). EMANUEL MÜLLER, Oberst und Ingenieur. 1856. Lithographie. 42 × 184,5 cm (StASO, Cg 1). – 19. Altstadt und Vorstadt mit näherer Umgebung, 1:5000 (mit projektierten Bahnlinien) (Abb. 298). EMANUEL MÜLLER. 1856. Lithographie, zweifarbig. 43,5 × 30,5 cm (StASO, N 449). – 20. Altstadt und Vorstadt, 1:2500. Um 1860. Lithographie. 44,5 × 57 cm (StASO, N 448). – 21. Altstadt und Vorstadt mit näherer Umgebung, 1:2000 (mit rot eingedruckten Höhenkoten). Um 1865. Lithographie. 75 × 107 cm (StASO, N 17). – 22. Plan für die Anlage von Straßen und Quartieren um die Altstadt und um die Vorstadt (Abb. 104). ROBERT MOSER. 1867 (Original verschollen, Photographie von C. RUST im StASO, Bauakten Solothurn, B 29.13). – 23. Altstadt und Teil der Vorstadt mit näherer Umgebung, 1:1000 (mit Ringstraßenprojekt nördlich und östlich der Altstadt). Um 1870. Feder. 107 × 83,5 cm (StASO, D 2,6). – 24. Altstadt und Vorstadt mit näherer Umgebung, 1:2000. Stadtbauamt Solothurn. 1875. Lithographie von C. AMIET, Solothurn. 44,5 × 58 cm (BASO, A 1 6). – 25. Altstadt und Vorstadt mit barocken Schanzenanlagen (Grundlage: Katasterplan von 1867/1870 und Plan ALTERMATT von 1828). 1879. Lichtdruck und Feder, koloriert. 107 × 168 cm bzw. 103,5 × 177 cm (EGS, Archiv Katasteramt, unsigniert). – 26. Übersichtsplan, 1:2000/1:5000 (mit eingezeichneten Hydranten). 1884. Farbdruck. 55 × 72 cm (EGS, Planarchiv des Stadtbauamtes, E 7). – 27. Übersichtsplan 1:2000. 1885. Druck von WURSTER, RANDEGGER + CO., Winterthur. 127 × 149 cm (StASO, BASO). – 28. Plan für die Anlage von Straßen und Quartieren um die Altstadt und um die Vorstadt, 1:2000. 1885. Lithographie, mit Feder überzeichnet, koloriert. 119,5 × 150 cm (EGS, Planarchiv des Stadtbauamtes, unsigniert). – 29. Übersichtsplan, 1:5000. Stadtbauamt Solothurn/KÜMMERLY & FREY, Bern. 1896. Farbdruck. 37 × 50 cm (BASO, A 1 9). – 30. Übersichtsplan 1:5000 (mit eingezeichneten Hydranten). Stadtbauamt Solothurn/KÜMMERLY & FREY, Bern. 1901. Farbdruck. 44 × 56 cm (EGS, Planarchiv des Stadtbauamts, E 2). – 31. Übersichtsplan, 1:5000 (mit eingezeichneten Hydranten). Stadtbauamt Solothurn/ KÜMMERLY & FREY, Bern. 1904. Farbdruck. 38 × 49,5 cm (EGS, Planarchiv des Stadtbauamtes, E 3). – 32. Übersichtsplan, 1:2000/1:5000 (mit eingezeichneten Hydranten). Stadtbauamt Solothurn/KÜMMERLY & FREY, Bern. 1910. Farbdruck. 54,5 × 68 cm (EGS, Planarchiv des Stadtbauamtes, E 4). – 33. Bebauungsplan ganzes Stadtgebiet, 1:2000 (mit 12 Teilblättern 1:500). Schweizerisches Büro für Städtebau. 1911. Plandruck, koloriert und überzeichnet. 124 × 167 cm (EGS, Planarchiv des Stadtbauamtes, unsigniert). – 34. Übersichtsplan, 1:5000. Stadt- und Katasteramt Solothurn/KÜMMERLY & FREY, Bern. 1925. Farbdruck. 56 × 72 cm (EGS, Planarchiv des Stadtbauamtes, E 6. BASO, A 1 11 u.a).

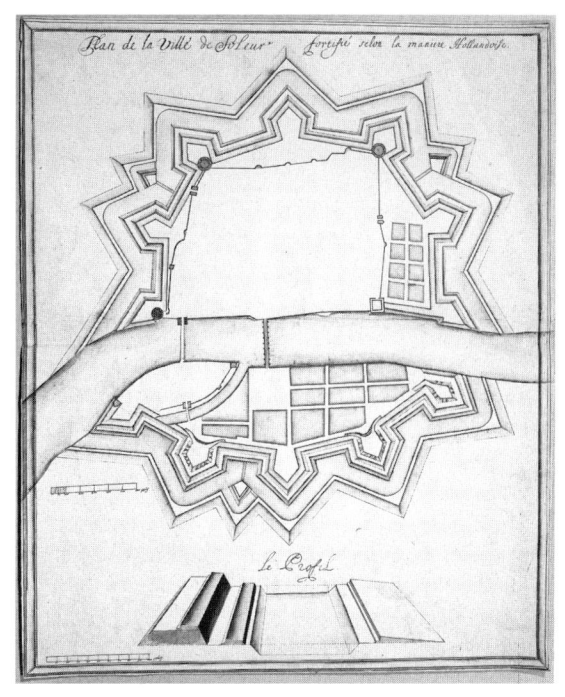

Abb. 305
Anonymes, nicht ausgeführtes Projekt für die Neubefestigung der Stadt Solothurn (Projektierungsstufe 3). Kolorierte Federzeichnung, um 1680 (PD 71). – Text S. 319.

QUARTIERPLÄNE

35. Katasterpläne, 1:1000 (ohne Innenstadt). JOSEPH SCHWALLER, Geometer. 1818. Feder. 16 Pläne von unterschiedlichem Format, durchnumeriert 1–16, Plan 14 fehlt (BASO, A 4 2 bis A 4 15; A 5 3). – 36. Landhausquai, Situationsplan 1:100. JOSEF SCHWALLER, Geometer. 1823. (Abb. 146) Feder, koloriert. 49 × 153 cm (BASO, A 5 4).

Anmerkungen am Schluß des Kapitels S. 321

– 37. Bergstraße mit Mühle, 1:1000. Josef Schwaller, Geometer. 1827. Feder über Bleistift, koloriert. 37,5 × 66 cm (BASO, A 5 8). – 38. Bergstraße mit Mühlen, 1:500. Josef Schwaller, Geometer. 1829. Feder, koloriert. 39 × 59 cm (BASO, A 2 19). – 39. Stiftsgebäude um St. Ursen (Bestandesaufnahme, Vergleich mit 1688). 1829. Feder, schraffiert (BASO, D II/52). – 40. Vorstadt, Situationsplan Ostteil, 1:1000. V. Tugginer. 1832. Feder, koloriert. 33,5 × 57,5 cm (StASO, AC 1,26, Seite 707). – 41. Schanzenareal vor dem Baseltor, 1:1000 (Projekt für Straßenkorrektur) (Abb. 223). Josef Sager. 1834. Lithographie. 37 × 23 cm (StASO, E 1,18). – 42. Schanzenareal vor dem Bieltor, 1:1000 (Projekt für Straßenkorrektur) (Abb. 211). Josef Sager. 1834. Lithographie. 26,5 × 44 cm (StASO, D 2,4). – 43. Areal Schanzen Nord und Ost, 1:1000 (Bebauungsprojekt) (Abb. 91). 1837/38. Viktor Tugginer. Feder, koloriert und laviert. 70 × 91 cm (StASO, N 11; Kopie im BASO, A 5 89). – 44. Vorstadtschanzen, 1:500 (Gärten auf dem Glacis). 1839. Zeltner, Feldmesser. Lithographie. 62 × 46 cm (ZBS). – 45. Areal vor dem Baseltor, 1:1000 (Bebauungsprojekt) (Abb. 92). Viktor Tugginer?. 1843. Feder, laviert. 38 × 52,5 cm (BASO, A 5 23). – 46. Schanzengraben um die Altstadt, 1:1000 (Garteneinteilung). Johann Oberlin, Geometer. 1847. Feder, koloriert. 52,5 × 84 cm (BASO, A 5 34; Entwurf: A 5 33). – 47. Aareraum oberhalb des Krummturms, 1:500 (mit Brückenprojekt Eisenbahn). Alfred Zschokke. 1855. Feder, laviert und koloriert. 55 × 55,5 cm (StASO, E 1,20). – 48. «Ischeren», Situationsplan 1:500 (mit Projekt für Bahnlinienführung). Alfred Zschokke. 1855. Feder, laviert und koloriert. 43,5 × 58,5 cm (StASO, E 1,20). – 49. Westringquartier, 1:1000 (Projekt Straßennetz). Wilhelm Tugginer, Architekt. 1856. Bleistift/Feder, koloriert. 83,5 × 57,5 cm (BASO, A 5 53). – 50. Westring, 1:500 (Bestandesaufnahme). Johann Oberlin, Ingenieur. 1860. Feder, laviert. 106 × 128,5 cm (BASO, A 5 71). – 51. Situationsplan äußeres Berntor und Schanzen, 1:500. Liechti, Ingenieur. 1862. Feder, laviert. 98 × 66 cm (StASO, E 1,21). – 52. Westringquartier (Bebauungsprojekt) (Abb. 94). Alfred Zschokke. 1862. Lithographie, zweifarbig. 22,5 × 30,5 cm (ZBS, Rv 1445; StASO Br. 3a/21). – 53. Schanzenareal westlich der Altstadt, 1:500 (Projekt Umgestaltung). Hermann Dietler, Kantonsingenieur. Um 1865. Feder, koloriert und laviert. 56 × 78,5 cm (StASO, N 13). – 54. Westringquartier/Amthausplatz, 1:500 (Projektplan). Kantonsingenieur (Dietler). Um 1865–1870. Feder, koloriert und laviert. 80 × 139,7 cm (StASO, N 14; Entwurf: BASO, A 5 97). – 55. Westringquartier, 1:500 (Bebauungsstudie). Um 1865–1870. Feder, koloriert. 132 × 62,5 cm (BASO, A 5 97). – 56. Westringquartier/Amthausplatz, 1:500 (Projektplan). 1866. Feder, koloriert und laviert. 86,5 × 119 cm (StASO, N 12). – 57. Waffenplatz Vorstadt, Situationsplan 1:1000. V. Andres. 1866. Feder. 51,6 × 72,7 cm (StASO, E 1,22). – 58. Quartier vor dem Bieltor, 1:2000 (Projektplan) (Abb. 95). 1867. Lithographie. 41,5 × 26 cm (StASO, E 1,12). – 59. Altstadt und Vorstadt, Katasterpläne 1:1000 und 1:200. Friedrich Leemann, Geometer. 1867–1870. Feder, laviert (EGS, Archiv Katasteramt, unsigniert). – 60. Westringquartier, Situationsplan 1:500. L. Pfluger. 1873. Feder, koloriert und laviert. 61 × 46,5 cm (StASO, E 1,22). – 61. Plan für die Anlage eines neuen Stadtquartiers mit Hauptbahnhof südöstlich des Kreuzackers, 1:2000 (Abb. 105). Eusebius Vogt. 1875. Lithographie (StASO, E 1,13). – 62. Quartier Neu-Solothurn, 1:1000 (zahlreiche Projektpläne) (Abb. 106). J. Flury, E. Bodenehr, J. Gasser u.a. 1877–1919. Farblithographie, Feder, Lithographie (StASO, E 1,24–32; D 3,3–8, 12–18). – 63. Schanzenanlage Nordseite, 1:500 (Bestandesaufnahme). J. Flury. 1878. Feder, koloriert. 65 × 110 cm (StASO, N 15). – 64. Schanzenanlage Nordseite, 1:500 (Bestandesaufnahme, darüber gezeichnet Projekt für Quartiereinteilung). Spielmann. 1881. Feder. 67 × 116,6 cm (StASO, N 16). – 65. Schanzenanlage Nordseite, 1:500 (Bestandesaufnahme). Um 1890. Feder, laviert. 67 × 100 cm (StASO, E 1,35). – 66. Chantierareal vor dem Baseltor, 1:500 (mit Höhenkurven). Katasterbüro Solothurn. 1913. Heliographie. 81 × 69,5 cm (EGS, Archiv Hochbauamt, E 5). – 67. Chantierareal vor dem Baseltor, 1:500 (Bebauungsprojekt Salvisberg). 1917. Heliographie/Bleistift, koloriert. 63,5 × 82 cm (BASO, A 2 86). – 68. Glacismatte (Überbauungsstudie). Katasteramt. 1919. Heliographie/Bleistift, koloriert. 62 × 98 cm (BASO, A 2 87).

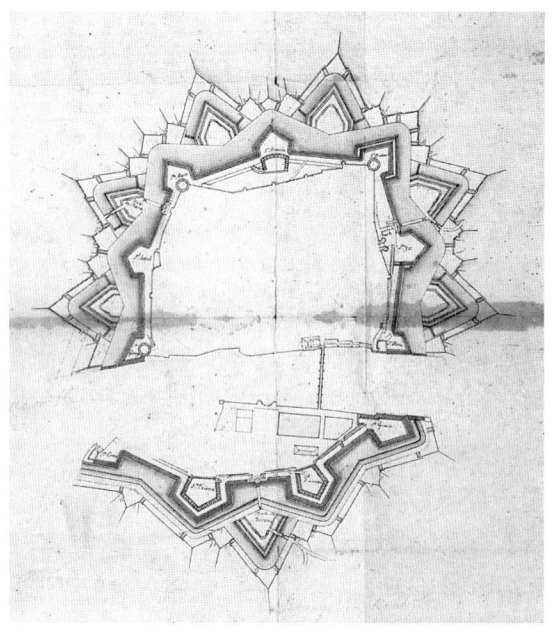

Abb. 306
Anonymes, nicht ausgeführtes Projekt zur Gestaltung von Grabensystem und Vorwerken (Projektierungsstufe 7). Kolorierte Federzeichnung, um 1701–1706 (PD 75). – Text S. 319.

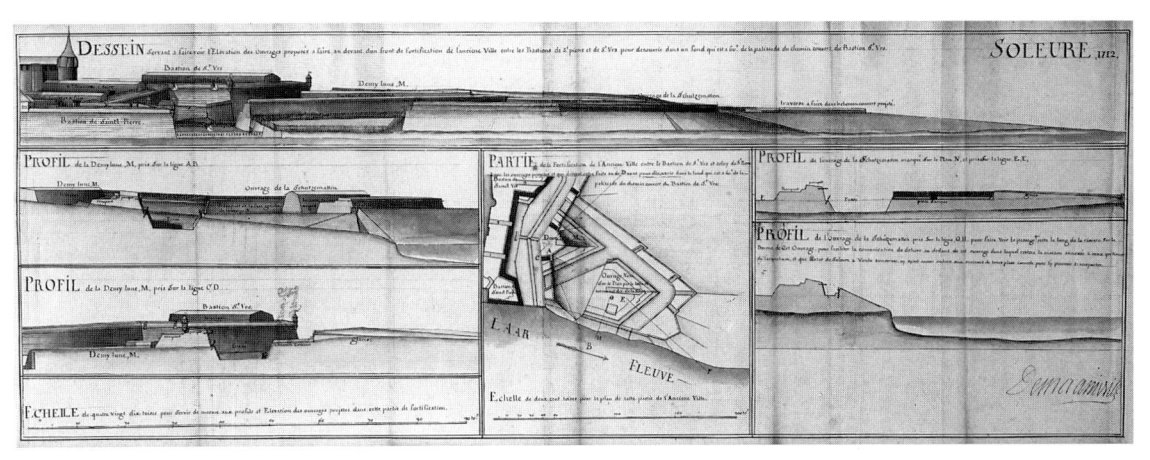

Abb. 307
Projekt zur Einrichtung von Grabensystem und Vorwerken vor der Ritterbastion (Projektierungsstufe 8). Kolorierte Federzeichnung von Lessieur Demorainwille, 1712 (PD 76). – Text S. 319.

BEFESTIGUNGSPLÄNE

69. Grundrißplan zur Befestigung von Solothurn (Abb. 201). Anonyme Kopie nach Francesco Polattas erstem Projekt vom März 1667. April 1667. Feder, laviert. 31,5 × 42,3 cm (München, Bayerisches Hauptstaatsarchiv, P 10 101). – 70. Grundrißplan zur Befestigung von Solothurn (Abb. 202). Anonyme Kopie nach Francesco Polattas verschollenem zweitem Projekt vom Juni 1667. Etwa 1668. Holzschnitt. 34,9 × 41 cm (KKBS, Sammlung Falkeisen). – 71. Grundrißplan zur Befestigung von Solothurn (Abb. 305). Anonymes Projekt. Um 1680. Feder, laviert. 53,5 × 43,3 cm (ZBS, ab 89). – 72. Grundriß der Befestigung von Solothurn mit Projekt der Vorstadtbefestigung (Abb. 204); Variante 1 der drei Vorschläge von Jacques de Tarade aus dem Jahre 1681. (Allenfalls Kopie nach de Tarade, 1681?) Feder, laviert. 68,5 × 57,5 cm (StASO, H 2). – 73. Grundrißkopie der Befestigung von Solothurn mit Projekt der Vorstadtbefestigung (Abb. 205); ausgeführte Variante 2 der drei Vorschläge von Jacques de Tarade aus dem Jahre 1681. Aus dem «Atlas de Louis XIV». 1681–1684. Feder, laviert. 39 × 50 cm (ZBS, aa 449). Analoges Exemplar in Vincennes, Ministère de Défense, Service Historique de l'Armée de Terre. – 74. Projekt zur Gestaltung von Grabensystem und Vorwerken von Sébastien Le Prestre de Vauban (Abb. 207). 1700. Feder, laviert. 74 × 55 cm, mit drei aufgeklebten Flügelklappenpaaren der Hornwerkvarianten (Staatsarchiv Bern, Sammlung Schauenburg, Nr. 23). – 75. Anonymes Projekt zur Gestaltung von Grabensystem und Vorwerken (Abb. 306). Um 1701–1706. Feder, aquarelliert. 57,5 × 41,5 cm (ZBS, ab 64). – 76. Drei Pläne eines Projektes zur Einrichtung von Grabensystem und Vorwerken vor der Ritterbastion (a) und der östlichen (b) bzw. der westlichen Vorstadt (c) von Lessieur Demorainwille (Abb. 307). 1712. Feder, aquarelliert. 34 × 89,5 cm (a), 33 × 123 cm (b), 33,5 × 137 cm (c) (AGV, Article 14, Soleure). – 77. Zwei anonyme Projekte zur Einrichtung des Grabensystems bei der Vorstadt. Vielleicht von Jean Fortier. Um 1714. Feder, laviert. Etwa 39,5 × 15 cm (StASO, D 2 17).

Anmerkungen am Schluß des Kapitels S. 321

ANMERKUNGEN ZUM KAPITEL
DOKUMENTATION STADT SOLOTHURN

Seiten 304–319

1 W. RUST. Zur Topographie «Alt-Solothurns» (Neues Blatt, 26. Februar 1889, Nr. 48). – W. RUST. Zur Topographie der Stadt Solothurn (St. Ursen-Kalender 1893, S. 565). – RAHN, Kunstdenkmäler, S. 139f.
2 Vortrag «Alt-Solothurn in seinen Stadt-Prospekten» am 22. November 1959. Unterlagen dazu im Archiv der Kantonalen Denkmalpflege Solothurn.
3 WALTER HERMANN ACHTNICH; CHRISTIANE STAUDENMANN. Schweizer Ansichten. Verzeichnis der Ortsansichten in Chroniken und Topographien des 15. bis 18. Jahrhunderts. 2. Aufl. Bern 1987.
4 FESER, 1989.
5 HANS ASPER hatte 1546 die Stadt «abcontrafeit gemalet» und dafür 70 Kronen «an Gold» erhalten (RM, 11. Juni 1546, Band 41, S. 257). – Sein Originalgemälde soll noch zu Beginn des 19. Jh. im Rathaus gehangen haben.
6 Dazu: Zürcher Kunst nach der Reformation. Hans Asper und seine Zeit. Zürich 1981, S. 158f. – BRUNO WEBER. «In absoluti hominis historia persequenda». Über die Richtigkeit wissenschaftlicher Illustration in einigen Basler und Zürcher Drucken des 16. Jahrhunderts (Gutenberg-Jahrbuch 1986, S. 101–145), bes. S. 105–108.
7 MÜNSTER zeigt nicht mehr wie STUMPF den alten Nideggturm, sondern bereits den 1548 errichteten runden Riedholzturm. Auf diesen Umstand bezieht sich der folgende Ratsmanualeintrag: «An Munsterum das Im M.H. die contrefeite statt Zuschicken doch so ers gebrucht wider schicke und wo moglich diewyl sydthar ist der Donner ein thurn zerschlagen das er ein bollwerck In egken wie die andern thurn.» (RM, 28. Februar 1547, Band 43, S. 100).
8 Der Chronist FRANZ HAFFNER berichtet in seinem Schawplatz II, S. 599, er habe beobachtet, wie MERIAN auf der Aarebrücke die Stadt gezeichnet habe. So ist denkbar, daß die Ansicht auf Originalzeichnungen von MERIAN selber zurückgeht. Aus dem dargestellten Baubestand muß geschlossen werden, daß die Vorlagen zur Radierung schon um 1610–1620 erstellt worden sind.
9 Einträge dazu im RM: 9. Dezember 1648, Band 152, S. 984 (Anerbieten des Malers URS KÖNIG, «den Kreiss und Riss diser Statt besten fleisses uszuefertigen»; Bewilligung der verlangten 30 Kronen); 4. Juni 1649, Band 152, S. 378 (Nachzahlung an KÖNIG); 19. November 1653, Band 157, S. 843 (Druck durch Buchbinder BERNHARD). – Einträge in den SMR: 27. Januar 1650, fol. 42r (Trinkgeld an URS KÖNIG im Wert von 18 fl. 9 Sch. 4 D. wegen «in grundtgelegter Statt abcontrafactur»); 1651, fol. 47v (Zahlung von 36 fl. 13 Sch. 4 D. an «Mr. Urs König dem mahler wegen illuminierung in grundt gelegter Statt Solothurn»). – Zum Blatt: LEO ALTERMATT. Die Buchdruckerei Gassmann A.-G. Solothurn. Entstehung und Entwicklung der Offizin in Verbindung mit einer Geschichte des Buchdrucks und der Zensur im Kanton Solothurn. Solothurn 1939, S. 65f.
10 Der «schanztruck» wird dem Rat am 30. April 1670 angetragen (RM, Band 174, S. 211). – Die SMR verzeichnen im März 1653 eine Zahlung von 100 fl. an einen «fremden Kupferstecher für einen Stadtgrundriss» und meinen wohl SIGMUND SCHLENRIT (fol. 37r).
11 Zahlungen für den Ratswappenkalender an LE CLERC laut SMR: 1680 373 fl. 1 Sch. 4 D. (S. 58) und 1681 100 fl. (S. 50). – Zum Blatt: ALTERMATT (wie Anm. 9), S. 66f.
12 Zu den Abmachungen des Rates mit BERNHARD: RM, 25. Januar 1681, Band 185, S. 14.
13 Dazu: RM, 18. Juni, 11. Juli 1704, Band 207, S. 418, 425; 13. April 1707, Band 210, S. 321. – Gemäß SMR am 16. Januar 1706 (S. 59) «Hhn. Johan Thourneysen dem jüngern auf rechnung des grossen Neüwen Calender Kupfers geben 400 fl.». – Zum Blatt: ALTERMATT (wie Anm. 9), S. 67f.
14 Dazu: RM, 4. März 1722, Band 225, S. 259 (Auftrag an Stadtschreiber Peter Joseph von Besenval zur Kontaktnahme mit SEILLER). – 21. Dezember 1722, Band 225, S. 1270 (Verding an JOHANN GEORG SEILLER um 225 Louisblanc, 10 Taler Trinkgeld; Druck von vorerst 150 Exemplaren, Nachdrucke möglicherweise durch URS HEUBERGER in Solothurn). Zum Blatt: ALTERMATT (wie Anm. 9), S. 68f.
15 Dazu: GEORG CARLEN. Solothurn vor hundert Jahren (Jurablätter 46, 1984, S. 25ff.).
16 Eintrag in SMR 1757: Zahlung an «Hr. Büchel Kunstzeichner in Basel» 256 fl. 5 Sch. 4 D. (S. 71). Ausgaben wegen «Zehrung der Würthen: ... für Herren Büchel von Basel, welcher den riss allhiesiger statt gezogen, für 18 tag das kostgelt 18 fl.» (8. Juni, S. 60). – Für «verschiedene Riss» geht noch am 22. November 1758 eine Zahlung von 108 fl. an BÜCHEL (SMR 1758, S. 84).
17 Zum Blatt: ALTERMATT (wie Anm. 9), S. 69–71.
18 Die Zentralbibliothek besitzt einen Ausschnitt der Vedute im Ratswappenkalender von 1757 mit ausgeschnittener alter Stiftskirche. Möglicherweise diente dieses Exemplar WIRZ als Vorlage (ZBS, a 770). – Eine weitere Stadtdarstellung nach dem Stich bei HERRLIBERGER, aber mit «aktualisierter» St.-Ursen-Kirche, befindet sich als Relief auf einer Glocke der Solothurner Gießerei KAISER in der Kirche von Wolfwil. Die Stiftskirche besitzt hier zwei Türme, was auf eine Wiedergabe des frühen Planungsstandes um 1763 hindeutet. (Freundliche Mitteilung von Markus Hochstrasser.)
19 Dazu: KLAUS STOPP. Die Handwerkskundschaften mit Ortsansichten. Beschreibender Katalog der Arbeits-

attestate wandernder Handwerksgesellen. Band 9. Stuttgart 1986, S. 204–207.
20 Die Originalstahlplatte befindet sich in der ZBS.
21 Dazu: CHRISTIANE ANDERSSON; BENNO SCHUBIGER. Zwei unbekannte Federzeichnungen von Urs Graf mit den frühesten Ansichten der Stadt Solothurn (ZAK 47, 1990, S. 8–20).
22 Dazu: DANIEL BURCKHARDT-WERTHEMANN. Ein Aufenthalt des Hans Bock in Solothurn (Basler Zeitschrift für Geschichte und Altertumskunde 2, 1903, S. 163–170), S. 165–168.
23 Die genaue Datierung erlaubt ein Eintrag vom 19. September 1661, wonach BERNHARD dem Rat den ersten Kalender «dedicirt und praesentirt» hätte (RM, Band 165, S. 378).
24 SCHNELLER, Die Franziskanerkirche, S. 110.
25 Diese und die folgenden Darstellungen von GRAFF sind beschrieben und abgebildet in: GOTTLIEB LOERTSCHER. Franz Graff. Bilder von Solothurn. Solothurn o.J.
26 Zur Photographin: A. FLURI. Franziska Möllingers daguerrotypierte Ansichten der Hauptstädte und schönsten Gegenden der Schweiz. Schweizer Sammler 3 (1 und 3). Bern 1929. – HANS R. STAMPFLI. Otto Möllinger, 1814–1886, Lehrer und Wissenschafter (JbfSolG 65, 1992, S. 5–105), S. 54–58.
27 Kunst im Kanton Solothurn, Kat.Nr. 138.
28 SCHUBIGER-SERANDREI, Midart, Kat.Nr. 2.
29 SCHUBIGER-SERANDREI, Midart, Kat.Nr. 3.
30 SCHUBIGER-SERANDREI, Midart, Kat.Nr. 5/I.
31 SCHUBIGER-SERANDREI, Midart, Kat.Nr. 5/II.
32 Für die Stadtansicht von besonderer Tragweite die Renovationen von 1880 und 1904. 1880 hatte HEINRICH JENNY an der Stadtdarstellung «Nichts verändert, wohl aber den Jura, der ganz verblicken war, hinzugemalt». Zitat nach: S. VÖGELIN. Façadenmalerei in der Schweiz. Solothurn (ASA 14, 1881, S. 137–141), S. 138. – Das KMS besitzt eine Photographie des Zifferblatts und seiner gemalten Umrahmung vor der Restaurierung von 1880. Sie läßt allerdings keine zuverläßigen Schlüsse auf das Aussehen der Stadtdarstellung vor JENNYS Eingriff zu. – 1904 war «die Stadtansicht im innern Kreis des Zifferblatts ... so verblasst, dass sie nicht mehr aufgefrischt werden konnte. Kunstmaler [Gottlieb] Rüefli legte seinem Entwurf die Stadtansicht von 1578 aus Libellus novus politicus emblematicus von Paulus Fürst von Nürnberg zu Grunde. Die übrigen Figuren des Gemäldes wurden nicht verändert, wohl aber aufgefrischt, wo es nötig war.» Zitat nach: ARNOLD KAUFMANN. Die Kunstuhr des Zeitglockenturms in Solothurn (JbfSolG 3, 1930, S. 245–350), S. 335.
33 SCHUBIGER-SERANDREI, Midart, Kat.Nr. 1.
34 SCHUBIGER-SERANDREI, Midart, Kat.Nr. 4/I.
35 SCHUBIGER-SERANDREI, Midart, Kat.Nr. 4/II.
36 Textbeigabe: Fortsetzung einer kleinen Beschreibung der Hauptorte des gesammten Schweizerlandes. 5. Beschreibung der Stadt Solothurn. o.o., o.J.
37 ROLAND WÄSPE. Johann Baptist Isenring 1796–1860. Druckgraphik. St. Gallen 1985, Nr. 95.
38 ROLAND WÄSPE. Johann Baptist Isenring 1796–1860. Druckgraphik. St. Gallen 1985, Nr. 145.
39 Eine Variante von TRACHSLER mit verändertem Vordergrund in der ZBS, a 17.
40 Abbildung und Erläuterung der Solothurner Darstellung in: Karte des bernischen Staatsgebietes von 1577/78 von Thomas Schoepf. Faksimiledruck, Lieferung 4, Blatt 15. Dietikon 1972.
41 Zu dieser Zeichnung: HANS ARMIN LÜTHY. Der Zürcher Maler Johann Jakob Ulrich II. 1798–1877. Ein Beitrag zur Geschichte der schweizerischen Landschaftsmalerei in der ersten Hälfte des 19. Jahrhunderts. Zürich 1965, S. 75, 139.
42 SCHUBIGER-SERANDREI, Midart, Kat.Nr. 6.
43 Ähnliche Wiederholung mit Standort an der Aare im KMS, A 88.241.
44 ROLAND WÄSPE. Johann Baptist Isenring 1796–1860. Druckgraphik. St. Gallen 1985, Nr. 95.
45 ROLAND WÄSPE. Johann Baptist Isenring 1796–1860. Druckgraphik. St. Gallen 1985, Nr. 193.
46 Diese Darstellung auch als Frontispiz von: Der Weissenstein. Handbuch für Touristen und Kuristen. Solothurn o.J. (1865) (ZBS, R 619).
47 Auf Grund der englischen Notizen über die astronomische Uhr wird diese Zeichnung einem englischen Vedutenmaler zugeschrieben (vgl. Kunst im Kanton Solothurn, Kat.Nr. 148).
48 Abb. bei PETER VIGNAU-WILBERG. Museum der Stadt Solothurn. Gemälde und Skulpturen. Solothurn 1973, S. 107, Nr. 105.
49 Die Datierung stützt sich auf die Notiz in MEYERS Skizzenbuch, wonach dieses am 31. August 1638 begonnen worden sei.
50 Ein Teil dieses Konvoluts ist abgebildet in: CHARLES STUDER. Solothurn und seine Schanzen.
51 Ein Teil dieses Konvoluts ist abgebildet in: CHARLES STUDER. Solothurn und seine Schanzen.
52 RAHN, Kunstdenkmäler, Abb. 75, 80, 84, 85, 89, 91.

TABELLEN UND VERZEICHNISSE

TABELLE DER STEINMETZZEICHEN

Die Zeichen sind im Maßstab 1:10 wiedergegeben.

Nr.	Meisterzeichen	Ort/Meister	Zeit	Seite
1–7		Solothurn, Riedholzturm, an Bossenquadern	1548	170, 172
8–10		Solothurn, Riedholzturm, Toröffnung Obergeschoß, an Laibungs- und Gewölbesteinen Nr. 8, wahrscheinlich Zeichen von Uli Schmid, dem «Murer» (vgl. Nr. 13)	1548	170–172
11		Solothurn, Riedholzturm, Toröffnung Erdgeschoß, an Gewölbeschlußstein	1548	170–172
12		Solothurn, Riedholzturm, an Bossenquadern	1548	170–172
13		Solothurn, Riedholzturm, Toröffnung Obergeschoß, an Gewölbeschlußstein (Wappen von Uli Schmid, dem «Murer»)	1548	170–172
14		Solothurn, Brunnen beim Franziskanertor, ehemals im Hof von Hauptgasse 58, erscheint in gleicher Form auch am alten Zeughaus an Fenstergewänden in der Ostfassade (Caspar Sixt?)	1628	245
15		Solothurn, Bieltor, Konsole zur St.-Ursen-Figur (Gregor Bienckher)	1623	157
16–19		Solothurn, Riedholzturm, Bodenplatte auf der Wehrplattform	Um 1717/1720	170–172

TABELLE DER GOLDSCHMIEDEZEICHEN

Nr.	Beschau/ Meisterzeichen	Meister, Ort	Zeit	Gegenstand	Standort	Seite
OLTEN						
1		Johann Joseph Frei (1754–1823), Olten	Ende 18./ Anfang 19. Jh.	Gerichtsstab (evtl. Weibelstab)	Zürich, Schweizerisches Landesmuseum	38, Nr. 3

REGISTER

Erstellt durch Dr. Dorothee Eggenberger-Billerbeck

Aarau 156
Aarburg 7, 61, 194
Aargau 10, 23
Abeille, Joseph, Architekt 284
Academia Olten 266
Aerni, Niklaus 171
Aetigkofen 264
Aetingen 4
Alemannen 3, 54
Allemand, Jules, Gartenarchitekt 111
Altdorf 297
Altenburger, Emil, Architekt 115, 130
Altermatt, Johann Baptist, Kartograph, Zeichner 8, 47, 53, 89, 231, 305, 306, 308, 313, 316, 317 – Klaus, Steinmetz 240 – Urs, Maurermeister 179
Altreu 4, 26, 30, 41
Amiet, Cuno, Maler 13 – Georg, Lithograph 47 – Urs, Faßmaler 236
Ammannsegg 89
Anliker, H., Architekt 100
Aregger, Johanna Maria Anna 262 – Johannes Balthasar 262
Arx, Cäsar von, Schriftsteller 13 – H., Zeichner, Maler 310
Arx, von & Real, Architekten 289
Asper, Hans, Maler 13, 74, 128, 168, 251, 268, 271, 272, 306
Attisholz 10
Aubigné, Agrippa d', Festungsingenieur 192
Auer, Hans Wilhelm, Architekt 100, 108, 109
Augsburg 13
Augusta Raurica 2, 3, 71, 282
Aventicum 1, 2, 52, 53, 282 – Diözese 56

Babel, Johann Baptist, Bildhauer 247
Baden 8, 62, 299 – Tagsatzungssaal 28
Balm 4, 7, 26, 30
Balsthal 1, 9, 10, 93, 212
Bannwart, R., Baufirma 289
Bär, A., Uhrenfirma 158
Bargetzi-Borer, Steinhauerfirma 265
Bärschwil 5
Basel 1, 6, 23, 47, 57, 111, 289, 295, 296 – Bistum 3, 8, 9, 62 – Historisches Museum 29 – Rheintor 148 – Spalentor 175
Basel-Landschaft, Kanton 5
Bastady, C., Modellbauer 113
Bauernkrieg 7, 193
Baumgartner, Johann Wolfgang, Zeichner 61, 308
Bechburg 4, 7, 30 – Freiherren von 4
Beinwil 1, 4, 5
Belfort 200
Bellach 83, 160, 296 – Franziskanerhof 54
Benkiser, Gebr., Baufirma 298

Berger, Leo, Bildhauer 266, 267 – Wilhelm, Büchsenmeister 160
Berlin 114
Bern 1, 4, 6, 7, 23, 57, 58, 61, 62, 92, 114, 184, 188, 194, 217, 235, 240, 282, 283, 284, 286, 288, 289, 296 – Bernisches Historisches Museum 25, 28 – Christoffelturm 154 – Engehalbinsel 53 – Gerechtigkeitsbrunnen 239 – Münster 149 – Schweizerische Landesausstellung 1914 114 – Stadtburg Nydegg 167, 170 – Zytgloggenturm 152, 182
Bernhard, Johann Jakob, Verleger, Drucker 150, 268
Bertha, hl., Königin 22, 26, 32, 33, 35, 56
Bertold V. von Zähringen, Herzog 57, 169
Besenval, Johann Viktor I., von, Schultheiß 8, 287 – Johann Viktor II., von, Gardehauptmann 247, 275 – Leopold, von, Zeichner 312 – Peter Anton Joseph, von 262
Besigheim am Neckar 192
Biberist 2, 10, 83, 89, 300, 301 – Schöngrün 51 – Spitalhof 54
Biberstein, E., Bildhauer 262
Biedermann, Johann Jakob, Radierer 309
Biel 2, 63, 95, 184, 277, 296, 298, 300 – Vennerbrunnen 236
Bienckher, Gregor, Bildhauer 151, 157, 177, 324
Bilderchroniken 27, 147
Blaser, Hermann, Architekt 100
Bock, Hans, d. Ä., Maler 308
Bodenehr, Emil, Kantonsingenieur 104, 105
Boningen, Wirtschaft St. Urs 35
Borer, Joseph Anton, Kunstmaler, Restaurator 240
Borrer, Hans, Bildhauer 13
Boso, Bischof von Lausanne 56
Bosshardt, Johann Caspar, Maler 14
Bourbaki-Armee 264
Bräm, Gebrüder, Architekten 114
Braun, Adolf, Photograph 287
Brechbühl, Otto, Architekt 100
Breisach 170
Breitenbach 10
Bruder, C., Kartograph 47
Brugg 156
Brunner, Charles, Zeichner 312 – Joseph E., Zeichner 316
Buchegg 4, 7, 26, 30 – Grafen von 4
Bucheggberg 4, 6, 51
Büchel, Emanuel, Zeichner 148, 180, 271, 272, 285, 287, 308, 309, 310, 312
Burch, Meinrad, Goldschmied 38
Bureau für Städtebau, Schweizerisches 102
Büren a. A. 5, 51, 127, 182
Burgdorf 57, 63, 100, 289, 300
Bürgi, Scharfrichter- und Abdeckerfamilie 37
Burgund 56, 57 – Rektorat 169 – Rektoren von 4

Burgunderkriege 6, 58
Büßerach 2
Bützberger, E., Architekt 100

Calame, Alexandre, Maler 315
Centralbahn, Schweizerische, s. Schweizerische Centralbahn
Cerentino 201
Chevalier, Etienne, Festungsingenieur 200, 203, 204
Christus, Ecce Homo 31 – Höllenfahrt 34 – Rückkehr vom Grabe Christi 262
Colani, J., Architekt 90
Conrad, Meister 168
Cosmographie s. Münster, Sebastian
Curiatier 33

D'Angély, Pierre, Stallmeister 194
Davinet, Edouard-Horace, Zeichner 312
Deitingen 4
De la Barde, Jean, Ambassador 194
Delsberg 300
Demorainwille, Lessieur, Festungsingenieur 68, 87, 89, 160, 201, 204, 316, 319
Derendingen 10, 296, 300
Deutsches Reich 17
Diemer, Hans Brandolf, Faßmaler 244
Dietler, E., Ingenieur 289 – Friedrich, Maler 315 – Hermann, Kantonsingenieur 97, 286, 299, 300, 318
Dikenmann, Rudolf, Zeichner 297, 310, 311, 313
Diokletian, Kaiser 167
Disteli, Martin, Maler 13, 14
Dold, Glasmaler 35
Dornach 5, 7, 10, 13, 264 – Schlacht 13, 254
Dorneck 4, 7, 13, 26, 29, 30
Dové, Gärtner 111
Dreißigjähriger Krieg 23, 60, 148, 192
Dufour, Guillaume Henri, General 47, 95
Dulliken 10
Dunkel, William, Architekt 98
Durrach, von, Familie 58
Duvotenay, Th., Kartograph 47
Dyonnet, Ch., Stecher 47

Egerkingen 2
Eggenschwiler, Urs Pankraz, Bildhauer 29, 30
Ehgräben 123
Eichholzer, Bernhard, Faßmaler 151
Eichler, Guerin, Stecher 47
Eidgenossenschaft 6, 23, 29, 58, 60, 92, 264, 295
Emmenhof 10
Engel 28
Epona, Pferdegöttin 16
Eptingen, Ulrich Günther von 81
Erb, Johann Ludwig, Feldmesser 46, 89, 231, 316 – Melchior, Schreiner, Feldmesser 46 – Urs Jakob, Feldmesser 316
Erdbebenpfeiler 127

Erlach, von, Familie 82
Escher, Wyss & Comp., Maschinenfabrik 277
Etzel, Karl, Eisenbahningenieur 298
Eucherius, Bischof von Lyon 54

Falkner, Carl, Architekt 111
Fein, Leopold, Architekt 106, 107
Felber, Peter, Baumeister 97, 245
Feldbrunnen-St. Niklaus 83, 127, 290 – Museum Schloß Waldegg 217 – Pfarrkirche 290
Fischer, I., Architekt, 106
Flumenthal 26, 30, 268
Flury, J., Architekt 103, 105
Fortier, Jean, Ingenieur 150, 171, 201, 204, 319
Fraisse, William, Eisenbahningenieur 300
Franken 26
Frankreich 6, 9, 56, 60, 62, 89, 195
Franz, Benedikt, Werkmeister 179
Franziskaner-Konventualinnen 59
Franziskanerorden 57, 143, 146
Fraubrunnen 301 – Zisterzienserinnenabtei 82
Frei, Johann Joseph, Goldschmied 38, 325
Freiburg i. Ü. 6, 22, 23, 38, 39, 57, 58, 59, 159, 217, 237
Freischarenzüge 10
Frey, Samuel, Radierer 309
Fridau 4
Friedrich II., König 57
Frienisberg, Abt Heinrich von 22
Froburg 30 – Grafen von 4
Fröhlich, Albert, Architekt 107
Fröhlicher, Ch., Zeichner 309 – Ernst, Architekt 129, 175 – Gebr., Baufirma 279 – Karl, Architekt 129
Fröhlicher & Glutz, Baufirma 105, 129, 250
Frölicher, Joseph Anton, Architekt 285 – Otto, Zeichner 316
Füessli, Peter, Geschützgießer 179

Gallorömer 56
Gänsbrunnen 301
Gasser, J., Architekt 104
Geilinger, Hans Jakob, Glasmaler 33
Genf 11, 56, 205, 217
Georg, hl. 236
Gerlafingen 34
Gerster, J.S., Kartograph 47
Gesellschaft für Schweizerische Kunstgeschichte 107
Gibelin, Conrad, Werkmeister 149, 160, 174, 175, 177 – Hans, Werkmeister 173, 175 – Mauritz, Werkmeister 192
Gideon 249
Gieng, Hans, Bildhauer 237, 239, 242
Gilgenberg 5, 7, 26, 30
Girard, Pierre, Zeichner 315
Gislikon 264
Gleitz, Franz, Ingenieur, Schanzaufseher 196
Glockenkastell 69
Glutz-Blotzheim & Scherer, Dampfschiffunternehmer 277

Glutz, Ernst, Architekt 89, 250
Glutz-Ruchti, Karl Stephan, Schultheiß 13
Glutz von Blotzheim, Konrad, Heraldiker 30
Gösgen 4, 7, 26, 30 – Freiherren von 4
Gösger Amt 1
Gossmann, Radierer 312
Gottstatt 82
Götz, Gottfried Bernhard, Maler 12
Graf, Peter, Goldschmied 38 – Ulrich, Schmied 247 – Urs, Zeichner 51, 145, 149, 150, 158, 168, 178, 308
Graff, Franz, Zeichner 161, 308, 309, 310, 311, 312, 313, 314, 315
Grans, Ritter 58
Gravel, Robert de, Ambassador 198
Grenchen 1, 2, 4, 7, 10
Grieni, Hans 151
Grimm, Johann Karl 88 – Mauritius, Kartograph 46
Grissach (Cressier) 240
Gross, Michael, genannt Syz, Festungsingenieur 61, 68, 143, 167, 172, 178, 179, 192, 193, 316
Grubenmann, Johannes, Baumeister 284, 285
Gugger, Leonz, Stiftspropst 87
Gugler 4, 83
Guiguer von Prangins, Karl Julius, Oberst 92
Gurzelen 83
Gut, Melchior, Baumeister 151
Gutt, Michel, Maurermeister 240
Gyr & Koch, Photographen 119

Hablitscheck, Franz, Stecher 309
Haffner, Franz, Historiograph 27, 160, 167, 184, 232, 263, 268 – Hans Ulrich, Baumeister 149 – Thomas, Glasmaler 32, 34
Hafner, Hans Uli 160
Hägendorf 264
Hall, Reichsmünzstätte 22
Halten 4, 26, 30
Hans, Steinmetz 148
Härkingen 4
Hartmann, Alfred, Schriftsteller 265
Has, Michael 242
Hautebeau, L., Mathematiker, Festungsingenieur 199
Heck, J.G., Lithograph 47
Hegi, Franz, Radierer 310, 313
Heinrich II., Kaiser 56 – III., Kaiser 56, 78 – VII., Kaiser 57
Heinrich, Ziegler 184, 188
Heinzmann, Ingenieur 288
Helvetier 2
Helvetik 9, 62
Helvetische Gesellschaft 8
Hemmerli, Felix, Propst 58
Heri, Rudolf, Maler 13
Hermann, Franz Jakob, Kantor 12, 62
Herrliberger, David, Stecher 308, 309, 310
Herwegen, Peter, Zeichner 310
Herzogenbuchsee 63, 95, 277, 295, 296, 298
Heutschi, Hans, Baumeister 180, 184
Himmelried 2, 5

Hindelbank 28
Hirsinger, Bendicht, Zimmermann 283
Hirtacus, römischer Statthalter 11, 167
Hochwald 5
Hofer & Burger, Lithographen 47
Holofernes 34
Honegger, Arthur, Komponist 13
Honegger-Naef, Heinrich, Architekt 98
Horatier 33
Huber, Caspar Ulrich, Zeichner 309 – Caspar, Stecher 311
Hübschin, Dieter, Meister 188
Hugenottenkriege 60
Hugi, Benedikt, Landvogt 13
Hugo II. von Buchegg, Schultheiß 57
Huoter, Heinrich, Stadtschreiber 80, 82
Hurder, Steffan, Berner Münsterbaumeister 28, 148, 149
Hutter, Schang, Bildhauer 252

Iguel, Charles, Bildhauer 13
Indermühle, Karl, Architekt 289
Indienne-Druckerei s. Wagner, Franz, & Cie.
Inkwil 296
Innozenz IV., Papst 57
Isenring, Johann Baptist, Zeichner, Stecher 310, 311, 313

Jacottet, Jean-Louis, Lithograph 310, 314
Jauch, Oskar, Gartenarchitekt 111
Jenny, Friedrich, Maler 314 – Heinrich, Zeichner 150, 180, 314, 316
Jesuitenorden 59, 84
Joachim, Josef, Schriftsteller 266
Jonas 247
Jörg, Meister 184
Judith 34
Julius II., Papst 31
Juliusbanner I 31 – Juliusbanner II 30
Jura 1
Juragewässerkorrektion 268
Justinger, Conrad, Chronist 282
Justitia 35, 238, 239

Kaiser 239
Kaiser, Franz Ludwig, Glockengießer 152, 158
Kanal Schaffhausen–Neuenburg–Mittelmeer 275
Kappeler Krieg, Zweiter 6, 59
Kapuziner 59
Kapuzinerinnen 59
Karl der Große 56
Karl IV., Kaiser 22, 58, 78
Kaufmann, Urs, Glaser 173
Keller, Andreas, Maler 309 – Christian, Baumeister 150, 160, 163, 171, 172 – Heinrich, Zeichner 311 – Jakob, Bauunternehmer 196, 199 – Jakob, Glockengießer 158 – R., Lithograph 309 – Wilhelm, Bauunternehmer 196
Kelten 2

Kerler, Wilhelm, Uhrmacher 152
Kestenholz 266
Kiefer, Jakob, Werkmeister 184, 287
Kienberg 1, 5, 26, 30
Kiener, Hans 188 – Hans, Brunnenmeister 230, 239
Kilchen, von, Familie 58, 82
Kissling, Richard, Bildhauer 265
Klauber, Johann, Radierer 61, 308 – Joseph, Radierer 61, 308
Kleinlützel 5
Klus bei Balsthal 93, 212
Kluser Handel 150, 193
Knopf, Daniel, Maler 240
Köbelin, Brunnenmeister 239
Kolin, Jakob, Maler 309
König, Franz G., Minorit 199 – Urs, Maler, s. Küng, Urs
Konrad II., Kaiser 56
Konstanz, Bistum 3, 58, 62
Konzil, 1. Vatikanisches 262
Kottmann, Johann, Unternehmer 63
Kreuzer, Adolf, Glasmaler 35
Kreuzweg 261
Kriegstetten 4, 7, 63
Kruter, Marx, Baumeister 151
Kulturkampf 10, 62, 92, 107
Kümmerlin, Joseph Anton, Lithograph 306
Küng, Urs, Zeichner, Maler 74, 79, 86, 128, 150, 152, 154, 178, 250, 251, 272, 307
Kunz, Peter 264
Kyburg, Grafen von 58
Kyburger 4, 187

Ladame, Henri, Ingenieur 297
Langendorf 10, 63, 83, 129, 130, 230, 231, 233, 300, 301
Langmack, Modellbauatelier 198
Laubscher, Hans Heinrich, Glasmaler 33
Lausanne 56, 57 – Bistum 3, 56, 58, 62
Leberli, Familie 82
Lebern 7, 26, 30
Le Clerc, Gabriel I., Radierer 197
Leizel, Stecher 308
Lengnau 296
Lenné, Peter Joseph, Gartenarchitekt 110
Leopold von Österreich, Herzog 6, 12, 58, 59, 282, 306
Leopold, Johann Christian, Zeichner 308
Leuzigen 28, 127, 180, 184
Leuzinger, R., Lithograph 47
Liestal 28
Limes 54
Locher, Johann Heinrich, Zeichner 314
Locher & Naef, Baufirma 298
Lommiswil 127
Lothar, König 56
Louis XIV, König 195, 198, 200, 201, 207
Luder, Hans 267 – Ingenieurbüro 289 – W., Ingenieur 289, 301
Ludwig der Deutsche, König 56
Ludwig XIV. s. Louis

Lugano 194, 198
Lüsslingen 89
Lüthy, L., Baufirma 289 – Urs Joseph, Schriftsteller 8
Luzern 10, 22, 39, 59, 159, 193, 217, 286, 295 – Wasserturm 189
Lyss 63, 295, 299, 300

Magapilius Restio 16
Maia 263
Mailand 23, 194
Marbet, Festungsingenieur 197, 198
Marcus Curtius 33
Maria 31, 262, 263
Mariastein 1, 5, 10
Maring, Ludwig, Architekt 298
Mars 263
Masquelier, Louis Joseph, Radierer 309
Mathis, Benedikt, Zimmermeister 283
Mauritius, hl. 242
Maximinian, Kaiser 167
Mediation 9, 62
Meili, Armin, Architekt 100 – Heinrich, Architekt 100
Melano 194
Merian, Andreas, Ingenieur 275, 276, 277, 296 – Matthäus, Zeichner, Verleger 307
Merlo, Albert, Geldhändler 82
Mersen, Vertrag von 56
Mertz, Heinrich 264
Merzweiler, M., Glasmaler 35
Mesolithikum 2
Messen 26, 30
Metzger, Johann Rudolf, Radierer 308
Meyer, Conrad, Zeichner 181, 182, 315 – Fritz, Uhrenindustrieller 130 – Josef, Mühlenbauwerkstätte 105, 108 – J., Stecher 299, 310 – J. R., Kartograph 47
Meyer & Stüdeli 130
Meyer-Tschan & Cie., Schalenfabrik 130
Michel, Geometer 192 – Urs, Gipser 170
Midart, Laurent Louis, Zeichner 309, 310, 311
Minerva 35
Möllinger, Franziska, Photographin 309
Mordnacht, Solothurner 27
Morettini, Pietro, Festungsingenieur 201
Morgarten 58
Morges 295
Moser, Robert, Berner Kantonsingenieur 101, 103, 317 – Urs 264
Moses 249
Moudon, Tour de Broye 170
Moutier 300, 301
Moutier-Grandval 82
Müller, Emanuel, Architekt 295, 297, 298, 317 – Gustav Adolph, Zeichner 310 – Johannes 263 – Josef, Fabrikant 63 – Josef, Steinhauer 238
Mümliswil 10
München 202
Münster, Sebastian, Kosmograph 77, 83, 247, 250, 306, 307

Munzinger, Josef 9, 10, 14 – Joseph, Bundesrat 265 – Walter, Jurist 265 – Werner, Orientalist 265 – Wilhelm, Oberrichter 265
Mure, von, Familie 82
Murten 152, 217, 295 – Berntor 152 – Rathausturm 152

Napier, William, Eisenbahningenieur 299, 300
Napoleon 9
Neapel, Königreich 9
Neeb, J.H., Lithograph 47
Nemesis 51, 308
Nennigkofen 7
Neolithikum 2
Neuenburg 277
Neuenburg-Nidau, Grafen von 58
Nidau 235, 277
Niederlande 9
Niederwil 93
Niklaus von Flüe 6, 13
Nikolaus, hl. 34
Norris, John, Maler 314
Nüwenstein, Rudolf von 81

Oberbuchsiten 2
Oberdorf 83, 301
Obergösgen 2
Oberlin, Johann, Geometer 296, 317, 318 – Viktor 8
Oberrhein 170
Oberrheinische Tiefebene 1
Obrist, Friedrich Arnold, Zeichner und Stecher 308
Oensingen 2, 37, 244
Ökonomische Gesellschaft 8
Österreich 4, 12
Olten 1, 2, 4, 7, 8, 10, 13, 14, 26, 29, 30, 38, 54, 61, 63, 194, 266, 288, 289, 295, 296, 299, 300 – Castrum 69 – Historisches Museum 29 – Käfigturm 29
Ott, G., & Co., Baufirma 286, 288

Pagan, Peter, Bildhauer 235, 236, 238
Parent, Aubert, Architekt 285
Paris 9
Paul, Maler 184, 187
Payerne 56
Pérignon, Alexis Nicolas, Zeichner 309
Perro, Jakob, Bildhauer 240
Perroud, Laurent, Bildhauer 235, 236, 238, 240, 244, 251
Peter, Hermann, Bildhauer 266 – Walter, Bildhauer 246
Pfluger, Karl, Zimmermeister 285 – Ludwig, Bildhauer und Architekt 97 – Urs Josef, Bildhauer 13, 251
Pforzheim 298
Pfyffer, Jakob, Steinhauer 242
Pisoni, Gaetano Matteo, Architekt 88, 124, 246, 247 – Paolo Antonio, Architekt 120, 238, 244, 245, 247, 287
Polatta, Francesco, Festungsingenieur 86, 143, 167, 194, 195, 196, 197, 202, 205, 207, 216, 284, 319 – Giovanni Battista 196
Pomerium 74, 75

Prismeller Baumeister 175
Probst, Alfred, Architekt 107, 130 – Jakob 13
Probst & Schlatter, Architekten 90, 289
Puysieux, Roger, Marquis de, Ambassador 200

Rachel, Lienhard, Maler 12, 13, 309
Rachuel, J.G., Bildhauer 177, 178, 247
Rahn, Johann Rudolf, Kunsthistoriker und Zeichner 29, 191, 316
Rauriker 2
Reformation 2, 6, 58, 60, 84
Reichsadler 22, 23, 24, 25, 26, 27
Reichsapfel 25, 29
Reichsschwert 29
Reichstage, burgundische 71
Reimann, Hermann, Architekt 107
Reinert, Johann Baptist 9, 10
Reinhart, Urs, Zimmermeister 283
Renaud, Viktor, Spengler 152
Renfer, F., Baufirma 289
Renfer-Graber & Cie., Baufirma 107
Riche, Anna 57, 81 – Familie 58, 82
Riedholz 83 – Wallierhof 148
Riegel, J., Stecher 298
Rohbock, Ludwig, Zeichner, Stecher 298, 308, 309
Roll, Johann Friedrich von 88 – Ludwig von, Industrieller 275 – Ubald von, Plantagenbesitzer 130 – Ubald, von, Zeichner 310, 311, 312, 315 – von, Eisengießerei 10, 93, 288
Romanen 3, 56
Rotberg 5, 26, 30
Roth von Rumisberg, Hans, Held 27, 58
Roth, Jakob, Oberlehrer 91, 265, 266
Röttinger, H., Glasmaler 35
Ruchti, Conrad, Kannengießer 184 – Hans, Kannengießer 160
Rüdisühli, Jakob Lorenz, Maler 309
Rudolf I. von Burgund 56 – II. von Burgund 56 – III. von Burgund 56
Rudolf, Robert, Bildhauer 13, 254, 267
Rudolf von Habsburg, König 57
Rudolf von Kyburg, Graf 58
Ruland, Architekt 95
Ruprecht, König 57
Rust, C., Photograph 183, 185, 205
Rüttenen 83, 300 – Königshof 130, 230, 231 – Restaurant Kreuzen 240 – Steinmuseum 157 – Verenaschlucht 263, 265

Sabatier, Léon, Zeichner 310
Saler, Josef Jörg, Silberschmied 13
Salesianerinnen 59
Salier 56
Salvisberg, Friedrich, Berner Kantonsbaumeister 95 – Otto Rudolf, Architekt 100, 113, 114, 289
Salzmann, A. & E., Ingenieure 289 – H. & E., Baufirma 279
SCB s. Schweizerische Centralbahn
Schaffhausen 156

Schauenburg, Aléxis Balthasar de, General 8, 62, 143, 201
Scheller, Emil, Maler 262 – Hans, Deckermeister 240
Scherrer, Hugo, Ingenieur 286
Scheuber, Johann Jakob, Radierer 47
Scheuchzer, Johann Jakob 307
Scheurmannn, Johann Jakob, Radierer 31, 47
Schiffmann, Hans, Maurer 245
Schilling, Diebold, Chronist 59, 306
Schilt, Hans, Faßmaler 238, 242
Schiner, Matthäus, Kardinal 31
Schlatter, Edgar, Stadtbaumeister 98, 104, 107, 109, 110, 111, 130, 158, 211, 266
Schlenrit, Sigmund, Stecher, 74, 79, 86, 128, 147, 150, 178, 180, 250, 251, 307
Schluep, Stephan 7
Schluop, Jakob, Kupferstecher 195, 203
Schmid, Franz, Zeichner 203, 309, 314 – G.F., Zeichner 310 – Otto, Architekt 130 – Uli, Baumeister 149, 159, 160, 170, 179, 324
Schneller, Heinrich, Baumeister 149, 160
Schnetz, Claus, Steinhauer 240, 244 – Georg 250
Schnyder, M., Ingenieur 289
Schodoler, Wernher, Chronist 306
Schönbühl 300, 301
Schönenwerd 4, 10
Schöni, Hans, Bildhauer 247 – Stephan, Bildhauer 29
Schulthess, Emil, Zeichner 214, 315 – Ludwig, Maler 199, 206, 212, 214, 230, 315
Schwaller, Josef, Geometer 88, 89, 148, 231, 316, 317
Schwartz, Martin, Faßmaler 238
Schwarzbubenland 1, 4, 10
Schweizerische Centralbahn 96, 277, 286, 295, 296, 298
Schweizerische Vereinigung für die Rhein-Rhone-Schiffahrt 278
Sears, Stecher 315
Sedeleuba, Prinzessin 56
Seewen 4
Selzach 4, 264 – Kapelle im Haag 29
Sempach, Schlacht von 4
Seraphisches Liebeswerk 128, 129
Serena, Domenico, Ingenieur 198
Sesseli, Urs Josef, Bildhauer 244
Simmler, Ch., Holzschneider 77
Simon, Apostel 35
Sirena s. Serena
Sixt, Caspar 263, 324
Solothurn
    Aarebrücke, römische 3, 282
    Aarehafen 123
    Aarequai 180, 271
    Aarhof 68, 86, 128, 297
    Adlergasse 251
    Altes Rathaus 75
    Altes Spital 125, 188, 274, 282
    Altes Zeughaus 13, 22, 28
    Altwyberhüsli 253
    Amanz-Gressly-Straße 232

Ambassadorenhof 30, 56, 60, 74, 84, 88, 89, 90, 91, 108, 109, 110, 113, 118, 119, 123, 124, 163, 166, 171, 246, 264, 266
Amthaus I 95, 96, 98, 99, 101, 115, 252 – Amthaus II 100
Amthausplatz (anfänglich Kosciuszkoplatz) 96, 97, 98, 100, 101, 205, 250, 252
Ankenhaus 88
Apollotempel 54
Arbeitshaus 62
Areggerhaus 86
Armbrusterhaus 81
Äußere Hofmatt 230
Bahnhof 95, 102, 206, 271, 276, 277
Bahnhofplatz 96, 104, 105, 106, 301
Bahnhofquartier 103, 106
Bahnhofstraße 96, 98
Ballenhaus 89, 273
Bankhaus La Chapelle 61
Barfüßer-Bach 232
Barfüßer-Baumgarten 83
Barfüßergasse 91, 113, 232
Barfüßerturm 178
Baselstraße 68, 83, 84, 86, 88, 89, 92, 94, 109, 110, 113, 114, 174, 208, 230, 262, 286, 301
Baseltor 74, 79, 80, 82, 84, 86, 92, 93, 94, 95, 102, 109, 110, 113, 114, 119, 120, 121, 124, 143, 146, 147, 172, 173, 174, 175, 176, 177, 178, 180, 196, 202, 205, 217, 218, 247, 253, 254, 301 – äußeres 211, 212
Baseltorbrücke 93
Bastion St-Ignace s. Kornhausbastion
Bastion St-Maurice s. St.-Mauritius-Schanze
Bastion St-Pierre s. St.-Peters-Schanze
Bastion St-Urs s. Schulschanze
Bastion St-Victor s. Riedholzschanze
Bastion Ste-Croix s. Krummturmschanze
Bastion Ste-Marie s. Marienschanze
Bastionsweg 119, 146, 173, 211
Bauleutezunft 75
Belvedere 130
Bergstraße 130, 230, 231, 232
Berntor 27, 28, 73, 79, 80, 87, 88, 103, 143, 147, 152, 157, 181, 182, 183, 184, 185, 186, 187, 188, 199, 201, 202, 203, 204, 205, 214, 253, 275, 296 – äußeres 214, 298
Berntorstraße 125, 146, 185, 251, 286, 300
Berthastraße 105, 108
Berufsschulhaus 214
Besenval-von-Roll-Haus 86
Bibliothek 114
Bielstraße 84, 86, 88, 89, 93, 96, 97, 98, 99, 101, 102, 129, 130, 252, 301
Bieltor 29, 62, 72, 73, 80, 83, 86, 92, 95, 96, 98, 101, 102, 115, 116, 121, 143, 145, 146, 149, 151, 152, 152, 153, 154, 155, 156, 157, 158, 159, 160, 177, 182, 187, 196, 200, 201, 202, 203, 204, 205, 207, 210, 212, 252, 261, 324 – äußeres 207, 210, 252

Solothurn *(Fortsetzung)*
    Blumenhalde 130
    Blumenstein 86, 130
    Bollwerk St. Peter 86, 93, 94, 173, 174, 178, 189, 196, 212, 268, 273, 274
    Börsenplatz 235
    Brücke über den Verenabach 290
    Brücken über den Wildbach 290
    Brückentor 28, 147, 148, 149, 157, 270, 271, 272, 283
    Brüggmoosbach 232, 233
    Brühl 102, 268
    Brunnen in/bei: Adlergasse 251 – Altwyberhüsli 253 – Amthaus I 252 – Amthausplatz 252 – Barfüßern 234 – Baseltor 253 – Beginen 234 – Berntor 253 – Fegetzallee 253 – Fischmarkt 234 – Franziskanerplatz 245, 324 – Gerberngasse 243 – Gurzelngasse 234, 235, 240, 244 – Hintergasse 244 – Midartweg 253 – Oberen Winkel 251 – Pflug 252 – Poststraße 152 – Propstei 234 – Riedholzplatz 246 – Römerstraße 252 – Schaal 234 – Schmiedengasse 243 – Seilergasse 249 – St.-Katharinen-Friedhof 254 – Unteren Winkel 251 – Vorstadt 234 – Zurmattenstraße 252
    Bürgergemeindehaus 28, 29, 125, 286
    Burgerzihl 83, 305
    Burisgraben 116, 119, 161, 164
    Buristurm 68, 97, 110, 118, 147, 149, 150, 153, 158, 159, 160, 161, 170, 171, 174, 205, 210, 217
    Buristurmschanze 210
    Busletenbach 232
    Busletenmühlibach 231, 233
    Cäcilienverein 62
    Café Fédéral s. Petenierhaus
    Café Rust s. Petenierhaus
    Cartierhof 86
    Castrum 67, 68, 69, 71, 77, 121, 206
    Castrummauer 70, 115, 116, 143, 150
    Chantier (Werkgebäude) 113
    Chüngeligraben 119, 161
    Denkmal für die Bourbaki-Armee 264
    Denkmal für Lehrer Jakob Roth 91, 265
    Dornacherplatz 103, 254
    Dornacherstraße 103, 104, 106
    Dreibeinskreuzkapelle 12, 68, 83, 84, 264, 265, 274, 282
    Dünnernbrücke 93, 212
    Dürrbach 230
    Eichbrunnen 253
    Eichtor (später Baseltor) 173, 175
    Eisenbahnbrücke 274, 279, 282
    Eselsmühle 80, 230, 232
    Evangelisch-methodistische Kirche 129
    Eybrunnen 252
    Fegetzallee 253
    Fischbrunnen 75, 78, 79, 80, 92, 235, 239, 240, 244, 245, 247, 250
    Fischergasse 80, 125
    Florastraße 88, 129
    Franziskanergarten 90, 266
    Franziskanerkirche 88, 113, 124, 232, 245
    Franziskanerkloster 59, 60, 62, 75, 80, 81, 83, 84, 89, 90, 91, 102, 110, 118, 119, 124, 163, 165, 166, 181, 210, 230, 232 – Garten 90, 91, 266 – Konventgebäude 181
    Franziskanerplatz 90, 123, 245
    Franziskanertor 90, 107, 119, 232
    Franzoseneinfall von 1798 143
    Frauenbadeanstalt 279
    Frauenmarkt 79
    Friedhofplatz 56, 59, 69, 70, 71, 76, 77, 115, 116, 123, 124, 236, 242
    Friedhofplatzbrunnen 234
    Galgen 83
    Galgenbühl 83
    Gänsbrunnen (später St.-Georgs-Brunnen) 234, 235
    Gärtnerstraße 128
    Gasfabrik 289
    Gaswerk 94, 113, 115
    Gedenktafel zur Erinnerung an die Grundsteinlegung der Stadtbefestigung 217
    Gefängnis 125, 171
    Gemeindehaus 91, 113, 124, 127, 232
    Georgsbrunnen 234
    Gerberei 230
    Gerberei Guillaume 163
    Gerberngaßbrunnen 243
    Gerberngasse 79, 80, 91, 121, 243, 271
    Gerechtigkeitsbrunnen 80, 234, 237, 238, 250
    Gewerbeschulhaus 87
    Gewerbeverein 62
    Gibelinhaus 88
    Gibelinmühle 80, 90, 230, 232, 245
    Gideonbrunnen 247, 249
    Gilge 268
    Glutzenhübeli 130
    Goldbach 230, 232, 233
    Goldgaßbrunnen 250, 252
    Goldgasse 76, 90, 123, 230, 233, 250, 268
    Goldgaßmühle 80
    Grabenbrücke 204, 212
    Greibengasse 262
    Greibenquartier 84, 128
    Grenchenstrasse 130, 262
    Gressly-Haus 87, 274
    Grimmenhaus 88
    Gurzelngaßbrunnen 80, 244
    Gurzelngasse 57, 72, 74, 75, 78, 79, 80, 84, 90, 91, 96, 121, 123, 124, 125, 155, 232, 240, 242
    Gurzelntor (später Baseltor) 252
    Hafenanlage 276, 277
    Haffners-Turm (später Katzenstegturm) 149, 189
    Hallerhaus 88
    Handelsbank 243
    Handelsschule 63
    Handwerkerschule 63
    Hans-Huber-Straße 279

Hauptbahnhof 103, 104, 114, 296, 299, 301
Hauptbahnhofstraße 104, 105, 106, 108
Hauptgasse 57, 70, 71, 72, 74, 78, 79, 80, 81, 82, 84, 87, 88, 90, 91, 93, 121, 123, 124, 125, 127, 175, 232, 233, 234, 237, 241, 244, 245, 247, 269
Hauptpost 100
Haus Stäffis-Molondin 91
Haus Sury d'Aspremont 86
Haus von Grissach 124, 127
Heidenchapeli 86
Heidenhubel 68
Heidenhubelstraße 130
Heilig-Geist-Kirche s. Spitalkirche
Hermesbühl 62, 68, 86, 92, 95, 129, 151, 207, 263
Hermesbühlhof 86
Hermesbühlstraße 68, 86, 88
Herrenweg 130
Hintere Beginensamnung 81
Hintergaßbrunnen 244, 251
Hintergasse 81
Hirzengraben 232
Historisches Museum Blumenstein 16, 24, 40, 64, 186, 216
Hofmatt 88, 130, 232
Hohenlinden 130
Holbeinweg 130
Hotel Bargetzi 95
Hotel Jura 103, 254
Hotel Krone 82
Hotel Metropol 105, 106
Hotel Roter Turm 91
Hotel Storchen 90
Hotel Terminus 106
Hürligturm 146, 180, 181, 273, 275
Industriestraße 130
Jesuitenkirche 70, 80, 91, 263
Jesuitenkollegium 62, 88, 89, 90, 250
Josephsvorstadt 86
Judengasse 57, 71, 76, 79, 87, 121, 123, 234, 244
Junkers Haus 75
Jupitertempel 54
Käferschänzli 92, 93, 207, 210
Kantonalbank 97, 98, 100, 101, 109, 252
Kantonsschule 62, 64, 89, 97, 108, 109, 110, 111, 113, 119, 246, 250
Kantonsschulturnhalle 113, 115
Kapitelhaus 120, 178, 246
Kaplanei 124
Käppelihofstraße 130
Kapuzinerkloster 59, 84, 86, 102, 128, 129, 262, 308
Kapuzinerstraße 128
Kapuzinerweg 129, 207, 261
Kaserne 89, 119, 246
Katzenstegschanze 95, 271, 274, 276
Katzenstegturm 95, 97, 149, 150, 163, 170, 171, 189, 206, 268, 271
Katzenstiege 262, 263
Kaufhaus 75, 80, 81, 82, 84, 251, 269

Kaufmännische Schule 83
Kino Elite 91
Kino Hirschen 91
Kirchgasse 70, 71, 78, 80
Kirchhof vor St. Ursen 83
Kloster Namen Jesu 51
Kloster St. Joseph 51, 59, 84, 102
Kloster Visitation 51, 59, 68, 85, 102, 129, 231, 253, 262
Klosterplatz 77, 82, 88, 89, 90, 120, 123, 124, 240, 247, 250
Klosterplatzbrunnen 238, 249, 250
Knabenschulhaus 89
Kollegiumschulhaus 243, 250, 251
Konzertsaal 64, 97, 108, 109, 110, 113, 115, 232
Kornhaus 80, 84, 87, 89, 113, 269, 271, 272, 273
Kornhausbastion 103, 213, 214, 276
Kornhäuser 75
Kornmarkt 79, 80
Kosciuszkoplatz s. Amthausplatz
Kräßbühl 86
Kreuzacker/Kreuzackerquai 87, 88, 104, 113, 115, 181, 193, 214, 271, 272, 273, 274, 275, 286, 287
Kreuzackerbrücke 87, 104, 204, 270, 274, 275, 287, 288, 289
Kreuzweg 261
Kronengasse 124, 125
Kronenplatz 82, 118, 121, 287
Krummturm 83, 143, 181, 184, 188, 189, 190, 191, 193, 199, 203, 204, 215, 216, 217, 264, 273, 296
Krummturmschanze 95, 115, 189, 202, 205, 215, 254, 274, 279
Krummturmstraße 251
Krutbad 268, 278
Krutterhaus 88
Kuhschanze 95, 103, 214, 276
Küngeligrabenschanze 210
Kunstmuseum 28, 64, 107, 110, 115, 187, 232, 266
Kunstverein 62
Ländetor 269
Ländeturm 272
Landhaus 234, 250, 251, 269, 270, 272, 274, 275
Landhausbrücke 204
Landhausbrünnli 250
Landhausquai 148, 269, 274
Landhaus-Schulhaus 251
Langendorfstraße 68, 130
Lehrerseminar 63, 110
Liebhabertheater-Gesellschaft 62
Literarische Gesellschaft 62
Litzi 145, 148, 178, 180, 202, 212, 268, 269, 270, 271, 272
Litzimauer 88
Litzitor 147
Lorenzenkapelle 84, 86
Lorenzenvorstadt 86
Loretohof 88
Loretokapelle 86, 261

Solothurn *(Fortsetzung)*
    Loreto-Quartier 129
    Loretostraße 129, 261
    Löwengasse 70, 91, 121, 123, 127
    Luzernstraße 104
    Luzerntor 180, 181
    Männerchor 62
    Margarithenbruderschaft 13
    Marienschanze 210
    Markt 80
    Marktplatz 70, 71, 77, 78, 79, 84, 88, 90, 92, 93, 100, 119, 120, 121, 123, 235, 239, 240, 242, 244, 250
    Mauritiusbrunnen 124, 234, 241, 242, 250
    Metzgerzunft 75
    Midartweg 253
    Montethof 88
    Mosesbrunnen 247
    Mühlen 171, 230, 231, 232
    Mühlenbauwerkstätte Josef Meyer 105, 108
    Müllerhof 88
    Münze 232, 233
    Munzinger-Denkmal 107, 265
    Münzstätte 75, 80
    Museum (ursprünglich städtisches, heute Kunstmuseum) 64, 95, 97, 108, 109, 110, 111, 113
    Museum Blumenstein s. Historisches Museum Blumenstein
    Musikpavillon 115
    Mutten 68, 111, 268, 279
    Naturforschende Gesellschaft 62, 265
    Naturmuseum 64
    Naturwissenschaftliches Museum 114
    Neu-Solothurn 102, 103, 104, 105, 106, 107, 128 – Bahnhof 102, 184, 213, 286, 288, 289, 299, 300, 301
    Neubefestigung 193, 194
    Nictumgäßlein 120, 124, 263
    Nideggturm (später Riedholzturm) 68, 83, 84, 119, 120, 143, 145, 146, 167, 168, 169, 218
    Niklaus-Konrad-Straße 105, 106
    Nominis Jesu s. Kapuzinerinnenkloster
    Nordring 109, 111, 114, 119, 151, 210, 218, 230
    Obach 99, 285
    Obachstraße 262
    Oberer Winkel 125, 251
    Ökonomisch-Gemeinnützige Gesellschaft 62
    Palais Besenval 88, 125, 269, 272, 274, 275, 278, 287
    Peternierhaus 90, 93
    Pfarrhaus St. Ursen 124
    Pfisterngasse 71, 237
    Pfisterzunft 75
    Pflugerhaus 130
    Pflugersturm (später Buristurm) 81, 149, 158, 159, 160
    Pisoni-Brunnen 246
    Poststraße 96, 100, 252
    Prison 62, 125, 146, 147
    Prisongasse 125, 147
    Professorenkollegium 62
    Propstei 124, 241, 242
    Protestantische Kirche s. Reformierte Kirche
    Psychiatrische Anstalt Rosegg 130
    Pulverturm 180, 181, 269
    Rathaus 12, 28, 29, 30, 32, 33, 35, 36, 38, 62, 80, 81, 82, 90, 124, 125, 148, 149, 232, 266 – Regierungsratssaal 29 – St.-Ursen-Saal 11 – Turm 127
    Rathausgasse 74, 90, 123
    Rathausplatz 88, 90, 91, 107, 123, 232, 245
    Reformierte Kirche 95, 100, 102, 108, 109, 110, 205, 265
    Reformierte Kirchgemeinde 62
    Reinerthaus 125
    Reinhardshof 88
    Reithalle 109, 110, 113, 115
    Reitschule 102
    Restaurant National 100
    Restaurant Storchen 243
    Riantmont 130
    Riedholzplatz 74, 75, 82, 84, 90, 117, 120, 123, 124, 127, 146, 168, 172, 173, 246
    Riedholzplatzbrunnen 246
    Riedholzschanze 107, 110, 111, 196, 201, 205, 206, 207, 208, 209, 210, 211, 212, 253, 266, 267
    Riedholzturm 57, 68, 93, 118, 119, 145, 146, 150, 160, 163, 168, 169, 170, 171, 172, 175, 207, 209, 211, 217, 218, 266, 324
    Ringmauer 69, 74, 119, 145, 147, 172, 173, 179, 182, 195, 230
    Ringstraße 102, 103, 104, 127, 265, 289
    Ritter s. Bollwerk St. Peter
    Ritterbastion s. St.-Peters-Schanze
    Ritterbollwerk s. Bollwerk St. Peter
    Ritterquai 89, 120, 274
    Roamer, Uhrenfabrik 130
    Rollhafen 87, 88, 273, 274, 275
    Römerbrücke s. Aarebrücke, römische
    Römerstraße 86, 252, 274
    Römische Heeresstraße 282
    Römisches Gräberfeld 67
    Rosegg 130, 232
    Rosengarten 77, 83
    Roßmarktplatz 253
    Rötibrücke 104, 113, 114, 270, 274, 275, 286, 289, 290, 301
    Rötiplatz 114
    Rötiquai 106
    Rötistraße 104, 105, 106, 289
    Salpetersiederei 180
    Schaal (Fleisch- und Brotschaal) 80
    Schaalgasse 57, 71, 72, 73, 77, 79, 80, 81, 87, 91, 121, 123, 124, 232, 233, 234, 287
    Schanzenstraße 100
    Schanzentor 207
    Schänzlistraße 105, 108
    Schanzmühle 230, 232
    Schiffertor 80, 268, 269, 272

Schifflände 275
Schiffleutezunft 75, 250, 275
Schlachthaus 89
Schloß Blumenstein 130
Schloß Steinbrugg 88, 263, 264
Schmiedegaßbrunnen 243
Schmiedengasse 70, 75, 80, 97, 115, 116, 127, 146, 151, 156, 232, 233, 243
Schmiedenzunft 75, 127
Schneiderzunft 75
Schollenlochturm 166, 167
Schuhmacherzunft 75
Schulhaus Hermesbühl 129
Schulhausstraße 129
Schulschanze 92, 175, 212, 266, 267, 274
Schützenhaus 34, 68, 86
Schützenmattbrücke s. Rötibrücke
Schützenmatte 286, 277
Schützenzunft 75, 232
Schwaller-Haus 88, 171
Schwallerhof 88
Schwanenplatz 253
Schweizerische Konsumgesellschaft 100
Schweizerische Kreditanstalt 91
Schweizerische Volksbank 100
Schwesternhaus 125
Schwimmbad 278, 279
Segetz 113
Seilergaßbrunnen 249
Seilergasse 90, 124
Siechenhaus 83
Simsonbrunnen 236, 237, 244
Sinnbrunnen (später Gerechtigkeitsbrunnen) 75, 234, 237, 238
Soldatendenkmal 266
Solothurner Handelsbank 90
Solothurnische Bank (später Kantonalbank) 97
Sommerhaus Vigier 86, 233
Sommerhaus von Roll 86, 88
Sonderbunddenkmal 264
Spital 62, 88, 251, 268
Spitalbrunnen 238, 251
Spitalfriedhof 264
Spitalkirche zum Heiligen Geist 81, 125, 251
St.-Georgs-Bastion 150, 199, 201, 206
St.-Georgs-Brunnen 75, 235, 236, 244
St.-Georgs-Schanze 150, 271
St.-Josefs-Schanze 97, 199, 206
St.-Katharinen-Friedhof 253
St.-Katharinen-Kapelle 33
St.-Mauritius-Schanze 86, 107, 206, 210, 265
St.-Niklaus-Straße 86, 88, 262
St.-Peter-Bollwerk s. Bollwerk St. Peter
St.-Peters-Kapelle 11, 54, 56, 70, 72, 81, 83, 124, 233, 249
St.-Peters-Schanze 179, 180, 212, 290
St.-Peters-Turm 179, 180, 189
St.-Stephans-Kapelle 54, 56, 68, 70, 71, 72, 81

St.-Urban-Gaß-Brunnen 244
St.-Urban-Gasse 73, 74, 75, 76, 80, 81, 90, 91, 115, 116, 118, 119, 145, 146, 157, 162, 163, 164, 165, 232, 233, 244
St.-Ursen-Brunnen 75, 239, 247, 249, 250
St. Ursen, Chorherrenstift, Pfarrkirche, Kathedrale 4, 8, 10 11, 12, 16, 22, 26, 32, 33, 54, 56, 62, 67, 70, 71, 75, 78, 81, 82, 84, 88, 90, 114, 117, 120, 124, 125, 143, 147, 165, 178, 179, 212, 230, 238, 246, 247, 263, 274 – Domschatz 13 – Stiftsbezirk 120, 124 – Stiftsschule 120 – Stiftsspital 82 – Terrasse 90, 263 – Treppenanlage 247, 249
Stadtbach 75, 230, 231, 232
Stadtbad 90, 243, 271, 272, 278
Stadtburg 81, 117, 143, 169
Städtebundtheater 64
Stadtgraben 102, 146, 149, 151, 152, 160, 167, 174
Stadthaus 113, 114
Stadtmauer 57, 109, 115, 118, 125, 143, 145, 146, 162, 163, 165, 168, 171, 172, 173, 175, 178, 216
Stadtmühle 230, 231
Stadtpark 67, 98, 109, 110, 115, 127, 159, 167, 253, 265, 266
Stäffis-Mollondin-Haus 113, 124
Stalden 70, 91, 97, 115, 121, 123, 124, 150, 151, 232, 233, 236, 278, 286
Steingrubenquartier 128, 130
Steingrubenstraße 68, 107, 232, 233
Steingrubenweg 232
Stift s. St. Ursen
Strafanstalt 103, 113, 214
Tadeusz-Kosciuszko-Brunnen 252
Theatergasse 80, 84, 90, 91, 123
Thüringenhaus 75, 84, 119, 146, 168, 171
Töpfergesellschaft 62, 265, 266
Trinkbrunnen im Stadtpark 253
Turm bei St. Ursen 178
Türmlihaus 88, 130
Türmlihausstraße 88
Turnhalle 111
Turnschanze 86, 88, 104, 105, 108, 115, 212, 213, 278, 289, 290
Uhrmacherschule 63
Unterer Winkel 125
Untere Steingrubenstraße 86
Unteroffiziersverband 175
Verenabach 290
Vesperlederhaus 88
Vicus, römischer 11, 53, 67, 69
Vigier-Sommerhaus 129
Villa Hohenlinden 130
Visitation, Salesianerinnen-Kloster 51, 59, 68, 85, 102, 129, 231, 253, 262
Vogelherdstraße 130
Voliere 115
Von-Durach-Haus 82
Von-Roll-Haus 82, 124

Solothurn *(Fortsetzung)*
  Von-Sury-Haus 90, 92
  Vorstadt 76, 86, 87, 88, 89, 102, 103, 124, 125, 143, 147, 148, 180, 181, 182, 184, 188, 192, 196, 198, 199, 201, 203, 204, 217, 230, 234, 253, 273, 275, 276, 283, 287, 295
  Waffenplatz 95
  Waffenplatzstraße 106
  Wagnerhaus 86
  Waisenhaus 29, 62, 125, 130
  Warenhaus Nordmann 91
  Weberngasse 91
  Weberzunft 75
  Wehrgang 119, 146, 147
  Weißensteinstraße 129, 130, 252, 262
  Wengibrücke 67, 87, 90, 93, 104, 125, 148, 180, 182, 270, 271, 274, 282, 285, 286, 287, 288, 289, 300
  Wengi-Spital 28
  Wengistein 265
  Wengistraße 96, 100
  Werkhof 86, 120, 180
  Werkhofstraße 86, 97, 98, 99, 107, 110, 113, 128, 265, 267, 289
  Westbahnhof 63, 95, 99, 106, 128, 206, 276
  Westbahnhofquartier 97, 127
  Westbahnhofstraße 97
  Westring 97, 100, 108, 115, 127, 210
  Westringquartier 95, 101, 106
  Westringstraße 69, 97, 99, 110, 115, 116
  Weststadt 63
  Wirthen-Zunfthaus 75, 78
  Wirtschaft «Esel» 81
  Wirtschaft Ilge 150
  Zeitglockenturm 29, 56, 71, 75, 80, 81, 127, 184
  Zentralbibliothek 64
  Zeughaus 77, 92, 110, 124, 266
  Zeughausplatz 88, 123
  Zimmerleutezunft 75
  Zunfthäuser 75
  Zurmattenstraße 252
  Zytgloggeturm s. Zeitglockenturm
Solothurner Aufzuggiebel 126
Solothurner Mordnacht 4
Solothurnische Dampfschiff-Gesellschaft 277
Sonderbundskrieg 10, 264
Spanischer Erbfolgekrieg 201
Späti, Conrad, Werkmeister 148, 268 – Wilhelm, Zeichner 316
Spengler, Wolfgang, Glasmaler 60, 79
Sperli, Johann Jakob, Zeichner 312
Speti, Conrad, Baumeister 151, 173, 184
Spiegelberg, Hemmann von, Schultheiß 82, 83
Spielmann, V., Kantonsingenieur 104
Sprünglin, Niklaus, Radierer 309, 310
St. Gallen, Stiftsbibliothek 56
St. Niklaus s. Feldbrunnen-St. Niklaus
St. Peter im Schwarzwald 82
St. Urban 57, 82, 282

Staal, Hans Jakob von, d. Ä. 263
Stadler, Ferdinand, Architekt 97, 98
Stans, Tagsatzung 13
Stauffer, C., Lithograph 310
Steffan, Meister 28, 148, 149
Stein a. Rh., Rathaus 28, 35
Stein, vom, Familie 82
Stephenson, Robert, Eisenbahningenieur 295, 296
Straßburg 201
Stüdeli, Eduard, Architekt 130
Stüdeli & Probst, Architekten 105, 107
Studer, Eugen, Architekt 107 – Friedrich, Architekt 98
Studer & Amstein, Architekten 289, 301
Stumpf, Johannes, Chronist 73, 74, 78, 81, 82, 83, 167, 168, 234, 238, 250, 251, 283, 306, 307
Subingen 2
Sultan 239
Sury-Bussy, Josef, von, Artillerieoffizier 264 – Joseph von, Politiker 10, 90 – Urs Franz Josef Wilhelm Fidel von, Offizier 263
Sury, Peter 88 – Peter Julius von 262 – Victor, Jungrat 194 – von, Familie 33 – von Steinbrugg, Johann Josef 88
Swinburne, Henry, Eisenbahningenieur 295, 296
Syz s. Gross, Michael

Tarade, Jacques de, Festungsingenieur 86, 143, 196, 198, 199, 202, 203, 205, 213, 273, 287
Tell, Wilhelm 17
Thal 1
Thebäer, Thebäerheilige, Thebäerkult, Thebäerlegion, Thebäerreliquien 11, 12, 27, 28, 29, 31, 33, 54, 56, 84, 217, 263, 282
Thierstein 5, 7, 26, 30 – Grafen von 4
Thormann, F., Baufirma 286, 288
Thun 98, 300
Torberg, Peter von, Landvogt 22 – Ulrich von 22
Trachsler, Zeichner 310
Tragbott, Chuontzmann, Münzmeister 80, 82
Trimbach 2
Tröndle-Engel, A., Maler 262
Trub 82
Tschachtlan-Chronik 27
Tscharner, Albert, Maler 309
Tschuy, Viktor, Architekt 94
Tugginer, Eduard, Stadtplaner 251, 316 – Viktor, Architekt 93, 94, 96, 312, 317 – Wilhelm 95, 98, 298
Tussmann, Hans, Bildhauer 28, 184, 187, 240

Ulrich, Johann Jakob, Maler 311, 314
Ursenbach 28
Ursus, hl., Hauptpatron der Stadt 3, 11, 12, 13, 17, 18, 22, 23, 24, 25, 26, 28, 29, 31, 32, 33, 34, 35, 38, 54, 157, 167, 184, 217, 247, 263 – Skulptur 151, 157, 175, 178, 184, 186, 187, 190, 247, 324

Valegio, Francesco, Radierer 307
Valsesia 173

Vauban, Sébastien Le Prestre de, Festungsingenieur 87, 109, 197, 200, 201, 203, 204, 319
Verein für Erhaltung vaterländischer Kunstdenkmäler (heute GSK) 107
Verena, hl. 11
Verenaschlucht s. Rüttenen, Verenaschlucht
Vesperleder, Urs Josef 88
Victor, hl., Nebenpatron der Stadt 3, 11, 28, 29, 33, 34, 35, 54, 56, 157, 167, 217, 263
Vicus Salodurum 11, 53
Vigier, Walther, von, Maler 14, 314 – Wilhelm, Regierungsrat 10, 95, 98, 277
Villmerger Krieg, Erster 7, 193, 217 – Zweiter 7, 61, 201, 217
Vindonissa 1, 2, 52, 71, 282
Vogel, Ludwig, Zeichner 314
Vogelheerd, Baugesellschaft 130
Vogt, Eusebius, Stadtingenieur 103, 104, 105, 286, 288, 289, 300 – Hans, Meister 167

Waadt 23, 92
Wagner, Franz, & Cie., Indienne-Druckerei 62 – J.P., Lithograph 309 – L.., Zeichner 98 – Mauritz 261
Wägrich, Gebhard, Stempelschneider 26
Waldheim, Hans von, Bürgermeister von Zürich 167
Walker, Urs Josef, Kartograph 47
Wallier von Wendelstorf, Franz Karl von 2
Wallier, Hans Jakob, Junker 245
Walser, Gabriel, Kartograph 46
Walther, Hermann, Bildhauer 149
Wartburg 30
Wartenfels 4, 30
Wedelswil 83
Weiss, J.H., Kartograph 47
Weltkrieg, Erster 105, 301 – Zweiter 63, 267, 278
Wengi, Niklaus von, d. J., Schultheiß 6, 13, 14, 59
Wenzlin 165, 178
Werner, Friedrich Bernhard, Zeichner 308
Werthrada 56
Wettingen, Limmatbrücke 284

Wilhelm, Meister 179
Windisch-Altenburg 54
Winisdörfer, Johannes, Brunnenmeister 249
Winkler, Heinrich, Stecher 310
Winterlin, Anton, Zeichner 310, 311
Winterthur 299 – Ringstraßen 115
Winznau 2
Wipo, Chronist 56
Wirz, Josef, Zeichner 308, 312, 315
Wisswald, Dominik, Zeichner 308
Wolff, Johann Kaspar, Architekt 94, 95
Wuilleret, Peter, Maler 11
Wyss, Caspar, Radierer 285, 309, 312 – François, Gartenarchitekt 111
Wyssenbach, Johann und Rudolf, Holzschneider 306

Yverdon 275, 277, 295 – Ringstraßen 115

Zähringen, Herzöge von 4, 56, 57, 71, 72, 169, 218
Zähringerburg s. Solothurn, Stadtburg
Zehnder, Hans, Glasmaler 35
Zeltner, Adam 7 – Peter Josef 8 – Johann, Professor 296
Zetter-Collin, Franz Anton, Kunstsammler, Politiker 240, 282
Zimmermann, J., Maler 308
Zofingen 7 – Predigerkloster 82 – Ringstraßen 115
Zollikofen 301
Zschokke, Alfred, Eisenbahningenieur, Kantonsbaumeister 95, 96, 97, 98, 252, 318 – Olivier, Kreisingenieur SCB 298
Züblin, E., & Cie., Baufirma 289
Zuchwil 54, 83, 89, 99
Zug 217
Zürich 22, 57, 92, 114, 158, 159, 179, 198, 205, 217, 277, 295, 298 – Oetenbachbollwerk 160 – Rennweg-Bollwerk 160 – Schweizerisches Landesmuseum 37, 38, 325 – Wellenbergturm 189
Zürich, Ritter von 58
Zwingli, Huldrych, Reformator 6, 59

ABBILDUNGSNACHWEIS

Photographien, Zeichnungen, Pläne und Karten: JOHANN VON ARX, Solothurn: 269 – P. BASTADY, Solothurn: 90 – BAYERISCHES HAUPTSTAATSARCHIV, München: 201 – BERNISCHES HISTORISCHES MUSEUM, Bern: 41 – ADOLF BRAUN, Dornach: 294 – BUNDESAMT FÜR LANDESTOPOGRAPHIE, Bern: 59 – EIDGENÖSSISCHE MILITÄRBIBLIOTHEK, Bern: 207 – EIDGENÖSSISCHES ARCHIV FÜR DENKMALPFLEGE, Bern: 97, 108, 113, 177, 193, 295, 297, 301, 302 – ARNOLD FAISST, Solothurn: 1, 9, 68, 72, 95, 121, 169, 278 – CHRISTIAN FELDMEIER, Solothurn: 96 – HANNES FLURY, Niederbipp: 3, 11, 12, 13, 15, 16, 17, 18, 19, 20, 21, 22, 23, 24, 225, 243, 244, 246, 249, 250, 252, 255 – PIUS FLURY/IWAN AFFOLTER, Solothurn: 172, 179, 180, 195, 196, 197, 218, 219, 220, 234, 242, 245, 248, 251, 254, 284 – PHOTO RUBIN, Olten: 36 – VÉRONIQUE FROIDEVAUX, Mervelier: 85 – FÜRSTLICHE HOFBIBLIOTHEK THURN UND TAXIS, Regensburg: 56 – PASCAL HEGNER, Solothurn: 74, 91, 92, 238, 290, 291 – ALFRED HIDBER (Büro H. R. SENNHAUSER), Zurzach: 70 – MARKUS HOCHSTRASSER, Solothurn: 2, 57, 66, 67, 71, 73, 78, 94, 104, 106, 112, 116, 124, 135, 137, 141, 142, 144, 150, 151, 152, 153, 157, 159, 162, 163, 165, 166, 167, 168, 170, 171, 174, 175, 178, 181, 182, 194, 206, 210, 216, 221, 222, 232, 240, 241, 253, 256, 258, 259, 261, 262, 266, 268, 270, 273, 281 – MARTIN JEKER, Solothurn: 42, 43, 62 – KANTONALE DENKMALPFLEGE, Solothurn: 5, 76, 126, 164, 191, 213, 214, 226, 230, 264, 279, 293 – HANS KÖNIG, Solothurn: 87, 88, 93, 98, 109, 131, 138, 160, 257, 260, 263, 265, 271, 277 – KUNSTHAUS ZÜRICH: 186, 199, 231 – KUNSTMUSEUM SOLOTHURN: 187, 188, 228 – KUPFERSTICHKABINETT BASEL: 81, 82, 83, 84, 202, 280 – HANS LEICHT, Solothurn: 133 – GOTTLIEB LOERTSCHER, Solothurn: 14, 35, 155 – MUSEUM ALTES ZEUGHAUS, Solothurn: 38, 39, 40 – W. OBERLIN, Solothurn: 89 – PHOTO DUMAGE-STUDIO LITTRÉ, Paris: 80, 307 – PHOTO PLEYER, Zürich: 288 – ERNST RÄSS, Solothurn: 37, 44, 58, 60, 61, 63, 69, 75, 77, 79, 105, 123, 136, 148, 149, 184, 192, 203, 204, 208, 211, 212, 223, 289, 298, 304 – HANSRUEDI RIESEN, Solothurn: 156 – E. SALADIN, Solothurn: 274 – GUIDO SCHENKER, Oberdorf: 122 – ADOLF SCHNETZ, Solothurn: 111 – BENNO SCHUBIGER, Solothurn: 64, 143, 176, 185 – SCHWEIZERISCHES INSTITUT FÜR KUNSTWISSENSCHAFT, Zürich: 7 – SCHWEIZERISCHES LANDESMUSEUM, Zürich: 48, 49 – STAATSARCHIV DES KANTONS LUZERN, Luzern: 10 – JÜRG STAUFFER, Solothurn: 4, 8, 25, 26, 27, 29, 30, 31, 32, 33, 34, 45, 46, 47, 50, 51, 52, 53, 54, 99, 100, 102, 103, 110, 115, 125, 127, 128, 129, 130, 132, 134, 139, 140, 145, 146, 161, 173, 200, 209, 215, 217, 224, 227, 233, 235, 236, 237, 247, 272, 282, 283, 285, 286, 287, 292, 296, 299, 300, 303 – ALAIN STOUDER, Solothurn: 147, 154, 198, 275, 276 – SWISSAIR PHOTO UND VERMESSUNGEN AG, Zürich: 65, 114 – RETO TOSCANO, Solothurn: 117, 118, 119, 120 – SARA WEBER, Solothurn: 107, 158, 267 – ERNST ZAPPA, Langendorf: 239 – ZENTRALBIBLIOTHEK SOLOTHURN, Solothurn: 85, 101, 205, 229, 305, 306 – ZENTRALBIBLIOTHEK ZÜRICH, Zürich: 55, 183.

Landeskarte: Der Ausschnitt aus der Landeskarte 1:25 000, Blätter 1107 und 1127, Ausgabe 1987, wurde reproduziert mit Bewilligung des Bundesamtes für Landestopographie vom 25. Mai 1994.

Umzeichnungen der Steinmetzzeichen: MARKUS HOCHSTRASSER, Denkmalpflege Solothurn.

Umzeichnung der Vorlage zur Einbandvignette: BIRKHÄUSER + GBC, Basel und Reinach.

Die geprägte Einbandvignette zeigt in vereinfachter Form das große Siegel der Stadt Solothurn von 1447 mit der Darstellung des hl. Ursus, flankiert von zwei Solothurner Wappenschilden, die von Doppeladlern überhöht werden. – Text S. 18, Abb. 14–16.

Vorsatzkarte: BRUNO BAUR, Basel.

Schutzumschlag: Nicht ausgeführte Projektvariante für die Neubefestigung der Solothurner Vorstadt von JACQUES DE TARADE. Kolorierte Federzeichnung, um 1681. – Blick gegen Südwesten auf die Riedholzschanze und den Riedholzturm (Photographien: ERNST RÄSS, MARKUS HOCHSTRASSER, Solothurn). *Umschlaggestaltung:* ANETTE HOWALD, vista point, Basel.

DIE KUNSTDENKMÄLER DER SCHWEIZ
LES MONUMENTS D'ART ET D'HISTOIRE DE LA SUISSE
I MONUMENTI D'ARTE E DI STORIA DELLA SVIZZERA

BISHER ERSCHIENENE BÄNDE – VOLUMES PARUS – VOLUMI PUBBLICATI

KANTON AARGAU

I: Die Bezirke Aarau, Kulm, Zofingen. Von *Michael Stettler*. XII, 428 S. mit 326 Abb. 1948. Unveränderter Nachdruck 1982.

II: Die Bezirke Brugg, Lenzburg. Von *Michael Stettler* und *Emil Maurer*. XI, 480 S. mit 430 Abb. 1953.

III: Das Kloster Königsfelden. Von *Emil Maurer*. VIII, 359 S. mit 311 Abb. und 1 Farbtafel. 1954.

IV: Der Bezirk Bremgarten. Von *Peter Felder*, XII, 491 S. mit 462 Abb. 1967.

V: Der Bezirk Muri. Von *Georg Germann*. XII, 574 S. mit 396 Abb. 1967.

VI: Der Bezirk Baden I: Baden, Ennetbaden und die oberen Reußtalgemeinden. Von *Peter Hoegger*. XII, 507 S. mit 457 Abb. und 2 Farbtafeln. 1976.

KANTON APPENZELL AUSSERRHODEN

I: Der Bezirk Hinterland, mit Kantonseinleitung. Von *Eugen Steinmann*. XVI, 465 S. mit 410 Abb. und 2 Farbtafeln. 1973. Vergriffen.

II: Der Bezirk Mittelland. Von *Eugen Steinmann*. XVI, 464 S. mit 484 Abb. und 5 Farbtafeln. 1980.

III: Der Bezirk Vorderland. Von *Eugen Steinmann*. XVI, 448 S. mit 485 Abb. und 5 Farbtafeln. 1981.

KANTON APPENZELL INNERRHODEN

Von *Rainald Fischer*. XVI, 595 S. mit 635 schwarzweißen und 6 farbigen Abb. 1984.

KANTON BASEL-LANDSCHAFT

I: Der Bezirk Arlesheim, mit Kantonseinleitung. Von *Hans-Rudolf Heyer*. XII, 468 S. mit 495 Abb. und 2 Farbtafeln. 1969.

II: Der Bezirk Liestal. Von *Hans-Rudolf Heyer*. XII, 448 S. mit 388 Abb. und 2 Farbtafeln. 1974.

III: Der Bezirk Sissach. Von *Hans-Rudolf Heyer*. XII, 438 S. mit 326 schwarzweißen und 5 farbigen Abb. 1986.

KANTON BASEL-STADT

I: Geschichte und Stadtbild. Befestigungen, Areal und Rheinbrücke; Rathaus und Staatsarchiv. Von *C. H. Baer, R. Riggenbach* u.a. XVI, 712 S. mit 40 Tafeln, 478 Abb. 1932. – Nachdruck mit 64 S. Nachträgen von *François Maurer*. 1971.

II: Der Basler Münsterschatz. Von *Rudolf F. Burckhardt*. XVI, 392 S. mit 263 Abb. 1933. Unveränderter Nachdruck 1982.

III: Die Kirchen, Klöster und Kapellen. Erster Teil: St. Alban bis Kartause. Von *C. H. Baer, R. Riggenbach, P. Roth*. XI, 620 S. mit 339 Abb. 1941. Unveränderter Nachdruck 1982.

IV: Die Kirchen, Klöster und Kapellen. Zweiter Teil: St. Katharina bis St. Nikolaus. Von *François Maurer*. XII, 396 S. mit 488 Abb. 1961.

V: Die Kirchen, Klöster und Kapellen. Dritter Teil: St. Peter bis Ulrichskirche. Von *François Maurer*. XI, 479 S. mit 544 Abb. 1966.

KANTON BERN

I: Die Stadt Bern. Einleitung; Lage; Stadtbild, Stadtbefestigung, Brücken, Brunnen; Korporativbauten. Von *Paul Hofer*. XII, 456 S. mit 328 Abb. 1952.

II: Die Stadt Bern. Gesellschaftshäuser und Wohnbauten. Von *Paul Hofer*. XII, 484 S. mit 445 Abb. 1959.

III: Die Stadt Bern. Staatsbauten (Rathaus, Kornhäuser, Zeughäuser, Stift usw.). Von *Paul Hofer*. XIV, 468 S. mit 309 Abb. 1947. Nachdruck mit 28 S. Nachträgen von *Georges Herzog*. 1982.

IV: Die Stadt Bern. Das Münster. Von *Luc Mojon*. XII, 451 S. mit 432 Abb. 1960.

V: Die Stadt Bern. Die Kirchen: Antonierkirche, Französische Kirche, Heiliggeist- und Nydeggkirche. Von *Paul Hofer* und *Luc Mojon*. X, 299 S. mit 318 Abb. und 2 Farbtafeln. 1969.

Landband I: Die Stadt Burgdorf. Von *Jürg Schweizer*. XVI, 522 S. mit 419 schwarzweißen und 6 farbigen Abb. 1985.

CANTON DE FRIBOURG

I: La ville de Fribourg. Introduction, plan de la ville, fortifications, promenades, ponts, fontaines et édifices publics. Par *Marcel Strub*. XII, 400 p., illustré de 341 fig. 1964.

II: La ville de Fribourg. Les monuments religieux (première partie). Par *Marcel Strub*. VIII, 413 p., illustré de 437 fig. 1956.

III: La ville de Fribourg. Les monuments religieux (deuxième partie). Par *Marcel Strub*. VIII, 448 p., illustré de 427 fig. 1959.

IV: Le district du Lac (I). Par *Hermann Schöpfer*. XX, 468 p., illustré de 412 fig. 1989.

KANTON GRAUBÜNDEN

I: Die Kunst in Graubünden. Ein Überblick. Von *Erwin Poeschel*. XII, 292 S. mit 142 Abb. 1937. Unveränderter Nachdruck 1975.

II: Die Talschaften Herrschaft, Prätigau, Davos, Schanfigg, Churwalden, Albulatal. Von *Erwin Poeschel*. XII, 420 S. mit 392 Abb. 1937. 3. unveränderter Nachdruck 1975.

III: Die Talschaften Räzünser Boden, Domleschg, Heinzenberg, Oberhalbstein, Ober- und Unterengadin. Von *Erwin Poeschel*. VIII, 567 S. mit 548 Abb. 1940. 2. unveränderter Nachdruck 1975. Vergriffen.

IV: Die Täler am Vorderrhein, I. Teil. Das Gebiet von Tamins bis Somvix. Von *Erwin Poeschel*. X, 466 S. mit 519 Abb. 1942. 2. unveränderter Nachdruck 1975.

V: Die Täler am Vorderrhein, II. Teil. Die Talschaften Schams, Rheinwald, Avers, Münstertal, Bergell. Von *Erwin Poeschel*. VIII, 490 S. mit 503 Abb. 1943. Nachdruck 1961.

VI: Die italienisch-bündnerischen Talschaften Puschlav, Misox und Calanca. Von *Erwin Poeschel*. VIII, 400 S. mit 434 Abb. 1945. Unveränderter Nachdruck 1975.

VII: Die Stadt Chur und das Churer Rheintal von Landquart bis Chur. Von *Erwin Poeschel*. XII, 476 S. mit 477 Abb. 1948. Unveränderter Nachdruck 1975.

KANTON LUZERN

I: Kantonseinleitung. Die Ämter Entlebuch und Luzern-Land. Von *Xaver von Moos, C. H. Baer* und *Linus Birchler*. XII, 556 S. mit 440 Abb. 1946. – Vergriffen. – Neubearbeitung im Gange, davon vorliegend:

Neue Ausgabe I: Das Amt Entlebuch. Von *Heinz Horat*. XVI, 472 S. mit 431 schwarzweißen und 5 farbigen Abb. 1987.

II: Stadt Luzern, Stadtentwicklung, Kirchen. Von *Adolf Reinle*. XII, 427 S. mit 306 Abb. 1953.

III: Stadt Luzern, Staats- und Wohnbauten. Von *Adolf Reinle*. VIII, 347 S. mit 280 Abb. 1954.

IV: Das Amt Sursee. Von *Adolf Reinle*. XII, 528 S. mit 511 Abb. 1956.

V: Das Amt Willisau mit St. Urban. Von *Adolf Reinle*. XII, 454 S. mit 379 Abb. 1959.

VI: Das Amt Hochdorf. Überblick. Von *Adolf Reinle*. XII, 544 S. mit 355 Abb. 1963.

CANTON DE NEUCHÂTEL

I: La ville de Neuchâtel. Par *Jean Courvoisier*. XII, 440 p., avec 409 fig. 1955.

II: Les districts de Neuchâtel et de Boudry. Par *Jean Courvoisier*. XII, 476 p., avec 377 fig. 1963.

III: Les districts du Val-de-Travers, du Val-de-Ruz, du Locle et de La Chaux-de-Fonds. Par *Jean Courvoisier*. XII, 468 p., avec 379 fig. 1968.

KANTON ST. GALLEN

I: Bezirk Sargans. Von *E. Rothenhäusler*, unter Mitarbeit von *D. F. Rittmeyer* und *B. Frei*. XI, 459 S. mit 436 Abb. und 1 Farbtafel. 1951.

II: Die Stadt St. Gallen I. Geschichte, Befestigungen, Kirchen (ohne Stift) und Wohnbauten. Von *Erwin Poeschel*. XII, 435 S. mit 447 Abb. 1957.

III: Die Stadt St. Gallen II. Das Stift. Von *Erwin Poeschel*. XII, 392 S. mit 332 Abb. 1961.

IV: Der Seebezirk. Von *Bernhard Anderes*. XV, 668 S. mit 709 Abb. 1966.

V: Der Bezirk Gaster. Von *Bernhard Anderes*. XII, 420 S. mit 424 Abb. 1970.

KANTON SCHAFFHAUSEN

I: Die Stadt Schaffhausen. Entwicklung, Kirchen und Profanbauten. Von *Reinhard Frauenfelder*. XII, 484 S. mit 630 Abb. 1951.

II: Der Bezirk Stein am Rhein. Von *Reinhard Frauenfelder*. XII, 367 S. mit 461 Abb. 1958.

III: Der Kanton Schaffhausen (ohne Stadt Schaffhausen und Bezirk Stein). Von *Reinhard Frauenfelder*. VIII, 392 S. mit 404 Abb. 1960.

KANTON SCHWYZ

I: Die Bezirke Einsiedeln, Höfe und March. Von *Linus Birchler*. VIII, 484 S. mit 498 Abb. 1927. – Vergriffen. – Neubearbeitung im Gange, davon vorliegend:

Neue Ausgabe I: Der Bezirk Schwyz. Der Flecken Schwyz und das übrige Gemeindegebiet. Mit Kantonseinleitung. Von *André Meyer*. XVI, 545 S. mit 507 Abb. und 1 Farbtafel. 1978. Neue Ausgabe II: Der Bezirk March. Von *Albert Jörger*. XX, 558 S. mit 445 schwarzweißen und 6 farbigen Abb. 1989.

II: Die Bezirke Gersau, Küßnacht und Schwyz. Kunsthistorischer Überblick. Von *Linus Birchler*. VIII, 798 S. mit 500 Abb. 1930. – Vergriffen. – Neubearbeitung im Gange.

KANTON SOLOTHURN

I: Die Stadt Solothurn I. Geschichtlicher Überblick, Stadtanlage und -entwicklung, Befestigung, Wasserversorgung und Brunnen, Brücken und Verkehrsbauten. Mit einer Einleitung zum Kanton Solothurn. Von *Benno Schubiger*. XVI, 342 S. mit 302 schwarzweißen und 5 farbigen Abb. 1994.

III: Die Bezirke Thal, Thierstein, Dorneck. Von *Gottlieb Loertscher*. XII, 456 S. mit 465 Abb. 1957.

KANTON THURGAU

I: Der Bezirk Frauenfeld. Von *Albert Knoepfli*. XVI, 480 S. mit 355 Abb. 1950.

II: Der Bezirk Münchwilen. Von *Albert Knoepfli*. VIII, 431 S. mit 367 Abb. 1955.

III: Der Bezirk Bischofszell. Von *Albert Knoepfli*. XII, 581 S. mit 500 Abb. 1962.

IV: Das Kloster St. Katharinenthal. Von *Albert Knoepfli*. XX, 324 S. mit 308 schwarzweißen und 13 farbigen Abb. 1989.

V: Der Bezirk Dießenhofen. Von *Alfons Raimann*. XVI, 432 S. mit 430 schwarzweißen und 8 farbigen Abb. 1992.

CANTON TICINO

I: Locarno e il suo circolo (Locarno, Solduno, Muralto e Orselina). Di *Virgilio Gilardoni*. XVI, 544 pp., con 590 ill., 1 tavola fuori testo e 4 tavole a colori. 1972.

II: L'Alto Verbano I: Il Circolo delle Isole (Ascona, Ronco, Losone e Brissago). Di *Virgilio Gilardoni*. XVI, 462 pp., con 602 ill. e 3 tavole a colori. 1979.

III: L'Alto Verbano II: I circoli del Gambarogno e della Navegna. Di *Virgilio Gilardoni*. XVI, 336 pp., con 391 ill. e 3 tavole a colori. 1983.

KANTON URI

II: Die Seegemeinden. Von *Helmi Gasser*. XVI, 511 S. mit 486 schwarzweißen und 7 farbigen Abb. 1986.

CANTON DE VAUD

I: La ville de Lausanne I: Introduction, extension urbaine, ponts, fontaines, édifices religieux (sans la cathédrale), hospitaliers, édifices publics (I). Par *Marcel Grandjean*. XII, 452 p. avec 340 fig. 1965.

II: La Cathédrale de Lausanne et son trésor. Par *E. Bach, L. Blondel, A. Bovy*. XII, 459 p. avec 381 fig., dessins et plans. 1944. – Epuisé.

III: La ville de Lausanne III: Edifices publics (II), quartiers et édifices privés de la ville ancienne. Par *Marcel Grandjean*. XII, 415 p. avec 347 fig. et 1 planche en couleurs. 1979.

IV: Lausanne: Villages, hameaux et maisons de l'ancienne campagne lausannoise. Par *Marcel Grandjean*. XII, 451 p. avec 499 fig. et 3 planches en couleurs. 1981.

KANTON WALLIS

I: Das Obergoms. Die ehemalige Großpfarrei Münster. Von *Walter Ruppen*. XVI, 464 S. mit 367 Abb. und 3 Farbtafeln. 1976. – Vergriffen.

II: Das Untergoms. Die ehemalige Großpfarrei Ernen. Von *Walter Ruppen*. XVI, 478 S. mit 496 Abb. und 4 Farbtafeln. 1979.

III: Der Bezirk Östlich-Raron. Die ehemalige Großpfarrei Mörel. Von *Walter Ruppen*. XII, 337 S. mit 400 schwarzweißen und 6 farbigen Abb. 1991.

KANTON ZÜRICH

I: Die Bezirke Affoltern und Andelfingen. Von *Hermann Fietz*. XII, 432 S. mit 359 Abb. 1938. – Vergriffen.

II: Die Bezirke Bulach, Dielsdorf, Hinwil, Horgen und Meilen. Von *Hermann Fietz*. XII, 436 S. mit 394 Abb. 1943. – Vergriffen.

III: Die Bezirke Pfäffikon und Uster. Von *Hans Martin Gubler*. XVI, 745 S. mit 977 Abb. und 7 Farbtafeln. 1978.

IV: Die Stadt Zürich. Erster Teil: Stadtbild, Befestigungen und Brücken; Kirchen, Klöster und Kapellen; Öffentliche Gebäude, Zunft- und Gesellschaftshäuser. Von *Konrad Escher*. XII, 494 S. mit 340 Abb. 1939. Nachdruck 1948. – Vergriffen.

V: Die Stadt Zürich. Zweiter Teil: Mühlen und Gasthöfe, Privathäuser, Stadterweiterung, Sammlungen. Von *Konrad Escher, Hans Hoffmann* und *Paul Kläui*. XII, 512 S. mit 374 Abb. 1949.

VI: Die Stadt Winterthur. Von *Richard Zürcher* und *Emmanuel Dejung*. Stadt Zürich, Nachträge. Von *Hans Hoffmann*. VIII, 463 S. mit 333 Abb. 1952.

VII: Der Bezirk Winterthur. Südlicher Teil. Von *Hans Martin Gubler*. XVI, 463 S. mit 529 schwarzweißen und 4 farbigen Abb. 1986.

VIII: Der Bezirk Winterthur. Nördlicher Teil. Von *Hans Martin Gubler*. XVI, 423 S. mit 457 schwarzweißen und 3 farbigen Abb. 1986.

KANTON ZUG

I: Einleitung. Zug-Land. Von *Linus Birchler*. XII, 436 S. mit 260 Abb. und 1 Übersichtskarte. 1934. Nachdruck 1949 mit Nachträgen 1933–1948. – Vergriffen.

II: Stadt Zug. Von *Linus Birchler*. VIII, 672 S. mit 391 Abb. 1935. Nachdruck 1959 mit Nachträgen 1935 bis 1958.

FÜRSTENTUM LIECHTENSTEIN

Von *Erwin Poeschel*. VIII, 308 Seiten mit 287 Abb. 1950. – Vergriffen.

AUSSERHALB DER REIHE
EN DEHORS DE LA COLLECTION
SI AFFIANCA ALLA COLLEZIONE

Die Kunstdenkmäler des Kantons Unterwalden. Von *Robert Durrer*. Unveränderter Offsetnachdruck 1971. Herausgegeben von den Historischen Vereinen von Obwalden und Nidwalden in Zusammenarbeit mit der Gesellschaft für Schweizerische Kunstgeschichte. 1188 Seiten mit 121 Plänen, 182 Zeichnungen und Skizzen des Verfassers, 96 Tafeln und 437 weiteren Abbildungen im Text. – Vergriffen.

Les Monuments d'Art et d'Histoire du canton d'Unterwalden. Par *Robert Durrer*. Reproduction offset, de 1971. Publiée par les Historische Vereine von Obwalden und Nidwalden en collaboration avec la Société d'Histoire de l'Art en Suisse. 1188 pages avec 121 plans, 182 dessins et esquisses de la main de l'auteur, 96 planches et 437 illustrations placées dans le texte. – Epuisé.

Bestellungen sind zu richten an: Wiese Verlag, Hochbergerstraße 15, 4002 Basel.

Veuillez adresser vos commandes aux Editions Wiese SA, Hochbergerstraße 15, 4002 Basel.

I volumi possono essere richiesti al Edizione Wiese SA, Hochbergerstraße 15, 4002 Basel.